Renate Wolter-Brandecker
Stiefkinder einer Revolution

Veröffentlichungen des Vereins für
Frankfurter Arbeitergeschichte e.V.
Reihe A: Allgemeine Reihe

Renate Wolter-Brandecker

Stiefkinder einer Revolution

Arbeiterleben in Frankfurt am Main 1918 - 1923

dipa-Verlag Frankfurt am Main

CIP-Titelaufnahme der Deutschen Bibliothek

Wolter-Brandecker, Renate
Stiefkinder einer Revolution : Arbeiterleben in Frankfurt am Main 1918 - 1923 / Renate Wolter-Brandecker. - Frankfurt am Main : Dipa-Verl., 1989
ISBN 3-7638-0606-7

1. Auflage 1989

Satz: A & M TYPO GmbH, Frankfurt am Main
Druck und Bindearbeit: F.M.-Druck, Karben
Printed in Germany

ISBN 3-7638-0606-7

Inhaltsverzeichnis

1. Einleitung

In diesem, im Auftrag des „Vereins für Frankfurter Arbeitergeschichte e.V." durchgeführten Projekt, sollten wesentliche Aspekte proletarischer Lebensverhältnisse in der Zeit vom Ende des Ersten Weltkrieges bis zur Zeit nach der Inflation 1923 untersucht werden. Dabei sollten die „Außenansichten", wie sie sich in den von Historikern, Politikern, Verwaltungsbeamten und Journalisten produzierten historischen Quellen widerspiegeln, mit den Erfahrungen und Erinnerungen von Zeitzeugen konfrontiert werden, um so gewissermaßen „Innenansichten" der Lebensverhältnisse und Lebensweisen von Arbeitern und ihren Familien zu gewinnen. Der dieser Untersuchung zugrunde gelegte Begriff des „Arbeiters"

> „orientiert sich an der Kategorie der ‚Lohnarbeit'. Er enthält im Kern die traditionelle Gruppe der gelernten und ungelernten ‚Handarbeiter' in Industrie, Handwerk, Gewerbe, Verkehr, Land- und Forstwirtschaft usw. Darüber hinaus ... die Gruppe der ‚kleinen Angestellten' und ‚subalternen Beamten' ohne Verfügungsgewalt über Produktionsmittel oder übergeordnete Kontroll- und Organisationsbefugnisse im privatkapitalistischen wie öffentlichen Bereich." (Brandecker, in: PASA, 21)

Was hier dargestellt wird, beschränkt sich aber nicht auf Organisations- oder Institutionsgeschichte, sondern ist „Sozialgeschichte von unten". Dabei wird Sozialgeschichte nicht eng als eine Spezialgeschichte der „sozialen Strukturen, Abläufe und Bewegungen" (Conze: Sozialgeschichte) verstanden, sondern in Anlehnung an Marc Bloch als Universalgeschichte.
Wie Karl Marx und Friedrich Engels in den Entwürfen zur „Deutschen Ideologie" nur eine „Wissenschaft vom Menschen" anerkennen (MEW 3, 18), so fordert auch Bloch eine einheitliche Sozialwissenschaft.

Die Beschränkung auf einen so engen Zeitraum mag nicht sofort einsichtig sein. Dennoch gibt es gute Gründe dafür. In ihn fallen das Kriegsende, die Revolution mit den damit verbundenen Hoffnungen der Arbeiterschaft, die Abschaffung des Kaiserreiches, der Kapp-Putsch, die Weichenstellung für die gesamte Weimarer Republik usw., und ökonomisch ist die Zeit von 1918-1923 u.a. durch die Verelendung der Arbeitermassen infolge der Inflation gekennzeichnet. In Teilbereichen der Untersuchung war der vorgegebene zeitliche Rahmen dagegen sicher zu eng. So lassen sich z.B. Familienstrukturen oder Erziehungsverhalten nicht auf wenige Jahre reduzieren, sondern sie entwickeln sich vorher und nachher, sind zeitübergreifend. Das spiegelt sich in der Darstellung dann entsprechend wider.

Es war das Ziel dieser Arbeit, vor allem auch die sozialisierenden Faktoren der Lebensweise von Arbeitern zu untersuchen und darzustellen. „Sozialisation“ soll dabei verstanden werden als

„lebenslanger Gesamtprozeß ..., in dem ein Mensch im Laufe seines Lebens, vom nur mit einem Minimum an genetisch verankerten Verhaltensstereotypen ausgestatteten Säugling bis zum Greis – unter historisch bestimmten sozioökonomischen und soziokulturellen Bedingungen – in Interaktion mit Menschen und Dingen, all jene sozial bedeutsamen menschlichen Fertigkeiten, Fähigkeiten, Kenntnisse und Erfahrungen und damit zugleich auch Normen, Werte, Traditionen usw., als integrierte Bestandteile von Verhaltens- und Interaktionsmustern sich aneignet und entwickelt, die ihm erlauben, als Glied am Lebens-und Arbeitsprozeß in einer bestimmten Gesellschaft aktiv teilzunehmen. So gesehen ist Sozialisation ein dynamischer sozialer Prozeß, der auch die Veränderung überlieferter Verhaltensmuster und eine von der Tradition abweichende Organisation individueller und kollektiver Erfahrungen einschließt ... ‚Arbeitersozialisation‘ meint hier ... das ‚gesellschaftliche Ensemble‘ aller Faktoren, die für die Entwicklung des Sozialcharakters, der sozialen Persönlichkeit ‚des‘ Arbeiters bedeutsam sind.“ (Brandecker, in: PASA, 21f.)

Wichtig war mir die Frage, wie „proletarisches Milieu“ sozialisiert. Darunter verstehe ich einen kollektiven räumlichen und kulturellen Lebenszusammenhang im lokalen Bereich des Stadtteils, dessen Grundlage gemeinsame Lebens- und Arbeitserfahrungen bilden. Soziale wie ökonomische Konstitutionsmomente bestimmen dieses proletarische Milieu, das durch formelle und informelle Regelmechanismen aufrecht erhalten wird und eigenständige Formen „proletarischer Öffentlichkeit“ (vgl. Kap. 14) hervorbringt und besonders Arbeiterkinder und -jugendliche für ihr ganzes Leben stark prägt. (vgl. auch: Studien..., Bd. 1-3, Einl., jew. S. 13ff.)

Es waren die Bedingungen zu untersuchen, die zur Revolution führten sowie die Wirkungen der politisch-ökonomischen und militärischen Entscheidungen auf die Lage der Arbeiter, d.h. die Frage, wer letztendlich Nutznießer des Krieges und der Inflation war und wer die Zeche zu bezahlen hatte. Ausgangslage war die Stimmungslage der Arbeiter am Ende des Krieges. Demonstrationen, Streiks, Meinungsbilder in der Presse werden ebenso dargestellt wie die Motive und Hoffnungen, die die Arbeiterinnen und Arbeiter mit ihrer revolutionären Massenbewegung verbanden. Neben den Aspekten der politisch-ökonomischen Lage, wie z.B. der Auwirkung der Ruhrbesetzung auf Frankfurt, der Besetzung der Stadt im April/Mai 1920, wurde die Wirtschafts- und Beschäftigungssituation untersucht. Aufgrund der inflationären Entwicklungen, der hohen Arbeitslosigkeit, nimmt dieser Teil einen breiten Raum ein. Um einen Vergleich zu ermöglichen, mußte in vielen Bereichen die Vorkriegs- und Kriegsentwicklung ebenfalls kurz aufgezeigt werden. Die Entwicklung der Löhne und Preise, die existenzielle Not vieler Arbeiterfamilien, die Einführung des Acht-Stunden-Tages, die Ausbildungssituation und die Arbeitsbedingungen waren ebenso wichtig für die Untersuchung wie die sozialen Absicherungen, die Wohnverhältnisse, Wohnungsnot, Schulverhältnisse, die Lage der Arbeiterfamilien insgesamt und die Aktivitäten der Arbeiterorganisationen.

Besondere Bedeutung hatten auch die Arbeiterfrauen in dieser Nachkriegsphase, da ihnen während der Abwesenheit der Männer im Krieg, durch Dienstverpflichtungen in den Munitionsbetrieben usw. die Allzuständigkeit für Kinder, Haushalt und Ernährung übertragen wurde, sie oft selbständiger und politischer in ihren Handlungen und Äußerungen wurden, aus ihrer Vereinzelung als Hausfrau herauskamen. Sie mußten jedoch nach Rückkehr der Männer aufgrund der Demobilisierungsverordnungen – und weil die männlichen Rollenerwartungen es erforderten – ihre Berufstätigkeit, und damit nicht selten die erworbene Selbständigkeit, wieder aufgegeben. Ihr Engagement in politischen Organisationen wurde ebenso untersucht wie die Fülle der Belastungen in Haushalt, Wohnung und Kindererziehung, das Frauenwahlrecht, die Auswirkungen auf das Verhalten, das Werben der Parteien um ihre Gunst oder die Frage nach Vereinbarkeit bzw. Unvereinbarkeit der Hausfrauen- und Mutterrolle mit politischer Arbeit.

Die Sozialgeschichte Frankfurts im 20. Jahrhundert ist noch immer nicht aufgearbeitet, daher waren zunächst sehr umfangreiche Archivarbeiten erforderlich (vgl. Anm. 1). Zwar wurden viele Unterlagen durch Kriegseinwirkung zerstört, vieles darüber hinaus von Funktionären und Mitgliedern der Arbeiterorganisationen aus Angst vor Verfolgung während der Zeit des Faschismus selbst vernichtet, dennoch fand sich ein umfangreiches Material. Es wurde die Arbeiterpresse und teilweise die bürgerliche Presse ausgewertet. Auch hier war die Quellenlage sehr unterschiedlich: am günstigsten für die Sozialdemokratische Partei Deutschlands (MSPD/VSPD), da für den gesamten Zeitraum die „Volksstimme" verfügbar ist. Von Anfang Februar 1919 bis Ende September 1921 liegt das Organ der Unabhängigen Sozialdemokratischen Partei Deutschlands (USPD) vor, in dem sich die Politik der Partei unter der Redaktion von Toni Sender deutlich widerspiegelt. Die Quellenlage für die kommunistische Politik ist dagegen sehr schlecht, da hier lediglich für März bis September 1919 die „Freiheit" noch verfügbar ist. Die Auswertung der zeitgenössischen Quellen, des umfangreichen statistischen Materials, wäre allerdings noch kein Beitrag zu einer „lebendigen Geschichtsschreibung" und hätte vor allem einer „Geschichte von unten" widersprochen. Es sollten hier nicht nur die Höhe der Tariflöhne, der Wohnungsmiete, der Preise oder die nackten Statistiken über die Erwerbslosenziffern dargestellt werden, sondern es kam darauf an aufzuzeigen, wie eine Arbeiterfamilie damit umzugehen hatte, wie sie die Wohnungsverhältnisse empfand, welche Rückerinnerungen an die Schulzeit, die Lehre, die Hausarbeit usw. noch bestehen. Die lebensgeschichtlichen Interviews mit den Zeitzeugen sind daher wichtiger Bestandteil der Untersuchung.

Die Gesprächspartner wurden in den Interviews nicht auf den schmalen Zeitraum zwischen 1918 und 1923 reduziert, sondern sie berichteten von den ersten Erinnerungen an das Elternhaus und die Kindheit zumindest bis hin zu der Zeit nach dem Zweiten Weltkrieg, in der Regel jedoch bis in die

Gegenwart. Erinnerungen lassen sich nicht beliebig abrufen, konzentrierend auf Bereiche, die die Befragerin für wichtig hält und gerade hören möchte. Meine Gesprächsführung war sehr offen, orientierte sich nicht an einem Fragebogen, sondern an einem in Gedanken vorhandenen Leitfaden, der die verschiedenen Gebiete abdecken sollte. Dennoch ist man offensichtlich als Interviewerin – und großenteils auch als Interviewter – bemüht, eine gewisse Chronologie der Ereignisse herstellen zu wollen.

„Aber alltägliche biographische Kommunikation ist oft nicht chronologisch. Sie geht vor und zurück, sie greift hinein, faßt Leben eher auf wie einen Schrank oder eine Kommode, in der Lebenserinnerungen nebeneinander liegen und erinnert werden können.“ (W. Fuchs, in: Niethammer, 341)

Das Assoziative in den Interviews erschwert zwar die Gesprächsführung – und Auswertung –, es ist aber, wie Lothar Steinbach betont,

„für die Interviewgestaltung unabdingbar, die Gespräche mit alten Menschen auf die von ihnen selbst für bedeutsam gehaltenen Erfahrungen und Schlüsselerlebnisse zu konzentrieren. Dieses Verfahrensziel entspricht der besonderen Qualität lebensgeschichtlicher, im Gespräch überlieferter Mitteilung, die die subjektive Erinnerung kennzeichnet: das Gedächtnis bewahrt in erster Linie lebensgeschichtliche Schlüsselerfahrungen auf, und nur aus diesem Blickwinkel lassen sich die Schnittlinien zwischen individueller Biographie und kollektiver Geschichte erkennen.“ (Steinbach, L., in: Niethammer, 300)

Die Erinnerung an die Vergangenheit ist also nicht in allen Bereichen gleich stark, viele angesprochene Sachverhalte mochten von den Gesprächspartnern selbst zunächst als weniger relevant im Gedächtnis aufbewahrt sein und mußten erst langsam wieder hervorgeholt werden.

Es ist auch wenig sinnvoll, politische Ereignisse im engeren Sinne zu thematisieren, bestimmte Daten abfragen zu wollen, da diese Aussagen häufig ungenau oder verzerrt werden, teilweise von Rechtfertigungsversuchen oder von Angriffen auf ehemalige oder heutige politische Gegner geprägt und im Laufe der Jahre durch viele neue Erkenntnisse überlagert wurden. Das gilt besonders für politische Zusammenhänge aus der Zeit zwischen 1918 bis 1923, in der die meisten Gesprächspartner selbst noch Kinder und Jugendliche waren, also von politischen Auseinandersetzungen nur am Rande, z.B. über die Zeitungsberichte oder Aktivitäten ihrer Eltern Kenntnis hatten. Erinnerung ist nicht das ursprüngliche Erleben, sondern das Erlebte, gefiltert durch die gesamte Lebenserfahrung bis zum heutigen Tage. Am ursprünglichsten sind die Erinnerungen an die eigene Kindheit, die Schulzeit oder vielleicht die persönlichen Erfahrungen in der Lehre. Die Interviewten berichteten nur selten über eine schlechte Beziehung ihrer Eltern, über eine nicht so gute Haushaltsführung der Mutter, deren Probleme im Umgang mit dem Haushaltsgeld, über Alkoholprobleme des Vaters usw., vielleicht auch, um die Eltern nicht zu verunglimpfen. All das muß bei der Auswertung der Interviews in Rechnung gestellt werden.

Es gibt für mich keine „objektive“ Geschichtsschreibung. „Geschichte von unten“ ergreift Partei für die (Last-)Träger und Opfer der Geschichte.

„Parteilichkeit der Wissenschaft ... kann nicht heißen: kritiklose Unterwerfung unter die Generallinie und Disziplin dieser oder jener Fraktion oder Partei. Parteilichkeit heißt, das Interesse an der kollektiven Emanzipation als Klasseninteresse zu artikulieren und etwa den Nutzen der Optimierung (höchstmögliche Verbesserung) von Lern- und Ausbildungsprozessen an dem Klasseninteresse der Zukurzgekommenen, Ausgebeuteten, Unterdrückten und Entfremdeten, und nicht zuerst am Verwertungsinteresse der Wirtschaft an deren Arbeitskraft zu messen." (Brandecker/Feidel-Mertz, in: Löwenstein 1976, 17)

Meine Parteilichkeit in diesem Sinne war den meisten Interviewten bekannt und nachvollziehbar. Die Befragten konnten sicher sein, daß ihre Aussagen nicht gegen sie verwendet würden.

Die Interviews können nicht die üblichen Methoden der historischen Sozialforschung ersetzen. Ihren Sinn erhalten sie erst in der Ergänzung und Relativierung dieser Methoden. Im Rahmen des Projektes wurden 17 Interviews durchgeführt, 3 Personen haben auf Anregung mit eigenen lebensgeschichtlichen Aufzeichnungen begonnen, es lag die umfangreiche Lebensgeschichte einer Frau vor, und hinzu kamen über 25 Interviews, die von mir zwischen 1980 und 1982 für die Kinderfreunde-Untersuchung oder im Rahmen des Projektes zur Arbeiterkindheit und -jugend in ausgewählten Frankfurter Stadtteilen, an dem ich mitarbeitete, durchgeführt wurden sowie ein Interview von F. Brandecker. Auch die Auswahl der Zeitzeugen war willkürlich. Es war schwierig, überhaupt Zeitzeugen für diese historische Epoche zu gewinnen. Sie sollten möglichst vor 1910, zumindest jedoch bis 1915/16 geboren sein. Zeitzeugen, die als aktiv handelnde Erwachsene die Zeit noch miterlebt haben, leben heute kaum noch. Insofern kam das Projekt etwa ein Jahrzehnt zu spät. Alle Interviews wurden auf Tonband aufgezeichnet und vollständig transkribiert, da nur so eine „Einigung über die Triftigkeit" (Fuchs, in: Niethammer, 341) herzustellen ist.

Ein besonderer Dank gilt all denen, die sich geduldig, aber mit großem Engagement, für die Gespräche zur Verfügung gestellt haben und die manchmal unangenehmen und schmerzenden Fragen beantwortet haben. Durch ihr Zutun war es möglich, Mosaiksteinchen zu Mosaiksteinchen zu einer Sozialgeschichte Frankfurts zur Zeit der Weimarer Republik zusammenzutragen. Die Verknüpfung der subjektiven Erinnerungen mit den scheinbar objektiven anderen historischen Quellen hat, so hoffe ich, zu einer lebendigen Darstellung der Lebensverhältnisse der Frankfurter Arbeiterschaft in der Zeit zwischen 1918 und 1923 geführt. Mein Dank gilt auch dem Vorstand und dem „Arbeitskreis Spurensicherung", die dieses Projekt begleiteten, die mir Tips und Anregungen gaben und vor allem Ferdinand Brandecker, der mich bei Projektplanung und -gestaltung und bei der Niederschrift immer wieder beriet und mir in vielen Diskussionen weiterhalf.

Renate Wolter-Brandecker

2. Die dramatischen Tage in Frankfurt

1918 war vom „Hurra-Patriotismus“ des August 1914 nichts mehr zu spüren. So hieß es am 15. Januar 1918 in einem Leitartikel der „Volksstimme“:

„Es wetterleuchtet – Freies Wahlrecht und aufrechten Willen zum Verständigungsfrieden fordern die Massen. Wird das Wetterleuchten nicht beachtet, dann kann über Nacht das Gewitter losbrechen.“

Am 28. Januar kam es in den Berliner Rüstungsbetrieben zum Streik. Schon am ersten Tag beteiligten sich daran 100 000 Arbeiter, und die Zahl der Streikenden stieg in den nächsten Tagen nach Angaben des Innenministers auf 180 000 (Chronik I, 197). In einer Versammlung der Arbeiterräte legten die Streikenden ihre Forderungen vor:

1. Schleunige Herbeiführung des Friedens ohne Annexion, ohne Kriegsentschädigung, aufgrund des Selbstbestimmungsrechts der Völker entsprechend den Ausführungsbestimmungen, die dafür von den russischen Volksbeauftragten in Brest-Litowsk formuliert wurden.
2. Zuziehung von Arbeitervertretern aller Länder zu den Friedensverhandlungen.
3. Ausgiebige Nahrungsmittelversorgung.
4. Sofortige Aufhebung des Belagerungszustandes; vollständiges Inkrafttreten des Vereinsrechts und des Rechts der freien Meinungsäußerung in Presse und Versammlungen.
5. Aufhebung der Militarisierung der Betriebe.
6. Freilassung aller wegen politischer Handlungen Verurteilter und Verhafteter.
7. Durchgreifende Demokratisierung der gesamten Staatseinrichtung.

(Zit. nach: Berlin, 102)

Das waren – angesichts des Kriegsrechts – bereits revolutionäre Forderungen. In einer öffentlichen Versammlung am 30. Januar im Zoo sprach Max Quarck über das Thema: „Was tut dem Volke not?“ – Die Diskussion und die Massenstreiks beherrschten die Versammlung. Es entstand

„eine einhellige Stimmung für eine Aufstandsbewegung, zumindest als Ausdruck der Sympathie mit den bereits in Berlin und anderen Städten ausfindig gewordenen Arbeitern“. (Neuland: Zwischen Römer und Revolution; zit. als R+R; 61)

Es gelang dem zur Partei-Rechten zählenden Reichstagsabgeordneten Max Quarck zwar, einen Massenstreik in Frankfurt abzuwenden – selbst der polizeiliche Bericht über diese Veranstaltung würdigt seine „mäßigende Haltung" –, nicht aber, die Verabschiedung einer Resolution zu verhindern, in der die Berliner Forderungen aufgegriffen wurden. So legten in Frankfurt lediglich 150 Munitionsarbeiter einer kleinen Fabrik für einige Tage die Arbeit nieder.

Nach außen hin blieb in Frankfurt alles ruhig. Im Sommer 1918 lief die Rüstungsproduktion noch auf vollen Touren. Auch die Opposition (USPD) begann zu dieser Zeit erst, ein Netz innerbetrieblicher Vertrauensleute zu knüpfen und damit eine eigene Massenbasis aufzubauen (ebd., 64). Die Arbeitszeit in den Betrieb war ständig ausgedehnt worden, dennoch herrschte ein akuter Arbeitskräftemangel, und so wurden immer wieder Arbeiterinnen für Munitionsbetriebe gesucht. – Bei einem Luftangriff am 12. August wurden über Frankfurt 26 Bomben durch 12 feindliche Flieger abgeworfen, 12 Tote und 5 Schwerverletzte waren zu beklagen (Volksstimme, zit. als VSt 188 v. 13.8.1918). Die Lebensmittelversorgung war fast völlig zusammengebrochen. Dennoch hatte Frankfurt, so Drüner fast verwundert, das vor 1848 so sensibel auf alle politischen Entwicklungen reagierte,

„immer die unruhigste Stadt der Welt gewesen war, diesmal, vor dem November 1918, keinen unmittelbaren Anteil an irgendwelchen Unternehmungen genommen, die auf ein bestimmtes revolutionäres Wollen schließen"

ließen, es kam zu keinem nennenswerten Aufständen,

„nicht einmal ein größerer Lebensmittelkrawall hat die äußere Ordnung und den regelmäßigen Fortgang der Arbeit gestört", (Drüner, 309)

während es z.B. in Mainz schon im Mai 1917 zu Unruhen und Plünderungen gekommen war.

„Äußerlich blieb die Ruhe und Ordnung gewahrt bis in die ersten Novembertage hinein; die Hände bedienten die Drehbänke, setzten Zünder zusammen, Tag für Tag, Nacht für Nacht –, in der Kriegsfürsorge, der Kriegsgefangenenhilfe, in den Lazaretten, in den Bezirksstellen des Lebensmittelamtes und überall sonst ging die Arbeit in dem gewohnten Gleise weiter; nichts schien darauf hinzudeuten, daß eine große politische Umwälzung im Anzuge sei." (ebd., 326)

Doch wenn auch äußerlich Macht und Ansehen des Magistrats, der Industrie und des Militärs unangefochten schienen, so gärte und brodelte es dennoch unter der Oberfläche. Wer genau hinhörte, der konnte und mußte vielerlei Anzeichen der Unruhe wahrnehmen. Obwohl die Oberste Heeresleitung unter Hindenburg und Ludendorff das Volk und die von ihnen zur „Reichsleitung" degradierte Regierung (vgl. Weehler, 212ff.) bis zuletzt über die wahre Lage Deutschlands täuschte, wuchs im Stillen der Unmut der Bevölkerung. Zu groß war der Widerspruch zwischen Propaganda und Wirklichkeit geworden. Es schwand das Vertrauen in die wirtschaftliche, politische und auch in die militärische Führung. Immer wieder war auf den Straßen zu beobachten, daß Offiziere von den Soldaten nicht oder nur nachlässig gegrüßt und unter den Soldaten zunehmend politische Themen diskutiert wurden. Und

„in den Lazaretten sah man nicht selten Gruppen von Soldaten sich bilden, die ... darin übereinstimmten, daß in Deutschland vieles anders werden müsse". (ebd., 322)

Es wurde hinterfragt, woher der Staat sich das Recht nähme, den Dienst und sogar das Leben des einzelnen für sich zu beanspruchen.

„Kein Wort war verhaßter als Disziplin, Unterordnung galt als ‚Kadavergehorsam'. Soldaten auf Urlaub wurden zum Desertieren überredet, und in den Straßen- und Eisenbahnen wurde offen ausgesprochen: ‚Was tut's, wenn wir französisch oder englisch werden, wenn wir nur das Leben haben!'" (ebd.)

Sich zu diesem Zeitpunkt noch direkt oder indirekt an kriegsverlängernden Maßnahmen zu beteiligen, widerstrebte vielen Menschen zutiefst. Emil Häussermann erinnert sich noch daran, wie in seinem Betrieb zunächst einmal versucht wurde, von den Beschäftigten Geld für die Kriegsanleihe einzubehalten:

„Ich hab mer's geholt, mei' Kriegsanleihe. Sie habbe mir mal vom Lohn Kriegsanleihe abgezoche. Ich kam da rein auf's Büro: was fällt Euch ein! Ich will mei' Geld habbe! Ich war gesche de Kriesch!" (Häussermann, 24)

Der Indoktrination in der Schule dagegen konnten sich die Kinder – und damit auch die Familie – nur schwerlich entziehen. Sie wurden aufgefordert, für die Kriegsanleihe zu sammeln. Frieda Ott ging zu ihrer Mutter:

„Ja, mei' Mutter hatt' ja doch drei Bube im erste Kriesch drauße – un mir noch drei dehaam! Mir hatte Pakete rausgeschickt, mir hatte doch kei' Geld gehabt für e Kriegsanleihe! Des is meiner Mutter gesche de Strich gegange wie nur aans! Die hat gesacht: ich hab drei Bube drauße, dann aach noch Geld für die Kriegsanleihe zu bezahle. Da hab ich aber so lang gebettelt, bis mei Mutter des gebbe hat." (Ott, 24)

Schleichhandel und Preiswucher bildeten schon lange Gesprächsstoff, ebenso die Abstufung der Teuerungszulage, die der Magistrat Anfang Oktober 1918 den städtischen Arbeitern und Beamten zuteilen wollte. Arbeiter und Straßenbahner hielten Versammlungen ab, und in erregten Diskussionen bildete sich immer stärker die Ansicht heraus, so gut wie alles an der bestehenden Staatsordnung sei faul, ungerecht, sinnwidrig, müsse von Grund auf verändert werden. (Drüner, 322)

Zu einer öffentlichen Versammlung der USPD mit Hugo Haase Ende Oktober kamen 6000 Menschen (nach Lucas: 8000), „darunter sicher viele, die einfach durch die atmosphärische Erregung dieser letzten Tage vor der Revolution angelockt wurden" (Lucas, 16) und „viele aus bürgerlichen Kreisen" (R+R, 65). Der Grundtenor in Haases Rede sei

„Triumph und Kampfeswille gewesen, und nun gebe der Gang der Geschichte der Politik der USPD recht; alle anderen Parteien und auch die Führer der SPD hätten abgewirtschaftet. Nun müssten sich die Arbeiter auf dem Boden des Sozialismus zusammenschließen und machtvoll ihre Geschicke selbst in die Hand nehmen. Die Angst vor dem Eingeständnis der militärischen Niederlage des Reiches sei unbegründet; wenn erst die sozialistische Gesellschaftsordnung errichtet sei, werde die nationale Frage ganz in den Hintergrund treten" (Lucas, 16),

man müsse nun sofort alle Kräfte für die Revolution mobilisieren. Auf die

Kritik eines Diskussionsteilnehmers hin, die Frage der Dynastie übergangen zu haben, sprach Haase abfällig über die historische Rolle der Hohenzollern und dann unter stürmischem Beifall:

„Die Zeiten der Kronenträger sind vorüber! ... Bald werden die Kronen auf dem Pflaster rollen." (Lucas, 16)

Erst als die Situation an der Front immer kritischer wurde, begann man auch bei dem Stellvertretenden Generalkommando des XVIII. Armeekorps in Frankfurt, die innenpolitische Lage ernst zu nehmen. In einem Rundschreiben der Presseabteilung an die kirchlichen Körperschaften wurde auf die „rege Agitation umstürzlerischer Elemente" (Drüner, 326) hingewiesen, die gleiche Zustände wie in Rußland herbeiführen wollten. Man solle der Bevölkerung, und insbesondere den Frauen, klarmachen, daß revolutionäres Vorgehen die Verhältnisse nicht verbessern, sondern verschlechtern würde. Bemerkenswert ist, daß man sich nicht mehr traute, massiv mit den Mitteln der Staatsgewalt dagegen anzugehen, sondern mehr auf Ideologie setzte, schließlich war Haases Bemerkung über die Kronen doch „Hochverrat".

Die SPD-Reichstagsfraktion hatte am 2. Oktober dem Eintritt der Sozialdemokraten in die Regierung zugestimmt, und Ebert erläuterte vor dem Reichstag die Gründe:

„Gewiß, es wäre bequemer für uns, draußen zu stehen und unsere Hände in Unschuld zu waschen. Aber in der Schicksalstunde des deutschen Volkes wäre eine solche Politik vor der Geschichte, vor der Nation und nicht zuletzt vor der Arbeiterklasse nie und nimmer zu verantworten. Wir sind in die Regierung hineingegangen, weil es heute um das ganze Volk, um seine Zukunft, um Sein oder Nichtsein geht. Wir wissen, was wir mit unserem Schritt gewagt haben. Gelingt es uns aber, die Schauer des Krieges auch nur um einige Tage zu verkürzen und damit Zehntausenden das Leben zu retten, so wäre uns das Rechtfertigung und Genugtuung genug." (Chronik I, 205)

Die SPD-Fraktion fand sich damit in Übereinstimmung mit der Haltung der Freien Gewerkschaften, die die Mitarbeit in der Regierung für unbedingt erforderlich hielten und einstmals selbst einen Spitzenfunktionär dorthin entsandten. Gustav Bauer wurde Leiter des neugeschaffenen Reichsarbeitsamtes. (Die Gewerkschaften I, 26f., 473ff.)

Durch die im Oktober von Ludendorff erzwungene Parlamentarisierung wurde Deutschland über Nacht eine konstitutionelle Monarchie. Auf das Volk machte die Parlamentarisierung allerdings weit weniger Eindruck als auf die Führungsgremien von Sozialdemokratie und Gewerkschaften, die sie als entscheidenden Schritt zur Demokratisierung ansahen, ohne allerdings zu hinterfragen, ob durch die überstürzten Veränderungen auch die alten Herrschaftsstrukturen beseitigt wurden. Sie wollten vornehmlich die politischen und wirtschaftlichen Folgen der militärischen Niederlage in Grenzen halten und - die drohende sozialrevolutionäre Massenerhebung verhindern. Zivilbehörden und Wirtschaft rechneten damit, daß durch eine überstürzte Demobilmachung Hunderttausende entlassener Soldaten und ebensoviele beschäftigungslose Arbeiter aus der Heimat zusammenträfen und durch die gemeinsame Not nur bestätigt würden,

„die wirtschaftliche und politische Ordnung zu stören, vielleicht zu zertrümmern." (Drüner, 327)

Um dem zu begegnen, bildete der Frankfurer Magistrat am 17. Oktober – ganz im Sinne des alten Obrigkeitsstaates – einen „Ordnungsausschuß" aus 2 Bürgermeistern und 7 Stadträten. Anfang November wurde er durch Stadtverordnete, Gewerkschafts- und Industrievertreter erweitert, und nun – in Vorbereitung des Kriegsendes und der Demobilisierung – wurde der Ausschuß technokratisch in „Demobilisierungsausschuß" umbenannt. Etwas später, der Frieden stand vor der Tür, erfolgte die Umbenennung in „Gemischte Friedenskommission". Oberbürgermeister Voigt nahm mit den Führern der Rüstungsindustrie Kontakt auf und verhandelte am 2. November über die Demobilmachung, auch über deren politische Seite. Man bezweifelte,

„ob die Gewerkschaftsführer die Arbeiter noch in der Hand hätten." (ebd.)

Dann spitzten sich die Ereignisse zu. Am 30. Oktober faßten der SPD-Bezirksvorstand und der Frankfurter SPD-Vorstand eine Entschließung, in der die Abdankung der Hohenzoller und die Aburteilung aller Kriegstreiber gefordert, die Arbeiter jedoch gleichzeitig vor unüberlegten Schritten oder Demonstrationen gewarnt wurden. Die „Volksstimme" veröffentlichte dies und wagte sich sogar noch ein Stück weiter in die Offensive, indem sie ab 1. November das Blatt den Zensurbehörden nicht mehr vorlegte

„und damit dem innenpolitischen Gegner ernsthaft auf den Zahn fühlte." (Lucas, 17)

Sowohl das Stellvertretende Generalkommando als auch die Stadtverwaltung waren darauf bedacht, einen Aufstand von unten von der Stadt fernzuhalten. Nachdem am 5. November die ersten Nachrichten eines Aufstands der Matrosen in Kiel nach Frankfurt gelangten, bildeten die fortschrittliche und die sozialdemokratische Fraktion als stärkste Fraktionen in der Stadtverordnetenversammlung am 8. November einen „Wohlfahrtsausschuß" mit je 4 Mitgliedern beider Parteien unter dem Vorsitz des Bürgermeister Dr. Luppe für den Fall,

„daß die revolutionäre Welle von Kiel aus weiterfluten werde." (Drüner, 327f.)

Die SPD-Rechte stellte dabei noch nicht einmal eigene politische Forderungen. Mit der Parlamentarisierung sah sie alle ihre Forderungen erfüllt. Revolution war in ihren Augen nicht nur überflüssig, sondern schädlich, chaotisch und vor allem außer ihrer Kontrolle.

Aufgrund der Kieler Nachrichten machten Rekruten in Frankfurt den Versuch, sich gegen den Abtransport nach Belgien in ein Ausbildungslager zur Wehr zu setzen. Der kommandierende Hauptmann konnte „nur mit Schwierigkeiten" die Abfahrt durchsetzen, einige Meuterer wurden verhaftet. Doch die Revolution war nicht aufzuhalten. Am 7. November weigerten sich wiederum Soldaten des Inf. Reg. 81, sich noch an die Front schicken zu lassen. (Lucas, 17) Als das Gerücht aufkam, Matrosen und Werftarbeiter aus Kiel und anderen Hansestädten seien auf dem Weg nach Frankfurt, strömten die Menschen in Massen zum Bahnhof. Die Matrosen wurden begeistert begrüßt, als „Befreier“ gefeiert. Das vom Stellvertretenden Generalkommando entsandte – nur mit Mühe zum Einsatz gebrachte – Bereitschaftskommando dagegen wurde von der Menschenmenge bedroht. Zwei Drittel der ankommenden 150 Matrosen – 250 waren erwartet worden – konnten in der Menge untertauchen, der Rest wurde verhaftet. Da man ihre Befreiung fürchtete, wurden sie noch in der Nacht von der Gutleutkaserne in das Gefängnis nach Preungesheim verlegt. Doch bereits am nächsten Morgen sollte ein Zug mit weiteren 80 Matrosen eintreffen. Obwohl der Zug auf ein Nebengleis nach Ginnheim umgeleitet wurde, mißlang wieder der Versuch, der Matrosen habhaft zu werden. Als das Bereitschaftskommando eintraf, waren sie längst verschwunden, weil der Zug früher ankam. Fast gleichzeitig traf von der Reichsregierung der Befehl ein:

„Alle Verhafteten sind in Freiheit zu setzen, den Garnitionswachen ist die Munition abzunehmen, es darf kein Tropfen Blut fließen.“ (Drüner, 329f.)

Nachdem die Reichsregierung nun sozusagen anerkannte, was Frankfurts militärische Kräfte noch zu verhindern gehofft hatten, gab der kommandierende General als oberster Träger der Staatsautorität in Frankfurt „die Sache der alten Ordnung verloren“ (ebd., 330f.), übergab am 8. November die Geschäfte seinem Stabschef Generalmajor von Studnitz und setzte sich schleunigst aus der Stadt ab.

Hans Bischoff war damals gerade 14 Jahre alt. Er war zu Besuch bei Verwandten gewesen und kam am 8. November nach Frankfurt zurück.

„Und da kam ich grad' richtig, daß die Wand gewackelt hat. Vor alle Dinge habbe se de Hauptbahnhof besetzt, dann habbe se die Hauptwach' besetzt. Menschenskind, endlich, hab' ich gesacht, endlich! Endlich!“ (Bischoff, 35)

Die Matrosen kamen zwei Tage eher nach Frankfurt als nach Berlin. Es gab gute Gründe, die Revolution so früh wie möglich hierher zu tragen, noch ehe sich Gegenkräfte formieren konnten, denn Frankfurt war Sitz des XVIII. Armeekorps. Mit Kriegsbeginn, als das aktive Kommando mit dem Feldheer auszog, blieb das Stellvertretende Generalkommando zurück und wuchs während des Krieges zu einer Behörde an, in deren Kompetenz nicht nur alle rein militärischen Fragen lagen, sondern zugleich die wichtigsten zivilen Angelegenheiten. Frankfurt war damit zu einem strategisch entscheidenden Punkt für die Ausbreitung der Revolution geworden. (vgl. Lucas, 12)

Mit der Konstituierung des Wohlfahrtausschusses wollten sich SPD und Liberale die politische Führung sichern und die Revolution von unten verhindern. Die Frankfurter MSPD hatte jedoch sowohl mit ihren Beschwichtigungsversuchen von Ende Oktober als auch mit dem Versuch, die Bildung von Arbeiter- und Soldatenräten zu untergraben, endgültig den Anschluß an die Massen verloren. Die Ereignisse der Revolution rollten über sie hinweg, denn wie an den meisten anderen Orten war die Novemberrevolution auch hier zunächst einmal ein öffentliches Ereignis im unmittelbaren Sinne, eine Straßenaktion der spontanen Zustimmung und Freude. Jakob Altmaier beschrieb 1919 diese Stimmung:

„Freitag, den 8. November...
Man sieht die Revolution stündlich näherrücken. Sie ist da. Sie hat uns gepackt, hat uns erfaßt in ihrem milden Sturm. Es wird einem taumelig, wie im Frühjahr. (...) Jawohl, die Revolution ist in Frankfurt und fordert die Herzen und die Sinne. Sie braust über die Dächer und tummelt sich auf den Straßen, sie neckt die Geheimräte und ängstigt die Generale, sie kost die Massen und streichelt und lockt und listet. (...) Draußen auf der Straße werden Extrablätter verteilt. Überall stauen sich Menschenmengen. Die Ladentüren und Geschäftshäuser schließen sich nicht mehr. Verkäuferinnen in weißen Blusen stehen halb auf der Straße und gucken neugierig von einem Ende zum anderen." (Altmaier, 6f.)

Auch in der darauffolgenden Nacht schien keiner etwas versäumen zu wollen.

„Hell erleuchtet sind die Straßen und Plätze der Stadt wie seit vier Jahren nicht mehr. (...) Überall gärt's und brodelt's. Es zischt, Blasen steigen auf. Die Brust atmet frei! (...) Immer neue Scharen ergießen sich in den Bahnhofsplatz. (...) Leuten, denen man es ansieht, daß sie noch nie im Leben eine Rede gehalten haben, löst sich die Zunge, und vom Feuer durchglüht, begeistern sie die Menge." (ebd., 13)

Der polizeieigene „Historiker" im Pressebüro des Frankfurter Polizeipräsidenten beschwört dagegen noch etwa 1981 eine wahre Horrorvision, weit ab von jeder Realität:

„Inspiriert von der erfolgreichen Revolution in Rußland droht dem Deutschen Reich nunmehr das Schicksal einer Räterepublik nach sowjetischem Vorbild. Die Kommunisten beginnen das Heft fest in die Hand zu nehmen. (...) Das Chaos, das zu dieser Zeit in der durch die Revolution aufgeschreckten Stadt herrscht, scheint heute unvorstellbar. Revoltierende Marinesoldaten treffen Zug um Zug am Frankfurter Hauptbahnhof ein und versetzen Frankfurt in Aufruhr und Schrecken. Meuternde Matrosen ziehen durch die Straßen und reißen die unter Not und Entbehrung leidende Bevölkerung mit. (...) Alles geht drunter und drüber und die Polizei steht diesem Treiben machtlos gegenüber." (Geschichte der Polizei, 101)

Wut und Hoffnung konnte nun auf einmal freier Lauf gelassen werden:

„Mit zwei Millione is er fort, ja Gott, da hatt' ich e Wut hinnenach! Un da hab ich gesacht hinnerher: so ein Gauner da! Die Millione nimmt er, aber er is abgereist, der Feischling! Ich war ja froh, daß er fort war. Hatt' ja mit dem Kerl nix zu tun gehabt sonst!" (Häussermann, E., 26)

Im Schutz dieser spontanen Massenäußerungen, und mit ihnen als Legitimationshintergrund, konnten sich die revolutionären Gremien als Sprachrohre und Vollstrecker des Massenwillens bilden und die Elemente einer neuen, basisnahen Art und Form von politischer Organisation entwickeln. Andererseits wären die spontanen Aktionen der Soldaten und der Bevölkerung ohne die Organisation von Arbeiter- und Soldatenräten ziellos geblieben und hätten sich nach einiger Zeit wohl „totgelaufen" oder in andere spontane Organisationsformen geführt. Die Massenaktionen zeigten zugleich, daß die bisherigen Herrschaftsapparate bereits zersetzt waren oder kapituliert hatten. Die Haltung der MSPD in dieser politischen Situation war zwiespältig. Während die beiden Flügel der Partei bei der Frage der Parlamentarisierung so nahe wie möglich zusammenrückten, mußten sie mit der Revolution wieder auseinanderdriften.

Am 8. November erließen der Vorstand der SPD und des Gewerkschaftskartells einen Aufruf an die Bevölkerung, während der schwierigen politischen Lage Ruhe und Selbstdisziplin zu üben und traten – bei einer Abdankung des Kaisers – für die „geordnete Fortführung einer vertieften Reformbewegung" (VSt 263 v. 8.11.1918) ein.

Der linke Flügel der MSPD – die bedeutendsten Repräsentanten waren (nach Lucas) neben Richard Wittrisch Hugo Sinzheimer, Otto Brennecke und Josef Altmaier – fand das Zusammengehen mit den „Fortschrittlichen" in diesem Augenblick revolutionärer Entwicklungen höchst bedenklich,

„besonders als einzelne Truppenteile, teilweise unter Einwirkung der Unabhängigen, zur Revolution übergingen". (Lucas, 21)

Sie beschlossen – ohne die Rechte davon in Kenntnis zu setzen –, es nicht bei dem vereinbarten „Wohlfahrtsausschuß" zu belassen. Gröger, Harris, Kirchner, Wendel und Altmaier verlangten vom Generalkommando die Genehmigung zur Wahl von Soldatenräten in allen Truppenteilen. Sie erhielten sie, und so wurde die Wahl durch Garnisonsbefehl für 21 Uhr angesetzt. In fast allen Kasernen wurde sie dann ohne Störungen unter der Leitung der MSPD durchgeführt. Die Einhaltung des „Dienstweges" bei der Wahl der revolutionären Gremien läßt erkennen, wie stark auch die SPD-Linke noch immer auf „formales Recht" fixiert war.

Pressenotiz und Aufruf der linken Sozialdemokraten vom 8. November 1918
(Frankfurter Zeitung, 9. November 1918, 2. Morgenblatt)
In Ergänzung des Wohlfahrtsausschusses und in Anbetracht, daß verschiedene Truppenteile eigenmächtig ohne Organisation auf eigene Faust vorgehen wollten, begaben sich folgende Herren zum Chef des Stabes General von Studnitz: Reichstagsabgeordneter Wendel, Bezirkssekretär Groger, Redakteur Altmaier, Kirchner und Harris, worauf ein Garnisonsbefehl erging, daß heute abend 9 Uhr in allen Kasernen die Mannschaften zusammentreten zwecks Bildung von Soldatenräten. Ein Vertreter der sozialdemokratischen Partei soll in jeder Kaserne die Organisation leiten. Infolgedessen werden heute abend in allen Kasernen Frankfurts Versammlungen der Soldaten stattfinden, in denen die Mitglieder des Soldatenrats gewählt werden, die morgen früh 9 Uhr im Gewerkschaftshaus zusammentreten, um ihre Forderungen zu formulieren.

Der Frankfurter Soldatenrat erläßt folgenden Aufruf:
An unsere Brüder im Waffenrock!
Das Morgenrot der Freiheit geht über Deutschland auf! Ein Volk erwacht! Da gilt es, Bürger im feldgrauen Rock!
In erster Reihe sind wir berufen, das große Werk der Erneuerung Deutschlands vor tückischen Anschlägen der Rückwärtser zu schützen.
Wir sind aber auch bestimmt, Willkür, Unordnung und Plünderung zu wehren, da sie die gute Sache schänden und gefährden. Darum hat sich zur Ergänzung des Wohlfahrtsausschusses aus den Truppen der Frankfurter Garnison durch freie Wahl ein *Soldatenrat* gebildet, der seine Befugnisse mit dem heutigen Tag antritt.
Soldaten! Dieser Ausschuß ist in allen militärischen Angelegenheiten für Euch die zuständige Stelle!

Stellt Euch geschlossen hinter ihn! Wahrt freiwillige Disziplin!
Für den provisorischen Soldatenrat: Plette, Reinhardt, Inf.-Regt. 81; Müller, Böttger, Ers.-Batl. Landw. 81; Flak Ersatz-Abtlg.: Ostermann, Berger, Bertram, Madert und Homberg; Cohn, Ldst.-Inf.-Ers.-Btl. 18/31; Harris, Ers.-Abtlg. des Feldart.-Regt. 63, Kraftfahrer Georg Konieczny, Sergant Max Wiebeck (K.-A. 18 Ers.-Komp.); Herber, E.-Ldst.-Inf.-Regt. 116.
Für die Kriegsbeschädigten: Eichinger, Altmaier.

(beide Dokumente nach Lucas, 20f.)

Beide Dokumente zeigen, daß der Soldatenrat – trotz des revolutionären Pathos im Aufruf – gewissermaßen der militärische Arm des Wohlfahrtsausschusses, und damit der MSPD und der fortschrittlich-bürgerlichen Stadtverwaltung, sein sollte. Immerhin hatte die MSPD-Linke mit den Wahlen Fakten geschaffen, die ihr sowohl der eigenen Rechten wie der revolutionären Linken gegenüber einen Vorsprung, einen Vorteil und einen Einfluß auf die Haltung der Soldaten verschaffte. Der größte Teil dieses Erfolges war jedoch schnell wieder zerronnen, da MSPD-Leute ihre Arbeit zunächst einmal als getan ansahen und – den weiteren Verlauf verschliefen. Harris erinnerte sich:

„Um 2 Uhr nachts gingen wir nach Hause. Seltsam, so naiv waren wir, daß wir nicht daran dachten, Patrouillen auszusenden, das Polizeipräsidium, Rathaus usw. zu übernehmen." (Harris, L., zit. nach Altmaier, Anm. 30)

Das besorgten dann andere. Bei der Organisierung der Arbeiter lag die USPD von Anfang an eindeutig vorn. Für Toni Sender und ihre Partei war der „Wohlfahrtsausschuß" eine deutliche Warnung.

„Wenn wir nicht schnell handeln, wird die Reaktion die Gelegenheit ergreifen, ihren Einfluß zurückzugewinnen." (Sender: Autobiographie, 103f.)

Robert Dißmann kam am 8. November frühmorgens von einer Sitzung der Parteileitung und der Parteisekretäre aus Berlin zurück. Man beschloß, nicht länger auf ein Zeichen Berlins zu warten, sondern die Initiative zu ergreifen und die Betriebsräte noch für denselben Abend ins „Schlesinger Eck" einzuberufen.

Während Dißmann die Einladung für die Betriebsräteversammlung schrieb, begab sich Toni Sender pflichtgemäß an ihren Arbeitsplatz. Die Menschen waren erregt, erwartungsfroh, füllten die Straßen, und so hielt sie es auch nicht lange im Büro aus.

„Es war mir unmöglich, mich auf Zahlen und Geschäftsbriefe, Kalkulationen und Bilanzen zu konzentrieren. Große Ereignisse kündigten sich an. Ich ging zu meinem Vorgesetzten. ‚Bitte gestatten Sie mir, heute das Büro zu verlassen.' ‚Aus welchem Grund?' ‚Ich kann nicht im Hause bleiben. Ich muß in die Stadt gehen und versuchen, Soldaten zu treffen und mit den Menschen auf den Straßen zu sprechen. Es muß bald etwas geschehen, und ich empfinde es als meine Pflicht, mich nicht davon auszuschließen." (ebd., 100)

Man ließ sie gehen. Es ist schon bemerkenswert, daß selbst die revolutionäre Sozialistin Toni Sender in großem Pflichtbewußtsein zur Arbeit ging und sich dann offiziell „für die Revolution beurlauben" ließ.

„Das Schlesinger Eck war ein alter Gasthof an der Ecke der Großen Gallusstraße im Stadtzentrum. (...) Eine finstere Treppe führte in das obere Stockwerk, wo wir unsere Büros und den Versammlungsraum hatten. Es war nicht sehr sauber und gepflegt, und wir waren nicht überrascht, wenn uns eine Maus über die Füße lief. Aber der Wirt war ein gutmütiger Mensch und seine Frau ebenfalls. Sie waren sich bewußt, daß sie ein Risiko eingingen, wenn sie uns Asyl gewährten", berichtet Toni Sender (98f.) über das Lokal, das nach der Gründung der USPD deren Treffpunkt wurde. Doch auch schon zuvor spielte es für Arbeiterfunktionärsversammlungen, so z.B. während des 1. Weltkrieges für die Parteiopposition und für die Oppositionellen des Deutschen Metallarbeiterverbandes, eine wichtige Rolle.

„Die Luft schien von Unruhe erfüllt. Oder war es bloß meine eigene Unruhe, die ich auf meine Umwelt projizierte? Nein, das konnte nicht sein, denn die Menschen, mit denen ich auf der Straße redete, reagierten zu aufgeschlossen. Nach zweiundfünfzig Monaten der Erbitterung brach schließlich ein Sturm los. Was die Menschen aufbrachte, war vor allem die Erkenntnis, daß man ihnen über vier Jahre lang nicht die Wahrheit gesagt hatte, daß man sie über die Situation auf den Schlachtfeldern getäuscht und hinsichtlich der Ergebnisse in der Welt draußen bewußt irregeführt hatte." (ebd.)

Sie kam zum Bahnhof. Die Matrosen, die sie antraf, berichteten, Delegationen von Seeleuten seien in alle Teile des Landes entsandt worden, um die Revolution weiterzutragen und um Unterstützung zu werben. Sie sagte ihnen die volle Unterstützung der USPD zu.

Noch einen Tag zuvor hatte ein 18-jähriger Rekrut vergeblich versucht, im Auftrag seiner Kameraden mit der USPD Verbindung aufzunehmen. Seine Erkundungen in Fabriken, Kneipen und Kaffees blieben erfolglos (Lucas, 17), doch über Nacht hatte sich vieles weiterentwickelt. In München war die Republik ausgerufen und eine provisorische Regierung mit Kurt Eisner an der Spitze gebildet worden. Nach Senders Erinnerungen wagten sich am 8. November auch Armeeoffiziere unter die Sympathisanten der Revolution. Die Soldaten nahmen ihnen allerdings die zur Schau getragene Zustimmung nicht ab. Man riß ihnen die Schulterstücke von den Uniformen. Paul

Müller, der als Vierzehnjähriger im Rahmen des „Vaterländischen Hilfsdienstes“ mit seiner Schulklasse am Hauptbahnhof zur Betreuung der zurückkehrenden Soldaten eingesetzt war, kritisierte das und meinte:

„Man solle diese Menschen entweder für die Revolution gewinnen oder erschießen. Dumm wäre es, sie zu beleidigen und dann laufen zu lassen. Sie würden das nie vergessen und es uns eines Tages heimzahlen.“ (Müller, 124)

Noch war es unklar, wie weit sich die Soldaten der Revolution anschließen würden.

„In diesen Mittagsstunden (8.11.) ... wußten wir noch nicht, was in den Kasernen der Infanterie geschehen würde. Unter den Soldaten gärte es, ... aber über die Haltung des Offizierkorps war nichts bekannt. (...) Wir beschlossen, in die Kasernen zu gehen, um mit den Soldaten Kontakt aufzunehmen, Heinrich Hüttmann, Mitglied des Reichstages und unabhängiger Sozialist, schloß sich uns an. Wir wurden gut aufgenommen. (...) Ich berichtete ihnen von der Botschaft der Matrosen und sprach von unserer Entschlossenheit, daß Südwestdeutschland ihrem Beispiel folgen und nötigenfalls jeden Widerstand zerschmettern solle. Begeisterter Beifall. Die Soldaten unterstützten die Revolution. Sie würden Soldatenräte gründen.“ (Sender, 102)

Hüttmann und Sender konnten einzelne Truppenteile zum Überlaufen bewegen und die wegen Meuterei eingesperrten Soldaten aus dem Gefängnis befreien. Die Infanteriekaserne wurde in Besitz genommen.

Am Abend berichteten Dißmann und Sender in der USPD-Betriebsleuteversammlung von der Ausbreitung der revolutionären Bewegung, von der Bildung des „Wohlfahrtsausschusses“ und von der Gefahr reaktionärer Strömungen. Man beschloß, sofort zu handeln. Die Versammlung wurde zum vorläufigen Arbeiterrat erklärt. Am kommenden Morgen sollten in den Betrieben ordnungsgemäße Wahlen der Arbeiterräte stattfinden und ein Generalstreik ausgerufen werden.

Während die Versammlung noch andauerte, setzte sich vom Hauptbahnhof ein Zug von Soldaten und Arbeitern in Richtung landwirtschaftliche Halle in Bewegung. Hüttmann agitierte, die Soldaten müßten Soldatenräte und die Arbeiter Arbeiterräte wählen. Die Soldaten sollten ihre Kameraden für die soziale, nicht für die bürgerliche Republik gewinnen. Nachdem der Zug im Gefängnis in der Hammelsgasse keine politischen Gefangenen angetroffen hatte, lenkte Hüttmann den Zug in das „Schlesinger Eck“.

„Hier jedoch riß der junge Leutnant Moser die Initiative an sich: er verschaffte sich Einlaß in das gut bewachte Gebäude und fragte Dißmann, warum die Mehrheitssozialisten nicht da seien; auf Dißmanns Antwort: ‚Die Massen stehen hinter der Unabhängigen Partei‘ rief er: Wir Soldaten haben mit keiner Partei etwas zu tun. Wir bleiben unter uns. Auf Kameraden, hinaus!“ (Lucas, 23)

Die Soldaten folgten Moser, zogen zum „Frankfurter Hof“, nahmen das Hotel in Besitz und bildeten dort unter der Leitung Mosers und des Vizefeldwebels Reinhardt, der sich zur USPD bekannte, den „provisorischen Ausschuß“ der revolutionären Soldaten. Reinhardt war als einziges Mitglied des Ausschusses am selben Abend bei den Soldatenratswahlen unter der Leitung der MSPD ebenfalls gewählt worden. Als Dißmann von dieser Tagung erfuhr, übertrug er Sender den Vorsitz der Betriebsleuteversammlung und ging dann zum „Frankfurter Hof", um noch politischen Einfluß auf die Soldaten zu nehmen.

Über den weiteren Verlauf der Betriebsräteversammlung berichtete Toni Sender:

„Die Zeit drängte, und es lag noch viel Arbeit vor uns. Keiner von uns war müde - wir durchlebten so spannungsreiche und glückliche Stunden. Wir waren eine Gemeinschaft, welche gegenseitiges Vertrauen miteinander verband. Ich war deshalb nicht überrascht, daß niemand meine Führung in Frage stellte, obwohl ich so jung war und sich viele Graubärtige im Saal befanden." (Sender, 108)

Sie besprachen die Details des bevorstehenden Generalstreiks. Sie ließ sich zur Festnahme des Königlichen Polizeipräsidenten ermächtigen und beauftragte damit vier Arbeiter-Delegierte. Doch

„sie hatten den Polizeipräsidenten nicht auf der Hauptwache angetroffen; er war zu Hause und schlief! Menschenmengen drängten durch die Straßen; Kasernen wurden besetzt, Häftlinge befreit, rote Fahnen auf dem Hauptbahnhof gehißt; Soldaten und Arbeiter berieten und faßten folgenschwere Beschlüsse - und während dieser ganzen Zeit hatte der alte preußische Polizeichef tief und vielleicht sogar unbehelligt von Träumen geschlafen. Kann es eine bessere Illustration geben, wie weit diese Kaste vom Leben des Volkes entfernt war?" (ebd., 107)

Zumindest einen Erfolg konnte Dißmann durch seine Anwesenheit bei den Soldaten verbuchen. Der Ausschuß rief auf zur „Errichtung der sozialen deutschen Republik", solidarisierte sich mit dem Arbeiterrat und wollte mit ihm die verordnende und vollziehende Gewalt teilen.

Bald „flatterten zwei große rote Fahnen über dem Eingang des Frankfurter Hauptbahnhofes" (ebd., 101) und von anderen Gebäuden. Daß die Mehrheitssozialisten das durch ihr „Verschlafen" verlorengegangene Feld nicht kampflos preisgeben würden, war klar. Am 9. November trafen sich die unter der Leitung der MSPD gewählten Soldatenräte im Gewerkschaftshaus und zogen sogleich zum „Frankfurter Hof". Dort wurde eine achtköpfige Exekutive mit Moser und Reinhard als Präsidenten des Soldatenrates sowie eine starke Vertretung der SPD-Führung gewählt.

Der „Wohlfahrtsausschuß" wurde von den Ereignissen überrollt, noch ehe er richtig zu arbeiten begonnen hatte. Um überhaupt Einfluß zu gewinnen, mußte die MSPD ihn fallenlassen. Gegen Dißmanns Einwände gegen die „Kaiser-Sozialisten" kam es am 9. November zu einem gemeinsamen Aufruf von SPD und USPD, in dem beide Parteien erklärten, den Soldatenrat „mit allen Kräften" zu unterstützen. (Lucas, 28) Moser regelte noch am selben Tag das Verhältnis zu den alten Behörden. Oberbürgermeister Voigt und der Verwaltung blieb nichts anderes übrig, als sich dem Soldatenrat zu unterstellen. Er und der Leiter des Lebensmittelamtes, Dr. Schmude, ließen sich von dem neuen Polizeipräsidenten im Amt bestätigen.

„Das war der endgültige Sieg der Revolution, die sich jetzt von Frankfurt aus strahlenförmig in die Umgegend ausbreitete." (ebd.)

Auch das Generalkommando erkannte die vollzogende Umwälzung an und

An die arbeitende Bevölkerung Frankfurts!

Der große Wellenschlag der Völkerbefreiung hat auch Frankfurt erfaßt. Das Kapital, verbündet mit dem Militarismus, hat uns an den Abgrund geführt. Die deutsche Arbeiterschaft, vereint mit den Soldaten, Matrosen und Bauern, hat die Aufgabe übernommen, das Volk aus der Katastrophe zu retten.

In der Nacht vom 8. zum 9. November haben die Vertreter der Unabhängigen Sozialdemokraten Frankfurts mit den Vertrauensleuten der Betriebe und den Soldaten die Bildung eines Arbeiter- und Soldatenrates beschlossen. Arbeiter- und Soldatenrat haben die Macht ergriffen.

Bis sich die Zentralgewalt der sozialen deutschen Republik gebildet hat, übernimmt der Frankfurter Arbeiter- und Soldatenrat alle verordnende und vollziehende Gewalt. Nur die Anordnungen des Arbeiter- und Soldatenrats haben Geltung. Der Arbeiter- und Soldatenrat überwacht sämtliche Betriebe und öffentliche Anstalten im Groß-Frankfurter Wirtschaftsbezirk, die weitergeführt werden.

Seien wir uns der Heiligkeit unserer Aufgabe tief bewußt! Wir werden dem seit Jahrhunderten unterdrückten Proletariat die volle Herrschaft über seine Arbeit und die von ihm geschaffenen Produkte sichern. Die Zeit der Säbelherrschaft, der Drohnen und Ausbeuter ist vorbei! Wir bereiten dem Chaos ein Ende.

Arbeiter und Soldaten! Laßt Euch nicht um die Frucht unserer proletarischen Revolution betrügen. Es sind Mächte am Werk, die Euch mit verlogenen Versprechungen und halben Maßnahmen einzufangen suchen. In dieser entscheidenden Stunde fordern wir Euch auf, unser Werk nicht durch Taten des Terrors und des Unverstandes zu entehren!

Der Arbeiter- und Soldatenrat wird für äußerste Ordnung sorgen. Plünderungen und Ausschreitungen werden rücksichtslos bestraft. Wir fordern zur strengsten Selbstdisziplin auf!

Wir rufen die werktätige Bevölkerung von Stadt und Land auf, sich unserer Bewegung anzuschließen.

Eine unserer ersten Sorgen wird die gerechte Lösung der Lebensmittelfrage sein. Weitgehende soziale Maßnahmen sind vorbereitet. Alles öffentliche und Privateigentum steht zunächst unter dem Schutz des Arbeiter- und Soldatenrats.

Die Abschiedsstunde der Kronen- und Würdenträger und die ihrer Helfershelfer hat endlich geschlagen. Wir werden dem Volke den Frieden bringen, der es vor dem Elend bewahrt und den Wiederaufbau ermöglicht. Nach fünfzig Monaten des Mordens soll das werktätige Volk nunmehr Frieden, Freiheit und Brot haben! Durch die Kraft und Entschlossenheit der Proletarier und Soldaten wird aus dem Blutmeer dieser Schreckensjahre eine neue Welt erstehen. Es lebe die soziale Republik!

Das provisorische Aktionskomitee.

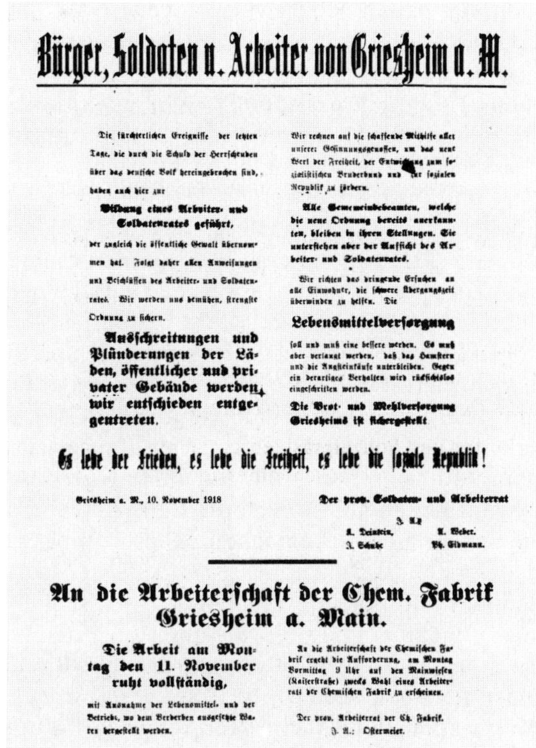

Bürger, Soldaten u. Arbeiter von Griesheim a. M.

Die fürchterlichen Ereignisse der letzten Tage, die durch die Schuld der Herrschenden über das deutsche Volk hereingebrochen sind, haben auch hier zur

Bildung eines Arbeiter- und Soldatenrates geführt,

der zugleich die öffentliche Gewalt übernommen hat. Folgt daher allen Anweisungen und Beschlüssen des Arbeiter- und Soldatenrates. Wir werden uns bemühen, strengste Ordnung zu sichern.

Ausschreitungen und Plünderungen der Läden, öffentlicher und privater Gebäude werden wir entschieden entgegentreten.

Wir rechnen auf die schaffende Mithilfe aller unserer Gesinnungsgenossen, um das neue Werk der Freiheit, der Entwicklung zum sozialistischen Bruderbund und zur sozialen Republik zu fördern.

Alle Gemeindebeamten, welche die neue Ordnung bereits anerkannten, bleiben in ihren Stellungen. Sie unterstehen aber der Aufsicht des Arbeiter- und Soldatenrates.

Wir richten das dringende Ersuchen an alle Einwohner, die schwere Übergangszeit überwinden zu helfen. Die

Lebensmittelversorgung

soll und muß eine bessere werden. Es muß aber verlangt werden, daß das Hamstern und die Angsteinkäufe unterbleiben. Gegen ein derartiges Verhalten wird rücksichtslos eingeschritten werden.

Die Brot- und Mehlversorgung Griesheims ist sichergestellt

Es lebe der Frieden, es lebe die Freiheit, es lebe die soziale Republik!

Griesheim a. M., 10. November 1918

Der prov. Soldaten- und Arbeiterrat
I. A.:
K. Deinlein, A. Weber.
J. Schulze Ph. Eidmann.

An die Arbeiterschaft der Chem. Fabrik Griesheim a. Main.

Die Arbeit am Montag den 11. November ruht vollständig,

mit Ausnahme der Lebensmittel- und der Betriebe, wo dem Verderben ausgesetzte Waren hergestellt werden.

An die Arbeiterschaft der Chemischen Fabrik ergeht die Aufforderung, am Montag Vormittag 9 Uhr auf den Mainwiesen (Kaiserstraße) zwecks Wahl eines Arbeiterrats der Chemischen Fabrik zu erscheinen.

Der prov. Arbeiterrat der Ch. Fabrik.
I. A.: Ostermeier.

Der von Toni Sender in der Nacht vom 8. auf den 9. November verfaßte, von ihr und Georg Plotke der USPD-Betriebsräteversammlung vorgelegte Aufruf, fand deren volle Zustimmung und wurde am 9. November in der Stadt verteilt (Sender, 108f.). Er stellt den Versuch der USPD dar, ihre sozialrevolutionäre Position zur Grundlage der Politik des noch zu bildenden Arbeiter- und Soldatenrates zu machen.
Der Aufruf des Provisorischen Soldaten- und Arbeiterrates Griesheim vom 10. November wirkte gegenüber ***dem Frankfurter Dokument blaß und beschwichtigend.***

unterstellte sich dem Soldatenrat. Der 23-jährige Grönke wurde Oberbefehlshaber der Garnisonstruppen, Kommandeur im Hauptbahnhof wurde zunächst Leutnant Fecht und ab dem 10.11. Signalmaat Löffler. (Altmaier, 20f.)

Doch während die MSPD bestimmenderen Einfluß auf den Soldatenrat ausüben konnte als die USPD, war das im Arbeiterrat umgekehrt. Er wurde zunächst unter massivem Einsatz der Stadtverordneten Dißmann und Hüttmann in einer Versammlung nur von „Unabhängigen" gebildet. Ungeklärt war noch das Verhältnis von Arbeiter- und Soldatenrat, beide arbeiteten völlig unabhängig voneinander. Die USPD behauptete, die Revolution „gemacht" zu haben und forderte 7 von 9 Vertretern für sich. Die MSPD forderte dagegen eine gleichstarke Anzahl von Arbeiterräten. Altmaier berichtete im Soldatenrat, daß es zu keiner Einigung kam.

„Stürmische Entrüstung bei den Soldaten. Zwei Minuten später geht dieses einstimmig beschlossene Ultimatum an die streikenden Brüder:
‚Wenn sich beide Parteien innerhalb zehn Minuten nicht geeint haben, daß jede gleichviel Stimmen im Arbeiterrat erhält, wird der Soldatenrat so lange die unumschränkte Gewalt übernehmen, bis der Zusammenschluß der Arbeiter über die Köpfe der Führer hinweg vollzogen ist!'
Fünf Minuten später hat Frankfurt einen Arbeiterrat, zusammengesetzt aus sieben Mehrheitssozialisten und sieben Unabhängigen." (Altmaier, 34f.)

Allerdings hatten sich die verschiedenen Positionen nicht wirklich angenähert. Die Masse der Soldaten war politisch ungeschult und hatte von den Auseinandersetzungen um die Haltung zu Krieg und Frieden, zum Burgfrieden und zur Annexionspolitik kaum etwas mitbekommen. Sie wollten in erster Linie nach Hause und an die Arbeit zurückkehren. Der Streit um verschiedene Positionen konnte von ihnen daher leicht als „Gezänk eigensüchtiger Führer" ausgelegt werden. Sie sahen nicht, daß die MSPD mit ihrer Forderung nach paritätischer Besetzung des Arbeiterrates den Eintritt in revolutionäre Gremien erzwang, die von den rechten Führern in Berlin und Frankfurt als rechtswidrig angesehen wurden und die man nur akzeptierte, weil sie augenblicklich die Macht hatten.

Nachdem die Demonstrationen des 7. und 8. November spontan und unorganisiert waren, kam es am 9. November mit dem Generalstreik und am 11. November mit dem Revolutionsfeiertag, zu dem beide Parteien und der Arbeiter- und Soldatenrat aufgerufen hatten, zu organisierten Massenveranstaltungen. Die USPD lud am 9. November in den Ostpark ein. Die Arbeiter hatten am Morgen die Betriebe verlassen. Hüttmann, Dißmann und Sender hielten Anprachen, Menschenmassen kamen, „zuerst Tausende, dann Zehntausende. In kurzer Zeit war das riesige Arsenal schwarz von Männern und Frauen". (Sender, 113) Anschließend zogen die Versammlungsteilnehmer und viele, die unterwegs zu ihnen stießen, noch ins Schumanntheater, wo Robert Dißmann und Otto Brennecke wiederum sprachen. In den Redebeiträgen wurde davor gewarnt, nun alles als erreicht anzusehen, reaktionäre Kräfte müßten verhindert werden, und insbesondere mit dem preußischen Junkertum müsse man aufräumen. Da die Wahl der Arbeiterräte in den Betrieben unmittelbar bevorstand, wurde auch auf deren Bedeutung hingewiesen:

„Die Arbeiterräte haben sich für die Durchführung der Revolution einzusetzen, sie müssen jeden Augenblick, wenn sie einberufen werden, zur Stelle sein und müssen bereit sein, auch ihr Leben in die Schanze zu schlagen, wenn es gilt, für die Revolution zu kämpfen und die Revolution zu verteidigen. Deshalb Vorsicht bei der Auswahl der Arbeiterräte, damit nicht durch Schwächlinge und Schwammerlinge die Konterrevolution hervorgerufen wird. (...) Die militärische und politische Macht ist in unseren Händen. (...) Zum Wohle der gesamten Arbeiterschaft muß von den Produktionsmitteln Besitz ergriffen werden." (VSt 265/10.11.18)

Für denselben Nachmittag lud die MSPD zu einer Kundgebung mit Hermann Wendel ein. Toni Sender warnte, die allgemeine Zustimmung der Bevölkerung zu optimistisch einzuschätzen:

„Eine Feiertagsstimmung herrscht in der Stadt. Hat die junge Republik nur glühende Anhänger unter der Bevölkerung? (...) Sind sie alle zu Revolutionären geworden? Zumindest bei einigen scheint mir diese Bekehrung zu plötzlich, um wahr zu sein. Diese unerwartete allgemeine Begeisterung für die Republik macht mich äußerst mißtrauisch. Hatten einige dieser Leute nicht dem Kaiser zugejubelt, sich der Aristokratie gebeugt, gegen Frankreich gewettert, die Alliierten verteufelt? Der Wandel kam zu plötzlich. Eine Nacht voll kühner Maßnahmen hatte genügt. Feste Überzeugungen werden nicht so rasch erworben." (Sender, 112)

Daß die Reaktion in den kommenden Monaten versuchen würde, ihre Kräfte zu sammeln, war vorherzusehen. Doch es steht auch fest, daß bis tief ins Bürgertum hinein Hoffnungen mit der Revolution verbunden waren, längst überholte und verkrustete Strukturen aufzubrechen. Zunächst einmal war auf den Straßen eine große Erregung, eine Aufregung, verspürbar.

Die Unruhe der Erwachsenen, die Gespräche zu Hause am Küchentisch, die Ansammlungen von Menschen auf den Straßen, das alles blieb den Kindern ganz selbstverständlich auch nicht verborgen. Fränz May saß gerade mit ihren Eltern und der Schwester in der Küche, als plötzlich der Nachbar

„zu uns in die Wohnung gestürmt kam mit den aufgeregten Worten: ‚Kalise – es ist Revolution! – Ich geh zu mei'm Kartell, mal sehn, ob's was zu tun gibt",

und Fränz erkundigte sich neugierig:

„Was ist das – Revolution?" (May, Brief).

Auch Paul Grünewald erinnert sich noch daran.

„1918 war das so, daß wir Erstklässler in dieser Schule, als sich dann die sogenannten revolutionären Ereignisse abspielten, jede Gelegenheit benutzt haben, um am Schultor zu stehen oder gar über die Straße zu huschen, wenn die revolutionären Matrosen kamen. Das hat mich net nur, das hat alle Kinder irgendwie fasziniert. Und die Unruhe, die in der ganzen Stadt war, die hat sich schon übertragen auf die Schule." (Grünewald, 4f.)

Es war ganz sicher eine gehörige Portion Abenteuerlust dabei, die die Kinder – aber auch die Jugendlichen – verspürten. Nun wurde nicht mehr Krieg, nicht mehr Indianer oder Trapper, es wurde Revolution gespielt. Sie identifizierten sich mit den Martrosen und Soldaten, die die alten Autoritäten in Frage stellten, die den Offizieren die Rangabzeichen abrissen. Sich gegen die Unterdrückung zu wehren, das war etwas, was auch Kinder bestens verstehen konnten. Sie wollten miterleben, was sich auf den Straßen abspielte. Dabei waren die Eltern häufig längst nicht so unbesorgt wie die Kinder, sondern sie ängstigten sich um sie.

„Unser Eltern habbe uns zusammengehalte wie so e Schafherd, daß ja nix passiert. Das heißt, sie hat ja aach nit immer Zeit gehabt, mei' Mutter. Sie mußt' ja aach noch schaffe gehe, mei' Mutter." (Beck, 8)

Diese Gelegenheit, wenn die Eltern nicht zu Hause waren, nutzten die Kinder, um nach draußen zu entwischen. Doch auch auf die Jugendlichen übte die Aufregung eine ganz ungeheure Faszination aus.

„Abends, da konntste mich nur an den Stellen sehen, verstehste. Abends war ich immer unterwegs und hab geguckt, was los is, des war mein Fall schon damals!" (Bischoff, 36f.)

Die Kinder entwickelten sehr schnell ein feines Gespür für die veränderten Machtverhältnisse im Land. Es dauerte nicht lange, da waren auf Frankfurts Straßen die ersten Spottreime auf die alte Gesellschaft zu hören.

Es braust ein Ruf von Holland her,
der Wilhelm ist kein Kaiser mehr;
der Wilhelm, der muß Schildwach stehn,
die Kaiserin muß hamstern gehn.

Es zogen drei Burschen wohl über den Rhein
Der Kaiser, der Kronprinz, wer mocht es noch sein?
Der Ludendorff, der dritte im Bund,
mit seinem dörrspatzigen Hund.

(Wehrhan 1, 99)

Am 11. November sollte der Sieg über die alten Mächte gefeiert werden. Für den Vormittag rief der Arbeiter- und Soldatenrat zu einer Großkundgebung in den Ostpark auf.

„Von allen Seiten her nahten in langen dunklen Zügen, denen rote Fahnen voranschwebten, die Arbeiter und Arbeiterinnen der Industriewerke und ballten sich auf dem weiten Feld zu einer unübersehbaren Menge zusammen, um die Ansprachen ihrer Führer zu hören. Der Gegensatz zwischen den beiden Parteien schien verschwunden." (Drüner, 338f.)

Bernard und Groger von der MSPD, Dißmann, Hüttmann und Quarck von der USPD hielten Reden.

„Alle mahnten zur Ordnung und Einigkeit und bezeichneten es als die wichtigste Aufgabe, die Staatseinrichtungen im Sinne des Sozialismus auszubauen." (ebd., 339)

Am Abend des 11. November war die Bildung des Arbeiterrates abgeschlossen, die Delegierten (1 pro 400 Arbeiter) waren in Betriebsversammlungen gewählt und ein paritätisch besetzter „Vollzugsausschuß" gebildet worden. Toni Sender wurde Generalsekretärin des Arbeiterrates. Auch in der Vollversammlung des Soldatenrates wurden neue Akzente gesetzt. Moser und Reinhardt wurden abgewählt, da man ihnen Diktatur und eigenmächtiges Treiben vorwarf. Leopold Harris wurde neuer Präsident.

Die Spartakusgruppe in Frankfurt mit ihrem Wortführer Fritz Meyer, der bis 1917 bei der Volksstimme arbeitete, war zahlenmäßig unbedeutend. Sie trat nicht der USPD bei, sondern blieb, wohl weil Dißmann eine eigenständige Gruppe innerhalb der USPD nicht akzeptieren wollte, organisatorisch selbständig. Doch trotz ihrer minimalen Stärke war sie immerhin in den revolutionären Gremien vertreten.

Nachdem sich Arbeiter- und Soldatenrat endgültig konstituierten, ihre Kompetenzen geklärt und abgegrenzt hatten, mußten die Positionen der Räte gesichert und ihre Anerkennung als höchste Autorität in Frankfurt bei allen Institutionen durchgesetzt werden. Mit am Anfang stand die Unterstellung der Universität unter die Kontrolle des Arbeiterrates. Hugo Sinzheimer sprach vor dem Senat.

„Ich komme, um Ihnen zu sagen, daß das neue Deutschland den Geist und den Humanismus fördern möchte. Die Vertreter der Revolution sind von Verehrung für beides erfüllt." (Sender, 118)

Er garantierte die Freiheit für Wissenschaft und Forschung. Professorenkollegium und Senat erkannten die Autorität des Arbeiterrates an. In einer Studentenversammlung ging es dagegen bei weitem nicht so glatt ab.

„Die Studenten widersprechen laut. Sie dringen auf den Redner ein und wollten ihn niederschreien. In der akademischen Jugend von Frankfurt sitzt noch tief das reaktionäre Blut. Offenbar ist ein Teil der Studenten auch deshalb erregt, weil der Polizeipräsident scharfe Worte gegen das Korpsstudententum gebraucht und das Tragen von Farben und den Zweikampf während der Revolution verboten hat. Der Auftritt in der Vorhalle der Universität ist eines der unliebsamsten Erscheinungen während der Revolutionszeit..“ (Altmaier, 40)

Doch schließlich verabschiedeten die Studenten eine Resolution und „stellten sich dem Arbeiter- und Soldatenrat mit ganzer Kraft zur Verfügung“. (Lucas, 32)

Als die Stadtverordnetenversammlung am 12. November zusammentrat, legte ihr der Vertreter des Arbeiterrates folgende Erklärung vor:

„Der Arbeiter- und Soldatenrat ist die höchste Vertretung der Stadt. Er ist eingesetzt von dem revolutionären Volke und übt seine Macht zugunsten des schaffenden Volkes aus.
Der Arbeiter- und Soldatenrat erwartet, daß alle Behörden und Vertretungskörperschaften von Frankfurt a.M. die gegebenen Machtverhältnisse anerkennen. Sie haben ihre Tätigkeit in Übereinstimmung und unter Kontrolle des Arbeiter-und Soladatenrates auszuüben..
Die Stadtverordneten-Versammlung und der Magistrat würden bis zur Schaffung neuer Notwendigkeiten, spätestens bis zur Ausrichtung einer neuen Gemeindeordnung in der deutschen sozialistischen Republik ihre Tätigkeit in ihrer gegenwärtigen Zusammensetzung auszuüben haben.“ (§ 581, Sitzung v. 12.11.1918)

Einstimmig unterwarf sich die Stadtverordnetenversammlung den Forderungen des Arbeiter- und Soldatenrates. In den Magistrat wurden 4 Kontrollpersonen (2 MSPD, 2 USPD) entsandt, und am Tag darauf wurde die rote Fahne auf dem Rathaus gehißt.

Als besonders pikant empfand Toni Sender den Besuch des kommandierenden Generals des XVIII. Armeekorps in den Räumen des Arbeiterrates.

„Er trat sehr feierlich in Zivilkleidung auf, um sich dem Arbeiter- und Soldatenrat zur Verfügung zu stellen. Dabei äußerte er sein Verständnis für die Entwicklung der letzten Tage und gab, anscheinend von echtem Patriotismus beseelt, seinen Wunsch zu erkennen, im Interesse des Wohlergehens der Nation die Massen zu unterstützen. Nur wer die stolze Kaste der deutschen Generäle gekannt hat, vermag sich vorzustellen, was für ein Maß an Selbstverleugnung dieser Mann für seinen Schritt aufbieten mußte.“ (Sender, 116)

Viele Probleme mußten bewältigt werden. Ein ganz wesentlicher Beitrag dazu war, daß sich der Arbeiterrat schon zu Beginn seines Bestehens die Kontrolle über die wichtigsten städtischen Ämter verschaffte. Er entsandte Delegierte in das Lebensmittel-, das Arbeits-, Wohnungs-, Wohlfahrts- und Jugendamt, in die Schulbehörden, die Anstaltsdeputation, das Elektrizitäts- und Bahnamt. Es wurden Vertreter in die Oberpost- und die Eisenbahndirektion geschickt, und Max Quarck wurde Mitte November in das Regie-

rungspräsidium nach Wiesbaden delegiert. (Lucas, 17) Sie mußten versorgt und untergebracht, mit der politischen Situation vertraut gemacht und dem Einfluß konservativer Offiziere entzogen werden. Toni Sender sagte:

„In diesen ersten Wochen der Republik hatte ich sehr wenig Zeit zu schlafen. Viele Nächte mußten wir angesichts der großen Probleme ohne Pause durcharbeiten. Was sollte mit den 70000 oder 80000 Munitionsarbeitern und den zurückkehrenden Soldaten geschehen? Die Fabrikherren beabsichtigten, die Herstellung von Munition fortzusetzen. Natürlich nahmen sie an, daß die Regierungskontakte weiterlaufen würden. Wir widersetzten uns entschieden dieser Vorstellung. Dies war ein neues Regime, das der Welt seinen Friedenswillen bekunden wollte." (Sender, 19)

Vordringliche Aufgabe war die Garantie der öffentlichen Sicherheit und Ordnung. Immer wieder kam es zu Plünderungen von Lebensmittelvorräten oder Kleiderlagern. Neben der bisherigen Polizei wurden deshalb zwei zusätzliche Formationen aufgestellt. Die Marine-Sicherheitsdienst (ca. 200 Leute) mit Grönke, dann mit Stickelmann an der Spitze, wird von Drüner als der einzige Machtfaktor bezeichnet, mit dem man ernsthaft rechnen mußte. (Drüner, 324) Nach seinem Tätigkeitsbericht vom 24.12.1918 in der „Volksstimme" hat er in der relativ kurzen Zeit 180 Plünderungen „gehemmt oder verhindert".

Über den Marine-Sicherungsdienst – hier mit Stickelmann in der Mitte – schrieb Jakob Altmaier 1919:

„Die Matrosen aber waren das Vorbild für alle, und wenn keine Patrouille mehr aufzutreiben war, ein Seemann fand sich immer. (...) Wenn Frankfurt bisher ruhig schlafen konnte, ist es dem Marinesicherungsdienst zu danken (...). Millionen von Werten haben die Matrosen gerettet und alle, die sich in der Revolution ‚gesund' machen wollen, scheuen sie wie den Tag." (Altmaier, 57)

Auf dem Opernplatz, vor dem Hauptbahnhof, an einigen Stellen des Stadtrandes und an Ausfallstraßen wurden große Plakatständer aufgestellt, auf denen stand: „Die Deutsche sozialistische Republik grüßt Euch. Die alten Gewalten sind durch die Revolution des schaffenden Volkes gestürzt. Künftig seid Ihr Herr Eurer Geschicke."

„Die Matrosen aber waren das Vorbild für alle, und wenn keine Patrouille mehr aufzutreiben war, ein Seemann fand sich immer. (...) Wenn Frankfurt bisher ruhig schlafen konnte, ist es dem Marinesicherungsdienst zu danken, zu dem sie sich umgebildet hat. Gehaßt von dem Westend, gefürchtet von den dunklen Gestalten der Altstadt, von allen Eisenbahndieben und Automobilschiebern, von den Apachen der Wildemanngasse bis zu den Kavalieren in Lackschuhen. Millionen von Werten haben die Matrosen gerettet und alle, die sich in der Revolution ‚gesund' machen wollen, scheuen sie wie den Tag." (Altmaier, 57)

Am 15. November gab Sinzheimer die Bildung der Arbeiterwehr, später „Hilfspolizei" genannt (ca. 1 300 Leute), „zur Ergänzung der bisherigen Sicherheitsstellen" (Verordnungsblatt Nr. 59) bekannt, in die nur politisch und gewerkschaftlich geschulte Arbeiter aufgenommen wurden. Ihr bescheinigt Drüner keine allzu große Ernsthaftigkeit und kein Durchsetzungsvermögen.

„Ihr äußeres Auftreten in den Straßen rief nicht gerade den Eindruck militärischer Strammheit und Furchtbarkeit hervor." (Drüner, 342)

Zusätzlich zu diesen beiden Formationen ließ die Entente eine Truppe des ehemaligen Heeres mit Polizeifunktionen zu.

Die politischen Differenzen zwischen Arbeiterrat und dem eher unpolitischen Soldatenrat mußten nicht lange ausgetragen werden. Nach den Waffenstillstandsbedingungen fiel Frankfurt in die neutrale Zone. Daher löste sich der Soldatenrat bereits Mitte Dezember 1918 wieder auf. Dagegen war die Macht des Arbeiterrates für die nächsten Monate unangefochten. Doch die alten Mächte waren nicht wirklich verschwunden, viele hatten sich nur angedient, um so besser überleben zu können. General Groener schrieb über sein Bündnis mit Ebert vom 10. November:

„Am Abend (des 10. November) rief ich in der Regierungskanzlei an und teilte Ebert mit, daß das Heer sich seiner Regierung zur Verfügung stelle. (...) Das Offizierskorps verlangte von der Regierung die Bekämpfung des Bolschewismus und sei dafür zum Einsatz bereit. Ebert ging auf meinen Bündnisvorschlag ein. (...) Wir (die Offiziere der O.H.L.) hofften, durch unsere Tätigkeit einen Teil der Macht im neuen Staat an Heer und Offizierskorps zu bringen, gelang das, so war der Revolution zum Trotz das beste und stärkste Element des alten Preußentums in das neue Deutschland hinübergerettet.“ (Ritter, 98f.)

Doch weithin sichtbar war zunächst einmal die Aufbruchstimmung, die Bewegung, die die Stadt und ihre Bevölkerung ergriffen hatte:

„In der Altstadt flatterten an manchen Häusern schmale rote Fahnenbänder; die Bewohner hatten von den deutschen Fahnen die Farben des Preußentums, die man als scharf, schneidend, kalt empfand, abgetrennt und nur das freudig leuchtenden Rot übrig gelassen.“ (Drüner, 337)

3. Frankfurt am Vorabend des Ersten Weltkrieges

Frankfurt war kein besonders dramatischer Schauplatz der Novemberrevolution, aber in den Alltäglichkeiten und Besonderheiten spiegelte sich sowohl die allgemeine Lage und Stimmung der Massen als auch der Zustand des wirtschaftlichen und politischen Klassensystems wider. Man muß bis weit in die Vorkriegszeit zurückgehen, um zu verstehen, wie was und warum 1918 in Frankfurt am Main geschah. Dabei spielt die durch die Industrialisierung hervorgerufene Dialektik von Reichtum und Verelendung eine zentrale Rolle.

Erst die Annexion durch Preußen 1866 und die damit verbundene Einführung der Preußischen Gewerbeordnung und Gemeindeverfassung schufen die Voraussetzung für die schnelle industrielle Entwicklung. Die entscheidende Welle der Industrialisierung brachte der nach dem deutsch-französischen Krieg und der Reichsgründung von 1871 einsetzende „Gründerboom". Die geographische Lage an einem schiffbaren Fluß und das milde Klima boten günstige Voraussetzungen. Eine verbesserte Infrastruktur durch Fernstraßenbau sowie ein Ausbau des Eisenbahnnetzes machten Frankfurt zum nationalen wie internationalen Knotenpunkt des Eisenbahnverkehrs, die Kanalisierung des Mains brachte den Anschluß an das nationale und internationale Binnenwasserstrassennetz. Wichtigste weitere Voraussetzungen für die Industrialisierung waren darüber hinaus die Massierung des Finanz- und Handelskapitals sowie das ergiebige Potential an verarmten Menschen aus dem Frankfurter Umland. (s. Anm. 2) Die Stadt wurde vor allem für die weiterverarbeitende Industrie ein idealer Standort. Das traditionell produzierende Gewerbe hatte lange versucht, die bedrohliche Konkurrenz abzuwenden. Viele Handwerksbetriebe wurden entweder von der Industrie verdrängt, gingen in ihr auf oder wurden allmählich zu reinen Reparaturbetrieben degradiert, so vor allem Schuhmacher, Schneider, Schlosser oder Schmiede. (Geisler, 58ff.)

Die größten Industriezweige, die Metallindustrie und die chemische Industrie, wurden erst durch die Eingemeindung zu Ende des 19. und Beginn des 20. Jahrhunderts zur „Frankfurter Industrie". Der Drogen- und Farbwarenhandel hatte schon zu Beginn des 19. Jahrhunderts eine große

Bedeutung. Der Frankfurter Wirtschaftsraum entwickelte sich bereits vor dem Ersten Weltkrieg zu einem Hauptstandort der chemischen Industrie. In der elektrotechnischen Industrie stand die Stadt neben Berlin an erster Stelle. Weitere wichtige Industriezweige wurden: Textil-Verarbeitungsindustrie, Leder- und Linoleumindustrie, Bauindustrie, Nahrungs- und Genußmittelindustrie, Papierindustrie, Vervielfältigungsgewerbe, Gummi- und Asbestindustrie, die Fabrikation sanitärer Anlagen und die Möbel- und Möbelzubehörindustrie. (Wirtschaftsgrundlagen, 19) Durch das Zusammenwirken von Gewerbe, Banken und Handel flossen enorme Kapitalmengen zusammen. Frankfurt galt als die führende Stelle im Bankwesen für ganz Südwestdeutschland und als eine der reichsten europäischen Städte. Es war - nach Drüner - ein

„wohnlicher Raum für ein frohes, tätiges Menschengewimmel, das sich unter dem Schutz eins mächtiges Staates sicher und frei regen darf." (Drüner, 28)

Doch das reiche, frohe, tätige, sichere und freie Leben und den Schutz des Staates gab es nur für eine Minderheit der in der Stadt lebenden Menschen. Für die Masse war die Entwicklung sowohl Hoffnung wie Bedrohung. Die Zerstörung der traditionellen Wirtschaftsstrukturen auf dem Lande trieb die Menschen in die Stadt. Sie mußten den Maschinen zu deren Standort folgen. Die gewaltige Binnenwanderung - und bis dahin unbekannte soziale Umschichtung der Bevölkerung - brachte für Millionen von Menschen eine soziale Deklassierung, wirtschaftliche Verelendung und eine geistig-kulturelle Entwurzelung (s. Anm. 3).

Die Stadt wuchs jedoch nicht nur durch Zuwanderung. Vier große Stadterweiterungen in den Jahren 1877 (Bornheim), 1895 (Bockenheim), 1900 (Niederursel, Oberrad, Seckbach) und 1910 (Berkersheim, Bonames, Eckenheim, Eschersheim, Ginnheim, Hausen, Heddernheim, Praunheim, Preungesheim, Rödelheim) brachten beträchtlichen Zuwachs an Gebiet (6456 ha = 47,9 Prozent der Grundfläche nach 1900), an Menschen (rd. 75000) sowie an Gewerbe und Industrie. (Stat. Handb. II, 15; 52) Auch nach 1910 wuchs Frankfurt jährlich um 1,5 bis 2 Prozent. Zugleich aber wurde Jahr für Jahr 1/5 bis 1/6 der Bevölkerung vollständig ausgetauscht. Mehr als 1/3 der gesamten Einwohnerschaft wechselten Jahr für Jahr Wohnsitz und Arbeitsplatz. Die einen kamen, die anderen gingen. So wanderten z.B. 1912 bei einer Gesamtbevölkerung von 429100 Menschen 80475 (18,8 %) zu und gleichzeitig 74689 (17,4 %) ab. Das war ein realer Zuwachs von 1,35 %. (Stat. Handb. II u. Verw. Ber. 1912) Der Zuwachs der Bevölkerung beruhte überwiegend auf diesem Wanderungsgewinn. Daß diese Zu- und Abwanderer nur zu einem Bruchteil zu den Besserverdienenden gehörten, ergibt sich schon daraus, daß 1912/13 lediglich 22,4 bzw. 14,1 % unter ihnen steuerpflichtig waren. (ebd.)

„Es gab also ein erschreckend großes Heer von heimat- und wurzellosen Menschen, von ‚fahrenden Leuten' des Industriezeitalters, die bald hier, bald dort Fuß zu fassen versuchten, aber sich nirgends mit der ansässigen Bevölkerung organisch verbanden, sondern von dem wechselnden Windhauch des Arbeitsmarktes hin- und hergetrieben wurden, - Flugsand auf dem Gelände der sozialen Schichten." (Drüner, 32)

Ältere Frankfurter erinnern sich noch an die Lage ihrer Eltern oder deren Arbeitskollegen und die Gründe, warum sie ihre angestammte Heimat, das gewachsene Sozialgefüge verließen. Solche Aussagen verdeutlichen, welche soziale Wirklichkeit hinter nackten statistischen Zahlen steht.

„Wir habbe e armselig klein' Butchen gehabt, und der Vater war Landarbeiter gewesen. Der Großvater, der war Dorfschmied, aber in so nem kleinen Dorf ist ja nit viel zu mache gewese. Dann sin mir nach Frankfurt, und da hat der Vater nachher Arbeit gekriegt bei de Adler-Werke." (Doll, 3)

Besonders auf die umliegenden Mittelgebirgsregionen des Odenwalds, des Taunus, der Rhön, des Spessarts, Hunsrücks, Westerwalds, die zu Notstandsgebieten mit einem großen Anteil darbender Bevölkerung geworden waren, übte die Frankfurter Industrie einen unwiderstehlichen Sog aus. Karl Reimann erzählt, wie es seine Mutter damals nach Frankfurt verschlug:

„Die Mutter stammt aus Unterdürrbach bei Würzburg. Der Vater war Bahnarbeiter im Würzburger Bahnhof, und wie es bei den Leutchen war, es hat jeder ein kleines Weinbergelchen am Haus gehabt. Und der ganze Stolz vom Großvater war der, daß er für sich mittags und abends ein kleines Trinkglas Weißwein und ein großes Glas Johannisbeerwein und für die Mutter ein kleines Trinkgläschen Weißwein hatte. Und die Kinder, das war natürlich so ein gutes Dutzend am Tisch gewesen, und es war ein bißchen sehr knapp. – Die schulische Ausbildung in dem Dorf war eine Klosterschule. Und mit solchem Wissen sind nachher die Mädchen mit 14 Jahren in Stellung geschickt worden. Und da sind se natürlich sehr bald unter die Räder gekommen. Da gab's kaum ein Mädchen aus dem bayerischen Raum, was nit en Kind erwartet hat." (Reimann, 4f.)

Ganz abgesehen davon, daß es im Frankfurter Umland wegen der Erbteilung nur wenige Großbauern gab, die Hofgesinde brauchten, war die Bezahlung in der Stadt in der Regel besser, und das städtische Dienstmädchen stand auf der sozialen Leiter immer noch deutlich höher als die Bauernmagd. So suchten auch jüngere Frauen aus ferneren Gegenden hier zunehmend nach einer neuen Existenz:

„Meine Mutter ist nun um die Jahrhundertwende, da wird sie so 20 Jahre gewesen sein, aus Ostpreußen nach dem Westen gekommen. Ich vermute, daß zu dieser Zeit Frankfurt der größte Ort war, wo die Entwicklung schon so fortgeschritten war, daß auch ein junger Mensch das Gefühl hatte, da kann er existieren." (Beyer, 4)

Nach Drüner kam mehr als 1/4 der Bevölkerung Frankfurt des Jahres 1910 aus dem süddeutschen Umland, d.h. aus dem „Ausland", denn rechtlich gesehen waren sie Ausländer. Sie waren zugezogen aus:

Hessen (Großherzogtum)	42277
Bayern	38672
Württemberg	15459
Baden	13892 = 110300 (Drüner, 473)

In dieser Aufstellung sind die Zuwanderer aus der Provinz Hessen-Nassau noch nicht enthalten.

Der rasante wirtschaftliche Aufschwung hatte viele ungewollte Nebenwirkungen. So ballte die Industrie die Menschen enger zu gemeinsamer – oft stupider, entqualifizierter – Arbeit zusammen, andererseits entfremdete sie sie einander, lockerte den sozialen Zusammenhalt, verschärfte vorhandene Spannungen. Der Bürger Drüner bedauert die Proletarisierung Frankfurts und verweist im Rückblick auf die dadurch entstandene Gefahr für die bestehenden Herrschafts- und Sozialstrukturen.

„Jener Zustrom nämlich ... bestand in der überwiegenden Mehrzahl aus unbemittelten Menschen. (...) Da nun diese unbemittelten oder wenig bemittelten viel rascher zunahmen als die besser gestellten, so verschob sich die „soziologische" Zusammensetzung der Bewohnerschaft Frankfurts in dem Sinne, daß die wohlhabenden und zumal die wirklich reichen Bürger zu einer immer kleineren Minderheit gegenüber der großen Masse wurde, – ein Zustand, der für den inneren Zusammenhang und die Festigkeit des sozialen Gesamtgefüges nicht günstig war." (ebd., 30)

Statistiken werden in der Regel nicht erstellt, um Klassen- und Herrschaftsstrukturen der Gesellschaft durchsichtiger zu machen. Nur wenn man Bevölkerungs-, Berufs- und Wirtschaftsstatistiken einer Sekundäranalyse unterzieht, kann man die wirkliche soziale Struktur Frankfurts vor dem Ersten Weltkrieg rekonstruieren. Unter Zugrundelegung der Einkommensstatistik (Stat. Handb. II, 72) und des Verwaltungsberichts von 1912 (S. 91) läßt sich die Bevölkerung im Jahre 1912 (auf volle 1000 auf- oder abgerundet) etwa in die Einkommensklassen aufteilen:

Gesamtbevölkerung 1912: 436499 Einwohner				
Jahreseinkommen von – bis	Familienzugehörige		Prozent der Bevölkerung	
unter 900 Mk. = steuerfrei	120000		27,5 %	
900 – 1500 Mk.	+ 158000		+ 36,2 %	
bis 1500 Mk. = notleidend		278000		63,7 %
1500 – 3000 Mk.	+ 101000		+ 23,3 %	
Proletarier und unterste Kleinbürgerschicht (unter 3000 Mk.)		379000		87,0 %
Kleinbürger (3000 – 30500 Mk.)	53000		12,1 %	
Bürger (30500 – 100000 Mk.)	3154		0,7 %	
Großbürger (über 100000)	909		0,2 %	

Nach der Berufszählung von 1907 (Stat. Handb. II, 76) – der letzten vor dem Krieg – ergibt sich folgendes Bild: von 341173 gezählten „Berufszugehörigen" (Berufstätige und ihre im Haushalt lebenden, nicht berufstätigen Familienangehörigen und Dienstboten) entfallen auf die Gruppen

A:	Sonstige Gehilfen, Lehrlinge, Fabrikarbeiter, Lohn- und Tagesarbeiter	164000 = 48,1 %
B:	untergeordnete Verwaltungs-, Aufsichts-, Rechnungs- und Büroangestellte	39000 = 11,4 %
C:	Öffentlicher Dienst einschl. Militär und Kirchen	28000 = 8,2 %
D:	Selbständige, leitende Beamte, Geschäftsführer, Pächter	80000 = 23,5 %
E:	Ohne Beruf bzw. ohne Berufsangabe	30000 = 8,8 %

Die Gruppe A und B gehören eindeutig zur Klasse der „Lohnarbeiter". Von der Gruppe C können etwa 2/3 (5,5 %) als Soldaten, Unteroffiziere und untergeordnete Beamte ebenfalls als „proletarisch" eingestuft werden. Der Rest ist weit überwiegend dem Kleinbürgertum zuzuordnen. Die Gruppe E dürfte nur in geringem Maße aus kleinbürgerlichen „Rentiers" bestanden haben. Nach der Berufsstatistik ergibt sich also ein Anteil der Lohnarbeiterklasse von ca. 72 %. Der nichtproletarische Bevölkerungsanteil besteht demnach aus ca. 95000 Personen bzw. ca. 28 %. (vgl. Anm. 4) Auf den ersten Blick erscheint das viel. Berücksichtigt man jedoch, daß zu den Selbständigen auch die letzten Main-Fischer mit kümmerlichem Einkommen, der fast ausschließlich von Flickschusterei lebende Schuster im Arbeiterviertel gehört, oder daß zu den „sonstigen Geschäftsführern" auch der Pächter des „Wasserhäuschens", die kleinen Straßenhändler und Hausierer gezählt werden, so verliert auch diese Gruppe viel von ihrem Glanz. Wie so oft verschleiert diese Statistik mehr als sie enthüllt. Aus der Einkommensstatistik ergibt sich, daß von dieser Gruppe nur 4063 Personen zu den wohlhabenden und reichen Familien Frankfurts gehörten und daß ca. 53000 Menschen zu dem besser verdienenden Kleinbürgertum gerechnet werden konnten. Das bedeutet aber, daß ca. 40 % des Kleinbürgertums nicht wesentlich oder gar

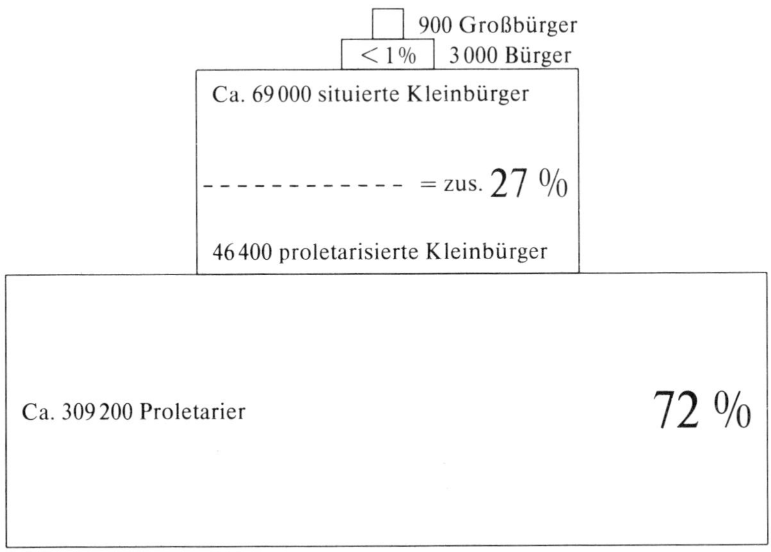

Klassenstruktur Frankfurts ca. 1912 (insgesamt 429 000 Einwohner)

nicht besser als die Masse der proletarischen Familien lebte. Die Graphik ergibt sich, wenn man unterstellt, daß sich die Klassenstrukturen in der Bevölkerung in der Zeit von 1907 bis 1912 nicht wesentlich verschoben haben. Hinzu kam, daß die so schnell wachsende Großstadt am äußeren Rande des preußischen Staatsgebietes enorme Probleme bei der Versorgung der Bevölkerung mit Lebensmitteln hatte. Die Landwirtschaft im Stadtgebiet und im Umland war nicht in der Lage, den Bedarf zu decken. So entstand eine immer größere Abhängigkeit von den deutschen Nachbarstaaten, aber auch vom ferneren Ausland. Vor allem in den letzten Vorkriegsjahren führten die Versorgungsengpässe zu enormen Teuerungswellen. Unzufriedenheit, Arbeitskämpfe und öffentliche Proteste nahmen stark zu. Die Versorgung mit Milch, Fleisch, Kartoffeln und Gemüse war oft prolematisch. Diese Lage wurde von den Produzenten massiv ausgenutzt. Das belegte der Frankfurter sozialdemokratische Abgeordnete Emmel am 23.11.1910 in einer Reichstagssitzung:

„Wie weit die agrarische Unverschämtheit stellenweise geht, zeigt wohl am besten ein vertrauliches Zirkular, das von Mitgliedern des Bundes der Landwirte in der Nähe von Frankfurt herausgegeben ist.
‚Die Knappheit der Milch hält an. Die Milchhändler suchen fortwährend Milch. Wir legen Ihnen im eigenen Interesse der Gesamtheit nahe ... Ihren Abnehmern einen höheren Preis, und zwar 17 Pfennig frei Frankfurt, abzuverlangen, und bitten Sie, Ihrerseits nicht dazu beizutragen, daß der Milchmarkt für uns verschlechtert wird, indem Sie weitere Milchkühe einstellen.'"

Und er fuhr fort:
„Hier wird vom Bund der Landwirte direkt der Versuch gemacht, die Versorgung des deutschen Volkes mit Lebensmitteln zu hintertreiben, zu verhindern, daß genügend Lebensmittel auf den Markt kommen, damit sie Wuchergeschäfte treiben können, Preistreiberei in einer Weise vornehmen können, daß sie die Preise unerhört in die Höhe treiben." (Sten. Ber. über die Verh. d. Reichstages, S. 3064f.)

Emmel belegte in derselben Sitzung, daß der allgemeine Rückgang des Fleischverbrauchs und die gleichzeitige Zunahme von Pferde- und Hundeschlachtungen darauf zurückzuführen ist, daß

„die reichen Leute nicht das Pferdefleisch und das Hundefleisch genießen, sondern daß die ärmeren Klassen der Bevölkerung es sind ... weil sie anderes Fleisch nicht mehr kaufen können." (ebd.)

Die Kinder auf der Straße machten sich darauf schon ihren Reim:

Es Schweinefleisch is teuer,
es Rindfleisch is knapp.
da gehn mer bei de Drißler [Pferdemetzger in Sachsenhausen]
und hole uns Trabb-trabb.

Ich hab nicht gegessen vom Borstenvieh,
ich hab gegessen vom Hottihüh. (Werhahn, 98)

1911 kam es wie überall im Reich auch in Frankfurt zu Protestaktionen gegen die Teuerungswelle. (Chronik I, 152) Die Stadt, von alters her gut versorgt mit privaten mildtätigen Stiftungen reicher Bürger (ca. 200), richtete sich zur Sicherstellung der Volksernährung Volksküchen, Arbeiterspeiseanstalten und Suppenanstalten für Schulkinder ein. (Drüner, 33f.) Das war ein bitterer Vorgeschmack auf die Kriegsjahre. Es gab jedoch keinerlei Koordinierung der Arbeit der Stiftungen untereinander oder mit den kommunalen oder staatlichen Institutionen der Armenhilfe, Jugendfürsorge oder in der Sozialpolitik. Die Vereine wollten sich nicht immer in die Karten schauen lassen. (s. Anm. 5)

Die Aufwendungen für die Armenunterstützung mußten Jahr für Jahr gesteigert werden. Vor allem wuchsen die Aufgaben auf dem Gebiet der Jugendfürsorge, so daß sie aus dem Armen- und Waisenamt ausgegliedert und 1914 ein eigenständiges Jugendamt errichtet wurde. Bei denn Einkommensverhältnissen und den hohen Lebenshaltungskosten wundert es kaum, daß 1914 in der reichen Stadt Frankfurt am Main 45706 Personen oder mehr als 10 Prozent der Einwohner der Armenpflege bedurften. (Stat. Handb. II, 322) Eines der vordringlichsten Probleme der expandierenden Stadt war die Beschaffung des dringend benötigten Wohnraumes. Der gemeinnützige Wohnungsbau errichtete in den 25 Jahren vor dem Krieg 6229 Wohnungen für ca. 25000 Menschen.

„Jedenfalls hat die energische Förderung der sozialen Bautätigkeit soviel erreicht, daß dies typische großstädtische Wohnungselend mit seinen Tausenden von Kellerwohnungen in Frankfurt so gut wie unbekannt blieb. (...) Frankfurt stand, wenn man die Wohndichtigkeit oder die Überbevölkerung nach einem gleichmäßig angenommenen Maßstab untersucht, ziemlich am günstigsten unter den deutschen Großstädten da.“ (Drüner, 37)

Dennoch entsprach die Bautätigkeit keineswegs dem wirklichen Bedarf an neuen Wohnungen. Zur Regulierung des Wohnungsmarktes wurde 1912 ein Wohnungsamt eingerichtet, das die Oberleitung des städtischen Wohnungsnachweises und der neugeschaffenen Wohnungsaufsicht übernahm. Im selben Jahr hatte die Stadt mit ihren 412000 Einwohnern 91762 Wohnungen, in denen 398011 Personen lebten. (Stat. Handb., 32f.) Damit waren 9989 Personen ohne Wohnung. Vergegenwärtigt man sich, wie viele Menschen Jahr für Jahr nach Frankfurt kamen, und weiß man, daß z.B. 1914 lediglich 2404 Wohnungen bis 250 Mark oder insgesamt 8000 Wohnungen bis 400 Mark jährlich bezogen wurden, so wundert es kaum noch, daß ein großer Teil der Neuankömmlinge der Stadt recht bald wieder den Rücken kehren mußte oder daß viele Pendler es „vorzogen“, nicht Frankfurter zu werden, sondern in der Woche in den Schlafsälen der Fabriken hausen und nur am Wochenende nach Hause fahren..

Die überwältigende Mehrheit der Frankfurter war aber nicht nur wirtschaftlich benachteiligt. Die Herrschenden in der Stadt und in Preußen sorgten nach dem Motto „Wer nichts hat, hat auch nichts zu sagen“ dafür, daß ihre Interessen gewahrt blieben. Das Instrument dazu war das preußische und das Frankfurter Wahlrecht. Zum preußischen Landtag durften 26 Prozent weniger wählen als zum Reichstag. Hinzu kam, daß ungleich, nämlich nach Steueraufkommen, gewichtet wurde. 1913 waren z.B. wahlberechtigt:

I. Klasse:	3374 Wähler =	4,3 %
II. Klasse:	12763 Wähler =	16,1 %
III. Klasse:	63043 Wähler =	76,6 %

(Stat. Handb., 449)

Da auf jede Klasse ein Drittel des Stimmgewichts fiel, d.h. die Stimmen von 4,3 % genauso viel zählten wie die von 76,6 %, war sichergestellt, daß im preußischen Abgeordnetenhaus die Stimmen der Minderbemittelten nur von geringer Bedeutung waren. Außerdem war die Wahl nicht geheim, jeder mußte offen vor dem Wahlvorstand bekennen, wem er seine Stimme gab.

Beim Frankfurter Wahlrecht war die Wahl zwar geheim, und alle Stimmen zählten gleich, dafür wurde aber von vornherein eine noch größere Zahl von Bürgern vom Wahlrecht ausgeschlossen.

„Von den 64 Mitgliedern, aus denen die Stadtverordnetenversammlung seit den Eingemeindungen des Jahres 1900 bestand, mußte zunächst einmal die Hälfte Hausbesitzer sein. Die Stadtverordneten wurden für sechs Jahre gewählt – ein Drittel von ihnen schied alle zwei Jahre aus. Das Wahlrecht war zwar direkt und geheim, dafür aber an eine Reihe von Vorschriften geknüpft, als deren wesentlichste die preußische Staatsangehörigkeit und der Zensus zu nennen sind. Jeder Wähler mußte Preuße und 24 Jahre alt sein sowie seinen eigenen Hausstand besitzen und seit mindestens einem Jahre

1. in der Stadt wohnen,
2. keine Armenunterstützung empfangen,
3. die ihn betreffenden Gemeindesteuern bezahlt haben und
4. ein Wohnhaus besitzen oder ein stehendes Gewerbe selbständig mit wenigstens zwei Gehilfen betreiben oder ein Jahreseinkommen von 1200 Mark beziehen."

(Zwischen Römer und Revolution, 38)

Im Reichstagswahljahr 1912 waren nur 56,6 % der Reichstagswähler zugleich kommunalwahlberechtigt. (Stat. Handb., 450) Das so „antipreußisch" eingestellte Frankfurter Bürgertum forderte als einzige Gemeinde in der Provinz Hessen-Nassau die preußische Staatsangehörigkeit als Voraussetzung für den Erwerb des Wahlrechts. Doch damit nicht genug, man ließ sich im Römer noch zusätzlich allerlei Schikanen einfallen, um die Arbeiter vom Wahlgang abzuhalten: man verweigerte lange Zeit den Druck der Wählerlisten, ließ nur an Werktagen wählen, öffnete die Wahllokale so, daß die Arbeiter nur schwer und unter Einkommensverlusten überhaupt wählen konnten. (R+R, 40) Von den liberalen Traditionen, deren sich das Bürgertum so stolz rühmte, war gegenüber der Arbeiterschaft nur wenig zu spüren. wenig zu spüren.

Das krasse Mißverhältnis zwischen den politischen Machtstrukturen und der realen Lage sowie dem erwachenden Bewußtsein der Arbeiter band diese zunehmend an die Sozialdemokratie, die sich durch praktische Kämpfe, durch Mobilisierung vor Wahlen und durch soziale Reformen für die Verbesserung ihrer Lebensverhältnisse einsetzte. Allerdings drückt sich dies weniger in den Mitgliederzahlen des Sozialdemokratischen Vereins für den Wahlkreis Frankfurt aus als vielmehr in Wählerstimmen bei den Reichstagswahlen und im Grad der gewerkschaftlichen Organisierung. Mit Ausnahme der Wahl von 1907 wurde in Frankfurt bereits seit 1887 immer einSozialdemokrat in den Reichstag gewählt. (s. Anh. 6) Von 983 Mitgliedern im Jahr 1900 stieg die Mitgliederzahl bis 1905 auf 2013 und bis 1914 auf 11333 an. Davon waren 15 Prozent Frauen. (VSt 96 v. 25.4.1922) Auch die Freien Gewerkschaften, die sich bereits 1892 zum lokalen Gewerkschaftskartell zusammenschlossen (Eichler, 406), hatten bis 1912 einen starken Mitgliederaufschwung, dann allerdings in der wirtschaftlich schlechten Zeit vor dem Krieg und während des Krieges einen enormen Rückgang zu verzeichnen. (s. Anh. 7) Gegenüber dem hohen Organisationsgrad in den Freien Gewerkschaften waren die Mitgliederzahlen im Christlichen Gewerkschaftskartell nur sehr gering. (s. Anh. 8)

Obwohl sich neben Partei- und Gewerkschaften in Frankfurt schon frühzeitig Arbeiterkultur- und -sportvereine, zum Teil während des Sozialistengesetzes als Tarnorganisationen (vgl. Eichler, 334ff.; 410; Kultur und Massen), Arbeiterinnenvereine und ab 1907 die Arbeiterjugend gründeten (vgl. Die Junge Garde, 23ff.) und mit dem „Konsumverein für Frankfurt am Main und Umgegend" ein recht stabiles sozialdemokratisches Umfeld entstand, wurde lange Zeit

> „der Kern der Partei von einem für Frankfurter Verhältnisse erstaunlich kleinen Kreis von Genossen gebildet." (Eichler, 405)

Erst der Ausbruch der russischen Revolution von 1905 brachte auch hier Bewegung in die Parteiarbeit:

> „Das Vertrauen der Arbeiterbewegung in ihre eigene Kraft nahm zu, und man überdachte gründlicher die aktuellen politischen Aufgaben und Perspektiven der sozialistischen Bewegung." (Stübling, Die Sozialdemokratie, 84)

Die Gewerkschaften beschränkten sich ausschließlich auf Berufsinteressen, auf die Verbesserung der Löhne, der Arbeitsbedingungen und -zeiten und auf die soziale Sicherung im Rahmen der bestehenden Gesellschaft. Statt gegen die wachsende Unternehmermacht oder den Einfluß auf die Staatsgewalt den Klassenkampf zu verschärfen, begann sie sich in den bestehenden Verhältnissen dauerhaft einzurichten. Auch in Frankfurt waren die Gewerkschaften

> „in ihrer Mehrheit den reformistischen Ideen durchaus zugänglich". (Eichler, 406)

Der starke Einfluß der Gewerkschaftsführer und ihre an sozialpolitische Kompromisse gewöhnte Einstellung trug dazu bei, daß die Frankfurter Sozialdemokratie vor dem Ersten Weltkrieg eindeutig von Vertretern der äußersten Parteirechten wie Max Quarck, Heinrich Hüttmann u.a. beherrscht wurde. Obwohl nach 1905 auch gegenläufige Tendenzen an der Basis stärker zunahmen und die Rechte zumindest zu verbalen Zugeständnissen zwang, änderte sich an dieser Struktur bis 1914 nichts. Was Volker Arnold der SPD insgesamt anlastet, daß sich die Partei bereits Anfang des zwanzigsten Jahrhunderts zu einer faktisch in ihrer Politik und ihrer gesellschaftlichen Funktion linksbürgerlichen Reformpartei wurde, obwohl sie in ihrer sozialen Zusammensetzung und ihrem Selbstverständnis weiterhin Arbeiterpartei war (Arnold: Rätebewegung und Novemberrevolution, 7ff.), gilt für die Frankfurter Partei in besonderem Maße. Zwar waren die Sozialdemokraten selbst in den Großbetrieben vor 1914 nicht durch eigene Vertrauensleute vertreten, aber die Literatur-Verantwortlichen der Partei hatten dort einen festen Abnehmerstamm (Stübling, a.a.O., 14), so daß für eine gute Vertreibung sozialdemokratischer Literatur, des Agitationsmaterials und der „Volksstimme" gesorgt war.

„In der Volksstimme war von der Lebenssituation der Arbeiter die Rede, und durch Leitartikel, Berichte, durch den Abdruck Marx-Engelscher Texte („Lohnarbeit und Kapital", Engels' Artikel über die Bauernfrage) suchte die Volksstimme die Arbeiter zu befähigen, theoretisch einzudringen in die kapitalistische Wirklichkeit und erfolgreicher zu kämpfen." (ebd., 17)

Hatte die sozialdemokratische Stadtverordneten-Fraktion 1904 gerade erst zwei Mitglieder, so waren es 1912 bereits 23.

„Die Sozialdemokraten waren auf allen Konfliktfeldern präsent, und trotz des 1200-Mark-Wahlzensus, trotz der persönlichen Anfeindungen (man sprach den Sozialdemokraten u.a. persönliche Tüchtigkeit und Lauterkeit ab), trotz der Ausschließung ... aus dem Magistrat, den Verwaltungsämtern und Deputationen wurde die Sozialdemokratie im Laufe der Jahre zur zweitstärksten Partei im Stadtparlament." (Stübling, Die Sozialdemokratie, 114)

Ein wichtiges kommunales Konfliktfeld wurden die dem Krisenzyklus des Kapitals folgenden Wellen der Arbeitslosigkeit. Zwar wurde die am 1. Mai 1895 mit einem Beamten eröffnete Arbeitsvermittlungsstelle in den folgenden Jahren ständig ausgebaut und zum städtischen Arbeitsamt mit einer gemischten Deputation umgewandelt (Die wirtsch. Demobilmachung, 2) und auch rege in Anspruch genommen, aber es fehlte eine systematische Beschäftigungspolitik. Dieser Forderung der Sozialdemokraten widersetzten sich die Vertreter des Bürgertums aber immer wieder mit Argumenten wie: Arbeiter und Arbeitgeber könnten sich an die Hilfeleistungen der Stadt gewöhnen, die Arbeiter würden womöglich Sparsamkeit und Vorsorge vernachlässigen, und die Arbeitgeber wären versucht, im Vertrauen auf die städtischen Maßnahmen Lohneinsparungen vorzunehmen. (vgl. Stübling, a.a.O., 115)

Die Sozialdemokraten in Frankfurt blieben von sozialpolitischen, wohlfahrtspflegerischen Bemühungen ganz bewußt ausgeschlossen. So liberal waren die Liberalen nun doch wieder nicht, daß sie den Vertretern der Arbeiter Einfluß und Mitentscheidungsrechte etwa in den Deputationen der städtischen Ämter eingeräumt hätten. Sozialpolitik und Armenpflege hatten weiterhin vorrangig polizeiliche, d.h. Ruhe und Ordnung sichernde Funktionen. Den Frankfurter Sozialdemokraten ist es vor allem auf zwei hochpolitischen Gebieten eindrucksvoll gelungen, Massen zu mobilisieren und zu organisieren, die schließlich in den Monaten und Wochen vor der Revolution entscheidend wurden: in der Wahlrechtsfrage und in den Anti-Kriegs-Demonstrationen. Dabei entwickelte sie gelegentlich eine pfiffige Phantasie bei der Übertölpelung der Polizei. Der Parteisekretär Wilhelm Dittmann (1904-1909) berichtete darüber:

„Zu den denkwürdigsten Aktionen der Frankfurter Partei gehört unstreitig die gewaltige Wahlrechtskundgebung gegen das Dreiklassenwahlrecht vom 12. Januar 1908, als die Partei zum ersten Mal zum Mittel der Straßendemonstration griff, um der Öffentlichkeit zu zeigen, daß wirklich das Volk hinter der Forderung des gleichen Wahlrechts stand. Elf Versammlungslokale am Mittag dieses Wahlrechtssonntags tauschten plötzlich die Besucher aus, wobei immer in das im entgegengesetzten Stadtteil liegende Lokal marschiert wurde; die Straßendemonstration war da, und sie wiederholte sich nach Schluß der Versammlungen. So passierten in den Mittagsstunden dieses historischen Tages zur grenzenlosen Überraschung der Polizei und der Öffentlichkeit insgesamt sechzehn Demonstrationszüge die Zeil und die übrigen Hauptstraßen der Stadt." (R+R, 41)

1909 sprach Karl Liebknecht im Schumanntheater. 20000 Menschen zogen anschließend durch die Stadt, und Rosa Luxemburg redete im April 1910 am selben Ort. (ebd.) Ebenso beeindruckend wie die Wahlrechtsdemonstrationen waren die Anti-Kriegs-Demonstrationen der Frankfurter Sozialdemokratie.

Die internationale Arbeiterbewegung erkannte schon frühzeitig die Gefahren eines drohenden Krieges. Auf dem 7. Kongreß der Zweiten Internationale in Stuttgart 1907 wurde die Frage „Militarismus und die internationalen Konflikte" als erster Punkt der Tagesordnung ausführlich diskutiert. Die Forderung von Jean Jaurès, zur Verhinderung des Krieges alle Mittel einzusetzen

„von der parlamentarischen Intervention, der öffentlichen Agitation bis zum Massenstreik und Aufstand" (Braunthal I, 341),

löste in der deutschen Partei eine heftige Debatte aus, in der sich die Gewerkschaftsführer und die Parteirechte mit ihrer Ablehnung des politischen Massenstreiks durchsetzten. Auch in Frankfurt setzte sich die SPD seit Beginn des Jahrhunderts unter dem Eindruck steigender Kriegsgefahren sehr intensiv mit dem preußisch-deutschen Militarismus und der Haltung der Arbeiterbewegung bei einem Kriegsausbruch auseinander. Dabei versuchte man, der Arbeiterschaft die innenpolitische Funktion des Militärs, z.B. bei Streiks, deutlich zu machen und andererseits die Massen zu mobilisieren. (Stübling, a.a.O., 105)

Rosa Luxemburg kam mehrmals zu Veranstaltungen nach Frankfurt. Sophie Ennenbach erinnerte sich an ihre Ausstrahlung auf die Menschen:

„Im Schumann-Theater sagte mir ein Mann, der immer nur Schimpfereien und Verunglimpfungen dieser kühnen, großen Kämpferin ... in der Presse gelesen hatte: ‚Ich hab die Rosa nie leide könne, weesche ihrm fresche Maul, --. Awwer nach der'e Red', da verzeih ich ihr alles.' – Über den Bahnhofsplatz nicht nur, sondern die ganze damalige Kaiserstraße entlang, riefen ihr die begeisterten Arbeiter noch zu." (Ennenbach, 174f.)

In Versammlungen in Bockenheim und Fechenheim sprach Rosa Luxemburg aus, was in vielen anderen Veranstaltungen, Manifesten, Resolutionen, auf Parteitagen so oder so ähnlich schon geäußert wurde:

„Wenn uns zugemutet wird, die Mordwaffe gegen unsere französischen oder anderen ausländischen Brüder zu erheben, so sagen wir: ‚Nein, das tun wir nicht!'" (R+R, 50)

Das Schumanntheater am Bahnhofsplatz zwischen Karlstraße und Taunusstraße war nicht nur ein Ort für Varieté, Zirkus- und Operettenaufführungen, sondern auch beliebter Versammlungsort für Großveranstaltungen der Frankfurter Arbeiterbewegung. Hier sprachen u.a. Karl Liebknecht, Rosa Luxemburg und Hugo Haase. Zuschauerraum und Bühnenhaus des eindrucksvollen Jugendstilgebäudes mit 8000 Plätzen wurden im 2. Weltkrieg zerstört.

Sie mußte sich deshalb vor der 2. Strafkammer des Landgerichts Frankfurt verantworten. Nachdem die Revision gegen das Urteil von einem Jahr Gefängnis im Oktober 1914 vom Reichsgericht verworfen und damit rechtskräftig wurde, schob man den Haftantritt wegen Krankheit zunächst hinaus. Am 15. Februar 1915 wurde Rosa Luxemburg dann verhaftet. (vgl. R+R, 50f.; Rosa Luxemburg: Ich umarme Sie, 8f.)

Die antimilitaristische und antiimperialistische Grundstimmung, die in den Großdemonstrationen in Frankfurt und anderen Großstädten des Reiches zum Ausdruck kam, schlug Ende Juli/Anfang August 1914 innerhalb weniger Stunden in ihr Gegenteil um. Die Nachricht von der Ermordung des österreichischen Thronfolgers beunruhigte die Massen zunächst noch nicht allzu stark. Erst als fast einen Monat später - am 25. Juli - das österreichische Ultimatum an Serbien ablief, steigerte sich die Unruhe.

„Es war ein ungewöhnliches Wogen und Drängen der Menschen auf den Straßen, besonders in der Nähe der Zeitungsstellen und auf dem Bahnhof vor den Depeschentafeln, und unheimlich, wie die Ankündigung eines Unglücks, klang um dieselbe Stunde ein schrilles Signal minutenlang durch die Bahnhofshallen. Am Ausdruck der Gesichter merkte man wohl, es handelte sich um eine Schicksalsfrage, die allen in der Seele brannte. Noch zwei Stunden des Wartens vergingen, da verkündeten die Extrablätter: Die serbische Antwort ist ungenügend, Österreich macht mobil!" (Drüner, 56)

Hochrufe auf Österreich, Menschenansammlungen am Abend und am nächsten Tag, ein Zug von mehreren tausend Menschen vor das österreichische Generalkonsulat und zum kommandierenden General, die den Dreibund hochleben ließen, österreichische Rekruten, die schnellstens an die Front wollten, Veranstaltungen der Katholiken und der verschiedensten Vereine beherrschten von da an die Stimmung in Frankfurt. Doch die Sozialdemokraten waren von ihrer Antikriegspolitik noch nicht zurückgewichen. Zahlreiche Veranstaltungen verkündeten: „Wir wollen uns nicht für die Interessen einer ausländischen Macht auf die Schlachtbank schicken lassen!" In einer Veranstaltung im Gewerkschaftshaus griff Max Quarck die Hinhaltetaktik der Österreicher an und verteidigte die Serben als ein Bauernvolk mit freier, demokratischer Verfassung gegenüber dem absolutistischen, klerikal beeinflußten Österreich. Als am 31.7. das gesamte deutsche Reichsgebiet „in Kriegszustand" erklärt wurde, kam es in Frankfurt zu einem Ansturm auf Banken, alle Versorgungsbetriebe und – auf die Standesämter. (Drüner, 59) Hermann Wendel, SPD-Reichstagsabgeordneter und Redakteur der „Volksstimme", hatte noch zwei Tage zuvor im Gallusviertel eine entschiedene Rede gegen die herrschende Klasse und die Kriegstreiber gehalten. Doch einige Tage später, wieder in Berlin,

„rückte die Sozialdemokratie von ihren antimilitaristischen und internationalistischen Bekenntnissen ab und unterstützte bedingungslos die Regierungspolitik. Hermann Wendel ... paßte sich der Wende ohne Schwierigkeiten an." (König/Stübling: Gewerkschafter..., 66)

Am 31.7. und am 1.8. erschien in der sozialdemokratischen Presse des Reiches ein Artikel Friedrich Stampfers, in dem es u.a. hieß:

„Wenn die verhängnisvolle Stunde schlägt, werden die Arbeiter das Wort einlösen, das von ihren Vertretern für sie gegeben ist, die vaterlandslosen Gesellen werden ihre Pflicht erfüllen und sich darin von den Patrioten in keiner Weise übertreffen lassen." (Ill. Geschichte der deutschen Revolution, 96)

Die Frankfurter Sozialdemokratie paßte sich diesen Vorstellungen, wenn auch mit Stoßrichtung auf den Sturz des Zarismus, sehr gut an.

„Müßten sie (die deutschen Arbeiter) sich aber noch der Mehrheit und Gewalt fügen, ihre ganze Energie und ihre ganze Sehnsucht als Krieger im Felde würde sich zuwenden dem Sturz des Zarismus und seines Blutregiments. Jubeln würde es im Felde über jede Wunde, die die russischen Arbeitsbrüder ihrer Regierung beibrächten, während die Kriegssäulen von außen heranrückten. Und eine Art Versöhnung wäre es für die deutschen Arbeiter mit dem Unvermeidlichen, wenn unter jenem gewaltigen Stoß von innen und außen die Schandwirtschaft des russischen Kosakentums auf dem Throne zusammenkrachte." (VSt v. 31.7.14)

Doch schon zu dieser Zeit rührte sich innerhalb der Frankfurter Sozialdemokraten eine Opposition. Eine Gruppe von Anti-Militaristen und Kriegsgegnern um den Parteisekretär Robert Dißmann lehnte konsequent jegliche Zustimmung zu den Kriegskrediten ab und forderte noch am 3. August die Reichstagsfraktion auf, entsprechend abzustimmen. (vgl. Neuland; In: Ein Krieg wird ausgestellt, 25ff.) Der Massenstimmung entsprach diese Aufforderung allerdings nicht. Um der Gerechtigkeit willen bleibt festzuhalten, daß nicht nur die deutsche, sondern die gesamte internationale Arbeiterbewegung dem Kriegsausbruch ziemlich hilflos gegenüberstand und nicht die Kraft zu den erforderlichen Massenaktionen zur Verhinderung des Kriegs fand. (vgl. Braunmühl I, 354-363) Als die Mobilmachung bekannt wurde, hatte man zumindest die Gewißheit, es war Krieg, und man arrangierte sich damit. Am Abend drängten die Menschen in die Stadt, sammelten sich am Bahnhof und in den Hauptstraßen davor, mehr als 100000 schätzte man.

„Es war die größte vaterländische Kundgebung, von der Frankfurts Geschichte zu berichten hat. (...) Was war es, was die Menschen so bewegte? Eben das Gefühl: ... Wenn es denn einmal sein muß, so wollen wir den uns aufgedrängten Krieg mutig und einig auf uns nehmen; der große Augenblick soll kein schwaches Geschlecht finden!" (Drüner, 61)

Die Kinder, die Mütter, die sich um sie kümmerten, die Alten und Kranken einmal abgerechnet, mochte wohl die Hälfte der Einwohnerschaft auf den Straßen sein. Ein Massenwahn hatte die Menschen gefangengenommen.

Durch den wirtschaftlichen Aufschwung seit Mitte der neunziger Jahre, durch sozialpolitische Maßnahmen, Ansätze zur rechtlichen und faktischen Gleichstellung, ohne daß sich Grundsätzliches an der Lage der Arbeiter, ihrer Ausbeutung und Unterdrückung änderte, ihnen die Gleichstellung in Staat und Gesellschaft prinzipiell verweigert wurde, war die Arbeiterschaft einem „negativen Integrationsprozeß" (vgl. Groh: Negative Integration..., 36ff.) unterworfen worden. Die integrierenden Momente, die Beschwichtigungsversuche der Gewerkschaftsführer, die Arbeiter hätten mehr zu verlieren als ihre Ketten, ließen Zorn und Aggression nie so weit anwachsen, daß sie in politische oder gar revolutionäre Aktionen umschlagen konnten. Die integrierenden Momente wurden noch durch den Ausbau der Umfeldorganisation verstärkt. Das

„führte schließlich zur Ausbildung einer ‚Integrationspartei', die im Idealfall ihre Mitglieder von der Wiege bis zur Bahre, vom Arbeiterkindergarten bis zum Feuerbestattungsverein erfaßte." (ebd., 59)

Die Erhaltung und Absicherung der Organisation wurde vielfach zum höchsten Gut und trug indirekt zur Erhaltung von Staat und Gesellschaft bei. Die Angst, das sozialdemokratische Netz zu gefährden, erstickte vielfach die politischen Aktionen im Keim. Mit Kriegsausbruch wurden die Sozialdemokraten Teil des öffentlichen Lebens. Beschimpfte man sie zuvor als vaterlandslose Gesellen, gab Kaiser Wilhelm nun an, keine Parteien mehr zu kennen, sondern nur noch Deutsche. Die Gewerkschaften wurden mit Kriegsausbruch erstmalig als vertragsfähig von den staatlichen Behörden anerkannt, und auch der „Reichsverband gegen die Sozialdemokratie" stellte seine Tätigkeit ein. (Chronik I, 164) Das war die Gelegenheit zu beweisen, mindestens ebenso gute Patrioten zu sein wie andere Bürger. Auch die Landesverteidigung entsprach sozialdemokratischen Vorstellungen. Die Soldatenpflicht zu erfüllen, war, von der Parteitradition aus gesehen, durchaus selbstverständlich. Man glaubte, nicht nur das vom Feind angegriffene Land, sondern mit der Integrität und Unabhängigkeit Deutschlands zugleich die sozialistische oder zumindest demokratische Zukunft Deutschlands verteidigen zu können. Für die Mehrheit der Sozialdemokraten schien sich die jahrelange Hoffnung zu erfüllen, nicht mehr unterdrückt und verfolgt, sondern gleichberechtigt, gebraucht und anerkannt zu werden. Der Kampf um eine sozialistische Gesellschaft stand nicht mehr im Vordergrund, sondern die Integration in Staat und Gesellschaft.

In der Fraktionssitzung der Sozialdemokraten am 3. August stimmte eine Minderheit von 14 Abgeordneten, darunter der Partei- und Fraktionsvorsitzende im Reichstag, Hugo Haase, sowie Georg Ledebour und Karl Liebknecht, gegen die Bewilligung der Kriegskredite. Die so lange hochgehaltene Fraktionsdisziplin erwies sich allerdings als noch immer so stark, daß die Fraktion am Tag darauf im Reichstag einstimmig der Bewilligung zustimmte. Hugo Haase begründete das:

„Wir stehen vor einer Schicksalsstunde. Die Folgen der imperialistischen Politik, durch die eine Ära des Wettrüstens herbeigeführt wurde und die Gegensätze unter den Völkern sich verschärften, sind wie eine Sturmflut über Europa hereingebrochen. Die Verantwortung hierfür fällt den Trägern der Politik zu; wir lehnen sie ab. Die Sozialdemokratie hat diese verhängnisvolle Entwicklung mit allen Kräften bekämpft, und noch bis in die letzten Stunden hinein hat sie durch machtvolle Kundgebungen in allen Ländern ... für die Aufrechterhaltung des Friedens gewirkt. (...) Für unser Volk und unsere freiheitliche Zukunft steht mit einem Sieg des russischen Despotismus, der sich mit dem Blute der Besten des eigenen Volkes befleckt hat, viel, wenn nicht alles auf dem Spiel. Es gilt, diese Gefahr abzuwehren, die Kultur und die Unabhängigkeit unseres eigenen Landes sicherzustellen. Da machen wir wahr, was wir immer betont haben: Wir lassen in der Stunde der Gefahr das eigene Vaterland nicht im Stich. Wir fühlen uns dabei im Einklang mit der Internationale, die das Recht jedes Volkes auf nationale Selbständigkeit und Selbstverteidigung jederzeit anerkannt hat, wie auch wir in Übereinstimmung mit ihr jeden Eroberungskrieg verurteilen.“ (Chronik I, 164f.)

Doch die hier zur Schau gestellte „innere Geschlossenheit der Nation“ in der Stunde des Schicksals konnte nicht von Dauer sein. Jahrzehntelang tradierte Verhaltensmuster, Einstellungen waren so schnell nicht wirklich verändert worden. Die Folgen des Krieges mußten die „Einheit“ wieder zerstören.

4. Frankfurt während des Krieges

Ein Krieg wird verwaltet

Im gesamten Reich - und so auch in Frankfurt - mußte man sich zunächst auf die Kriegssituation einstellen. Zwar hatte man seit geraumer Zeit mit dem Kriegsausbruch gerechnet, die Planungen dafür waren dennoch nicht sehr weit fortgeschritten. Da die Ereignisse die Stadtverordneten während der Ferien überrollten, gingen erste Aktivitäten nur vom Magistrat aus. Er erließ kurz vor der Mobilmachung am 2. August einen Aufruf an die Einwohner zur freiwilligen Mitarbeit auf dem Gebiet der Kriegsfürsorge. (Drüner, 70f.) Zudem wurden die Stadtverordneten aus dem Urlaub zurückberufen. Sie dokumentierten Einigkeit.
Auch der Sozialdemokrat Zielowski betonte, die SPD und die Arbeiterschaft in Frankfurt und anderswo hätten dasselbe Interesse an der Verteidigung deutscher Kulturgüter wie andere Parteien. (Prot. SVV v. 3.8.1914, §758) Und nun taten sie, was sie immer getan hatten: verwalten. Jetzt hatten sie eben die Aufgabe, den Krieg zu verwalten.

Es entstand schnell eine reich gegliederte Organisation. Die Kriegsfürsorge wurde *die* Lebensader des sozialen Lebens in Frankfurt. Sie gliederte sich in die beiden Hauptzweige städtische Fürsorge und private „Zentrale für Kranken- und Familienfürsorge im Krieg“. Die Organisation des Alltags war nur aufgrund einer intensiven Zusammenarbeit zwischen öffentlicher und privater Wohlfahrtspflege möglich, aber sie setzte zugleich die Einbeziehung der zuvor geschmähten Sozialdemokraten voraus. Sie wurden erstmals über Deputationen und Ausschüsse an der Kommunalverwaltung beteiligt.

Was bewog die herrschenden Klassen, diesen Burgfrieden zu schließen? Vom Kaiser über die Reichsregierung bis hin zu den Bürgermeistern war man sich völlig darüber im klaren, daß man den Krieg nicht gleichzeitig nach außen und nach innen gegen die Arbeiterbevölkerung führen konnte und daß man ihren Vertretern wenigstens ein Zipfelchen der Macht zugestehen mußte. Man beteiligte sie jedoch allenfalls ein Stück weit an Kontrolle und Krisenmanagement und auch das nur in Bereichen, in denen die Lebensverhältnisse der breiten Massen betroffen waren, z.B. in der Lebensmittelversorgung, der Preispolitik, beim Wohnen. Robert Dißmann warnte bereits in der Parteiausschußsitzung am 12./13.1.1915:

Der Stadtverordnete Karl Kirchner und die Geschäftsführerin des Verbandes der Hausangestellten, Sophie Ennenbach, gehörten zu den ersten Sozialdemokraten, denen verantwortliche Stellungen in der Kommunalverwaltung übertragen wurden, Karl Kirchner in der Kriegswohlfahrtspflege und später als Direktor der Schulkinderspeisung und Sophie Ennenbach in der Arbeitsvermittlungsstelle mit der Zuständigkeit für weibliche Bedienstete. Sie gehörte zur Linksopposition und ab 1917 zur USPD.

„Die Partei soll sich hüten, die sozialpolitischen und wirtschaftlichen Maßnahmen, die zum Teil nur Scheinkonzessionen sind, zu übertreiben." (Neuland, Ein Krieg, 28f.)

Doch die Mehrheit der Sozialdemokraten empfand zu diesem Zeitpunkt noch anders.

Man brauchte die Sozialdemokraten vor allem auch an der Front. Bei Kriegsausbruch war immerhin schon die Hälfte, bis 1917 war dann 75 % der Mitgliedschaft zum Militärdienst eingezogen. (Chronik I, 165) Manch einer versuchte, sich der Einberufung zu entziehen, so der Vater von Karl Reimann:

„Der alte Herr, der hat nämlich festgestellt, daß Steinbach im Taunus verwaltungsmäßig zu Hanau gehört. Und als der Krieg ausbrach mit der Begeisterung der Masse, da hat der gedacht, dann kriege se Dich auch noch. Wenn de aber jetzt nach Steinbach ziehst, bis die Akten nach Hanau komme und man mich da erfaßt, ist der Krieg zu Ende. Da zogen wir nach Steinbach." (Reimann, 15)

Doch für viele war es eine Schmach, das Vaterland nicht mit der Waffe in der Hand verteidigen zu können. Emil Häussermann wurde im Betrieb gebraucht und deshalb reklamiert. Er kam damit nur schwer zurecht:

„Ich wollt' nit gehn, aber durch daß die andern Kollege Soldate worn sin, ich bin dehaam geblibbe, die hatte auch ihr Sorje gehabt. Ich bin dehaam geblibbe, annern sin eingezoche worn. Des hat mer weh getan. Des is wahr. Der Obermeister, der hat nit grad gesacht, ich wär e Rindvieh, des hat er nit gesacht, aber so ungefähr: bist Du dann wahnsinnig, was willst denn Du?" (Häussermann, 11)

Oberflächlich betrachtet war die Begeisterung zu Kriegsbeginn ein ungeheuerer Ausbruch aus den Schablonen und Fesseln des Gewohnten, es war Ausdruck dessen, was Sigmund Freud später (1930) das „Unbehagen in der Kultur" (Freud, Bd. IX, 1974) nannte. Es kommt nicht von ungefähr, daß in Frankfurt wie anderswo ganze Gymnasialoberklassen ausgedünnt waren, weil sich die Schüler voller Begeisterung als Kriegsfreiwillige meldeten. Zwischen dem 3. und 5. August meldeten sich 4500 Freiwillige in der Militärabteilung der Klapperfeldstraße, in den folgenden Tagen nochmals Tausende.

„Von den 17 Oberprimanern der Sachsenhäuser Oberrealschule z.B. blieb nur ein einziger zurück, und sogar Ober- und Untersekundaner sowie Fortbildungsschüler zogen ins Feld. (...) Die Schulen konnten nur mit Mühe den Unterricht aufrecht erhalten; mehr als ein Drittel sämtlicher Lehrer eilten zu den Fahnen." (Drüner, 63)

Der amtlich verordnete Patriotismus des deutschen Oberschulwesens, der antrat unter der Losung „Süß und ehrenvoll ist es, für das Vaterland zu sterben", ging eine Verbindung mit all der Ablehnung der muffigen Prüderie der bürgerlichen Familie des 19. und 20. Jahrhunderts ein, wie sie auch in der Jugendbewegung zum Ausdruck kam. Die wochenlange Sorge, was denn nun werden würde, schlug in Euphorie und Zuversicht um. Alle Ängste und Sorgen wurden verdrängt und kollektiv eine irrationale Überzeugung kollektiviert, in wenigen Wochen sei alles vorüber. Wehe dem, der daran zweifelte! Sophie Ennenbach fuhr in jenen Tagen mit der Straßenbahn, als es zum Streit kam.

„Hatte da ein Herr behauptet, ‚dieser Krieg dauert vier Jahre'. – ‚Der Kerl ist wohl verrückt?' – ‚Na, was meinen Sie, wenn sich England nun doch einmischt und die Wirtschaftsblockade kommt.' (...) ‚Bei unserem preußisch geschulten Heer und unseren glänzend gedrillten Rekruten? Bei unserm Truppen-Material?' Der Herr verließ an der nächsten Haltestelle die Bahn noch im Fahren. ‚So ein Olwel!' – ‚So en Idiot!' – ‚Vielleicht ein Spion?'" (Ennenbach, 178)

Was durch vaterländische Gefühle nur verdrängt oder verleugnet wurde, Angst und Sorge über den Kriegsausgang, führte parallel zum überschäumenden ‚Patriotismus' zur ebenso gewaltigen Steigerung religiöser Bedürfnisse. Frankfurts Kirchen waren überfüllt. Vielfach waren die Gemeinderäume zu klein, Gottesdienste wurden wiederholt unter freiem Himmel oder in Turnhallen durchgeführt. Der Pfarrer der Paulskirche z.B. mußte nach dem Gottesdienst noch einmal zu den Menschen auf dem Paulsplatz sprechen.

„Das fast überall gesungene Lied ‚Ein feste Burg ist unser Gott' richtete die Menschen auf und stärkte sie in der Überzeugung, daß es eine heilige und gerechte Sache" (Drüner, 66f.)

sei, für die es sich zu kämpfen lohne. Die ‚feste Burg' erwies sich als wirksame Beschwörungsformel. Sie war nicht so sehr gegen den äußeren als gegen den inneren Feind, die eigenen Zweifel und Ängste gerichtet. Kirche, Staat und völkische Vereine benutzten die neue Religiosität als wirksames Propagandainstrument. Doch selbst den Kindern kamen gelegentliche Zweifel an der einseitigen Parteinahme Gottes für die deutschen Waffen. Karl Reimann erinnert sich daran:

„Ich war gerade 10 Jahre alt (1914), da kam der Erlaß eraus, daß alle Schüler vom 10. Lebensjahr an in den Kriegsgottesdienst gehen müssen. (...) Die Kirch war im Winter kalt, und trotzdem ham mer gedöst un habbe geschlafe. (...) Wenn der Pfarrer nachher gesagt hat: leider muß ich bekanntgeben, daß wieder ein Mitglied unserer Gemeinde den Heldentod fürs Vaterland gestorben ist, und dann natürlich, wenn's Klagen und Weinen in irschendeiner Ecke der Kirche losging, dann sin mer ja wach geworden. Ja, und dann kam der Schluß der Andacht und der kirchliche Segen: ‚Herr, gib unseren Waffen den Sieg, Herr, laß unsere Väter wieder gesund nach Hause kommen' usw. - Und da hab ich als Kind gedacht, also der liebe Gott soll nur die Franzosen töten lassen, und die Kugele, die für deutsche Soldate bestimmt sind, die solle ins Leere gehn, weil da im Koppelschloß steht: Gott mit uns oder Gott für König und Vaterland. - So warn meine Gedanke." (Reimann, 15f.)

Auch Anni Berger (geb. 1906) konnte sich das alles nicht erklären.

„Die Parole im Krieg war: Gott strafe England! - Mit dieser Parole hab ich dann seinerzeit unsern Vater gefragt: ‚Warum soll Gott England strafen? Und was hat das Volk getan?' - Das hat mich dann zwar verfolgt, aber ich bin zu keiner Lösung gekommen." (Berger, 3)

Je länger der Krieg dauerte und je größer die Verluste und Entbehrungen der Bevölkerung wurden, um so wichtiger wurde die öffentliche Demonstration des Durchhaltewillens. Fritz Schmidt wohnte damals mit seinen Eltern in Höchst.

„Wenn dann Siege warn, das Bismarckdenkmal war nicht weit von unserer Wohnung, und dann gab es Aufmärsche und Fackeln. Da erinnere ich mich dran. Das hat mich beeindruckt." (F. Schmidt, 26)

Vor allem der Schule kam hier eine wichtige Funktion zu:

„Vom Durchhalten. (...) Deutschland hoch in Ehren gesungen, das hat er auch emal gesagt, der Lehrer. Und da hat er gesagt, ich würd nit mitsingen, ich soll unverzüglich singen: Deutschland, Deutschland über alles, über alles in der Welt - von wesche! (Er hat trotzdem nicht mitgesungen.) Da hat er mir eine runtergehauen, hat er gesagt, er würd' mir's Singen noch beibringen. (...) Der Gott, der Eisen wachsen ließ, der wollte keine Knechte, ham wir da gelernt und: kein' schönren Tod gibt's auf der Welt, als wer vom Feind erschlagen. Lauter son Quatsch ham mer gelernt und den Patriotismus und den Fanatismus." (Bischoff, 31)

Auch Willy Möser hat bis heute nicht vergessen, welche Ideale man den Schulkindern vermitteln wollte.

„Der Kaiser war das große Vorbild. ‚In des Krieges Kampfgetümmel denkt auch an die Kaiserin, die wie keine andre Mutter ruhig gab 6 Kinder hin.' Daß die natürlich hinter der Front in Charleville gesesse habbe un ham en gutes Lebe geführt und nicht vorne im Schützengrabe, des hat uns niemand gesagt, man hat des nur idealisiert." (Möser, 22)

Ein Lehrer der Rudolf-Schule, einer simultanen Knaben- und Mädchenschule in der Niddastraße, erklärt hier seiner Jungenklasse das Kriegsgeschehen am Sandkasten. Die eigentlichen Bildungsinhalte traten immer weiter in den Hintergrund.

Nicht nur die Jungen, die später das Vaterland mit der Waffe verteidigen sollten, auch die Mädchen wurden streng auf patriotische Grundstimmung eingeschworen.

„Mir hatte ei' Lehrerin, da mußte die Mädche immer Purzelbäume schlage, wenn en Sieg war, wenn sie gesiegt habbe die Deutsche, aus Freude und Dankbarkeit und daß die Männer sich so opfern für uns. Und kleine Vorträg gehalte, was mer nie so richtig verstanne hat, mir warn nur Mitläufer." (L. Oettinger, 31)

Manche Eltern versuchten, sich mit Kleinigkeiten gegen die Beeinflussung zu wehren, nicht lautstark, aber dennoch demonstrativ.

„Wir mußten auch an Kaisers Geburtstag unsere Sonntagskleider anziehen, was die Mamma aus Protest dann nicht gemacht hat. Wir sind in unsern Schulkleidern mit Schürzchen da zur Schule. Da mußten wir alle in die Turnhalle, da war ein Flügel in der Ecke, und da wurden dann fürchterlich deutsche Lieder gesungen, sehr national. So ganz patriotische Eltern, die haben dann ihren Töchtern so schwarz-weiß-rote Bändchen in die Haare geflochten. Die Mamma hat uns dann rote Haarbändercher, sofern wir überhaupt welche hatten. Des war immer son kleiner Protest, ohne daß wir Kinder das empfunden hätten." (Kalis, 72)

Für die wirtschaftliche Mobilmachung fehlten, im Gegensatz zur militärischen, im Reich wie in Frankfurt jegliche Pläne.

„Immer mehr heruntergelassene Tür- und Fensterläden sah man, deren Inhaber eingezogen waren, und man sprach auch von Angstschließungen vieler Geschäftsleute. Was aber das Straßenbild nicht so ohne weiteres zeigte, das war die Um- und Einstellung der Produktion. An solche Möglichkeiten im Kriegsfall hatte der Durchschnittsmensch gar nicht gedacht. Wenn so viele Arbeiter und Angestellte zum Kriegsdienst eingezogen wurden, so meinte man, da muß es für die Übriggebliebenen ja Arbeit in Hülle und Fülle geben. Stattdessen füllten sich die Höfe der Arbeitsvermittlungsstelle mit Entlassenen und in der Frauenabteilung auch mit den Angehörigen der zum Militär einberufenen Männer." (Ennenbach, 176f.)

Während es auf der einen Seite nicht gelang, die frei gewordenen Stellen der zum Militär einberufenen Männer sofort wieder durch neue Arbeitskräfte zu besetzen, kamen Bereiche wie der zivile Eisenbahnverkehr, die zivile Schiffahrt, das Speditionsgewerbe außerhalb der Militärtransporte fast völlig zum Erliegen. Die Industrie erhielt nicht mehr die nötigen Rohstoffe. Für andere Bereiche oder den Außenhandel entstanden Ausfuhrprobleme. Bereits Ende August 1914 hatten in Frankfurt 56 Fabriken der Metallindustrie geschlossen, Bau- und Handwerksbetriebe, gewerbliche Kleinbetriebe lagen brach. (vgl. Drüner, 69ff.) Die internationale Verflechtung der Stadt wirkte sich verheerend aus.

Mehr als 68000 Menschen meldeten sich bis März 1915 beim städtischen Arbeitsamt, 23000 davon fanden keine Beschäftigung. (Stat. Handb., 284ff.) Daß dennoch die Umstellung auf die Kriegswirtschaft relativ schnell gelang, war eine Folge der Burgfriedenspolitik. Grundlage der Umstellung und der gewaltigen Steigerung der Rüstungsproduktion war einerseits die engste Verflechtung von Großkapital, staatlicher Bürokratie und militärischer Führung durch die kriegswirtschaftlichen Organisationen (vgl. Kocka, 21-31) und andererseits die Kooperation von Industrie, Militär und Staat mit den Arbeiterorganisationen. Im Vollzug dieser Politik

„richteten die Militärbehörden ihr Augenmerk darauf, Heereslieferungen nur solchen Firmen und Geschäften zu überlassen, die ihren Arbeitern eine angemessene Entlohnung gewährten". (Drüner, 135f.)

Zur Umstellung auf die Kriegswirtschaft wurde in Frankfurt am 9.12.1914 die „Vermittlungsstelle für Heereslieferungen" – als erste in Deutschland – gegründet. Sie hielt die Verbindung mit den Reichsbehörden und stellte Kontakte für mittlere und kleinere Betriebe bis zu einzelnen Handwerkern zu den militärischen Ämtern her, während die Großbetriebe eigenständige Lieferungsverträge mit den Heeresbehörden abschlossen. (ebd.) Schon sehr bald verwandelten sich die Industrieviertel Frankfurts in „ein großes Kriegsarsenal". (ebd., 136) Wer seine Produktion rasch den veränderten Bedingungen anpaßte, konnte hohe Zuwachsraten verbuchen. Erich Schmidt verweist auf die großen Umwälzungen in der Frankfurter Metallindustrie, in der zu Kriegsbeginn zwar viele Betriebe zusammenbrachen, dann jedoch durch die Übernahme von Heeresaufträgen eine Neubelebung erfolgte. Die zweite Phase des Krieges brachte einen

„Abschnitt der Hochkonjunktur in allen Zweigen der Kriegsindustrie" (E. Schmidt: Die Entwicklung der Arbeiterlöhne..., 33), die Ausweitung bestehender Betriebe sowie zahlreicher Neugründungen. In der Festschrift der Firma Stempel AG heißt es:

„Mit dem Ausbruch des Ersten Weltkrieges ... schien der rasche Aufstieg der Firma Stempel jäh unterbrochen, bald jedoch war die vorübergehende Stockung überwunden, der Betrieb wurde zum überwiegenden Teil auf die Ausführung behördlicher Aufträge umgestellt. Dank der ausgezeichnet arbeitenden Maschinenfabrik konnte die Umstellung fast reibungslos durchgeführt werden.“ (Letter u. Matrize, o.S.)

Die Belegschaft wurde von 700 Arbeitern im Frieden auf 4000 Arbeiterinnen und Arbeiter im Jahre 1916 erhöht.

„Um diese Menge zu fassen, mußte die Gesellschaft noch angrenzende Häuser in Frankfurt a.M. und eine zweite Fabrikanlage in der Mainkur (Fechenheim) kaufen. (...) Sieht man auf das relative Wachstum, so war diese Schriftgießerei der erfolgreichste Rüstungsbetrieb Frankfurts ..., der Reingewinn überstieg im Jahre 1916 das Grundkapital.“ (Drüner, 138)

In der expandierenden Schriftgießerei wurden nun Zünder hergestellt. Seit 1915 überflügelte in Frankfurt die Munitionsindustrie alle anderen Gewerbezweige bei weitem. (ebd.)

Zunächst einmal verschlechterte sich mit Kriegsbeginn die Lage der Arbeiter rapide. Funktionierte die Lebensmittelversorgung der Stadt zuvor bereits schleppend, so wurde während des Krieges die Sicherstellung der Ernährung zu einem immer ernsteren Problem. Man war nicht auf Rationierung, auf eine planmäßige Versorgung mit Lebensmitteln vorbereitet, da man nur mit einem kurzen Krieg gerechnet hatte. Zudem wurden vielfach Nahrungsmittel vom Markt ferngehalten, um Höchstpreise zu erzielen. Bereits im Dezember 1914 waren die Preise für die notwendigsten Lebensmittel so hochgeschnellt, daß sie für Arbeiterfamilien kaum noch zu bezahlen waren. Erst langsam leitete die Stadt Schritte zur Regulierung des Kriegsalltags ein.

Die Belastung der Menschen führte schnell zu einer Ernüchterung, zumindest bei den Proletariern, während das gutsituierte und daher auch gut versorgte Bürgertum sich seine Kriegsbegeisterung bis fast zum Ende erhielt. Die Arbeiter waren jedoch von Anfang an mit dem Kampf ums Überleben beschäftigt,

„und unter den vielen Arbeitslosen jener Wochen wurden gelegentlich Stimmen des Unwillens laut, wie man sie im August 1914 kaum erwartet hätte.“ (Drüner, 117)

Die Frankfurter Stadtverordnetenversammlung gab sich in ihrer Sitzung vom 11.5.1916 noch optimistisch und meinte:

„Dieser Krieg ist gewonnen auf allen Fronten, im Westen wie im Osten, wenigstens insoweit, daß Deutschland ein entscheidender militärischer Schlag nicht mehr treffen kann. Noch nicht entschieden ist der Krieg auf dem Gebiete des wirtschaftlichen Schauplatzes.“ (Prot. SVV, 290)

Ludendorff schätzte in seinen Kriegserinnerungen die Lage 1916/17 keineswegs so positiv ein, sondern sagte:

„Unsere Lage war ungemein schwierig und ein Ausweg kaum zu finden. (...) Bei einem längeren Hinziehen des Krieges schien unsere Niederlage unausbleiblich." (Zit. nach: Ein Krieg..., 35)

Um die Verschlechterung der Lage an den Fronten aufzuhalten und aufzuheben, wurden Hindenburg und Ludendorff 1916 mit diktatorischen Vollmachten an die Spitze der Obersten Heeresleitung berufen, die praktische die gesamte vollziehende Gewalt übernahm und das gesellschaftliche Leben total auf die Kriegsproduktion und Kriegsführung ausrichtete. (Rosenberg: Entstehung der Weimarer Republik, 101 ff.) Ein wichtiger Schritt hierzu war das am 2.12.1916 vom Reichstag gegen die Stimmen der Sozialdemokraten verabschiedete Gesetz über den vaterländischen Hilfsdienst. Jeder männliche Deutsche von 17 bis 60 Jahren wurde dadurch zum Hilfsdienst verpflichtet. Alle in nicht kriegswichtigen Betrieben Beschäftigten konnten zwangsweise für kriegswichtige Aufgaben verpflichtet werden. Als im vaterländischen Hilfsdienst beschäftigt galten darüber hinaus alle Personen in Behörden, behördlichen Einrichtungen, der Kriegsindustrie, in Land- und Forstwirtschaft, der Krankenpflege, in kriegswirtschaftlichen Organisationen jeder Art oder in Berufen oder Betrieben, die für Zwecke der Kriegsführung oder Volksversorgung unmittelbar oder mittelbar Bedeutung hatten. Das Recht, den Arbeitsplatz zu wechseln, wurde solchen Beschäftigten strikt beschnitten. Sozialdemokraten und Gewerkschafter wurden mit der Einführung gewählter „Arbeiterausschüsse" in Betrieben mit über 50 Beschäftigten beschwichtigt.

Drüner spricht davon, daß – zumindest bis Ende 1915 – im Leben und Treiben der großstädtischen Bevölkerung nicht allzuviel vom Ernst der Kriegszeit oder dem allmählichen Sinken des Volksvermögens festzustellen war, daß im Gegenteil das Geld außerordentlich locker zu sitzen schien, Vergnügungsstätten stark besucht würden, der Eisenbahnverkehr vor hohen Festtagen mindestens so stark wie früher war, der Warenumsatz an den Sonntagen vor Weihnachten 1915 wenig hinter dem der Friedenszeit zurückblieb. (Drüner, 142). Der Anstieg der Nominallöhne, das reduzierte Warenangebot haben sicher dazu beigetragen, daß das verfügbare Einkommen in Ausflugslokalen, in Kneipen umgesetzt wurde. Man versuchte, dem Alltag zu entfliehen, den Sonntagen einen Schein der Normalität zu verleihen, sah keinen Grund zu sparen. Der rege Eisenbahnverkehr vor den Feiertagen kann aber auch ein Indiz dafür sein, daß die Kontakte zur ländlichen Verwandtschaft aufrechterhalten oder verstärkt wurden, um so ein Zubrot zur großstädtischen Mangelernährung sicherzustellen.

Unter der Oberfläche aber fanden grundlegende Veränderungen statt. Während des Krieges wandelten sich sowohl die Größe als auch die Zusammensetzung der deutschen Arbeiterschaft erheblich und zugleich die gesamte Struktur der Wirtschaft. Die industriellen Arbeitskräfte nahmen zwar nur um 8 Prozent ab, die Zahl der männlichen erwachsenen Industriearbeiter sank aber bis Kriegsende um ca. ein Viertel. Diese – gegenüber anderen Wirtschaftszweigen – dennoch relativ geringen Einschränkungen resultieren aus einer niedrigeren Einberufungsquote, aus Zurückstellungen, Beurlaubungen, Einberufung von weniger kriegswichtigen Bereichen und seit Ende 1916 durch die Verwendung älterer, nicht mehr kriegstüchtiger Männer und dem Einsatz ausländischer Arbeiter und Kriegsgefangener. Vor allem aber wurde die Reduzierung der männlichen Industriearbeiterschaft durch einen sprunghaften Anstieg der weiblichen Beschäftigten ausgeglichen. In Betrieben mit über zehn Personen betrug ihr Anteil 1913 knapp 22 %, 1918 gut 34 %. Am Kriegsende waren in der Rüstungsindustrie teilweise mehr Frauen als Männer beschäftigt. Vor allem aber änderte sich die Verteilung der Arbeitskräfte in den einzelnen Industriezweigen radikal.

Industriezweig	Beschäftigte (in 1000) 1913	1918	Veränderungen 1913–18 in %
Kriegsindustrie	2116	3050	+ 44%
Zwischenindustrie	2970	2359	- 21%
Friedensindustrie	2301	1380	- 44%

(Kocka: Klassengesellschaft im Krieg, 12f.)

Im gesamten Reich standen Anfang 1918 ca. vier Millionen Frauen in kriegswirtschaftlicher Arbeit. (Rolle der Frau, 109) Auch in der Frankfurter Metallindustrie waren am 1.1.1918 von insgesamt 45273 Personen 21300 (47,05 %) Frauen und Mädchen beschäftigt. (Ein Krieg, 33f.)

Tiefgreifende Umstrukturierungen der Wirtschaft führten zu einer nie gekannten Fluktuation der Betriebsbelegschaften. Die Herausbildung fester politischer Strukturen innerhalb der Belegschaften wurde dadurch sehr erschwert. Politisch Unliebsame, Unbequeme, wie z.B. Karl Liebknecht, der sich nicht an Fraktionszwänge hielt und im Reichstag gegen die Kriegskredite stimmte, oder in Frankfurt Robert Dißmann, wurden sehr schnell einberufen – war das doch die einfachste Möglichkeit, Unruhestifter zu verbannen. Schon 1915 waren bereits 64,5 % der Mitgliedschaft des Frankfurter Metallarbeiterverbandes einberufen.

„Notwendige Folge davon war die außerordentlich starke Heranziehung weiblicher Arbeitskräfte zur Herstellung von Munition, auf welche Fabrikation die meisten Metallbetriebe umgestellt waren und mit welcher Riesengewinne erzielt wurden.“ (Geschäftsbericht des Gewerkschaftskartells Frankfurt, 1915-1917, 37)

Auf der Straße machten sich die Kinder bald ihren Reim darauf:

Warum sind die Mädchen
des Sonntags so schick?
Weil sie werktags gehen
in die Munitionsfabrik.

Weiber, die die Milch verpantschte,
Gummi in die Worscht einmantschte,
jung und alt, rund und dick,
immer in die Munitionsfabrik!

(Wehrhan, 98)

Die Lage der Arbeiter in den Betrieben verschlechterte sich während des Krieges zusehends. Waren die Arbeitszeiten seit Beginn des Jahrhunderts von 10 ½ bis 11 Stunden täglich auf durchschnittlich 9 ½ Stunden verkürzt worden, so trat mit Kriegsbeginn vielfach wieder eine Verlängerung ein.

„Es gab nicht wenige Rüstungsbetriebe, die 1914, vor dem Kriege, neun Stunden gearbeitet hatten, während des Krieges aber wieder zur Zehn-, Elf-, ja Zwölfstundenschicht übergingen!" (Kuczynski: Lage der Arbeiter..., 4, 390)

Aufgrund des Facharbeitermangels wurden gerade in der Rüstungsindustrie oft erhebliche Überstunden geleistet. Anfangs wurde häufig in zwei Schichten mit 10-11 Stunden gearbeitet. Um dem Gesundheitszustand der Arbeiter – und insbesondere der Frauen – sowie der Erkenntnis, in kürzerer Arbeitszeit eine verhältnismäßig bessere Arbeitsleistung zu erhalten, Rechnung zu tragen, wurde teilweise dann in drei Schichten gearbeitet. Auch innerhalb der einzelnen Industriezweige gab es unterschiedliche Arbeitszeiten. (ebd., 390f.)

Verbesserte Arbeitsschutzbestimmungen führten vor dem Krieg zu einem allmählichen Absinken der Unfallziffern. Während des Krieges stieg die Unfallrate dann um mehr als 50 %. (ebd., 400f.) Es kam zur totalen Überbeanspruchung des Maschinenparks bei gleichzeitiger geringer Wartung und fehlenden Ersatzteilen. Andererseits stiegen die Unfälle durch die Beschäftigung ungeschulter Kräfte, eine Herabsetzung der Schutzbestimmungen, Übermüdung, Mangelernährung und in der Rüstungsindustrie durch Stürze, Überfahren, Ersticken, Explosionen oder Schußverletzungen. (Rolle der Frau, 109) Frau Maier*, Jahrgang 1902, war damals in der Rüstungsindustrie beschäftigt. An ihre Arbeit und an die Explosion bei der Fa. Stempel erinnert sie sich noch:

„Des sin so klaane Drehbänk gewese. Zünder, des Pulver mußte da abgeschliffe wern, un da schlägt en Funke un is in die Dings eneigefalle, ne, dann: tscht, mit aam Zuck war de ganze Saal leer." (Maier, 17)

Bei der Explosionskatastrophe am 8. Februar 1917 bei der Firma Stempel in Frankfurt fanden 1 Werkmeister und 58 meist jugendliche Arbeiterinnen den Tod, 7 Schwer- und 58 Leichtverletzte konnten sich noch retten. Am 20. November 1917 kam es dann zu einer Detonation bei der Firma Griesheim-Elektron, bei der 1 Chemiker und 3 Arbeiter umkamen, 11 Menschen verletzt wurden. (Drüner, 246f.) Lotte Oettinger wohnte dort in der Nähe:

„Da war ne große Explosion, da warn mir die erste Häuser, die an der Stell uffgefange hawwe den Knall. Da ham mer ja gemeint, es wär alles aus. – Es hat en Knall getan, war der Himmel rot." (L. Oettinger, 7f.)

Die Bevölkerung hatte eine große Explosion im selben Werk von 1901 noch nicht vergessen. Der erneute Unfall

„versetzte die Bevölkerung von Griesheim in panischen Schrecken. Fast die ganze Bevölkerung ergriff die Flucht." (Drüner, 247)

Je nach der Bedeutung für die Kriegsindustrie entwickelten sich auch die Löhne während des Krieges sehr unterschiedlich. Nach einer Untersuchung des Statistischen Reichsamtes betrug die durchschnittliche Zunahme an Tagesverdiensten in 370 ausgewählten Unternehmen:

* Name geändert

Über 100000 Mädchen und Frauen wurden in Frankfurt während des Krieges erstmalig berufstätig. Bei Kriegsende waren lediglich 7 % von ihnen gewerkschaftlich organisiert (Ein Krieg, 33f.). Sie waren nicht nur politisch und gewerkschaftlich unerfahren, sondern ihre gesamte Erziehung, das Rollenverständnis erschwerten ihre Politisierung in den Betrieben erheblich. Das ist mit ein Grund dafür, warum trotz wirtschaftlicher Misere die Stimmung in den Betrieben nicht zum Überkochen kam.

Industriezweig	Männer	Frauen
Kriegsindustrien	+ 152 %	+ 186 %
Zwischenindustrien	+ 109 %	+ 132 %
Friedensindustrien	+ 81 %	+ 102 %

(Kocka, 15)

Der hohe Zuwachs bei den Frauenlöhnen darf allerdings nicht darüber hinwegtäuschen, daß im September 1918 in 12 Industriezweigen der Arbeiterinnenlohn noch immer bei nur 48 % des Männerlohns lag. (Rolle der Frau, 112) In der Frankfurter Metallindustrie wurden zunächst

„seitens der Betriebsleitungen die Löhne der Arbeiterinnen auf einer recht niedrigen Höhe gehalten. Die steigende Teuerung alle Lebensbedürfnisse war damit nicht zu vereinbaren. Die Folge war ein starker Wechsel der weiblichen Arbeitskräfte von Betrieb zu Betrieb." (Gewerkschaftskartell, 37)

Bei Hausangestellten gab es dagegen zunächst sogar Lohneinbußen (ebd.), auch kaufmännische Angestellte hatten zu Kriegsbeginn Gehaltskürzungen bis 50 % hinzunehmen. (Drüner, 69) Die Facharbeiterlöhne stiegen in Frankfurt während des Krieges um 250 %, die der Angelernten um 175 % und die der Ungelernten um 155 %. Der Wert des Lohnes stand jedoch bei einem Index von 65. (vgl. Anh. 9, 10)

„Doch das Bewußtsein, daß man 56 Stunden in der Woche für wertloses Geld und immer schlechter werdende Lebensmittelrationen ausgepowert wurde, mußte sich erst entwickeln.“ (Ein Krieg, 33)

Im September 1914 berichtete der Magistrat dem Regierungspräsidenten in Wiesbaden, bereits die erste Brotpreiserhöhung habe in der Bevölkerung große Verbitterung hervorgerufen, die sich in anonymen Zuschriften und sonstigen Äußerungen niederschlügen,

„und er befürchtete im Falle weiterer Preiserhöhungen überaus nachteilige Folgen für die öffentliche Ordnung.“ (Drüner, 118)

Innerhalb nur eines halben Jahres stiegen die durchschnittlichen Kosten der Ernährung um mehr als 20 Prozent, nach einem Jahr Krieg waren sie um mehr als die Hälfte höher als im Frieden. Das setzte sich auch im weiteren Kriegsverlauf fort.

Lebenshaltungskosten 1913 - 1918 (1900 = 100)	
Jahr	Index
1913	130
1914	134
1915	168
1916	221
1917	329
1918	407

(Kuczynski 4, S. 350)

Waren	Preise in Pfennig	
	August 1914	Oktober 1914
Tafelbutter	140	156
Eier	8-10	10-12
Erbsen	18	30
Bohnen	17-20	28
Graupen I	17	26
Graupen II	20	28
Reis	17	19

(Sitzungsbericht Stadtv.Vers. vom 20.10.1914, S. 1107)

Das geringe Warenangebot zog einen erheblichen Schleichhandel mit überhöhten Preisen nach sich.

Die Kaufkraftverluste bei Angestellten und Beamten waren noch größer als bei der Masse der Arbeiter. Sie führten zur absoluten und relativen Verarmung und zu einer „tendenziellen Angleichung“ an die Arbeiter. (Kocka, 80) Die Verproletarisierung der kleinen Gewerbetreibenden und der Handwerkerfamilien schritt ebenfalls immer weiter fort. Marie Jülgs Vater verdiente als Schneider nicht schlecht und hatte sich einen guten Kundenstamm aufgebaut.

„Mein Vater machte sich selbständig und hatte zu Anfang gleich viele Kinder. Nun kam der Erste Weltkrieg. Mein Vater mußte zum Militär, und da begann eine schwere Zeit. Meine Mutter stand mit ihren sechs Kindern allein. Das Geld von der Kriegsfürsorge reichte nicht aus, so daß meine Mutter trotz ihrer sechs kleinen Kinder putzen gehen mußte. Morgens fuhr sie mit der ersten Straßenbahn um ½ 6 Uhr bis zum Opernplatz und putzte in der Bockenheimer Anlage auf dem Generalkommando 3 Stunden. Dann fuhr sie heim und versorgte die jüngsten Kinder. Am Abend fuhr sie wieder putzen 3 Stunden von 6 bis 9 Uhr.“ (Jülg, Notizen)

Emil Schmidts Vater wurde nicht mehr eingezogen, weil er schon älter war, aber

„da war überhaupt nix mehr los mit'm Geschäft. (...) In den schlechten Zeiten wirkte sich das sofort bei meinem Vater aus. Im Ersten Weltkrieg der Hunger damals, des war unwahrscheinlich. Also insofern gibt's überhaupt keinen Unterschied zwischen uns und unsern Nachbarn (den Arbeiterfamilien). Mir habbe gleichmäßig Kohldampf geschoben." (E. Schmidt, 34f.)

In der Familie Pfenning war es mit der Selbständigkeit der Eltern schon bald nach Kriegsausbruch ebenfalls zu Ende.

„Die hatten damals ne sogenannte Kaffeewirtschaft. Die habbe zum Beispiel Kaffee gegebbe un Kuche, aber zugleich auch Mittagesse un auch Alkohol, aber kein Ausschankbier. Ja, im Große Hirschgrabe, und da hat uns dann der Krieg des Geschäft kaputtgemacht, weil mein Vater im Krieg war un meine Mutter des alleine einfach nit so lange hat bewältische könne." (Opfer, 3)

Die Abhängigkeit der Industriestadt von der Lebensmittelzufuhr wirkte sich schon bald verhängnisvoll aus. Einen Mangel an Kartoffeln, Gemüse, Fleisch, Reis, Butter usw. verspürte man von Anfang an, teilweise verstärkt durch eine künstliche Verknappung seitens der Händler. Die Stadt kaufte in Holland, Belgien, in der Wetterau und in Friedberg selbst Kartoffeln und bot sie in den städtischen Verkaufsstellen verbilligt an. Als sichtbares Zeichen der Not konnte man die länger werdenden Schlangen an der Freibank des städtischen Schlachthofes beobachten,

„wo am Freitag frühmorgens minderwertiges Fleisch losgeschlagen wurde; von den Ärmsten, die danach verlangten, standen manche – Frauen und Kinder darunter – vom Abend an die lauen Sommernächte hindurch vor dem Tor, um morgens, wenn sich Hunderte noch dazudrängten, die Ersten bei der Verteilung der Ware zu sein." (Drüner, 124f.)

Nach Drüner erreichten die Versorgungsprobleme Frankfurts bereits im Sommer 1915 die Grenze des Erträglichen. Zur Verbesserung der Verbraucherinteressen gründete sich im Juli 1915 der „Kriegsausschuß für Konsuminteressen", dem sich nach einem Monat bereits 37 Vereine und Körperschaften angeschlossen hatten. Der Konsumverein hatte hier maßgeblichen Einfluß. Gefordert wurde die Festsetzung von Höchstpreisen und die Regelung des Marktes durch die öffentliche Hand. (ebd., 129)

Die süddeutschen Länder gingen im Herbst und Winter 1915/16 dazu über, landwirtschaftliche Produkte wie Fleisch, Milch und Molkereierzeugnisse zur Versorgung der eigenen Bevölkerung innerhalb des Landes zurückzuhalten, was sich verheerend für Frankfurt auswirkte.

„Die innerdeutsche Lebensmittelsperre ... hatte eine rasche, einschneidende, selbst im Straßenverkehr sichtbare Wirkung. Viele Händler aus Hessen und Bayern, die früher auf Frankfurter Märkten Fleischwaren aller Art, Molkereiprodukte, Gemüse oder Obst feilgeboten hatten, mußte ihre Verkaufsstände räumen. Auf dem großen Schlacht- und Viehhof ... ward es unheimlich stille; ganze Schlacht- und Markthallen standen lange Zeit leer." (ebd., 170)

In der „Frankfurter Zeitung" vom 5. Dezember 1915 hieß es:

„Wer jetzt die Gespräche von Hausfrauen und zwar aller Schichten mit anhört, dem tönt immerfort das Thema Butter entgegen. Nicht vom Krieg und nicht vom Frieden, nur von Butter reden sie."

Unter diesen Bedingungen wurde das „Hamstern" von Lebensmitteln zunehmend zu einer zwar verbotenen, aber notwendigen Überlebensstrategie für viele Arbeiterfamilien.

„Mein Vater ist ab und zu mal in den Odenwald gefahrn und hat gehamstert, damit wir so bißchen wenigstens uns über Wasser gehalten haben" (Boll, 4),

erinnert sich Fritz Boll noch. Meist aber waren es wieder die Frauen, die die zusätzliche Last zu tragen hatten, wie Emil Schmidt noch weiß.

„Auf'm Land hatten die Leute natürlich mehr, Kartoffeln und Gemüs' und auch Brot und so was. Und da zogen also Frauen mit Kindern auf's Land. Irgendwo in der Umgebung Frankfurts warn mer, also wahrscheinlich Richtung Oberhessen. Und da sin mer von Bauernhof zu Bauernhof, und mer warn in zwei oder drei Dörfern, sin mer den ganzen Tag rum und hatten auch was bekommen. Du hast da paar Kartoffel gekriegt und da. Meine Mutter und ich, wir hatten einen kleinen Sack voll Kartoffel und hatten en noch kleineres Säckchen voll Brot. Und nun war des also mit dem Gepäck da en ganzer Zug. Und da kamen mer abends an die Bahnstation, und da stand en Soldat auf'm Bahnsteig innen und rief uns über'n Zaun zu: wenn ihr mit'm Gepäck durch die Sperre geht, krischt ihr's abgenommen. Hebt des hier übern Zaun, ich stell des hier hin. – Und dann habbe mir des all da rübergehoben, und der hat des da zusammengestellt. Und wie wir reinkamen, und da hat der zu den Gendarmen gehört, der Soldat, und hat uns reingelegt. Und nun fingen die Frauen da an zu jammern bei dem Gendarm und zu schimpfen, und die Kinder, die wurden angesteckt, die habbe auch furchtbar geheult und geweint, und wir ham uns an den Gendarmen gehangen, und tatsächlich, der hat uns die Sachen wiedergegeben. Aber meistens bekamen's die Leute net wieder." (E. Schmidt, 71)

Auch Paul Müller berichtet von solch erniedrigenden und entmutigenden Bettelgängen:

„Zu Fuß marschierten wir nach Gronau und Niederdorfelden in der Wetterau, nach Büttelborn im hessischen Ried und flehten die Bauern an, uns doch wenigstens ein paar Kartoffeln zu geben. Meist war die Bitte vergeblich. Noch heute klingt mir das: ‚Mir hun naut un mir giwwe naut' in den Ohren!" (Müller, 99)

Die Mißernten des Jahres 1916, die Lieferungsbeschränkungen, ein großer Kohlenmangel führten schließlich zu der Ernährungssituation, die als „Kohlrübenwinter" 1916/17 vielen heute noch immer eindringlich in Erinnerung geblieben ist.

„Wir Kinder mußten natürlich mit einkaufen, wir mußten helfen, immer helfen. Und 1916 mußte ich nun anstehen für Kartoffeln, für Brot, von Butter konnte keine Rede mehr sein. Ersatzfette sind damals herausgegeben worden. Die Qualität der Margarine ist immer mehr abgesunken, und die Kartoffeln sind verfault durch den schlimmen Winter. Und selbst die Rationen, die zugeteilt waren aufgrund der Lebensmittelkarten, konnten oft nicht bedient werden." (E. Schmidt, 21f.)

Kohlrüben, früher nur wenig zur menschlichen Ernährung verwandt, wurden auf einmal zum Hauptnahrungsmittel. Sie ersetzten teilweise die Kartoffeln, dienten zum Strecken von Brotteig und Wurst. Doch selbst hier gab es Beschaffungsschwierigkeiten. Ein Bruder von Eugenie Häussermann wurde damals gerade konfirmiert.

„Die schlechteste Konfirmation hatte mer 1917, wo ebe der Jüngste konfirmiert wurde. Der hat zur Konfirmation von ner Obermieterin Pfannekuche geschenkt kriet, Kartoffelpfannekuche, weil die so e bißche Öl hatte. Des war e Geschenk, so knapp war des, aber e Delikatess! Wer hat denn da noch Öl gehabt für Pfannekuche zu backe!" (Eug. Häussermann, 38)

Auch Hans Bischoff kann diese Zeit bis heute nicht vergessen.

„Haste auch auf Karte nix mer gekrischt. Meine Mutter hat Kartoffelschale gekocht, gel, gewasche und gekocht. Also wenn mer des heut erzählt, des kann kein Mensch glaube, aber es war so, denn damals war's wirklich schon fünf Minuten nach zwölf." (Bischoff, 34)

In den Kinderreimen spiegelte sich die ganze Ernährungsmisere.

Es braust ein Ruf wie Donnerhall,
in Frankfurt sin die Kartoffel all;
Eier, Butter, Schinken, Speck,
das fressen uns die Reichen weg,
und für uns arme Leut im Land,
da sorgt der Kommunalverband;
er behandelt uns wie's liebe Vieh,
mit Rüben und mit Cholerabrüh'!
Oh Deutschland hoch in Ehren.
Du hast ka Fett und hast ka Brot,
und obedrei Kartoffelnot!
(Wehrhan, 98)

Während des Kohlrübenwinters waren die Lebensmittelrationen auf einen Bruchteil der Vorkriegsrationen zusammengeschmolzen, und zwar:

Fleisch auf	31 %	Zucker auf	49 %
Schmalz auf	14 %	Pflanzenfette auf	39 %
Butter auf	22 %	Eier auf	18 %
Hülsenfrüchte auf	14 %	Käse auf	3 %
Kartoffeln auf	71 %	Milchprodukte auf	53 %

(Ein Krieg, 34f.)

Unter diesen Umständen wurde die individuelle Versorgung der Familien immer schwieriger. Um die Ernährung des proletarischen und proletarisierten Bevölkerungsanteils auch nur halbwegs sicherzustellen und damit zugleich die Kriegswirtschaft in der Stadt in Gang zu halten, mußte die Verwaltung verstärkt zu kollektiven Formen der Versorgung und zur Gründung kommunaler Versorgungsbetriebe übergehen. Die „Gesellschaft für Wohlfahrtseinrichtungen" richtete bereits 1914 in kurzer Zeit Volkskindergärten und acht Volksküchen ein. (Ber. d. Ges. f. Wohlf., 1919) Im September 1915 wurde die Zentral-Küchen-Kommission als Organ der Kriegsfürsorge ins Leben gerufen. Im Juni 1916 eröffnete sie dann in Niederrad ihre erste Kriegsküche. Die Ernährungslage war mittlerweile so schlecht geworden, daß sofort 900 Gäste kamen. Die Massenspeisungen erreichten etwa im Juni 1917 ihren Höhepunkt. Die Kriegsküchen erhielten etwa 1/4 aller Nahrungsmittelvorräte an Grieß, Graupen, Teigwaren und Hülsenfrüchte, ohne damit ihren gesamten Bedarf decken zu können. Die Schulkinder mußten noch ihren Beitrag dazu leisten.

„Wieder mal hieß es: heut' fällt der Unterricht aus, ihr tretet nachher im Schulhof an, jeder kriegt einen Papiersack, und dann wird für die Kriegsküche Wildgemüse gesammelt. Jedes Kind muß einen Sack vollmachen. – Was ist Wildgemüse? – Vor allem Brennessel, und das könnt ihr nehmen und das. Und da ham wir natürlich so ganz hohe, meterhohe Ware abgeschnitten, daß unsern Sack schnell voll war. Und wir warn ja in punkto Ernährung sehr arm dran in unsrer Familie, weil wir überhaupt keine bäuerlichen Verwandten oder Bekannten hatten und waren ganz auf die Kriegsküche angewiesen. – Da wurden einfach Schulräume zur Küche umfunktioniert mit so großen Kesselanlagen. Und am nächsten Tag, als ich unsern Fraß, es war meistens gar kein Essen, es war Fraß, für uns heimgeholt hab in zwei Töpfen, da hab ich dann gesehen, da hat eine von den Küchenfrauen auf'm Tisch gestanden. Und da war auf'm Tisch ein ganz großer Fleischwolf anmontiert, und da wurde unser Wildgemüse gerade gemahlen. Und da hat die mit so einem langen Holzstock, Waschbremmel hieß das früher, das Gemüse aus der Brühe raus, die Bändel dann hoch durch die Luft in die Maschine rein, und eine andre Frau hat dann die Maschine gedreht. Da gab's dann am nächsten Tag ‚Spinat'. Und jeder zwei Quellkartoffeln, das war dann auch wieder ein Essen. Und in einem Winter, da gab's überhaupt keine Kartoffeln mehr. Da hieß es: alles

Die Gesellschaft für Wohlfahrtseinrichtungen gab in 26 Küchen täglich 23000, die Zentralküchenkommission in 22 Küchen 22000, und die Fabrikküchen gaben 10000 Portionen aus. Etwa 1/8 bis 1/10 der Bevölkerung beteiligte sich an den Massenspeisungen.

muß an die Front, was an Eßbarem noch da ist. Und da ham wir einen Winter lang von Dickwurz oder Steckrüben gelebt. Und die waren verfroren. Da kam so ne Maggi-Tunke drüber, das war dann das Mittagessen. Bin ich oft heimgekommen, da hat die Mamma gesagt: Kind, was ham mer denn heut wieder im Pot? - Des war überhaupt nit zu definiern. Nur daß die Leute satt wurden. Des war schlimm." (Kalis, 72ff.)

Eugenie Häussermann erinnert sich noch mit Schaudern an das Essen.

„Die Derrgemiessupp, die mußt mer dann hole. Un da ham mer ma Nudel kriet, graue Nudeln warn des mit Obst, un des hot net gut geschmeckt. Da ham mer net viel gesse. - Graue Nudele, ja, und Derrgemies, war kei Weißmehl. Mamma, des kann ich aber net esse heut! - Na, is des is net schlimm, heut abend haste Hunger. Des is abends widder hiegestellt worde." (Häussermann, 44f.)

Kleingärten und Kleintierhaltung - schon vor dem Krieg eine wichtige Versorgungsquelle für Arbeiterfamilien - wurden im Krieg noch wichtiger.

„Wir hatten Obst und Gemüse. In der Waschküche wurde dann Marmelade gekocht, und es gab Äpfel, also da ham wir keine Not gelitten. Außerdem hat während des Krieges dann meine Mutter einen Garten, ein Stück Feld muß man schon sagen, dazugenommen. Das war über ne halbe Stunde von uns aus zu laufen, und das war also gar nicht kultiviert, auch nicht als Garten angelegt. Also meine krumme Haltung habe ich wahrscheinlich davon, daß wir soviel Wasser geschleppt haben, um da überhaupt was anzubauen, Kartoffeln und Gemüse. Wir hatten also zwei Gärten, einfach weil die Not so groß war. Meine Mutter wußte nicht, wie sie mit uns dreien und sich selber zu Rande kommen sollte." (Beyer, 12)

Bereits im November 1915 war eine „Allgemeine Lebensmittelstelle" errichtet worden, die den An- und Verkauf von Nahrungsmitteln und den Verkehr mit der Zentraleinkaufsgenossenschaft in Berlin organisierte. Angeschlossen waren die Verteilungsstellen für Brot, Mehl, Kartoffeln sowie viele Unterabteilungen für einzelne Lebensmittelarten und Bedarfsgegenstände. (Drüner, 130) Im Juni 1916 wurde dann das Lebensmittelamt als gemischte Deputation eingerichtet, um eine Zentralisierung und weitere Rationalisierung zu erreichen. Lebensmittelausweise wurden ausgegeben, „Kundenlisten" eingeführt. Es war allerhöchste Zeit, denn der Unmut der Bevölkerung wuchs ständig. In einer Sitzung des Gewerkschaftskartells am 15.6.1916 hieß es:

„Ein solches Maß an Unfähigkeit, wie die Frankfurter Gemeindeverwaltung an den Tag gelegt hat, könne es gar nicht geben, hier müsse böser Wille zu Grunde liegen, der alle Last und alles Ungemach der Kriegszeit auf die Minderbemittelten abwälzen wollte." (ebd., 190)

Die Sozialdemokraten forderten immer häufiger die völlige Rationierung und vor allem die Massenspeisung. Die Gründung der „Rhein-Mainischen Lebensmittelstelle", einer Landeskartoffel- und Landesfleischstelle folgten ebenso wie eine eigene Vieh- und Weidewirtschaft, um den Handel teilweise auszuschalten. Die Stadt ging immer mehr zur Gründung kommunaler Ein- und Verkaufsstellen über. (ebd., 194ff.) Dieser „Kriegssozialismus", die scheinbare Erfüllung sozialdemokratischer Forderungen nach Vergesellschaftung, diente u.a. der Frankfurter SPD-Führung zur ideologischen

Rechtfertigung des „Burgfriedens". Paul Lensch, vor dem Kriege einer der Linken in Frankfurt, vertrat 1915 die Position, die Einführung des Getreidemonopols und die „Verstaatlichung" einiger landwirtschaftlicher Produkte sei der bisher größte Triumph des Sozialismus über den Kapitalismus. Immer wieder wurden in der „Volksstimme" Artikel solchen Inhalts veröffentlicht. (vgl. Ein Krieg, 27ff.) Für viele Sozialdemokraten schienen Forderungen eingelöst zu sein, ohne daß hinterfragt wurde, warum eine Kriegsplanwirtschaft unabdingbar geworden war und daß sich dadurch an den wahren Klassenstrukturen überhaupt nichts änderte.

Eine ganze besondere Bedeutung erlangte im Zusammenhang mit der Volksernährung während des Krieges die Schulkinderspeisung.

„War sie schon für die Friedenszeit aus sozialen Gründen geboten, so machte sie der Krieg mit seinen Begleiterscheinungen zur Notwendigkeit. Die starke Heranziehung von Frauen zur Erwerbsarbeit, sowie die zunehmende Knappheit der Lebensmittel machte es vielen Müttern schwer oder ganz unmöglich, das Mittagessen für ihre Kinder selbst zu bereiten. Dazu kam noch die außerordentliche Erhöhung der Lebensmittelpreise sowie überhaupt aller Ausgaben für den Lebensunterhalt. Dadurch sind große Volksschichten nicht in der Lage, ihre Kinder ausreichend zu ernähren. Die Folge ist eine große Zahl unterernährter Kinder, deren schwacher Körper nur wenig Widerstandskraft besitzt. Hierin liegt eine Gefährdung der nationalen Kraft und des nationalen Reichtums des Volkes." (Die Schulkinderspeisung, Verwaltungsbericht Okt. 1916-Okt. 1918)

Gerade in der Zeit, als eigentlich eine Ausweitung aufgrund der schlechten Versorgungslage geboten gewesen wäre, wurden infolge der Lebensmittel- und besonders der Milchknappheit Einschränkungen vorgenommen. Die Zentralisierung der Kriegsfürsorge beschloß dann, ab Oktober 1916 eine Schulspeisung, die Ausgabe von Mittagessen für erholungsbedürftige Kinder, einzuführen. Anfangs waren nur Kinder zugelassen, die zuvor an einer Erholungsmaßnahme teilgenommen hatten. Für einige Kinder wurde diese Speisung meist wichtiger als die Schule, so für Fränz und Miez Kalis.

„Wir hatten das Glück, bei der Schulkinderspeisung essen zu dürfen von Montag bis Freitag, samstags gab's das nicht, obwohl auch samstags Schule war. Da ham se nur Kinder ausgesucht, die sehr schwach warn. Also Kinder, denen man angesehn hat, daß die Eltern noch irgendwas beifahrn können, die wurden da ausgeschlossen. Aber wir zwei hatten das Glück. Und da ham mer uns oft im Schulhof rumgetrieben uns sind erst kurz vor Schluß hin in der Hoffnung, wenn da was übrig war, ist des dann unter die Kinder, die da warn, verteilt worden. Und da ham mer immer gleich gefragt: gibt's zwaamal? - War immer das große Wort: gibt's zwaamal? - Da ham mer uns oft ne Stunde oder noch länger vor dem Essengehen gedrückt, obwohl mer immer Hunger hatten. Und des Essen ging, wir warn immer sehr zufrieden. Immer irgend en Eintopf, Nudeln mit Dörrobst, des war schon en Festessen oder Graupen oder Bohnensuppe, Kartoffelsuppe, also des hat uns immer sehr gut geschmeckt. In der Kriegsküche des ham mir geholt, damit wir auch abends was hatten. Die Eltern haben des dann meistens schon mittags gegessen, aber es war ne sehr traurige Zeit. Wenn mer immer Hunger hat, dann denkt mer auch nur an Essen, wo kannste was ergattern." (Kalis, 73f.)

Der ewige Hunger, die ständige Mangelernährung, die reduzierte Kalorienmenge trotz längerer Arbeitszeit und intensiverer Ausbeutung am Arbeitsplatz – vor allem der Frauen – blieben nicht ohne Rückwirkung auf den Gesundheitszustand der Bevölkerung. Die Kinder in der Schule waren oft so schwach, daß sie den Schulsport nicht mehr durchhielten. Erkrankungen der Atmungs- und Kreislauforgane, Grippe, Tuberkulose, Hungertyphus und Ruhr traten während des Krieges verstärkt auf und führten häufig zum Tod. 1917 lag die Kindersterblichkeit bei Säuglingen um 50 %, bei Kindern von 5-15 Jahren sogar um 55 % höher als 1913. (Bietz/Volbert: Zeittafel)

Groß war auch die Not der Schwangeren und der stillenden Mütter. Als der Vater von Miez Kalis wegen seiner Lungenkrankheit mal wieder im Sanatorium war, kam das dritte Kind zu Welt.

„Das kleine Wurm, kaum war es auf der Welt, bekam's schon Lebensmittelkarten. Des war alles für die Mutter gedacht. Die Mamma war an und für sich körperlich sehr schwach, dann noch sehr von Kräften. Und die Hebamme und der Arzt: Frau Kalis, stillen Sie des Kind. – Sie bekam wohl für des Kind noch Lebensmittel, aber Gott, was war des? Emal en Viertelpfund Grieß oder en halbe Liter Magermilch, aber es war alles sehr wenig, so daß sie beim Stillen oft ohnmächtig geworden ist. Da hat se sich, des seh ich heut noch vor mir, des Bett stand ja in der Wohnküche, auf son Schemel gesetzt und den Rücken ans Bett und die Fränz auf der einen Seite und ich auf der andern, ham wir die da gestützt. Und immer, wenn der Kopf so runtergefallen ist, dann ham mer gerufen: Mamma! – Da hat se sich zusammengerissen und ist wieder zu sich gekommen. So hat se des Kind lang gestillt." (Kalis, 85)

Auch die Skrofulose nahm während des Krieges erheblich zu. Als man sie bei Frieda Ott entdeckte, war daran schon nichts mehr zu ändern.

„Sie war als klei' Kind sehr skrofulös, Knochebau schwach. Und da hat se Lungenentzündung und Keuchhuste dezu gekrischt, und se war nur noch Haut und Knoche. Und da hat der Doktor gesacht: bete Se zu unserm Herrgott, daß er's zu sich nimmt. Zu unsrer Mutter: bete! – Und da ham mer grad Hering gegesse, und des wollt se auch habbe. Sie hat schlecht gegesse, sie war am Hinsieche. Und da hat se gesacht, wenn das Kind doch sterbe soll, geb ich em, was es habbe will. Bißche Heringbrüh gemacht, vielleicht klaa bißche Hering, aber sie war noch ganz klaa, mehr Brüh als wie sonst was. Und des hat erer geschmeckt. Und des Kind, binne acht Tach sejt der Doktor: was habbe Sie denn mit dem Kind gemacht? – Da hat mei Mutter gesacht: Herr Doktor – und des war en Katholik – ich hab net gebet', des Kind hat des verlangt, und ich hab dem des gegebbe." (Häussermann, 33f.)

Wer Verwandte auf dem Land hatte, versuchte die Kinder dort in den Ferien oder auch sonst für längere Zeit unterzubringen. Da es inbesondere in der zweiten Kriegshälfte nicht mehr gelang, gegen die Unterernährung der Kinder anzukämpfen, wurden Kuraufenthalte oder Ferien auf dem Lande durchgeführt, um wenigstens eine vorübergehende Besserung des Gesundheitszustandes zu erreichen. Viele Arbeiter hatten allerdings schon längst erkannt, daß man sich auf die öffentliche Fürsorge alleine nicht verlassen konnte. Vielerorts wurde, wie Anna Beyer berichtet, zu Selbsthilfe gegriffen.

„Ich war also so dünn und körperlich zurückgeblieben, daß die Frauen in der Umgebung unserer Straße beschlossen haben: die Anna, die muß ne Zusatzernährung krie-

Bauern in Thüringen hatten sich bereit erklärt, ausgehungerte Stadtkinder für 4 Wochen aufzunehmen. Die Stadt übernahm die Transportkosten, der Aufenthalt war kostenlos. Miez Kalis war dort und berichtete: „Dann wurde aus jeder Klasse ein Kind ausgesucht, und das war ich dann gewesen, weil ich sehr schwach war. Das hat mir sehr gut getan, ich bin da son richtiges Bauernkind geworden, es hat mich alles sehr interessiert. Und vor allem wurden wir rausgefüttert."

gen. Und worin bestand die? Einige hatten Ziegen und Hasen, und die eine Frau, die kriegte den Auftrag, mir jeden Tag en halben Liter Ziegenmilch zu geben. Und das war furchtbar. Die Ziegenmilch schmeckte entsetzlich. Aber ich mußte die trinken, denn das war damals die Ernährung." (Beyer, 11f.)

Eine ganze andere Art der Selbsthilfe war seit 1911 der Versuch sozialdemokratischer Frauen, regelmäßige Ferienwanderungen für Arbeiterkinder zu organisieren. (VSt v. 18.7.1918) Sie begannen, die Kinder zu „sammeln", um mit ihnen zu spielen. Daraus entwickelten sich schließlich die Frankfurter Ferienspiele, die die Stadt organisierte.

„Die sogenannten Ferienspiele, die wurden ja von Sophie Ennenbach und meiner Mamma so gewissermaßen gegründet. Des waren die ersten Mütter, die eingesehen haben, die Kinder müssen in den Ferien von der Straße weg. Da sind wir dann zusammen zur Hundswiese marschiert, das war schon während des Krieges. Wir warn als ne Horde, jede Gruppe von 30 Kindern, da warn da ein paar hundert Kinder auf der Hundswiese. Des war ne schöne Zeit, muß ich sagen, vor allem der Stolz der Frauen, daß sie es geschafft hatten." (Kalis, 104f.)

Die Frankfurter Ferienwanderungen haben allerdings mehrere Quellen. Eine davon ist die „Allgemeine Lehrerversammlung". Ihr Vorsitzender, Oberlehrer Finger, berichtete schon in den siebziger Jahren über kleinere und größere Ausflüge, und schon in den vierziger Jahren des letzten Jahrhunderts unternahm der Leiter der späteren Katharinenschule mit seinen Schülern Wanderungen durch benachbarte Gebiete. Private Stiftungen ermöglichten eine Ausweitung. (Frankf. Ferienwanderungen, 1911, 2ff.) Die Ferienspiele während des Krieges hatten dann allerdings einen etwas abgewandelten Charakter.

Der Alltag der Kinder erfuhr durch die Kriegserlebnisse eine radikale Veränderung. Das begann zunächst einmal in der Schule.

„Wir kamen 1912 in die Schule, und 1914 ging dann der Krieg an. Im Anfang ging's noch, aber nachher, da ist wieder en Lehrer ausgefallen, da wurde ein pensionierter Ersatzlehrer eingestellt, der vom Schulischen überhaupt keine Ahnung mehr hatte. Ich hab extra mal das Zeugnis aufgeschlagen. Hier war ein roter Stempel: laut Erlaß vom 3.9.1914 werden des Krieges wegen Herbstzeugnisse nicht ausgestellt. – Da mußten wir dann wechselweise mal ganz weit weg in die Humboldtschule, weil die nur geheizt war, und unsre Schule war teilweise Flüchtlingslager und teilweise Lazarett und Soldatenlager. Und dann wurden mal wieder einzelne Räume freigegeben, und da hatten wir wieder Unterricht. Also es war überhaupt kein richtiger Plan mehr. Die Kinder – alle Moment ist eines mal ohnmächtig geworden, weil die Kinder überhaupt nit mehr die körperliche Kraft hatten. Wieder mal hieß es: heute fällt der Unterricht aus, dann wird für die Kriegsküche Wildgemüse gesammelt." (Kalis, 71)

Fritz Eisenacher wurde 1917 eingeschult, zu dieser Zeit gab es in allen Schulen schon längst

„mehr Lehrerinnen. Da war der Rektor, der noch da war, das war ein Mann. Und im wesentlichen warn alles Lehrerinnen. Einer oder zwei waren kriegsbeschädigt, die warn schon ausgeschieden aus der Armee. Im großen und ganzen waren die Lehrer ein reaktionärer Haufen." (Eisenacher, 16f.)

Fast alle Zeitzeugen sind rückwirkend der Überzeugung, daß ein geregelter Unterricht nicht mehr stattfand. Nicht Qualifizierung stand im Vordergrund, sondern die Erzeugung von Vaterlandsgefühl, die Beschaffung von Nachschub für die Front und die Mithilfe bei der Sicherstellung des Nahrungsmittelbedarfs.

„Die entscheidenden Jahre ham mir nix gemacht wie im Lesebuch gelese, mal e Seit abgeschriebe, und da hat einer aufgepaßt. Wir warn praktisch eine Klasse, die in die Schule gekomme is, daß se von de Straß eweg war." (Reimann, 26)

Karl Reimann erinnert sich hauptsächlich noch an

„Singen, vaterländische Lieder. Im Schumanntheater sin emal sämtliche Frankfurter Schulen, die obere Klasse, aufgetrete un habbe vaterländische Lieder vor de Verwundete gesunge. Wir sin klasseweis ausgerückt worde, hinmarschiert und dann auf die Bühne. Des sollt mal ne Abwechslung für die sein. Und ein Verwundeter hat mir so den Kopf gestreichelt, wie mer nachher rausgange sin. Da sacht der: ihr habt's ja ganz gut gemacht, aber wenn ihr wüßtet, wie's drauße aussieht! – Des hat mich nie verlasse." (ebd.)

Das Umziehen von einer Schule in die andere gehörte ebenso zum Alltag wie das Sammeln, angefangen von Wildgemüse über Bucheckern bis hin zu Geldspenden jeder Art. Willy Möser meint:

„es wurde eben alles gesammelt, was Gott verboten hat, jede Blechbüchse und alles wurde gesammelt für's Vaterland." (Möser, 22)

Selbstverständlich machte die patriotische Erziehung nicht an der Schulpforte halt, sondern übertrug sich auf das gesamte Leben der Kinder. Wer den Alltag des Krieges lebte, für den wurde Krieg ganz selbstverständlich auch Bestandteil des Spiels. Sophie Ennenbach schrieb in ihren Erinnerungen:

„Auf der Straße sangen die Buben und schwangen ihre Holzsäbel:
‚Und der Soldate, ja der Soldate,
das ist der schönste Mann im ganzen Staate.
Darum freuen sich die Mädchen sehr,
über's schöne, schöne, schöne Militär'" (Ennenbach, 179)

Die Kinder spielten auf der Straße und auch zu Hause Krieg. Aus Gußformen wurden Bleisoldaten und Kanonen gegossen, eine Armee bekämpfte die andere, das Schießen wurde geübt. Paul Müller erinnert sich:

„Wir Schulbuben begannen fleißig ‚Kriegsandenken' zu sammeln. Gewehrpatronen von vielen Armeen, die spitzen deutschen, die abgerundeten französischen und auch mal ein angebliches englisches Dum-Dum-Geschoß mit eingebohrter Spitze. Einen besonderen Tauschwert hatten deutsche Fliegerpfeile (ein etwa 10 cm langer Nagel, mit einer beschwerten Pfeilspitze versehen, wurde aus der Flugzeugkanzel auf marschierende Truppen geworfen). Wir sammelten auch alte Weinflaschen, schlugen ihnen die Köpfe recht zackig ab, bestrichen sie mit Silberbronze und klebten mit Siegellack kitschige Kriegspostkarten darauf. Diese ‚Granaten' fanden reißenden Absatz. Sie zierten oft noch lange nach Kriegsende so manches Vertiko." (Müller, 94)

Der Krieg griff radikal in die Familienstrukturen ein. Der Stolz eines Arbeiters war es immer gewesen, seine Familie ernähren zu können, der Stolz der Arbeiterfrau, Kinder und einen eigenen Hausstand zu haben, mit geringen Mitteln ein Heim zu schaffen, in dem sie uneingeschränkt walten konnten. (vgl. Rühle, Kultur- und Sittengeschichte 2, 10f.) Der Krieg zwang die Arbeiterfrauen nun, selbst bei vielen Kindern, wieder eine Arbeit aufzunehmen, sei es weil der Mann an der Front oder gefallen war.

„Mein Vater wurde auch eingezogen, und ich kann mich an meinen Vater nicht mehr erinnern. 1914 war ich 2 Jahre, und dann hab ich ihn ja nicht mehr gesehn. Da kam er mal in Urlaub, aber ich kann mich absolut nicht mehr an ihn erinnern. Und er war ja auch mit Röschen am Helm und so: Siegreich wolln wir Frankreich schlagen – raus mit voller Begeisterung, und 1917 ist er gefallen. – Da bekam meine Mutter die Nachricht, und sie schrie furchtbar. Also der Verlust, sie hatte 3 Kinder, und nun kam die Nachricht, der Mann ist gefallen, und sie hatte ja auch keinen Beruf." (Schulze, 1)

Auch bei der Familie von Lotte Oettinger änderte sich vieles:

„Solang die Mutter zu Haus war, da sind wir Kinder weniger zur Hausarbeit angehalte worde. Des hat sich natürlich gewaltig geändert, als dann der Krieg ausgebrochen war. Der Vater war ja im Feld, und die Mutter mußt ja arbeiten gehn." (L. Oettinger, 3)

Als Robert Tröschs Vater fiel, stand die Mutter mit vier Kindern alleine da und hat

„für uns vier Kinner 44 Mark Halbwaisenrente gekrischt. Da hat se arbeite müsse. Die Großmutter hat uns ebe am Tach über betreut indirekt un hat mitgekocht. Ich war der Älteste, da hieß es: Du machst die Hausaufgabe mit de Geschwister. Unsere Arbeit war eingeteilt. Die hat gesacht kriet: Du machst des, un die soll des mache un die des, denn die ganze Hausarbeit hätt' ja die Mutter nit noch mache könne, denn unsre Mutter is arbeite gange un hat noch die halbe Nächte an die Nähmaschin gesesse un hat vielleicht noch jed' Nacht e Oberhemd genäht, damit's nur einischermaße über die Runde gereicht hat." (Trösch, 19)

Hausarbeit und Geschwisterbetreuung wurden gezwungenermaßen zur Selbstverständlichkeit. Die Erziehung wurde teilweise von der Mutter auf die ältesten Kinder übertragen. Das engte einerseits die Bewegungsfreiheit der Kinder enorm ein, gab ihnen andererseits jedoch ein zuvor nie in diesem Maße gekanntes Selbstbewußtsein und viel größere Selbständigkeit. Da die Verdienste der Mutter und der älteren Geschwister sehr häufig nicht zum Leben reichten, war neben den vielen anderen Lasten des Kriegsalltags, z.B. auch dem vaterländischen Hilfsdienst der Jugendlichen und Heranwachsenden, eine große Anzahl der Arbeiterkinder außerdem gezwungen, einer Erwerbsarbeit nachzugehen.

Was sich schon bald abzeichnete, könnte man umschreiben mit „Lust und Last am Kriege". Wer mehr als seine Arbeitskraft zu verkaufen hatte, verdiente gut am Krieg. In der Kriegsindustrie wurden gute Gewinne gemacht, die Betriebe ausgeweitet. Trotz Schließung der amtlichen Börse zu Kriegsbeginn brachten einige „Pioniere der Börse" einen inoffiziellen telefonischen Börsenverkehr mit reger Spekulation zustande. (ebd., 139f.) Anders als die Kleingewerbetreibenden, die ins Feld zogen und ihre Familien unversorgt zurücklassen mußten, erhielten die Unternehmer der stillgelegten Friedensindustrien hohe Entschädigungen. So konnte das vermögende Frankfurter Bürger- und Großbürgertum mit Hilfe des „Schwarzmarktes" seinen gewohnten Lebensstandard ohne Einschränkungen aufrecht erhalten und sein Vermögen mehren. Die „Lust am Kriege" war das Privileg einer kleinen Minderheit, die Last mußten die minderbemittelten Massen tragen. Bei ihnen begann sich der Unmut allmählich zu stauen.

Alle diese Verhältnisse und Umstände blieben nicht ohne Rückwirkungen auf die internen Auseinandersetzungen der Sozialdemokratie im Reich und auch in Frankfurt. Das autoritäre Regime der Parteirechten zwang hier

Von der anfänglichen Kriegsbegeisterung war in der Frankfurter Arbeiterschaft schon bald nichts mehr zu spüren. Die Aufforderung, immer neue Kriegsanleihen zu zeichnen oder „Gold für Eisen“ zur Finanzierung des Krieges zu opfern, fiel mit der Dauer des Krieges zunehmend auf wenig fruchtbaren Boden. Immer häufiger wurde über Sinn oder Unsinn des Krieges diskutiert. Besonders die in der Kriegsindustrie Beschäftigten empfanden in der 2. Kriegshälfte den Widerspruch zwischen ihrer Arbeit und den Kriegszielen (vgl. Drüner, 246).

die Linken bereits 1914,

„sozusagen einen konspirativen Stil zu entwickeln.“ (Lucas, 14)

Wenn sie auch zahlenmäßig nicht sehr stark war, so wurde die Ortsgruppe der „Proletarischen Freidenker“ doch immer mehr zum Kristallisationspunkt der Opposition. Der allmächtige Parteiapparat versuchte das mit allen Mitteln zu unterbinden. Ein „Unvereinbarkeitsbeschluß“ wurde aus der Taufe gehoben, in dem es hieß:

„Wer die Veranstaltungen der proletarischen Freidenker unterstützt, dem werden die Ehrenämter der Partei genommen." (Ein Krieg, 30)

Wie sehr die Differenzen zwischen Anhängern und Gegnern der Burgfriedenspolitik selbst die persönlichen Beziehungen der Beteiligten vergifteten, schilderte Sophie Ennenbach. Eine Versammlung im Jahre 1915 - es ging um den Aufruf Clara Zetkins an die sozialistischen Frauen der Welt zu einer außerordentlichen Frauenkonferenz nach Bern, das dort verfaßte Friedensmanifest und die Zustimmung der Versammlung dazu - war gerade zu Ende.

„Kaul, mit dem ich einen großen Teil meines Nachhauseweges hätte zusammengehen können, wie das sonst in ähnlichen Fällen geschah, ließ mich diesmal mitten in der Nacht auf der verdunkelten Straße stehen und rannte erbost davon. Überhaupt konnte man nunmehr auch persönlich mit sehr vielen Genossen kaum mehr ein Gespräch führen, ohne daß sie alle Beherrschung verloren. Man vergaß alle Freundschaft, alle Höflichkeit - und schimpfte nur auf die Revoluzzer. Andererseits war es auch kein Genuß, die ‚politischen' Tiraden aus ihrem Munde anzuhören, die man schon so sattsam tagtäglich in den Leitartikeln las." (Ennenbach, 19)

Die Arbeiterjugend hatte mit Kriegsbeginn fast ihren ganzen Funktionskörper verloren und im Zeichen des Burgfriedens einen erheblichen Mitgliederschwund erlitten. Es bestand ein völliges Verbot öffentlicher Betätigung für die sozialistische Jugendbewegung während des Krieges, nur Unterhaltung und Spiel waren noch erlaubt.

„Dafür aber organisierten die Behörden mit Hilfe der bürgerlichen Jugendvereine die ‚Jugendwehr', um schon die Sechzehnjährigen militärisch zu drillen." (Die junge Garde, 39)

Mit der Begründung, man wolle der Verwahrlosung entgegenwirken, verbot ein militärischer Erlaß den Frankfurter Jugendlichen, abends ab 20 Uhr ziellos herumzugehen oder sich ohne erkennbaren Grund auf der Straße aufzuhalten. Die stark verjüngte Mitgliedschaft der Arbeiterjugend wandte sich immer wieder gegen die Bevormundung durch ihre Jugendleiter, die seit Kriegsbeginn von Partei und Gewerkschaft gestellt wurden, statt wie früher von Partei, Gewerkschaft und einem älteren Jugendlichen. Da Diskussionen um Sinn und Zweck des Krieges innerhalb der Arbeiterjugend unterdrückt wurden, wurde der Verband proletarischer Freidenker auch für viele Jugendliche ein Anziehungspunkt. Sie organisierten sich in der „Jugendgruppe der Freidenker-Organisation". Die Folge war der Beschluß vom Jugendausschuß und von den Vorständen von Gewerkschaftskartell und Partei:

„Wer die hiesige Jugendgruppe des Zentralverbandes der Proletarischen Freidenker in irgendeiner Weise fördert, wird als Abonnent (Mitglied) der Arbeiter-Jugend gestrichen." (vgl. Die junge Garde, 38-48)

An der illegalen Konferenz mit etwa 60 Vertretern oppositioneller Arbeiterjugendgruppen aus 20 Großstädten im April 1916 nahmen auch 2 Frankfurter teil. Sie wandten sich schärfstens gegen die bisherige überwiegend jugendpflegerische Arbeit der AJ und gegen die Unterstützung der Kriegspolitik. (ebd., 46ff.)

Im Reichstag war die Opposition gegen die Kriegspolitik und die Zustimmung der SPD zu den Kriegskrediten ständig gewachsen. Im Dezember 1914 hatte sich Karl Liebknecht erstmals nicht der Fraktionsdisziplin unterworfen und sich verweigert. Hugo Haase gab im Dezember 1915 sein Amt als Fraktions- und Parteivorsitzender auf, weil er die Burgfriedenspolitik nicht länger mittragen konnte. Ebert wurde sein Nachfolger. 1915 fand sich die Gruppe um Luxemburg, Zetkin, Liebknecht und Mehring zur „Gruppe Internationale" zusammen.

Auch die Parteipresse mußte ihre Stellung im Krieg neu bestimmen. Im September 1914 hatte die Konferenz der Redakteure der sozialdemokratischen Parteipresse einen Beschluß über die Haltung im Krieg herbeigeführt. Danach sollte dem Hurrapatriotismus und den chauvinistischen Treibereien entgegengewirkt und Annexionsgelüste bekämpft werden. Die Redakteure sollten objektiv über Kriegsgreuel, Gefangenen- und Verwundetenbehandlung berichten und auf dem Gebiet der Wirtschafts- und Sozialpolitik wegweisend sein. Der Parteivorstand versuchte allerdings immer wieder, die politische Linie der Zeitungen zu beeinflussen. (Chronik I, 166) Auch die Frankfurter Volksstimme geriet häufig in die Schußlinie der Auseinandersetzungen. Ebert reiste im Frühjahr 1915 an den Main, um seinen Einfluß geltend zu machen – mit dem Erfolg, daß die Linie korrigiert wurde und die Zahl der Abonnenten schrumpfte. (Ein Krieg, 30) Die restriktive Politik Quarcks ließ die Gräben zwischen den Flügeln der Frankfurter SPD immer tiefer und die innerparteiliche Demokratie hohler und fadenscheiniger werden. Als bei der Generalversammlung im Juni 1915 die Opposition bereits 41 Prozent der Kandidaten aufstellte (VSt v. 19.6.1915), wurden von nun an die Distriktversammlungen in größeren Zeitabschnitten durchgeführt, und auf der Generalversammlung 1916 wurde gar ein Beschluß durchgesetzt, den bestehenden Vorstand bis Kriegsende in seinem Amt zu belassen. (VSt. v. 8.6.1916)

Im Juni 1915 schrieben 370 Frankfurter Sozialdemokraten einen Brief an die Reichstagsfraktion und den SPD-Vorstand, in dem die Haltung der Partei zum Krieg und zur Annexionspolitik schärfstens kritisiert und aufgefordert wurde, die Burgfriedenspolitik aufzukündigen. (Ein Krieg, 28f.) Die Bezirksleitung der SPD hatte aufgrund von Quarcks Kriegspolitik zu einem Boykott der Volksstimme aufgerufen. Diesen beantwortete die von den Anhängern des Parteivorstandes beherrschte Frankfurter Opposition damit, daß sie dem Bezirksvorstand den Geldhahn abdrehte und Parteibeiträge nicht mehr an ihn, sondern direkt an den Parteivorstand nach Berlin abführte. (ebd., 30)

Trotz ständiger Verschlechterung der Lebensverhältnisse gelang es der alten SPD und der Gewerkschaftsführung, die Arbeiterinnen und Arbeiter immer wieder zu besänftigen. Unter der Oberfläche allerdings schwanden das Ansehen und der Einfluß der Partei- und Gewerkschaftsführer in den Betrieben, und gegen sie oder neben ihnen entstand, teils aus den betrieblichen Arbeiterausschüssen, die das Kriegshilfsdienstgesetz geschaffen hatte, eine neue, fest in den Betrieben verankerte Gruppe von Arbeiterräten und revolutionären Obleuten. Sie führten u.a. in Berlin und Leipzig im April

1917 große Streiks gegen die mangelhafte Lebensmittelversorgung gegen den Willen der Gewerkschaftsapparate durch. In Berlin streikten 319 Betriebe mit 300000 Arbeitern u.a. gegen die Verhaftung des Metallarbeiterfunktionärs Richard Müller. In Kiel waren es Ende März bereits 26000 und in Leipzig Mitte April mehr als 30000 Arbeiter, die auch mit politischen Forderungen in den Ausstand traten. (Chronik I, 188f.) Reichskanzler Bethmann-Hollweg verfügte am 25. April 1917 in einem Erlaß,

„daß künftig jeder Streik in kriegswichtigen Betrieben, jede Aufforderung und jeder Versuch dazu und die Absicht, Streikbrecher von der Arbeit abzuhalten, als Vorschubleistung für eine feindliche Macht oder als Schädigung der Kriegsmacht des deutschen Reiches angesehen werde." (ebd., 189)

Als Hindenburg anderntags in dasselbe Horn stieß, forderten die Vorstände der Gewerkschaftsbünde, „daß Arbeitseinstellungen in der gegenwärtigen Stunde zu vermeiden seien" (ebd., 190), da Erhaltung und Sicherung des Reiches vorrangig seien und nur eine Erhöhung der Widerstandskraft Deutschlands einen baldigen Frieden bringen könne. In Frankfurt blieb es daraufhin erst mal ruhig. Unter den Munitionsarbeiterinnen, von denen viele Männer oder Brüder im Feld hatten, mag insbesondere das häufig gebrauchte Argument, daß eine Einschränkung der Munitionsproduktion unmittelbar das Leben der Soldaten an der Front bedrohe, sehr wirksam gewesen sein. So ist es nicht verwunderlich, daß es erst im August 1917 in 17 Betrieben mit 10500 Beschäftigten zu größeren Lohnbewegungen und bei den „Adler-Werken" zu den ersten Arbeitsniederlegungen seit Kriegsbeginn kam.

Parallel zu dieser Entwicklung vollzog sich die Spaltung der Partei, die innerlich schon lange vorbereitet und nach außen durch die Spaltung der Fraktion im Reichstag längst offen sichtbar war. Auf der Reichskonferenz der sozialdemokratischen Opposition in Gotha im April 1917 formierte sich diese als „Unabhängige Sozialdemokratische Partei Deutschlands" (USPD). In Frankfurt hatte die Untergrundorganisation bei der Spaltung bereits einen hohen Stellenwert. Gleichzeitig mit der Gründung der USPD wurde der endgültige Bruch zwischen der 1916 schon entstandenen oppositionellen „Freien Sozialistischen Jugend" und der „Arbeiterjugend" vollzogen. (vgl. Die junge Garde, 125f.)

Robert Dißmann und Toni Sender wurden die führenden Köpfe der Frankfurter Unabhängigen.

„Für die SPD am Untermain, von der außer den Distrikten im Kerngebiet Frankfurts nur ein Teil des Distrikts Bockenheim intakt blieb, kam die Gründung der USPD einer innerparteilichen Katastrophe gleich." (Ein Krieg, 32)

Auf einhellige Zustimmung stieß die Spaltung allerdings keineswegs:

„Der Schorsch Stierle und andre, die habbe gesacht: Mensch Hans, wo De immer son Kerl bist, jetzt geht's los, geh zur USPD! – Hab ich gesacht: nein, des mach ich net, denn nur Einigkeit macht stark, merkt Euch des emal!" (Bischoff, 35)

Die Parteispaltung brachte nicht die erwartete innerparteiliche Ruhe. Die Frankfurter Mehrheitssozialdemokraten (MSPD) behielten einen starken linken Flügel, der die Verteidiger der bedingungslosen Burgfriedenspolitik hart bedrängte. Max Quarck wurde als politischer Redakteur der Volksstimme abgelöst.

„Die Antipathie, die nunmehr diesem Prediger des Hilfsdienstgesetzes allenthalben entgegenschlug, hatte am 14. Juni 1917 bewirkt, daß ihm eine Generalversammlung das Stimmrecht entzog." (Ein Krieg, 32f.)

Jakob Altmaier übernahm seine Stelle. Die Berichterstattung distanzierte sich von da an von der Kriegspolitik der MSPD. Im Mai 1918 berichtete die Partei, seit Oktober 1917 habe sich der bis dahin stetige Mitgliederrückgang in ein Ansteigen verwandelt. Der innerparteiliche Zwist bestand jedoch fort. Die Volksstimme meldete:

„der erweiterte Vorstand legt eine Liste vor, auf der die bisherigen Vorstandsmitglieder, die Genossen Wittrisch und Kirchner gestrichen waren, weil sie ... den ‚Unabhängigen' zu nahe stünden. Gegen ein solches Vorgehen wenden sich die Redner im allgemeinen. Eine solche Gesinnungsrichterei könne der Partei nur Schaden zufügen. Da zwei Richtungen vorhanden seien, müßten sie auch, im Interesse der Einigkeit, im Vorstand vertreten sein." (VSt 112 v. 15.5.18)

Der Appell blieb fruchtlos. Die Rechte wollte im Vorstand unter sich sein. Allerdings gab es auch Protest, der mit den Stimmen aller Anwesenden gewählte zweite Vorsitzende Georg Ulrich

„dankte für das ihm ... erwiesene Vertrauen. Moralisch sei er jedoch verpflichtet, sich mit den beiden nicht wiedergewählten Vorstandsmitglieder Kirchner und Wittrisch solidarisch zu erklären und seinen Posten niederzulegen." (VSt 120 v. 25.5.18)

Erfüllt von dem Mißtrauen gegenüber den Herrschenden lehnte die Masse der Arbeiterbevölkerung Annexion – zumindest im Westen – entschieden ab, und je länger der Krieg dauerte, um so entschiedener wurde das Gerede vom „Siegfrieden" verworfen. Für die Interessen des Adels, der Offizierskaste und der Industrie wollte man nicht länger leiden.

„Wenn führende Konservative und Alldeutsche erklärten, daß Deutschland einen sogenannten Verständigungsfrieden gar nicht annehmen dürfe und auf dem Siegfrieden bestehen müsse, so sahen die sozialdemokratischen Arbeiter darin die Bestätigung ihres Verdachts. Dieselben Männer, von denen das Proletariat politisch, wirtschaftlich und im Heere gedrückt würde, seien auch die Kriegsverlängerer. Sie müsse man unschädlich machen, um so das Elend zu beenden. So belebte die Losung ‚Gegen die Alldeutschen und Annexionisten' den Klassenkampfgeist der Arbeiter. Das war die Formel, mit der das Proletariat die Fesseln des Burgfriedens durchbrach und den Klassenkampf wieder aufnahm." (Rosenberg, Entstehung, 95)

Aus ihrem Verständnis des Krieges als ein den Deutschen aufgezwungenen Verteidigungskrieg haben sich die Führer der deutschen Sozialdemokratie (ebenso in Österreich und Ungarn; Chronik I, 170) von Anfang an immer wieder gegen jede Art von Eroberungskrieg gewendet. Gegenüber dem zaristischen Rußland war diese Haltung nicht so eindeutig. Die Sozialdemokratie konnte also, unabhängig von ihrem inneren Streit, auf den Burgfrieden und die Bewilligung der Kriegskredite mit der Forderung nach einem „Verständigungsfrieden“ und der sofortigen Aufnahme von Verhandlungen auf diese Grundstimmung städtischer Arbeitermassen reagieren. Aber nicht nur die städtischen Arbeiter, sondern auch die Landbevölkerung wollte eine möglichst schnelle Beendigung des Krieges, ohne dabei allerdings „bestimmte Parolen zu formulieren“. Bethmann-Hollweg suchte die sich in den Jahren 1915/16 ausweitende Diskussion im Volk über das Mittel der Zensur abzuwürgen (Rosenberg, a.a.O., 97), während die Massen immer offener zu Aktionen übergingen.

Für den 3. und 10. September 1916 organisierte der Bischof von Limburg eine Wallfahrt nach Hofheim im Taunus, und

> „unübersehbare Scharen frommer Pilger aus Frankfurt – das erste Mal mehr als 2000 Männer, das zweite Mal gegen 6000 Frauen und Jungfrauen – bewegten sich in feierlichen Prozessionen..., um gemeinsam für einen ehrenhaften Frieden zu beten.“ (Drüner, 204)

In der Formel vom „ehrenhaften Frieden“ schienen die Interessen des konservativen, politischen und ökonomischen Katholizismus und der Zentrumsführung nach Anschluß an die Kriegspolitik der Rechtsparteien mit der Forderung der Christlichen Gewerkschaften nach einem „Verständigungsfrieden“, wie ihn auch die Sozialdemokraten forderten, versöhnt.

Für den 1. Oktober riefen die Sozialdemokraten zu einer Friedenskundgebung in den Ostpark auf. 20000 bis 25000 Menschen hörten sich die Reden von Otto Braun, Hermann Müller, dem Reichstagsabgeordneten Gradnauer aus Dresden und den drei Frankfurtern Quarck, Sinzheimer und Gräf an. Den Massen schien die Fortsetzung des Krieges immer sinnloser. Die Lebensmittelblockade von 1916/17 bestärkte sie in ihrer Friedenssehnsucht. In vielen Versammlungen wurde über die Möglichkeit der Verständigung mit dem Gegner diskutiert, Frieden schnellstens und unter allen Bedingungen gefordert. (ebd., 311) Alle solche Basisaktionen waren ein alarmierendes Zeichen, konnten sie doch jederzeit in revolutionäre Massenbewegungen umschlagen. Der Zentrumsabgeordnete Erzberger griff diese Warnung auf und schlug im Juli 1917 eine Friedengskundgebung des Reichstags vor, um dessen Bestreben nach einem Frieden der Verständigung und nach dauerhafter Versöhnung zu demonstrieren. Alle erzwungenen Gebietsabtretungen, politische, wirtschaftliche und finanzielle „Vergewaltigung“ wurde abgelehnt. Am 19. Juli 1917 nahm der Reichstag die Friedensresolution gegen die Stimmen der Konservativen und Nationalliberalen und bei Stimmenthaltung der USPD, die eine eigene Resolution eingebracht hatte, an. Im Sinne dieser Resolution stimmte die MSPD dann am selben Tag neuen Kriegskrediten zu. (Chronik I, 191f.) Ihre weitere Einbindung, die Verhinderung einer Friedensbewegung durch Massenaktionen, die Sicherung der Staatsautorität war noch einmal gelungen.

Diese Friedensresolution war dann auch die Grundlage für die große Friedenskundgebung am 30.9.1917 im Ostpark mit über 20000 Menschen. Obwohl diesmal die MSPD gemeinsam mit der Fortschrittlichen Volkspartei und dem Zentrum zu der Kundgebung aufgerufen hatte, kamen kaum mehr Menschen als zu der Kundgebung der Sozialdemokraten im Jahr zuvor. Die Einigung auf den Kompromiß der Friedensresolution wurde in allen Redebeiträgen deutlich. Lediglich Wittrisch schlug kritischere Töne an, forderte die Beseitigung der Junker- und Geldsackherrschaft, Demokratie und Geltung des Volkswillens, wofür er viel Beifall erhielt. Einstimmig wurde dann die Friedensresolution angenommen:

„Die von der Fortschrittlichen Volkspartei, der Sozialdemokratie und dem Zentrum zu Frankfurt a.M. in den Ostpark einberufene Versammlung dankt der Reichstagsmehrheit für ihre auf die Herbeiführung eines Verständigungsfriedens gerichteten Bemühungen. (...) Die Versammlung ist überzeugt, daß Deutschlands Lebensinteresse nur durch einen Frieden gewährleistet wird, der nicht den Keim neuer Kriege, die Notwendigkeit zukünftiger ungeheurer Rüstungslasten sowie die Gefahr weltwirtschaftlicher Absperrung und dauerhafter politischer Isolierung in sich trägt. (...) Von den feindlichen Völkern erwartet die Versammlung, daß auch sie auf ihre Regierungen zur Herbeiführung eines Verständigungsfriedens einwirken. Solange diese von dem Gedanken eines Siegfriedens beherrscht bleiben, wird das deutsche Volk nach wie vor seine ganze Kraft für die Verteidigung des Vaterlandes einsetzen." (VSt, Beil. zu 230 v. 1.10.17)

Die Kriegsmüdigkeit wuchs. 7000 Menschen kamen am 1. Mai 1918 in Frankfurt zur ersten großen Maikundgebung seit Kriegsbeginn im Tivoligarten zusammen. Alle Appelle an die Verteidigungsbereitschaft der Bevölkerung und zur Zurückhaltung griffen nicht mehr. In den vier Kriegsjahren waren 11272 Frankfurter gefallen oder in Lazaretten gestorben, 4900 Zivilpersonen durch Hunger oder Seuchen umgekommen (Junge Garde, 47), Familien waren zerbrochen, die Arbeiterorganisationen waren gespalten und hatten große Teile ihrer Mitgliedschaft verloren.

Das Regime hatte sich in vier Jahren Krieg politisch, wirtschaftlich, sozial und zuletzt auch militärisch in den Augen der Massen unglaubwürdig gemacht. So verweigerten sie ihm zunehmend die Gefolgschaft. Im April 1917 schrieb eine Frankfurterin an den Oberbürgermeister:

„Ich wollte keinen Krieg; mir war Frankfurt groß genug. In der Zeitung steht, man brauche das Ausland. Warum bleibt man dann nicht einig mit ihm? Wenn ich einen Menschen brauchen kann, so halte ich Freundschaft." (Drüner, 310)

So gesehen war die Novemberrevolution der Sieg des gesunden Menschenverstandes über eine längst sinnentleerte Staatsraison.

5. Die Revolution erweckt Hoffnungen

Frieden – Freiheit – Gleichheit – Sozialismus

Der Krieg hatte den Druck, der auf den „arbeitenden Klassen" lastete, nicht erst hervorgebracht, er hatte ihn aber bis zur Unerträglichkeit gesteigert und auch die Klassengegensätze im Alltagsleben sichtbar verschärft. Der Aufstand der Kieler Matrosen war ein Fanal der Hoffnung. Er zeigte, daß es möglich war, sich gegen den Krieg zu wehren, und die roten Fahnen, unter denen er sich vollzog, signalisierten eine Alternative zum bestehenden gesellschaftlichen System.

In den Archiven finden wir Programme der politischen Parteien, Erlasse der Behörden, Reden der Arbeiterführer und Proklamationen der Arbeiter- und Soldatenräte. Ihr Tun und Reden ist aktenkundig. Das Denken, Hoffen und Wollen der Massen, die in den Tagen des „Frühlings im November" die Straßen Frankfurts füllten, ist schwieriger herauszufinden. Was in ihren Herzen und Köpfen vorging, als sie – scheinbar ziellos, noch die Richtung suchend – hin- und herzogen, ist nirgendwo niedergeschrieben und registriert worden und daher viel schwerer zu entschlüsseln. Alle Schilderungen aus den Revolutionstagen belegen jedoch, daß die Menschen von einem ungeheueren Gefühl der Befreiung erfüllt waren, daß sie das Massenerlebnis und das prickelnde Gefühl gewaltiger, unmittelbar bevorstehender Ereignisse genossen. All die Hunderttausende, die damals auf die Straße gingen, wie unterschiedlich ihre individuellen Ziele, Vorstellungen und Wünsche auch gewesen sein mögen, waren davon überzeugt und durchdrungen, das kann als feststehend angesehen werden, nun müßten ganz grundlegende Veränderungen herbeigeführt werden und sie könnten davon zugleich unmittelbare positive Auswirkungen auf ihr eigenes ideelles und materielles Leben erwarten.

„Ein romantisches Schwärmen und Ahnen von künftigen besseren Tagen und ganz derbe materielle Wünsche verschmolzen sich aufs seltsamste in der einen Massenempfindung; man wollte und mußte hoffen, um nur leben zu können, und man wollte sich einmal richtig freuen." (Drüner, 337)

Die Freude war zuerst die über das bevorstehende Kriegsende. Die Menschen hatten sich den Frieden herbeigesehnt und sagten:

„Hoffentlich nimmt der Krieg bald ein Ende un es wird alles anders. Dene Leut' hat's ja – nit nur de Arbeitsleut', also dene andere auch – gestande bis hier obe am Krage.“ (Bischoff, 34)

Die große Hoffnung richtete sich zunächst darauf, daß der Mann, der Vater, Bruder, Verwandte, Freund oder Nachbar bald wieder gesund zu Hause sein konnte. Miez Kalis meint:

„Man war froh, daß der Krieg um war und daß die Soldaten heimkamen, alle mehr oder weniger geschunden. Auch die Bevölkerung war ja geschunden bis in TZ. Es war nicht so viel zerbombt, es war minimal, aber so moralisch so alles am Boden. Und danach wurden die Soldaten gefeiert, und denen war's gar nicht ums Feiern, die wollten sehn, wo die Familie geblieben ist.“ (Kalis, 95f.)

Die Menschen wollten nicht länger in Angst leben, sie wollten, daß endlich Schluß mit dem Morden war. In Frieden zu leben, das bedeutete vor allem, Arbeit und Einkommen zu haben, nicht länger von Arbeitslosigkeit bedroht zu sein, insgesamt eine größere Existenzsicherheit zu besitzen. Das waren Voraussetzungen für ein Familienleben, um wieder einmal unbeschwert feiern zu können, um in Ruhe die Verwandten zu besuchen, um einfach zu leben.

Frieden bedeutete also zunächst einmal die Rückkehr zu „normalen“ Verhältnissen: zu normalem Familienleben, normaler Arbeit, normaler Versorgung usw. Frieden bedeutete jedoch für die Masse der Soldaten und der Zivilbevölkerung noch mehr: das Ende des Militarismus. Der Krieg hatte so viel Not und Elend über die arbeitenden Menschen gebracht, daß das einst bewunderte Militär bis weit in die Kreise des Kleinbürgertums hinein nun verhaßt war. Ein Indiz dafür sind nicht nur die sich gegen Kriegsende häufenden offenen oder verdeckten Befehlsverweigerungen und die auch von Drüner kommentierte Vernachlässigung der Grußpflicht gegenüber den Offizieren, es war auch folgerichtig, daß revolutionäre Soldaten und Arbeiter den Offizieren die Rangabzeichen von den Uniformen rissen oder schnitten. Die zuvor zumindest nach außen sichtbare erste Macht im Staate, das Militär, wurde nun ebenso sichtbar seiner Macht enkleidet.

Es ging den Massen, die da die Straßen füllten, aber um viel mehr. Sie waren keine Staats- und Verfassungsrechtler, keine Wirtschaftswissenschaftler oder Verwaltungsexperten, sie waren das Volk, das sich seine Souveränität, das Recht auf Herrschaft gab. Sie kleideten ihre Sehnsucht und ihr Wollen in Parolen wie „Demokratie“ oder „Sozialismus“. Drüner meint:

„Der soziale und politische Wunschgehalt der ganzen Bewegung als solcher des vierten Standes trat hervor. Die Industriearbeiter glaubten die große Stunde gekommen, die ihnen die lang ersehnte Erlösung von dem Druck und all den Abhängigkeiten des Maschinen-Zeitalters bringen, die kapitalistische Weltordnung aus den Angeln heben, zum mindesten den Weg dahin bahnen werde. Sie betrachteten ... den Krieg nur als die Einleitung einer viel gewaltigeren Begebenheit, einer geistigen und sozialen Umschichtung, wie sie die Welt noch nie erlebt hat.“ (Drüner, 335f.)

Die Menschen demonstrierten für eine Republik und verstanden darunter zunächst einmal, Kaiser und Könige abzuschaffen, die Fürsten aus dem

Land hinauszujagen. Hugo Haases Aussage in Frankfurt im Oktober 1918, die Zeiten der Kronenträger seien vorüber, die Kronen würden bald auf dem Pflaster rollen (Lucas, 16), entsprach weitgehend den Überzeugungen der Arbeiter.

> „O Tannenbaum, o Tannenbaum,
> der Kaiser hat in'n Sack gehaun,
> er kauft sich einen Henkelmann
> und fängt beim Krupp als Dreher an. (Wehrhan, 99)

In solchen Spottreimen wurde deutlich, daß ein Großteil der Bevölkerung dem alten System nicht nachtrauerte, sondern es als überkommen und abgewirtschaftet betrachtete. Die Arbeiterschaft wollte nicht länger von Schlössern und Palästen aus regiert werden, von einer sozialen Schicht, mit der sie nichts gemein hatte, sondern sie hoffte auf eine Regierung, die dem Volke näher war, sich um ihre Interessen kümmerte, sie akzeptierte und die Mißstände in ihrem Sinne beseitigte. Dazu gehörten vor allem einmal allgemeine, gleiche und geheime Wahlen. Die großen Wahlrechtsdemonstrationen hatten bewiesen, daß man die Ungerechtigkeiten des preußischen und des Frankfurter Wahlrechtes nicht hinzunehmen bereit war. Man dachte, durch eine Einführung des allgemeinen und gleichen Wahlrechts bekämen die Arbeiter, Handwerker, kleinen Angestellten und Beamten, die die Mehrheit des Volkes ausmachten, auch die Mehrheit in den Parlamenten und könnten dementsprechend politische Entscheidungen beeinflussen.

Wie weit diese Veränderungen gehen sollten, darüber bestand ebenfalls keine große Klarheit. Die Arbeiterschaft hatte keinerlei Grund, Vertrauen in die alten Mächte zu setzen, hatte sie doch die Ordnungsfunktion, das Eingreifen der Polizei bei Parteiveranstaltungen, Streiks oder Demonstrationen, die zahlreichen Verurteilungen sozialdemokratischer Politiker, die Geldstrafen wegen unliebsamer politischer Willensäußerungen noch allzu gut in Erinnerung. Die Arbeiter – und erst recht ihre Frauen, die häufig demütigende Bittgänge bei den Behörden zu erledigen hatten – erwarteten, daß die Verwaltungsbeamten sich ihnen gegenüber zumindest genauso höflich und zuvorkommend verhielten wie gegenüber den „besseren Leuten". Sie wollten eine Verwaltung, bei der auch ihre Interessen gut aufgehoben waren. Sie hatten gewiß keine neuen Polizeigesetze im Kopf, aber wohl doch die Vorstellung, daß die Polizei nicht länger ein obrigkeitsstaatliches Instrument sein dürfe, sondern ein dem Volk, seinen Sorgen und Nöten näherer Ordnungsfaktor, der dafür sorgt, daß man nachts ruhig schlafen und bei Tag ehrlich seiner Arbeit nachgehen kann, der nicht nur die kleinen Ganoven, sondern die großen Ausbeuter und Kriegsgewinnler dingfest machen würde. Justiz und Gesetz sollten nicht die Reichen schützen, sondern zuerst einmal das Recht der Arbeiter auf Leben, Freiheit, Glück.

„Gleichheit" war die dritte große Parole der revolutionären Massen. Auch hierunter wurde sicherlich Unterschiedliches verstanden. Für die Arbeiterschaft bedeutete sie zunächst einmal Gleichheit im ökonomischen, politischen, sozialen und kulturellen Bereich. Es war die Hoffnung, mit dem Verdienst auszukommen, politische Meinungen äußern zu dürfen, denen ein

Wert beigemessen wurde, es war die Vorstellung, die Arbeiterschaft hätte ebenso wie andere Schichten einen Anspruch auf Bildung und Kultur, beginnend mit der Gleichheit der Kinder in der Schule, mit dem Recht, eine weiterführende Schule oder eine Universität zu besuchen. Wenn in der neuen Republik ein einfacher Mann, ein Sattler, Reichspräsident werden konnte, so war das für viele der Beweis: nun hatte jeder seine Chance. Für viele Arbeiterfrauen verband sich mit der Vorstellung von Gleichheit sicher weit mehr oder anders als für die Männer, hatte man ihnen zuvor noch nicht einmal das Wahlrecht zugestanden, das Recht, politische Versammlungen zu besuchen, erhielten sie nur einen Bruchteil des Lohnes der männlichen Kollegen und waren sie als Ehefrauen nicht nur von dem Einkommen der Männer abhängig. Ihre Zuständigkeit war beschränkt auf Haushalt, Kinder, Mann und ausbeuterische Erwerbsarbeit.

Die Sehnsucht nach Gleichheit war eng mit der Forderung nach „Sozialismus" verknüpft. Für sehr viele Menschen, die 1918/19 unter roten Fahnen für eine „soziale" oder „sozialistische Republik" demonstrierten, mag gelten, was Emil Schmidt einige Jahre später als junges Mitglied der „Sozialistischen Arbeiterjugend" empfand:

„Sozialismus, so ganz nebulös mußt Du Dir das vorstellen, so nebulös, daß wir so naiv waren und haben geglaubt, wenn also die Sozialdemokratische Partei mal 51 % bei den Wahlen hat, dann sagt sie: so, jetzt ist Wirtschaft und Gesellschaft sozialistisch, und da werden rote Seidenfahnen auf die Dächer gepflanzt, die flattern im Wind, und dann haben wir Sozialismus. (...) Also dieses Ideal ‚Sozialismus', das mobilisiert, das nimmt gefangen, dann haste also ein Ziel, auf das Du losmarschieren kannst." (E. Schmidt, 78)

Wie unbestimmt die Vorstellungen vom Sozialismus auch gewesen sein mögen, daß sich in den Fabriken etwas ändern mußte, war wohl den meisten klar.

„Viele wollten noch zu unseren Lebzeiten den Sozialismus verwirklichen. Es konnte sich keiner genau vorstellen, wie das auszusehen hat, aber darüber wurde diskutiert. Die Hauptvorstellung war natürlich die Vergesellschaftung der Produktionsmittel. (...) Es waren net die rein marxistischen Erkenntnisse, die sind später hinzugekommen bei vielen, aber man hat eben geglaubt, man muß den Menschen ändern, der Mensch ist gut von Natur aus, man muß ihm nur die entsprechende Umwelt geben." (Eisenacher, 40)

Sie alle verspürten die Ausbeutung am Arbeitsplatz und daß sie einen Lohn für ihre Arbeit erhielten, der für ein erfülltes Leben praktisch keinen Spielraum ließ. Tag für Tag waren sie der Willkür der Unternehmer ausgesetzt, hatten den Mund zu halten, mußten sich als Lehrlinge verprügeln, im Betrieb herumkommandieren lassen. Ob, wielange und unter welchen Bedingungen sie arbeiteten, darauf hatten sie so gut wie keinen Einfluß. Die Unternehmer wegzujagen und die Fabriken selbst in die Hand zu nehmen, waren daher realistische Vorstellungen. Die Hoffnung, hier würde sich bald etwas zum Besseren wenden, verstärkte, so meinte Ludwig Gehm, die Solidarität unter den Arbeitskollegen, auch den Jüngeren gegenüber.

„Das war die erste Zeit nach der Revolution, da war alles noch so begeistert: jetzt wird alles anders, jetzt werden wir umstellen und so. Da war die Solidarität." (Gehm, 17)

Und Anna Beyer meint:

„Eigentlich wollten wir, daß was geändert wird. Die Lohngleichheit und überhaupt die Lohnskala war noch sehr schlecht. Und sehr schnell war einer draußen, der nicht parierte oder denen nicht gefiel. Die Willkür der Unternehmer war noch ziemlich groß." (Beyer, 48)

Der Sozialismus erschien den Massen zwar als eine notwendige, aber anscheinend nicht als vordringliche Aufgabe. Weder in Frankfurt noch anderswo kam irgendjemand auf die Idee, auch nur die Kriegsgewinnler zu enteignen oder die Fabriken zu besetzen. Zu groß waren die unmittelbar zu lösenden Probleme. Im Verordnungsblatt des Arbeiter- und Soldatenrates hieß es:

„Eine demokratische und sozialistische Ordnung ist im Werden. (...) Der Sozialismus will nicht Wirrwarr oder Anarchie, sondern Befreiung des Menschen von geistiger und wirtschaftlicher Not." (Nr. 21 v. 29.11.18)

Die Masse der arbeitenden Menschen wollte ganz einfache, elementare Dinge: es sollte nicht über ihre Köpfe hinweg entschieden werden, sondern sie wollten bei der Regelung ihrer Angelegenheiten mitreden und mitbestimmen, sie wollten als respektierte Bürger in Frieden ihrer Arbeit nachgehen, anständig wohnen, sich ausreichend kleiden und sattessen und Freude am Leben haben. Doch selbst um das zu verwirklichen, hätte man vieles in Staat und Gesellschaft von oben nach unten umkehren, zumindest jedoch grundlegende Reformen durchführen müssen.

Schon die Minimalhoffnung der abhängig Beschäftigten auf wirtschaftlichem Gebiet, nämlich nicht mehr wie bisher ausgebeutet und in den Betrieben herumgestoßen zu werden, hätte tiefgreifende Veränderungen zur Voraussetzung gehabt. So wären zumindest eine wirksame Einschränkung und Kontrolle der Unternehmermacht und eine Beschränkung des politischen Einflusses der Wirtschaft erforderlich gewesen. Auf militärischem Gebiet hätte man Truppenführung und Militärverwaltung von den antidemokratischen und antirepublikanischen Offizierskorps säubern und etwa nach österreichischem Vorbild eine Volksarmee aufbauen müssen, in der Mitbestimmung und Kontrolle der Streitkräfte durch die Soldatenräte erhalten geblieben wären. Eine funktionierende Kontrolle der Streitkräfte durch die Politiker wäre nur möglich gewesen bei einer gleichzeitigen gewerkschaftlichen Organisierung der Soldaten und einer Aufsicht durch die Arbeiterräte. Reformen in Justiz und Verwaltung hätten vor allen Dingen einen Bruch mit den herkömmlichen Regeln des Berufsbeamtentums bedeutet, denn nur dadurch hätte man sich der alten Mächte entledigen können. (vgl.: Arnold: Rätebewegung, 48ff.)

Die Voraussetzungen dazu waren nicht schlecht, denn durch die Erfahrungen der Vorkriegs- und Kriegszeit hatte sich bis tief ins Kleinbürgertum hinein das Bewußtsein verfestigt, daß grundlegende Reformen dringend geboten waren.

„Die absolute und relative Verarmung belastete den sozialen Status und das Selbstverständnis des ‚neuen Mittelstandes‘, dessen Angehörige sich bisher ja durch ihren Unterschied zu den Lohnarbeitern geradezu definiert hatten. (...) Die kurze Massenarbeitslosigkeit zu Kriegsbeginn führte den Angestellten die tatsächliche Unsicherheit und beamtenunähnliche Marktabhängigkeit ihrer Stellung, über die sie sich mit einem illusionären Privatbeamtenbewußtsein hinweggetäuscht hatten, handgreiflich vor Augen. (...) Die Verweigerung grundsätzlicher demokratischer Rechte bei gleichzeitiger kriegsbedingter Intensivierung der allgemeinen Pflichten verärgerte nicht nur die Arbeiter, sondern auch anti-sozialistische Angestellte.“ (Kocka, 75f.)

Selbst der Deutsch-nationale Handlungsgehilfenverband forderte 1916 eine „volkstümliche Gestaltung des plutokratischen preußischen Wahlrechts“, und auch andere Angestelltenverbände, die zuvor jeglichen Streik ausgeschlossen hatten, machten eine radikale Kehrtwendung. Darüber hinaus bewirkten die durch das Kriegshilfsdienstgesetz in vielen Großbetrieben obligatorisch gewordenen, 1917 gewählten, Angestellten-Ausschüsse häufig eine Radikalisierung der Angestellten. Der Siemens-Direktor beklagte Anfang 1918:

„Seit Bestehen des Angestellten-Ausschusses sind die Angestellten des Büros verhetzt und vergiftet; es wird immer schlimmer und die Firma muß sich mit aller Macht wehren.“ (ebd., 77)

In der unteren und mittleren Beamtenschaft zeichnete sich – schwächer – eine ähnliche Entwicklung ab. Ein Funktionär des Beamtenverbandes meinte zu Kriegsende:

„Das wirtschaftliche Gewand der Beamten war abgetragen und verschlissen, längst bevor der Krieg kam. (...) Es war ein fortgesetzter Kampf der Beamten um ihre soziale Existenz. Und in diesem Kampfe sind sie im Kriege unterlegen. Breite Volksschichten stiegen über sie hinweg, ihr Niedergang war nicht mehr aufzuhalten.“ (ebd., 75)

Blieb auch die Politisierung der Beamten begrenzt, waren weiterhin viele von ihnen national, obrigkeitsstaatlich, antidemokratisch eingestellt, so näherten sich niedere und mittlere Beamte im Krieg

„parlamentarischen, demokratischen und sozialdemokratischen Vorstellungen. Nach dem Zusammenbruch war ihre große Mehrheit zumindest ‚revolutionsgeduldig‘ und verteidigte die alten Gewalten nicht.“ (ebd., 85)

Innerhalb des Handwerks war eine Politisierung nicht klar erkennbar. Eine Minderheit zog aus dem sozialen Abstieg die Konsequenz, linksoppositionelle Gruppen zu unterstützen. Verbreiteter war offensichtlich Niedergeschlagenheit und Resignation. Man hoffte auf das Kriegsende und staatliche Unterstützung und war verbittert gegenüber denjenigen, die aus dem Krieg ungeheure Gewinne zogen. Insgesamt darf jedoch nicht übersehen werden, daß in der Vorkriegs-SPD, auch in Frankfurt, Handwerker und Gehilfen immer eine große Rolle spielten.

„Ihre Zahl dürfte im Krieg eher zu- als abgenommen haben. Durch den Krieg deklassierte Selbständige, kleine Handwerker in Friedensindustrien ... scheinen sich unter linken Vorzeichen radikalisiert zu haben.“ (ebd., 89f.)

Mit der Revoluton verfestigte sich der Wille der breiten Massen zu tiefgreifenden Reformen. Toni Sender schrieb:

„Die überwältigende Mehrheit von uns war für die Demokratie, aber das konnte diejenigen von uns, die die Bedeutung der Revolution verstanden hatten, nicht daran hindern zu verlangen, daß die Regierung zuerst die Forderungen der revolutionären Massen befriedigen müsse: Nämlich die Grundstrukturen der neuen Republik so umfassend zu verändern, daß sich eine solche Katastrophe, wie es der Weltkrieg war, nie mehr wiederholen konnte.
Um dies zu erreichen, mußten wir die Mächte, die für die Vergangenheit verantwortlich waren, entthronen – sonst würde die ganze Arbeit der Revolution eines Tages noch einmal getan werden müssen ... Alle Reaktionäre sahen ihre Chance, jeglicher fundamentalen Veränderung zu entgehen, und schrien: ‚Wahlen! Demokratie!' Die Mehrheitssozialisten (rechter Flügel) war[en] nicht auf revolutionäre Umwälzungen vorbereitet und völlig zufrieden, bloß eine parlamentarische Regierungsform zu erhalten. Die Soldaten ... schlossen sich ihnen an. Die Diskussion wurde auch in unserem Frankfurter Arbeiterrat geführt. Wir legten dar, daß es gegen die Interessen der Republik sei, vorzeitige Wahlen abzuhalten." (Sender, 124f.)

Kaiser und Bundesfürsten waren durch die Revolution aus ihren politischen Funktionen vertrieben worden. Die alten Regierungen mußten neuen weichen, die ihre Macht von den Arbeiter- und Soldatenräten ableiteten, und auch Verwaltung und Militär waren abhängig davon, welche Funktionen ihnen die lokalen Räte zugestanden. Die Räte selbst mußten zunächst ihre Macht gegenüber den alten Gewalten festigen, um dann Reform durchsetzen zu können. Vorrangig war jedoch die Bewältigung tagespolitischer Aufgaben wie die Sicherung der Versorgung der Bevölkerung mit Lebensmitteln, Rohstoffsicherung, Schaffung von Arbeitsplätzen, Lösung des Problems der Arbeitslosigkeit, Wiedereingliederung der zurückkehrenden Soldaten usw.

„Die gleichzeitige Lösung all dieser Aufgaben erschien den revolutionären Machthabern als so schwer und kompliziert, daß sie glaubten, mit den vorrevolutionären Gewalten in staatlicher Verwaltung, Militär, Wirtschaft und Justiz Kompromisse schließen zu müssen. Zunächst erschien das reibungslose Funktionieren und das Zusammenspiel regionaler und zentraler Verwaltungen sowie die Fachkompetenz ihrer Repräsentanten für die Bewältigung der Aufgaben unerläßlich." (Arnold, a.a.O., 49)

Die Arbeitermassen, die im November die Initiative an sich rissen und die Revolution nicht etwa auf Anweisung ihrer Führer machten und dic Krieg und Monarchie gründlich satt hatten,

„hielten die Kriegspolitik ihrer alten Partei ... für ein nur taktisches Versagen, dessen Anlaß durch ihr Eingreifen aus dem Weg geräumt sei" (Abendroth: Aufstieg und Krise der Sozialdemokratie, 52)

und erwarteten eine Einigung der im Kriege entzweiten sozialdemokratischen Parteien und der Spartakusgruppe für eine gemeinsame Aufbauarbeit. Das Fortbestehen der USPD war der Mehrheit der aus dem Krieg zurückkehrenden Soldaten suspekt, wie Toni Sender beschrieb. Sie strömten zur alten Partei und zu den Gewerkschaften, vertrauten ihnen und dachten, diese würden die alten Machtstrukturen zerschlagen. Die Reform des monarchistischen Staatswesens, die Durchsetzung des allgemeinen, gleichen und geheimen Wahlrechts war von der sozialdemokratischen Führung als die eigentliche Zukunftsaufgabe verstanden worden. Die Ziele schienen schnell erreicht, nachdem der Rat der Volksbeauftragten verkündete:

„Alle Wahlen zu öffentlichen Körperschaften sind fortan nach dem gleichen, geheimen, direkten, allgemeinen Wahlrecht auf Grund des proportionalen Wahlsystems für alle mindestens zwanzig Jahre alten männlichen und weiblichen Personen zu vollziehen." (Reg. der Volksbeauftragten, Bd. I, 38)

Die Revolution stellte die Sozialdemokraten vor eine für sie kaum lösbare, unvermittelte Aufgabe, sofort handeln zu müssen.

„Gefangene einer mächtigen Kontinuität, empfanden sie die befreiende Diskontinuität der Revolution überwiegend als Bedrohung, nicht als Chance der Neugestaltung. Sie fühlten sich nicht als Bevollmächtigte, sondern als Statthalter." (Wehler, 222)

Der Rat der Volksbeauftragten wurde von ihnen nicht als endgültige Regelung, sondern lediglich als Übergangslösung angesehen. In der sozialdemokratischen „Rheinischen Zeitung" hieß es wenige Tage nach der Revolution:

„Die Arbeiter- und Soldatenräte sind die revolutionäre Überleitung zur sozialen Republik. Solange sie herrschen, sind weite Volksschichten politisch einflußlos. Die Demokratie gebietet, diesen Zustand möglichst abzukürzen, mit größter Beschleunigung auf die Wahl der Nationalversammlung hinzuarbeiten." (Rheinische Zeitung v. 13.11.1918: Für die Demokratie!)

Die Alternative zwischen Rätedemokratie und parlamentarischer Demokratie war in der alten Sozialdemokratie nicht diskutiert worden. Das hatte zur Folge,

„daß sich zunächst die Integrationsideologie der alten Parteidemokratie durchsetzen konnte, ohne daß sich die Massen dessen bewußt waren. In der Sozialdemokratie war vor 1914 die einzig ihr bekannte Form demokratischer Vertretung des Volkes im Staat das Parlament gewesen." (Abendroth, a.a.O., 52f.)

Die vom linken Flügel der USPD und von den Kommunisten erhobene Forderung, die spontan entstandenen Räte als dauerhafte Einrichtung des Staatswesens zu institutionalisieren, war für die Mehrheit der alten Partei unverständlich und beängstigend. Typisch für die Einstellung der MSPD-Führer ist ein Gespräch zwischen Sophie Ennenbach und dem Redakteur des „Offenbacher Abendblattes", Kaul, über das sie berichtet:

„‚Jetzt haben wir unseren Volksstaat. – Jetzt muß man die Räte abbauen. Das sind doch alles Unorganisierte. Sollten die über uns bestimmen?' fragte Kaul. ‚Wenn uns das aus dem Elend herausführt, warum nicht? Wenn vor allem der Krieg wirklich liquidiert wird. Was habt ihr über uns bestimmt, als ihr im Nachtrab der anderen ohne das Volk den Krieg organisieren halft?' – ‚Wir *müssen* organisieren ... Was? ... Sozialisieren? Was wollt ihr denn sozialisieren? Die Armut? Muß doch erst wieder was da sein, erst aufgebaut werden.' ... Ach, wenn sie uns nur nicht wieder alles kaputtorganisieren, im Dienst der alten Kräfte. Und sie selbst merken's noch nicht einmal, die ewig Gestrigen'." (Ennenbach, 228)

Und Liesel Opfer meint rückschauend:

„Ich hab damals auch noch gemeint, wie die Sozialdemokrate ebe geglaubt habbe, daß die Evolution zum Sozialismus komme kann. Und des hat die Sozialdemokratie ebe gedacht, sie könnte durch Parlamentsentscheid über Dinge abstimme und die wern dann so durchgeführt und (man könnte) damit eventuell auch den Kapitalismus enteigne. – Vielleicht hat mer tatsächlich angenomme, die Kapitaliste lasse sich durch parlamentarische Abstimmung so weit bringe." (Opfer, 55)

Das entsprach durchaus den Vorstellungen, mit denen die Arbeiter bereits in der Vorkriegszeit zu den Massendemonstrationen der Wahlrechtskampagnen angetreten waren. Je weiter die euphorischen Revolutionstage zurücklagen und die Alltagsprobleme sich in den Vordergrund drängten, um so eher waren größere Teile der Arbeiterbevölkerung bereit, sich den bekannten Führern aus der Vorkriegszeit, d.h. der MSPD, anzuvertrauen. Die Ebert-Parole von der baldigen Wahl einer Nationalversammlung fand daher breite Zustimmung. Die USPD bestand zumindest auf einem Hinausschieben der Wahlen und betonte:

„Auch unser Weg geht durch Demokratie und Sozialismus, aber wir wollen, daß die Wahlen sich unter Umständen vollziehen, die ein wirkliches Bild der Volksmeinung garantieren. Wir wollen in diesem Kampf die Arbeitermassen gewinnen für eine dauernde sozialistische Republik." (O. Jensen: Der Weg zum Sozialismus, in: Die Freiheit, Nr. 2 v. 15.11.18)

Wolfgang Abendroth spricht davon, daß die durch die Tendenz zur Anpassung an die vorrevolutionäre Gesellschaftsordnung und das vorrevolutionäre System ihren ursprünglichen Vorstellungen entfremdete Führungsspitze der MSPD in der Revolutionsperiode zwar keinen Machtwillen gegenüber den alten Mächten entwickelte, wohl aber ein Machtbewußtsein gegenüber der eigenen Basis. (a.a.O., 55) Statt die Konflikte mit den alten Mächten auszutragen, verlängerte sie von sich aus den Burgfrieden. Die Gefahr von links, das für sie unberechenbare Element einer Rätedemokratie, wurde von ihr als schwerwiegender angesehen als die Restaurierung des alten Systems. Über die bürgerlichen Staatssekretäre schlug der Rat der Volksbeauftragten die Brücken zur alten Bürokratie, durch sein Bündnis mit General Groener als Repräsentant der Obersten Heeresleitung schuf Ebert eine Verbindung zu der alten Armee. Die MSPD-Führung verpaßte die Chance, republikanische Milizen aufzubauen.

„Anstatt die sozialdemokratischen Massen zu bewaffnen und zu organisieren, spätestens der Menge am 6. Januar (bei dem Berliner Aufstand) ihren Wunsch nach ‚Waffen. Waffen. Gebt uns Waffen' zu erfüllen, fürchtete die MSPD-Führung ihre eigenen Anhänger und baute keine verläßlichen Streitkräfte auf; die OHL blieb im Amt, statt abgesetzt zu werden, und für die Freikorps wurde der Weg freigemacht." (Arnold, a.a.O., 223)

Vor allem wurde jedoch die Chance einer wirtschaftlichen Umgestaltung der Gesellschaft vertan. Zwar betonte der Rat der Volksbeauftragten:

Nr. 47. 28. Jahrgang. Berlin, den 23. November 1918.

Correspondenzblatt der Generalkommission der Gewerkschaften Deutschlands.

Das Blatt erscheint jeden Sonnabend.	Redaktion: P. Umbreit, Berlin SO. 16, Engelufer 15.	Abonnementspreis pro Quartal Mk. 2,50.

1. Die **Gewerkschaften** werden als berufene Vertretung der Arbeiterschaft **anerkannt**.

2. Eine Beschränkung der **Koalitionsfreiheit** der Arbeiter und Arbeiterinnen ist unzulässig.

3. Die Arbeitgeber und Arbeitgeberverbände werden die **Werkvereine** (die sog. wirtschaftsfriedlichen Vereine) fortab vollkommen sich selbst überlassen und sie weder mittelbar noch unmittelbar unterstützen.

4. Sämtliche aus dem Heeresdienst zurückkehrenden Arbeitnehmer haben Anspruch darauf, in die Arbeitsstelle sofort nach Meldung wieder einzutreten, die sie vor dem Kriege innehatten. Die beteiligten Arbeitgeber- und Arbeitnehmerverbände werden dahin wirken, daß durch Beschaffung von Rohstoffen und Arbeitsaufträgen diese Verpflichtung in vollem Umfange durchgeführt werden kann.

5. Gemeinsame Regelung und paritätische Verwaltung des **Arbeitsnachweises**.

6. Die Arbeitsbedingungen für alle Arbeiter und Arbeiterinnen sind entsprechend den Verhältnissen des betreffenden Gewerbes durch **Kollektivvereinbarungen** mit den Berufsvereinigungen der Arbeitnehmer festzusetzen.

Die Verhandlungen hierüber sind ohne Verzug aufzunehmen und schleunigst zum Abschluß zu bringen.

7. Für jeden Betrieb mit einer Arbeiterschaft von mindestens 50 Beschäftigten ist ein **Arbeiterausschuß** einzusetzen, der diese zu vertreten und in Gemeinschaft mit dem Betriebsunternehmer darüber zu wachen hat, daß die Verhältnisse des Betriebes nach Maßgabe der **Kollektivvereinbarung** geregelt werden.

8. In den Kollektivvereinbarungen sind **Schlichtungsausschüsse** resp. **Einigungsämter** vorzusehen, bestehend aus der gleichen Anzahl von Arbeitnehmer- und Arbeitgebervertretern.

9. Das Höchstmaß der **täglichen regelmäßigen Arbeitszeit** wird für alle Betriebe auf **acht Stunden** festgesetzt. Verdienstschmälerungen aus Anlaß dieser Verkürzung der Arbeitszeit dürfen nicht stattfinden.

10. Zur Durchführung dieser Vereinbarungen sowie zur Regelung der zur Demobilisierung, zur Aufrechterhaltung des Wirtschaftslebens und zur Sicherung der Existenzmöglichkeit der Arbeiterschaft, insbesondere der Schwerkriegsbeschädigten zu treffenden weiteren Maßnahmen wird von den beteiligten Arbeitgeber- und Arbeitnehmerorganisationen ein **Centralausschuß** auf paritätischer Grundlage mit beruflich gegliedertem Unterbau errichtet.

11. Dem Centralausschuß obliegt ferner die Entscheidung grundsätzlicher Fragen, soweit sich solche namentlich bei der kollektiven Regelung der Lohn- und Arbeitsverhältnisse ergeben, sowie die Schlichtung von Streitigkeiten, die mehrere Berufsgruppen zugleich betreffen. Seine Entscheidungen haben für Arbeitgeber und Arbeitnehmer verbindliche Geltung, wenn sie nicht innerhalb einer Woche von einem der in Frage kommenden beiderseitigen Berufsverbände angefochten werden.

12. Diese Vereinbarungen treten am Tage der Unterzeichnung in Kraft und gelten, vorbehaltlich anderweitiger gesetzlicher Regelung, bis auf weiteres mit einer gegenseitigen dreimonatigen Kündigung.

Diese Vereinbarung soll sinngemäß auch für das Verhältnis zwischen den Arbeitgeberverbänden und den **Angestelltenverbänden** gelten.

Vereinigung der deutschen Arbeitgeberverbände.
Gesamtverband deutscher Metallindustrieller.
Arbeitgeberverband für den Bezirk der nordwestlichen Gruppe des Vereins deutscher Eisen- und Stahlindustrieller.
Zechenverband.

Die vom Zentralvorstand des ADGB so hochgelobte Vereinbarung sicherte vor allem die Unternehmer vor dem Zugriff der revolutionären Massen. Die Zugeständnisse gegenüber den Gewerkschaften fielen den Unternehmern dagegen relativ leicht, und das um so mehr, als sie entweder nichts kosteten, die Gewerkschaften zur Einhaltung des Betriebsfriedens verpflichteten oder später – wie die Zusage des 8-Stunden-Tages – unter veränderten Umständen leicht zu revidieren waren.

„Die aus der Revolution hervorgegangene Regierung, deren politische Leitung rein sozialistisch ist, setzt sich die Aufgabe, das sozialistische Programm zu verwirklichen.“ (Reg. der Volksbeauftragten, Bd. I, 37)

Aber sie hob zugleich hervor:

„Die Regierung wird die geordnete Produktion aufrechterhalten, das Eigentum gegen Eingriffe Privater sowie die Freiheit und Sicherheit der Person schützen.“ (ebd., 38)

Bereits in den ersten Tagen nach der Revolution erklärten die Gewerkschaften ihren Verzicht auf den Klassenkampf und ihre Bereitschaft zur „gleichberechtigten“ Kooperation mit den Arbeitgebern. Diese wiederum anerkannten die Gewerkschaften als Vertreter der Arbeiterschaft und machten minimale sozialpolitische Zugeständnisse. Die entscheidende Grundlage für die gewerkschaftliche Neuordnungspolitik war das am 15.11.1918 mit der Kapitalseite vereinbarte Bündnis über die „Zentralarbeitsgemeinschaft der industriellen und gewerblichen Arbeitgeber und Arbeitnehmer Deutschlands", in dem der Verzicht der auch von der MSPD und den Arbeiterräten geforderten Sozialisierung schon unausgsprochen enthalten war. Die Gewerkschaften feierten den „Sieg des Koalitionsrechts" als den

„Abschluß einer langen Periode von Kämpfen, die um die Koalitionsfreiheit der Arbeitnehmer und um die Anerkennung der Gewerkschaften geführt werden mußten. (...) Der Kampf um das Recht der Arbeitnehmer, sich als solche organisieren zu dürfen, ist siegreich beendet durch die offizielle Anerkennung der Arbeiterorganisationen seitens der Arbeitgeberverbände und gehört nunmehr der Geschichte an. Die erfolgreiche Durchführung dieses Kampfes ist eine der besten Waffentaten der deutschen Arbeiterklasse." (Correspondenzblatt 49 v. 7.12.18)

Sie waren so fasziniert von der Perspektive, ‚gleichberechtigte Partner der Unternehmer' und damit ein bedeutender Machtfaktor im Staate zu werden, daß sie selbst auf eine weitergehende Mitbestimmung verzichteten und sich bemüßigt fühlten, ihre Friedlichkeit so sehr zu demonstrieren, daß sie von der weithin geforderten Sozialisierung schleunigst Abstand nahmen. Nur einen Tag nach der Vereinbarung mit der Kapitalseite gelobten sie, alles tun zu wollen, um sich an den wirtschaftlichen Wiederaufbau Deutschlands zu beteiligen. Unter dem Stichwort „Zur Sicherung der Uebergangswirtschaft" heißt es:

„So erwünscht uns allen auch eine rasche und konsequente Vergesellschaftung der kapitalistischen Produktionsmittel als Verwirklichung des von der Arbeiterklasse so heißt ersehnten *Sozialismus* sein muß und so gern wir alle ernsthaften Schritte nach dieser Richtung hin unterstützen möchten, so gebietet uns doch die Rücksicht auf die materielle Existenz der Bevölkerung, zunächst einmal an das Vorhandene anzuknüpfen und mit den *gegebenen Produktionsverhältnissen* einen möglichst raschen und ungestörten Wiederaufbau des Wirtschaftslebens anzustreben. Es wäre für die Erhaltung der Massen des Volkes geradezu verhängnisvoll, wollte man jetzt die Zeit mit sozialistischen Experimenten verlieren, während die Bevölkerung nach *Brot* und *Arbeit* ruft, die in diesem Augenblick wahre Freiheit bedeuten!
Alle sozialistischen Denker und alle sozialistischen Führer stimmen darin überein, daß die Sozialisierung der Gesellschaft ein Umwandlungsprozeß ist, der sich nicht von heute auf morgen vollzieht und durch gewaltsame Eingriffe von außen her beschleunigen läßt, sondern das Produkt innerer wirtschaftlicher Umgestaltungen ist. An solchen wirtschaftlichen Umgestaltungen fehlt es zwar im Verlaufe der Kriegsjahre nicht und auch die politische Revolution wird von tiefgehendem wirtschaftlichem Einflusse sein, aber aus alledem ergibt sich noch lange nicht jene einheitliche kapitalistische Regie der Produktion auf allen Gebieten, die der Vergesellschaftung vorauszugehen hat." (ebd., 417)

Gewerkschaften und MSPD-Führer fühlten sich sich offenbar von den Massen unter Druck gesetzt und taten alles, um diese durch Wortradikalismus zu beruhigen, abzuwiegeln und auf die Zukunft zu vertrösten. Ebert sagte in seiner Begrüßungsrede auf dem 1. Kongreß der Arbeiter- und Soldatenräte in Berlin im Herrenhaus des Preußischen Landtages:

1. Sitzung,

Montag, den 16. Dezember 1918, vormittags.

Eröffnung des Kongresses.

Begrüßung durch die Regierung.

Volksbeauftragter Ebert:

Soldaten, Arbeiter der Deutschen Volksrepublik!

Gestatten Sie mir im Namen des Rates der Volksbeauftragten einige Worte!

Mit einem Ruck leidenschaftlicher Entschlossenheit habt Ihr in den ersten Novembertagen zertrümmert, was im Laufe der Zeit morsch geworden war, habt Ihr die Abhängigkeit zerrissen, die man als gottgegeben ansah, und den deutschen Volksstaat vollkräftig ins Leben gesetzt. **Die Könige sind auf und davon.** Die Republik muß nach den Worten unseres großen französischen Genossen, des Friedensfreundes Jaurès, **eine Nation von Königen** sein. Alle alten Herrenrechte sind mit einem Schlage zerbrochen, das Recht des Volkes ist die Grundlage des deutschen Staates.

Aber wir sind uns klar darüber, daß die Republik erst dann den Kern ihres Wesens erfüllt, wenn sie nicht nur die Herren, sondern auch die Ausbeuter beseitigt. Die tapferen Kämpfer der Revolution, die die Fürsten vom Thron, das Junkertum und die Schwerindustrie aus der Herrschaft des Staates vertrieben haben, sollen die Republik der Freiheit erobern, die freie sozialistische Volksrepublik. Diese junge Republik macht einstweilen noch einige Kinderkrankheiten durch.

(Protokoll Allgem. Kongreß der Arbeiter- und Soldatenräte, 2)

Es ist bemerkenswert, daß sich Ebert hier zur „freien sozialistischen Volksrepublik" bekannte.

Es ist nur schwer nachzuvollziehen, was die Führer der Arbeiterklasse bewog, ihre eigenen Anhänger so massiv über ihre Ziele – nämlich die gegen ihren Willen erfolgte Umwandlung mit einem Minimum an sozialen und wirtschaftlichen Veränderungen möglichst bald abzuschließen – zu täuschen. Das Vertrauen der Massen zu ihren Führern wurde von diesen offenbar nicht erwidert. Dabei war das, was im November 1918 geschah, nur ein Ergebnis der Erziehungsarbeit der alten SPD,

„wie sie unter dem Sozialistengesetz und unter der (einstigen) Geltung des Erfurter Programms vor 1914 bewirkt worden war." (Abendroth, Krise, 52)

Denn diese Bildung und Erziehung

„der Arbeitermassen zu selbstbewußtem solidarischem Handeln und Klassenbewußtsein, zum Ringen für die Demokratie, durch die SPD, wie sie vor dem 4. August 1914 existiert hatte, ermöglichte ihnen, nun auch ohne eine wirksame Führung die durch den Krieg erschöpfte Monarchie zu zerschlagen, nachdem sie ihre Illusionen über den Charakter der Krieges überwunden hatten, sie gab ihnen die Kraft, ihre Organisation gegen den Willen ihrer Führungsgruppen zu zwingen, sich insoweit mit ihrem selbständigen und demokratischen Handeln abzufinden." (ebd., 51)

Aber gerade diese Selbständigkeit und Selbsttätigkeit erschreckte Gewerkschafts- und Parteiführung so sehr, daß sie mit allen Mitteln versuchten, die Massen wieder unter ihre Kontrolle zu bekommen und daß sie darüber alle Erfordernisse zur Sicherung der jungen Demokratie vergaßen. Sie fürchteten, die Arbeiterräte würden den Gewerkschaften in Zukunft das Wasser abgraben und sich Funktionen aneignen, die nach ihrer Überzeugung ihre ureigensten Rechte waren.

Die kommunistische „Freiheit" karikierte am 8. April 1919 „Ludendorffs Heimkehr" und stellte fest: „In Deutschland sei Revolution. So hieß es einmal. Die Arbeiter jubelten, die Bourgeoisie schwitzte Blut und die Menschenmörder in Generalsuniform verdufteten mit den ‚Gottbegnadeten' ins neutrale Ausland. Der Zorn der Henker richtete sich nicht gegen die, die 4 1/2 Jahre im Blut wateten, sondern gegen das revolutionär strömende Proletariat. Nach dem starken Mann wurde gerufen, er vernahm den Ruf und: So gestaltete sich seine Heimkehr."

„Die Konferenz der Vertreter der Verbandsvorstände erblickt in der von einzelnen Arbeiterräten versuchten Ausschaltung der Gewerkschaften bei der Regierung der Lohn- und Arbeitsverhältnisse eine ernste Gefahr sowohl für die deutsche Arbeiterklasse als für unsere gesamte Volkswirtschaft. Die Arbeiterräte sind politische Organe der Revolution, für die Lösung der wirtschaftlichen Aufgaben fehlen ihnen die Erfahrungen, welche die Gewerkschaften in jahrzehntelanger Arbeit gesammelt haben und die insbesondere auch bei der bevorstehenden Sozialisierung dazu reifer Industriezweige unentbehrlich sind." (aus: Die Gewerkschaften in Krieg und Revolution, 567f.)

Die notwendige grundlegende Umgestaltung der Gesellschaft in der Nachrevolutionsphase blieb aus.

„Die Klassen der Republik waren die Klassen des Kaiserreichs, so wie zuletzt der Krieg sie getönt hatte. Die Revolution hatte die politische Ordnung verändert, nicht die Gesellschaft. (...) Folglich blieb der ganze Herrschafts- und Geistesapparat des Kaiserreichs erhalten: Verwaltung, Justiz, Universität, Kirchen, Wirtschaft, Generalität. Folglich war die politische Macht schwach; sie arbeitete mit Bürokraten, Richtern, Lehrern, die wohl oder übel ihren Beruf weiter ausübten, ohne an die Republik zu glauben." (Golo Mann, Deutsche Geschichte 1919-1945, 25, 29)

Natürlich konnte ein lokaler Arbeiterrat die Revolution nicht durchsetzen, die im gesamten Reich nicht zu sichern war. Der Frankfurter Arbeiterrat äußerte sich jedoch bei mehreren Gelegenheiten sehr klar darüber, was nach seiner Ansicht notwendig gewesen wäre. Der parteipolitische Kompromiß der paritätischen Zusammensetzung seiner Exekutive spiegelte sich selbstverständlich auch in der politischen Arbeit wider. Die Zusammenarbeit wurde jedoch dadurch erleichtert, daß in der Exekutive der linke Flügel der MSPD vorherrschte. (Lucas, 42f.) In den Arbeiterrat wurden nach eingehender Beratung nur Vertreter mit sozialistischer Partei- oder Gewerkschaftszugehörigkeit aufgenommen. Der Antrag der Fortschrittspartei auf Entsendung eines Vertreters wurde dagegen strikt verworfen. (VSt 9.12./ 28.12.18)

Die Frage von Nationalversammlung oder Rätedemokratie bestimmte selbstverständlich auch die Frankfurter Diskussionen. Wie im gesamten Reich drängte die MSPD - und insbesondere der rechte Flügel um Max Quarck - auf schnellstmögliche Wahlen. In einer Resolution des Arbeiterrates vom 18. November hieß es, die Nationalversammlung solle so vorbereitet und betrieben werden, daß sie ein „Bollwerk der Demokratie und des Sozialismus" werde. (VSt v. 21.11.18) Am 27.11.1918 veröffentliche die Volksstimme eine Aktionsprogramm, gedacht als Diskussionsgrundlage für das Plenum des Arbeiter- und Soldatenrates und als Aufruf an die Volksbeauftragten. Darin wurden u.a. die Einziehung von Kriegsgewinnen, vorbereitende Maßnahmen zur Sozialisierung der wichtigsten Indurstriezweige und die Einziehung der Krongüter gefordert. Während die MSPD darauf verwies, eine Sozialisierung bedürfe gründlicher Vorbereitung, betonte Dißmann, man müsse nach der politischen nun die wirtschaftliche Macht erringen. Die Inangriffnahme der Sozialisierung sei berechtigt und erforderlich.

Nach dem konterrevolutionären Putschversuch der Soldaten am 6. Dezember 1918 in Berlin, die den Vollzugsrat vorübergehend verhafteten, vor die Reichskanzlei zogen und Ebert zum Präsidenten ausriefen, kam es bei den anschließenden Demonstrationsversammlungen zu blutigen Zusammenstößen mit Regierungstruppen. (Chronik II, 14) An Weihnachten, als Angehörige der Volksmarine-Division wegen ausstehender Löhnung die Räumung des Berliner Schlosses verweigerten und Otto Wels gefangennahmen, ließ Ebert zu seiner Befreiung und zur „Herstellung der Ordnung" Truppen gegen die Matrosen vorgehen. Schloß und Marstall wurden durch Artillerie beschossen. (ebd., 18) Für die Unabhängigen waren diese Ereignisse Anlaß, aus dem Rat der Volksbeauftragten auszutreten, und sie bedeuteten auch eine Zerreißprobe für den Frankfurter Arbeiterrat, nachdem Dißmann die USPD aufforderte, aus der Regierung auszutreten, da sie von der MSPD mißbraucht würde. (vgl. Lucas, 49) Diese Forderung stellte auch Toni Sender nach der Bekanntgabe des Termins für die Wahlen zur Nationalversammlung. In der Sitzung der Exekutive des Arbeiterrates am 27.12. erklärte sie:

„Möge sich die Nationalversammlung zusammensetzen wie sie wolle. Jedenfalls wird sich das revolutionäre Proletariat nicht gefallen lassen, daß ihm die Errungenschaften der sozialen Revolution entrissen werden. (...) Die Arbeiterschaft ist auch zu einer zweiten Revolution bereit." (R+R, 79)

Wenn sie auch das Zusammengehen mit Führern der MSPD wie Max Quarck als kompromittierend ansah (ebd.), so arbeiteten die Parteien im Arbeiterrat dennoch weiter zusammen.

Nach den blutigen Auseinandersetzungen im Januar in Berlin, nach der Ermordung von Rosa Luxemburg und Karl Liebknecht am 15. Januar 1919, erging eine Entschließung des Arbeiterrates – gemeinsam von MSPD- und USPD-Vertretern –, in der die bisherigen Maßnahmen der Reichsregierung schärfstens kritisiert und ihr größte Versäumnisse vorgeworfen wurden.

„...es ist unsere Ansicht, daß die Reichsregierung es bis heute unterlassen hat, diejenigen Aktionen entschlossen vorzunehmen, die vor der Einberufung der Nationalversammlung hätten geschehen müssen, um die Revolution zu sichern. Es war nötig, die Tätigkeit der Arbeiter- und Soldatenräte durchgreifend zu schützen, den reaktionären Geist in allen Verwaltungszweigen zu beseitigen, die Beschlüsse der Rätekonferenz sofort durchzuführen, zumindest die Verstaatlichung des Bergbaus sofort einzuleiten, die Familienfideikommnisse zu beseitigen, die Krongüter einzuziehen, ein Enteignungsrecht des Staates dem Großgrundbesitz gegenüber festzulegen, die sozialen Grundrechte in der künftigen Verfassung als Grundgesetz zu proklamieren und den Staatsgerichtshof für Kriegsverbrecher zu errichten.
Wir glauben, daß diese Unterlassungen dazu mitgewirkt haben, daß die blutigen Vorgänge in Berlin möglich geworden sind. Diese Unterlassungen werden es auch bewirken, daß aller Voraussicht nach, wenn nicht mit aller Energie Einhalt geboten wird, das Schicksal der Revolution in die Hände einer bürgerlichen Mehrheit in der Nationalversammlung gelegt wird. Die Räteregierung hat sich der Nationalversammlung gegenüber das Recht der Auflösung und des nochmaligen Appells an das deutsche Volk zu wahren, wenn die Nationalversammlung die Ergebnisse der Revolution durch reaktionäre Beschlüsse zu beseitigen suchen sollte.
Wir halten die jetzige Reichsregierung nicht mehr für fähig, ihre durch die Revolution gestellte Aufgabe zu erfüllen. Wir fordern ihren Rücktritt. Wir wollen eine Regierung, die im Geiste der Einigkeit zusammengesetzt ist aus Vertretern aller sozialistischen Gruppen, die auf dem Boden einer allgemeinen, willensvollen Aktion steht. Von dieser neuen Regierung erwarten wir die sofortige Verwirklichung der ausgesprochenen Mindestforderungen. An alle Arbeiter- und Soldatenräte Deutschlands ergeht der Ruf, den furchtbaren Ernst der Stunde zu erkennen und, bereit zu jedem Kampfe, die Revolution zu schützen." (VSt v. 17.1.19)

Der Vorstand der Frankfurter MSPD war über die politische Haltung und eigenständige Meinungsäußerung seiner Parteimitglieder in der Exekutive des Arbeiterrates entsetzt und maßregelte sie durch sofortige Abgabe einer Gegenerklärung.

„Die Exekutive des Arbeiterrates hat gestern eine Entschließung gefaßt, die sich gegen die Reichsregierung wendet. Wir stellen hiermit fest, daß die Vertreter unserer Partei in der Exekutive an diesem Entschluß mitgewirkt haben, ohne die politische Organisation, die sie in die Exekutive delegiert hat, von diesem schwerwiegenden Schritt zu unterrichten.
Der Vorstand des Sozialdemokratischen Vereins kann dieser Entschließung nicht zustimmen. Er hält die gegen die Reichsregierung erhobenen Vorwürfe für sachlich unrichtig, er bedauert, daß die Vertreter der Sozialdemokratischen Partei sich im gegenwärtigen Augenblick an einer Aktion gegen die Reichsregierung beteiligen." (VSt 15 v. 18.1.19)

Gewiß gab es eine Menge objektiver politischer, militärischer und internationaler Bedingungen, die die Erfüllung der Hoffnungen des „vierten Standes" erschwerten und behinderten. Aber es war vor allem die übertriebene Angst vor der eigenen Basis, die die sozialdemokratischen Führer die Gefahr vor der nur vorübergehend gelähmten Rechten verkennen ließ. Die Republik trug so ihren Todeskeim schon in der Stunde ihrer Geburt in sich. H.U. Wehler hat wohl Recht, wenn er feststellt:

> „Subjektiv glaubten die MSPD-Führer, nicht anders handeln zu können. Das ist angesichts ihres Entwicklungsganges nicht einmal schwer zu verstehen. Aber wer auch auf die objektiven Auswirkungen abhebt, kann die folgenschweren Konsequenzen nicht übersehen. (...) Jedenfalls verhinderte dieses Syndrom von Einstellungen jeden tatkräftigen beschleunigten Wandel." (Wehler, Kaiserreich, 222 f.)

Daß es weder zu einer Heeresreform noch zu einer Wirtschaftsreform, einer Agrarreform oder einer Reform von Justiz und Verwaltung kam, sondern sich Ebert und die MSPD-Führer gegen die eigene, selbstbewußt und aufmüpfig gewordene Basis mit ihren und der jungen Republik Todfeinden, den kaiserlichen Militärs, verbündeten, sollte sich sehr schnell als verhängnisvoll erweisen.

6. Der Frieden läßt auf sich warten

Von den großen Hoffnungen der Massen wurde die Hoffnung, nun würde endlich Frieden einkehren, am schnellsten und brutalsten enttäuscht. Für die Bevölkerung, die begeistert auf die Straßen ging, um das Ende der Kriegshandlungen zu feiern, waren die Waffenstillstandsbedingungen ein Schlag ins Gesicht. Toni Sender beschrieb ihre Gefühle, als sie davon erfuhr:

„Ein schlechtes Omen zeigte sich in den frühen Stunden der Revolution, als die ersten Nachrichten über die Waffenstillstandsbedingungen eintrafen. Das war der erste Schnee, der auf die jungen Knospen unserer revolutionären Erwartungen fiel. Die Alliierten forderten den sofortigen Truppenabzug aus Belgien und Frankreich – was nur gerecht war – aber, ebenfalls innerhalb von vierzehn Tagen, auch die Evakuierung von Elsaß-Lothringen, was schwieriger war, da es beinahe fünfzig Jahre deutsches Territorium gewesen war. Darüber hinaus forderten die Alliierten den Abzug der deutschen Truppen vom linken Rheinufer, die Lieferung von 500 Lokomotiven und 150000 Eisenbahnwaggons, eine neutrale Zone am rechten Ufer des Rheins, die Bezahlung des Unterhalts der ausländischen Besatzungsarmee durch Deutschland und die Freilassung der Kriegsgefangenen ohne gleichzeitige Entlassung der Deutschen. Die Blockade sollte weitergehen. Die beiden letzten Bedingungen eröffneten sehr schlechte Aussichten für den kommenden Friedensvertrag. Sie verrieten einen Geist der Unbarmherzigkeit gegenüber dem deutschen Volk, das die Verantwortlichen für die Vergangenheit davongejagt hatte und jetzt einen starken und spontanen Wunsch nach Frieden und Gerechtigkeit manifestierte. Leider begriffen die Alliierten dies nicht und verspielten dadurch eine wundervolle Gelegenheit. (...)
Die Feindseligkeit der ausländischen Machthaber gegenüber der neuen Volksregierung manifestierte sich auch noch in anderer Weise. Als die Vertreter der Alliierten kamen, um die Bedingungen für die Durchführung des Waffenstillstands auszuhandeln, forderte ein britischer Admiral, daß kein Vertreter der Arbeiter- und Soldatenräte dem deutchen Verhandlungskomitee angehören dürfe.“ (Sender, 120f.)

Die Menschen drängten sich um die Plakate in der Stadt und wollten eigentlich nicht recht glauben, was dort stand. Die Bildung des Mainzer Brückenkopfes mit dem Umkreis von 30 km, einer vorgelagerten, 10 km breiten neutralen Zone führten zu den bangen Frage, ob Frankfurt auch besetzt würde. Eine strenge Auslegung der Bedingungen hätte die Alliierten ermächtigt, die westlichen Stadtteile Niederrad und das Gallusviertel und einen Teil von Bockenheim in den Brückenkopf hineinzuziehen. Erst durch Verhandlungen im Dezember wurde erreicht, daß die Stadt mit den westlichen Vororten außerhalb des Brückenkopfes blieb. (VSt 284 v. 4.12.18) Eine Anzeige in der

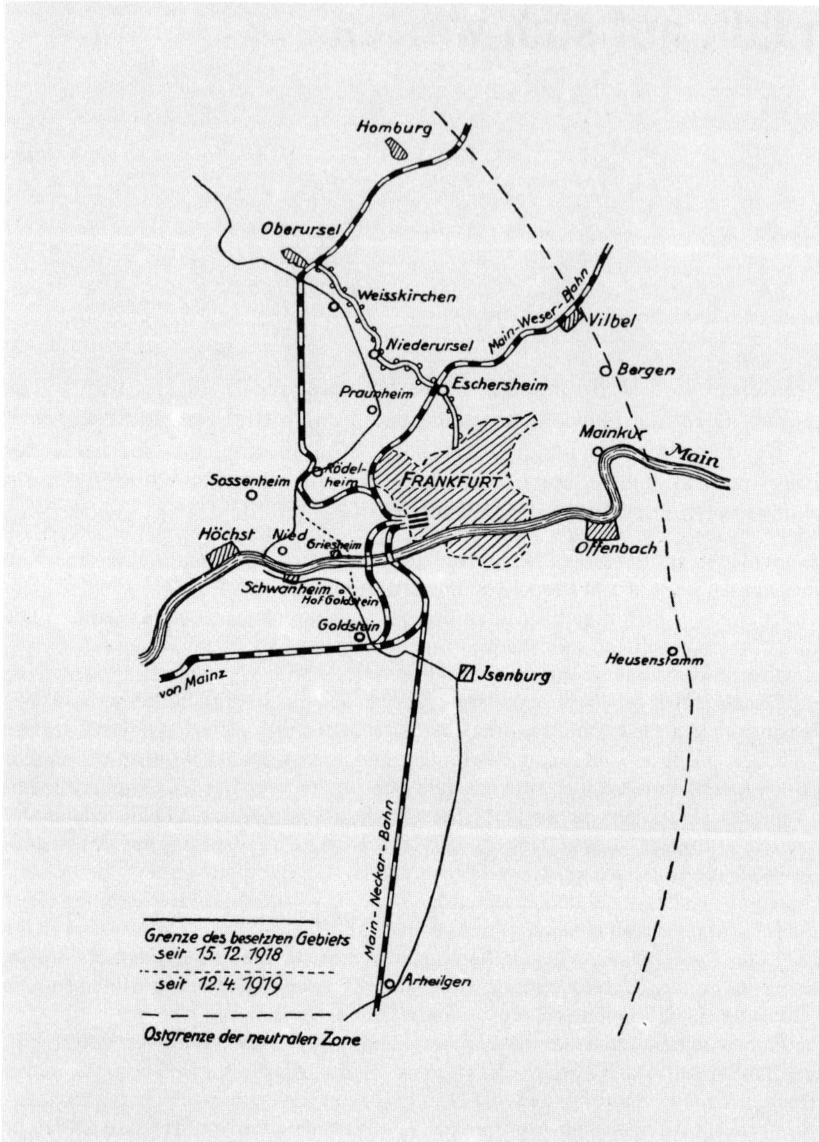

Die Grenzlinien um Frankfurt am Main (nach Drüner, S. 353)

Volksstimme spiegelt die Stimmung der Bevölkerung, ihre Niedergeschlagenheit wider:

„Tage der Trauer!
Die Soldaten der deutschen Republik haben das linke Rheinufer überschritten. Die Heere der französischen Eroberer rücken heran. Die Fremdherrschaft beginnt auch in den Gebietsstreifen bis dicht vor den Toren von Frankfurt. Das sind Tage der Trauer für das ganze deutsche Volk. Nassauer und Hessen, beseitigt den Schmuck an den Häusern, zieht die Fahnen ein! Tut es sofort! Empfangt die Heere des französischen Imperialismus ohne feindliche Kundgebungen, aber auch ohne Willkommens-

gruß. Unsere Sehnsucht, unsere Hoffnung, unsere Wünsche wandern mit unseren feldgrauen Brüdern in das große deutsche Vaterland.“ (VSt 286 v. 6.12.18)

Auch die angekündigte Fortsetzung der Hungerblockade war ein schwerer Schock für die Arbeiterschaft. Viele Menschen konnten diese Härte nicht begreifen und hofften bis zum Ende, es käme nicht so arg. (Drüner, 338) Fritz Schmidt erinnert sich an viele solcher Gespräche:

„Damals gingen ja die politischen Wogen recht hoch um die Frage: wie geht das mit dem Kriegsende? Ist das wirklich ein Friede? Wird der Friedensvertrag vernünftig sein? Wird der Präsident Wilson, das hab ich selbst noch im Kopf, wird er das einhalten, was er dem deutschen Volk versprochen hat, ein einigermaßen gerechter Frieden? – Ein Ausspruch ist mir noch bekannt, daß einer gesagt hat: der Wilson, der mächt's!“ (F. Schmidt, 70)

In einer Massenversammlung am 1. Dezember 1918 sagte Toni Sender:

„Die harten Waffenstillstandsbedingungen sind nicht der Revolution, sondern dem unseligen Vertrag von Brest-Litowsk zuzuschreiben, der vom Regime des Kaisers diktiert wurde. Auf der anderen Seite, diejenigen, die jetzt ihren Fuß auf den Nacken einer besiegten Nation setzen, sollten nicht vergessen, daß eine bestimmte Art von Sieg eine Niederlage gebären kann.“ (Sender, 125)

Doch wenn Frankfurt auch zunächst außerhalb des Brückenkopfes blieb, so befand sich aber die für den Wirtschaftsverkehr bedeutsame Rhein-Main-Neckar-Bahn im besetzten Gebiet. Die Oberste Heeresleitung versuchte bereits im Dezember durch eine Falschmeldung, die Lage Frankfurts in der neutralen Zone für sich auszuschlachten und damit Front gegen die Arbeiter- und Soldatenräte zu machen. Sie behauptete, die Entente habe sich das Kontrollrecht in der neutralen Zone vorbehalten und die Arbeiter- und Soldatenräte müßten mit ihrer Verhaftung rechnen. Sie wurden aufgefordert, ihre Arbeit einzustellen und die Aufgaben den bisherigen Amtsstellen zu überlassen. (R+R, 74) Der Arbeiter- und Soldatenrat protestierte energisch gegen diese Falschmeldung, doch es zeigte sich schon jetzt, daß die alten Mächte nicht gewillt waren, sang- und klanglos unterzugehen, sondern daß sie nur auf einen geeigneten Moment zum Gegenschlag warteten.

Die Franzosen legten die Waffenstillstandsbedingungen hinsichtlich der Grenze der besetzten Zone sehr willkürlich aus. Die eigentlichen Linie ging bis zum Westrand von Oberursel. Anfangs rückten sie jedoch bis Praunheim vor, hatten Weißkirchen besetzt und damit die Bahnstrecke von Homburg unter Kontrolle. Im Januar 1919 besetzten sie darüber hinaus Nied mit den wichtigsten Eisenbahnwerkstätten. Nur drei Monate später wurde auch Griesheim besetzt. Proteste aus der Bevölkerung blieben ebenso wirkungslos wie die der Regierung. (Fr. 37 v. 12.4.19) Die Besetzungen wirkten sich verhängnisvoll auf das Leben in Frankfurt aus. Sie wirkten einer Normalisierung und Stabilisierung der Verhältnisse entgegen. Tausende von Arbeitern waren damit von ihren Arbeitsplätzen – vor allem in der chemischen Industrie, aber auch in anderen Bereichen – abgeschnitten. In den ersten Monaten wurde der private Post- und Fernsprechverkehr unterbunden, und wer in das besetzte Gebiet einreisen wollte, hatte umständliche Gesuche an die alliierten Militärbehörden zu richten. Frankfurt war von einem Teil seines Waldes und von drei der ergiebigsten Wasserpumpwerke und von technischen Anlagen abgeschnitten, alles Maßnahmen, die deutlich zeigten, daß der Kriegszustand keineswegs als beendet betrachtet wurde. Die völlige Einstellung des Grenzverkehrs war jedoch auf Dauer nicht haltbar. So wurde nach Verhandlungen erreicht, daß ab Ende Januar 1919 die beiderseits der Grenze wohnenden Arbeiter mit einer Grenzkarte zu ihren Arbeitsstellen gelangen konnten. (Drüner, 348f.)

Als die Friedensvertragsbedingungen bekannt wurden, bäumten sich die Menschen dagegen auf. Der Parteivorstand der Frankfurter MSPD bezeichnete sie am 9.5. als unerträglich und als Hohn auf die 14 Punkte Wilsons. Zwei Tage später brandmarkte die USPD auf ihrer Parteikonferenz

„den Frieden, den die Entente dem deutschen Volk zumutet, als einen Gewaltfrieden schlimmster Art." (Chronik II, 36f.)

Sie sah jedoch keine Chance für eine Verweigerung. Am 12. Mai beschloß die SPD-Fraktion, in der Nationalversammlung zu erklären, die Friedensbedingungen seien in der vorliegenden Form für Deutschland unannehmbar. Scheidemann sagte in seiner Regierungserklärung:

„Wer kann als ehrlicher Mann – ich will gar nicht sagen als Deutscher – nur als ehrlicher, vertragstreuer Mann solche Bedingungen eingehen? Welche Hand müßte nicht verdorren, die sich und uns in diese Fesseln legt? Dieser Vertrag ist für die Reichsregierung unannehmbar." (ebd., 36f.)

Auch in Frankfurt schlugen die Wellen noch einmal hoch. Zahlreiche Protestveranstaltungen wurden organisiert. Die bürgerlichen Parteien und Berufsgruppen luden in den Ostpark ein (VSt 110 v. 13.5.19), zur USPD-Veranstaltung im Schumann-Theater mit dem angrenzenden Garten kamen 10000 Arbeiterinnen und Arbeiter (VR 36 v. 15.5.19), und zu ihrer Kundgebung in der Festhalle mit Kurt Geyer aus Leipzig 5000 Menschen (VR 70 v. 27.6.19). Die MSPD rief zu einer Massenkundgebung auf dem Römerberg. (VSt 60 v. 13.5.19) Im überfüllten Saal des „Kristallpalastes" protestierte die KPD gegen „Schandfrieden und Schandregierung". In seinem Schlußwort betonte Hammer, der Frieden von Versailles sei der Fluch von Brest-Litowsk und der Politik der alten Sozialdemokratie. Sie habe keinen Anlaß zu trauern und zu protestieren, denn der Friede sei die logische Folge ihres Arbeiterverrates. (Fr. 60 v. 13.5.19)

Nationalistische Gefühle, der Haß auf die Franzosen, war bei den Flüchtlingen aus den besetzten oder abgetretenen Gebieten besonders groß. Am 16. Juni 1919 wurde der französische Verbindungsoffizier angepöbelt, weil man seine Frau für eine Deutsche hielt. Während sie sich unter den Schutz des Marine-Sicherheitsdienstes begaben, kam es sofort zu einer Demonstration vor dem Carlton-Hotel, dem Sitz der Kontrollkommission.

„Besseres Publikum, vor allem nationalistische Studenten, dazu Elsässer ... strömten zusammen und sangen das Deutschlandlied." (Lucas, 107)

Panzer erschienen, ein Teil der Menge zog vors Polizeipräsidium, eine andere zur Gutleutkaserne,

„um die 81er Polizeitruppe gegen den Marine-Sicherheitsdienst aufzuputschen. (...) Von der Kaserne zum Hauptbahnhof zurückgekehrt, hielt man nationalistische Hetzreden und näherte sich dem Hotel. Jetzt griff das Polizeipräsidium durch und ließ durch Hilfspolizei den Platz räumen; dabei ertönten Schmährufe. Aus den anliegenden Häusern fielen einige Schüsse; es gab einen Toten und zwei Verwundete." (ebd.)

Am 28. Juni wurde in Versailles der Friedensvertrag von Reichsaußenminister Hermann Müller (SPD) und dem Reichsverkehrsminister Johannes Bell (Zentrum) unterzeichnet. Toni Sender fragte in ihren Lebenserinnerungen:

„Gab es eine Alternative der Nichtunterzeichnung? Es war unmöglich, das deutsche Volk für einen erneuten Widerstand zu den Waffen zu rufen! Die deutsche Bevölkerung wollte auf jeden Fall Frieden, sie war erschöpft. Nichtunterzeichnung würde Besetzung der wichtigsten Landesteile bedeuten, die über Rohstoffe verfügten sowie die Intensivierung der Blockade, Arbeitslosigkeit, Hunger, den Tod von Tausenden, die Zurückhaltung unserer Kriegsgefangenen – eine Katastrophe, die uns schließlich zwingen würde, noch demütigendere Bedingungen hinzunehmen." (Sender, 143)

Sie sah aber auch die Gefahr der durch Unterzeichnung sich verstärkenden nationalistischen Leidenschaften und konterrevolutionärer Entwicklungen. Der Abschluß des Friedensvertrages bedeutete keineswegs, daß damit die Mächte der Entente alle feindseligen Akte, die Demontage der Industrie, die Benachteiligung des Handels, die Blockaden einstellten.

Doch nicht nur der Frieden nach außen, auch der Frieden im Innern ließ auf sich warten. Schon in den damals gebräuchlichen Formulierungen, die sich in der Presse, in Statistiken, aber auch in Gesetzestexten mit Ausdrükken wie „Friedenspreise", „Friedensmiete", „Friedenslöhne" usw., bezogen auf die Vorkriegszeit, niederschlugen, wurde deutlich, daß im Bewußtsein der Menschen mit dem Kriegsende und der Revolution der Frieden noch keineswegs eingekehrt war.

Die Masse der Arbeiter, die die Natur des Konfliktes zwischen den Arbeiterorganisationen nicht verstanden und auf Einigkeit hofften, erlebten eine Verschärfung der innenpolitischen Spannungen, insbesondere durch das Bündnis der MSPD mit den reaktionären Mächten. Nachdem die USPD Ende Dezember 1918 aus dem „Rat der Volksbeauftragten" zurückgetreten und Gustav Noske als Nachfolger in die Regierung aufgenommen wurde, war für den extremen rechten Flügel der MSPD der Weg geebnet. Während der Berliner Unruhen im Januar wurde Noske zum Oberbefehlshaber aller Regierungstruppen in und um Berlin ernannt. Sein Ausspruch: „Einer muß der Bluthund werden, ich scheue die Verantwortung nicht" (Chronik II, 21), wurde kurz darauf bittere Wahrheit. Nur wenige Tage später wurden Rosa Luxemburg und Karl Liebknecht von Soldaten und Offizieren der Garde-Kavallerie-Schützendivision verhaftet und ermordet. Die KPD (Spartakusbund), die erst zum Jahreswechsel 1918/19 die organisatorische Beziehung zur USPD gelöst und sich als eigenständige politische Partei gegründet hatte, war damit ihrer wichtigsten Führer beraubt. (ebd., 19) Unter dem Eindruck dieser politischen Ereignisse fanden am 19. Januar die Wahlen zur Nationalversammlung und am 26. Januar die Wahlen zur Preußischen verfassungsgebenden Landesversammlung statt. Zahlreiche Wahlversammlungen wurden durchgeführt, die größte war wohl die Kundgebung der MSPD am 18. Januar mit 60000 bis 70000 Menschen.

„Das ganze Volk war – so schien es – den politischen Fragen zugewandt." (Drüner, 375)

Auch in den Familien wurde immer wieder über die Wahlen diskutiert. Daran erinnert sich Fritz Schmidt noch heute:

„Und dann gab's Wahlversammlungen, die Wahlen liefen ja für die Kommunalparlamente, für die gesetzgebende Versammlung und dann für den Reichstag die Reichstagswahlen. Ja, das wurde natürlich alles ganz offen und breit in der Familie diskutiert, und wir Kinder saßen dabei. Konnten ja gar net woanders hin." (F. Schmidt, 70f.)

So ist es nicht verwunderlich, daß selbst die Kinder sich ihren – allerdings eher lautmalerischen als politischen – Reim auf die Wahlen machten:

Wählt nur nicht Luppe,
der versalzt die Suppe,
weil ihm ist alles schnuppe.

Wählt nicht den Riesser,
der macht die Sache mieser.

Wählt Pfarrer Veidt,
dann seid gescheit.

Wählt Toni Sender,
dann geht's mi'm neuen Kalender.

Wählt die USP,
dann werden die Brötchen
weiß wie Schnee.

(Wehrhan, 100)

Die Kinderreime zeigen zugleich, daß die Wahlkampf-Aktivitäten der Erwachsenen von den Kindern als bedeutsam wahrgenommen wurden, daß sie die Namen der Kandidaten kannten und die Wahlen mit den Lebensbedingungen in Verbindung setzten.

Doch vor allem die Frauen waren das Ziel politischer Agitation, waren sie schließlich erstmals stimmberechtigt, und ihre Stimme konnte den entscheidenden Ausschlag geben. In einer Anzeige der „Volksstimme" hieß es:

„Darf man denn überhaupt als anständiger Mensch gegen eine Partei stimmen, die als einzige bisher öffentlich das Frauenstimmrecht vertreten hat und es allen Frauen bei der ersten Gelegenheit zuerkannt hat? ... Anständige Frauen wählen sozialdemokratisch!" (VSt 14 v. 17.1.19)

Die Arbeiter glaubten, daß ihr eigener politischer Lernprozeß im Kriege auch von ihren Führern nachvollzogen worden sei. Viele sahen – weil ja auch die MSPD-Führer von Revolution und Sozialisierung sprachen – keinen Grund mehr für die Aufrechterhaltung der Spaltung. Sie hatten gelernt, daß nur Einigkeit stark macht und lasteten die „Zerstrittenheit" der Arbeiterbewegung daher zunächst der Linken, d.h. der USPD und der KPD an. (vgl. Abendroth, a.a.O., 51ff.) Erst bei den Wahlen zur Stadtverordnetenversammlung am 2. März 1919 wandte sich ein größerer Teil der Arbeiterschaft von der MSPD ab und der USPD zu. Die Wahlbeteiligung sank jedoch gleichzeitig von 79 auf 70,9 % und 57,1 % im März. Bis dahin verlor die

Während die Deutsche Demokratische Partei Frankfurts ohne inhaltliche Bestimmung die Frauen auf sich zu verpflichten sucht, wird in dem MSPD-Plakat wenigstens ansatzweise eine inhaltliche Argumentation erkennbar, wobei allerdings offen bleiben muß, inwieweit sich die Auftraggeber wirklich mit der freien sozialistischen Republik identifizierten.

MSPD fast 50000 Stimmen gegenüber dem 19. Januar und fast 40000 Stimmen gegenüber dem 26. Januar. Etwa 10 % ihrer Wähler hatten sich innerhalb von nur 6 Wochen von ihr zurückgezogen. Zum Erfolg der USPD hat wohl auch ihre ab 1.2.1919 erscheinende Zeitung „Volksrecht" nicht unerheblich beigetragen. Die Partei erreichte nun mit ihrer Argumentation einen wesentlich größeren Teil der Arbeiterschaft als vorher. Mit Toni Sender hatte sie seine wichtigste Mitarbeiterin gefunden. Sie schrieb darüber:

„Gegen Ende des Jahres 1918 beschloß meine Partei, eine regionale Tageszeitung herauszugeben und mich zum Chefredakteur zu machen. (...) Ich zögerte, denn ich hatte keine Erfahrung in redaktioneller Arbeit. (...) Meine Einführung in das Volksrecht ... war ziemlich grausam. Es wurde mir nur ein einziger Tag Lehrzeit gewährt. (...) Das Büro, das man mir gab, ließ nichts Gutes ahnen. Es war nicht sehr sauber und nur mit einem primitiven Stuhl, einem Tiegel Klebstoff und einer Schere ausgestattet." (Sender, 128f.)

Trotz ständiger finanzieller Sorgen und durch kräftigste Spenden der Mitglieder schuf sich die USPD damit ein wichtiges Informationsorgan. Zudem

„war die USPD unter den Arbeitern wesentlich rühriger als die SPD, die, ohne es zu merken, auf dem Wege war, ihre Massenbasis zu verlieren. Während die SPD durch die Politik ihrer Parteispitze im Reich, durch den ‚Noskekurs' der Unterdrückung der radikalen Linken und den traditionell-autoritären Regierungsstil der ‚neuen Exzel-

	19.1.1919	26.1.1919	2.3.1919	
Wahlbeteiligung in % (in Klammern Reichsergeb.)	79,6 (83,0)	70,9	57,1	
	Prozent der abgegebenen Stimmen			Sitze
USPD	4,5 (7,6)	4,3	8,5	8
DDP	24,3 (19,6)	23,4	23,4	23
CVP (Zentrum)	11,7 (19,7)	12,5	13,4	13
Deutsch-nat. Volkspartei	9,3 (10,8)	4,5	5,9	5
MSPD	45,6 (37,9)	46,2	36,1	36
Deutsche Volkspartei	4,5 (4,4)	8,1	9,4	9
Sonstige Parteien	0,1			
Wirtschaftsp. d. dt. Mittelst.			3,0	2
Bund der Invaliden			0,3	0

(Nach: Stat. Handbuch II, S. 446 ff. Die von Lucas angegebenen Zahlen stimmen teilweise nicht mit den statistischen Angaben überein.)

lenzen' Ebert, Scheidemann usw. bereits als ,verbraucht' galt, während sie in Frankfurt auf rückständige Gewerkschaften, z.B. die der Schneider, Rücksicht nahm und sich an sie anpaßte, stand die USP über ihre Betriebsvertrauensleute in ständiger Diskussion mit den Arbeitern in den Betrieben und gewann die politisch aufgeklärten Arbeiter immer stärker für sich." (Lucas, 85)

Die MSPD wurde zwar bei allen drei Wahlen stärkste Fraktion und konnte die Demokraten von ihrer Führungsposition verdrängen, doch das Zentrum war in der neuen Stadtverordnetenversammlung statt mit 2 nun mit 13 Abgeordneten vertreten. Stadtverordnetenvorsteher wurde der sozialdemokratische Gewerkschafter Heinrich Hopf. Erstmals waren 11 Frauen im Stadtparlament vertreten. Über eine Mehrheit verfügten die Parlamentarier der Arbeiterparteien in der Stadtverordnetenversammlung nicht. Daß der Arbeiterrat nach den durch Parlamentsentscheide geschaffenen Realitäten keinen leichten Stand haben würde, war schon jetzt abzusehen.

Kurz nach den Wahlen zur Stadtverordneten-Versammlung fand in Frankfurt eine Vollversammlung der Arbeiterräte statt, in der 2 Resolutionen zur Diskussion an die Mitglieder gegeben wurden. Beide sprachen sich unmißverständlich für die trotz Nationalversammlung notwendige Weiterexistenz der Arbeiterräte aus und kritisierten insbesondere, daß die Reichsregierung ohne Rücksprache mit den Räten über deren Fortbestehen zu entscheiden sich berufen fühlte. Brenneckes (MSPD) Resolution enthielt nicht die von ihm mündlich erhobene Forderung nach dem Rücktritt der bestehenden und der Bildung einer sozialistischen Regierung. Für die nächste Sitzung des Arbeiterrates konnte daher vermutet werden, daß Langs (USPD) Resolution angenommen würde. Auf einer Versammlung der MSPD-Vertrauensleute und Mitglieder des Arbeiterrates vertrat Karl Kirchner die Linie des Vorstands, daß die Räte zwar weiterbestehen sollten, jedoch nur in Zusammenarbeit mit den Gewerkschaften und ohne die „Ausübung einer Diktatur des Proletariats“. Das von Brennecke propagierte Nebeneinander von Rätesystem und Demokratie sei abzulehnen. Die Linke mit Brennecke betonte, die Nationalversammlung sei der Feind des arbeitenden Volkes und die Regierung sei schon immer Gegner der Räte gewesen. Es wurde vor einer drohenden Auflösung der Partei und vor der völligen Versumpfung gewarnt. Schließlich einigte man sich auf einen Kompromiß, der wesentliche Forderungen der Linken enthielt, wie z.B. das Fortbestehen der Räte und ihre Verankerung in der Reichsverfassung mit der Aufgabe, die Verwaltung in Staat und Gemeinde zu kontrollieren, Initiativrecht des Zentralrates für Gesetzesentwürfe in den Parlamenten und bei Ablehnung das Recht der Beantragung einer Volksabstimmung, außerdem Anhörungsrecht des Zentralrates vor Einbringung von Regierungsvorlagen wirtschaftlicher und sozialer Natur. Der weitere Verbleib in der Regierung sollte u.a. abhängig sein von der Auflösung des alten Heeres und der Freiwilligenkorps, der Errichtung einer Volkswehr, dem sofortigen Beginn der Sozialisierung in dafür reifen Betrieben und der Einziehung von Kriegsgewinnen (VSt 189 v. 3.10.19) Das hört sich sehr revolutionär und wie ein Sieg der Linken in der SPD an, „aber dieser Kompromiß hatte den rechten Flügel der SPD wenig gekostet, denn seine politische Linie hatte sich auf Reichsebene bereits durchgesetzt.“ (Lucas, 91) In der nächsten Debatte des Arbeiterrates am 11. und 19. März wurde die Unversöhnlichkeit der Standpunkte deutlich, nachdem Toni Sender erklärte, eine Einigung des Proletariats sei nur auf revolutionärer Grundlage möglich und Brennecke erwiderte, unter solchen Umständen sei ein Rückzug der MSPD aus dem Arbeiterrat sinnvoll. Um es nicht endgültig zum Bruch kommen zu lassen, wurde auf die Verabschiedung einer Resolution verzichtet. (VSt v. 12.3.19/FZ 214 v. 20.3.19)

Der Arbeiterrat wurde am 4. März 1919 um die Arbeitslosenkommission erweitert. Etwa 2 Wochen später traten 18 Arbeiterräte aus der Fraktion der USPD aus. Zugleich fand ihre konstituierende Sitzung als kommunistische Fraktion unter dem Vorsitz von Fritz Meyer statt. (Fr. 15 v. 18.3.19) Die Kommunisten verschafften sich dadurch einen erheblichen Einfluß. Von ca. 350 Mitgliedern bei der Gründung stieg ihre Mitgliederzahl bis Ende 1919 auf ca. 1400 (Neuland, R+R, 84) Mit der ab 1. März 1919 in Hanau für Hanau und Frankfurt erscheinenden „Freiheit“ – Geschäftsstelle für Frankfurt war Fritz Meyer, Redakteur Curt Krüger – und der ab 1.10.1919 erscheinenden Nachfolgerin „Rote Fahne“ schufen sich die Kommunisten ihr eigenes Presseorgan. Die Versuche ihrer Vertreter im Arbeiterrat, in den dortigen Sitzungen jeweils zunächst über die politische Lage zu diskutieren, wurden ebenso abgelehnt wie die Forderung nach allgemeiner Volksbewaffnung.

„Diese Absagen an die Kommunisten entsprachen positiv genau dem politischen Grundsatz des Bündnisses von SPD und USPD im Arbeiterrat. (...) Zwar trug die USPD ihre Auffassungen ständig über das Netz ihrer Betriebsleute in die Arbeiterschaft hinein, aber dem fehlte das Element der Auseinandersetzung mit der SPD und KPD.“ (Lucas, 94f.)

Der Streit der drei Arbeiterparteien wurde zur Zerreißprobe des Arbeiterrates. Mit den Spannungen zwischen den Parteien nahm auch die gegeneinander gerichtete Polemik zu. Ein Beispiel dafür liefert der Bericht der „Freiheit“ über die Arbeiterratssitzung vom 22.4.1919:

„... Wenn man sich den ganzen Betrieb im Arbeiterrat ansieht, wenn man das vertrauliche Getuschel von Abhängigen und Unabhängigen beobachtet, und wenn man bemerkt, wie Robert der Bremser [Dißmann, R.W.] geschäftig herumläuft, bald der Presse Verhaltensmaßregeln gebend, bald eine Abstimmung schiebend und dazu noch das ganze Gequassel anhört, dann muß man wirklich sagen, *diesem* Arbeiterrat werden wir wirklich keine Träne nachweinen, es ist e i n e reaktionäre Sippe. Je eher sie von der Bildfläche verschwinden, desto besser für das werktätige revolutionäre Proletariat.“ (Fr. 46 v. 25.4.19)

Die „Freiheit“ druckte einen Artikel aus dem Pariser „Journal“ vom 20. März ab. Unter der Überschrift „Wo ist die Revolution?“ stand da:

„Was die Revolution angeht, von der es heißt, daß sie Frankfurt erschüttert habe, so muß man gute Augen haben, um deren Spuren zu entdecken. Wohl findet man an der Fassade des Frankfurter Hauptbahnhofes drei armselige rote Fahnen, so groß wie Taschentücher, ungefähr wie die Signalflächen von Schrankenwärtern; wohl liest man auch am Eingang der Stadt einige auf Holztafeln gemalte Zeilen, in denen es von Freiheit heißt...
Das ist am Ende gar eine Revolution!
Doch wie ihm sei! Ich muß feststellen, daß sie nichts zerstört hat. Das Bismarck-Denkmal steht immer noch da, und die Leute in Frankfurt können noch immer den eisernen Kanzler bewundern, wie er eine feiste Germania in den Sattel setzt, deren Pferd ein Fabeltier, die Zwietracht, zermalmt...“ (Fr. v. 22.3.19)

Nachdem sich die Bürgerlichen Ende November 1918 vergeblich um die Aufnahme in den Arbeiterrat bemüht hatten, bildeten sie unverzüglich einen „Bürgeraussschuß“, der Ende April aktiv wurde. Von der DDP bis ganz nach rechts fanden sich darin

„diejenigen bürgerlichen Kreise zusammen, die erst tastend, dann immer deutlicher, auf den Sturz des Arbeiterrates aktiv hinarbeiteten.“ (Lukas, 103 f.)

Unter Hinweis auf das Preußische Vereinsgesetz vom 14.5.1919 über Einwohnerwehren, wonach möglichst alle Bevölkerungsgruppen darin berücksichtigt werden sollten, beantragten sie, einige Bürgerliche in die Sicherheitswehr aufzunehmen. Am 7. Mai lehnte das der Arbeiterrat jedoch ab. (ebd.)

Der 1. Mai nach der Revolution, durch die erste Nationalversammlung zum gesetzlichen Feiertag erklärt, allerdings ab 1920 in den verschiedenen Ländern aufgrund der verschobenen Mehrheitsverhältnisse behindert oder wieder aufgehoben (vgl. Achten: Illustrierte Geschichte des 1. Mai, 183 ff.), stand in Frankfurt keineswegs im Zeichen der Einigkeit der Arbeiterklasse. Sogar die Demokraten hielten 1919 eine Maifeier im vollbesetzten Saal des Saalbaues ab. (FZ 324 v. 2.5.19) Die MSPD feierte in der Festhalle unter dem Motto: „Für Völkerversöhnung - gerechten Frieden - Gefangenenbefreiung - Gleichberechtigung aller Soldaten - internationalen Arbeitsschutz – Verbrüderung der Proletarier aller Länder". Die Festansprache hielt Max Quarck. Man feierte ein Volksfest, organisierte Kinderspiele und nachmittags einen Ball. (VSt 98 v. 28.4.19) Die Kommunisten fanden dieses Volksfest angesichts der politischen Entwicklungen völlig unangemessen. Gegen die am 7. April vom Zentralrat und dem revolutionären Arbeiterrat ausgerufene Räterepublik in Bayern, von der USPD in Frankfurt begeistert in einer Massenversammlung in der Festhalle gefeiert (VR 10 v. 11.4.19), marschierten Ende April die Reichswehrtruppen. In schweren Straßenkämpfen wurde München erobert, es kam zu einem Blutbad. Der Bürgerkrieg tobte bereits in Deutschland. (Chronik II, 33f.) Auf ihrer Maikundgebung im Gewerkschaftshaus protestierte die KPD gegen

„die Volksfeste und Tanzveranstaltungen, die nur eine Verhöhnung des Maigedankens des Sozialismus bedeuten, denn in Berlin, in Bremen, in Sachsen, in Würtemberg, in ganz Deutschland, überall herrsche ein Belagerungszustand, Presseverbot, Proletariermord. In München 50000 Mann, die auf Geheiß des Noske zur Feier des 1. Mai die revolutionären Arbeiter niederkartätschen und hinmorden sollten. Und hier in Frankfurt unter dem Banner der kapitalschützenden Mehrheitspartei, der Gewerkschaften und der Unabhängigen Vergnügungen und Lärm." (Fr. 51 v. 3.5.19)

Nur wenige Tage später rief die KPD zu der Protestversammlung gegen den „Hunnenzug der Noskegarden nach Bayern" auf.

Anläßlich der Beisetzung Rosa Luxemburgs am 13. Juni 1919 zeigten alle drei Fraktionen noch einmal Flagge und riefen gemeinsam zum Generalstreik, nicht jedoch zu gemeinsamer Kundgebung auf. Es ruhten die Eisenbahnbetriebe, die meisten Großbetriebe waren stillgelegt, die Warenhäuser geschlossen. Die USPD rief zur Demonstrationsversammlung auf dem Messegelände, die MSPD zur Kundgebung auf dem Römerberg und die KPD zur Kundgebung am Bismarckdenkmal. (VR 58/59 v. 14./16.6.19; vgl. auch Neuland, in R+R, 85f.) Die Mehrheit der Arbeiter folgte dem Streikaufruf. Das war ein weiterer Anlaß für die Bürgerlichen, mit aller Entschlossenheit gegen den Arbeiterrat Front zu machen. Die Stadtverordnetenversammlung behandelte eine Dringlichkeitsanfrage von Korff (DDP), der behauptete, ein Generalstreik sei keineswegs der Wille der arbeitenden Bevölkerung gewesen. Man habe sie lediglich für politische Machenschaften mißbraucht. Er bestritt zusätzlich dem Arbeiterrat seine Existenzberechtigung. Oberbürgermeister Voigt stellte daraufhin fest, daß der Magistrat es aufs tiefste bedauere,

„daß der Tag der Bestattung Rosa Luxemburgs den Anlaß gegeben hat, einzig und allein in der Stadt Frankfurt einen Generalstreik herbeizuführen" (Prot. Stadtv. Vers., 17.6.1919, § 809),

wies jedoch Korffs Anschuldigung zurück, öffentliche Organe (Sicherheitspolizei) hätten gewaltsam das Schließen der Betriebe veranlaßt, solche Aktionen seien lediglich von Einzelpersonen ausgegangen. Der Arbeitersekretär Kaiser (SPD) sprach Korff das Recht ab, sich über die Form der Trauerfeier für Rosa Luxemburg zu äußern.

„Das Proletariat war sich darüber klar, daß Rosa Luxemburg auch keinen Trauerzug mit Zylindern und Gehröcken gewünscht hätte.“ (ebd.)

Robert Dißmann stellte noch einmal klar:

„Wir streikten nicht um des Streikens Willen, sondern wir streikten, um unseren Zielen näher zu kommen. (...) Wir haben hier im Arbeiterrat ein Instrument der revolutionären Arbeiterklasse und kein Instrument des Bürgertums. Die Bürgervereine oder sonstigen Vereine können Sie nach Ihrem Willen zusammensetzen, wie Sie das für richtig befinden. Die Arbeiterschaft aber setzt sich ihre Organe zusammen, wie sie das für richtig hält. Die Hetze ist eine planmäßige. Sie geht auf die Beseitigung des Arbeiterrats hinaus.“ (ebd.)

Die MSPD wurde von dem Generalstreiksbeschluß, den die eigenen Delegierten im Arbeiterrat mittrugen, überrascht, versuchte jedoch nicht, sich nachträglich davon zu distanzieren. Sie war allerdings nicht bereit, auch künftig solche Aktionen mitzutragen, zumal die Proteste und der Druck des Bürgertums immer stärker wurden. Auf einer Sitzung der Vertrauensleute im Juli ließ sie dann den Beschluß fassen:

„Politische Streiks sind Sache der Partei. Dem Arbeiterrat kann nicht das Recht zugestanden werden, politische Streiks zu proklamieren. Die Mitglieder der Sozialdemokratischen Partei im Arbeiterrat sind verpflichtet, nur im Einverständnis mit der Parteileitung zu handeln. Außerdem sind die Betriebe hierfür zuständig und zwar hat eine geheime Abstimmung zu erfolgen.“ (Fr. 107 v. 10.7.19)

Und auch der Magistrat stellte am 24. Juli 1919 die Souveränität des Arbeiterrates, dem er sich doch im November unterstellt hatte, offiziell in Frage. (Neuland, in: R+R, 88)

Je weiter die Tage der Revolution zurücklagen, um so gestärkter fühlten sich die Kräfte der bürgerlichen Reaktion, und je mehr der Druck der Reaktion wuchs, um so deutlicher demonstrierten die Arbeiter, daß sie nicht gewillt waren, ihre Hoffnungen vom November zu begraben. Die Eisenbahner in Frankfurt waren sich zu jeder Zeit ihrer besonderen Rolle im gesellschaftlichen Leben bewußt. Der Ausspruch: alle Räder stehen still, wenn Dein starker Arm es will, wurde bei ihren Aktionen Realität, dreimal standen sie wirklich still; während des Streiks der Bergarbeiter im Ruhrgebiet (Fr. 43 v. 22.4.19), Anfang Juli für eine Teuerungszulage, die Einführung von Betriebsräten bei der Eisenbahn und die Haftentlassung von Vertrauensleuten. Die Protestwellen schlugen hoch, weil der Polizeipräsident nicht in den Streik eingriff, sondern sich auf die Sicherung der öffentlichen Gebäude und Anlagen beschränkte. Die Gegner des Arbeiterrates forderten immer offener den Einzug der Reichswehr. So meinte der Vorsitzende der Deutschnationalen:

„Das Maß der Unsicherheit sei in Frankfurt voll. Die Reichsregierung sei zu veranlassen, Reichswehrtruppen in Frankfurt einziehen zu lassen, denn es sei erwiesen, daß die bestehenden Polizeiorgane nur eine Schutztruppe der U.S.P. seien.“ (VR 88 v. 18.7.19)

Der DVP-Abgeordnete Dr. Kalle richtete eine dringliche Anfrage an die Preußische Landesversammlung:

„Ist der Staatsregierung bekannt, welche mangelhaften Sicherheitszustände durch das Treiben der Volksmarinedivision und des Arbeiterrats zur Zeit in Frankfurt a.M. bestehen? Ist die Staatsregierung bereit, bei der Reichsregierung daraufhinzuwirken, daß durch die sofortige Entsendung von Reichswehrtruppen wieder geordnete Verhältnisse hergestellt werden?" (VR 88 v. 18.7.19)

Es war natürlich nicht der Mangel an Sicherheit oder die besondere Unordnung, sondern daß hier im Schutze der neutralen Zone der „vierte Stand" weiterhin auf der Teilhabe an der Macht bestand.

Am 11. Juli beantragte das Reichswehrkommando I in Berlin bei Noske, er möge bei der Entente um die Erlaubnis zum Einmarsch der Reichswehr nach Frankfurt nachsuchen. Am 17. Juli wurde Carl Severing von den Regierungen des Reiches und Preußens zum Kommissar für das besetzte Gebiet des XVIII. Armeekoorps ernannt. Geschult durch die Niederwerfung des Generalstreiks im Ruhrgebiet im März 1919, sollte er nun die letzten politischen Arbeiterräte zerschlagen und insbesondere die Absetzung des arbeiterfreundlichen Polizeipräsidenten Harris erwirken, den Einsatz der 81er Polizeitruppe, die Beseitigung der Arbeiterwehr, des Marinesicherheitsdienstes und der Präsidialkommission, der der Polizeipräsident verantwortlich war, vorbereiten. Die französische Regierung und die Besatzungsbehörden stimmten einem Einmarsch zu. Mitte September organisierte die USPD dagegen eine Großkundgebung, und auch an der Basis der MSPD regte sich heftiger Widerstand. (vgl. Neuland, R+R, 88) Am 27. September - es war nicht zufällig der Tag des Messebeginns - rückte die Garde-Landesschützen-Abteilung mit 650 Mann in Frankfurt ein, übernahm die Gutleutkaserne und löste die 81er Polizeitruppe auf. Auf Anordnung des Magistrats wurde die rote Fahne auf dem Rathaus eingezogen und durch die schwarz-rot-goldene ersetzt. (Lucas, 123 ff.) Das Wahrzeichen der Revolution war damit gefallen. Alle drei Fraktionen des Arbeiterrates weigerten sich jedoch entschieden, sich aufzulösen.

Dennoch: die Chance der Räte war vorbei, und gegen die Entwicklung im Reich konnten sich auch die Frankfurter nicht durchsetzen. Das einfachste und wirksamste Mittel, die noch bestehenden Arbeiterräte auszutrocken war, ihnen die Finanzen für ihre Arbeit zu streichen. Im Oktober 1919 teilte der preußische Finanzminister dem Regierungspräsidenten mit, daß der Haushaltsausschuß der Landesversammlung beschlossen habe, die Kosten der Räte nicht mehr aus staatlichen Mitteln zu decken. Obwohl ein bestätigender Beschluß des Plenums noch ausstand, empfahl der Minister, die Zahlungen „allmählich abzubauen". (VR 189 v. 11.11.19)

Die Anwesenheit der Reichswehr bot nun auch Gelegenheit, gegen die Kontrollfunktionen des Arbeiterrates bei Post und Eisenbahn vorzugehen. Der gerade erst neuernannte Reichsbahnpräsident Stapf hatte dem „Verkehrsausschuß des Arbeiterrates" (vgl. von Oertzen: Betriebsräte, 177-180) die weitere Teilnahme an den Sitzungen untersagt, und als dieser energisch auf seinem Recht bestand, ersuchte die preußische Eisenbahndirektion Frankfurt „um bewaffnetes Eingreifen der Reichswehrtruppen bei einem eventuellen Konflikt" (VR 165 v. 16.10.19), und zwar bezeichnenderweise beim preußischen Regierungspräsidenten und nicht beim Frankfurter Poli-

zeipräsidenten. (vgl. Lucas, 126) Daraufhin kam es am 13. Oktober zum dritten Mal im Jahr 1919 zu einem Eisenbahnerstreik. Es fand eine Massendemonstration von 15000 Eisenbahnern vor dem Direktionsgebäude statt, und ein Teil der Demonstranten drang auch in das Gebäude und in das Büro des Direktors ein, um den Forderungen Nachdruck zu verleihen.

„Diese revolutionäre Kundgebung ... spielte sich vor den Augen der Messebesucher aus ganz Europa ab, und sie konnte sich abspielen, ohne daß sich in dem nahegelegenen Polizeipräsidium eine Hand rührte, um den Eisenbahnpräsidenten zu schützen! Das Ansehen des Staates selbst stand auf dem Spiel, wenn er solches Versagen seiner Polizeikräfte duldete" (Drüner, 387),

empörte sich Drüner noch 1934 über diesen Mangel an Unterwerfungsbereitschaft. In der Tat identifizierten sich inzwischen schon wieder ganz andere Leute mit dem „Staat" als im November 1918, und denen mußte eine Polizei, die sich nicht gegen streikende und demonstrierende Arbeiter einsetzen ließ, und ein Polizeipräsident, der das billigte und sich energisch einem Einsatz der Reichswehr gegen die unbotmäßigen Arbeiter, Angestellten und Beamten der Eisenbahn widersetzte, untragbar erscheinen. Während die Vertrauensleute der Frankfurter SPD am 21. Oktober sich noch ein-

Mit dem lange befürchteten Einmarsch der Reichswehr in Frankfurt war faktisch die Herrschaft des Arbeiterrates beendet.
Der militärische Appell auf dem Opernplatz symbolisiert den Sieg hierarchischer Strukturen über die spontane Selbstorganisation der Massen. Die dünne Zuschauerkulisse zeigt, daß sich anscheinend nur wenige Frankfurter von der Reichswehr „befreit" fühlten.

deutig gegen die Militarisierung der Polizei und für die Beibehaltung der kommunalen Polizeiverwaltung und den Polizeipräsidenten aussprachen und die „Volksstimme“ wortgewaltig verkündete:

„Die Frankfurter Arbeiterschaft ist bereit, lieber diesen Kampf aufzunehmen, als klein beizugeben“ (a.a.O., 22.10.19),

hatte die Reichswehr am gleichen Tage – anscheinend unter Ausschaltung von Harris – das Gebäude der Eisenbahndirektion militärisch besetzt und verbarrikadiert. (VR 170 v. 22.10.19) Die Frankfurter SPD hatte schon lange dem immer massiver werdenden Druck des „Bürgerausschusses“, der antisemitischen Angriffe, der Reaktion ihrer Berliner Parteileitung und der sozialdemokratischen preußischen Behörden standgehalten, beugte sich aber schließlich und ließ Harris am 28. Oktober gegen die Zusicherung fallen, daß der Nachfolger wieder ein Mann aus ihren Reihen sein sollte. Am 16. November mußte der vom Arbeiterrat eingesetzte Polizeipräsident dann abdanken. (vgl. Lucas, 129f.)

Noch aber existierten die von der Revolution geschaffenen Polizeikräfte. Gegen die ging man nun wieder militärisch vor. In der Nacht des 22. November 1919 rückten drei Kompanien Freikorps-Truppen aus Richtung Bonames in Frankfurt ein und besetzten überfallartig das Polizeipräsidium. Sie entwaffneten die Bereitschaften der Arbeiterwehr (Hilfspolizei) und der Matrosen, zwangen die Präsidialkommission des Arbeiterrates, das Gebäude zu räumen und sperrten dem noch nicht offiziell entlassenen Harris das Telefon. Daraufhin konnte der neue, vom preußischen Oberpräsidenten ernannte Polizeipräsident Ehrler (SPD) seinen Posten antreten. Die Entwaffnung der vom Arbeiterrat geschaffenen Einheiten war kampflos erfolgt und wirkte auf die Arbeiterbevölkerung und ihre Delegierten demoralisierend.

Eine Abteilung der aus ehemaligen kaiserlichen Offizieren, altgedienten Unteroffizieren und Freikorps-Leuten gebildeten grün-uniformierten „Sicherheitspolizei“ (Sipo) rückte, aus Magdeburg kommend, über Hanau in die Stadt ein. Ihr wurde eine „Auslese“ aus der bisherigen Hilfspolizei angegliedert. Die sich auch nach Auffassung Drüners „durch ein deutliches militärisches Gepräge von der revolutionären Arbeiterwehr“ unterscheidende Truppe von 600 Mann wurde in acht Hundertschaften gegliedert. Daß die „Grünen“ keineswegs geliebt wurden, mußte auch er zugeben (ebd., 388f.), und von einer zuverlässigen republikanischen Schutzgarde konnte man bei ihren Führern und ihrer Zusammensetzung ebenfalls nicht gerade sprechen. Immerhin, niemand konnte sie andererseits verdächtigen, besonders arbeiterfreundlich zu sein, und so konnte die Stadtverordnetenversammlung unter ihrem Schutz am 9. Dezember 1919 die Sätze der Arbeitslosenunterstützung kürzen. (Hist. Mus., 20. Jhrdt., 50.09.1) Zugleich war an die Stelle der Arbeiterwehr eine freiwillige Bürgerwehr von 8000 Mann getreten. (Lucas, 133) Die Rolle des Arbeiterrates war ausgespielt, und das um so mehr, als die Absetzung von Harris die USPD-MSPD-Koalition im Arbeiterrat sprengte. So konnte denn auch die Stadtverordneten-Versammlung am 6. Januar 1920 beschließen,

„daß entsprechend dem Erlaß des Ministers des Innern vom 10. Juni 1919 (!) für die Kontrolle der Stadtverwaltung durch den Arbeiterrat kein Raum mehr vorhanden ist." (Hist. Mus., Dok. 20. Jhrdt., 50.10)

Friede war damit weder im Reich noch in Frankfurt eingekehrt. Als in Berlin die USPD und die KPD am 13. Januar 1920 die Arbeiter zu einer Protestkundgebung „gegen die Verwässerung des Rätegedankens" aus Anlaß der 2. Lesung des Betriebsrätegesetzes vor dem Reichstag aufriefen, ging die Polizei mit Waffengewalt gegen die Demonstranten vor. Bilanz: 42 Tote und 105 Verletzte. Reichspräsident Ebert verhängte daraufhin den „Ausnahmezustand" über weite Teile des Reiches, darunter auch Frankfurt am Main. (Chronik II, 56) Die Empörung war groß. Toni Sender berichtete:

„Die tiefe Empörung der Arbeiter unserer Partei erfaßte auch große Teile der Mehrheitssozialisten. Wir in Frankfurt hatten vor den blutigen Ereignissen in Berlin eine ähnliche Demonstration geplant. Die Schüsse vor dem Reichstagsgebäude ließen einen Protest um so notwendiger erscheinen." (Sender, 146)

Im „Volksrecht" heißt es zum Ablauf dieser Aktion:

„Unsere Genossen kamen in langen Zügen, voran das rote Banner! Sie stutzten, als sie unerwartet dieser ‚Heeresmacht' gegenüberstanden. Sie fanden nirgends eine Erklärung für die Absperrung. Keiner wußte etwas von einem Verbot! Nur ein Schild leuchtete drohend und aufreizend den Arbeitern entgegen. Halt! Wer weiter geht wird erschossen!" (VR 13 v. 16.1.20)

Toni Sender berichtet dann weiter, es sei ihr gelungen, die riesige Menschenmenge zum Bismarckdenkmal umzuleiten.

„Ich erklärte in wenigen Worten den Sinn unserer Demonstration, verlieh unserem Protest Ausdruck und forderte die Menge auf, sich zu zerstreuen und nach Hause zu gehen, um keinen Vorwand für eine Schießerei zu liefern. Während ich die letzten Worte sprach, hörte ich die Lastwagen mit den Soldaten herankommen. (...) Sie suchten mich. Ich blieb auf dem Platz und mischte mich unter die Menge, aber sie konnten mich nicht finden. Ohne jegliche Rechtfertigung feuerten sie auf uns – drei Tote und viele Verwundete waren die Folge." (Sender, 146f.)

Versammlungsverbote und Einschränkung der Pressefreiheit der protestierenden kommunistischen „Roten Fahne" und des „Volksrechts" wegen der trotz Verwarnung erscheinenden „hetzerischen Artikel" folgten. (VR 13/16 v. 16./20.1.20)

Im Februar zogen sämtliche Truppen, die zusammengezogen waren, wieder ab, nur die neugebildete Sipo blieb zurück. (Drüner, 392) Nach Auffassung Drüners kehrte durch die Maßnahmen der Regierung und die Abneigung der Bevölkerung gegenüber politischen Erschütterungen wieder Ruhe ein. Was bei bürgerlichen Geschäftsleuten und Fabrikherren durchaus „Abneigung gegenüber politischen Erschütterungen" gewesen sein mag, war bei der Masse der Arbeiterbevölkerung eher Resignation und Erschöpfung, aber gerade das schien wieder die Rechte zu ermutigen. Während des Kapp-Putsches in Berlin vom 13. März 1920 erwies sich weder die Reichswehr noch die „Sicherheitspolizei" als so durchgreifend und schießfreudig wie gegen die Proteste und Demonstrationen unbewaffneter Arbeiter. (vgl. insbes.: Lucas: Die Märzrevolution 1920, 3 Bde.) Noch einmal gelang es den Arbeiterparteien und den Gewerkschaften – auch in Frankfurt am Main –, das Trennende zu überwinden und gemeinsam den Widerstand zu organisieren. (vgl. R+R, 93 f.) Die Mobilisierung der Arbeitermassen gelang in kürzester Frist. Toni Sender beschrieb die Vorstellungen und Hoffnungen jener Tage:

„Wir erklärten den Redakteuren der Volksstimme und der Mehrheitssozialisten in Frankfurt, daß die Revolution diesmal gründliche Arbeit leisten müsse – der Konterrevolution mußte für immer das Handwerk gelegt werden. Die Führer der Mehrheitssozialisten versprachen, dafür zu sorgen, und persönlich war es ihnen wahrscheinlich ernst damit. Der Bevölkerung hatte sich inzwischen eine starke Erregung bemächtigt. (...) Ein Revolutionsausschuß wurde gebildet. (...) Bald kam es zu Zusammenstößen zwischen der Menschenmenge und der Polizei. Nach wenigen Stunden hatten wir vierzehn Tote und über hundert Verwundete zu beklagen. Arbeitermassen versuchten die Kasernen zu stürmen – sie wurden jedoch zurückgeschlagen. Maschinengewehre erschienen auf den Straßen, Handgranaten wurden geworfen. Inzwischen hatten wir alle städtischen Bediensteten zum Streik aufgerufen, und sie waren diesem Aufruf gefolgt. Die Telegrafen- und Telefon-Zentralen waren von den Arbeitern besetzt. Welche Haltung würden die örtlichen Armee-Einheiten einnehmen? Bald wußten wir es. Truppen marschierten in die Stadt. Kanonen wurden auf das Polizeipräsidium, die Reichsbank, den Hauptbahnhof, die meisten öffentlichen Gebäude gerichtet." (Sender, 148 f.)

Emil Schmidt hat die Ereignisse ebenfalls noch in Erinnerung.

„Ich hab, obwohl ich en kleiner Bub war, 12 Jahr' war 1920, hab ich mitgekrischt die Streiks am Kapp-Putsch, den Generalstreik und die Demonstrationen, die damit verbunden warn. Und ich war in der Bockenheimer Landstraße, wahrscheinlich hab ich für meinen Vater damals Schuhe ausgetragen. Und ich weiß, dort haben also die Leute, des warn ja alles vermögende Leute im Westend, die haben die Rolläden runtergelassen, ja, und die demonstrierenden Arbeiter, grad 1920 haben die en ziemlich militanten Eindruck gemacht." (E. Schmidt, 68 f.)

Die Streikleitung, zunächst einem neunköpfigen Ausschuß übertragen, wurde am 14. März vom Gewerkschaftskartell übernommen. Dadurch war zwar die Mobilisierung auch parteiloser Arbeiter und Angestellter leichter, zugleich aber wurde der Einfluß der Apparate gestärkt. Die MSPD stellte sich sehr wankelmütig dar, ging sogar kurzfristig mit den Demokraten und dem Zentrum zusammen. Der sozialdemokratische Polizeipräsident Ehrlers, der eilends eine neue Hilfspolizei – vorwiegend aus Sozialdemokraten – zusammenstellte, spielte eine sehr undurchsichtige Rolle; während er einerseits erklärte, seine Mittel reichten zur Abwehr jedes Putsches aus, hatte er der in Bonames stationierten Reichswehr die bevorstehende Gefahr einer kommunistischen Erhebung gemeldet. Die Reichswehr nahm die Stadt in Besitz und ging gegen die radikale Arbeiterschaft vor. Die MSPD schloß sich daraufhin wieder der Linken an. Es wurde ein zentraler Aktionsausschuß gebildet. (vgl. Drüner, 329 ff.; R+R, 94 f.) Am 17. März erschien im „Volksrecht" der Aufruf:

„Abbruch des Generalstreiks - Arbeiter und Angestellte
Die Reichswehr verläßt Frankfurt! Die leitenden Offiziere der Reichswehr haben erklärt, daß sie der demokratischen Republik die Treue bewahren. Die eingezogenen zeitfreiwilligen Studenten werden nicht wieder entlassen.
Der monarchistische Staatsstreich liegt in den letzten Zügen. Wer sich mit gegenrevolutionären Absichten trug, muß vor dem einmütigen Willen der eigenen Massen zurückweichen.
Damit ist der erste Anschlag der Reaktion zurückgeschlagen! Aktions-Ausschuß und Streikleitung des Gewerkschafts-Kartell, sowie der AfA haben deshalb den Abschluß des Generalstreiks beschlossen." (VR 56 v. 17.3.20)

Der Generalstreik gegen den Kapp-Putsch verlief zwar erfolgreich, doch der Ausnahmezustand und die Reichswehroffiziere blieben. Statt die Putschisten zu bestrafen, die Reichswehr und den Beamtenapparat zu säubern, ließ die neugebildete Regierungs-Koalition von MSPD, DDP und Zentrum unter dem Reichskanzler H. Müller die Reichswehr gegen die in den Abwehrkämpfen gegen Kapp gegründete „Rote-Ruhr-Armee" marschieren. Der ohne Zustimmung der Siegermächte erfolgte Einmarsch lieferte den Franzosen zudem den Vorwand für die Besetzung Frankfurts in der Nacht vom 5. auf den 6. April 1920. Sowohl MSPD als auch USPD warnten die Bevölkerung in diesem Zusammenhang, auf jeden Fall Ruhe zu bewahren und nicht auf die nationalistische Hetze hereinzufallen, die dadurch einen guten Nährboden fände. (VSt 80/82 v. 8.4.20) Es kam jedoch zu offenen Beschimpfungen und Feindseligkeiten den Besatzern gegenüber. Emil Schmidt war gerade in der Innenstadt.

„...da war ich mit einem Jungen aus unserm Haus, der bissel kleiner war noch als ich, und mir warn in der Stadt an der Hauptwache. - Und ich hab die gesehn mit'm Maschinengewehr, die Franzose. Die hatten so um den Platz an der Hauptwache ihre Maschinengewehr aufgestellt so neben Sandsäcken. Und ich hab dem Bub gesagt: wir gehe hier weg! - Da habbe nämlich viele Leute die Franzose beschimpft, und zwar so in dem Stil, des hab ich noch im Gedächtnis: ihr schwarzen Säue und so, zu den Franzosen hin, wie das manchmal Leute machen, die sagen, die verstehn uns doch net. Und da hab ich empfunden, des is ne gefährliche Situation und hab den andern, der vielleicht zwei Jahr jünger war als ich, den hab ich an der Hand geführt, den hab ich mitgezogen. Und als wir an der Hauptpost warn, da hab ich die Maschinengewehre gehört, und da sind ja ne Reihe Leute totgeschossen worn. - Das hab ich noch im Gedächtnis." (E. Schmidt, 68f.)

Hermann Schulze erinnert sich ebenfalls an eine Begebenheit, die ihm Angst machte:

„Und da saßen die Franzosen da, standen da rum mit Gewehren und waren Schwarze auch dabei, war ja auch neu. Und ich bin da vorbei und hab mich so interessiert, und auf einmal ist son Schwarzer gekommen und hat mir Angst gemacht, ist mir nachgelaufen. Hat das Gewehr genommen, und ich bin gelaufen. Der hat sich amüsiert wahrscheinlich." (Schulze, 51)

Am 17. Mai zogen die Franzosen schließlich wieder ab.

Nur kurze Zeit nach der endgültigen Entmachtung des Arbeiterrates, nach dem Kapp-Putsch, der Besetzung Frankfurts, fanden am 6. Juni 1920

Französische Truppen, darunter Kolonialtruppen, besetzten die Hauptwache. Der Umstand, daß Schwarze als Besatzungsmacht auftraten, löste bei Kindern Neugierde oder auch Ängste vor dem „Schwarzen Mann" aus, erregte aber besonders die nationalistischen Gemüter. Unter nie ganz aufgeklärten Umständen schossen französische Soldaten in die Menge. Dabei wurden 6 Menschen getötet und 35 verletzt.

die Wahlen zum deutschen Reichstag statt. Die Revolution hatte die meisten ihrer Errungenschaften schon verschenkt. Das Vertrauen der Arbeiterschaft in die MSPD war schlagartig verschwunden, sie hatte die Chance verspielt, die Gesellschaft von Grund auf zu reformieren. Scharenweise liefen die Wähler von der MSPD zur USPD. Im Endergebnis erwiesen sich die Arbeiterparteien insgesamt aber als geschwächt. Von 50,1 % bei der Nationalversammlung sank ihr Stimmenanteil auf 48,3 %.

Wahl	Wahlbeteiligung	SPD	USPD	KPD	DNVP	DVP	DDP	Zentr.
19.1.1919 Nationalvers.	79,6 %	45,6	4,5	-	9,3	4,5	24,3	11,7
6.6.1920 Reichstag	79,7 %	29,9	17,9	0,5	10,2	15,2	14,9	11,4
	+ 0,1	-15,7	+13,4	+0,5	+0,9	+9,7	-9,6	-0,3

(Nach: Stat. Handbuch II, 446f.)

Die „Volksstimme" kommentierte das Desaster der MSPD:

„Die politische Situation war für uns so ungünstig, wie sie schlimmer nie mehr werden kann. Wer diesmal unserer Partei treu geblieben ist, kann uns nicht wieder verloren gehen." (VSt 130 v. 7.6.20)

Das war ein schlechter Trost, und er stimmte noch nicht einmal. Nur im Dezember 1924 (36,6 %) und im Mai 1928 (33,9 %) hatte die SPD - obwohl inzwischen mit den Resten der USPD vereinigt - mehr Stimmen als bei dieser Wahl. Für die SPD kamen Johanna Tesch und Eugen Kaiser, für die USPD Toni Sender und Robert Dißmann in den Reichstag.

Bei allen Differenzen unter den linken Parteien kam es dennoch in der Zeit zwischen 1920 und 1923 in Frankfurt immer wieder zu großen gemeinsamen Aktionen, um zumindest minimale Arbeiterrechte zu verteidigen. Nur einige davon können hier angedeutet werden. Im August 1920 erging nachstehender Aufruf an die Arbeiter:

„An das deutsche Proletariat!
Von Tag zu Tag mehren sich die Gerüchte, daß Ententetruppen am Rhein zusammengezogen, daß dort Kriegsmaterial und Lebensmittel angehäuft werden, die dazu bestimmt sind, in dem durch Schuld der polnischen Regierung entfesselten polnisch-russischen Kriege die Polen gegen die russischen Arbeiter zu unterstützen.
Erzwingt die Entente den Durchtransport von Truppen und Kriegsmaterial durch Deutschland, so bedeutet dies den Bruch der deutschen Neutralität und hat zur Folge, daß Deutschland Kriegsschauplatz wird.
Die deutsche Arbeiterklasse muß dies mit allen Mitteln verhindern.
Deshalb fordern wir alle deutschen Arbeiter auf, den Versuchen der Ententemacht, Truppen, die Kriegsmaterial und Munition durch deutsches Gebiet zu transportieren, jegliche Beihilfe zu verweigern. Die Eisenbahner und Transportarbeiter haben die Gefahr bereits erkannt und die größte Wachsamkeit gezeigt...
Haltet Euch bereit!
Hoch die internationale Solidarität des Proletariats!
ADGB, SPD, USPD, KPD (Spartakusbund)"
(VSt 174 v. 10.8.20)

Vom 4. bis 7. Dezember 1920 fand der Vereinigungsparteitag der KPD mit dem linken Flügel der USPD statt. Die KPD erhielt dadurch - auch in Frankfurt - erstmals eine Massenbasis. Die führenden Persönlichkeiten wie Sender, Dißmann oder Hüttmann blieben jedoch bei der stark geschwächten USPD. (VR 233 v. 18.10.20) MSPD und Teile der USPD versuchten eine allmähliche Annäherung. Die Sozialdemokraten riefen im Februar 1921 zu einer Großkundgebung, angeblich der größten, die jemals die Frankfurter Partei sah, ins Schumanntheater und zu Parallelveranstaltungen im Garten auf. Redner beider sozialdemokratischer Parteien setzten sich für die Wiedervereinigung ein. Philipp Scheidemann betonte, seit der Revolution arbeite er an einem Wiederzusammenkommen der Parteien, der Feind stehe rechts.

Die Standpunkte der Arbeiterparteien waren allerdings unversöhnlich, als die Kommunisten die Arbeiter Frankfurts Ende März 1921 zum Generalstreik aufriefen, um so die Aufstände und Streiks in mitteldeutschen Industriegebieten zu unterstützen. (Chronik II, 82) Dem proklamierten Generalstreik leistete die Arbeiterschaft keine Folge. (VR 72/73 v. 28./30.3.21) Zu gemeinsamen Aktionen kam es erneut nach den Morden an dem Führer der USPD im bayerischen Landtag, Karl Gareis (9.6.21) und dem Reichsfinanzminister Erzberger (26.8.21) vom Zentrum durch Rechtsradikale. Am

29. August 1921 demonstrierten in Frankfurt etwa 15000, am 31. August über 80000 Menschen. Über die Einigkeit der Arbeiterschaft schrieb die „Volksstimme“:

„...Das Elend, das die Ludendorffer und Helfferiche durch ihre nur im Interesse des Kapitalismus und Imperialismus gelegene Kriegspolitik über das Volk gebracht haben, ist riesengroß und schreit zum Himmel. Noch mehr aber schreit die Frechheit dieser Kreise zum Himmel, die sie jetzt an den Tag legen, nachdem ihre bei der Revolution in die Hosen gerutschten Herzen wieder ihren alten Platz gefunden haben; gefunden nur durch den Edelmut des von ihnen vorher schmählich geschundenen und wiedergetretenen Proletariats. (...) Eine noch nie dagewesene infernalische Hetze gegen die Revolution und die Arbeiterführer setzte ein. Stinnes ... hat im Interesse des kapitalistischen Profits und um jede Sozialisierung hinzuhalten, Papier- und Zeitungsindustrie im großen Masse aufgekauft, um die Presse, die sechste Großmacht, und somit die öffentliche Meinung auf seiner Seite zu haben. Nicht genug damit. Nachdem es ihnen gelungen ist, in der Reichswehr den alten wilhelminisch-militaristischen Geist durchzusetzen, schritten sie von Mord zu Mord an den Führern des Proletariats. Nicht nur Mord an Luxemburg und Liebknecht, sondern Klassenjustiz und Mord auch an den bürgerlichen Ministern, die nicht in ihr Horn stießen. Der Mord an Erzberger ist die erste Etappe auf diesem neuen Weg.
Es muß immer wieder betont werden, daß dieses reaktionäre Blut- und Gewaltregiment nur deshalb einreißen konnte, weil das Proletariat infolge seiner Zersplitterung sich nicht aktionsfähig zeigte. Aber die jüngste Bluttat der Reaktion hat den Topf der Geduld bei dem Proletariat zum Überkochen gebracht. Wie ein Mann erhob es sich im ganzen Reiche, reichte sich die Bruderhand, nicht um bloß Proteste zu erheben, sondern um endlich zur Tat zu schreiten, zur erlösenden Tat. (...)
Diese Kundgebung ist die Einleitung zum frisch-fröhlichen und unerbittlichen Kampf gegen jegliche Reaktion. Die Sozialisten aller Schattierungen haben alles Trennende beiseite gelegt und finden sich in Waffen- und Kampfesbrüderschaft. Ja, es ist eine Lust zu leben.
Das war keine Massenversammlung mehr, das war eine Versammlung von Massenversammlungen, ein Volksgewimmel im wahrsten Sinne des Wortes. (...)
Die Zugspitze bildete eine gewaltige Masse von Arbeiterradlern. Dann folgte eine Musikkapelle der Adlerwerke. Die Arbeiter der Weilwerke führten ein Trommler- und Pfeiferkorps mit. In einer großen Anzahl von Inschriften wurde besonders die Einheitsfront, der Schutz der Republik, der Kampf gegen monarchistische Mörder, Reaktion und Klassenjustiz und besonders die Selbsthilfe betont. (...) So verlief diese Demonstration als großer Ehrentag, den die Frankfurter Arbeiterbewegung in ihrer Geschichte verbuchen kann.“ (VSt 204 v. 1.9.21)

In seiner Begeisterung über die gelungene Massenaktion übersieht der Autor allerdings völlig, daß es die Politik der MSPD-Führung gewesen war, die die reaktionären Kräfte wieder gestärkt hatte.

Im September forderte der Vertrauenskörper der SPD Groß-Frankfurts einstimmig den sofortigen Austritt der Partei aus der Reichsregierung, sollte nicht der Ausnahmezustand über Bayern aufgehoben, alle monarchistischen Offiziere aus der Reichswehr entlassen, das Reich am Eigentum aller industriellen und kommerziellen Großbetriebe sowie an landwirtschaftlichem Großgrundbesitz beteiligt und ein mit dem Reichskabinett konformes Ministerium in Preußen gebildet werden. Der Vertrauenskörper forderte USPD und KPD zur Einheitsfront gegen die Reaktion auf. (VSt 212 v.

10.9.21) Zum gleichen Zeitpunkt wurde in Frankfurt, so Konrad Broßwitz,

„der ‚Kommunist' als eines der ersten kommunistischen Blätter verboten mit dem Resultat, daß die gesamte Frankfurter sozialistische Arbeiterschaft dagegen protestieren mußte. (...) Den Kommunisten konnte keine bessere Reklame gemacht werden." (ebd.)

Nach der Ermordung des Außenministers Rathenau im Juni 1922 kam es in vielen Städten des Reiches zu Kundgebungen zum Schutz der Republik. Ein breites Bündnis von Gewerkschaften und allen sozialistischen Parteien rief zum Generalstreik auf und forderte:

1. Verbot aller monarchistischen Kundgebungen und Auflösung aller monarchistischen Organisationen.
2. Reorganisierung der Reichswehr, Schupo, der Verwaltung und Justiz auf republikanischer Grundlage. Kündigung aller Offiziere und Mannschaften der Wehrmacht und Polizei, Verwaltungs- und Justizbeamten, die sich nicht zur Republik bekennen. Sofortige Entlassung aller derjenigen, die monarchistischen Parteien und Organisationen angehören.
3. Zur Sicherung der Republik sind in Wehrmacht und Polizei nur zuverlässige Republikaner, vor allem organisierte Arbeiter aufzunehmen.
4. Sofortige Amnestie aller politischen Gefangenen aus den Reihen der Linksparteien.
5. Sicherung einer ausreichenden Getreideumlage (laut Antrag der Arbeiterparteien), bei Ablehnung derselben Auflösung des Reichstages.
6. Bildung von Regierungen in Reich und Ländern zur Durchsetzung obiger Forderungen

(VSt 147 v. 27.6.22)

Der fünfstündige Generalstreik wurde überall befolgt. Von verschiedenen Treffpunkten aus zogen die Märsche zur Festhalle.

„Rote und schwarz-rot-goldne Fahnen, Schilder und Plakate wurden in den einzelnen Zügen mitgeführt, unter denen besonders eine geschlossene Gruppe von Arbeitsinvaliden und der Schüler der Arbeiterakademie auffielen." (VSt 147 v. 27.6.22)

Nach Schätzung der „Volksstimme" nahmen über hunderttausend Menschen an der Demonstration teil. (ebd.)

Nur wenige Tage später richteten die Frankfurter Sozialdemokraten einen dringenden Appell an die Reichstagsfraktion, offiziell an die USPD heranzutreten, um mit ihr über eine Koalition zu verhandeln. In der telegrafischen Resolution hieß es:

„Groß-Frankfurter Sozialdemokratie hält Fraktionsbeschluß ungenügend, weil energisches Bestehen auf Linkserweiterung der Republik fehlt. Dadurch kraftvoller Schutz der Republik und Hoffen auf Einigung mit den Unabhängigen aussichtslos. Fortbestehen der alten Koalition unmöglich. Reichstagsauflösung notwendig. Broßwitz." (VSt 160 v. 12.7.22)

Im Reichstag erklärte die SPD-Fraktion schließlich, eine Erweiterung der Regierung nach rechts komme für sie nicht in Frage. Zentrum und DDP lehnten jedoch die Aufnahme der USPD ohne gleichzeitige Beteiligung der DVP ab. Zwei Tage später schlossen sich die Reichstagsfraktionen von SPD und USPD zu einer Arbeitsgemeinschaft zusammen. (Chronik II, 102) Das wohl wichtigste parteipolitische Ereignis des Jahres 1922 war der Vereinigungsparteitag von SPD und USPD am 24. September in Nürnberg. Die Mitgliederversammlung der Frankfurter MSPD brachte ihre Zustimmung in einer Resolution zum Ausdruck:

„Die Versammlung ... begrüßt insbesondere die auch von der Frankfurter Parteigenossenschaft so zäh und unermüdlich erstrebte Vereinigung der beiden sozialistischen Parteien. Die Verschmelzungsmaßnahmen müssen auf der Grundlage brüderlicher Verständigung und vollkommener Gleichberechtigung vor sich gehen. Die Versammelten geloben, ihre ganze Kraft und Energie für die machtvolle Entfaltung der geeinten Sozialdemokratie einzusetzen.
Es lebe die deutsche Sozialdemokratie! Es lebe der internationale völkerbefreiende Sozialismus!“ (VSt 226 v. 27.9.22)

Die USPD stand der Auflösung der eigenen Parteiorganisation mit einigen Vorbehalten gegenüber und verabschiedete eine etwas skeptischere Resolution als die MSPD:

„Die Mitgliederversammlung der USP. Frankfurt a.M. erkennt die Notwendigkeit zur Vervollkommnung der Macht des Proletariats. Die Vereinigung von USP. und SPD. ist nicht unbedingt eine solche Machterweiterung, wenn diese Vereinigung nicht praktische Erfolge für das Proletariat bringt. Solche Erfolge können aber nur im schweren Kampf der Arbeiterklasse gegen den verheerenden Kapitalismus errungen werden. Auf der Basis des Kompromisses und der Arbeitsgemeinschaft mit dem Kapitalismus werden wertvolle Kräfte der proletarischen Macht zugunsten der proletarischen Gegner verwandt. Die Vereinigung muß daher an die Bedingung geknüpft werden, daß die SPD. bereit ist, sich praktisch und theoretisch auf den Kampf gegen den Kapitalismus und kapitalistischen Staat einzustellen.“ (VR 197 v. 4.9.22)

Am 30. September 1922 erschien die letzte Nummer des „Volksrechts“, es ging in der „Volksstimme“ auf. Im Dezember forderten die Vertrauensleute der VSPD die Fraktion wieder zum Austritt aus der Regierung auf mit dem Argument, eine große Koalition führe nur zur Verschärfung der Klassengegensätze, das wahre Gesicht der Bürgerlichen sei für die Arbeiter nur bei einer klaren Oppositionsrolle der SPD erkennbar. (VSt 298 v. 21.12.22)

Schon der Beginn des Jahres 1923 versprach keine guten Aussichten. Wegen der Nichterfüllung von Holz- und Kohlelieferungen nach den Reparationsbedingungen besetzten am 11. Januar französische und belgische Truppen das Ruhrgebiet. Reichsregierung, VSPD und Gewerkschaften riefen zum passiven Widerstand auf. Die Reparationsleistungen nach Frankreich und Belgien wurden vollkommen eingestellt, die Bevölkerung aufgerufen, den Anordnungen der Besatzungsbehörden nicht Folge zu leisten. (Chronik II, 113ff.) In Frankfurt fanden zahlreiche Protestversammlungen der Gewerkschaften, Beamtenverbände und der VSPD, aber auch der bürgerlichen Parteien statt. In ihren Erinnerungen schrieb Toni Sender:

„Wir müssen kämpfen – auch ohne Gewehre. (...) Es gibt friedliche Methoden, die einzig und allein die Waffen der Arbeiterklasse sind. Wenn sie einig ist, können hunderttausend Bajonette keine produktive Arbeit erzwingen, insbesondere wenn die Regierung den Kampf sanktioniert und unterstützt. Das war die Reaktion der überwältigenden Mehrheit der deutschen Bevölkerung auf die Ruhr-Invasion. Wieder stand die Arbeiterklasse bereit, sich in die Bresche zu werfen, obwohl es ihr nicht leicht fiel, einer Regierung voll zu vertrauen, an deren Spitze ein Repräsentant der Großindustrie, Wilhelm Cuno, stand." (Sender, 192)

Im Ruhrgebiet, aber auch in Frankfurt, kam es im Zusammenhang mit der Ruhrgebietsbesetzung zu Eisenbahnerstreiks. Als am 29. Januar französische Eisenbahner den Mainzer Hauptbahnhof, französische Wachen sämtliche Stellwerke zwischen Wiesbaden und Frankfurt besetzten, stellten alle Beamten und Arbeiter die Arbeit ein und erklärten, vor einer Räumung nicht wieder damit zu beginnen.

„Schon nach einer halben Stunde mußten die forschen Vertreter militärischer Gewalt kapitulieren. Der Befehl zur Räumung der Stellwerke wurde unter dem Vorwand gegeben, die Besetzung sei ‚auf ein Versehen' zurückzuführen." (VSt 25 v. 30.1.23)

Gegen streikende Bahnarbeiter und -beamte des Mainzer Direktionsbezirks gingen die französischen Militärbehörden rücksichtslos vor, ebenso gegen Zoll- und Post-, Gemeinde- und Polizeibeamte, die sich den Anweisungen widersetzten. Sie wurden ausgewiesen und kamen zu Hunderten über die Grenze nach Frankfurt, wo eine besondere Flüchtlingsstelle eingerichtet wurde. (Drüner, 447) Toni Sender fragte:

„Wie konnten wir unter solchen Umständen das deutsche Volk lehren, die Bevölkerung Frankreichs nicht zu hassen? Wie konnten wir den Menschen erklären, daß die Auseinandersetzung von einer Clique provoziert worden war, die die Interessen des Großkapitals repräsentierte, das gegenwärtig die Mehrheit im französischen Parlament besaß? Wie konnten wir sie davon überzeugen, daß den französichen Arbeitern an einer Verständigung mit den deutschen Arbeitern gelegen war?" (Sender, 193)

Das alles war in der Tat nur sehr schwer vermittelbar. Nationalisten organisierten Anfang Februar 1923 eine Kundgebung vor dem Carlton-Hotel, auf der der bewaffnete Widerstand gegen die Ruhrbesetzung gefordert wurde. Nach Auffassung der „Volksstimme" war dies keine

„zufällig zusammengelaufene Schar von Nichtstuenden ..., sondern ... eine planmäßig vorbereitete Kundgebung, an der sich neben den deutschnationalen Studenten und Jungdeutschlandtümlern auch zahlreiche bekannte antisemitische Hetzer aus der Umgegend, vor allem aus Homburg v.d.H. beteiligten." (VSt 28 v. 2.2.23)

Die antisemitische Hetze wurde jedoch weitergetrieben. Nach Informationen der „Volksstimme" planten Deutschnationale und Deutschvölkische, Mitglieder des Bundes „Blücher", im März mit Unterstützung französischer Offiziere, die sie um Hilfe baten, am Purimfest, bei einer starken Beteiligung der Juden am Gottesdienst, die Westendsynagoge in die Luft zu sprengen. Die fünf Hauptbeteiligten wurden festgenommmen. (VSt 69 v. 22.3.23)

Am 1. Mai 1923 rief die VSPD die Arbeitermassen auf, trotz Krisenzeit und Geldentwertung für die Errungenschaften der Revolution – wie für den 8-Stunden-Tag – und gegen die Unvernunft der eigenen Klassengenossen auf die Straße zu gehen. Es sollte eine Demonstration werden

„gegen alle Gewaltpolitiker, ob sie mit Hakenkreuz oder Stahlhelm an der Isar stehen oder mit Minenwerfern an der Ruhr." (VSt 85 v. 12.4.23)

Nicht nur in Groß-, sondern auch in Klein- und Mittelbetrieben ruhte die Arbeit weitgehend, die Schuljugend beteiligte sich in großer Anzahl. Die „Volksstimme" beklagte jedoch, daß die Eltern zu wenig Gebrauch von dem Recht machten, ihre Kinder für die Maifeier vom Schulbesuch zu befreien. (VSt 202 v. 2.5.23)

Auf erbitterten Widerstand der Frankurter SPD-Vertrauensleute stieß die große Koalition von VSPD, DDP, Zentrum und DVP unter Stresemann vom August, von der die Mehrheit der Reichstagsfraktion behauptete, angesichts der innen- und außenpolitischen Lage sei eine vom breiten Vertrauen mitgetragene Regierung nötig. Die Frankfurter forderten den Regierungsaustritt, insbesondere nachdem die Mehrheit der Reichstagsfraktion für das von der Regierung vorgelegte „Ermächtigungsgesetz" stimmen wollte, das Einschränkungen von Sozialleistungen vorsah. Zuvor schon hatten die Frankfurter Sozialdemokraten – empört über das verfassungswidrige Vorgehen gegen die demokratisch gewählten SPD-KPD-Regierungen in Sachsen und Thüringen (vgl. Ruge: Weimar, 117ff.) – einen Antrag an den Berliner Parteitag vom 11. bis 14. Juli gerichtet, die „erneute Kandidatur des Genossen Ebert zum Amt des Reichspräsidenten für ausgeschlossen" zu erklären, weil dieser gegen die Verfasssung verstoßen und auch sonst

> „seine Unterschrift unter verschiedene andere, den Interessen des Proletariats widersprechende Verordnungen auf Grund des Artikels 48 der Reichsverfassung nicht versagt hat." (R + R, 103)

Der Antrag wurde dem Parteitag vom Vorstand gar nicht erst vorgelegt, weil er angeblich gegen das Organisationsstatut der Partei verstieß.

Der passive Widerstand an der Ruhr war – trotz allem – wesentlich von der Arbeiterbevölkerung getragen, und sie hatte vorrangig die Lasten auf sich zu nehmen, während das Kapital aus allem Elend noch seine Vorteile zog. Auch in Frankfurt war die Erbitterung darüber groß:

> „Die Beendigung des Ruhrkampfes hat der deutschen Unternehmerschaft gemeinsam mit der politischen Reaktion ein Signal gegeben, um den Kampf gegen die Grundrechte der deutschen Arbeiter-, Angestellten- und Beamtenschaft auf der ganzen Linie aufzunehmen. Das landesverräterrische Vorgehen der Ruhrindustrie beleuchtet blitzartig die Situation. Beseitigung des Achtstundentages, der Betriebsräte, der Demobilmachungsverordnungen, der Erwerbslosenunterstützung ist das Ziel der Unternehmer. Betriebsstillegungen und Kurzarbeit sollen die industrielle Reservearmee schaffen, die der Arbeitnehmerschaft den Kampf um ausreichende Löhne und Gehälter unmöglich macht.
> Hand in Hand mit dieser wirtschaftlichen arbeitet die politische Reaktion, die Republik zu beseitigen, um dann durch eine Rechtsdiktatur die Arbeitnehmer politisch zu knebeln. Die Unternehmer hoffen um so eher ihr Ziel zu erreichen, da sie von der in politische Parteien gespaltenen Arbeiterschaft keine einheitliche Abwehr erwarten. Diese Hoffnung muß die Arbeiterschaft durch die Bildung einer entschlossenen Abwehrfront zu Schande machen. In dieser Erkenntis haben die politischen Arbeiterparteien, sowie die freien Gewerkschaften in Frankfurt a.M. aufgrund des Beschlusses der Betriebsräteversammlung einen Aktionsausschuß gebildet, der den Abwehrkampf der Arbeiterschaft vorbereiten und durchführen soll. ...

Haltet Disziplin! Die Einheitsfront aller Besitzlosen siegt über Ausbeutung und Unterdrückung!
Aktionsausschuß der politischen Arbeiterparteien, der Frankfurter Gewerkschaften und der Betriebsräte in Groß-Frankfurt." (VSt 240 v. 13.10.23)

Die Betriebsräteversammlung beschloß – auch unter dem Eindruck des Vorgehens der Reichswehr gegen die legale Regierung in Sachsen und ihren brutalen Einsatz gegen die arbeitende Bevölkerung – einen Generalstreik, der allerdings nur wenig befolgt wurde, weil die Führung des Gewerkschaftskartells ihre Zustimmung versagte. Nach seinem Abbruch wurden in einer Resolution die Gewerkschaftsvorstände und die Parteileitung der SPD als Saboteure des Streiks beschimpft. (VSt 249 u. 254 v. 27. u. 30.10.23) Die fünf Jahre seit der Revolution hatten nicht zu einer Konsolidierung, sondern zu einer ganz massiven Rückentwicklung der in der Revolution erstrebten Errungenschaften geführt. Der Krieg war selbst Ende 1923 noch nicht völlig vorüber. Noch immer konnte es in Frankfurt passieren, daß der Oberbefehlshaber des Wehrbereichskommandos V in Stuttgart die „Volksstimme" vom 13. bis 15. November wegen eines Artikels über die Reichswehr in Thüringen verbot, der angeblich unwahr sei und verhetzende Passagen enthalte. Im November wurde nochmals ihr Erscheinen für drei Tage verhindert. (VSt 249/252 u. 266/269 v. 27.10.23) Das waren nicht die politischen Verhältnisse, für die die Frankfurter Arbeiterschaft voller Hoffnungen im November 1918 auf die Straßen gegangen war.

7. Sein und Schein der ökonomischen Entwicklung

7.1 Das Auf und Ab der Inflation

Der von der Arbeiterschaft ersehnte Frieden ließ nicht nur politisch, sondern auch ökonomisch auf sich warten. Der Krieg hatte einen Teil der Industriellen zwar ungeheuer reich gemacht, die Rüstungsindustrie war expandiert, doch weite Bereiche der sonstigen Industrie waren zerrüttet, lagen völlig brach, die Maschinen waren durch die permanente Überbeanspruchung total abgenutzt, verrottet und oft hoffnungslos veraltet. So wie man wirtschaftlich nicht auf den Krieg vorbereitet war, so wenig war die Demobilisierung auf einen verlorenen Krieg und den teilweise ungeordneten Rückzug der Soldaten ausgerichtet gewesen. Die Demobilmachungsverordnungen griffen daher bei weitem zu kurz. Dem Kriegsamt war auch die Aufgabe der wirtschaftlichen Demobilmachung übertragen worden, allerdings

„unter der Voraussetzung einer siegreichen Beendigung des Krieges." (Die wirtschaftliche Demobilmachung, 7)

Das gleiche gilt für die langfristig vorbereiteten Pläne der Stadt.

Zwei Hauptprobleme waren zunächst zu lösen: die Integration der zurückkehrenden Soldaten in den Arbeitsprozeß und die Umstellung und Entflechtung der industriellen Produktion von der Kriegs- auf die Friedenswirtschaft. Der Frankfurter Arbeiter- und Soldatenrat forderte bereits am 14.11.1918 die sofortige Einstellung der Munitionsherstellung. (Verordn. 74, 17) Wenige Tage später wurde diese Anordnung durch den Demobilmachungskommissar für den Regierungsbezirk Wiesbaden einvernehmlich dahingehend präzisiert, daß Rohstoffe jeder Art, insbesondere Leder-, Metall- und Textilstoffe, die ohne weiteres zu Friedenszwecken verwendet werden konnten, nicht mehr zur Erzeugung von Kriegsmaterial verwendet werden durften, daß reine Munitionsbetriebe bis zum 22. November 1918 stillzulegen seien. Bei gemischten Betrieben sollte dem Stammbetrieb der allmähliche Abbau der Kriegsproduktion bis spätestens 6. Dezember 1918 gestattet sein. (Verordn. 119 v. 22.11.18)

Die Gewerkschaften bahnten Verhandlungen mit den Arbeitgebern über die Wiedereinstellung von Kriegsteilnehmern und den Abbau der Munitionsindustrie an. Es wurden Richtlinien mit den Organisatoren der Metallindustrie vereinbart, die vom Gewerkschaftskartell als Leitlinien anerkannt wurden und den übrigen Bereichen als Grundlage dienten. Sie verpflichteten zunächst zur Wiedereinstellung aller vom Heeresdienst Entlassenen und Kriegsverletzten, die das wünschten, bei der Firma, bei der sie am 31. Juli 1914 beschäftigt waren; den Abbau der Munitionsherstellung; die Aufhebung der Akkordarbeit für Kriegsaufträge; die Vermeidung von Entlassungen; möglichst die Beurlaubung von Beschäftigten, die außerhalb Frankfurts wohnten, um dadurch die Bahn und die Lebensmittelversorgung zu entlasten. Durch die Festsetzung des 8-Stunden-Tages, eingeführt durch Reichsverordnung der Volksbeauftragten vom 13.11.1918, gelang es der Arbeiterschaft innerhalb kürzester Frist, die Verlängerung der Arbeitszeit während des Krieges wieder rückgängig zu machen und eine alte Forderung der Arbeiterbewegung durchzusetzen. Die vorübergehende Arbeitszeitverkürzung wäre aber auch unter der ganz anderen Bedingung der Wiedereingliederungsmaßnahme und aufgrund der Rohstoffversorgung notwendig geworden. Für einige Bereiche, wie z.B. die Landwirtschaft, waren Ausnahmeregelungen der Arbeitszeit vorgesehen.

Nach den Bestimmungen der Demobilisation sollten zwar Entlassungen möglichst vermieden werden, doch die von den Männern verlassenen Arbeitsplätze waren teilweise durch Betriebsstillegungen verschwunden oder verlagert oder aber während des Krieges von Frauen belegt worden. Sophie Ennenbach berichtet über ihre Tätigkeit in der Arbeitsverwaltung:

„Platz zu machen hatten alle diejenigen, die eine andere Versorgung hatten, und man dachte dabei ganz allgemein an all die Frauen, die verheiratet und von ihrem Mann zu ‚ernähren' waren. ... Der Mohr hat seine Schuldigkeit getan. ... Man behalf sich mit dem Kampf gegen die ‚Doppelverdiener', und die Doppelverdiener waren immer auch Frauen, die arbeiten gehen mußten, weil sie arm waren." (Ennenbach, 222)

Es entsprach vollkommen den damaligen – und auch heute noch weitgehend aktuellen – Vorstellungen, die Frauen und Mädchen, ohne die die Kriegsproduktion wie die gesamte andere heimische Produktion während des Krieges nicht hätte aufrecht erhalten werden können, nun wieder nach Hause an Heim und Herd zu schicken. In den Richtlinien für die Metallindustrie hieß es:

„Sind nach den Einschränkungen der Arbeitszeit Entlassungen unvermeidlich, so erstrecken sich diese zunächst auf:

a) ledige Abeiter und Arbeiterinnen, die früher ausschließlich in der Land- und Hauswirtschaft tätig waren;
b) weibliche Arbeitskräfte, die nicht als Ernährer der Familie in Frage kommen und erst während der Dauer des Krieges in die Metallindustrie eingetreten sind; in Frankfurt Wohnhafte kommen erst nach den in ländlichen Orten Wohnhaften zur Entlassung;
c) die Angehörigen von Berufen, die erst infolge der Kriegswirtschaft in die Metallindustrie eingetretn sind." (Verordn. 120 v. 22.11.18)

Die industrielle Reservearmee hatte ihre Schuldigkeit getan, die Stabilisierung der Friedenswirtschaft wurde zur Sache der Männer erklärt.

Trotz einschneidender Bestimmungen der Demobilmachungsverordnungen stieg die Zahl der Erwerbslosen im gesamten Reich sprunghaft an. Ende Januar 1919 war der Höchststand der Erwerbslosigkeit in Frankfurt erreicht.

Zeitpunkt	Zahl der Erwerbslosen	Zeitpunkt	Zahl der Erwerbslosen
30.11.1918	4008	4.1.1919	12295
7.12.1918	5303	11.1.1919	12295
14.12.1918	7573	18.1.1919	14105
21.12.1918	9843	25.1.1919	15100
28.12.1918	11440		

(Die wirtschaftliche Demobilmachung, 12)

Das städtische Arbeitsamt erhielt dadurch eine zentrale Stellung in der Nachkriegszeit. Bereits in den Sitzungen des Arbeitsamtes vom 9. und 10. November wurde der Ausbau der Organisation des Arbeitsnachweises, insbesondere die Schaffung weiterer Fachnachweise (Metall-, Bau-, Holz-, Nahrungs- und Genußmittelgewerbe) und die im Krieg begonnene weitere Zentralisation der Arbeitsvermittlung beschlossen. Außerdem unterstützten Vertrauensmänner das Arbeitsamt bei seinen Aufgaben. Die Arbeitsvermittlung wurde ausgebaut und zentralisiert, eine gewerbliche und kaufmännische Abteilung für Frauen neu geschaffen. Außerdem wurde die Stellenvermittlung für Jugendliche mit der Lehrstellenzentrale des Vereins „Jugendwohl" vereinigt und dem Arbeitsamt als besondere Abteilung angeschlossen. (Wirtsch. Demobilmachung, 5ff.)

Bei der Reorganisierung der Industrie war der Frankfurter Bezirk zunächst einmal abhängig von den Maßnahmen des am 7. November errichteten Reichsamtes für die wirtschaftliche Demobilmachung. So wurde z.B. die von Bürgermeister Luppe vorgesehene Beschlagnahmung wertvoller, in Frankfurt für Kriegsgesellschaften gelagerter Metall-, Leder- und Gummibestände für die Industrie abgelehnt. Die Umstellung auf die Friedensproduktion gelang nur einem Teil der Betriebe. Von 55 reinen Munitionsbetrieben schlossen bis Ende 1918 immerhin 32 endgültig ihre Werkstore. (Drüner, 353) Die Frankfurter Industrie litt durch die Blockade und durch die Abtrennung wichtiger Wirtschaftsgebiete, durch ihre Lage in der neutralen, direkt neben der besetzten Zone, an einem erheblichen Rohstoffmangel und an einem völlig reduzierten Wirtschaftsaustausch. Um Brennstoffe zu strekken und möglichst viele Arbeitskräfte in den Wirtschaftsbetrieb zu integrieren, verfügte der Arbeiterrat ab 6. Januar 1919 die 6-stündige Arbeitszeit. Ausgenommen waren Betriebe des Transportgewerbes und solche, die für die Erfüllung der Waffenstillstandsbedingungen arbeiteten. (Verordn. 413 v. 3.1.19) Diese Verordnung galt bis zum 1. April 1919.

Die Bemühungen der Wirtschaft richteten sich vordringlich auf die Wiederherstellung der Außenhandelsbeziehungen. Zahlreiche Firmen hatten während des Krieges ihre Zweigstellen im Ausland verloren. Trotz aller Vorbehalte gegen ein Erstarken der deutschen Industrie waren aufgrund der schwachen Währung deutsche Waren bald wieder im Ausland gefragt, da sie unter Weltmarktpreisen angeboten wurden.

„Wer also fähig war, den riesenhaften Warenhunger, der durch eine fünfjährige Entbehrung entstanden war, zu befriedigen, brauchte sich um den Absatz keine Sorgen zu machen. Daher fanden, nachdem die Stockungen der Wintermonate 1918/19 überwunden waren und die Betriebe sich wieder auf die Friedensarbeit umgestellt hatten, die Hauptzweige der Industrie ... reichlich Beschäftigung." (Drüner, 413)

1919 und 1920 versuchten Industrie und Gewerbe Kapazitätsausdehnungen. Vor allem im Osthafengebiet entstanden Großhandlungen und gewerbliche Anlagen, der Güterverkehr der Hafenbahn wuchs ständig, so daß 1922 mit der Erweiterung des Südbeckens des Osthafens begonnen wurde. Die Zahl der Betrieb stieg von 4425 im Jahr 1919 auf 6378 bis Ende 1921, die Zahl der GmbHs von 182 auf 299, die der Aktiengesellschaften von 33 auf 49. An erster Stelle lagen dabei Metallhandel und -industrie, gefolgt von Textilwarenindustrie und -handel, chemischer und verwandter Industrie, landwirtschaftlichen Fabrikaten, Nahrungs- und Genußmitteln, dem Bank-, Börsen-und Versicherungsgewerbe. (IHK-Ber. 1921, 65f.) Zur Wirtschaftsentwicklung meint Drüner:

„Es herrschte ein Gründungsfieber in dieser Zeit der Nachkriegskonjunktur, und ihre Nebenerscheinungen zeigen eine gewisse Ähnlichkeit mit denen der Kriegszeit; die Aktien der Industrieunternehmungen, die an diesem Aufschwung beteiligt waren, fanden an der Börse hohe Bewertung. ... Es [war] für die Stadt und die Industrie nicht schwer, die nötigen Kredite für ihre Unternehmungen zu bekommen." (Drüner, 413f.)

Drüner erwähnt allerdings nicht, daß die Zahl der ins Handelsregister eingetragenen Firmen in demselben Zeitraum von 436 auf 282 sank und daß es 1920 schon 20, 1921 dann 40 Konkurse gab. (IHK-Ber. 1921, 65)

Auch die Frankfurter Arbeiterschaft mußte einen Rückschlag einstecken:

„Hierdurch die Anzeige, daß wir am Montag, 21. November den Wirtschaftsbetrieb des Gewerkschaftshauses und zwar die im Parterre gelegenen Räume: Restaurant, Küche, Fremdenlokal schließen, um sie als Geschäftslokalitäten weiter zu vermieten. – Die Säle, Kollegs und Kegelbahnen, sowie auch die Schlafräume stehen der Arbeiterschaft wie bisher zur Verfügung. ... Mit dem Aufgeben der Wirtschaftsräume fällt ein Teil des eigenen Heims in die Vergangenheit. Die Not der Zeit greift auch hier wieder ein und raubt einem großen Teil der Arbeiter die Stätte, die sie sich selber schufen, um mit ihren Klassengenossen ihre Lage zu besprechen und alte Erinnerungen auszutauschen. Die Verwaltung des Gewerkschaftshauses." (VSt 269 v. 17.11.21)

Die wirtschaftliche Scheinblüte, die eine schnelle Wiedereingliederung der entlassenen Soldaten in den Arbeitsprozeß ermöglichte, hatte ihren hohen Preis. Eine große Dauerarbeitslosigkeit hätte sicher zu größeren sozialen und politischen Spannungen geführt. Die inflationäre Entwicklung brachte dagegen zunächst einmal eine soziale Beruhigung und politische Stabilisierung. Die Bewilligung geforderter und dringend notwendiger Lohnerhöhungen der Arbeiterschaft sollten sie von weiteren revolutionären Handlungen abhalten. Die Einkommensverbesserungen blieben jedoch weit hinter der gesamtwirtschaftlichen Entwicklung zurück. (vgl. Kuczynski V, 165 u. Kap. 10) Lohnerhöhungen und ein weiter augebautes Sozialsystem waren nur ein Aspekt der inflationären Geldpolitik, ein anderer die ständige

Vermehrung der Geldmenge, wodurch die Reparationsleistungen an die Siegermächte und staatliche Aufträge bezahlt wurden.

„Die Finanzierung der konterrevolutionären Aktionen, die Erhaltung des Kerns von ‚Elitedivisionen' sowie die Aufstellung zahlreicher Freikorps erforderten 1919 weit über 50 Prozent der Ausgaben des bürgerlichen Staates. So sind z.B. in der Zeit des Waffenstillstandes pro Monat rd. 2 Milliarden Mark für die militärische Konterrevolution von der sozialdemokratischen Regierung ausgegeben worden. Die wichtigsten Kriegsbetriebe setzten ihre bisherige Tätigkeit im Laufe 1919 und anfangs 1920 unter mannigfachen Vorwänden fort, obwohl nicht im früheren Ausmaße. Die dennoch eingetretene Verminderung der Rüstungsaufträge gegenüber der Kriegszeit kompensierte der bürgerliche Staat mit umfangreichen Ausgaben und Entschädigungen für die besetzten Gebiete (4,5 Milliarden Mark), für die Erneuerung der Eisenbahn (3 Milliarden Mark), der Post, der Energieerzeugung und den Wiederaufbau der Handelsflotte." (Mottek u.a.: Wirtschaftsgeschichte ..., 230f.)

Die Notenpresse war ständig in Bewegung. Einer Phase der rapiden Geldentwertung von Mai 1919 bis Februar 1920 (Dollaranstieg von 12,85 auf 99,11 Mark) folgte eine relative Stabilisierung (Dollar durchschnittlich etwas über 60 Mark). Im Gegensatz zu allen anderen führenden Industrieländern schirmte sich Deutschland durch sein inflationäres Wachstum zunächst vor der gleichzeitigen Weltwirtschaftskrise ab. (vgl. Winkler: Von der Revolution ..., 375f.)

Doch expandierten keineswegs alle Industriezweige. Frankfurt war kaum in der Lage, seine Einwohnerschaft zu ernähren. Wegen des Ruhrstreiks Anfang 1920 herrschte ein außerordentlicher Kohlenmangel. Ab 6. Januar lagen die Straßenbahnen wochenlang still, die Industriebetriebe erhielten lediglich zwei Stunden täglich Elektrizität, und für die Privathaushalte gab es Sperrstunden für Gas und Elektrizität. Es mußte mit Holz oder Torf geheizt werden. Zusätzlich behinderte Hochwasser auf dem Main die Schifffahrt und die Zufuhren auf dem Fluß. (vgl. Drüner, 389)

Der deutsche Export begann seit August 1922 zu schrumpfen, nachdem die wichtigsten Industrieländer ihre Wirtschaftsdepression überwunden hatten und selbst produzierten. Der wirtschaftliche Zusammenbruch war nach der Beendigung des Ruhrstreiks nicht mehr aufzuhalten. An diese Zeit der Inflation erinnerten sich die Gesprächspartner noch sehr genau. Eugenie Häussermann war damals Verkäuferin beim Konsumverein:

„Und die Kass' hat des Papiergeld gar nit aufgenomme. Unner der Kass' hatte mer e Schublade. Die war so groß. Da is Papiergeld neigekomme, die Billione und die Milliarde und die Millione. ... Freitags war de Lade voll. Um sibbe is de Rolladen runnergemacht worn, da war aber gestoppt voll. Da ham mer bis um acht noch bedient, weil da alles gleich gekauft hat, weil se gedacht habbe, moje schlägt's schon widder auf. Es war enorm. Da sin als Kunde her, die habbe de Rollade hochgemacht, die Leut enausgelasse un widder erunnergelasse, bis er allmählich leer geworde is der Lade." (Eug. Häussermann, 39f.)

Fritz Schmidt mußte als Kind durch Zeitungtragen zum gemeinsamen Familieneinkommen beitragen. Er mußte auch immer das Geld dafür kassieren. Mit fortschreitender Inflation

„kam es, daß ich nicht mehr einmal im Monat kassieren mußte, auch im Auftrag vom Verlag her, ich mußte jetzt viermal kassieren, weil das Geld nämlich von heute auf morgen nichts mehr wert gewesen ist und erst recht der lächerlich kleine Betrag für eine Zeitung. Entsprechend war lächerlich auch das, was ich als Trägerlohn bekam. Dann mußte ich noch mehrfach hingehen. ... Ach und das ständige Kassieren! Meine Mutter hat nun das Geld zusammengenommen, wir ham's zusammenaddiert, stimmt das auch? Denn wenn es zu wenig gewesen ist, dann bin ich noch mal hin: ham Sie mir nicht zu wenig gegeben? Ich muß das doch abführn an den Verlag. – Und da ham wir gerechnet, auf einmal schreit meine Mutter entsetzt auf: 15 Billionen fehlen! – Hat sie die Haare gerauft. Hat dann später noch einmal nachgerechnet, es war gar nicht, es hat gestimmt!" (F. Schmidt, 52)

Ludwig Beck war damals noch ein Kind, aber erinnert sich:

„Mein Vater, der hat gearbeit' in de Betonwerke in Rödelheim. Da mußt' mer mittags hie freitags, wenn's Geld gebbe hat und mußt' des Geld abhole am Tor, daß mer über die Straß gesaust sin und habbe für des Geld, wo mein Vatter die ganz Woch verdient hat, grad en Laib Brot noch kriet. Un wenn mer gewart' hätt', bis er Feierabend gehabt hätt', un da hätt's nit gelangt, das Geld, der Wochenlohn, für en Laib Brot." (Beck, 8)

Es mag sich heute fast spaßig anhören, wenn Anni Berger berichtet, wie schnell der Währungsverfall in der Hochinflationsphase fortschritt, doch für die Menschen damals war es das gewiß nicht.

„Während der Inflation wollt' ich ins Geschäft morgens fahren, und da sagt der Schaffner zu mir: ‚Es tut mir leid, für das Geld kann ich keinen Fahrschein ausgeben.' – Hab ich gesagt: ‚Wieso?' – ‚Ja, also der Kurs ist schon wieder anders.' – ‚Na', sag ich, ‚dann hätt' ich gern en Kinderfahrschein.' – ‚Nein, kann ich Dir auch nicht geben, der Kinderfahrschein kostet auch schon mehr.' – Mußt' ich an der Eckenheimer Landstraße aussteigen und mußte ins Geschäft laufen. Die Inflation war ne furchtbare Sache, aber man hat's auch überstanden, gel. Wenn man was hatte, hat man eben en Laib Brot bekommen, war man glücklich, daß man en Laib Brot hatte oder so was." (Berger, 39f.)

Eugenie Häussermann kann es bis heute nicht begreifen, daß sie damals nicht verstanden hat, was geschah, obwohl sie Verkäuferin war und doch tagtäglich vor Augen geführt bekam, daß das Geld immer weniger wurde und jeder versuchte, sein bißchen Lohn so schnell wie möglich umzusetzen.

„Kerl, ich hab doch immer gespart, 5-Mark-weis gespart, und nachher war's fort. Und so dumm, so dumm, ich hätt's doch sehe müsse! Ich hab gesehe, wie die Preise hochgeklettert sin. Mer mußte dauernd Inventur mache und mußte des aufnemme. Und ich hab als mei Geld dagelasse, ich hab mich glücklich gefühlt, wie ich de erste Tausender hatt'. Oh, Du hast schon 1000 Mark! Oi, da kannste aber Dei Möbel kaufe, wenn De heirate willst! Und da war ich drei Jahr verlobt, und des Geld is immer wenischer geworde, aber net mehr! Und da mußte mer hergehe und mußte dann es gebrauchtes Schlafzimmer kaufe. Wie mer geheirat' habbe, hab ich gesacht: Jetzt hab ich grad noch so viel Geld für e Chaiselong. Acht Tag später war des nix mehr, war des kaputt!" (Häussermann, Eug., 16; 39)

In der Familie Kalis hatte immer Not geherrscht. Deshalb meint sie heute rückblickend:

Auch die Betriebe gaben eigene Geldgutscheine aus, z.B. die Heddernheimer Kupferbetriebe, die Firma Philipp Holzmann, die Süddeutsche Kabelwerk AG, Griesheim-Elektron, und auch die Reichsbahn nahm Gutscheine an.

„Gott, wir hatten ja nichts zu verlieren, wir hatten ja nichts auf der hohen Kante , gel. Für uns war das gar nit so tragisch. Manche Leute wollten damals in den Boden versinken vor Kummer, was alle sie nun eingebüßt haben, aber wir hatten in der Beziehung gar keine Sorgen. Es war alles so absurd! Mer war gar nit mehr mit den Füßen auf dem Boden.“ (Kalis, 98)

Im Sommer 1923 begann zunehmend die Ausgabe von Notgeldscheinen. Da hatte folgende Anzeige durchaus ihre Berechtigung:

„Kein Mangel an Zahlungsmitteln! Wir liefern u.a. innerhalb 2 Tage ausreichende Zahlungsmittel für ein hiesiges Werk der chemischen Großindustrie. Aufträge für Notgeld in drucktechnisch und künstlerisch hervorragender Ausführung können sofort erledigt werden. Graph. Kunstanstalt Wüsten & Co. Ffm., Abt. Wertpapierdruck.“ (VSt 189 v. 15.8.23)

Am 16. Oktober 1923 wurde aufgrund des Ermächtigungsgesetzes die Rentenbank eingerichtet. Mit der Rentenmark wurde neben der Papiermark, die zunächst gesetzliches Zahlungsmittel blieb, ein wertbeständiges Zahlungsmittel geschaffen. Der Dollarkurs stieg von 2,1 Billionen Mark am 1. November bis zum Beginn der Rentenmarkausgabe am 15. November nochmals auf 4,2 Billionen Mark. Am 16. November wurde dann die Notenpresse stillgelegt, doch eine sofortige Beruhigung war auch damit noch nicht sichergestellt. Im Dezember lag der Reallohn im Durchschnitt bei 77,5 % der Vorkriegszeit, der Dollar stand bei 4,2105 Billionen Mark. (Chronik II, 130ff)

7.2 Nachkriegskrise, Inflation und Massenelend

Mit dem Ende der Nachkriegskrise und dem Beginn der inflationären Scheinblüte sank die Erwerbslosigkeit rapide bis April 1920, um sich dann mit leichten Schwankungen auf relativ niedrigem Niveau zu halten. Im Januar 1922 erreichte man in Frankfurt vorübergehend eine „Vollbeschäftigung“, im August gab es nur noch 2000 Arbeitssuchende und praktisch keine Unterstützungsempfänger mehr. Dann allerdings stieg die Zahl der Erwerbslosen parallel zur galoppierenden Inflation in atemberaubendem Tempo an: 22671 Menschen suchten am 8. Dezember 1923 wieder eine Arbeit.

Die ab Oktober 1919 auftretende größere Differenz zwischen Arbeitssuchenden und Unterstützungsempfängern ist darauf zurückzuführen, daß ein Teil der Erwerbslosen keinen Anspruch auf Zahlungen mehr hatte und ab 1.12.1920 nach einer Verordnung des Preußischen Ministeriums für Volkswohlfahrt die Unterstützung in einigen Bereichen auf höchstens 13 Wochen reduziert wurde, so für landwirtschaftliche Arbeiter/innen, für Hauspersonal, für weibliches Personal im Gast- und Schankwirtschaftsgewerbe, soweit sie für die Hauswirtschaft als geeignet angesehen wurden und für Industriearbeiterinnen, die vor dem Krieg als Dienst- oder Hausmädchen beschäftigt waren. In der Begründung dazu hieß es ganz einfach:

> „Es handelt sich danach um Berufsgruppen, in denen eine längere Arbeitslosigkeit bei entsprechendem Arbeitswillen wohl kaum in Frage kommt.“ (VR 271 v. 2.12.1920)

Durch solcherart Umstrukturierungen fielen viele während des Krieges hier erstmals Beschäftigten, und vor allem Frauen, aus den offiziellen Arbeitslosenstatistiken und der Empfangsberechtigung völlig heraus.

Zur Verringerung der hohen Arbeitslosenzahlen bei Kriegsende versuchte die Stadt vor allem, auf die Durchführung der Richtlinien über die Freimachung von Arbeitsplätzen Einfluß zu nehmen. In der Festschrift des Arbeitsamtes heißt es:

> „Es galt insbesondere, die zur Untätigkeit verurteilten Volksgenossen nach Möglichkeit vor dem moralisch zersetzenden Einfluß des unfreiwilligen Feierns zu schützen und ihnen Gelegenheit zu geben, sich durch ihrer Hände Arbeit die notwendigsten Existenzmittel zu beschaffen. Nach eingehenden Verhandlungen des Arbeitsamtes mit der Eisenbahn- und Oberpostdirektion erklärten sich diese bereit, im Sinne der bekannten Richtlinien die nicht dringend auf Erwerb angewiesenen Frauen und Mädchen, sowie die während des Krieges eingetretenen auswärts wohnenden Arbeiter zu entlassen und durch Frankfurter Erwerbslose zu ersetzen.“ (Die wirtschaftl. Dem., 12)

Die Stadt trug durch ein eigenes, umfangreiches Programm von Notstandsarbeiten, z.B. bei der Straßenreinigung, im Osthafen, beim Gartenamt, in der Forstverwaltung, bei der städtischen Kohlenstelle und der Frankfurter Gasgesellschaft zum Abbau der Erwerbslosigkeit bei. Weit über 2000 Notstandsarbeiten wurden zwischen Januar und April 1919 monatlich durchgeführt. Im Mai sank ihre Zahl zum einen durch eine größere Aufnahmetätig-

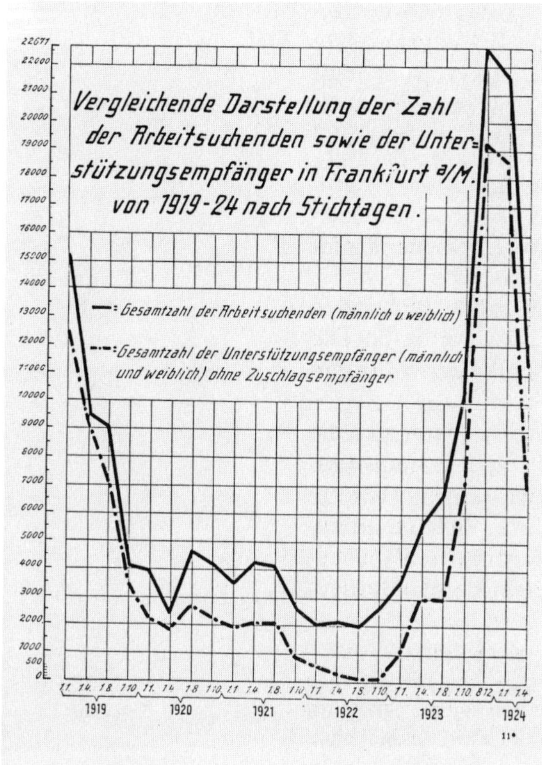

Ber. d. Mag. 1919/ 20-23/24. S. 163
VR 43 v. 23.5.19

Das kommunale Arbeitsamt Frankfurt nahm 1919 bereits alle die Funktionen wahr, die das Gesetz über die Arbeitsvermittlung und Arbeitslosenversicherung (AVAVG) von 1927 den Arbeitsämtern übertrug: Berufsberatung und Lehrstellenvermittlung, Arbeitsvermittlung und Arbeitslosengeldzahlungen.

keit der Industrie, aber vor allem durch die erweiterte Verordnung des Demobilmachungskommissars vom 23. April über die Freimachung von Arbeitsstellen. Im Juni 1919 wurden die Notstandsarbeiten in der bisherigen Form aufgehoben, ein Teil der Arbeiter als städtische Aushilfsarbeiter zu Tariflöhnen angestellt. In geringem Umfang wurden auch private Notstandsarbeiten mit Zuschüssen der Stadt durchgeführt und Zuschüsse für Kurzarbeiter gezahlt, falls 70 % des verbliebenen Wochenlohns niedriger waren als der Unterstützungssatz. (ebd., 13)

Schon vor der Demobilmachung gab es in Frankfurt eine Vorlage für die Einführung der Erwerbslosenunterstützung. Am 13. November wurde die Reichsverordnung über die Erwerbslosenfürsorge verabschiedet, die die Gemeinden und Gemeindeverbände verpflichtete, eine Erwerbslosenfürsorge einzurichten. Anspruch hatten danach

„alle arbeitsfähigen und arbeitswilligen über 14 Jahre alte Personen, die infolge des Krieges durch Erwerbslosigkeit sich in bedürftiger Lage befinden." (ebd., 27)

Die Zahlungen wurden immer von einer Arbeitspflicht abhängig gemacht. Jeder Erwerbslose mußte jede ihm nachgewiesene Arbeit annehmen, auch außerhalb seines Berufes und des Wohnortes, sofern sie angemessen ortsüblich entlohnt wurde und nicht gesundheitsschädlich war. 5/6 der Aufwendungen wurden den Gemeinden erstattet, 3/6 vom Reich und 2/6 von den

Ländern. Ein wichtiger Einschnitt war die Einführung von Höchstsätzen durch die Reichsverordnung vom 16. April 1919, denn die Frankfurter Sätze lagen erheblich darüber. Diese Mehrkosten mußten von da an von der Stadt getragen werden. Zwei Neuerungen rissen bei den Erwerbslosen noch größere Löcher als zuvor ins Portemonnaie: in Frankfurt wurde bisher für 7 Unterstützungstage gezahlt, die Reichsverordnung sah dagegen nur eine Unterstützung für 6 Tage vor.

„Für sonntags wird keine Unterstützung gewährt, und muß man am Sonntag mit frischer Luft vorlieb nehmen." (VR 83 v. 11.4.21)

Im Sommer 1919 wurde die Zahlung der Reichssätze für die Gemeinden bindend, wollten sie nicht die Reichs- und Staatszuschüsse verlieren. Die Stadtverordnetenversammlung beschloß daraufhin unter Polizeischutz ihre Einführung. (Demoblim., 27ff.)

Waren die Löhne der Arbeiterschaft schon viel zu gering, so reichten die Unterstützungssätze erst recht nicht aus, auch wenn die Stadt Frankfurt zusätzlich zu den Höchstsätzen noch eine Reihe von Sachleistungen wie Kohle-, Gas-, Lebensmittel- oder Bekleidungshilfen gewährte. Viele Familienväter waren auf Schwarzarbeit angewiesen, wie einige Gesprächspartner berichteten. Der Vater von Carola Kiefer, Schlosser in einem kleinen Betrieb, wurde arbeitslos und

„hat dann bei irgendwelchen Leuten zur Aushilfe gearbeitet, als Möbelträger usw. – Der hat bei einem Spenglermeister mitgeholfen, dann ist er mal wieder Möbel tragen gegangen. Warn auch mal ne Zeit sogenannte Notstandsarbeiten von der Stadt aus, Gleisbau und was weiß ich alles. So hat man sich immer grad so über Wasser gehalten." (C. Kiefer, 4)

Ohne diese Schwarzarbeiten war ein Überleben der Erwerbslosen kaum möglich. R. Kuczynski hat in den 20er Jahren für Berlin eine Gegenüberstellung von Erwerbslosenunterstützung und Existenzminimum vorgenommen. Die nachstehende Tabelle zeigt, daß die Unterstützungssätze jeweils nur einen Bruchteil des Existenzminimums betrugen, sie waren von der Geldentwertung abhängig und schwankten von Monat zu Monat. Ein menschenwürdiges Leben gestatteten sie den Erwerbslosen auf jeden Fall nicht.

Zeitraum	Arbeitslosenunterstützung	Existenzminimum
Januar 1920	57,–	220,–
Oktober 1920	90,–	318,–
Januar 1921	132,–	320,–
Oktober 1921	153,–	386,–
Januar 1922	204,–	548,–
Oktober 1922	381,–	6136,–
1. Januar 1923	4650,–	30383,–
1. Juli 1923	105000,–	688589,–
1. Oktober 1923	708 Millionen	7104,9 Millionen
1. Dezember 1923	7,68 Rentenmark	33,04 Rentenmark

(Nach: Kuczynski V, 157f.)

Das Anstehen bei der Erwerbslosenküche gehörte für viele Menschen – ganz besonders natürlich für die Arbeiterfrauen – zum traurigen Alltag in der Nachkriegszeit.

Diese Beträge können als Anhaltspunkte auch für Frankfurt gelten, obwohl die Indexziffern für die Lebenshaltungskosten in Berlin geringfügig höher lagen. (Elsas: Indexziffern 1919-1923)

Zur besseren Wahrung ihrer Interessen schlossen sich die Erwerbslosen in Frankfurt Ende 1918/Anfang 1919 zusammen. Die Erwerbslosenkommission und die Vertreter des Arbeitsamtes einigten sich auf Richtlinien für die Tätigkeit der Kommission im Arbeitsamt (s. Anh. 11), wonach eine Delegation zur Kontrolle und Mitarbeit im Arbeitsamt berechtigt war. Auf je 1000 Erwerbslose entfiel 1 Delegierter. Die Kommissionsvertreter hatten ein Kontrollrecht, konnten Beschwerden entgegennehmen, durften aber nicht in die Vermittlungstätigkeit eingreifen. Und sie erklärten sich bereit, im Rahmen der bestehenden Verordnung nach Anweisung des Arbeitsamtes bei der Freimachung von Arbeitsstellen und deren Besetzung mitzuwirken. In der 2. Hälfte des Jahres 1919 büßten sie, einerseits durch die abnehmende Arbeitslosigkeit, aber auch analog der Entmachtung des Arbeiterrates und dem Erstarken der reaktionären Kräfte, erheblich an Bedeutung ein. (Demobilm., 35 ff.)

In den Kommissionen waren die Kommunisten sehr stark vertreten. Sie sahen hier eines ihrer Hauptbetätigungs- und Agitationsfelder. Aber auch die USPD machte sich zur Fürsprecherin der Erwerbslosen. Immer wieder kam es zu großen Erwerbslosenversammlungen, Protestaktionen, Demonstrationen gegen die völlig unzureichenden Sätze und vor allem gegen die politischen Entwicklungen, die nicht konsequent genug die Rechte der Arbeiter und die Umgestaltung der Gesellschaft berücksichtigten. Diese Unzufriedenheit und revolutionäre Grundstimmung kommt sehr deutlich in einer Resolution der Erwerbslosen vom Februar 1919 zum Ausdruck:

„Die heutige Massenversammlung der Arbeitslosen Frankfurts verurteilt entschieden die Maßnahmen der Reichsregierung, die ihre Tätigkeit darin erblickt, den Geldschrank der Kapitalisten zu schützen, die hungernden Arbeitslosen aber noch mehr dem Elend preiszugeben. Die Verpflichtung des Erwerbslosen, eine Arbeit an zu nehmen, die nach seinen Körperkräften zugemutet werden kann, die Unterbindung der Freizügigkeit der Erwerbslosen, die Herabsetzung der Unterstützungssätze und die Trennung des erwerbslosen Familienvaters von seiner Familie sind Bestimmungen, die die reaktionäre Politik der Reichsregierung auf's äußerste kennzeichnen. Die Reichsregierung hat alles unterlassen, was von einer revolutionären Regierung hätte erwartet werden können, um der Not und dem Elend der arbeitenden Klassen entgegenzuwirken. Vor der Verstaatlichung des Bergbaues, Einziehung der Familien-Fideikommnisse und der Krongüter, Enteignung des Großgrundbesitzes schreckt die Regierung zurück, weil nach wie vor Junker und Industrieritter die Stützen des Staates bilden sollen. Ein zielsicherer Eingriff in die Grundrechte und die Sozialisierung der Produktionsweise würde ohne Zweifel sehr bald dem Massenelend ein Ende machen. ...
Der mit dem Blute der Berliner hungernden Arbeiter befleckten Regierung Ebert-Scheidemann wird größte Verachtung entgegengebracht und die Versammlung fordert gleich der revolutionären Arbeiterschaft in Leipzig, Hamburg, Bremen, Braunschweig usw. den sofortigen Rücktritt dieser fluchbeladenen Regierung, da sie das Vertrauen jeglichen anständigen Arbeiters verwirkt hat." (Aus: Volksrecht 2 v. 7.2.1919)

Am 31. März 1919 demonstrierten mehrere hundert Notstandsarbeiter aus Firmen im Osthafen gegen die Herabsetzung der Kartoffelrationen und für eine ausreichende Ernährung vor dem Lebensmittelamt. Die Zahl der Demonstrierenden schwoll auf einige Tausend an. Eine kleine Gruppe löste sich, zog zur Wohnung des Oberbürgermeisters, durchsuchte die Keller und fand – nach einem Bericht der „Freiheit" „zwei Schinken, 1 Zentner Rauchfleisch, 1 Zentner Fett in 3 Töpfen, 1½ Zentner schneeweißes Mehl, 200 Eier und anderes mehr". (Fr. 29 v. 3.4.19) Die offizielle Wochenration betrug zu dieser Zeit: 100 Gramm Fleisch und 3 Pfund Kartoffeln. (ebd.)

„Dieser Fund, der für zwei Haushaltungen bestimmt war, versetzte die Leute in heftige Entrüstung, schien er doch das allgemeine Vorurteil zu bestätigen, daß es bei den Reichen im Westend ungeheuere Hamsterlager gäbe. (Drüner, 376)

Die „Freiheit" schrieb weiter über die Wirkungen dieses Fundes:

„Die wildesten Gerüchte durchschwirrten die Straßen. Besonders in der Altstadt tösiges Gebrüll, deren Straßen heute von allen lichtscheuen Elementen beherrscht werden. Hier blüht der Schleichhandel im großen und kleinen." (Fr. 27 v. 1.4.19)

Als eine Frau auf dem Börneplatz wegen Glücksspiels verhaftet, auf der Polizeiwache angeblich mißhandelt wurde und um Hilfe schrie, löste das eine Kettenreaktion aus. Läden in der Innenstadt wurden geplündert, Kriminelle

Nachdem es am 31. März 1919 in der Altstadt zu Plünderungen gekommen war, bewaffnete Aufstände niedergeschlagen wurden, wurden geplünderte Waren noch in der Nacht beschlagnahmt. Vom Marine-Sicherungsdienst und der Arbeiterwehr wurden sie ins Polizeipräsidium gebracht.

aus dem Gefängnis befreit, Einrichtungen im Amts- und Landgericht zerstört, Akten vernichtet. Paul Müller, der in der Altstadt wohnte, erinnert sich an diese Ereignisse:

„Gegenüber von uns befand sich das große und feine Delikatessengeschäft der Firma Schepeler. Die erlesensten Delikatessen fanden hier im Großbürgertum Frankfurts ihre Käufer. Vor den großen Schaufenstern waren schwere, eiserne Rolläden heruntergelassen. Unter anfeuernden Rufen der Massen begannen Plünderer, etwa zwanzig Männer, mit rhythmischen Rufen ‚Hau-ruck, hau-ruck‘ diese massiven Schutzvorrichtungen wie nassen Pappdeckel zu zerreißen. Die Masse strömte durch diese Öffnung in die dunklen Verkaufsräume und holte kistenweise all die aufgestapelten Kostbarkeiten heraus. Bald roch es in der ganzen Straße nach ausgelaufenem Wein, nach Kaffee und Fischkonserven. Etliche fraßen alles gierig in sich hinein, die meisten schleppten aber sack- und kistenweise keuchend alles mögliche davon. Ein klapperdünner Mann, mit einem gelben Herbstmantel bekleidet, schleppte eine Kiste mit Marmelade. Aus ihren Ritzen quoll ein dicker, klebriger Strom über seinen Rücken.“ (Müller, 126f.)

Toni Sender berichtet, daß sie und Robert Dißmann vom Arbeiterrat beauftragt wurden, beruhigend auf die Menge einzuwirken, um Blutvergießen zu vermeiden. Sie gerieten beide in Gefahr, umgebracht zu werden wie ein Matrose, den man im Main ersäufte. Abschließend stellt Toni Sender fest:

„Bald danach kam heraus, daß ganz bestimmte Interessen hinter den Plünderungen gestanden haben mußten. Im Justizgebäude und in einigen Polizeirevieren waren ganz bestimmte Gerichtsakten vernichtet worden, Akten, in denen Kriegs- und Blokkadengewinnlern Wucher und Betrügereien nachgewiesen wurden. Sie hatten die Straße für ihre eigenen Zwecke mobilisiert – und ein aufrechter Matrose hatte dabei sein Leben verloren.“ (Sender, 131)

Selbst die „Frankfurter Zeitung“ berichtete, unter den Plünderern hätten sich auffällig viele „gut gekleidete Bürger“ befunden. (FZ 247 v. 2.4.19)

Während die staatlichen Sicherheitsorgane völlig versagten, die 81er Polizeitruppe wurde von der Menge sofort entwaffnet, die Hilfspolizei versuchte lediglich, eine Ausbreitung der Plünderungen zu verhindern, gelang es der Arbeiterwehr und vor allem dem Marine-Sicherheitsdienst unter Grönke im Laufe der Nacht, die bewaffneten Austände niederzuschlagen, wobei einige Gebäudekomplexe regelrecht mit Handgranaten und Maschinengewehren erobert wurden. 16 Tote, 20 Schwerverletzte und ein Sachschaden in Millionenhöhe waren die Resultate am nächsten Morgen. (vgl. Drüner, 366ff.; Lucas, 97)

In der Sitzung des Arbeiterrates am 1. April distanzierten sich die Fraktionen von SPD, USPD und KPD (Spartakusbund) und die Exekutive des Arbeiterrates entschieden von den Vorgängen und machten dies in einem Aufruf deutlich. 3 Tage später distanzierte sich die KPD wiederum von der Unterzeichnung dieses Aufrufs und stellte fest:

„Aber solche Plünderungen sind doch immer der Ausdruck des Hungers, der das Proletariat ebenso schlägt wie das Lumpenproletariat. ... Am Hunger sind schuld die, die das deutsche Proletariat in einen vierjährigen Krieg gehetzt haben und es durchhalten geheißen haben: die Ebert-Scheidemann, die Quarck und Sinzheimer und alle anderen. ... Am Hunger sind schuld diejenigen, die durch Belagerungszustand und Maschinengewehre verhindern, daß der deutsche Proletarier das Ziel seiner Revolution erreiche und so, auf Grund des Sozialismus, die Ordnung, Ruhe und Arbeitsfreudigkeit der Massen wiederkehre.
‚Die Ehre des Frankfurter Proletariats, die Ehre der Revolution und des Sozialismus‘ soll durch die Frankfurter Vorgänge beschmutzt sein, so ist zu lesen in einem Aufruf, den die zwei sozialdemokratischen Parteien und der Arbeiterrat unterzeichnet haben. Wohl steht auch der Name der kommunistischen Partei darunter, jedoch hatte der Vorstand der K.P.D. davon keinerlei Kenntnis. ... Es ist selbstverständlich, daß der Vorstand der kommunistischen Partei keinen Aufruf unterzeichnet, auf dem der Name der sozialdemokratischen Partei prangt. Mit Verrätern der Arbeiterklasse, den Mitschuldigen an diesem Elend, setzt sich der Vorstand der K.P.D. nicht an einen Tisch zur Verhandlung.“ (Fr. 29 v. 3.4.19)

Auch wenn man die Polemik des KPD-Blattes als maßlos überzogen betrachtet, bleibt doch der Hinweis auf den Hunger als auslösendes Moment gerechtfertigt, und man kann die Wut über die offensichtliche Verteilungs-Ungerechtigkeit hinzufügen. Aus dieser Einsicht ergaben sich u.a. auch die von Brennecke in der Stadtverordnetensitzung vom 1.4.19 vorgetragenen und vom Arbeiterrat so übernommenen Forderungen:

- Schließung der Konfitüren- und Zuckerwarengeschäfte und eine Beschlagnahme der Zuckervorräte; Feststellung, woher die Zuckermengen kommen;

Bei den Krawallen wurde der Matrose Roedel vom Mob in den Main gestürzt und ertränkt. Am nächsten Tag wurde unter großer Anteilnahme der Bevölkerung auf der Baustelle der „Alten Brücke" eine Gedächtnisfeier abgehalten.

- Verbot der Herstellung von Feingebäck und Kuchen in Bäckereien, Konditoreien, Cafés und Hotels;
- Aufhebung des wilden Straßenhandels;
- bessere Regelung der Kartoffelversorgung;
- Einsetzung einer Kommssion zur Mitwirkung bei den von der Entente zu liefernden Lebensmitteln und zur Preisfestsetzung. (§ 370 v. 1.4.19)

Nach dem Friedensvertrag war Deutschland u.a. auch verpflichtet, Arbeitskräfte zum Wiederaufbau besetzter Gebiete in Belgien und Frankreich zu stellen. Die Reichsregierung beabsichtigte, dafür Erwerbslose in großer Zahl zwangszuverpflichten und sich so zugleich des gefährlichen Unruhepotentials zu entledigen. Die Konferenz der Erwerbslosenräte von Hessen und Hessen-Nassau, die am 5. August 1919 in Frankfurt tagte, nahm dazu Stellung:

„Aufgabe und Pflicht der Regierung wäre, die Kriegshetzer und Kriegsgewinnler, die freiwilligen Trupps, die im Osten sowie im eigenen Vaterlande wiederum verwendet werden, Kulturstätten zu zerstören, in erster Linie dorthin zu senden. Trotzdem betrachten die Versammelten es als Pflicht der Erwerbslosen, sich am Wiederaufbau zu beteiligen." (Fr. 134 v. 11.8.19)

Als Bedingung stellten sie die Anerkennung der Erwerbslosenräte durch die Regierung und die Regelung der Arbeitsbedingungen durch Reichserwerbslosenrat mit den örtlichen Erwerbslosenräten. (ebd.)

Immer wieder traten auch in der Folgezeit Erwerbslose mit Forderungen zur Verbesserung ihrer Lage an den Magistrat heran. Nach einer Versammlung am 1.9.1920 formierte sich ein Demonstrationszug zum Rathaus. Als die Verhandlungsdelegation das Ergebnis mitteilte, versuchten einige Demonstranten, in das Rathaus einzudringen. Es fielen Schüsse, es gab einen Toten und mehrere Verletzte. In die von der USPD daraufhin einberufene Versammlung im Schumanntheater kamen 15000 Menschen. Bei anschließenden Demonstrationen vor dem Rathaus kam es erneut zu blutigen Zwischenfällen. (VR 194 v. 2.9.20)

Im Juli beschäftigte sich die Betriebsräte-Generalversammlung mit den Problemen der Erwerbslosigkeit und den Vorschlägen des ADGB zu ihrer Beseitigung. Die Betriebsräte wurden aufgefordert, keine Zustimmung zu Überstunden zu geben und vor allem die Doppelbeschäftigung von Mann und Frau einer Familie zu unterbinden. (VR 173 v. 27.7.21) Diese Forderungen wurden mit steigender Arbeitslosigkeit immer nachdrücklicher erhoben.

Nationalsozialisten versuchten, die wachsende Arbeitslosigkeit für ihre Hetze gegen die Republik und gegen die Juden auszunutzen. In einer Arbeitslosenversammlung wurde die Ausweisung der Juden nach Palästina verlangt.

„Die Arbeitslosen lehnten jedoch dies deutschvölkische Mätzchen mit Entrüstung ab. Sie packten den Hetzer bei Kopf und Kragen und warfen ihn zum Saal hinaus." (VSt 27 v. 1.2.23)

Die Probleme wurden in der Zeit der rapide anwachsenden Inflation immer drängender. Im April 1923 riefen Gewerkschaftskartell, Erwerbslosenkommission und Betriebsrätezentrale die gesamte Arbeiterschaft zu einer Demonstration für die Rechte der Erwerbslosen auf den Römerberg. Es nahmen jedoch nur 6000 bis 7000 Menschen daran teil. Das zeigt, wie schwer es ist, die noch Arbeitenden für die Interessen der bereits Arbeitslosen zu mobilisieren und wie leicht es die Arbeiter den herrschenden Kräften machen, sie zu spalten.

Die politische Lage wirkte sich in Frankfurt immer direkt auf die Beschäftigungssituation aus. Als während des Ruhrkampfes ein Anschlag auf einen Truppentransport im Rheinland verübt wurde, verboten die Franzosen ab 1. Juli 1923 jegliche Grenzüberschreitung. Hatte die Arbeitslosigkeit zu diesem Zeitpunkt ohnehin schon eine schwindelnde Höhe erreicht, so wurden durch diese Maßnahme zusätzlich große Teile der Bevölkerung im Westen der Stadt erwerbslos, da sie nicht mehr an ihren Arbeitsplatz gelangen konnten. (vgl. Drüner, 450f.) Im Oktober kam es dann in Höchst zu Hungerunruhen, als Bau- und Notstandsarbeiter Lohnvorschuß und die Bezahlung von Regentagen forderten. Fritz Schmidt, der in Höchst wohnte, kann sich an die damaligen Vorgänge noch sehr gut erinnern. Er schildert, wie er als Kind darin verwickelt wurde.

„In der Farbwerke kam's zu Aussperrungen, erst Streiks, dann Aussperrungen. Und dann kam's zu tumultartigen Aufständen, sowohl in der Stadt als auch in den Farbwerke. Die Farbwerke hatten ausgesperrt – große Demonstrationen. Auf einmal hat-

ten die Gewerkschaftsführer die Bewegung nimmer in der Hand, und da ham die das Direktionsgebäude gestürmt und auch den Konferenzsaal.
Die Arbeitslosen mit den Steikenden zusammen, die konnten von ihrer Unterstützung auch nicht leben. Und nun war das ne Wechselbeziehung zu dem, was in der Farbwerke passiert ist. Zogen die demonstrierend vor das Höchster Rathaus. ... Mußten ihrer furchtbaren Bedrückung Luft machen, nur demonstriert zunächst. Die sind nun vorgerückt, und da saß ein Polizeiinspektor, das war der oberste Mann von der Polizeibehörde. Und dieser mit zwei Polizisten, das war die ganze Polizeimacht, der stellt sich vor das Hauptportal, und da drückt sich die Menge ran, und dieser Polizeiinspektor verliert die Nerven und gibt Schießbefehl. Und drei Tote und so viele übrige Verletzte. Lagen Leute auf dem Pflaster.
Ich hatte vormittags Schule. Nachmittags mußte ich die Zeitung tragen. Und mein Bezirk lag ausgerechnet da, wo diese Demonstrationen stattgefunden haben. Und am Morgen sind die Arbeitslosen da totgeschossen worden, und das hat in den Köpfen der Menschen eine derartige Wut verursacht, daß die plündernd durch die Königsteiner Straße gezogen sind. Vorschlaghämmer, schwere Vorschlaghämmer ham die sich beschafft. Und die haben nun das Kaufhaus Schiff, das heutige Kaufhaus Hertie, das Kaufhaus Karsch, ’s spätere Geschäft Ott&Heinemann, und die Geschäfte ausgeplündert. Ich will nicht sagen geraubt, das ist was anderes.
Na, und ich kam dahin in dem Augenblick, in dem die mit den Vorschlaghämmern die großen Schaufenster einschlagen wollten. – Die Schläge, die hör ich heute noch! Und ich höre das, und wie vom Magnet angezogen bin ich dann da auch hin und geguckt und gestaunt und gehört. Auf einmal brechen die Scheiben, die ganze Menge strömt rein, und mein armer Zeitungsträger mitten in der Menge drin! Also wenn ich auch gewollt hätte, ich hätte gar nicht fort gekonnt! Die ham mich mit hineingetragen, also diese Menschenmenge hat mich einfach hineingepreßt! Durch die kaputten Scheiben hindurchgepreßt! Und nun innendrin sah ich dann, die ham sich dann verteilt ins Untergeschoß, Obergeschoß, und überall ham se geplündert! Anzüge, Hemden usw., und die Tatsache, daß die greifen, Zeug nehmen, hat so auf mich gewirkt wie ’n Magnet! Ich mußte greifen! Trotz der elterlichen kleinbürgerlichen Erziehung! Ich konnt’ mich dem Zwang einfach nicht entziehen! Ich mußte auch greifen! – Und was hab ich erwischt? Eine Bubenhose, denn als Kind, als Bub, hat natürlich da die Hose meine Blicke angezogen, und das war das einzige, was ich da überhaupt greifen konnte. Und was seh ich noch? Einen Bündel steifer Kragen! – Und nun mit der Hose in der Hand und diesem Bündel in der Hand, Kragen, steife Herrenkragen und meinem Zeitungspaket unterm Arm, komm ich dann heim.
Und meine Mutter: entsetzt! Und mein Vater: was machen wir denn, was machen wir denn? – Meine Eltern ham dann gesagt: können wir nit zurückbringen. Is halt geschehen, is halt en Kind. – Am andern Tag in der Schule, des war 23, ich war 12 Jahre alt, fast 12 Jahre alt! Der Lehrer hält en Vortrag und sagt, wie furchtbar das Ganze ist. Das führt zu Verbrechen. Wer daran teilnimmt, ist en Verbrecher, en Plünderer, en Dieb. – Kommt ins Zuchthaus, Gefängnis. – Entsetzliche Sache! Hört mal zu, hat er angefangen, hört mal her Kinder, was wißt ihr davon? War vielleicht gar einer von euch dabei? – Und wie vom Magnet angezogen, durch die Erziehung: meine Hand geht hoch. Ich wollte se runterhalten, ich konnt’s nicht! Die Hand geht hoch. Hab gesagt: ich. – Fritz, du? – Entsetzen auch von dem Lehrer. – Meine Hand hat gezittert. – Na, also gut, da hat der das dann abgebogen, die Sache war dann weg. Aber es war en traumatisches Erlebnis für mich.“ (F. Schmidt, 55ff)

Auch in Bockenheim kam es im Oktober zu Zusamenstößen mit der Polizei, als Beschäftigte der Metallindustrie demonstrierten, weil man ihnen keinen Lohn überwiesen hatte. (VSt 242 v. 16.10.23) In Anbetracht der großen Notlage der Erwerbslosen erließ die Erwerbslosenkommission im November einen Aufruf an Groß- und Kleinhandel und an Verbände, für die Zentral-Sammelstelle Lebensmittel, Kleidungsstücke und Gebrauchsgegenstände aller Art zu spenden. (VSt 262 v. 8.11.23) Wenige Tage später wurde der Aufruf noch einmal an alle noch in Arbeit stehenden Beamten, Angestellten und „Arbeiter im Kontormantel und Arbeitskittel" gerichtet, verbunden mit der Aufforderung, nicht nur an die Erwerbslosen zu denken, sondern vor allem auch an die Kinder und das bevorstehende Weihnachtsfest. (VSt 289 v. 11.12.23)

7.3 Wer bezahlte die Zeche?

Zusammenfassend läßt sich sagen, daß die Inflation in Deutschland keineswegs ein unausweichliches Schicksal war, das man nicht hätte früher beenden können. Sie war hausgemacht, brachte über breite Bevölkerungsschichten unvorstellbares Elend, aber anderen Kreisen enorme Vorteile ein. Statt zu versuchen, der kriegsbedingten Inflation entgegenzusteuern, wurde sie weiter angeheizt, denn massive Interessen standen dahinter. Zum einen schürte die Reichsregierung selbst die Inflation über die Notenpresse. Es schien die einfachste und schnellste Möglichkeit, die drängenden Nachkriegsprobleme zu bewältigen. Die Demobilmachung erforderte eine reibungslose Wiedereingliederung der Soldaten in den Arbeitsprozeß, um vorsorglich ein revolutionäres Potential zu neutralisieren. So wurden Notstandsprogramme und Investitionsprogramme zur Arbeitsplatzbeschaffung durchgeführt, und zwar sowohl auf kommunaler wie auf Reichsebene, z.B. durch den Ausbau des Eisenbahn- und Straßennetzes. Die hohen Reparationsleistungen ließen sich ebenfalls leichter bezahlen. Zugleich mußte die Reichsregierung die Aufstellung konterrevolutionärer Truppenverbände wie Reichswehr und Freikorps finanzieren. Ausrüstung, Besoldung und Waffen verschlangen ungeheure Geldmengen. Der Bürgerkrieg in Deutschland von 1919 bis 1923 konnte nur durch diese inflationäre Geldpolitik bezahlt werden.

Doch nicht nur die Reichregierung hatte handfeste Interessen, sondern zugleich das produzierende Gewerbe, das Großkapital, die Besitzer von Sachwerten. Inflationsgewinnler waren z.B. Stinnes und Flick, die leicht an Kredite kamen, die kurze Zeit später kaum noch etwas wert waren, und die dadurch riesige Imperien aufbauen konnten. Während den abhängig Beschäftigten ihre Steuern direkt vom Lohn abgezogen wurden, mußten die Unternehmen entsprechend der Steuergesetzgebung erst später zahlen. Großbetriebe konnten so ihre Schulden aufs einfachste begleichen und enorme Sachwerte anhäufen. Die Folge war eine Konzentration der wirtschaftlichen Macht in wenigen Händen.

„Solange die Inflation solche Vorteile abwarf, hatten die Unternehmer kein Interesse an der Rückkehr zu stabilen Währungsverhältnissen. ... Die Exportvorteile, die der sinkende Markkurs der deutschen Industrie zunächst gebracht hatte, hörten im Laufe des Jahres 1922 auf." (Winkler, 391)

Den Kriegsgewinnlern stand eine breite Schicht von Verlierern gegenüber. Verloren haben zunächst einmal alle Gläubiger, Sparer, alle Anleger von Wertpapieren, denn ihre Rücklagen wurden zusehends weniger. Es verarmten aber auch, wie schon beschrieben, der Mittelstand und das Kleingewerbe sichtbar. Größter Verlierer aber war die Masse der Bevölkerung, die Arbeiterschaft, die Angestellten und Beamten, all die Lohnempfänger, die ständig weniger Reallohn in den Händen hatten, um damit ihren Lebensunterhalt zu bestreiten. Sie konnten zwar keine Reichtümer verlieren, denn die hatten sie nie besessen, aber ihren Arbeitsplatz und das wenige, was sie zum Überleben brauchten. Auch innerhalb der Arbeiterschaft kam es zu weitgehenden Verschiebungen. Die Löhne der Gelernten glichen sich faktisch denen der Ungelernten an. (vgl. Kuczynski V, 167ff.)

Während die einen durch die Inflation immer reicher wurden, hungerte die breite Masse der Bevölkerung oft erbärmlich. Die Inflation wurde nicht beendet, weil so viele Menschen kaum genug zum Leben hatten, sondern sie endete erst, als keiner mehr daran verdiente.

8. Erfahrungen aus dem Arbeitsalltag

8.1 Vorbemerkungen

Lohnarbeit steht immer unter den objektiven Zwängen der Kapitalverwertung, aber sie wird von verschiedenen Menschen, in verschiedenen Berufen, unter verschiedenen Bedingungen verschieden erlebt. Die meisten Gesprächspartner/innen waren in der Zeit zwischen 1918 und 1923 noch Kinder oder Jugendliche. Viele von ihnen hatten schon in sehr frühen Jahren die ersten Kontakte mit der Lohnarbeit, weil die Familie auch auf ihr Einkommen angewiesen war. Doch einer geregelten Erwerbsarbeit gingen sie erst später nach. Ihr Einblick in die Arbeitswelt dieser Zeit beschränkt sich entweder auf die Erzählungen ihrer Eltern oder auf ihre Lehrzeit. Ihre Berichte geben keinen vollständigen Überblick über die Arbeitssituation der Nachkriegszeit, sondern sie bieten lediglich Einblicke in verschiedene Arbeitsverhältnisse.

Es war vorauszusehen, daß die Unternehmer in dem Augenblick, in dem die Wiedereingliederung der Kriegsteilnehmer in den Arbeitsprozeß, die Umstellung von Kriegs- auf Friedensproduktion gelungen, die Wirtschaft wieder angekurbelt war und die politischen Entwicklungen es zuließen, gegen die Regelung des 8-Stunden-Tages Sturm laufen würden. Die Mehrheit der Arbeitnehmer arbeitete nach 1918 noch 48 Stunden pro Woche, etwa ⅓ weniger, da samstags viele Betriebe früher schlossen. (vgl. Kuczynski V, 151) Für einige Bereiche, wie z.B. für Hausangestellte, galten solch festgelegte Arbeitszeiten ohnehin nicht. Sie wurden nach der Revolution genauso ausgebeutet wie zuvor. Im Juni 1920 traten sie daher in Frankfurt mit ihren Forderungen an die Öffentlichkeit:

„Die am 13. Juni versammelten Hausangestellten erheben einmütig Protest gegen die in ihrem Beruf noch immer bestehende überlange Arbeitszeit, welche noch heute 13 - 14, ja bis 18 Stunden täglich beträgt.
Für alle Arbeitsgruppen besteht seit dem 1. Januar 1919 eine gesetzlich festgelegte Arbeitszeit. Nur der Hausangestellten hat man damals nicht gedacht. ...
Das statistische Material spricht schon eine deutliche und eindringliche Sprache, von Schäden geistiger und körperlicher Art in unzähligen Fällen, welche durch die überlange Arbeitszeit hervorgerufen worden sind. ...

Unsere Forderungen an den Gesetzgeber lauten:
Der Hausangestellte hat eine Arbeitszeit von 10 Stunden, sie darf nicht vor 6 Uhr morgens beginnen und nicht nach 8 Uhr abends enden. Der jugendliche Hausangestellte unter 18 Jahren darf nicht länger als 8 Stunden beschäftigt werden und darf die Arbeitszeit nicht vor 7 Uhr morgens beginnen und nicht nach 7 Uhr abends enden. An einem vereinbarten Wochentage muß die Arbeitszeit um 3 Uhr nachmittags und am Sonn- und Feiertag um 2 Uhr beendet sein. Jeder vierte Sonntag ist ganz arbeitsfrei. Die Pausen betragen täglich 3 Stunden." (VR 127 v. 16.6.20)

Das Jugendkartell der Freien Gewerkschaften rief im Mai 1924 zu einer Protestveranstaltung gegen die drohenden Ausnahmebestimmungen für Lehrlinge auf. In dem Aufruf hieß es:

„In bunter Reihe bemühen sich bezopfte Innungsmeister und ver'kappte' Menschenfreunde unter der Führung der hiesigen Handwerkskammer, um ihren ‚kapitalistischen' Einfluß bei der Gesetzgebung geltend zu machen." (VR 125 v. 1.6.21)

Die Berufsschulzeit sollte nicht länger als Arbeitszeit gelten und Aufräumarbeiten im Betrieb erst nach Feierabend durchgeführt werden. Unter der Parole:

„Jeder Sklavenhalter schont seine Sklaven,
Jeder Tierhalter seine Tiere,
Jedoch der moderne Unternehmer will Raubbau an der Kraft der
Jugend treiben",

wurden Jugendliche auf die Notwendigkeit hingewiesen, sich gemeinsam mit den „Alten" gegen solche Verstöße zu wehren, und die Reichsregierung wurde aufgefordert, endlich ein Lehrlingsgesetz vorzulegen. (VR 125 v. 1.6.21)

Anfang 1922 verstärkte die Industrie ihre Angriffe auf die Arbeitnehmerrechte. In der Metallindustrie wurde die Forderung nach Verlängerung der Arbeitszeit von 46 auf 48 Stunden erhoben. Die Metallarbeiter befürchteten, dies sei nur der Anfang der Frontalangriffe der Unternehmerschaft auf ihre Rechte, schnell würde ihnen eine noch weitergehende Forderung nach 50 bis 60 Stunden präsentiert. (VR 66 v. 18.3.22)

Die „Volksstimme" schrieb zu dieser Kampfansage der Unternehmer:

„Es steht also das Ansehen, es steht die Würde, es steht die Ehre der gesamten Arbeiterschaft auf dem Spiele. Die Ausbeuterklasse ... geht auf der ganzen Linie zur Attakke gegen die Ausgebeuteten über. Pflicht des gesamten Proletariats ist es, den Metallarbeitern jede erdenkliche finanzielle Hilfe in ihrem Kampfe gegen die Herrschsucht der vor keiner Sabotage unseres Wirtschaftslebens zurückschreckenden Geldleute zu gewähren." (VSt 114 v. 17.5.22)

46000 Metallarbeiter wurden während dieses Konfliktes im Bezirk Frankfurt ausgesperrt. Das war jedoch keine isolierte Aktion der Frankfurter Unternehmerschaft, sondern im Januar streikten in Süddeutschland 160000 Metallarbeiter für die 48-Stunden-Woche und Lohnerhöhung, und auch dort wurden sie überwiegend ausgesperrt. Sie erreichten schließlich die 48-Stunden-Woche (46 Arbeitsstunden + 2, wovon 1 als Überstunde bezahlt wurde) und Lohnerhöhungen (Chronik II, 95f.) In Frankfurt wurde eine ähnliche Regelung vereinbart, eine reine Arbeitszeit von 46 Stunden, und falls es betrieblich nötig erschien, nach Absprache mit dem Betriebsrat eine Ausweitung auf 48 Stunden, wobei die letzte als Überstunde bezahlt wurde. (VR 119-121 v. 23.-26.5.22)

Im März 1922 faßte der Ausschuß des ADGB noch einmal eine grundsätzliche Entschließung zum 8-Stunden-Tag:

„Gegenüber den Bestrebungen, den gesetzlichen Achtstunden-Tag zu beseitigen und die Arbeitszeit der Arbeiter, Angestellten und Beamten wieder zu verlängern, erklärt der Ausschuß des Allgemeinen Deutschen Gewerkschaftsbundes, daß die Gewerkschaften jedem darauf gerichteten Versuch den entschlossenen Widerstand entgegensetzen werden. Der Achtstunden-Tag ist eine durch Vereinbarung mit den Unternehmerorganisationen erzielte und durch Gesetzgebung sowie durch die Int. Arbeitskonferenz in Washington anerkannte Errungenschaft, die sich die deutsche Arbeiterklasse nicht wieder nehmen lassen wird. ...
Die deutschen Gewerkschaften wollen keine schablonenhafte Regelung der Arbeitszeit, die die wirklichen Notwendigkeiten der Gesellschaft ignoriert. Sie sind aber davon überzeugt, daß der Weg tariflicher Vereinbarung genügt, um die Arbeitszeit im Rahmen der bisher gesetzlich zugelassenen Ausnahmen jedem dringenden Bedarf anzupassen. ... Die Voraussetzung dafür ist aber die gesetzliche Anerkennung des Achtstunden-Tages, weshalb die Gewerkschaften jeden Angriff auf diese Position zurückweisen müssen." (VR 84 v. 8.4.22)

Aus der Sicht eines konservativen Wirtschaftswissenschaftlers hatten die Regelung des 8-Stunden-Tages und andere Errungenschaften der Revolution einen völlig anderen Stellenwert. So schrieb z.B. Erich Schmidt in seiner Dissertation über die „Entwicklung der Arbeiterlöhne in Frankfurt während des Krieges" im Jahre 1921:

„Und gerade hier sollte sich die so außerordentlich unglückselige Verquickung von Politik und Wirtschaft erneut im hellsten Lichte zeigen. ... Die Tatsache, daß der Achtstundentag eine seit Jahrzehnten erhobene Forderung war, rechtfertigt seine Einführung jedenfalls zu diesem Zeitpunkt nicht. Der schwere Fehler der Verordnung über den Achtstundentag bestand ohne Zweifel in seiner schematischen und unterschiedslosen Durchführung für sämtliche Zweige des Wirtschaftslebens. Wenn auch nicht verkannt werden soll, daß vom reinen sozialen Standpunkt aus eine achtstündige Arbeitszeit an sich als etwas schönes angesehen werden kann, so darf eben auf der anderen Seite unter keinen Umständen vergessen werden, daß diese Gleichmäßigkeit der achtstündigen Arbeitszeit nicht für jeden Betrieb und jedes Gewerbe paßt.
Der Widerstand gegen den Achtstundentag seitens des Unternehmertums würde sich nicht in dem Maße wie es tatsächlich zutrifft rechtfertigen lassen, wenn die Arbeitsleistung eine entsprechend ausreichende wäre. Wenn auch hier und da im Vergleich zum Frieden die Arbeitsleistung eine Steigerung wieder erfahren haben mag, so mag doch im allgemeinen mit Recht behauptet werden, daß die Herabsetzung der bisherigen Arbeitszeit nicht voll durch eine entsprechende Steigerung der Arbeitsleistung ausgeglichen worden ist.
Deutschland ist durch den verlorenen Krieg und ökonomisches Unglück, welches über es gekommen ist, ein armes Land geworden. Nicht hohe Löhne und verkürzte Arbeitszeit, sondern Anspannung aller Muskeln und aller Nerven zur äußersten Arbeitsintensität, größtmögliche Steigerung der Arbeitsleistung können uns mit der Zeit wieder zu besserer Lebenshaltung und Wohlstand führen." (Schmidt, Entwicklung..., 34f.)

Das Zitat zeigt deutlich, wie stark die Wahrnehmung von Problemen von den Interessen bestimmt wird. Schmidt will nicht wahrhaben, daß der „verlorene Krieg“ mit dem Blut und dem Schweiß der arbeitenden Bevölkerung geführt wurde und das deutsche Kapital sehr gut an ihm verdient hatte. Er nimmt auch nicht wahr, daß die Inflation kein „ökonomisches Unglück“, sondern ein mit voller Absicht aufrechterhaltenes Programm war. Seine Polemik gegen die Arbeitszeitverkürzung ist reine Ideologie.

Für den in vielen Bereichen festgestellten Rückgang der Arbeitsleistung pro Stunde benannten die Gewerbeaufsichtsämter vor allem die vermehrte Einführung des Zeitlohnes anstatt des Stücklohnes, das Bewußtsein der Sicherheit von Entlassungen, Schutz durch Betriebsrat, mangelndes Interesse am Betrieb, gewerkschaftliche und politische Betätigung während der Arbeitszeit. (Kuczynski V, 182) Nur am Rande wurde erwähnt, daß die Massen ja noch durch die Kriegsjahre ausgezehrt waren und weiter hungerten und dadurch ihre Arbeitsfähigkeit erheblich gemindert wurde.

Das am 4. Februar 1920 verabschiedete Betriebsrätegesetz hatte keineswegs so weitreichende Verankerungen von Arbeitsrechten gebracht, wie die Linken es sich erhofft hatten. Bis zuletzt hatten sie versucht, in Betrieben und am Ende mit der blutig endenden Demonstration vor dem Reichstagsgebäude, die Verabschiedung zu verhindern. Betriebsräte waren danach in Betrieben ab 20 Beschäftigten vorgesehen, ab 4 Beschäftigten sollte es einen Obmann geben. Bei Einstellungen oder Entlassungen konnten sie Einspruch erheben. Ihre Mitwirkung war weitgehend auf soziale Maßnahmen beschränkt (vgl. Preller: Sozialpolitik, 249f.), auf wirtschaftliche Entscheidungen des Betriebes hatten sie praktisch keinen Einfluß.

Durch kürzere Arbeitszeiten und geringere Produktivität halbierte sich die Zahl tödlicher Unfälle zwischen 1918 und 1923, und auch leichtere Unfälle nahmen ab. 1923 stiegen die tödlichen Unfälle plötzlich bei gleizeitigem rapidem Abfall der leichten Unfälle wieder an. L. Zumpe gibt dafür folgende Erklärung:

> „Not, Hunger, Elend, die Angst um den Arbeitsplatz, das Bemühen, den täglichen Verdienst, der in wenigen Stunden seinen Wert verlor, noch etwas zu verbessern, erhöhte die Unfallgefahr außerordentlich. Die Angst um den Arbeitsplatz veranlaßte die Arbeiter aber auch, leichte Unfälle, die nicht unbedingt eine längere Arbeitsunfähigkeit verursachten, gar nicht erst zu melden, weil sie dann die Arbeitsstelle verlieren konnten und weil sie außerdem von den Elendsbeträgen des Krankengeldes mit ihren Familien weder leben noch sterben konnten. Die Entwicklung der einzelnen Unfallraten des Jahres 1923 spiegelt die schwere Lage der deutschen Arbeiterklasse wider. (L. Zumpe: Zur Geschichte der Unfallverhältnisse, in: Kuczynski V, 188)

Ebenso wie die Meldungen leichter Unfälle in der Hochinflationszeit zurückgingen, so konnten sich die Arbeiter gleichzeitig nicht mehr leisten, Krankheiten auszukurieren. In Frankfurt gab es in der Nachkriegszeit immer wieder Berichte über den schlechten Gesundheitszustand der Bevölkerung. (vgl. Kap. 9)

8.2 Berichte

Ein starker Mann, der mußte diese Kurbel drehen

Der Großvater von Fritz Schmidt hatte in Höchst eine kleine Sprudelfabrik. Für die Verkaufsstellen waren – zumindest in den Sommermonaten – einige Frauen eingestellt. Doch vor allem wurde die gesamte Familie bei der Arbeit eingespannt, und auch die Enkel hatten schon als ziemlich kleine Kinder anzupacken. Fritz Schmidt erzählt, wie dieser Abfüllbetrieb vor sich ging und welche Arbeiten die Kinder dabei leisten konnten. Da gab es

„die Essenzen, aus denen dann Limonaden wurden: Himbeeressenzen, Zitronenessenzen, Erdbeeressenzen, so sirupartige Säfte, die dann gestreckt worden sind mit einer Mischung von Wasser mit Kohlensäure, und daraus wurde dann Limonade. Da war dann son Zylinder mit som Knöpfchen, und oben war das Maßbecherchen drin. Der Meßbecher ist dann in so ein Töpchen mit der Schnauze eingeführt worden in diesen Trichter hinein, und das ist dann auf den Boden der Flaschen gegangen, und diese Flaschen sind dann abgefüllt worden. Erst mal mit Essenzen versehn, und zwar nach dem genauen Maß, das ham wir Kinder machen können. Da gab's zunächst einmal einen Riesenkessel, in den Wasser eingeflossen ist, das war ja gefiltert, es stand ja unter Lebensmittelüberwachung. Und da ist dann Mineralwasser durchgelaufen, ist durchgepreßt worden. Und in diesen Kessel ist dann gleichzeitig von der anderen Seite, von einer großen Flasche, Kohlensäure hineingeleitet worden. Und dieses Gas ist nun reingeleitet worden in den sogenannten Mischkessel. Der Mischkessel, der war so ungefähr drei Meter lang.

Und da ist dann nachher vorne so ne Riesenkurbel dran gewesen, innendrin warn wahrscheinlich Schaufelräder, und da mußte dann nachher diese Mischung Wasser und Kohlensäure so vermischt werden, daß die Mischung gestimmt hat. Nun, diese Kurbel konnten wir Kinder nicht drehen. Ein starker Mann, der mußte diese Kurbel drehen, und auch das Abfüllen konnten wir Kinder nicht machen, das war erstens verboten, aber das hätte die weniger gestört. Es war zu gefährlich, denn unter Druck sind manchmal Flaschen, die einen leichten Sprung hatten oder so was, dann geplatzt. Da war noch so ein Schutzgitter davor, aber Unfälle sind immer wieder passiert dabei, also Verletzungen der Hand, Schnittverletzungen oder Stichverletzungen durch Splitter. Das ham wir Kinder nicht gemacht.

Und das ist nachher auf einer sogenannten Abfüllmaschine, Abfüllbock zunächst, gemacht worden. Die Flasche wurde draufgestellt, unten war son Hebel dran, der hat den Flaschenhals dann fest draufgepreßt, daß das Gas nicht entweichen konnte. Erst war das mit nem Fußdruck gemacht worden, und später war das mechanisch, das warn dann umlaufende Maschinen. Sind dann nachher die Flaschen draufgesetzt worden, und die liefen dann durch. Da war ein großer Motor, und da war ne Transmission, und diese Transmission waren dann Lederriemen. Die gingen auf die verschiedenen Maschinen, und da wurden nun die Flaschen abgefüllt. Und die wurden draufgestellt, bestand noch kein Druck. Da liefen die rum, und hinten dran war dann der Druck eingepreßt.

Und da kam dann die vollgefüllte Maschine. In der ersten Zeit, da ist das mit Druck eingepreßt worden, und da mußte ganz schnell die Flasche genommen werden. Da oben war so ein Patentverschluß, der mußte dann aufgedrückt werden mit'm Daumen. Nachher mußte dann der Verschluß zugezogen werden, da war die Flasche abgefüllt. Ist wieder reingestellt worden an ihren Platz, kam dann ne leere Flasche, erneut mit Fußdruck gemacht worden.

Und dann gab's auch noch in der ersten Zeit Kugelverschluß-Flaschen. Da war in diese Flasche eine Glaskugel hineingegossen, und die war stärker als der Flaschenhals. Der Flaschenhals selbst war konisch, und nun ist er durch das Kohlensäuregemisch dann hineingepreßt worden. ... Aber das war schon der letzte Schrei der Mineralwasser-Fabrikationstechnik, auch diese Karussellmaschinen. Also diese karussellartigen Abfüllmaschinen konnten haben bis zu 18 Flaschen, je nach Größe.
All diese Maschinen konnten dann in Gang gesetzt werden durch eine ständig laufende Welle, die von einem starken Elektromotor angetrieben worden ist. Vor dem ersten Weltkrieg war das alles Handarbeit, was so gemacht worden ist, und das andre war später, also in den 20er Jahren. Und wir Kinder warn dann angestellt, das war eine Art Mithilfe." (F. Schmidt, 45ff.)

Beamter zu werden, des war dem sein Wunsch

Hans Bischoff kam 1918 während des Krieges aus der Schule. Er war ein guter Volksschüler gewesen, und so hatte sein Vater eigentlich höhere Pläne mit ihm.

„Mein Vater hat immer gesacht: Du mußt was anners werden, der hat immer angestrebt, Beamter zu werden, des war sein Wunsch." (Bischoff, 6)

Doch so einfach ließ sich diese Vorstellung des Vaters nicht bewerkstelligen. Hans Bischoff hatte allerdings insofern Glück, daß sich sein Lehrer für ihn einsetzte. Und das war in diesem Ausmaß schon recht ungewöhnlich.

„Es war damals genauso, wie's heute ist, keine Lehrstellen usw. Da hat mein Lehrer gesacht: Mensch Hans, Du warst der beste Schüler, des gibt's doch nit. Da geh ich auf die Suche nach einer Lehrstell. Und da hat er auch eine gefunden bei einer Firma, die hat Korbmaschinen und Geldmaschinen hergestellt, also es war en mittelständischer Betrieb, der hat 150 Leute beschäftigt gehabt." (ebd.)

Es war eine Ausbildung als kaufmännischer Angestellter, und sie lag eigentlich auch auf dem Gebiet, das Hans Bischoff ganz gerne einschlagen wollte. Wesentlich lieber hätte es sein Vater allerdings gesehen, hätte er die gleiche Ausbildung bei der Stadt gemacht.

„Mein Vater, der hat sich auch bei der Stadt schon bemüht, da habbe die gesacht, des is nit möglich." (ebd.)

1921 war seine Lehre zu Ende. Es war die Zeit, in der viele Klein- und Mittelbetriebe hart um ihre Existenz kämpfen mußten, und bei diesem Kampf blieb auch sein Betrieb schließlich auf der Strecke.

„Und nach der Lehre, wie war's? Da war's mit der Lehre zu Ende, und der gesamte Betrieb wurde en halbes Jahr später überhaupt eingestellt. Da war's fertig." (ebd.)

In der Zeit der wachsenden Arbeitslosigkeit, 1922, bewarb er sich um eine neue Stelle. Der alte Traum seines Vaters vom Beruf eines städtischen Beamten oder wenigstens eines städtischen Angestellten war noch nicht ausgeträumt. Diesmal hatte er etwas mehr Glück, allerdings hatte die neue Stellung auch ihren Preis und erforderte eine ganze Menge Geduld.

„Ja, des war schwierig. ... Und da hab ich mich immer wieder bei der Stadt geworben. Und da hat die Stadt gesagt: richtig, Du kommst dran, mußt nur Geduld habbe, gel. Und da ham die mich eingestellt gehabt, so 6-wochenweise, 8 Wochen. 's Längste war ein Vierteljahr. Und eines Tachs, da war's dann soweit, da ham se mich ganz eingestellt." (ebd. 6f.)

Dös is en ganz Linksradikale, en Ritzerote

Karl Reimann ist 1904 geboren, 1918 kam er aus der Schule. Sein Vater war Werkstattschreiber bei den Adler-Werken. Er selbst wurde Buchbinder. Doch zunächst einmal hatte ihm sein Vater eine andere Stellung besorgt.

„Mein alter Herr, der hat gedacht, ich krescht keine Arbeit, und mer kann nie wisse, und da hat der schon gefühlt. Da wurde im Zeichenbüro ein Platz freigemacht als Bürohilfsarbeiter. Und er hatte die Hoffnung, daß ich mich für das Zeichnen dort interessiere und dann ne Lehre als Zeichner eingehe. Aber das war so steif, das warn so Stehkragenproleten, wie mer se genannt hat, aber richtig hohe Stehkragen und dementsprechend auch sehr steif in ihrem ganzen Wesen, in ihrem ganzen Verhältnis zueinander. Also des hat mich direkt abgestoßen. Und da konnt ich net warm werden, da hab ich mich dann doch nach ner anderen Stelle umgesehen, da kam ich natürlich von dem Regen in die Traufe." (Reimann, 29)

Sein Vater ging nun zuerst einmal mit ihm zum Arbeitsamt zur Beratung, denn einen festen Berufswunsch hatte Karl Reimann noch nicht.

„Die Berufsberatung frug mich, was ich so gerne tät. – ‚Ja, der liest sehr gern, der liest jedes Buch, was er kriegt.' – ‚Des is ja wunderbar, da kann er ja Buchbinder werde.' – Also nach solchen Gesichtspunkten ist damals die Berufsberatung durchgeführt worden. Ich kam zu einem Kleinmeister in die Lehre. Da war es üblich, daß da zwei Lehrlinge warn. Wenn einer ausgelernt hat, die Lehrzeit dauerte 3½ Jahre, und da war der gerade noch sei ein Vierteljahr, ein halbes Jahr da, dann kam die Saure-Gurken-Zeit, die Zeit August. Wenn alles in Ferien war, kamen keine Aufträge rein, wurde der entlassen, und ein andrer Lehrling wurde dafür eingestellt." (ebd., 4)

Vor allem die Arbeitsmethoden gefielen Karl Reimann nicht, sie entsprachen nicht dem, was er sich unter einem fortschrittlichen Arbeiten vorstellte. Er ist davon überzeugt, die Revolution habe in dem Betrieb keinerlei Veränderungen bewirkt. Maßlos ärgerte er sich darüber, daß der Meister sich strikt weigerte, irgendwelche Neuerungen einzuführen.

„Da hat sich nix geändert. Der Meister war so umständlich, daß er selbst moderne Arbeitsmethoden nicht zur Durchführung in seiner Werkstatt gebracht hat, die wir in der Gewerbeschule gelernt haben, und er hat immer gejammert, er könnte die Löhne nit beibringen. Wir haben uns viel zu lang aufgehalten mit der Arbeit, weil jeder einzelne Handgriff am Buch gemacht wurde. Andre sind hergegange und habbe zwei Pappdeckel genomme, en Streife angeklebt mit Leim, die Pappdeckel drauf, umgeschlache, des Buch erein und zu, war des Buch schon fertig. Und bei uns wurde erste en Karton über des Buch geschobe, dann wurde die Deckel vorne und hinte angeklebt und eingepreßt, dann wurde der Deckel aufgemacht und das Papier hier abgerisse und es e bißche egalisiert, und dann wurde der Rücken drumgemacht und reingeschlache, da mußte schon wieder eingeschnitte werde. Des habbe die annern all nit gemacht,

die habbe ne Fertigdecke gemacht. Und des hab ich mal in de Werkstatt gemacht, und der Alte, der hat mittags sei Schläfche gemacht nach'm Esse. Kam er runner, hat er erst obe am Treppenfenster geguckt, und da hat er doch gesehe, was ich da mach. Und wie er runnerkam, hatt' ich des zugedeckt, hab ich extra was druffgedeckt. – Was is'n des hier? Moderne Ferz! – Da hat ich se schon gekrischt. –
Und der Meister, die Werkstatt hat sein Großvater schon gehabt. Und so altmodisch, wie der Großvater gearbeit' hat, so altmodisch mußte bei ihm gearbeit' werde. Mir ham in der Schule moderne Arbeitsmethode gezeigt gekrischt. Die durfte da nicht gemacht werden." (Reimann, 40; 29)

Doch auch noch andere Dinge sagten Karl Reimann beim Meister nicht zu:

„Er war ein Bronchitiker; also Fünfmarkstücker auf den Boden gespuckt, des war schon nimmer feierlich. Son alter Fußboden voller Löcher. Taschentuch hat er nit gekannt, zwei Finger haben genüscht und das rechte Hosenbein." (ebd., 29)

Allerdings war es weniger die mangelnde Hygiene, an der er sich stieß, vielmehr riefen dessen Aversionen gegen die „Roten" Protest hervor.

„Wie ich gefrühstückt hab, und da hatt' ich emal zufällig die ‚Volksstimm', und da war mein Brot drin eingewickelt. Und da stand er mir gegenüber, konnt des Wort ‚Volksstimme' lesen. Und da fing er an zu schwadroniern. Des war so die Zeit, wo die Revolution war: von den roten Ketten macht Euch frei – die Deutsche Volkspartei, und da hat er losgelescht. Und daher hab ich zu em annern Stift gesagt: Du, ich glaub, ich weiß, wie ich de Alte auf die Palme bring. Ich brauch nur mei Frühstücksbrot so hiezulesche. Naja, und da hat der natürlich von de rote Revoluzzer erzählt, von dene rote Halunke, von dene rote Stromer. Wenn schon en brave Bürjer e paar Bücher im Schrank hat, dann hole se'm die Bücher, und des Gerstche wird versoffe. – Da hab ich em eines schönen Tachs gesacht: jetzt sache Se emal: der Wirt nimmt doch kei Bücher, wie wern aus dene Bücher Gerstche, die mer versaufe kann? – Da is er mir die Antwort schuldig gebliebe." (ebd., 30)

Als Karl Reimann einige Zeit später Wanderführer im „Taunusclub" werden wollte, erkundigte sich ein Clubmitglied bei seinem Lehrherrn, was denn der Karl Reimann für ein Mensch sei, und der antwortete, wie er später erzählt bekam:

„Dös is en ganz Linksradikale, en Ritzerote! Bei dem war alles linksradikal, warn alles Stromer, warn alles Halunken, warn alles Revoluzzer. Der hat keinen Unterschied gekannt zwischen einem Sozialdemokraten, Mehrheitssozialismus, Unabhängiger Sozialdemokratischer Partei oder Kommunisten, des war bei dem alles rot, ritzerot, linksradikal.
Ich hab mich natürlich auch mit dem Lehrbub unterhalten, und der Altgesell hat die Ohrn gespitzt und hat em doch alles brühwarm wiedergebracht, und dann hatt' ich doch die ‚Volksstimm' vor mir lische gehabt. Und dann hab ich eines Tachs zu dem Stift gesacht: Du, paß uff, heut bring ich en uff die Palme. Die ‚Volkstimm' lag da, der geht wieder an zu krakele, und wie er dann endlich wieder ruhig war, hab ich gesacht: Meister, jetzt will ich Ihne mal was erzähle. Sie erzähle von dene Linksradikale und von dene Revoluzzer, von dene Stromer und daß die ihr Gerstche versaufe. Ich will Ihne was sache, ich war bei dene und hab mer die ‚Halunke' mal angeguckt, die Rote. Wisse Se, was des sin? – Ehrenwerte Bürger wie Sie und andere auch, hab ich gesagt, des sin Männer, die ein Grosche zweimal umdrehe, bevor se e Glas Bier bestelle, die

nit ihre Familie Not leide lasse. Also was Sie da erzähle, kauf ich Ihne nit mehr ab! Daß Se im Bild sin!" (ebd., 31f.)

Die Lehrzeit ging selbstverständlich nicht mit solchen politischen Diskussionen herum, sondern sie war in erster Linie einmal harte Arbeit.

„'s erste Jahr, des war praktisch Dreckarbeit. Im Winter mußt ich mojns schon e halbe Stund früher da sein, de Ofe heize, de Koks kleinbrocke. Der hat ja lauter so Koksbrokke gehabt. Und abends mußt ich warte, bis der Letzte, der Altgesell, gegange is. Der is grundsätzlich fuffzehn, zwanzig Minute nach Feierabend erst gegange, dann durft ich erst kehren." (ebd., 32f.)

Prinzipiell galt in dem Betrieb auch die achtstündige Arbeitszeit, doch der Meister ging davon aus, daß sich die 8 Stunden rein auf die Arbeit bezogen, Feuer anzünden und saubermachen rechnete er nicht darauf an. Bis die Lehrlinge selbständige Arbeiten im Betrieb übernehmen konnten, dauerte es eine ganze Weile.

„Als Lehrling nur im letzten Halbjahr, sonst haben wir nur die Zuhilfearbeit für die Geselle gemacht. Jetzt kommt aber die Gesellepüfung. Zu de Gesellepüfung sollte ein Buchbinder ein schönes Geschäftsbuch abliefern mit springendem Rücken, wo ein Buch nachher so schön flach liegt, ein Buch mit einem Ledereinband mit schöne erhabene Bündchen und Goldschnitt. Und natürlich, ein einziges Buch habe ich in Leder eingebunden, und das war in der Schule, und Geschäftsbuch habe ich ein einziges in der Lehre gemacht und ein einziges in der Schule." (ebd., 31f.)

Rückblickend meint Karl Reimann zu der Frage, ob er denn richtig ausgebildet worden sei:

„Noja, wolln mer so sache: ich hatte ziemlich viel mitgekriegt, weil ich in der Schule viel mitgekrischt hab. Und ich hab dann den guten Rat eines Kollegen befolgt, der hat gesagt: stiehle mit den Augen, soviel Du kannst, nur die Finger laß bei Dir. Und das hab ich befolscht." (ebd., 33).

Da hat ebe jeder Arbeiter sein' Tender gehabt

Karl Oettinger begann in einem Großbetrieb, den Adler-Werken, eine Lehre als Dreher.

„Ich bin ja 1918 in die Lehre gekommen, während dem Krieg, da hat die Arbeitszeit um sibbe angefange und war abends um 18 Uhr fertig. Was die Arbeiter warn, die habbe meistens Übberstunde gemacht, die habbe noch e Stund länger gearbeit' oder bis 20 Uhr. Mir hatten eine Stunde Mittag. Das war also die 54-stündige Arbeitszeit. Is samstags bis zwei Uhr so was gearbeit' worde, 2, 3 Uhr, des war dann auch verschieden. In Kleinbetriebe war's vielleicht noch e bißche länger, aber in em Großbetrieb is ja auf die gesetzliche Bestimmunge geachtet worde. Und da war ja immer für en Lehrling die 54-stündige Arbeitszeit vorgeschribbe." (Oettinger, 11)

Die Revolution war das große Erlebnis während des ersten Lehrjahres. Karl Oettinger war angesteckt von dem Fieber, das auf den Straßen zu spüren war. Unbedingt wollte er bei der Großkundgebung der USPD am 9. November dabei sein.

„Um 8 Uhr verließen die Arbeiter die Betriebe, die Treibriemen setzten keine Drehbänke mehr in Bewegung. Mit zwei anderen Lehrlingen durfte ich auf Anordnung des Meisters nicht fortgehen; wir mußten die an diesem Tage nicht geputzten Maschinen saubermachen. Ich fieberte, nicht mitmarschieren zu können wie am Abend des 8. November. Aber um 9 Uhr ließ uns der Meister gehen. Welch ein Anblick, als ich aus dem Fabriktor auf die Straße trat!“ (Arbeiterjugendbewegung, Kat., 125)

Einige Verbesserungen waren nach der Revolution auch in den Adler-Werken zu verspüren, vor allem die kürzere Arbeitszeit:

„Des hat sich natürlich geändert auch nach 1918, denn des war auch ne große Forderung, wo die Arbeiterschaft dafür gekämpft hat, für den 8-Stunden-Tag. Des war immerhin schon ein ganz schöner Fortschritt, daß da nur noch 8 Stund gearbeit' worde is. Nun hat sich natürlich auch da vieles gebessert durch die Revolution von 1918, des waren auch die Programmpunkte: daß die Berufsschule net mehr außerhalb der Arbeitszeit, sondern innerhalb der Arbeitszeit stattfindet. Des hat sich auch nach 1918 geändert. Früher sin mir abends, nach Feierabend, in die Fortbildungsschule gegange, gell.“ (Oettinger, 9)

Die Beschäftigung in einem Großbetrieb hatte nach Meinung Karl Oettingers eine ganze Menge Vorteile gegenüber einem Kleinbetrieb.

„Die Adler-Werke hat ja immerhin 3-4000 Mensche beschäftigt gehabt. Und da muß ich sage, im große un ganze sind die Lehrlinge von den älteren Arbeitern net schikaniert worde. Des war in em Kleinbetrieb vielleicht schlimmer, wo de Lehrling hauptsächlich benutzt worde is, um Frühstück zu hole, um Kaffee zu koche un die Werkstatt zu kehrn, also alles so untergeordnete Arbeite, die mußte de Lehrling im Kleinbetrieb mache. Bei uns im Großbetrieb war des wenischer der Fall. Ich mein, mir brauchte kei' Frühstück zu hole, des is ja technisch gar net gegange. Mir habbe nur unser Maschine putze müsse, und mer mußte dem Gesell seine Maschine mitputze samstags, des war klar.“ (ebd.)

Karl Oettinger hatte allerdings nicht das Gefühl gehabt, nach der Revolution würden nun von selbst alle Forderungen der Lehrlinge freiwillig erfüllt werden, deshalb engagierte er sich bereits während seiner Ausbildung in der Arbeiterjugend und in der Gewerkschaft.

„Anfang Januar 1919 hatte sich unter den Lehrlingen in den Betrieben und Fortbildungsschulen eine Unruhe bemerkbar gemacht, die zunächst dahin führte, daß sich ein Komitee bildete, dem ich auch angehörte. Wir stellten Forderungen auf, die teilweise später im Jugendschutz verankert waren. In den einzelnen Stadtteilen fanden Lehrlingsversammlungen statt. In einer dieser Versammlungen hielt ich eine Rede, die mir großen Beifall brachte. Wir trugen uns mit dem Gedanken, im Schumanntheater eine Großkundgebung für ganz Frankfurt abzuhalten und zum Lehrlingsstreik aufzurufen. Diese Radikalität war den Gewerkschaften nicht ganz geheuer. Sie sagten uns ihre Unterstützung zu, und indem sich die Lehrlinge in der Gewerkschaft organisierten, kam die Lehrlingsbewegung ins legale Fahrwasser.“ (Arbeiterjugendbewegung, 127)

Über die Arbeitspausen, vor allem die Mittagspausen im Betrieb, erzählt Karl Oettinger, daß es Kantinen, wie man sie heute zumindest in Mittel- und Großbetrieben kennt, damals noch nicht gegeben hat.

„Da mußte alle aus em Betrieb eraus. Des hat's net gegewwe in dem Betrieb. Ich hatt' nur gut 5 Minute zu gehe, so daß ich mittags zu Haus esse konnt'. Aber en Großteil konnt net heimgehe. Da hat ebe jeder Arbeiter sein Tender gehabt, wo er sei Esse drin gehabt hat. Des konnt' er irgendwie wärme im Betrieb noch, un dann is er eraus. In der Höchster Straß, in der Lahnstraß, da warn Bänke, oder die Leut habbe uff de Straß gesesse oder sin in die Wirtschaft gegange un habbe ihrn Tender leergegesse un e Bier dazugetrunke." (Oettinger, 14)

Da hat er so einen Kilo-Gewichtsstein in seine Tasche gesteckt

Für den lungenkranken Vater von Miez Kalis war es ganz besonders schwierig, einen Arbeitsplatz zu bekommen und auch zu behalten, da er häufig für mehrere Monate in ein Sanatorium mußte. Lange Jahre hatte er als Kellner oder Aushilfskellner in Restaurants gearbeitet, weil er so wenigstens in den Sommermonaten an der frischen Luft sein konnte. Etwa 1914 wurde er bei der Allgemeinen Ortskrankenkasse angestellt. Seine Tochter weiß noch sehr gut über die Probleme mit dem neuen Arbeitsplatz Bescheid. Um seine Familie zu ernähren, nahm er allerlei Risiken auf sich.

„Ein guter alter Parteigenosse hatte ihn auf die Ortkrankenkasse gebracht. Aber wegen seiner Lungenkrankheit wurde er nit fest angestellt, er war immer nur Hilfsangestellter. Und er mußte immer wieder zum Amtsarzt und mußte immer wieder ein Attest beibringen über seine Kranheit, über seinen Zustand. Es war immer für ihn sehr aufregend, für uns alle, mir habbe des ja alles gemeinsam getragen, gell, und da wurde auch immer das Gewicht kontrolliert. Und da hat er so einen Kilo-Gewichtsstein in die Tasche gesteckt. Er hatte natürlich schon große Angst, wenn das rauskommt, er wär' ja aus der Ortskass rausgeflogen, aber es hat geklappt. Die haben alle gesagt dort beim Amtsarzt: Herr Kalis, Sie habbe ja zugenomme! – Und er ist fast zusammengebrochen vor Schwäche und vor Angst. Erst viele Jahre später, da hat er das einmal zum Besten gegeben. Es war ja so grausam, was son Mensch alles gemacht hat." (Kalis, 15)

Ungefähr 1919/1920 gelang es Herrn Kalis dann doch noch, bei der AOK eine feste Anstellung zu bekommen.

Wie ich fertig war, da war's aus mit de Schneiderei

Lotte Oettinger begann 1920 eine Lehre als Schneiderin. Es war kein sehr großer Betrieb, doch es gab eine ganze Reihe Lehrlinge. Nach ihrer Überzeugung konnten sie dort nicht genügend lernen.

„Des war en Betrieb mit viele Schneiderinne, so ein Mantelschneider, alles für die Dame, aber über 10 Lehrmädchen, gell. Die Schneiderinne sind dann gekürzt worde, 2 Schneider warn noch da, aber die hawwe fast nur Änderunge gemacht. Und wir warn 10 Lehrmädcher und habbe quasi net viel zu tun gehabt. Die Direktrice, die hat so viel vorgearbeit', daß wir nur hawwe fertigmache müsse, de Saum nähe un so. Also e richtig Lehre war es net, aber wie's nachher auf die Prüfung zuging, da hawwe se uns e bißche stärker hergenomme, gell. Aber sonst war die Lehre ne' mehr viel." (L. Oettinger, 35)

Für viele kleine und mittlere Schneidereien waren Kaufhäuser mit ihren fabrikmäßig erstellten und billigeren Konfektionsangeboten existenzbedrohend oder -vernichtend.

Anzeige aus: VR 105 v. 7.5.21

Die Lehre fiel mitten in die Inflationszeit. Eines Tages wollten die Lehrmädchen demonstrieren, wie hoch ihr Lehrgeld war und was sie sich davon leisten konnten:

„Mir 10 Lehrmädcher hawwe mal unser Geld am Wocheend zusammengelescht und hawwe 's unsrer Putzfrau hingelescht, die hat sich's dann zusammegezählt. Die hat grad 4 Brötcher defür gekriegt. De Preis war so ungefähr, daß se für des Ganze, was mir gekriegt hawwe, 4 Brötcher gekriegt hat." (ebd., 37)

Sie lernte in der Ausbildung nicht nur wenig für ihren Beruf, als sie ausgelernt hatte, war es vorbei mit dem „goldenen Boden des Handwerks".

„Bin ja nachher noch Schneiderin geworde, und wie ich fertig war, da hat die Fertigkonfektion angefange, de Robinson den Laden aufgemacht, da war's aus mit de Schneiderei. ... Sie warn ja all sehr nett, aber es war kein Betrieb mehr, gell, es war nix mehr drin. Die von de Zeppelinallee, die Dame, die früher hawwe nähe lasse, die hawwe sich auch emal beim Robinson umgeguckt, was die hawwe un hawwe des für schön befunde. Die Umstellung, die ham mir so richtig mitgemacht die 3 Jahr, wo ich die

Lehrzeit hatt', von de Maßschneiderei auf die Konfektion. Robinson, der hat de Lade voll Kleider gehängt, und da sin alle hingelaufe. Jedenfalls war die groß' Schneiderei geschädigt." (ebd., 28ff.)

Die Lehrlinge wurden zwar nicht entlassen, aber nach und nach, oft direkt nach Lehrabschluß, kündigten die meisten, weil es wenig Arbeit gab und der Verdienst nur minimal war. Von einem Bekannten, der bei T & N beschäftigt war, hörte Lotte Oettinger, daß dort viele Mädchen arbeiteten, die zuvor einen anderen Beruf erlernt hatten. Besonders lockte sie dabei, daß dort fast doppelt so viel zu verdienen war. Doch es war kein leichter Schritt, von einer ausgebildeten Schneiderin auf eine ungelernte Fabrikarbeiterin umzusatteln.

„Fabrikmädche un was sin da alles für Worte gefalle. Also nach ner Weil', da hat mer sich's dann doch noch emal durch de Kopp gehe lasse, was mer verdiene kann", (ebd., 38)

vor allem dann, wenn im Akkord gearbeitet wurde. Schließlich faßte sie sich ein Herz und stellte sich vor. Der Montagemeister

„hat mich gefragt, was ich gemacht hätt' die ganze Zeit. Ei, ich hätt' Schneiderin gelernt, aber es wär nix zu tun un so. – Und da hat der Meister gesagt: also gut, mir probiern's. Wenn's geht, is es gut, wenn net, dann geht's halt net. Und da bin ich hinkomme und hab en Schraubezieher kriet un Schräubcher un so e ganz Ding voll Einzelteile, un da mußt ich die da zusammesetzte, aber durft keins verkehrt sein, sonst hawwe die Kontakte net geklappt, wär des nachher net gange. Also es kam alles nachher durch die Kontrolle, un wenn eins net in Ordnung war, hat net gefunkt, dann mußt's noch emal zurück. Also des hab ich alles gut kapiert. Ich hatt' ja auch Händ, wo net schwerfällig warn." (ebd., 38)

Als sozialen Abstieg hat Lotte Oettinger ihren Berufswechsel nicht empfunden, zumal es ihr finanziell ja viel besser ging als früher in dem ehrbaren Handwerk.

„Mir warn genau dieselbe Mensche wie in de Schneiderei. Wenn De arbeitst, kannste net schwätze, un wenn De Feierabend hast, gehste heim, gell. Un sauber warn mer alle." (ebd., 40)

Sie fühlte sich in der Fabrik wohl, weil sie ausgelastet war, und auch ernst genommen, gut behandelt.

„Und der Herr Münch, des war unser Meister. Also des war ja en Vadder, eher schon en Großvadder, der war wie de Opa für uns, so die Art, wie er uns behandelt hat, net wie Fabrikmädche un immer Vorwürfe oder so, gar net, gar nix. Unser Mechaniker, die hawwe an dene Quertische gesesse, un mir hawwe so an de Wand entlang an dene Tische gesesse. Da warn meistens Mädche auf der Seit, un mir hawwe ebe dene Mechaniker zugearbeit." (ebd., 40)

Auch über das Verhalten der Mechaniker gegenüber den Arbeiterinnen konnte sie sich nicht beklagen. Sie benahmen sich ihrer Meinung nach

„wie anderswo auch – ganz prima. Und die, die so schlechte Kerle warn, die ham mer sowieso net angeguckt. Dafür warn mir ja schon in de (Arbeiter) Jugend dann und hawwe schon Unnerschiede gewußt. Und bei T & N, des war auch in der Montage en saubere Lade, war sauber und war ordentlich, und mer hat sei Geld krischt, wenn's Zahltag war, also war alles in Ordnung. Und mer hat e ruhigeres Leben gehabt als in de Schneiderei. Wenn dene was net gepaßt hat oder sie hawwe sich vermurkst, die Chefin, beim Anprobiern und so, und da hawwe se's auf die annern geschobe, net, da warn die annern schuld." (ebd., 40f.)

Die Herren Buben, die Lehrlinge, die haben mich erst mal ganz links liegengelassen

Durch persönliche Beziehungen ihres Vaters erhielten Miez und Fränz Kalis 1920 Lehrstellen. Er erteilte zwei Damen Stenographieunterricht, und sie wollten sich dafür nun erkenntlich zeigen.

„Und da hat er dann eben erzählt von zwei Mädchen, die jetzt gerade aus der Schule kommen, aber leider noch keine Lehrstelle haben, und da haben die zwei Damen gesagt: ich glaube, wir können uns verbürgen, daß wir Ihre Töchter in unseren Betrieben unterbringen. Und da kam die Fränz zu dem Spitzen-Strauss, wo eigentlich nur Mittelschüler vermittelt wurden. Des war so ein Handelshaus, des konnte es sich leisten, nur so höhergestellte Kinder einzustellen, und die Fränz war die einzige Volksschülerin.
Und ich kam zu einer Firma Gebr. Feisenberger, Gummiwaren en gros, en richtiges Handelshaus mit Comptoir und Stehpulten noch und so ganz großen Hauptbüchern. ‚Mit Gott' stand da vorne drin.
Ich war der erste weibliche Lehrling, in diesem Betrieb waren nur Männer eingestellt vorher, und das war alles ein bißchen sonderbar. Ich hab zwischen den Lehrbuben da fungieren müssen und war sehr scheu und zurückhaltend und war so fremd und allein vor allem. Das Allein, das war das Schreckliche. Und nach und nach hab ich mich dann durchgeboxt.
Und vor allem, es ist ja damals noch fast alles mit der Hand geschrieben worden, auch mitunter 'n Geschäftsbrief, mit Kopiertinte, und des ist dann in der Kopiermaschine kopiert worden irgendwie mit Feuchtigkeit. Und ich hatte ne schöne Handschrift, und da mußte ich viel schreiben, viel so Visitenkarten und Avisierkarten, und ich kam durch alle Abteilungen und hab dann so den kaufmännischen Beruf erlernt." (Kalis, 54f.)

Eigentlich wollte Miez Kalis in ihrem zukünftigen Beruf am liebsten ihre kunsthandwerklichen Fähigkeiten unterbringen, doch dafür gab es keine Möglichkeiten.

„Aber ich hab mich dann gefügt und war andererseits auch sehr stolz und froh, daß wir Lehrstellen hatten als kaufmännische Lehrmädchen, denn viele Schulkameradinnen, die sind entweder daheim geblieben oder haben Gott weiß was für Positionen bekommen, nur – genau wie heute – um unterm Dach zu sein. Wir wurden sogar beneidet von Schulkameradinnen ob unserer Lehrstellen. Ja, die Lehre hat drei Jahre gedauert. Ich hab viel so handschriftliche Arbeiten gemacht. Ich kam mal runter ins Lager, da mußt ich so Lagerkarten führn. Ich kam auch mal in die Buchhaltung, da durft ich sogar mal ab und an in das große Buch was eintragen, aber da ham so die alten Matronen draufgesessen, und die ham mich nur aus Gnade mal drangelassen, weil die Lehrzeit ja erfüllt werden mußte nit nur mit Brötchen holen und Kaffee kochen." (ebd., 57)

In ihrem kleinen Betrieb gab es selbstverständlich auch keine Kantine oder dergleichen.

„Da hat jeder sein Essen im Tender noch mitgebracht, und irgendwo unten im Lager war so en ganz großer flacher Bottich mit heißem Wasser, das ist heißgehalten worden, und da hat man beizeiten seinen Pot reingestellt, und an seinem Arbeitsplatz, da hat mer sich en Stück Papier hingelegt, und wenn's hoch herging eine Serviette, und hat da seinen Tender leergelöffelt. Später ham die älteren Angestellten so ne Kaffeekasse eingerichtet, wenn da so irgendein Vertreter kam, da mußte der en paar Mark springen lassen. Da wurde ab und zu Kaffee gekocht, aber nicht für uns Lehrlinge. Wir haben eben nur unser Margarinebrot gegessen und zum Mittagessen dann den Tender." (ebd., 59)

Es war schon ein besonderes Problem für Miez Kalis, sich als Mädchen bei den männlichen Kollegen durchzusetzen. Doch mit der Zeit wuchs ihr Mut, und sie verstand, sich Respekt zu verschaffen.

„Also die Herren Buben, die Herren Lehrlinge, die haben mich erst mal ganz links liegengelassen, die haben mich net für voll genommen. Eines Tages, da warn se widder mal unte all versammelt und habbe da Fußball gespielt in den langen Kellerräumen, und da hab ich sie mir mal vorgeknöpft, und da hab ich gesagt: hört emal, ich bin genauso gut Lehrling wie ihr. Wenn ihr mich net für voll nemmt von heute ab, dann geh ich zum Chef! – Der Chef, ein alter, sehr kranker Jude, der immer erst mittags kam, weil er krank war, aber dann den Abend ausgedehnt hat und uns Lehrlinge dann entsprechend festgehalten hat, denn wir mußten ja die Post wegbringen. Und da hab ich mit dem Chef gedroht, den ich außer bei meiner Vorstellung noch nie gesprochen hatte. Des war so der Herrgott, also da mußt mer quasi strammstehn. Und scheinbar ham die gedacht, ich hätt' doch irgendwie Beziehung zu dem, und von da ab haben se mich toleriert und haben dann nachher doch gemerkt, daß ich auch da bin und auch was zu leisten hab." (ebd., 63)

Allgemein galt für ihren Betrieb natürlich auch der 8-Stunden-Tag, doch die Lehrlinge genossen nicht etwa einen besonderen Arbeitsschutz, sondern sie mußten sich nach den Arbeitszeiten ihres kranken Chefs richten.

„Die Angestellten sind um 5 oder 6 weg, aber da unser Chef krank war, das war ein ungeschriebenes Gesetz, daß die Lehrlinge abends die ausgehende Post (mitnehmen mußten). Das waren oft Stöße Geschäftsbriefe, auch Warenproben und Päckchen, und da mußte immer ein Lehrling abends Dienst machen. Und in der ersten Zeit, wie ich kaum drin war, mußte ja einer bei mir bleiben und mir das alles beibringen. Und der Chef hat oft abends um 7 Uhr noch angefangen, seiner Sekretärin Geschäftsbriefe zu diktieren. Das war oft 8, ½9.
Wir mußten auch die Einschreibepost mit aufgeben, und die Post hatte ja um 6 oder 7 zugemacht. Da hab ich dann die Post so in'n Arm genommen und kam an die Post, und die hat gerade vor mir zugemacht. Jetzt: was machst Du? Und da hab ich, damit ich ja nix verlier, so eine große Mustertüte wieder aufgemacht und hab die schwere Post heimgeschleppt, alles zu Fuß und hab des daheim auf den Tisch geknallt, und da hab ich gesagt: ja, die Post war wieder mal zu, und des ist so unangenehm. Die Briefe konnt ich ja einwerfen, aber die Einschreibpost nicht. Und da hat die Mama gesagt: und da mußt Du die jetzt morgen wieder runterschleppen? – Hab ich gesagt: ja, was will ich machen? Ich krieg am Ende noch geschimpft, weil ich mich net mehr geeilt hab." (ebd., 65f.)

Über ihre Arbeit als Lehrling berichtet Miez Kalis:

„Der Betrieb war nit sehr groß, so um die 30 Angestellte vielleicht. Da warn unten dann noch die Packer, die dann die Pakete zu packen hatten, des warn die Kommissionen, die die Vertreter reingebracht haben auf ihrem Auftragsbuch. Die wurden da unten dann im Lager zusammengestellt vom Lagerverwalter und kamen in die Expedition, wurden verpackt und fortgeschickt. Da mußte dann immer so einer mit'm Drückwagen, Autos gab's ja noch nit, die Pakete zur Post bringen. Ja, ich bin so ziemlich in allen Abteilungen mal gewesen, schon weil Not am Mann war. Die mußten einen Angestellten nach'm andern entlassen, da mußte mer auch schon mal ne Funktion ausüben, (die sonst nicht üblich war). Ich mußte zum Beispiel noch als Lehrling die sogenannte Retourenabteilung ganz allein führn, also für die Ware, die wieder zurückkam, die entweder beschädigt war oder die nicht bestellt war. Und da mußte ich dann Buch führen und Kartei führen und auch Korrespondenz führen, zum Teil mit der Hand geschrieben noch. ich hatte da unten in dem Lager keine Schreibmaschine. Des ging alles ziemlich primitiv, aber so auf alte Kaufmannsmanier noch." (ebd., 66)

Miez Kalis wurde zu Hause von ihrer Mutter immer zu sehr viel Phantasie angeregt, schon als kleines Kind beim Spielen. Um so schrecklicher empfand sie es, als sie in die triste Welt des Büros gesteckt wurde. Den menschlichen Umgang der Angestellten untereinander vermißte sie vor allem.

„Die warn alle so unnahbar da die Angestellten, des warn alles noch so Subalterne mit so Stutzen, und die Damen hatten all so schwarze Sergeschürzen. Ich hab immer gedacht: wenn De nur auch emal so eine Schürze anhättest! Mer hat sich da umgezogen. Unten warn so Haken an der Wand, da hat mer sein Kleidchen hingehängt und hat irgendwie so ein Kittelchen angezogen. Und die Damen hatten dann noch einmal, das war furchtbar elegant, so schwarze Schürzen an. Da ham se all wie Trauerklöße da rumgesessen oder -gestanden. Viele haben noch so Stehpulte gehabt." (ebd., 66f.)

Es fiel ihr ziemlich schwer, sich an die Arbeitssituation zu gewöhnen und mit solchen Kolleginnen und Kollegen umzugehen.

„Mir war das damals entsetzlich. Ich kam mir so gottverlassen vor, und dann in so einem Betrieb, wo alles noch altväterlich war, so verknöchert. Da hatt' ich schon keinen leichten Stand." (ebd., 100)

Anni, Du mußt mit den Augen stehlen!

Im Jahr 1906 kam Anni Berger zur Welt. Als sie 1921 die Schule verließ, hatte sie keine Probleme, eine Lehrstelle zu finden. Von Anfang an hat man ihr bei ihrer kaufmännischen Ausbildung verantwortungsvolle Aufgaben übertragen, die sie stolz erledigte.

„Ich hatte gleich ne Lehrstelle gehabt, das war in der Hutbranche, das war son Mittelbetrieb. Und da hab ich im Büro gearbeitet, mußte gleich am Anfang im Journal Additionen machen. Und da hatten wir en Buchhalter und en Oberbuchhalter gehabt, und unser Oberbuchhalter, der hat gesagt: Anni, komm mal her, Du mußt hier addieren, weißt Du, wie das geht? – Ja, Herr Lehmann. – Und da hab ich's gemacht, ja, und da mußte ich achten, daß die Endzahlen und alles stimmt, sonst war eben die Übertragung nicht richtig. Das hat man ja dann in der Berufsschule gelernt. Und das war schon etwas besonderes, wenn mer en Journal addieren durfte. Da gab's noch Lehrlinge, die auf'm Lager gelernt haben, und wir hatten auch ne Hutmacherin als Lehrling. Da gab's Lehrlinge am Lager, die Lageristin geworden sind. Ich war ja mehr für's Büro, aber ich mußte trotzdem nachher am Lager auch lernen, mußte Hüte mit auszeichnen und Hutfutter einnähen." (Berger, 35)

Manchmal störte sie schon der Muff der Verwaltung - und besonders der Buchhaltung - sehr. Es wäre ihr lieber gewesen, man hätte ihr hier eine noch größere Eigenständigkeit bei der Arbeit zugestanden.

„Dann war ich mit in der Expedition, dann wurden Rechnungen geschrieben. Da war ein Buchhalter, der war häßlich insofern, der ließ sich nicht gern in die Bücher reingucken, und ich mußte ihm ja nachher helfen, denn ich mußte das ja lernen. Unser Oberbuchhalter hat immer gesagt: Anni, Du mußt mit den Augen stehlen! - Und das hab ich ausgiebig gemacht." (ebd., 36)

Es gab allerdings auch Aufgaben in der Firma, die sie überhaupt nicht gerne mochte, aber aus Einsicht in die Notwendigkeit schließlich doch erledigte. Ordnung und Sauberkeit wurden ihr als wichtige Bestandteile des Arbeitsprozesses vermittelt, und sie wurden damit zu wesentlichen Teilen ihres Lebens überhaupt.

„Und die Kopiermaschine mußte auch saubergemacht werden. Das hab ich nicht gern gemacht, und da hab ich gesagt: naja, die Kopien sollen ordentlich sein, also muß man's machen.
Wir hatten ein Ausstellungsraum, der mußte saubergemacht werden. Also mußte ich auch saubermachen, mußte ich putzen. Also, es hat mir zwar nicht gefallen, ich hab's auch dem Chef gesagt: ich bin hier nicht als Putzfrau angestellt, sondern ich bin kaufmännischer Lehrling! - Ja, und da hat er mir erklärt, es würd' mir keine Zacke aus der Krone fallen. Ich hab's eingesehen, daß es richtig ist. Das war nur einmal, und da war der Fall für mich erledigt." (ebd.)

Du bist en Sozi, schick mer ma Dein Vatter!

Willi Möser ist Jahrgang 1906. Er begann zunächst eine Lehre als Schlosser, und diese Zeit hat er in noch recht guter Erinnerung.

„Es war eine Schlosserei, eine Fräserei, eine Dreherei und eine Betriebskontrolle usw., es werden immerhin dort gewesen sein ca. 100 Leute in dieser Fabrik. Jeder Geselle hatte seinen Lehrling dabei gehabt. Die Behandlung war eigentlich anständig. Ich kann mich nicht beklagen, daß wir mißhandelt oder schlecht behandelt wurden. Wir wurden anständig behandelt." (Möser, 39).

Einen Teil der Arbeiten, die die Lehrlinge auszuführen hatten, fand er allerdings eintönig und hatte dabei nicht das Gefühl, etwas für seinen Beruf zu lernen.

„Jedes einzelne Teil, das wurde numeriert für diese Maschinen. Das wurde numeriert, und die Stifte, die mußten diese Nummern einschlagen in die einzelnen Teile. Also, eine bestimmte Schraube, die bekam die Nummer 6 oder 14, und eine andere Schraube, die bekam die Nummer 22 usw. Ich mein, daß des en Stift machen muß oder macht, des gehört ja nit unbedingt zur Ausbildung, da gehört ja kei' Kunst dazu, ein Stäbchen mit der Nummer unten dran, wie son Stempel, und dann en Hammer zu nehme und dann die Schraube einzuspanne und dann die Nummer da auf den Kopf draufzuschlage. Da gehört ja kein besonderes Könne dazu. Also das mußten wir natürlich auch machen. Dann mußten wir natürlich die Werkstatt kehrn, Maschinen putzen und so etwas, das gehörte dazu, das wußte man einfach gar nit anders." (ebd., 40)

Willi Möser mochte im großen und ganzen diesen Beruf. Wegen eines Augenleidens, das er plötzlich bekam, konnte er die Ausbildung jedoch nicht zu Ende bringen. Es wurde ihm geraten, sich möglichst viel in der frischen Luft aufzuhalten. Der Beruf eines Gärtners schien sich da geradezu anzubieten, und er fand auch gleich eine Lehrstelle. Die neue Arbeit gefiel ihm ebenfalls, doch dort gab es einige Konflikte um die Arbeitszeit.

„Es fand ein ununterbrochener Kampf statt zwische mir und zwische meim Arbeitgeber, dem Gartenarchitekt Karl Fischer, weil der immer versucht hat, mir Dinge beizubringen, die sehr wichtig warn fürn Beruf. Aber außerhalb der Arbeitszeit hat er immer versucht, mir des beizubringen. Also zum Beispiel: wir hatten alle vierzehn Tage Sonntagsdienst. Und da gab's aber kein' freien Tag dafür. Am Montag ging dann die Arbeit weiter, und am Samstag wurde ja auch gearbeitet, es gab auch kei' freie Samstage. Und des bedeutet ja, daß man vierzehn Tage hintereinander arbeiten muß. Und dann kam der Karl Fischer regelmäßig, wenn mer Sonntagsdienst hatte oder werktags im Sommer: jetzt wolln mer mal Staude etikettieren nach Feierabend. – Und dann hab ich ihm gesagt: ja, Herr Fischer, hörn Sie mal, es ist jetzt Feierabend! – Ja, des Lehrverhältnis, des ist ein Vertrauensverhältnis, und da hat mer soziale Verpflichtunge. Und du willst ja was lerne, und des kann mer ja nit während der Arbeitszeit. – Oder er kam mit der Schere: jetzt wolln wir mal die Schnurbäume formiern – diese Spalierbäume. – Die wern nach ner bestimmten Methode geschnitte, des wird ja alles formiert und gebaut. Und des hat er versucht, immer außerhalb der Arbeitszeit." (ebd., 40)

Wenn sich Willi Möser weigerte, die Arbeitsbedingungen zu akzeptieren, dann rief das den Zorn des Meisters hervor, und er wurde in eine bestimmte politische Schublade geschoben.

„Ja, und wenn ich mich dann geweischert hat, da sagt er: ich mein, Du bist en Rote, Du bist en Sozi. Schick mer ma Dein Vatter! – Ja, hab ich gesagt, mein Vatter, der denkt genauso wie ich. Der Unterricht, der hat ja innerhalb der Lehre stattzufinden, ob des von Bedeutung is oder des. – Ja, also jedenfalls, mir habbe uns hin- und hergerauft. Aber trotzdem, also des war eischentlich des einzische." (ebd.)

Mit dene Bratwurschtfinger – siehste ja kei' Nadel drin!

Ludwig Beck kam am Kriegsende, als sein Vater die Familie nicht mehr ernähren konnte, für einige Zeit zu seinem Onkel in die Nähe von Schweinfurt. Etwa 1922 kam er dann wieder nach Frankfurt zurück. Es war gerade die Zeit, als er die Schule abgeschlossen hatte und sich nun um eine Arbeit bemühen mußte. Eine genaue Vorstellung darüber, was er gerne einmal werden würde, hatte er noch nicht. Er zeigte sich zumindest mit seinen Wünschen sehr flexibel. Um sich Klarheit zu verschaffen, ging er zunächst zu der Beratungsstelle des Arbeitsamtes. Er schildert, wie er zu seinem späteren Beruf als Pflasterer kam.

„Und dann hatt' ich e Lehrstell' gesucht. Da bin ich uff's Arbeitsamt mit meiner Mutter. ‚Na Bubche, was willste lerne?' – ‚Ich will was lerne, egal was. Ich will Autoschlosser lerne.' – Naja, ich bin e bißche klein gewese damals. Da sacht der: ‚Du kannst doch gar nit uff de Schraubstock gucke, auf die Werkbank.' – Sacht ich: ‚Ich will was lerne, egal was! Dann lern ich Schneider, da sitz ich auf der Werkbank!' – E bißche windig war ich ja damals schon. Und da hat die Beratung gesacht vom Arbeitsamt: ‚Zeisch mer ma Dei Finger! Um Gottes Wille, mit dene Bratwurschtfinger, siehste ja kei Nadel drin!' – Hat se ja aach widder Recht gehabt. – Abber ich will was lerne!' – ‚Na, geh erst emal haam, vielleicht krie'e mer noch was. – Nach 14 Tagen bin ich widder zum Arbeitsamt hin. Und da sacht die Beraterin: ‚Ich hab was für Dich, Bubche, als Pflasterer.' – ‚Och Du lieber Gott, was is denn des? Hab ich ja nie gehört.' – ‚Des sin die, die wo uf de Straß pflastern tun.' – Sie wußt's aach nit genau, wie se mir des erklärn sollt. Ich hatt's aber gleich begriffe. Sacht ich: ‚Ja wo muß ich denn hie?' – ‚Du kommst bei die Stadt Frankfurt, un da biste immer unner. Du kriegst sogar Manchesterhose un e blau Jack, des kost nix!' – Noja, ich hab des angenomme, hab mich beworbe, mein Lebenslauf hiegeschickt ins Rathaus un bin auch eingestellt worn." (Beck, 66)

Ludwig Beck war gar nicht unzufrieden mit dem ihm zuvor ganz unbekannten Beruf. Er übte ihn bis zum Rentenalter aus. Bei der Stadt Frankfurt zu arbeiten, das war schließlich etwas, worum sich andere vergebens bemühten. Er sah darin schon erhebliche Vorteile gegenüber anderen Beschäftigungsverhältnissen.

„Mir habbe 48 Stund gearbeit' damals. Mir habbe 14 Tach Urlaub krieht. Das war sehr gut, en Traum war des für die dortische Zeite, des hat's bei annern Betriebe nit gebbe als wie bei de Stadt un beim Staat. – Gearbeit' habbe mir mit Großpflaster, Randsteine, Kleinpflaster, Mosaik. Des werd ja heut alles nit mehr gemacht, aber ich hab mich wohlgefühlt un bin gesund geblibbe. – Mir warn 4 Lehrbube un zwei Geselle. Ja, mir sin hart hergenomme worn. Harte Schule sin die beste. Aber mir habbe was gelernt." (ebd., 6ff.)

Zwischen Spitzen und Tüll

Es war das Pech von Anna Beyer, daß sie ausgerechnet 1923 aus der Schule kam. Sie suchte einen Ausbildungsplatz, hatte jedoch zunächst einmal kein Glück damit.

„23 war es schon so, daß es fast unmöglich war, irgend ne Lehrstelle zu kriegen. Meine Mutter ist sehr mit mir rumgelaufen, und wenn ich mich vorstellen mußte, ist sie mitgegangen. Trotzdem bin ich bei einigen nicht angekommen und hab dann als Überbrückung ne Haushaltsschule besucht, die städtische da beim Kornmarkt. Da bin ich dann hin, um was zu tun, um nicht zu Hause zu sitzen, aber das gefiel mir nicht. Wir hatten auch nichts zu kochen. Wir mußten also diese ganz primitiven Suppen machen und so was, was ich ja alles konnte, was auch gar nicht interessant war. – Und da hab ich dann weitergesucht und hab ne Lehrstelle gekriegt als Angestellte in einem Seidengeschäft in der Neuen Mainzer Straße, Colling & Co. Die ham das natürlich ausgenutzt und uns erst mal ins Lager gesteckt, diese 2 oder 3 Lehrmädchen, die sie da eingestellt hatten. Wir wurden dann erst im Lager beschäftigt mit Pakete packen und aussortieren, Kollektionen zusammenstellen und so Arbeiten." (Beyer, 40)

Anna Beyer war allerdings kein Mädchen, das sich alles gefallen ließ und aus lauter Angst, sie könne ihre Lehrstelle verlieren, dann lieber den Mund hielt, sondern sie muckte auf.

„Ich hab gesagt: dafür lern ich nicht, daß ich da jetzt im Lager sitze und Musterkollektionen mache. Ich wollte immer in die Buchhaltung, da ich gedacht hab, Buchhaltung, das hatte ich auch in der Berufsschule gelernt, das hätt' ich dann doch lieber gemacht. Und da warn die alten Angestellten, irgendwie haben die nicht gespurt. Sie haben mich mal Briefe schreiben lassen, was für mich ganz ungewohnt war, denn ich hatt' gar keine Erfahrung. Ich hab mir das Schreibmaschineschreiben selber beigebracht im Volksbildungsheim, die hatten da so Adler-Schreibmaschinen stehn, und da bin ich hingegangen und hab da zusätzlich gelernt. Und da war also eine richtige Ausbildung, wie wir sie heute kennen, nicht drin.
Gegen was ich mich auch immer noch en bißchen gewehrt hab' war, wenn man Frühstück einkaufen sollte. Hab ich auch nicht gern gemacht. Aber das war noch drin bei manchen, daß sie einen dann geschickt haben, wenigstens im ersten Jahr." (ebd., 41)

Über die Arbeitszeit hatte sie keinen Grund zu klagen, der Acht-Stunden-Tag wurde bei ihnen strikt eingehalten. Es gab auch einen geregelten Urlaub von

„14 Tagen. Das war also immer sehr hart mit dem Urlaub. Eh man sich besonnen hat, warn die 14 Tage schon vorbei." (ebd., 44)

Ansonsten war die Firma, meint sie, „eigentlich sehr sozial". Mit der Lehrlingsvergütung sah es jedoch so aus wie bei anderen Lehrlingen auch. Große Sprünge konnte man davon gewiß nicht machen.

„Ich kriegte nur eine kleine Lehrlingsvergütung, und da konnt ich nicht viermal fahrn, das wärn 80 Pfennig gewesen am Tag. Konnt' ich nicht nach Haus, da bin ich also abends auch allein ne Dreiviertelstunde nach Hause gelaufen." (ebd., 43)

Über das Verhältnis der Arbeitskolleginnen und -kollegen untereinander sagt sie heute rückblickend:

„Es gab's auch schon, daß ein weiblicher Lehrling mit einem Vertreter ins Bett ging, nicht um ne bessere Situation für sich zu erreichen, einfach weil die Verführung von diesen Männern sehr groß war. An sich in der Firma war das Verhältnis zu den Erwachsenen recht gut, muß ich sagen, auch zu den Frauen, die so ne eigene Abteilung hatten, auch schon älter waren und die uns auch ihre persönlichen Dinge erzählten, worüber ich manchmal sehr entsetzt war. Die Lehrlinge, die Männer, die warn unten im Versand, kamen gar nicht rauf, wo wir waren. Die warn en Stock tiefer, und die traf man nur selten mal. Und die Frauen unter sich, die haben sich eigentlich gut vertragen." (ebd., 42ff.)

Anna Beyer ist sich allerdings auch bewußt, daß andere Lehrlinge in dem Betrieb ihre Situation keineswegs als so unbefriedigend empfanden wie sie, die sie eine ständige Unruhe in sich verspürte und nie als ausreichend empfand, was man sie lernen ließ.

„Die andern da, das warn ne ganze Menge, die ham da ne Abteilung gehabt im Lager, Seide und Tüll oder was sonst war. Die warn auch ganz zufrieden, aber ich war eben en unzufriedener Typ, der immer mehr wissen wollte als andere. Irgendwie hatte ich das Gefühl, ich brauch das noch mal." (ebd., 42)

Nach einiger Zeit hatte sie das Gefühl, in der Lehre nichts mehr lernen zu können.

„Und was hab ich dann gemacht? – Im nächsten Jahr hab ich dann gesagt: ‚Sagen Sie mal, können Sie mir nicht ein Zeugnis geben, daß ich die Lehre beendet hab? Ich geh en halbes Jahr früher.' – Ja, das ham se dann gemacht." (ebd., 41)

En Kaufmann is was Besseres

Emil Schmidt wurde 1923 aus der Volksschule entlassen. Er war ein guter Schüler gewesen und wäre gerne auf eine weiterführende Schule gegangen, doch die wirtschaftliche Situation der Schuhmacherfamilie ließ das nicht zu. Aber sein Vater hatte höhere Pläne mit ihm und wollte ihm gerne zu einer gesicherten Existenz verhelfen.

„Lehrstellen zu bekommen, des war genauso schwer wie des heute der Fall ist, eigentlich noch schwerer. Nur gab's dann eben so viele Hilfsarbeiterstellen für Jugendliche, und viele haben verzichtet auf ne Lehre und haben einfach irgend ne Hilfsarbeit gemacht ohne zu lernen. – Nun, ich hab deshalb ne Lehrstelle vor allem bekommen, nicht weil ich gute Zeugnisse hatte, sondern weil mein Vater natürlich viele Leute gekannt hat, die zu seiner Kundschaft gehörten." (E. Schmidt, 63)

Dem Vater war wichtig, daß Emil nicht Arbeiter oder Handwerker wurde, sondern einmal hinter dem Schreibtisch sitzt.

„Ich kam also in ne kaufmännische Lehre bei der Firma Rosenthal & Levi. Die wollte ich überhaupt net machen. Mein Vater hat gesagt: mein Junge soll etwas Besseres werden als ich. Und da galt die Vorstellung, en Kaufmann ist was Besseres. Damals war es streng verpönt zu sagen: ich lerne Kaufmann, sondern da war man Handlungslehrling. Und en kaufmännischer Angestellter, der war Handlungsgehilfe. Es gab natürlich Jungens, die haben sich Visitenkarten drucken lassen mit'm Namen und der Bezeichnung ‚Kaufmann', aber das war wirklich ne Art Hochstapelei." (ebd., 58f.)

Emil Schmidt wurde in dem Betrieb von Anfang an zu allen anfallenden Arbeiten herangezogen.

„Des war en kleiner Betrieb, des warn 2 Inhaber und dann warn 2 junge Damen beschäftigt, und ich war beschäftigt und ne ganze Menge Reisender. Ich mußte dort alles machen, insofern hab ich auch etwas gelernt. Ich durfte schon in die Bücher eintragen. Dann hab ich im Lager arbeiten müssen, und am meisten hab ich gelernt, so rein branchenmäßig gelernt, durch einen Reisenden, der manchmal wochenlang im Lager gearbeitet hat. Da mußte ich also alles machen: Bestätigungen schreiben, im Lager Aufträge ausführn, ich mußte Stoffe abmessen, denn da wurde ja net immer ne ganze Rolle Stoff gekauft, sondern da gab's auch Aufträge von 10 Metern und so. Da mußte ich also mit der Elle abmessen und mußte abschneiden, mußte Hemden raussuchen, sortiert nach Qualität, nach Größen und was es sonst noch an Textilien gab, die die Firma geführt hat. Und das wurde alles auf großen Lagertischen zurechtgelegt, dann mußt's aber auch noch eingepackt werden. Also ich mußte auch packen und mußte mit'm Drückkarrn die Pakete zur Post bringen. Das war damals so, obwohl im Verband dagegen schon Forderungen erhoben wurden. Ja und im Büro, da mußte ich einfach alles machen: Auftragbestätigungen schreiben, Rechnungen schreiben, Einnahmen verbuchen, was alles dazugehört. Also, ich mußte alles mögliche machen, aber putzen nie." (ebd., 64f.)

Mit seinen Arbeitsbedingungen war Emil Schmidt zufrieden, die Arbeitszeit wurde auch bei den Lehrlingen streng eingehalten. Seine Einschätzung, das sei in allen Betrieben so praktiziert worden, ist allerdings ein gutes Stück zu optimistisch.

„Bei den Lehrlingen wurde der Acht-Stunden-Tag sicher fast überall praktiziert, während bei den Arbeitern und Angestellten, da ging der ganz schnell flöten, da wurde immer mehr gearbeitet, vor allen Dingen bei den Angestellten. Aber bei den Lehrlingen hat man das einigermaßen eingehalten. Und ich hab auch im Gedächtnis, daß das damals von den Behörden kontrolliert wurde. Ich kann mich erinnern, daß ab und zu jemand ins Büro kam nach 6 oder mittags nach 2 und hat nach'm Lehrling gefragt." (ebd., 66)

Rückblickend meint Emil Schmidt über den Beruf, den ihm sein Vater auserkoren hatte:

„Der Beruf, der hat mir auch keinen Spaß gemacht vom ersten Tag bis zum letzten Tag, vom 15. bis zum 65. keinen Spaß gemacht, obwohl ich sicher ein guter Angestellter war. Aber daß ich wirklich Freude daran hatte, daß mir das Spaß gemacht hätte, das kann ich net sagen." (ebd., 63)

Der hat immer nur mit Lehrmädchen gearbeit'

Marie Jülg hatte großes Glück, 1923 nach ihrer Schulentlassung gleich eine Lehrstelle zu finden.

„Da bin ich auf's Arbeitsamt. Das war ja das Dumme, mein Vater, der hat die ‚Volksstimme' gehabt, und da warn ja kei' Stellenangebote drin. Und da bin ich aufs Arbeitsamt gelaufe, und da hab ich dann vom Arbeitsamt die Stelle zugewiese gekriegt. – Des war en Haushaltsgeschäft und Toiletten- und Parfümeriegeschäft, Bürsten und Besen, Putztücher und so. Der war groß gewesen der Laden. Da war also nur mein Chef, mei' Chefin und dann der Geschäftsführer und dem sei' Tochter, die ist dann mit ins Geschäft gekomme. Und dann hatten wir noch ne Verkäuferin gehabt, und dann war ich als Lehrmädchen." (Jülg, 50ff.)

Nicht mit ausgelernten Verkäuferinnen, sondern mit Lehrlingen zu arbeiten, das war für den Kleinbetrieb wesentlich kostengünstiger und einziger Gesichtspunkt für den Inhaber. Daß er Marie Jülg die Stelle gab, war für ihn ein weiterer Kostenfaktor.

„Wie ich dann etwas nachgerückt war, ist die Verkäuferin wieder entlassen worden, und er hat schon wieder e neu Lehrmädche gehabt. Der hat immer nur mit Lehrmädcher gearbeit'. Ja und dann hab ich rausgekriegt, der hat mich hauptsächlich genommen, damals mußte mer nur bis 17 Jahr in die Berufsschul gehn und net während der ganze Lehrzeit. Und da hat er gewußt, daß ich nur 2 Jahr Berufsschul hab. Und ich wär viel lieber noch weiter auf die Berufsschul gegange. Steht auch in mein Zeugnis: Sie verläßt die Schule wegen Erreichens ihres Alters.“ (ebd., 57)

Von ihrer Lehrlingsvergütung konnte sie nicht reich werden.

„Also der Verdienst war da ja so schlecht gewesen. Es hat kaum gereicht für die Straßenbahn. Wir haben um 8 Uhr angefangen und dann bis um 1, und dann bin ich heim, da hatt' ich Tischzeit gehabt bis um 3. Es hat grad so gereicht für mei' Monatskart. Ich hab ja ne Monatskart gebraucht, weil ich ja viermal gefahrn bin am Tag.“ (ebd., 56)

Insgesamt gesehen hat Marie Jülg schon das Gefühl, während ihrer Lehre etwas gelernt zu haben, wenn man sie auch an die verschiedensten Arbeiten gar nicht erst dran ließ.

„Also ich will mal sagen, Branchenkenntnis hab ich gut gehabt, da hab ich viel gelernt gehabt, aber direkt zu verkaufen ... Er hat verkauft, sie hat verkauft, die anner Verkäuferin hat verkauft. Am liebsten war mir's immer, wenn ich emal fortgeschickt worde bin. Wir hatten ja en Auslaufer, der abends mit seim Fahrrad mit seiner Kiste vorne drauf die Sachen zu den Leuten gebracht hat. Aber wenn was schnell fortzubringen war, (dann bin ich geschickt worden). Hintennach hat's geheißen, das darf en Lehrmädchen net machen oder Lehrlinge. Ich war immer ganz froh, wenn ich emal rausgekommen bin. Unsern Lade, der war so tief, und da war's immer sehr kühl gewese.“ (ebd., 57f.)

Ehrbares Handwerk, nur die Besten können überhaupt bestehen

Fritz Schmidt begann erst 1924 seine Lehre, doch er schildert so eindrucksvoll die Ausbildungssituation und die Konflikte, das Ausbeutungsverhältnis von Vorgesetzten und Abhängigen, daß es durchaus gerechtfertigt erscheint, auch seinen Bericht hier einfließen zu lassen, zumal die Arbeitsbedingungen in gleicher Weise schon Jahre vorher so bestanden. Innerbetrieblich ist der Zeitunterschied bedeutungslos. Er berichtet, wie er an diese Lehrstelle gekommen ist.

„Ich war der Drittkleinste in meiner Klasse, ein schneller Läufer, aber klein! In meinem 13. Lebensjahr kam ich im April aus der Schule, da sollte ich dann eine Lehre beginnen.“ (F. Schmidt, 43)

Eine Chemikerfamilie, bei der seine Mutter zum Putzen ging, setzte sich dafür ein, daß er eine Drogistenlehre beginnen sollte, weil er so gute Zeugnisse hatte.

„Normalerweise hätten wir die nie gekriegt als Arbeiterfamilie. Ich sollte am 1. April dort anfangen. Und dann im März haben die meinen Vater gebeten, er möchte mal kommen. Da ham die gesagt, es könne nix werden mit der Lehrstelle, sie hätten einen Abiturienten gefunden. Mein Vater stand nun vor der Notwendigkeit, mir ne Lehrstelle (zu besorgen), denn son geweckten Buben nun in die Fabrikarbeit zu schicken, das war dann doch zuviel des Guten, und dann auch seine Achtung. Ich mußte also en Lehrberuf haben. Und da sagt der Vermittler vom Arbeitsamt in Höchst: ‚Ich hab eine Stelle für Ihren Buben. Ehrbares Handwerk, 500 Jahre alt, nur die Besten können überhaupt bestehen. Das ist grad das Richtige. Die Größe spielt keine Rolle. Das ist eine Firma Friedrich Meier* in Nied. Das ist kein großer Betrieb, aber da kann Ihr Sohn etwas lernen, also es kommt dann alles dran.' – Also ist mein Vater dorthin getrabt, und der Lehrherr, dieser Friedrich Meier, der war begeistert von den Zeugnissen. – ‚Na, das ist der Richtige, denn nehm ich den.' – Ist er mit mir hoch, hat mir die Setzerei gezeigt, hat mir's erklärt, und da hatt' ich ne Vorstellung von dem Beruf, den ich dann ergreifen sollte. Hatte nichts dagegen einzuwenden, was konnte ich auch dagegen einwenden? Interessant war's auch, naja, und da bin ich dahin." (ebd., 44f.)

Zunächst einmal mußte sich Fritz Schmidt in den Arbeitsprozeß einpassen. Anfangs war das nicht ganz leicht, und gewisse Hilfsmittel waren dazu erforderlich.

„Zunächst hatte die hohe Reputation dieses Berufs an sich auch auf mich gewirkt, also auf den immer noch 13-jährigen. Ich bin ja erst Ende August 14 geworden. Ich war schon über'n Vierteljahr als 13-jähriger kleiner Bub dort beschäftigt. Ich war so klein, daß ich zunächst nicht an die Regale kam. Da gab's so die Bleimaterialien für das Aussparungsmaterial, für die Durchschüsse und vor allen Dingen fürs Schriftmaterial, so ne kleine Kiste, die war furchtbar schwer. Infolgedessen mußten die Wände stark sein von diesen Bleikisten. Und auf solche Kiste bin ich dann draufgestellt worden, daß ich überhaupt an den Setzkasten auf den Regalen kam, als ich dann in die Lehre kam. Dann allerdings, in dem Jahr hab ich angefangen zu wachsen." (ebd. 45; 94)

Er entwickelte eine großes Interesse für seine Arbeit. Die Zunft der Buchdrucker übte zudem einen großen Eindruck auf ihn aus.

„Die Buchdrucker hatten ne eigene Sprache mit ungeheuer viel lateinischen Worten. Das ist die Fachsprache. Zum Beispiel gab's sogar in den Reiseregeln kein Ortsgeschenk, sondern da gab's en Viatikum. Also diese Fachsprache und diese Fachbezeichnungen, alles das Besondere, die Maße stimmten nicht mit den metrischen Maßen überein, alles, alles ganz neu. Und dann nachher das technische Geschehen selbst und dann auch die intellektuelle Leistung, die ein Setzer erbringen muß. Er muß zunächst mal wissen, wie die Buchstaben alle, so ungefähr wie ne Schreibmaschinentastatur, liegen, und dann nachher das Zusammensetzen und dann die Schnelligkeit, wie das geschieht. Das Umsetzen im Kopf, das und das und das, und dann nachher die Zeilenbildung, dann nachher die Blocks und das Ausheben vom Wickelhaken auf die Schiffe, das alles, ein jeder Satz, ob es nun Tabellensatz, ob das ein Kunstdruck ist, ob das ein Buchtitel ist oder ob des nur ne einfache Seite eines Romans ist. Alles ist bis auf einen Bruchteil eines Millimeters genau berechnet. Das und der besondere Geruch: Bleistaub, Bleiantimon, Farbreste, das Ganze hat nun einen bestimmten (Geruch), wie ne Schreinerei riecht oder wie ne Schweißerei riecht oder ne Lackiererei riecht, so hatte also eine Druckerei ihren unverwechselbaren Geruch. All das wirkt auf den neuen Eleven der Buchdruckerkunst. Und schon das Bewußtsein, die Buchdrucker sind ein besonderes Volk, denn sie waren Künstler! Sie waren keine Handwerker in ihrem Selbstverständnis. Und das hat natürlich, weil das Bestand hatte, auch seine gewisse Berechtigung. Und die Kunst, die liegt viel mehr beim Setzer als beim Drucker. Und da gab's den Berufsbegriff ‚Schweizerdegen', der sowohl Setzer als auch Drucker war, das gab's. Aber in der allgemeinen Spezialisierung gab's immer weniger Schweizerdegen, daß man heute überhaupt den Begriff nicht kennt. Und dies war nun mein Bewußtsein. Ich kam da rein, das roch so, und dann die Menschen, die da drin gewesen sind!
Da war die Druckerei unten im Erdgeschoß, und im Kellergeschoß war die Buchbin-

*Name geändert

derei, mußte ja alles gebunden werden. Die Bücher mußten gebunden werden, die Papiere mußten geschnitten werden, und die mußten durchschossen werden, und Kunstdrucke mußten dann gemacht werden. Es war immerhin schon ne recht interessante Sache und für mich ganz neu. Und dann, dann kam das Lernen. Was da alles gemacht werden (muß), muß man das alles auswendig lernen, die ganzen Schriftnamen und die Schriftgrade und diese Wertungen, die in den Abmessungen liegen und dieses Berechnungssystem. Und da ist das teilweise französisch, teilweise lateinisch und manchmal auch deutsch. Ne deutsche Schrift hieß natürlich Fraktur. Ne lateinische Schrift hieß Antiqua, und ne besondere Abart des Lateinischen, die hieß Groteske. Alle Materialien hatten ihren eigenen Namen. Also diese technische Sprache mußte man lernen, und dann kam noch die, sagen wir mal, gehobene Kultursprache der Buchdrucker, dazu. Und das hat dann bewirkt, daß nach einer gewissen Zeit, wenn jemand das nicht erbringen konnte, der nachher rasch eliminiert wurde. Der konnte dann einfach den Beruf nicht lernen. Bei mir war's nun so, mein Lehrmeister war aufs Höchste angenehm berührt, daß ich sehr rasch setzen konnte und auch einigermaßen orthographisch frei setzen konnte und auch im Technischen nachgekommen bin und schließlich auch en gewisse Kunstgeschmack entwickelt hatte. Aber das mußte alles erst einmal kommen bis zum Tabellensatz, bis zum Anzeigensatz. Also das kam in dieser kleinen Druckerei alles vor. Diese Druckerei hat insbesondere Drucksachen wiederum für die Farbwerke hergestellt. Da warn die Prospekte für Pyramidon, Aceton, also all das." (95f.)

Doch so angetan Fritz Schmidt von seiner Arbeit war, so zufrieden sich der Meister mit seiner Arbeitsleistung zeigte, es gab eine Menge Spannungen während der Lehrzeit, hervorgerufen durch die – in den Augen des Chefs – Ungeheuerlichkeit des politischen Engagements von Fritz Schmidt. Es herrschte zunächst einmal

„en harmonisches Verhältnis, bis die vier Wochen der Probezeit herum waren, mit dem Lehrmeister. Und dann, nach dieser Zeit, hab ich ihn zunehmend kennengelernt.
Und als er nun erlebt hat, daß ich da gewerkschaftlich und politisch mich organisiert hatte, dann ist sein ganz bürgerlicher, kleinbürgerlicher Spott und Hohn über mich ausgegossen worden. Hohn über die kurze Hose, über den Fahrtenwimpel.
Der wußte des doch. Teilweise bin ich auch so hingegangen. Da wurde sowieso der Setzkittel drüber angezogen. Also war das dann nit mehr klar, was da war. Auf jeden Fall, ich war anders! Prononciert anders. Und das hat ihn provoziert! Und nun hört' ich dann den Widerstreit, der Provokation nachzukommen und mich damit in der Arbeit zu störn oder mich in Ruhe zu lassen, daß ich arbeiten konnte. Und das hat sich fortgesetzt vier Jahre lang." (ebd., 94)

Zu ganz besonderen Konflikten kam es, als Fritz Schmidt seinen Tarifurlaub verlangte. Der Meister wollte ihn ihm zunächst nicht geben, vor allem nicht am Stück. Doch er bestand auf seinen Rechten.

„Und ich hab meinen Urlaub verlangt und ich hab ihn durchgesetzt. All das hat natürlich das ganze Beziehungsverhältnis geprägt und bestimmt. So weit ist das gegangen, daß wenn ich mich gesetzt hatte am Tisch, ist der von hinten gekommen, wenn er dann nachher seine Zorn hatte, hat er mir, daß das die anderen Setzer nicht gesehen haben, heimlich mit der Faust in die Nieren geschlagen. Nachdem ich bei meinem Vater aufgrund dieses Martyriums keine Unterstützung fand, hab ich in jedem Sinne Kompensation gesucht. Diese Wut, diese Demütigung, diese Entwürdigung, die hab ich dann in der Lautstärke beim Singen von Kampfliedern abreagiert!" (ebd., 94f.)

Schwierig wurde es vor allem immer dann, wenn er am Wochenende mit der SAJ auf Fahrt gehen wollte.

„Und dann hat er gesagt: nein, Du mußt kommen, Du mußt arbeiten, ein schneller Auftrag muß gemacht werden. - Hab ich gesagt: nein, ich kann nit! - All das hat eine permanente Spannung hervorgerufen, die dann in Mißhandlungen geendet sind.“ (ebd., 98)

Einmal wollte er zum Arbeiterjugendtag fahren und dafür seinen Jahresurlaub nehmen. Der Meister gestand ihm auch diesmal nur einen Teil davon zu. Als alles Bitten und alle Diskussionen darüber erfolglos blieben, dachte Fritz Schmidt:

„Du kannst mich am Arsch lecken! - Ich geh fort, ich nehm die 4 Wochen, komme was will! - Und dann ham wir das gemacht.
Ich kam dann zurück, voller Angst dann der erste Arbeitstag. Hatte ja keine Unterstützung von daheim! - Na, und der hat mich dann schon aufgelauert und wollte mich dann wieder verhauen. Und ich hab da grad ein Plakat gesetzt. Da hat man auch die Winkelhaken (gehabt). - Ich setz da, und er kommt und will mich schlagen. Holt aus, und da hab ich den Winkelhaken genommen, hab ich dann: Herr Meier, wenn Sie mich noch einmal schlagen, ich schlag Ihnen diesen Winkelhaken auf den Kopf und wenn Sie tot sind! - Da hat er Angst bekommen. Ich war mittlerweile gewachsen, ich war ja nit mehr der Kleine; ich war ja schon im dritten Lehrjahr damals! Und seitdem hat er mich nimmer geschlagen. Das war also die persönliche Beziehung mit diesem kleinen Meister, der seinerseits wiederum Mitglied eines bürgerlichen Gesangvereins war.“ (ebd., 98f.)

Zwar hatte der Meister eine besondere Wut auf den politisch aktiven Lehrling, doch die anderen Lehrlinge wurden auch nicht besser behandelt.

„Alle ham sie Hiebe gekriegt, selbst die Hilfsarbeiter, die auch jugendlich waren, denn so die Heranwachsenden, die 16, 17 Jahre alt waren, die mußten ja genauso arbeiten als wenn sie 30 Jahre alt waren, aber haben viel weniger Lohn gekriegt. - Einem Druckerlehrling, dem hat er das Trommelfell zerschlagen, so daß dann nachher der Vater Strafanzeige gegen ihn gestellt hat. Das ist zunächst einmal an die Innung gegangen. Die Innung hat dann gesagt: wenn Sie diese Strafanzeige aufrecht erhalten, helfen wir nicht, wenn Sie sie aber zurückziehen, beschaffen wir Ihrem Sohn ne andere Lehrstelle, wo er seine Lehre fortsetzen kann. Und er kam dann zu der Druckerei Wagner & Söhne in der Casinostraße in Höchst und war aus diesem Qualverhältnis befreit.“ (ebd., 100)

Über seine Arbeitszeit hat Fritz Schmidt noch folgende Erinnerung:

„Ich mußte selbstverständlich morgens, da es noch keine Zentralheizung in dem alten Gebäude gab, im Winter, im Herbst, im Frühjahr, den Ofen versorgen, daß wenn die Herren Setzer kamen, daß dann eine Temperatur herrschte, in der man setzen konnte, denn wenn die Finger kalt sind, da fällt jeder Buchstabe aus der Hand. - In der Nacht ist das Feuer ausgegangen, denn früher hätt' niemand durchgeheizt, das Feuer mußte immer wieder neu angemacht werden. Wer das gemacht hat, das war der jüngste Stift. Um 7 Uhr hat die Arbeit begonnen, ich mußte um 6 Uhr da sein, Feuer machen, und dann ging die Arbeit los. Und die Arbeit hat dann gedauert 8 Stunden. Da kam dann noch das Vorarbeiten für den Samstag dazu. Und dann hinterher, also halb fünf, fünf am Nachmittag die Setzerei kehren, manchmal auch putzen. Und dann konnt' ich heim. Aber zwischendrin gab's Transporte von Drucksachen. Da hatten wir son Stoß Karten, Papier ist ungeheuer schwer, das mußte dann gefahren werden von Nied bis an die Farbwerke, die eine eigene Hausdruckerei hatten, die aber einen Großteil ihrer Drucksachen woanders machen ließ. Und da wurden dann die Drucksachen abgeliefert, und dann hab ich neues Papier von dort bekommen. Das war genauso schwer wie das andere, denn die Farbe, die wiegt ja nichts. Mußt ich dann wieder zurückfahrn denselben Weg. Das ging natürlich von der Lehrzeit ab. Und wenn's zu schwer war, der hatte einen Hilfsarbeiter, der zeitweilig nur beschäftigt war für diese Zwecke. Ja, das mußten die Lehrlinge machen, der Druckerlehrling und ich oder einer allein, aber das hatte mehr oder weniger dazugehört. Und dann hatte auch dazugehört, das Frühstück zu holen oder das Mittagessen einzukaufen, auch Bier einzukaufen usw., das war klar." (ebd., 103)

Was Fritz Schmidt und eine Reihe anderer Angestellte besonders empörte, war die Scheinheiligkeit des nach außen hin braven und biederen Bürgers, seines Meisters, der vor allem das Abhängigkeitsverhältnis der Arbeiterinnen schamlos mißbrauchte und sie sexuell ausbeutete.

„In einer Druckerei muß auch weibliches Personal beschäftigt werden, also Durchschießerinnen, Einlegerinnen, Helferinnen in der Buchbinderei zu den verschiedensten Arbeiten: Heften, Schneiden, Kleben. Und da hatte er wieder mit Vorliebe jüngere Mädchen, auch unter 16 Jahren, eingestellt und arbeiten lassen. Und dann hat er auch ältere, in keinem Fall älter als 30 Jahre, gehabt. Und die Favoritin in sexueller Hinsicht, die war die jeweilige Vorarbeiterin der Frauen. Und das ging so weit, daß er auch einmal eine Favoritin hatte, die auch noch verheiratet war, als gleich zwei Männer hatte. Und alle diese Mädchen sind genötigt worden, ihm sexuell dienstbar zu sein." (ebd., 100)

Vor allem der Lehrling, dem der Meister mit Prügel besonders hart zusetzte, staute eine ungeheure Wut in sich auf und sagte:

„Ich räche mich an dem Schuft! - Der ist nun voller Haß und voller Wut immer rumgelaufen. Und immer, wenn der Friedrich Meier mit seiner Favoritin, also nicht die Vorarbeiterin, diese Zwischen-, Nebenfavoritin, im Papierkeller verschwunden ist, und da war diese große Schneidemaschine, da lagen Schnitzel, und das war ein wunderbares Liebeslager, ist dann mit diesem Mädchen - auch unter 16 Jahren - verschwunden, und mein Müller*, wenn die dann wieder hochgekommen sind, hat der nach Beweisstücken gesucht. Das hat er in der Form gemacht, indem er die Vorpost genommen hat, er hat seinen coitus interruptus geübt, hat die Spermen aufgewischt, und dieses Beweisstück hat er dann triumphierend vom Keller aus der Buchbinderei in die Druckerei, in die Setzerei getragen. Hier ein neues Beweisstück! Und hat das dann nachher als Depot in den leeren Ofen, also im Frühling schon, Ende Winter, in den nicht benutzten Ofen gesteckt. Und im Herbst war der Ofen voll! - Also ein solches Schwein war das, und nach außen hin hat er dann einen großen Biedermann gespielt, vor allem auch mit den Auftraggebern, dem Abteilungsleiter der Farbwerke Höchst." (ebd., 101)

*Name geändert

8.3 Was lernen die Arbeiterin und der Arbeiter in der Fabrik?

Die Arbeiterin oder der Arbeiter kommen nicht als unbeschriebenes Blatt in die Fabrik. Sie bringen eine jahre- bzw. jahrzehntelange „Sozialisation" mit, Erfahrungen und Erlebnisse aus Elternhaus, Kindergarten und Schule, aus dem Umgang mit Nachbarn und den Erlebnissen auf der Straße, wenn sie als Lehrling oder Anlernling, als Jungarbeiterin oder Jungarbeiter in Werkstätten, Läden oder Büros kommen. Noch ausgeprägter sind diese Vorerfahrungen bei der ersten Generation der städtischen Proletarier, die als Erwachsene erstmals mit der Fabrikarbeit beginnen. Daher spielt für die erste und zweite Generation die Familienherkunft eine bedeutsame Rolle. So ist es durchaus ein großer Unterschied, ob eine Arbeiterin oder ein Arbeiter aus einer städtischen Handwerkerfamilie oder - wie die Masse der Frankfurter Proletarier - aus relativ dünn besiedelten und stark verarmten Gebirgsdörfern stammt. (vgl. Kap. 3, 4ff.)

Die Industrie war anfangs, als sie selbst nur in ungenügendem Maße ausbildete, auf die fachlichen Fähigkeiten der Handwerker angewiesen. Andererseits entwickelten die Handwerker in ihrer zünftigen Ausbildung ein „enges Standes- und Berufsbewußtsein", das sie veranlaßte, die Monotonie und Einseitigkeit der Fabrikarbeit so lange wie möglich zu meiden, obwohl die Fabriken sie oft mit höheren Löhnen als die Handwerksmeister sie zahlten, lockten:

„Dem Handwerkslehrling wurde durch Sprüche und Redensarten, durch Bräuche, Allüren und Zeremonielle bei feierlichen Anlässen eine solche Haltung vermittelt und zur Selbstverständlichkeit gemacht" (Monumenta Paedagogica, Bd. 10: Zur Geschichte der Arbeitserziehung..., 21),

die u.a. auch die Entwicklung der Industriegewerkschaften lange be- bzw. verhinderte. Als Handwerker in die Fabrik zu gehen, bedeutete immer, daß der „goldene Boden des Handwerks" arg dünn geworden war. In den Augen der Betroffenen war es meistens ein Statusverlust. Auf der anderen Seite war die zünftige Organisation des Handwerks oft eng und muffig, die persönliche Abhängigkeit vom Meister viel größer als von einem Fabrikherren. Insofern wurde selbstverständlich auch von einem Teil der neuen Industriearbeiterschaft der Arbeitswechsel als eine Art Befreiung erlebt, der durch feststehende Arbeitszeiten und mehr Geld belohnt wurde. (vgl. Kap. 8, 14f.)

Die Masse der Lohnarbeiter kam vom Land:

„Sie waren die Söhne und Töchter armer Leute, die sich als Tagelöhner in der vorindustriellen Gesellschaft mühsam durchgebracht hatten und für die es vielfach schon als Verbesserung galt, überhaupt eine regelmäßige Arbeit zu finden. Sie waren oft nachgeborene Söhne und Töchter von Bauern gewesen, die nicht selten froh waren, aus den gedrückten Verhältnissen des Hofes und des Dorfes in die Stadt zu gehen. (...) Wenn diese Menschen in die Stadt kamen, brachten sie in der Regel lediglich ihre praktischen Kenntnisse aus der ländlichen bäuerlichen Arbeitswelt mit, zugleich aber auch die Formen regionaler Alltagskultur: Verhaltensweisen im Umgang, Nahrungsgewohnheiten (besondere Gerichte) und umgangssprachlichen Dialekt und häufig auch ihre eigene Religiosität. Ihre Kenntnisse bäuerlicher Arbeit galten in der Fabrik nichts." (Ruppert, W.: Die Fabrik, 50)

Tradierte soziale Normen und Wertsysteme blieben in der Regel recht lange erhalten.

„Solange sich das Proletariat über sein Klassenverhältnis nicht klar ist, kann es kein Klassengefühl, viel weniger ein Klassenbewußtsein entwickeln. Es fühlt sich der bürgerlichen Welt, dem ‚Volke', zugehörig und glaubt sich zu einer Denkweise und Haltung verpflichtet, die denen seiner Vorbilder, der Bourgeoisie, nach Möglichkeit entspricht. Unterstützt wird diese Neigung und Bereitwilligkeit durch den Umstand, daß die ersten Proletariergenerationen unmittelbar aus bäuerlichen und kleinbürgerlichen Schichten hervorgingen. (...) Ihre Gemütslage, ihr geistiger Horizont, ihre Beziehung zu Welt und Zeit blieb noch lange dem ländlichen Milieu angepaßt. Mit der Vergangenheit verwachsen, standen sie unsicher in der Gegenwart. Dieser Unsicherheit aber trieb sie ideologisch ins Lager der Stärkeren, das ihnen Geborgenheit versprach." (O. Rühle: Illustrierte Kultur- und Sittengeschichte, Bd. 1, 25f.)

Gerade diejenigen, die aus den Dörfern kamen, hatten jedoch einen weiteren Nachteil: ihre größtenteils schlechte Schulausbildung. In der ersten Generation der Proletarier gab es einen nicht genau bestimmbaren, relativ hohen Anteil von Quasi-Analphabeten. Viele der Gesprächspartner berichteten, ihre Eltern hätten auf der Dorfschule außer Religion nur eine minimale Grundausbildung erhalten und seien daher nie in der Lage gewesen, ihnen bei den Schularbeiten zu helfen. Viele konnten nur mühsam buchstabieren und kaum mehr als ihren Namen schreiben und suchten das, so gut es ging, zu verbergen.

Unterordnung, Fleiß, Gehorsam, Ordnung waren Verhaltensmuster, die die meisten bereits in die industrielle Arbeitswelt mitbrachten. Die industrielle Produktion erforderte jedoch teilweise eine Uminterpretation, teilweise eine völlige Umorientierung. Handwerker wie Landbewohner mußten in der Fabrik gewaltig um-, dazu- und manches auch erst verlernen. Die Industrie verlangte vom Arbeiter zuallererst den Erwerb einer völlig neuen Zeitstruktur. Das Leben und die Arbeit auf dem Land folgen einem biologischen Takt der Jahreszeiten und des Tages. Gearbeitet wird, was die Jahreszeit erfordert, und da gibt es Perioden äußerster Anstrengung (etwa zur Erntezeit) und Perioden relativer Ruhe und Entspannung (etwa im Winter), und es wird gearbeitet, solange und sobald es hell ist. Das Zunftwesen hat für Gesellen Freiräume wie etwa den „blauen Montag", die Wanderzeiten usw. geschaffen. In der Fabrik – aber auch im Büro – herrscht eine abstrakte Zeitökonomie, die von den menschlichen Bedürfnissen völlig losgelöst ist. Das gilt für Beginn und Ende der Arbeitszeit, für die Pausen wie auch den Zeittakt der Maschinen. Diese Zeitstruktur richtet sich nicht mehr nach dem Krähen der Hähne oder dem Geläut der Kirchenglocken, sondern nach dem Stunden-, Minuten-, ja Sekundentakt der Uhr.

„Pünktlichkeit gewann in der industriellen Gesellschaft den Wert einer individuellen Tugend, denn Pünktlichkeit wurde zunehmend mit Zuverlässigkeit assoziiert." (Ruppert: Die Fabrik, 53)

Sophie Ennenbach schilderte ihre ersten Erfahrungen mit der Fabrikarbeit vor dem Krieg:

„Als ich zum ersten Mal frühmorgens dahin ging, kam ich mir wie befreit vor. (...) Ich komme an der Fabrik an. Durchdringend schrillt die Fabrikpfeife. Vor meiner Nase knallt die Türe zu, und ratlos schaue ich mich um.
‚Kommen Sie hier rin', sagt ein Mädchen, das gerade beim Büroreinigen ist. ‚Sie sind wohl neu? Da sind Sie aber zu spät gekommen. Wenn's um sieben Uhr pfeift, müssen Sie schon drin sein. Sonst müssen Sie durch's Büro und zahlen für das Zuspätkommen fünfzig Pfennig Strafe; bei mehr als fünf Minuten noch mehr. In solchen Fällen gehen Sie besser wieder heim und kommen nach ein oder zwei Stunden mit glaubhafter Entschuldigung wieder.' Bei all diesen Worten hatte mich die Kollegin hintenherum, eine Treppe hoch, in den Sticksaal geführt, wo sie mich dem Meister vorstellte: ‚Eine neue Arbeiterin, sie hat sich im Eingang geirrt. Jetzt habe ich ihr Bescheid gesagt.' Der Mann nahm mich in Empfang. Er teilte mich einer Art Vorarbeiterin zu, die mir meine Arbeit zuwies." (Ennenbach, 60f.)

War es in vielen Handwerken und Berufen noch möglich gewesen, den Arbeitstakt durch Arbeits- oder Werklieder anzugeben, so setzte die technische Synchronisation verschiedener Arbeitsvorgänge das Ineinandergreifen von Antriebs- und Arbeitsmaschinen, die Entwicklung der Methoden der Fließbandarbeit und anderer Methoden der Arbeitszerlegung einen zeitlich genau aufeinander abgestimmten Arbeitsverlauf voraus, den die traditionellen Gesänge eher stören als fördern konnten. Daher war in vielen Fabriken das Singen während der Arbeit bei Strafe des Lohnabzugs streng verboten.

Die Arbeit in der Fabrik ist durch eine spezifische Form der Disziplin gekennzeichnet, auch sie abstrakt, losgelöst von menschlichen Bedürfnissen. Handwerker- oder Bauernkinder waren es durchaus gewöhnt,

„sich nach einem individuellen Leistungsprinzip selbst zu organisieren." (Ruppert, a.a.O., 54)

und etwa die Arbeit zu einem Gespräch mit einem Kollegen nach eigenem Bedürfnis zu unterbrechen. Dagegen wurden die Arbeiter in der Fabrik

„anders und ausgeprägter als in herkömmlichen Arbeitssituationen mit ungewöhnlich harschen Disziplinierungs- und Kontrollmethoden" (Kocka: Lohnarbeit, 117)

konfrontiert. In allen größeren Fabriken gab es zumindest bis in den Ersten Weltkrieg hinein alleine vom Fabrikanten festgesetzte Fabrikordnungen, die das Verhalten der Arbeiter bis in die kleinsten Einzelheiten genau festlegten und Verstöße mit schmerzlichen Lohnabzügen bedrohten. Die rigorose Disziplinierung wurde von Neuankömmlingen in der Fabrik oft als Schock erlebt und als Zumutung erlitten. (Kocka, 120) Gerade darum aber und weil das Überleben in der Fabrik nur möglich war, wenn man sich an diese neue Zeitstruktur und die industrielle Disziplin so vollständig wie möglich anpaßte, verinnerlichten viele Arbeiter und Arbeiterinnen diese Normen so stark, daß sie sie schließlich als ihre eigenen Wertmaßstäbe empfanden und an ihre Kinder weitergaben.

Hinzu kommt eine andere Bewertung der Qualität der Arbeit und der Präzision. Seit 1910 war und ist es das Bestreben der Ingenieure,

„die Produktion möglichst unabhängig von persönlichen Fähigkeiten der Arbeiter zu halten. Sie blieben in ihrer Person leicht austauschbar und wurden zur Bedienung einer Maschine oder später zur Ausführung bestimmter Handgriffe am Band nur kurz angelernt." (Ruppert, 51)

War dazu auch keine besondere fachliche Qualifikation mehr nötig, so erforderten die Maschinenbedienung oder die Handgriffe am Band jedoch zumeist eine große Exaktheit in der Ausführung und eine konzentrierte permanente Aufmerksamkeit, wie auch die Anforderung an die Präzision der Produkte immer weiter anwuchs. Außer im Reparaturbereich und im Werkzeugbau verminderten sich in der Fabrik aber auch zunehmend die Qualifikationsanforderungen an die Facharbeiter, zumindest ihre vielseitige Verwendbarkeit wurde kaum noch gefordert. Auch sie wurden überwiegend mit einer monotonen Produktion einzelner Teile in großen Stückzahlen beschäftigt, so etwa ein Dreher in einer Automobilfabrik wie in den Adler-Werken über Wochen, Monate, ja Jahre hinweg mit dem „Schruppen" (groben Vordrehen auf ungefähre Maße) von Kurbelwellen oder Motorzylindern, während ein anderer Teil die „Feinarbeit" erledigte und ein Dritter das gedrehte Teil in die Schleifmaschine spannte. Da aber jeder Mensch die Selbstbestätigung in seiner und durch seine Arbeit braucht, wird für den Fabrikarbeiter zunehmend der Lohn stellvertretend zum alleinigen Maßstab für den Wert seiner Arbeit. Arbeitszufriedenheit reduziert sich dann auf die Zufriedenheit mit dem Lohn, gemäß dem Ausspruch: „Hauptsache, die Kohlen stimmen". Andererseits aber wird die Lohntüte damit zum Ausweis der eigenen Leistung und ihrs Wertes. Daran knüpft sich dann auch sehr leicht die Vorstellung: wer mehr verdient, der leistet auch mehr.

„Die Koppelung der Selbst- und Fremdeinschätzung mit der Lohnsumme ist im Kapitalismus sozusagen die letzte Möglichkeit, überhaupt noch eine nach außen einigermaßen wahrnehmbare und plausible Beziehung zwischen den Produzenten und ihren Produkten herzustellen. Nicht zuletzt deswegen hält sich wahrscheinlich in unseren wechselseitigen zwischenmenschlichen Wahrnehmungen die Frage des Habens und Nichthabens von Geld so hartnäckig, als ob es sich dabei um eine natürliche Persönlichkeitseigenschaft handelte." (Ottomeyer: Ökonomische Zwänge und menschliche Beziehungen, 102; vgl. auch: Holzkamp: Sinnliche Erkenntnis, 222ff.)

Alle Verhaltensweisen, die täglich 10, 12 Stunden von einem Menschen gefordert werden, müssen mit der Zeit ein Teil des Selbst werden. Die Arbeiterin oder der Arbeiter können sie nach der Arbeitszeit nicht mehr ablegen, sondern orientieren sich auch in ihrer Freizeit, d.h. in der von der Lohnarbeit freien Zeit, genauso. Ordnung, Sauberkeit, Pünktlichkeit, Disziplin und Gehorsam in einem abstrakten Sinne, d.h. unabhängig von dem Zusammenhang, in dem sie gefordert werden, werden zu Gewohnheiten des häuslichen Alltags und damit auch Element der proletarischen Kindererziehung.

Als Verkäufer einer Ware – nämlich seiner Arbeitskraft – tritt der Anbieter in der kapitalistischen Konkurrenz, wie jeder andere Warenbesitzer, in Konkurrenz zu den anderen Arbeitern. Voll wirkt sich dies zunächst in dem Kampf um den Arbeitsplatz aus, d.h. zunächst einmal zwischen Beschäftigten und Erwerbslosen. Innerbetrieblich bleibt sie ganz deutlich voll erhalten etwa bei der Akkordarbeit, wird aber zugleich auch gebremst durch Erfahrungen, die die besonderen Formen der industriellen Zusammenarbeit gegenüber der handwerklichen Einzelarbeit hervorbringen. Gerade die technische Notwendigkeit der Synchronisation von Arbeitsvorgängen macht dem einzelnen Arbeiter auch sehr schnell seine Abhängigkeit nicht nur von den Vorgesetzten, sondern auch von den Kollegen, klar.

„Arbeiter haben im allgemeinen eine sehr genaue Vorstellung davon, wie sich ein guter Kooperationspartner, ein Kumpel, in Arbeitsprozessen zu verhalten hat. Diese Maßstäbe gehen ein in ihre wechselseitige Wertschätzung und die zwischenmenschliche Orientierung der Arbeiterkultur." (Ottomeyer, a.a.O., 109)

Der Arbeiter muß sich also nicht nur an die Verhaltensanforderungen der industriellen Produktion, sondern zugleich an die der Produzenten, seiner Arbeitskollegen, anpassen. Auch die Solidarität wächst aus den Erfahrungen der Arbeitswelt. Gerade hier, wo der individuelle Widerstand so augenscheinlich erfolglos ist, ist zugleich die Notwendigkeit kollektiven Handelns offensichtlich. Daraus ergibt sich die Einsicht in die Notwendigkeit der gewerkschaftlichen und politischen Organisierung. Bei den Widerstandsaktionen und Streiks der Nachrevolutionsphase wurden zudem häufig die während des Krieges antrainierten Ausdrucksformen auf die Arbeitskämpfe und die politischen Demonstrationen übertragen. Vor allem für die Frauen hatte die Lohnarbeit oft erstmalig die Möglichkeit einer solidarischen Kooperation oder auch nur der gemeinsamen politischen Diskussion eröffnet, die dann häufig zur Politisierung führten. (vgl. Kap. 9)

Natürlich waren auch die Angestellten nur Lohnarbeiter des Kapitals. Sieht man einmal von der kleinen Schicht der administrativ oder technisch „leitenden" Angestellten ab, so hatten sie ebenso in der Regel eng begrenzte, starr vorgegebene Arbeiten zu verrichten, die

„nach erprobter Routine und standardisierten Mustern vollzogen werden mußten: Material- oder Lohnlisten wurden ergänzt oder der Versand durchgeführt." (Ruppert, 49)

Die meisten unterschieden sich dabei in ihrem Einkommen kaum von den Facharbeitern. Die Tatsache aber, daß sie mit Schlips und Kragen ihre Arbeit verrichten konnten, nährte bei ihnen die Illusion, etwas Besseres als die Arbeiter in der Produktion zu sein. Diese Tendenz wurde durchaus von der Unternehmerschaft gefördert, waren doch Straßenkleidung oder der weiße Bürokittel statt des Blaumanns oder der gesonderte Eingang im Fabrikgebäude keine großen Zugeständnisse, aber ein gutes Mittel, die Arbeiterschaft in sich zu spalten. Wie wirkungsvoll die Angestellten-Ideologie war, zeigte sich auch in mehreren Interviews. Die Vorstellung der Eltern, ihre Kinder sollten es einmal besser haben und einen „gehobenen" Beruf erlernen, waren eng verbunden mit der Berufsziel „Beamter" oder „Angestellter".

Die Revolution mit ihren Forderungen nach grundlegenden Veränderungen, nach stärkerem betrieblichem Einfluß und Mitspracherechten, mit ihrem Politisierungsprozeß, stellte die bestehenden Normen in Frage, ließ den Unternehmerwillen nicht länger als unumstößliches Prinzip gelten. Bei weiten Teilen der Arbeiterschaft war der Kampf zur Sicherung der politischen und gesellschaftlichen Forderungen in den Vordergrund getreten, zudem war ihre wirtschaftliche Lage so schlecht, daß sie kaum erhaltenswürdig war, sondern nach Verbesserung schrie. Daß die Unternehmerschaft, und mit ihr die gesamte Reaktion, zum frühestmöglichen Zeitpunkt den Kampf dagegen aufnehmen mußte, war voraussehbar und aus ihrer Sicht konsequent. Ihre eigenen Machtansprüche und das Prinzip der Profitmaximierung konnten sie sich nicht von der Masse ihrer „Untergebenen" in Frage stellen lassen, ohne sich selbst und ihre Funktion in Frage zu stellen.

9. Eigner Herd ist Goldes wert. Die Arbeiterfamilien und ihre Strukturen

Mann und Weib und Weib und Mann
sind nicht Wasser mehr und Feuer.
Um die Leiber legt ein neuer
Frieden sich, wir blicken freier
Mann und Weib uns fürder an,
Mann und Weib uns fürder an.
(Text: Hermann Claudius, 1915)

Der Text dieses in der Arbeiterjugendbewegung der zwanziger Jahre oft und gern gesungenen Liedes drückt eher ein Programm als die Realität der Geschlechterbeziehungen in der Arbeiterklasse aus. Gewiß begann sich in der Arbeiterbewegung – und besonders in den Arbeiterjugendgruppen – bereits vor dem Ersten Weltkrieg eine neue, zugleich „freiere", „friedlichere" und solidarischere Beziehung zwischen „Bub und Mädel" herauszubilden. Doch: wo die Existenz am ungewissesten ist, ist die Angst vor Veränderung meist am größten, ist Verhaltensänderung nur sehr langfristig möglich. Und so dürfte für weite Teile der Arbeiterbevölkerung auch in den zwanziger Jahren noch weitergegolten haben, was Otto Rühle in seiner „Kultur- und Sittengeschichte des Proletariats" schrieb:

„Die Forderung nach vorehelicher Keuschheit kommt ihm daher eben recht. Zwar wagt er oft nicht, sie offen auszusprechen, meist ist er sich auch nicht über die Bewandtnis dieser Forderung klar; aber ein tiefer Instinkt, der umso ausgeprägter ist, je unsicherer sich der Mann sexuell fühlt, läßt ihn die Wahl unter den Mädchen so treffen, daß er beruhigt seiner sexuellen Rolle in der Ehe entgegensehen kann." (Rühle: Kultur-und Sittengeschichte 2, 16)

Die Forderung nach sexueller Zurückhaltung gilt dabei nur für die Frau. Die

„Triebhaft, unbekümmert, als etwas ganz Selbstverständliches nimmt der junge Proletarier, was sich ihm sexuell bietet. Er versteht sich auf Verführung und Vergewaltigung. (...) Seine Achtung vor dem Weibe in der Klassengenossin ist gering entwickelt. Die Klassensolidarität hört auf, wo es sich um sexuellen Genuß handelt. Für seine Stellung zur Frau ist sein Herrenbewußtsein maßgebend." (ebd., 19 f.)

Ferdi Brandecker erinnert sich, daß sein Vater (Jahrgang 1902) mit Erzählungen über sein Liebesleben nicht hinter dem Berg hielt.

„Mein Vater hat oft und gern ‚Geschichten aus seinem Leben' erzählt, aber am liebsten von seinen ‚Weibergeschichten', wie meine Mutter das abfällig nannte. Damit hat er mordsmäßig angegeben. Meiner Mutter war das peinlich, nicht nur, weil meine kleine Schwester und ich dabei waren und die Ohren weit aufgesperrt haben. Je verlegener meine Mutter wurde, um so detailreicher erzählte der Babba. Wenn auch nur die Hälfte davon stimmt, muß er ein großerer Wilderer auf allen Tanzböden in Oberorschel (Oberursel), Homburg und Umgebung gewesen sein. So wie er seine Geschichten erzählte, war für ihn und die übrigen Bauern- und Arbeiterburschen das Tanzen nur der Vorwand, die Gelegenheit, sich an Mädchen heranzumachen und sie mit Schmeichelei, Imponiergehabe, Alkohol und Knutscherei möglichst schnell dazu zu bringen, aus dem überhitzten Tanzsaal zur ‚Abkühlung' mit nach draußen hinter ein Gebüsch, eine Hecke, ins Korn oder auch nur in einen dunklen Winkel zu gehen. Der war richtig stolz wie en Gockel, wieviele Mädchen er ‚rumgekriegt' hat. Dauerhafte Beziehungen, eine ständige Freundin oder gar eine Braut, scheint er in den Jahren nach dem Ersten Weltkrieg nicht gehabt zu haben." (F. Brandecker, Notizen 1)

Sexualpartnerinnen zu suchen und zu finden, war in der Regel für den jungen Proletarier kein Problem: Tanzveranstaltungen, Geburtstagsfeiern, Sport- und Kulturveranstaltungen am Wochenende mit dem Einfluß von Alkohol, boten willkommene Gelegenheiten. Die Zusammenarbeit in der Fabrik schuf Kontaktmöglichkeiten.

„Da die Proletarierin ohnehin schon oft das Opfer von Verführung oder Vergewaltigung durch Werkmeister oder Chefs geworden ist oder aber damit rechnen muß, es früher oder später zu werden, setzt sie dem Sexualverkehr mit ihren Arbeitskollegen keinen besonderen Widerstand entgegen. Der Proletarier seinerseits wird durch das Beispiel der Vorgesetzten und die meist renomistischen Berichte der älteren Kollegen zur Aggressivität ermutigt." (Rühle, 18)

Das stellt Rühle lapidar und etwas verallgemeinernd, aber gewiß nicht unberechtigt fest. Die Furcht vor Verlust des Arbeitsplatzes und sonstigen beruflichen Nachteilen, die Angst, die Chance zu verspielen, einen potentiellen Ehemann an sich zu binden, wenn sie sich allzu sehr „zierte", förderte andererseits die Bereitschaft zum Nachgeben gegenüber dem Drängen der jungen Männer.

In den überfüllten Arbeiterwohnungen wurde – häufiger als die bürgerliche Familienideologie es wahrhaben will – die Schwester, Tochter, Nichte oder Enkelin zum Ziel sexueller Attacken, wie aus zahlreichen Lebensberichten oder Gerichtsakten zu entnehmen ist. (z.B. Valerie Radtke: Ich suche Liebe) Weniger durch die Familie und die Distanz schaffende Privatsphäre behütet als die bürgerliche „Jungfrau", war die junge proletarische Frau der direkten oder indirekten sexuellen Aggression bürgerlicher und proletarischer Männer ungeschützter ausgeliefert. Doch auch in der Arbeiterklasse war die Geschlechterbeziehung nicht nur oder auch nur vorwiegend durch Gewalt bestimmt. Wenn der junge Arbeiter in der sexuellen Beziehung zunächst einmal Selbstbestätigung suchte und fand, so war auch in ihm der Wunsch nach Wärme, Zuneigung und Liebe lebendig, die zugleich die junge Proletarierin als Ausgleich für all die Versagungen des Alltags suchte.

Doch die Zeit der relativen sexuellen Freiheit war, wie Ferdi Brandecker zu berichten weiß, beschränkt:

„Wenn mein Vater Geschichten aus seinem Leben erzählte, dann waren das meist Geschichten aus der Zeit nach der Lehre, als er auf der Walz war: in Deutschland, Lothringen, Elsaß, der Schweiz und Österreich oder aus der Zeit danach, wo er als relativ gut bezahlter Dreher frei und ungebunden nach der harten Arbeit nur seinem Vergnügen lebte. Diese Zeit zwischen Lehre und Heirat, das war eigentlich sein Leben, die Zeit seiner relativen Freiheiten." (Brandecker, Notizen 2)

Obwohl die jungen Arbeiter in sehr vielen Fällen keine allzu positiven Erinnerungen an das Familienleben hatten, blieben die meisten nicht übermäßig lange ledig. Was also trieb sie in die Ehe? Otto Rühle gab darauf eine Antwort:

„Der junge Proletarier, früh den Eltern entlaufen, auf sich angewiesen, hart herumgestoßen und herumgeworfen, in Herbergen und Schlafstellen quartierend, kommt in seiner Entwicklung eines Tages an den Punkt, wo er sich sagt: ich brauche eine Frau. Nicht eine Geliebte – die kann er in Mengen haben, nicht eine Bettgenossin – damit ist er versorgt, etwas anderes: eine Frau, eine richtige Ehefrau. Das heißt: eine Frau, die für ihn flickt und kocht, sein Zeug zusammenhält, Tisch und Bett versorgt, einem kleinen Haushalt vorsteht, Ordnung in sein Leben bringt, in ihrem Zusammenleben mit ihm dem ganzen Dasein erst einen richtigen Sinn gibt.
Und die junge Proletarierin, von klein auf in Erwerbsarbeit stehend, schlecht behandelt und entlohnt, eine Beute der Männer, ohne Rückhalt und sicheren Boden unter den Füßen, kommt im Ablauf ihres Lebens ebenfalls an einen Punkt, an dem sie sich sagt: ich brauche einen Mann. Nicht einen Liebhaber für zärtliche Stunden, nicht einen Genossen für sexuelle Erlebnisse. Nein: einen Mann, der sie versorgt, der verdient und erwirbt, der sie durch die Verheiratung aus der Fabriksklaverei herausreißt, der ihr die Möglichkeit verschafft, etwas Eigenes zu haben, eine warme Stube, eine Küche, ein Ehebett und ein paar Kinder, denen sie Mutter sein kann." (Rühle, a.a.O., 10f.)

Sind auch die Motive zur Eheschließung andere als im Bürgertum, denn die Arbeiter haben kaum „Besitz" zu vererben, lassen die Tradition und das Gewicht der bürgerlichen Ideologie ebenso wie der Druck der Rechtslage die junge Arbeiterin und den jungen Arbeiter keine Alternative zur bürgerlichen Ehe finden.

Häufig war der Entschluß zur Heirat nicht ganz freiwillig.

„Man heiratet, wie ein Arbeiter sagt, nicht um Kinder zu kriegen, sondern weil man sie schon hat." (Rühle, a.a.O., 21)

Wie Rühle beschreibt, scheute sich der Bourgeoisiesprößling zwar nicht, ein Arbeitermädchen zu verführen, weigerte sich jedoch um so entschiedener, es zu heiraten, wenn es dabei schwanger wurde. (ebd.) So berichtete auch Willy Möser. Schon seine Mutter wuchs als uneheliches Kind bei ihrer Großmutter auf.

Ungefährdetes freudvolles
Jugend-, Braut-, Ehe- und Familienglück schafft das Buch:
Der Kampf um das
Glück der Ehe
und Nachkommenschaft.

Dasselbe würde **bei ungehinderter Verbreitung** schon vor dem Krieg und insbesondere während der schrecklichen Kriegsjahre und jetzt viel Unheil verhütet und Gesundheit und Leben in vielfacher Weise vor Vernichtung bewahrt haben.

Aus dem Inhalt sei nur herausgegriffen: Ist nicht bewußte Vorenthaltung von Hilfe und Schutz gegen die vielen Früh-, Fehl-, künstlichen, schweren und zu schnell aufeinander folgenden Geburten gleichbedeutend mit — Massenmord am weiblichen Geschlecht und millionenfacher Mord unschuldiger Kinder? — Warum gab man nie Aufklärung über das Zeugungsleben? — Warum hat man so wenig Verantwortungsgefühl, daß man die Jugend unwissend oder gar mit ganz falschen Anschauungen, die unbedingt zu ihrem Verderben werden müssen, ins Leben stößt? Die Prostitution, Lustseuchen und der Zerfall überall als Wahrzeichen der Verlogenheit der heutigen Gesellschaft. — Das brutale unkeusche Verschweigen. — Noch kein Buch hat so viele tragische, echte Schilderungen aus dem Leben selbst enthalten wie dieses, weil sonst niemand wagt, einem anderen seine Verhältnisse und Schicksale so zu schildern, wie sie wirklich sind und seine innersten Gefühle zu offenbaren, wie es viele tausend den Verfassern dieses Buches gegenüber getan haben.

Trotzdem wir in dem Buche darauf aufmerksam machten und bewiesen, daß jeder der es zu unterdrücken und zu vernichten trachtet, sich des vielfachen Mordes und der Vernichtung zahlreicher zarter Frauen und Kinder und der Schädigung des ganzen Volkes schuldig macht, wurde es beschlagnahmt und gewaltsam unterdrückt. (Wie man früher gegen **Ketzer** verhandelt hat, so wurden unsere Bestrebungen hinter verschlossenen Türen ausgemerzt.)

Die neue Zeit hat es befreit!

Wer jetzt noch bösartig und in starrem Menschenhaß oder mangels menschlichen Mitgefühls und Wahrheitsliebe irgendwie die Existenz oder das größmögliche Bekanntwerden des Buches zu hindern sucht, wird öffentlich an den Pranger gestellt und zwar durch die Presse, durch das Buch und in öffentlichen Vorträgen, die wir vom September ab in allen größeren Städten arrangieren.

Wir versenden das Buch zum Preise von **Mk. 2.20**
(Porto 25 Pfennig, Nachnahme-Porto 45 Pfennig). 095

Eheleute Hedwig und Emil Kröning, Cannstatt 8, Teckstraße 14.

Donnerstag, den 28. Oktober, Loge „Zur Ein[illegible]keit“, Kaiserstraße 87
Freitag, den 29. Oktober, Zoologi[illegible]er Garten
spricht der bekannte Hygieniker und Schriftsteller
Reinhold Gerling, [illegible]erlin über

Warum das Weib am Manne leidet und der Mann am Weibe?

Aus dem Inhalt: Das Erwachen der Liebe [illegible]d das Liebesleben. — Die Leiden und Verirrungen vor der Ehe. — [illegible] gefällt dem Manne am Weib? — Warum bleiben so viele Mädchen [illegible]? — Das Geheimnis, den Mann zu fesseln. — Geschlechtliche Auf[illegible]lärung und Erziehung zur Ehe — Hochzeit und Flitterwochen. — [illegible]ebesehen, Möbelehen, Pflegerehen. — [illegible] und Ehefreuden. — [illegible] Minderwertigkeit der Erstgeborenen — Die Furcht vor vielen Kindern als Ursache gefährlicher Ehesitten. — Die Schuldfrage in der Ehe. — D[illegible]s verschiedenartige Gefühls- und Empfindungsleben der beiden Geschlechter. — Die Kälte der Frauen und ihre Ursachen. — Schwächezustände in der Ehe. — Der sonnige Eheabend. Nach dem Vortrage: **Beantw[illegible]ortung der Fragen.**

Gerlings Bücher sind bereits in über 3 Millionen Exemplaren verbreitet und in verschiedene Sprachen übersetzt.

Um zu starken Andrang zu vermeiden, ist es rat[illegible]am, die **Eintrittskarten** im Vorverkauf zu besorgen.

Karten zu 6—, 4—, 2— Mark, exklusive Steuer, im Vorverkauf bei Firnberg, Schillerstraße 20, Reisebureau Sch[illegible]ttenfels, Bethmannstraße 34 und Kasse Zoologischer Garten, sowie Abendkasse.

Auf Anordnung des Polizeipräsidiums finden die Vorträge nur vor getrennten Geschlechtern statt und zwar am **28. und 29. Okt. nur für Damen, am 2. Nov. nur für Herren.** Anfang 7³/₄ Uhr.

Der Wegfall der Zensur sorgte für ein breites Angebot an Sexualaufklärungsschriften und -vorträgen, die angesichts der mangelnden Sexualaufklärung auch auf lebhaftes Interesse stießen. In vielen Fällen war allerdings die Grenze zwischen Aufklärung und sanfter Pornographie fließend, insbesondere bei Filmen und Bildbänden.

Anzeige aus: Freiheit v. 26.8.19

Anzeige aus: Volksrecht v. 28.10.20

„Und nachdem sie 14 Jahre alt war, da ist sie dann in Stellung nach Königstein. Und da lernte sie meinen Vater kennen, der aus Budapest kam. Zur damaligen Zeit war das ja ne Seltenheit. Der war in Urlaub und hat sie dort kennengelernt. Und nachdem die Bekanntschaft nicht ohne Folgen blieb, hat er sich dann abgesetzt, und meine Mutter mit dem Kind wußte net wohin. Und die brachte es dann wieder zur Großmutter, das war meine Urgroßmutter.“ (Möser, 4)

Für die meisten Arbeiter dagegen galt es als unehrenhaft, das Mädchen, das man geschwängert hatte, „sitzenzulassen“. Es war das Zeichen – so berichteten auch mehrere der Zeitzeugen – zu heiraten und mit den früheren Sexualpraktiken Schluß zu machen, wenn schon nicht aus Liebe, so aber doch aus Pflichtgefühl. Das Risiko, ob der sie auch wirklich heiratete, lag immer bei der Frau, und es war groß. Unaufgeklärt, wie die meisten waren, blieben als Verhütungsmittel nur die relativ teuren und damals wenig verläßlichen „Pariser“ (Kondome) oder häufiger das „Aufpassen“, und das war noch weit unzuverlässiger. Das Risiko hieß dann „ein uneheliches Kind“.

Die Zahl der nichtehelichen Geburten war in Frankfurt wie in anderen Städten verhältnismäßig hoch. Sie schwankte von vor dem Krieg mit 15,73 Prozent der Geburten bis knapp 19 Prozent im Jahre 1918.

Da während des Kriegs die Eheschließungen rapide rückläufig waren, war es ebenso selbstverständlich, daß sie mit Kriegsende – vor allem in den ersten beiden Jahren – ganz sprunghaft wieder anstiegen. Doch ob die Ehe nun vorausgeplant oder „wegen anderer Umstände“ eingegangen wurde, das Gefühl und die Hoffnung: nun machen wir etwas ganz Neues, war wohl eine gemeinsame Überzeugung. Es war die Vorstellung von einer gesicherten „Privatsphäre“ und „Selbstbestimmung“ im privaten Bereich. Der alte

Jahr	Eheschließungen	Geburten		Anteil	
		ehelich	unehelich	ehelich	unehelich
1913	4205	7787	1453	84,27 %	15,73 %
1917	2711	3859	801	82,81 %	17,19 %
1918	3233	4200	984	81,02 %	18,98 %
1919	6293	6365	1263	83,44 %	16,56 %
1920	7249	8073	1436	84,90 %	15,10 %
1921	5992	7379	1129	86,73 %	13,27 %
1922	6015	6314	1116	84,98 %	15,02 %
1923	4912	5597	894	86,23 %	13,77 %

(Zusammenstellung nach: Stat. Handbuch II, 78)

Spruch „eigner Herd ist Goldes wert" hing, einer Beschwörung des Schicksals gleich, als Kreuzstickerei mit sinnigen Symbolen oder Girlanden verziert, in beinahe jeder Arbeiterküche. Aber wie hart und oft vergeblich mußten die meisten jungen Arbeiterpaare darum kämpfen, auch nur einen Schimmer davon zu gewinnen, und wie schwer wurde es ihnen gemacht, eine Familie zu gründen. Angesichts der Wohnungsnot haperte es oft bereits mit der Wohnung. Viele junge Paare mußten jahrelang erst einmal bei den Eltern in ohnehin schon zu kleinen Wohnungen unterkriechen. Häufig – insbesondere wenn die Eheschließung überstürzt erfolgte, weil ein Kind unterwegs war – mußte die Frau weiterhin mitverdienen, um auch nur die allernotwendigsten Einrichtungsgegenstände zu beschaffen. Da die Arbeiter – wie die Bürger – ihren Stolz daran setzten, aus ihren Einkünften Frau und Kinder unterhalten zu können, empfanden die Männer die Mitarbeit der Frau oft als große Kränkung ihres Selbstwertgefühls. War man endlich in den eigenen vier Wänden, dann stellte sich in den allermeisten Fällen sehr schnell wieder die Rollenverteilung her, die man schon aus der Familie der Eltern kannte, d.h. die Frau hatte, auch wenn sie weiterhin berufstätig war, für den Haushalt zu sorgen, einzukaufen, zu kochen. Nach der Geburt des Kindes versuchte die Arbeiterfrau zu Hause zu bleiben, eine gute Mutter, Ehe- und Hausfrau zu sein.

Die proletarische Familie war jedoch günstigstenfalls eine ärmliche Kopie bürgerlicher Familienstrukturen. Was die bürgerliche Familie stabilisierte, war das Vermögen. Auf ihm beruhte die Sicherheit der Familienmitglieder, aber zugleich der Herrschaftsanspruch des Hausherrn, Gatten und Vaters über sie. Das alles fehlte der proletarischen Familie. Die Fremdbestimmung im Betrieb, die Unterwerfung, die der Arbeiter stündlich gegenüber den Vorgesetzten üben mußte, die permanente Kränkung seines Selbstwertgefühls, zwangen geradezu den proletarischen Mann, wenigstens zu Hause den „Herrn" zu spielen. Auch wenn sich in Teilen der Arbeiterschaft in den Jahren nach dem Ersten Weltkrieg ein Einstellungswandel abzuzeichnen begann, lassen sich in der Mehrzahl der Arbeiterfamilien ganz oder teilweise noch jene Verhältnisse aufzeigen, die schon Otto Rühle beschrieb. Der Ehemann verlangte

„die völlige und unbedingte Unterwerfung unter seinen Willen, der oft mit brutaler

Rücksichtslosigkeit zur Geltung gebracht wird. ... Als sein elementares Recht verlangt der Mann ... die sexuelle Auslieferung der Frau im ganzen Umfange seiner Bedürfnisse und Begierden. Als Herr im Ehebett macht er seine Ansprüche geltend, zwingt jede Weigerung nieder, verschafft er sich den schuldigen Tribut, verweigert er der Sexualindividualität der Frau jede Rücksicht und Schonung." (Rühle 2, 44f.)

Und da sich die Autoritätsanforderungen des Mannes auf keine wirkliche Macht stützen konnten, blieb ihm oft kein anderes Mittel zur Durchsetzung als körperliche Gewalt gegenüber Frau und Kindern. Berta Jourdan meinte, wenn die Männer prügelten,

„dann ging's hauptsächlich ums Geld und betrunken und um die männliche Überlegenheit zu beweisen mit dem Sexualverkehr. Es war häufig der Kampf ums Geld, ums Haushaltsgeld. Ich weiß, daß die Frauen sich am Fabriktor aufgestellt haben, um das Geld zu bekommen, ehe der Mann gegangen ist. Aber es gab doch viele ordentliche Männer, aber ob selbst der ordentliche Mann es nicht als sein Recht empfunden hat, daß er seine Frau mal verprügelte, ich weiß es nicht." (Jourdan, 24)

Geburtenregelung galt noch weithin als Eingriff in die göttliche Ordnung

„oder zumindest als eine Auflehnung gegen den Willen der Natur. ... Je größer die Armut, desto reicher in der Regel der Kindersegen. In Ermangelung aller anderen Möglichkeiten, dem Dasein eine Lust, dem Leben ein Vergnügen abzugewinnen, um nicht ganz in den Tiefen des Elends und der Verzweiflung zu versinken, blieb dem Proletariat neben dem Schnaps meistens nur das Ehebett. ‚Das Weib im Bett', pflegt der arme erzgebirgische Hungerleider zu sagen, ‚ist dem armen Mann sein Schweinebraten.'" (Rühle 2, 48f.)

Zwar waren die Formen der Geburtenregelung bekannt, wurden teilweise praktiziert, einfache Frauen verstanden es, durch Sprung oder Stoß Fehlgeburten herbeizuführen, doch man tat es in Angst und mit schlechtem Gewissen. Schwangerschaftsunterbrechungen wurden mit Zuchthausstrafen zwischen sechs Monaten und fünf Jahren bestraft. Der Kampf gegen den §218 war in den zwanziger Jahren schon aktuell. Im Oktober 1920 forderte die Reichstagsfraktion der MSPD in Kassel die Reform des §218 StGB (Rolle der Frau, 136), und im Dezember desselben Jahres stellte die KPD-Fraktion im Reichtstag den Antrag auf Abschaffung der §§218, 219 StGB (ebd., 147; vgl. auch Rühle 2, 56f.). Je tiefer die religiöse Bindung der Arbeiterfamilie war, um so weniger war sie in der Lage, zu Formen der Geburtenregelung zu greifen. Andererseits wuchs mit der Kinderzahl das wirtschaftliche Elend der Familie. Fünf Jungen und fünf Mädchen brachte die Mutter von Frieda Gärtner* zur Welt. Dazu die Tochter:

„Wenn die sich berührt hun, hatte se schon e Kind im Leib. Ich hab emol meiner Mutter gesacht wie ich älter war: Du bist aach e komisch Fraa, was hasten's ganze Jahr beim Vadder im Bett geschlofe? Ihr mußt' ja immer zusamme schlofe, wie'er Euch berührt habt, is es passiert. – Sejt se: also sowas, sowas sejjste." (Gärtner, 33)

Die Antwort der Mutter läßt die Hilflosigkeit ahnen, mit der viele Frauen dieser Generation den sexuellen Ansprüchen ihrer Männer gegenüberstanden. Allerdings setzte sich seit dem Ende des Ersten Weltkrieges auch in den

* Name geändert

In der Arbeiterpresse wurde für empfängnisverhütende Mittel geworben. Mit dem Hinweis auf Lebensmittelknappheit und Teuerung sowie auf Gerichtsentscheidungen versuchten die Hersteller, Vorbehalte gegenüber der Geburtenregelung abzubauen.

Anzeige aus: Volksrecht v. 9.11.20

Arbeiterfamilien das Bemühen um die Einschränkung der Kinderzahl durch. Die Zwei-Kinder-Familie wurde zunehmend der „Wunsch". Und in der Tat sank die Zahl der kinderreichen Familien ständig. Von der Umwelt wurde der Kindersegen der Arbeiterfamilien ohnehin keineswegs mit Anerkennung, sondern vielfach mit Ablehnung oder Abscheu – vor allem bei der Wohnungssuche – bedacht.

Selbst wenn ein größerer Teil der Arbeiterschaft schon religiös gleichgültig geworden war, legten breite Schichten weiterhin großen Wert auf kirchliche Trauung und Taufe, war es bei vielen auch nur, um einem wichtigen Ereignis im Leben mit angemessener Feierlichkeit zu begegnen. Der Alltag war schließlich grau genug. Ganz selbstverständlich wurden die meisten Kinder zur Kommunion oder Konfirmation geschickt. Die Kirche war die „Lebensversicherung für schlechte Zeiten". Bei den zehn Kindern der Familie Gärtner war das Geld so knapp, daß es fast nie neue Kleidung gab, nur ein neues Kleid zur Konfirmation. Die Eltern hatten eigentlich nichts im Sinn mit der Kirche, doch weil sie praktisch dachten und sehen mußten, wie sie über die Runden kamen, schickten sie die Kinder dorthin, denn von den Kleider- oder sonstigen Sachspenden fiel öfters einmal etwas ab. (Gärtner, 51f.) Die Macht der Kirche war jedoch nicht mehr unangefochten:

„Ich glaub, 95 Prozent sin nach der Konfirmation, soweit es Arbeiterkinder warn, nicht mehr in die Kirche gegangen“, (Bischoff, 24)

meinte Hans Bischoff. Er hatte überhaupt keine Lust auf den Konfirmandenunterricht, aber es gelang ihm nicht, seinen Vater davon zu überzeugen. Der meinte, wenn er die Konfirmation hinter sich habe, dann könne er selbst entscheiden, nicht vorher.

„Des war ebe so üblich.“ (ebd.)

Gerade durch die Schrecken des Krieges begannen viele Arbeiter zu zweifeln, traten aus der Kirche aus oder schickten ihre Kinder stattdessen zur Jugendweihe, wie z.B. die Familie Kalis.

„Die Mamma war sehr, sehr gläubig, denn sie hat ja als armes Kind in der Familie so gar keinen Halt gehabt. (Das Gesangbuch) war ihr ein und alles. Des war ihr einziges Buch, was sie besaß, und da hat sie die Lieder fast alle auswendig gekannt. So die ganze biblische Geschichte hat sie furchtbar ernst genommen und hat furchtbar mitgelitten, und als dann gar der Erste Weltkrieg kam, da hat sie gesagt: es ist doch nicht alles in Ordnung und war mit eine der ersten, die aus der Kirche ausgetreten sind.“ (Kalis, 37ff.)

Das war ungefähr 1920. Die Mehrzahl der Arbeiter war nicht so konsequent und legte die religiöse Bindung nicht so bewußt ab.

Erwerbslosigkeit, unqualifizierte Beschäftigungen, das Eingeständnis oder die Einbildung, individuell versagt zu haben, ohne die gesellschaftlichen Ursachen der Misere zu erkennen, forderten geradezu männliche Rollenstereotypen heraus wie: „Männlichkeit“, Aggressivität, Autorität, Bewunderung der körperlichen Stärke. Der ständige Druck am Arbeitsplatz wurde in vielen Arbeiterfamilien massiv nach unten weitergegeben. Die unangefochtene Stellung des Vaters, darunter die Mutter, unter ihnen die Kinder, und vor allem das Mädchen auf der untersten Sprosse, waren typische Merkmale nicht nur der „unpolitischen“ Familien, sondern galten überwiegend auch für die klassenbewußten Arbeiter. Im Betrieb fühlten, dachten und handelten sie als solidarische Klassengenossen, setzten sich im Klassenkampf für die Gleichberechtigung der Frauen ein, doch in der Familie herrschte weiterhin die alte Form obrigkeitlicher Gesinnung. (vgl. Löwenstein: Sozialismus und Erziehung, 217; Kanitz: Das proletarische Kind, 116) Erst ganz langsam kam es durch die Aufklärungsarbeit der Arbeiterparteien, und vor allem durch die Arbeiterjugendbewegung, zu Veränderungen. Ein geradezu klassisches Beispiel für den „Männlichkeitswahn“ eines Proletariers – wenn auch zeitlich ein wenig früher liegend, etwa 1913 – bietet die Schilderung von Sophie Ennenbach. Ihr Mann versuchte mit allen Mitteln, seine Autorität gegenüber der politisch bewußteren und aktiveren Frau herauszustellen:

„Er rechnete aufs Genaueste meine Aufzeichnungen nach und kontrollierte jede

Ausgabe, obwohl ich von jeher meine Einnahmen und Ausgaben miteinander in Einklang hielt. Dabei hatte ich mir alle möglichen Sparsamkeits- und Kunststücke und Kniffe angeeignet. Ich lief jede Woche in die recht entfernt liegende Markthalle hin und zurück und hatte dabei viel zu schleppen. Ich nahm auf Rat erfahrener Hausfrauen die letzte Marktstunde wahr, wo die Marktfrauen etwas nachgiebiger; ich hatte sogar das mir zunächst gar nicht liegende Feilschen gelernt. ... Als ich aber in der Zeit einer Schwangerschaft einen Weg in der Straßenbahn gefahren war, da beanstandete er diese zehn Pfennige. ... Da ich mein Ausgabenbuch vor ihm weglegte, *verlangte* er die Vorlage und wurde über meine Ablehnung so wütend, daß er offen sagte, er sei hier der Herr im Hause, dem habe ich mich zu fügen, das wird er erzwingen und wenn alles, wenn die ganze Familie daran kaputtgeht." (Ennenbach, 161f.)

Als sie ihm erwiderte, auch ihr komme es so vor, daß sie einmal Schluß machen müsse, meinte er:

„Kannst Du ja gar nicht. Du kennst doch alle Gesetze, die sich auf Frauen beziehen. Du hast schon oft genug selbst darüber Vorträge gehalten und weißt, daß ihr Frauen keine Rechte habt." (ebd., 162)

Ein etwas „aufgeklärterer Absolutismus" herrschte demgegenüber in der Nachkriegszeit im Hause Schmidt:

„Er war der Herr im Haus, wie das dieser Generation entsprach. Und dann kam lange, lange nichts, dann kam erst die Mutter. Und sein Wille war Gesetz, und wehe, wenn dieses Gesetz nicht eingehalten worden ist, dann gab's auch Hiebe, über die Knie gelegt, alles, was dazugehört. Er war *die* Respektsperson." (F. Schmidt, 67)

Der Hebel der Macht – der einzige des proletarischen Mannes – war das Haushaltsgeld. Darum wurde gekämpft, gestritten und gebangt. Mit Hilfe der materiellen Abhängigkeit, so Rühle, erdrosselt der Mann

„jede Selbständigkeit; an der Strippe des Wirtschaftsgeldes, das er zuteilt und aushändigt, macht er jeden Eigenwillen nach und nach mürbe." (Rühle 2, 43)

Das alles war selbstverständlich nicht „typisch proletarisch", sondern „bürgerlich" bis in die Ehe- und Familiengesetzgebung hinein. Nur: in der Realität der Arbeiterfamilie war dieser absolute Herrschaftsanspruch noch unbegründeter als in der Besitzbürgerfamilie. Der äußere Schein ließ sich nur mit Gewalt oder Androhung von Gewalt, manchmal nur durch die äußerliche Unterwerfung der Frau aufrecht erhalten. In Wirklichkeit waren es jedoch nicht Angst oder Prügel, die einen Elternteil zur Respektsperson werden ließen. Über die Stellung der Mutter für die Kinder meint Fritz Schmidt:

„Wir hatten einen recht großen Respekt vor ihr, aber weil sie nicht geprügelt hat, war sie sehr verständnisvoll, ergab sich da eine große Beziehung. Wir haben unsere Mutter sehr geliebt und auch sehr respektiert. Also ihr Wort war sehr geachtet, aber nicht wegen der Sanktion, die dahinter stand, sondern wegen der ihr innewohnenden Würde." (F. Schmidt, 69)

Um wirklich zu „regieren", fehlte vielen Arbeitern nicht nur die Lust, sich um die schwierigen Details des Wirtschaftslebens, der Organisation des Alltags und der Erziehung der Kinder zu kümmern, ihnen fehlte meist auch die Erfahrung, denn all das hatten sie weder in ihrer Familie noch in der

Schule noch in der Fabrik gelernt. So war in vielen Arbeiterfamilien die Mutter die insgeheim beherrschende Figur, die alle Fäden in der Hand und die Familie zusammen hielt.

„Also mein Vater hat alles für uns getan, hätt' auch 's Letzte hergegeben, aber meine Mutter hat die Familie geführt. – Meine Mutter, die hat das alles gemacht. Die hat das Geld gehabt. Wenn der Vater (freitags) heimkam von der Arbeit, da hat er das Geld hingelescht, da wurde das Geld eingeteilt. Da kam erst das Geld weg für die Miete, mußt' ja pünktlich bezahlt werde, dann kam das Geld weg für die Lebensmittel, was se unbedingt gebraucht hat. Meine Mutter hat immer druff geacht', daß noch e bißche gespart worde is. – Mein Vadder hat sei' Schoppegeld bekomme, da war er zufriede." (Wisker, 18ff.)

Auch Willy Möser berichtete ähnliches:

„Die Mutter war der Vermögensverwalter. Das Arbeitslosengeld (vom Vater), das Geld, was ich wieder verdient hab, also das bekam auch die Mutter hingelescht. Und da hat die jedem sein Taschengeld zugewiese, und im Schrank überall stande Tasse. Da war's Geld für die Miete, 's Kartoffelgeld, 's Geld für die Kohle im Herbst un im Winter. – Damals war die Mutter der ruhende Pol im Haushalt. Da konnt' jeder hin mit seine Sorge, Nöte und Probleme, da war die Mutter immer da." (Möser, 47f.)

Wo der Verdienst trotz Planung und Sparsamkeit nicht reichte, mußte die Mutter – und sei es nur durch einen Nebenverdienst – zum Einkommen beitragen, wie z.B. Ernst Wisker berichtet:

„Da konnt' freilich mei Mudder keine große Sprünge mache mit. Wir warn zwei Kinner. Da is meine Mudder noch ab und zu fort putze gange bei Bekannte, hat auch emal gewasche, hat sich e bißche Geld nebeher verdient, daß ihr Kinner e bißche was gehabt habbe. – Mei Mudder, die war etwas kleiner, die war son richtiger Mutter-Typ. Die hätt' auch für ihr Kinner gehungert und hätt' ihre Kinner das Letzte gegebbe." (Wisker, 2; 22)

In den Monaten der galoppierenden Inflation hungerten viele Arbeitermütter in der Tat erbärmlich, um ihre Kinder nicht zu sehr leiden zu lassen. Das waren Verhältnisse, die jeder Wirtschaftskunst der Hausfrau Hohn sprachen, und dennoch mußte die Familie irgendwie am Leben erhalten bleiben – das „Wie" ist im nachhinein kaum zu rekonstruieren.

Konnte sich die Arbeiterfrau durch Sparsamkeit, Koch- und Organisationskünste den Respekt des Ehemannes verschaffen, so galt die Hausarbeit und damit die Hausfrau im allgemeinen nur wenig. In einer Gesellschaft, in der der Wert der Leistung nur an der Höhe des Einkommens gemessen wird und nicht am sozialen Nutzen, erscheint die Arbeit, die gar nichts einbringt, eben als minderwertig. Dabei hatten die Frauen, selbst wenn sie nicht berufstätig waren, aber mehrere Kinder hatten, in der Regel einen langen und sehr harten Arbeitstag. Er begann am frühen Morgen und endete nicht selten spät in der Nacht. Je mehr Kinder sie zu versorgen hatten, um so weniger kamen sie zur Ruhe. Hans Doll meint:

„Meine Mutter konnt' ja nix mache, die hat zehn Kinner auf die Welt gebracht, gel, die war krank un ausgepumpt durch die Arbeit da, denn da hat mer ja noch kei Waschmaschine gehabt, des ging ja alles noch mit de Hand uff'm Holzbrett." (Doll, 4)

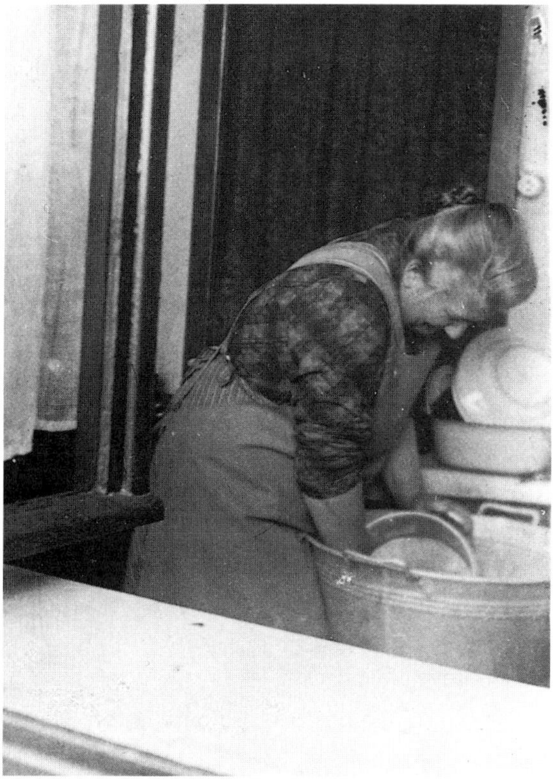

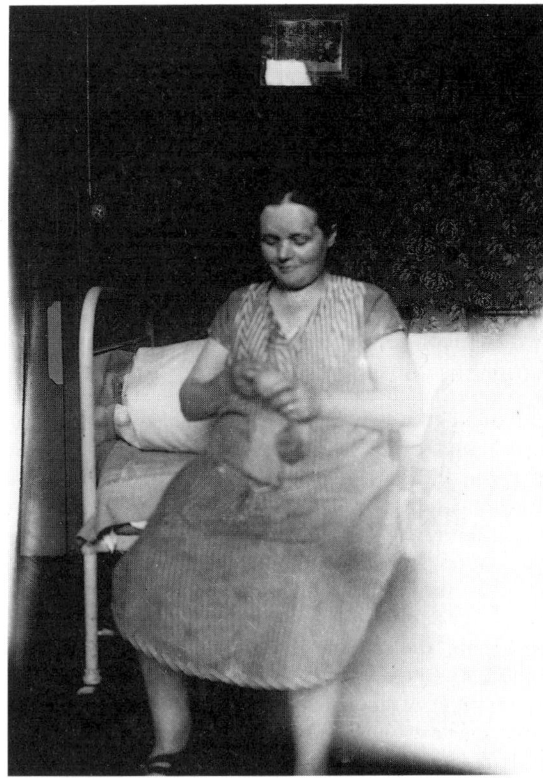

Ganz selten wurden Frauen bei ihrer Hausarbeit fotographiert. Geschirrspülen an der Zinkbütt (hier die Mutter von Anna Beyer) und Strümpfestopfen (die Mutter von Gertrud Grünewald) als typische Hausfrauentätigkeiten galten in der Regel wenig.

Neben der täglichen Sorge, wie mit dem geringen Lohn die ganze Familie versorgt werden konnte, ob das Geld zum Leben reichte (vgl. Kapitel 10), neben der drückenden Enge der Wohnungen, dem Putzen, Kochen, Einkaufen nahm das Waschen immer einen erheblichen Teil der Zeit in Anspruch. Die kleine Wäsche wurde bei Wiskers praktisch täglich in der großen Zinkwanne in der Küche gewaschen.

„Kleinigkeite sin angefalle. Die Hose mußte ja viel mehr gewasche werde wie heut. Reinigung is weggefalle. Ich glaub, ich hab jeden Tag e frisch Hemd anziehe müsse. War immer dreckisch. Das kam in die Bütt rein, wurde gewasche, un ein oder zwei Tag später war's wieder da, da konnt mer's wieder anziehe. Und so ging des laufend." (Wisker, 73f.)

Die „große Wäsche" wurde dagegen in der Waschküche im Keller gewaschen, die sich die vier Mietparteien des Hauses teilten. An den Waschtagen im Sommer

„is die um vier Uhr in die Waschküch, un wie ich da gelernt hab, ich glaub, um sieben habe mir angefange zu arbeite, bin ich so um halb, dreiviertel vor sieben zu Haus weg. Und da hat die des Prinzip gehabt, daß die Wäsch schon unne im Hof gehängt hat. Da mußt schon die Wäsche fertig sein. Da war die stolz drauf. Da hat die um vier Uhr angefange, un wie ich abends heimkam, da war die Wäsch schon gebügelt." (ebd., 42)

Was an diesen Waschtagen alles zu tun war, beschreibt Anna Beyer:

„Der Waschtag, der war immer ein grausamer Tag für mich, weil da alles drunter und drüber ging. Es wurde in der Waschküche gewaschen. Es gab einen Kupferkessel, und es gab zwei Wannen, und es gab einen Wäschebock. Und da wurde eingeweicht, dann wurde gekocht, dann wurde geschrubbt mit dem Brett, und dann wurde gespült, und dann wurde im Sommer noch die große Bettwäsche auf die Bleiche gebracht. Und da hab ich auch mitgeholfen natürlich. Das mußte gegossen werden, dann wurd's aufgelegt, dann wurd's gegossen, dann wurd's wieder eingesammelt gegen Abend, und dann wurd's wieder in der Wanne gespült und über den Bock geworfen und auslaufen lassen. Da hab ich, soweit ich konnte, mitgeholfen, aber die Hauptsache mußte meine Mutter machen." (Beyer, 25ff.)

Für Frau Schulze, die in der Altstadt wohnte und zu deren Wohnung keine Waschküche gehörte, war das Wäschewaschen immer eine noch viel größere Aktion, wie ihr Sohn sich erinnert:

„Da gab's den großen Waschtag. Da hat man die ganze Wäsche auf einen Leiterwagen gepackt und hat Essen mitgenommen, und die Kinder sind mitmarschiert. Und dann ging's auf die Mainwiese gegenüber dem Molenkopf. Da sind so Wiesen, und da wurde gebleicht. Da war die halbe Straße, da sind so vier, fünf, sechs Familien mit Leiterwägelchen mit (ihrer Wäsche hingezogen).
War keine Waschküche, gab's bei uns net. Da wurde dann ab und zu mal große Wäsche gehalten. Vor allem die Frauen waren ja stolz auf weiße Wäsche, und die konnte man ja nur durch Bleichen kriegen. Auch Gärten gab's nicht bei uns in der Gasse, da gab's ja nix, keinen grünen Halm. Und das war schön für uns Kinder. Da war ein Haufen Kinder mitmarschiert, und da haben wir da unten gebadet und gespielt, während die Eltern gewaschen haben und haben die Wäschestücke auf die Wiese gelegt und haben die da gebleicht. Das war ein schönes Erlebnis immer für uns Kinder." (Schulze, 31f.)

Peter Lang, ebenfalls aus einer Zehn-Kinder-Familie stammend, brachte die Belastung der Arbeiterfrauen auf einen kurzen Nenner:

„Meine Mutter war eine geplagte Frau, die hat viel schaffe müsse in ihrm Lebe." (P. Lang, 6)

Ähnlich äußerte sich auch Eugenie Häussermann:

„E Frau hat viel Arbeit gehabt früher, alles des einzumache, Gurken und Sauerkraut, Obst. Des mußte auch abgewasche werde des Kraut, und die Gurke mußte abgewasche werde un e frisch Tuch drüber. Des war da unte im Keller. Des war Arbeit. Die Wäsch allein für die acht Persone, alles in de Küch. Da war nur ne große Zinkschüssel, so ne ovale. Und auf em Herd is abgekocht worde mit'm große Topf. Und des mußt' da nübergeschafft werde bis ans Fenster un alles in den Wasserstein ausschütte und wieder einfülle. Und die blaue Anzüsch, die Bube hatte blaue Anzüsch, der Vater hatte blaue Anzüsch. Waschmaschine hat's da noch net gegebbe." (Eug. Häussermann, 8)

Hausfrauenarbeit war damals viel umständlicher und mühseliger als heute, und in den kleinen Arbeiterwohnungen waren Sauberkeit und Ordnung eine Grundvoraussetzung für ein halbwegs gesundes und erträgliches Familienleben. Die Schilderungen lassen jedoch erkennen, daß der „Putzfimmel" vieler Arbeiterfrauen durchaus auch neurotische Züge annahm und Ordnung und Sauberkeit oftmals zu ideologischen Ritualen ausarteten. Die häufig zu hörende Feststellung: „Von meinem Fußboden muß man essen können“, obwohl hierzulande doch niemand von dem Fußboden ißt, zeigt, daß es dabei eben um mehr als Ordnung und Sauberkeit ging. Die Arbeiterfrau konnte sich Selbstachtung, Respekt des Ehemannes und nicht zuletzt auch bei den Nachbarinnen und Nachbarn nur über ihre besonderen hausfraulichen Qualitäten verschaffen. Gerade weil die Hausarbeit wenig galt, mußte diese Minderwertigkeit durch Perfektion „überkompensiert“ werden.

Oftmals waren schon die Kinder völlig überlastet. Nicht selten waren sie bis zum Schulbeginn durch Zeitung- oder Brötchentragen (vgl. Kapitel 10) schon einige Zeit auf den Beinen, und direkt nach der Schule sollten sie wieder mit anpacken. Nicht nur für die Arbeiterfrauen hatte die Revolution keinen Acht-Stunden-Tag gebracht, für die Schwächsten der Gesellschaft, die Kinder – und noch extremer für die Mädchen –, galt er erst recht nicht. O.F. Kanitz beschrieb in den zwanziger Jahren die Situation sehr treffend:

„Der proletarische Mann leistet in der Regel nur Erwerbsarbeit. Häusliche Arbeit hat er selten zu leisten, und die Lernarbeit entfällt vollkommen.
Die proletarische Frau, und auch schon das erwerbstätige Proletariermädchen, muß, gerade deshalb, weil sie schwächer ist als der Mann, sehr oft die doppelte Arbeit leisten: Erwerbsarbeit und häusliche Arbeit.
Das proletarische Kind aber, weil es das schwächste Geschöpf innerhalb der Arbeiterklasse ist, muß häufig dreifache Arbeit leisten: Erwerbsarbeit, häusliche Arbeit und Lernarbeit!
So erfüllt sich im Leben des proletarischen Kindes die furchtbare Gesetzmäßigkeit der kapitalistischen Welt: der Schwächste wird am schlechtesten behandelt, das Recht des Stärkeren triumphiert.“ (Kanitz, a.a.O., 44)

Viele Gesprächspartner berichteten, daß ihnen in ihrer Kindheit nur sehr wenig Raum für eigene Bedürfnisse blieb. Je größer die Familie war und je länger die Mutter außerhalb des Haushaltes arbeitete, um so mehr wurden die Kinder zur Mitarbeit herangezogen. Dabei bekam das Mädchen in der Regel weit mehr an Hausarbeit zugewiesen als der Junge. Es mußte die ihm von der Gesellschaft zugedachte Rolle als Hausfrau erlernen: putzen, nähen, stricken, häkeln, waschen, kochen, die jüngeren Geschwister versorgen. Es war für Ordnung und Sauberkeit zuständig.

„Die proletarischen Mädchen sehen zudem die Machtstellung des Vaters, des Mannes. Er hat das Geld, er hat die Macht. Er gibt der Mutter das Wirtschaftsgeld, er muß gebeten werden, wenn die Kinder etwas brauchen. Überhaupt erlebt das Mädchen häufig die ‚tyrannische Alleinherrschaft des Vaters, es erhebt die Brüder zu einem beneideten Rang‘ (Alfred Adler). Denn es sieht ja die Höherschätzung und die größeren Freiheiten der Jungen, dazu hört es oft in geringschätzigem Ton von den Mädchen sprechen, dazu spürt es schon die Mehrarbeit, seine geringere Freiheit.“ (ebd., 68f.)

In der Familie Trautmann war die Hausarbeit aufgeteilt:

„Besonderer Wert wurde darauf gelegt, daß jedes von uns Kindern eine kleine Aufgabe übernommen hat für den Haushalt. Unsere Mutter ging noch waschen und putzen, und das hat bei vier Kindern bedeutet, daß die Hausarbeit eben aufgeteilt werden muß. Das Spülen z.B. wurde immer von uns allen gemeinsam gemacht. Die eine wusch ab, die andere trocknete ab, und die dritte hat dann das Geschirr in den Schrank gestellt. Oder wir mußten am Wochenende die Wohnung saubermachen. Die eine putzte, die die Kleinere war, die hat dann abgestaubt. In der guten Stube hatten wir so ein Vertiko stehen, das war mit lauter so Schnörkelchen und so Aufsätzen und so Nippeszeug drin, oh, das haben wir nie sehr gerne gemacht. Da haben wir uns immer abgewechselt. Einkaufen, das haben die Kleineren gemacht. Unsere ältere Schwester, die etwas komplizierteren Arbeiten gemacht wie bügeln." (Schwee, 8f.)

Auch Fritz Boll mußte im Haushalt mithelfen.

„Spülen und abtrocknen, und Hasenfutter mußte ich holen. (Es gab) viele sogar, und die sind nit satt geworden. Das war wenig, was ich gefunden hab, und es war doch auch so gefährlich, wenn man da mal ans Gemüs gegangen ist und wenn da die Feldschützen gekommen sind. Wenn die einen erwischt haben oder wenn sie einen gesehn haben, da mußt' man den Sack aufmachen. Ich mußt' jeden Tag Hasenfutter holen, das weiß ich noch genau. Da konnt ich gar nit viel Schulaufgaben gehabt haben. Wir hatten über dreißig Hasen gehabt." (Boll, 19)

Wenn die Eltern es sich einigermaßen leisten konnten und die Mutter zu Hause blieb, oder nur mal gelegentlich putzen oder waschen ging, dann betrachtete sie den Haushalt häufig als ihr ureigenstes Revier und zog aus dem Gelingen der Arbeit ihre ganze Befriedigung. Die Kinder wurden dann als Zuarbeiter nur für bestimmte Tätigkeiten eingesetzt, wie Paul Grünewald beschreibt:

„Wir haben kleinere Arbeiten gemacht, die notwendig waren, z.B. aus dem Keller das Brennmaterial in den vierten Stock holen, abwechselnd mein Bruder und ich, oder einkaufen. Dann hatten wir also so einen entfernten verwandten Schreinermeister in der Rotlintstraße. Da ham wir dann mit dem Schubkarrn, die beiden Buben, immer ne Ladung Abfallholz geholt, das wurde dann im Keller gestapelt. Oder in den ersten Jahren nach dem Krieg, da wurden Brennmaterialien verteilt. Da ham wir uns en Wagen geliehen und sind dann zu der Verteilungsstelle gezogen, ham die Briketts geholt und so Sachen. ... Das ham wir also auch ganz gern gemacht, denn so mit'm Schubkarrn losziehen, das war schon interessant. Im Haushalt selber (haben wir) eigentlich nix (getan). Das hätt' meine Mutter auch, glaub ich, gar net zugelassen, da war se sehr stolz und eigen, daß sie ihrn Haushalt in Schuß hatte." (Grünewald, 28f.)

Marie Jülg meinte:

„Wir haben dann das Geschirr spülen müssen und haben geputzt und alles. Und damals warn ja die Böden noch blank, Holzböden. Da ist ja auch noch geschrubbt worden, war ja alles anders. Dann war ja auch die Küche, die war mit Ölfarbe gestrichen. Das ist dann abgewaschen worden und alles. Und meine Mutter, ich muß sagen, trotz aller Arbeit war die immer mit der Putzerei. Das war die so gewöhnt von früher, da durfte kein Stäubchen liegen." (Jülg, 24)

Diese völlige Sauberkeit, auf die die Mutter so großen Wert legte, ist bei vielen bis heute nachhaltig in Erinnerung geblieben, weil dadurch ihre eigene Freizeit stark beschnitten wurde.

„Ne richtige Türklinke, die mer putze mußte, des war samstags auch noch so en Theater, wer die Klinke zu putzen hat. Und die Wasserhähne, des war ja alles Messing. – Ja, des mußte mer mache, und da hat dann die Fränz gesagt: Ich schmier ei', un Du mußt blank mache. – Es warn viele, auch so die Fenstergriff, des war alles damals hochelegant, gel, aber es muß geputzt werde." (Kalis, 31)

Wesentlich lieber kümmerten sich die Mädchen dagegen um die kleine Schwester und erprobten an ihr die künftige Mutterrolle:

„Wir warn dann stolz, wie's mal en klein bißchen größer war, sind wir dann mit'm Kinderwagen, da hinten bei uns war ja alles freies Feld, sind wir da spaziern gefahrn und haben unser Schwesterchen behütet. Dann konnt ja die Mamma auch nit so gut weg, wie des Kind noch so klein war. Da ham wir alles eingekauft. Also wir warn schon beschäftigt, aber sonntags morgens hat die Fränz sich des kleine Kind vorgenommen. Da hat se erstens stundenlang die Härchen gebürstet, dann die Fingernägelchen geputzt und geschnitten und die Füßchen massiert und gepatscht und angezogen und ausgezogen und die Öhrchen saubergemacht. Die hat also stundenlang sich mit dem kleine Wurm abgegeben, war wie so ne kleine Mamma. Es war ihr Pupp'. Ich hab mich da weniger getraut. Ich hatt' immer son heillosen Respekt vor der Kleinheit, so kleine Zehen und kleine Fingerchen." (Kalis, 86f.)

Daß sie auf die kleine Schwester aufpassen mußte, das war für Lotte Oettinger selbstverständlich.

„Was mir mache konnte, mußte mir mache, gel. Also was ich da schon helfe konnt, da mußt ich schon zugreife. Ich war ja e kräftig Mädche, ich war net groß und dick, aber ich wußt, was ich mache kann. Aber ich mußt ja sowieso viel mache, was angefalle is, mal sache nach em Esse, daß ich Geschirr gespült hab, weil mir ja meistens abends richtig gegesse hawwe mit der Mutter zusamme, und da hab ich Geschirr gespült, weil die Mutter derweil was zu flicke oder zu nähe hatt'." (L. Oettinger, 20)

Da Karl Reimanns Mutter viel mitarbeiten mußte, besonders während des Krieges, aber auch später,

„und ich war der Älteste, da mußte ich die Küche übernehmen, mußte kochen, ich mußte putzen, ich mußte die Schuhe putzen. Ich mußte sogar, wenn ich die Treppe geputzt habe, e Messerche mitnemme, e spitz Messer, um an den Treppenstufen die Ecken auszukratzen. Das wurde im ganzen Haus so gemacht." (Reimann, 9)

Es war eine Ausnahme in Arbeiterfamilien, daß es, wie Anna Beyer in Erinnerung hat, keinen Zwang gab, sich in die Hausarbeit einzubringen. Dennoch half sie als Mädchen ganz selbstverständlich ihrer Mutter, während die Brüder es als ihr Privileg ansahen, sich solchen Aufgaben zu entziehen. Eine Verpflichtung zu Hilfe war selten, es gab sie nur dann,

„wenn meine Mutter krank war oder gar keine Zeit hatte, und ich mußte sehr viel so Hausarbeit oder so was machen. Dann hatte ich manchmal das Gefühl, und das hat meine Mutter sofort erkannt, daß sie mich mal entlasten mußte, und ich hab bei ihr gesessen, hab mal gar nichts getan. Da merkte sie, jetzt ist bei mir die Grenze erreicht, daß man mich nicht mehr überlasten darf. – Ich hab immer geholfen. Wir warn immer ne Gemeinschaft, und Treppenputzen war immer organisiert, der eine und der andere. Die Brüder, die ham sich nicht so dafür anspannen lassen." (Beyer, 25)

In einigen Fällen war die Belastung der Kinder so groß, daß sie glauben, überhaupt keine Freizeit mehr gehabt zu haben, so Alfred Kiefer:

„Also an richtig spielen kann ich mich eigentlich gar nit entsinnen. Die Verhältnisse warn derart gedrückt, die Mutter hatte ewig den Kopf voll mit Sorgen. Ich hatte immer irgendwelche Aufgaben zu erfüllen, war angebunden." (A. Kiefer, 9)

Auch die Erziehung der Kinder war – schon wegen der Abwesenheit des Vaters tagsüber – vorwiegend die Aufgabe der Mütter. Während der Vater sich, wenn es ihm zu viel wurde, dann gelegentlich lieber mal in die Kneipe oder den Verein zurückzog (Doll, 17), mußte sie ständig bei den Kindern bleiben. O.F. Kanitz bezeichnete die proletarische Familie als den denkbar ungünstigsten Erziehungsboden, da sie weder in psychologischer noch in soziologischer Hinsicht „neue Menschen" aus den Kindern des Proletariats zu bilden vermochte. (Kanitz, a.a.O., 61) Wirtschaftliche und familiale Gründe ließen eine freie Entwicklung des Arbeiterkindes häufig nicht zu. Der ökonomische Druck und die soziale Misere schufen auch zu Hause oftmals ein Klima der Härte, Repression und Aggression.

„Der Erziehungsstil der Eltern ist durch ein hohes Maß von Kontrollierungen und autoritären, auf Einhaltung äußerer Normen dringende Disziplinierungen gekennzeichnet und unterscheidet sich vom Erziehungsstil der Mittelschichten durch ein restriktives und wenige psychologische Mittel einsetzendes Sanktionsverhalten. Erziehung zur Selbständigkeit und Selbstkontrolle, Unabhängigkeit vom Urteil anderer, Wißbegierde und Kreativität spielen nur eine geringe Rolle." (Hurrelmann, in: Walter, Sozialisationsforschung 2, 32)

Unabhängig von individuellen Bedürfnissen wurde die Aufrechterhaltung einer bestimmten Ordnung gefordert. Hedwig Lenz meint:

Für den seltenen Gang zum Fotografen wurden die Kinder – hier aus der Familie Beyer – in die Sonntagskleidung gesteckt. Matrosenanzüge waren auch nach der Revolution weiterhin sehr beliebt, und die Schnürstiefel wurden, vor allem bei Buben, zumeist noch mit Eisennägeln bestückt, um die Sohlen zu schonen.
Der leichte, zusammenklappbare Kinderwagen war besser zu transportieren und in den kleinen Wohnungen unterzubringen – Familie Kalis mußte ihn immerhin bis unters Dach tragen.

„Mer mußt' sich beherrschen vor allen Dingen. Und wir durften auch nie so böse Worte sagen. Mein Vater war en tolerante Mann, die Beamte konnt' er net leide, und er konnt' die Soldate net leide. Er war schon als ganz junger Kerl Sozialdemokrat." (Lenz, 14f.)

Karl Reimanns Vater war ebenfalls Sozialdemokrat. Über die Erziehung sagt sein Sohn, die Kinder sollten

„am besten gar nix reden. So sin mir erzoge worde. Und wenn mer was gefragt habbe, da ham er entweder e Kopfnuß gekrischt oder: Ich hab keine Zeit, laß mich in Ruh! – Nachher, wie mal die politische Auseinandersetzung warn, ich mein zum Beispiel in der Zeit von 1919 bis 1923, da hat der alte Herr sich öfters mit mir politisch unterhalte." (Reimann, 14f.)

Die Großmutter von Fritz Eisenacher, die überwiegend für seine Erziehung zuständig war, legte besonderen Wert auf

„diese alten Vorstellungen von Ehrlichkeit, Ordentlichkeit und Sauberkeit und eben einen ordentlichen Menschen aus einem zu machen, zumal wenn er keinen Vater gehabt hat." (Eisenacher, 11)

Sie verstand darunter,

„daß man eben weder andern was wegnimmt, daß mer nix klaut, daß mer eben sauber angezogen sind und daß mer auf ehrliche Art und Weise durchs Leben kommt." (ebd.)

Das Erziehungsverhalten der Großeltern beurteilten mehrere Befragte als noch härter als das der Eltern, so z.B. Hermann Schulze. Ihnen wagten die Enkel eigentlich nicht zu widersprechen.

„Die Großeltern waren streng. Die Großmutter, wie das früher war, ganz glattes Haar hinter, wie so ne Nonne, und dann in schwarz von Kopf bis Fuß. Und es gab dann schon so einen ernsten und respektvollen Ausdruck der Oma und auch vom Opa. Wir sind da hingekommen, und da hat sie auf einmal gesagt: ‚Setz Dich mal dahin, ich muß Dir mal die Haare schneiden!' – Da gab's kein Widerwort, da mußt ich mich hinsetzen, da hat die Oma mir die Haare geschnitten, da hat sie mir natürlich en Plattkopp geschnitten praktisch. Und vorne, das war ganz Streichholzlänge. Da durft ich nix sagen. Mein Bruder auch. Ich kann mich erinnern, ich hab's nie gesehen, daß sie gehauen hat, aber da hing eine Peitsche an dem Türrahmen, ne Hundepeitsche. Und da hatten wir großen Respekt, daß sie vielleicht mal draufgehauen hätt'. Wenn wir zur Großmutter sind, da ham wir gespurt, da ham wir Angst gehabt." (Schulze, 7)

Auch wenn die Väter sich wenig um die alltägliche Erziehungspraxis kümmerten, waren sie doch meist die letzte Instanz, vor allem bei Bestrafungen. Es kam nicht selten vor, daß die Mutter dem Vater am Abend berichtete, was die Kinder im Laufe des Tages angestellt hatten, und ihm die „notwendigen Strafen" überließ nach dem Motto: für kleine Dinge bin ich, für die schwerwiegenden ist jedoch der Herr des Hauses zuständig.

In den meisten Arbeiterfamilien gehörte Prügel durchaus zu einem häufig angewandten Erziehungsstil, vor allem dann, wenn irgendein Schaden angerichtet wurde oder wenn die Kinder den Anweisungen der Eltern nicht folgten.

„Meine Eltern hatten nie Streit gehabt, wir konnten machen, wie wir wollten. Aber

Das Kind klagt an
Zeichnung von Snarf

In ihrem Kampf gegen die häufige Prügelei in den Arbeiterfamilien wurde die Arbeiterbewegung auch von zahlreichen Künstlern unterstützt.

wenn mein Vater: (macht den Pfiff nach), sind wir rauf. Er hat nur einmal gepfiffen, dann sind wir gelaufen. Also ich kann mich nur entsinnen, daß ich einmal im Jahr richtig die Hieb gekriegt hab.
Wir haben von selber gehört. Wenn's mal Hieb gegeben hat, dann hat das gezählt fürn ganzes Jahr, wir haben nit viel Hieb gekriegt. Mei' Mutter, die hat uns eher mal son Klaps gegeben, so wider den Kopf, und das wollt mein Vater net. Hat der gesagt: nein, schlag se woanders hin, aber net auf den Kopf." (Jülg, 26f.)

Vor allem in sehr kinderreichen Familien war die Erziehung oftmals wesentlich härter, weil auch die gesamten Lebens- und Erziehungsbedingungen viel schwieriger waren. Auf einzelne Bedürfnisse einzugehen, gelang hier noch weniger als in Kleinfamilien. Frau Gärtner hat bis heute die harten Methoden nicht vergessen können:

„E Hundepeitsch, da ham wir se aa mit kriet. Mein Vatter, der hatt' e Hundepeitsch. Wenn emal irgendwas war, mein ältste Bruder z.B., des war son furchtbarer Fußballnarr, der hat Fußball gespielt, egal was er anhatt', gute Schuh, en gute Anzug, war der uff'm Fußballplatz. Na, und wenn der heimkam, un 's Zeusch war kaputt, da hat's gebbe un mit de Hundepeitsch, des war aber Tatsache! Des war son Holzgriff mit som lange Rieme dran, zt, des hat gezoge. Ich hab aach schon mal mit kriet, aber mir lebe noch!" (Gärtner, 27)

Peter Lang berichtet:

„Meine Mutter hat eine gute Handschrift geführt und hat uns viel öfter verdroschen als mein Vater. Erstens war er nicht da, und zweitens durfte er vieles nicht wissen, wie das so Mode war, denn er war bekannt dafür, daß wenn er mal zuschlägt, daß es dann Fetzen gibt. Aber die Mutter hat nicht gespart." (P. Lang, 10)

Er berichtet auch, wie er einmal Prügel von der Mutter bezog, nicht weil er etwas kaputtmachte, sondern weil sie sich tief in ihrem Stolz verletzt fühlte.

„Im Parterre hat eine Familie gewohnt, die nur ein Kind hatte und wirtschaftlich wahrscheinlich bessergestellt war. Die haben mir ein Geleebrot angeboten. Das ist mir so in Erinnerung geblieben, weil das so unfaßbar war. Und das hat mir furchtbar gut geschmeckt, und ich hab's noch gekaut, als ich oben zur Tür reingekommen bin. ‚Was kaust denn Du?' – ‚Ei Geleebrot.' – ‚Wo hast du denn das her?' – ‚Ei von der Frau Geis.' – ‚Was! Mußt Du Dir was schenken lassen, hast Du bei mir nicht Essen genug?!' – Und patsch, peng, hab ich meine Knüppel gekriegt. Stolz hat sie gehabt, wenn sie auch hinten nicht hoch konnte. Also jedenfalls hab ich deshalb meine Knüppel gekriegt, weil ich ein Stück Brot von anderen Leuten genommen hab." (P. Lang, 10f.)

Es gibt allerdings viel häufiger Schilderungen, nach denen Arbeitermütter ganz selbstverständlich einen Spielgefährten ihres Kindes mit einem Geleebrot mitversorgt haben, ohne daß deren Mütter das als Kränkung auffaßten.

Richard Persch bekundete, bei ihnen zu Hause sei nach Strich und Faden, insbesondere vom Vater, geprügelt worden. Warum, das wußte er nicht zu sagen.

„Es wurde halt geprügelt, wenn ich nicht gelernt habe, wenn die Geschwister sich gestritten haben, wenn die Schuhe kaputt waren." (Persch, 4)

Prügel waren und sind ja nicht nur Strafe für tatsächliches Verhalten, sondern sie bleuten dem Kind die Herrschaftsverhältnisse, an die es sich zu gewöhnen und anzupassen hatte, buchstäblich ein, wobei noch zwischen dem eher „sachlichen" Ritual der „Strafausführung" etwa durch den heimgekehrten Vater in zeitlicher Distanz zur Tat oder die spontane Reaktion auf Unbotmäßigkeit oder andere Störungen der Eltern zu unterscheiden ist. Wie keine andere mögliche Erziehungsreaktion ist schließlich die „körperliche Züchtigung" eine Möglichkeit, sich von all den Kränkungen, Versagungen, Enttäuschungen, von Haß und Wut auf Vorgesetzte zu entlasten, ohne Nachteile für die eigene Person fürchten zu müssen. Gewissermaßen unter Vorwegnahme der Erkenntnisse der neueren Sozialisationsforschung formulierte Edwin Hoernle 1929 – wie andere sozialistische Pädagogen vor und nach ihm

– das Dilemma der Arbeitereltern, wenn sie mit der Forderung konfrontiert werden, auf ihre Autorität zu verzichten, Freunde ihrer Kinder zu werden:

„Schön gesagt! Aber wie sollen die proletarischen Elternmassen – wohlbemerkt, wir reden stets von den Massen, nicht von einzelnen fortschrittlichen Ausnahmen – auf ihre Autorität, auf ihr Recht, zu befehlen und zu züchtigen, verzichten, solange ihnen keine anderen, besseren und erfolgreicheren Erziehungsmittel zur Verfügung stehen? Wie können sie überhaupt auf die Züchtigung und das Kommandieren der Kinder verzichten, solange sie gezwungen sind, in der engen Wohnung, unter den ständigen Bedrohungen des Hauswirts und der nörgelnden Nachbarn, gefoltert durch die eigenen Pfennigsorgen, erschöpft durch die Hetze ihrer Erwerbsarbeit mit der Schar ihrer beweglichen, lauten, stets mit ‚Ruhe und Ordnung' ihrer Mietskaserne in Kollision geratenden Kinder fertig zu werden. ... *Auch die besten pädagogischen Absichten scheitern an den unerbittlichen Konsequenzen der materiellen und geistigen Armut des Proletariats, an seiner Abhängigkeit und Verknechtung.*" (Hoernle: Grundfragen prol. Erziehung, 62f.)

In anderen Arbeiterfamilien wiederum war Prügeln keine Alltäglichkeit, sondern es waren einzelne Begebenheiten, denen ein triftiger Anlaß vorausgegangen war. Miez Kalis hat eine solche Situation noch sehr deutlich in Erinnerung.

„Wir haben in der ganzen Kinder- und Mädchenzeit nur einmal Hieb gekriegt, da ham mer se aber auch verdient gehabt. Der Papa hatte ein Rasiermesser, sein Heiligtum, also das Rasiermesser war für uns tabu. Es gab eigentlich kaum ein Verbot in der Familie bei uns, aber das Rasiermesser, da hat die Mamma und auch der Pappa immer wieder ganz streng gesagt: Des liegt hier im Futteral, und da bleibt's liegen! Geht da nicht ran! – Da hat's mich emal gejuckt, alles was verboten ist, ist zu schön, und da hab ich des Messer aufgeklappt und hab doch e bißche gezittert und hab gedacht, des Pappa macht des so. Da hab ich hier am Arm des Messer so hochgezogen, und da hab ich gesehn, wie die Härchen abspritzten. Och, hab ich gesagt, komm doch emal her – zu der Fränz – ich hab was entdeckt! Und die Fränz, ganz fasziniert, fängt an. Und da ham mir uns die Arme abrasiert und ham die Beine abrasiert und ham des Messer mit Zittern abgeputzt und wieder ins Futteral. Und wie die Mamma heimkam, da sacht se: Ihr seid heut so lustig, was is dann los? – Ach, mir habbe heut schön gespielt! – Und ham des freudestrahlend erzählt, was wir da erfunde hatte. Und so hab ich die Mamma vor- und nachher nie mehr wieder gesehen. Die hat uns in ihrm Entsetze richtig verhaue! Und war nachher dann richtig nervekrank, möcht ich sage, daß sie so was getan hat, aber ich hab nachher eingesehn, des mußte sein. Und da hat se noch gesagt: Eins sag ich Euch, kein Wort an de Pappa, was soll sich der arme Mann auch noch mal aufrege. Und des ham mir natürlich mit Freuden toleriert, aber es war e paar Tage Mißstimmung, gel, und nachher hat die Mamma dann weine müsse, weil ihr so was widerfahrn is.
Mir warn nit brav, wir warn ganz normale Kinder, aber unsre Mamma, die war, also ich möcht heut noch behaupten, so ne prachtvolle Pädagogin. Es kame Mütter aus'm Haus: Frau Kalis, wie mache Sie des mit Ihre Kinner, die kriee scheinbar nie Hieb, mer hört die nie kreische." (Kalis, 32f.)

Miez Kalis liefert gleich einen geradezu klassischen Beleg für die Feststellung Hoernles:

„Im Parterre war eine Familie, die hatte sechs Kinder. Angefange von de Erna, die war so alt wie wir, bis runter zum Säugling, da sind alle Moment die Fetze geflogen. Warum: in zwei Räumen sechs Kinder und zwei Erwachsene, wie's da zugeht! Mir habbe des ja, wenn die ihr Fenster auf hatte nach de Straß, ham mir des ja alles mitgekriegt, mir habbe uns da immer amüsiert über des Theater. Bin ich einmal mojns in die Schul mit der Fränz zusamme, da war auch des Fenster auf, ham mer uns am Fensterbrett hochgezogen, wie mer de Schrei gehört habbe: Warum stehste dann nit uff! – Un bei jedem Takt hat die Erna ei hinnedruff gekriegt, uff de Blanke. Un mir habbe uns auße amüsiert. Da is die nett aufgestande. Die mußt sich ja um die kleine Kinder kümmern, die Erna, die war die Ältste, und mir ham nachher immer wieder gesagt: Wa-rum-steh-ste-dann-nit-uff. Hat die da im Takt ihr Wisch gekriegt, und da habbe mir gestaunt, daß es Hieb gibt." (ebd.)

Die Mutter Kalis bemühte sich in einer ganz außergewöhnlichen Weise, liebevoll mit ihren Kindern umzugehen und sie die Armut ihrer Familie nicht spüren zu lassen. Die Eltern lebten beide nur für die Familie und hielten, verstärkt durch die ständige schwere Lungenkrankheit des Vaters, zusammen. Miez Kalis meint weiterhin dazu:

„Der Vater hat in der Erziehung alles der Mutter überlassen, er war in der Beziehung immer im Hintergrund.
Also vor allem sollten wir, weil ja doch die Armut so groß war, viel Phantasie entwikkeln. Das hat sie uns immer wieder beigebracht und hat uns da oben unter dem schiefen Dach eine Phantasiewelt aufgebaut, die einmalig war. Wir haben uns, also ich auf alle Fälle, nie als arme Leute betrachtet. Wir hatten irgendwie einen Stolz, ohne daß darüber geredet wurde. Da ham wir uns an den Tisch gesetzt, und da hat se gesagt: so jetzt spielen wir mal ein Märchen. Und da ham mer dann so aufgebaut, des war die Hirschkuh, irgendso en Nippes, hier der Kasten ist jetzt der Königspalast. Und dann ham mir angefange, aus Phantasie raus, un ham uns da selbst Märchen erzählt." (ebd., 40ff.)

Johanna Kirchner versuchte ebenfalls, ihren Kindern Phantasie als einen wichtigen Bestandteil des Lebens zu vermitteln, wie ihre Tochter berichtet:

„Meine Mutter is also, wenn se mit uns was Besonderes machen wollt', abends mit uns ins Bett und hat uns Geschichten erzählt. Die hat eine phantastische Phantasie gehabt. Und mein Vadder hat dann geschimpft, wenn er im andern Zimmer war und uns gaggele gehört hat. Sie hat uns keine Märchen erzählt, sondern Sachen, die man tatsächlich denken konnte, aber so ausgeschmückt auf alle Arten." (L. Schmidt, 9)

Das proletarische Milieu war an sich nicht lieblos. Zwar war in einem Großteil der Familien Prügel ein Bestandteil der Erziehung, aber mit Liebesentzug – wie in bürgerlichen Familien – wurde den Arbeiterkindern seltener gedroht. Die Mutter mußte oftmals gar nicht selbst als Kontrollinstanz in der Kindererziehung auftreten. Arbeiterkinder lernten schnell die einfachen Regeln, nach denen es in der Familie laufen mußte. Stellvertretend für die Mutter übernahm häufig die älteste Schwester die Funktion, wie z.B. Hans Doll erzählt:

„Mir sind frei erzoche worde, frei heißt also, man hat uns keine Vorschrifte gemacht. Es wurde dann auch mal drauf geguckt, daß mer unsre Schulaufgabe gemacht habe, wenn se Zeit gehabt habbe. Mei' Mudder hat sehr wenig Zeit gehabt, und mein Vadder, der ist lieber eher mal fortgelaufe, damit er nix gehört hat. Mir habbe nix verbote kriegt. Praktisch habbe mir uns selber erzoge. Also für die Kleinere warn natürlich mei' größere Geschwister zuständig. Die Mädche, die mußte uns natürlich de Hintern wasche und habbe auch de Hintern verhaache, wenn mer bös gewese warn." (Doll, 16)

Die meisten Aussagen zu Erziehungsnormen und Erziehungsverhalten der Arbeitereltern scheinen die Thesen der Sozialisationsforscher zu bestätigen, daß diese mehr auf Einhaltung äußerer Regeln und Gebote achteten und die Methoden der Bestrafung direkter waren als etwa in der Mittelklasse. (vgl. Gottschalch: Sozialisationsforschung, 96ff.) Der Grad der Verinnerlichung von Verhaltensanforderungen war gerade deshalb nicht so stark. Das bedeutete einerseits zwar eine stärkere Abhängigkeit des Urteils und des Verhaltens von den Meinungen der Umwelt, der geringere Grad an verinnerlichter Selbstkontrolle verringerte aber auch – wie u.a. Raspe (Zur Sozialisation proletarischer Kinder, 64) feststellt – die individuellen Schuldgefühle, ermöglichte eine größere Unabhängigkeit, schränkte gefühlsmäßige Regungen nicht so stark ein wie bei einem kleinbürgerlichen Kind. Damit konnte das Arbeiterkind eher ein Widerstandspotential gegen die einschränkenden Bedingungen seiner Existenz entwickeln.

Mit der sexuellen Aufklärung taten sich die Arbeitereltern meist schwer, das war weiterhin ein Tabu, an dem man nicht zu rühren wagte. Zwar bot oftmals die häusliche Enge praktische Gelegenheit zum Lernen, doch gesprochen wurde darüber nur selten. Frau Gärtner betonte, obwohl sie das sechste von zehn Kindern war, sei sie völlig unwissend gewesen.

„Also bei de letzte zwei, da wußt' ich tatsächlich noch net, wo die Kinder herkomme. Da war des Fenster kaputt gewese, wie des Kind dann da war, da sach ich: ‚Mamma, was ist'n da?' – Da sescht se: ‚Ja, der Klapperstorch hat's Fenster kaputtgemacht.' – Da war mer noch so blöd. Mindestens neun, zehn Jahr war ich bestimmt schon gewese." (Gärtner, 23)

Damit sie vom Liebesleben der Eltern nichts mitbekamen, wurden die Kinder sonntags immer zusammen weggeschickt. In der Regel verspürten sie jedoch recht deutlich, daß die Eltern sie loshaben wollten, daß sie störten und daß sich hinter ihrem Rücken Verborgenes abspielte. Sie fanden Mittel und Wege, doch herauszubekommen, was sie interessierte.

„Abber mir warn ja aach net blöd, ham mer gesacht, mir gehn fort, un nachher sin mer net fortgegange, habbe uns irgendwie versteckt. Mir wollte ja aach mal wisse, was läuft." (ebd., 24)

In der Familie Wisker wurden die beiden Kinder, ein Junge und ein Mädchen, sogar zu verschiedenen Zeiten gebadet. Ernst Wisker weiß noch:

„Also ich hab meine Schwester niemals ausgezogen gesehn." (Wisker, 99)

Er war noch nicht in der Schule und legte sich mal zu der Schwester ins Bett, und da

„war die ganz erstaunt, daß ich da was gehabt hab, was sie nit hatte, des weiß ich noch." (ebd.)

Eine so strikte Trennung der Geschwister war allerdings bei größeren Familien schon aus räumlichen Gründen nicht möglich. Es gab jedoch auch schon vereinzelt Mütter, die in der Lage waren, die sexuellen Tabus ihrer Zeit zu durchbrechen, wie Miez Kalis schildert:

„Die Fränz und ich waren schon als kleine Kinder aufgeklärt, weil ja die Christel auf die Welt kam, da warn wir zehn und elf Jahre alt, und da ham wir des alles so miterleben dürfen. Die Mamma hat gesagt, schon als ganz junge Frau: Wenn ich Kinder bekomme, Mädchen, die sollen einmal nicht auf so schmutzige Art wie ich erfahren, wie ein Kind entsteht und wie ein Kind auf die Welt kommt. Und das hat sie auch getreulich gehalten. Das warn so verbabbte Mütter im Haus. Des warn doch alles kinderreiche Familien. Och du liebe Zeit, bis dann die Erna auf einmal einen dicken Bauch bekam mit fünfzehn oder sechzehn Jahren, da war dann der Teufel los. Die Erna ist noch dazu verdroschen worden." (Kalis, 81)

Ihre Mutter war dagegen sehr einfühlsam und erklärte es ihnen.

„Wie sie schwanger war, da hat sie eines Tages gesagt: So, heute machen wir mal ein Fest. - Och was heißt Fest? - Da wurde mal en Stück Brot mehr geschmiert oder sogar en Kuchen gebacken. Und heute mittag, wenn ihr aus der Schule wiederkommt, und da erzähl ich euch was. Und da hat se dann uns erzählt, daß noch ein Geschwister unterwegs wär, und hat uns auf so wunderbare Art die Entstehungsgeschichte erzählt, und des hat uns furchtbar imponiert. Wir warn so stolz, daß wir eine so tüchtige Mamma hatten, die jetzt noch ein Kind bekommt. - Wie ich abends im Bett lag, hab ich gesagt: Des war aber mal en schöner Tag. - Da durften wir immer bei ihr im Bett liegen, und da haben wir dann: oh, ich glaub, des war's Koppche, also der Kopf. Und so ist dann langsam die Christel immer größer geworden, und am 13. Oktober, an einem Freitag auch noch, da war's dann so weit. Ich hab so Angst gehabt, ich wollt bei der Mamma bleiben, ich hab der alles doch so furchtbar vorgestellt, da oben unterm Dach son Kind zur Welt zu bringen, aber die Mamma, die war ganz ruhig und gelassen. Und die Fränz ist allein zur Hebamme gerannt, und da war nur der Mann daheim. Und da hat der gesagt: Kind, resch Dich doch net so uff, mei' Frau kommt, die ist grad bei ner annern Wöchnerin. - Aber die ist lange, lange ausgeblieben, und es wurde schon dunkel, und die Frau war immer noch nit da. Und da ist die Fränz zu einer Mutter, die acht Kinder hatte, und die hat sie angesprochen: Wie is des? Wie is des? Meine Mamma krischt jetzt gleich e Bobbelche, und die Hebamme kommt nit, muß die Mamma sterben? - Und die war dann doch weise genug, das Kind erst emal zu beruhigen und zu sagen: Och, des is gar nit schlimm, un wenn des noch e bißche dauert, des hat gar nix zu sache. - Und die kam dann auch, und da war des Kind grad im Kommen. Also die Hebamm, die hat gar nit mehr viel zu tun gehabt.
Und wir sind runtergeschickt worden in 'n ersten Stock, da war eine gute alte Freundin, die war dann oben bei der Frau Kalis und kam ganz aufgeregt zu uns runter und sacht: Ihr Kinner, 's Bobbelche is da, es is e Bübche. - E Bübche. Da hat sie aber die Nabelschnur als ein Spätzchen angesehen von einem Bübchen. Also ein Bübchen, wir zwei Mädchen, jetzt auf einmal ein Bub, des war mir 'n bißchen komisch. Ich war dann selig, wie wir später raufkamen zur Mamma und die sagt: Jetzt guckt euch emal des Bobbelche an, des schöne Mädche. Da warn mir dann doch froh." (Kalis, 82f.)

Es war sehr abhängig von der Umgebung, in der ein Kind aufwuchs, wie und wo es seine ersten Aufklärungslektionen erhielt. Ein Nachbarsjunge sagte eines Tages zu Emil Schmidt:

„Du paß auf, da wohnen Frauen, un wenn die Männer durchgehn, da gucken die durch das Herzchen im Fenster und rufen die Männer." (E. Schmidt, 22)

Er war 12 Jahre alt und konnte mit diesen Worten nicht viel anfangen, also fragte er seinen Vater.

„Mein Vater hörte sich das an und sagte: Paß auf, im Moment hab ich keine Zeit, am Sonntag erklär ich Dir's. Am Sonntag brauchte ich meinen Vater nicht zu erinnern. Der hat mich an der Hand genommen, ist mit mir zum Senckenbergmuseum gegangen, ich staun' noch heute, daß er auf die Idee kam, ging mit mir in die Abteilung, wo die kleinen Menschen in Essig konserviert waren und erklärte mir auf seine Art und Weise, wie Menschen auf die Welt kommen. Er hat mir's ziemlich offen erklärt. Ich wußte es seitdem. Also offensichtlich wollte er verhindern, daß ich das auf der Straße nun in der Art kriege, wie das da üblich war." (ebd., 23)

Hans Doll, der im „Kamerun" aufwuchs, hatte da schon sehr viel direktere Erfahrungen aus seiner Kinderzeit:

„Des is logisch, des hat's auch gegebe, daß z.B. Bube, kleine Bälsch, besonders im Sommer, da hatte se ja nur e Hösche angehabt, kei' Unterhose un nix, wie mer heut' Unterhose trägt und alles mögliche. Und da habbe se sich in den Vorplatz gestellt und habbe se de Mädche gerufe, hui, da habe se die Hos falle lasse un wieder hochgezoge, gelle. Un wenn se erwischt worn sin, dann sin se vom Vater (verprügelt worden). Also des Mutter-und-Vater-Spiel und des Dokterche-Spiel, unnerum schnabbele un schnuffele, des hat's aach gegebbe. Es hat vielleicht noch mehr gegebbe, wenn die Eltern fort gewese sin uff der Arbeit, da habe sich zwei, drei Stück nachher oben in dieser Wohnung getroffen. Was se getriebe habe, des is immer verschwiege gewese. Des warn Kinner im Alter zwischen zehn und vierzehn Jahren, des hat's gegebbe. Es ist Spielerei gewese aufgrund dessen, daß mer sieht, daß nix vorgekomme is." (Doll, 21f.)

Zumeist scheuten sich die Eltern, ihre Kinder rechtzeitig und gründlich zu informieren, oder sie wußten selbst nicht Bescheid. Auf der Straße oder in der Schule, in der Familie durch Erlebnisse älterer Geschwister wurde Wissen oder wurden Ahnungen zusammengetragen. Die Schule selbst leistete dabei keinen Dienst. In der Regel wurde das Thema nicht angeschnitten oder mit der furchtbaren Strafe Gottes gedroht. Lehrer, die es tun wollten, schreckten vor den Sanktionen zurück. Der Lehrer von Miez und Fränz Kalis sagte:

„Ihr Mädchen, wenn ich Euch so sehe, wie gerne würd' ich Euch manches erzählen, was eine spätere Frau wissen sollte, aber mir sind ja die Hände gebunden, leider Gottes." (Kalis, 80)

Wer in Bücherschränken, in Büchereien Informationen suchte, der durfte sich dabei nicht von den Eltern erwischen lassen, wie Hermann Schulze sich erinnert:

„Meine Mutter, die hat erzählt, sie hatten en Häuschen, und da war ein Untermieter ganz oben, und da mußte sie das Zimmer dann immer saubermachen. Da entdeckte sie ein Buch, das war ein Aufklärungsbuch, vom Arzt geschrieben, mit Abbildungen usw. Und das war natürlich etwas ganz Neues. Und da hat sie sich so vertieft, daß sie ganz ihre Arbeit und die Zeit vergessen hat. Und auf einmal geht die Tür auf, und die Oma war da. ‚Was hast Du da? Dieses Säubuch weg! – Und hat draufgehauen, da hat sie ihre Hieb gekriegt." (Schulze, 5f.)

Fritz Bolls Schwester empörte sich zutiefst, daß der jüngere Bruder zur SAJ ging und beschwerte sich bei ihrer Mutter:

„Denkt mal, wo ihr den Fritz hinlaßt, die reden da über ‚Bub und Mädel'! – Meine Mutter kam aus ner katholischen Familie. Und daß da in der Beziehung nix drin war so mit Aufklärung, das ist ja klar." (Boll, 69)

Während von der Kirche sexuelle Fragen weitgehend tabuisiert wurden, betonten immer wieder Zeitzeugen, die zur „Arbeiterjugend" gingen, welch wichtige Funktion das Zusammensein dort gerade bezüglich der Geschlechterbeziehung für sie hatte, daß hier eine bewußte und frühzeitige Aufklärung betrieben wurde, die zu einer entkrampfteren Haltung führte, daß die Mädchen als Klassengenossinnen und gleichberechtigt angesehen wurden. Sie betonten zugleich: bei der Arbeiterjugend gab es zwar Freundschaften, aber intime Beziehungen, das gab's nicht. Zwar entstanden zahlreiche Ehen aus diesen Freundschaften, doch die Beziehungen begannen, so die einhelligen Aussagen, erst wesentlich später. Das Gruppenleben forderte von den Jugendlichen, sich zu integrieren, statt sich in die Privatsphäre zurückzuziehen, und eine Liebesbeziehung hätte da nur gestört. Miez Kalis meint:

„Wir hatten alle zum Freund, aber keinen, daß man sagte, das ist nun mein Herzensfreund! Des gab's nit! Wir wurden schon 17, 18, 19 Jahre alt, wir waren noch richtige Waisenkinder, gemessen an der heutigen Zeit. Nit daß wir scheu gewesen wären, aber es war bei uns einfach nit drin. Wir sind mit der Arbeiterjugend losmarschiert und ham nachts zusammen irgendwo in der Scheuer gepennt – es gab da gar nichts. Es gab vielleicht Mädchen, die in der Beziehung vorwitziger waren, aber wir hatten gar keinen Gedanken, da irgendwie mit em Bub nun da en Verhältnis anzufangen. Des war bei uns nit drin. Da ham wir gestaunt, wenn der sich an dieses Mädchen ranmachte. Mir hat ja auch emal einer irgendein schönes Wort gesagt, aber ich hab nur gelacht, ich hab des alles sehr naiv aufgefaßt." (Kalis, 101f.)

Das Familienleben der Arbeiter und ihrer Kinder war keineswegs nur grausam und trist. Der Sonntag begann in den allermeisten Familien damit, daß sich die Eltern erst einmal ausschliefen. Und wenn der Lohn stimmte und nicht gerade eine Versorgungskrise herrschte oder in der Endphase der Inflation, dann wurde auch besser und reichhaltiger gegessen als an Werktagen: Suppe, ein Hauptgericht mit Fleisch und wenn irgend möglich noch einen Nachtisch, einen Pudding oder Obst. Das Fleisch am Sonntag war häufig genug das einzige Stück Fleisch in der Woche. Das bessere Essen erhielt dann zugleich oftmals eine würdigere Form. Zwar wurde an demselben Küchentisch gegessen, doch sonntags wurde eine Tischdecke aufgelegt, damit der feierliche Anlaß gleich äußerlich sichtbar wurde. Es war zudem der einzige Tag in der Woche, an dem die Eltern freie Zeit hatten und sich teilweise ihren Kindern widmen konnten. Häufig wurden Ausflüge unternommen, entweder nur mit der eigenen Familie oder mit Freunden aus der Partei oder dem Verein. Frau Gärtner, die normalerweise unter der großen Familie und der Arbeitsbelastung litt, genoß solche Augenblicke ganz besonders. Hatte ihr Vater einmal Zeit, dann erzählte er den Kindern von früheren Reisen. Sie saßen alle um den Tisch herum und lauschten begierig. Oder es wurde gemeinsam gespielt oder gesungen. An Sonn- und Feiertagen wurde allerdings in vielen Familien noch strikter als sonst Wert auf die Einhaltung

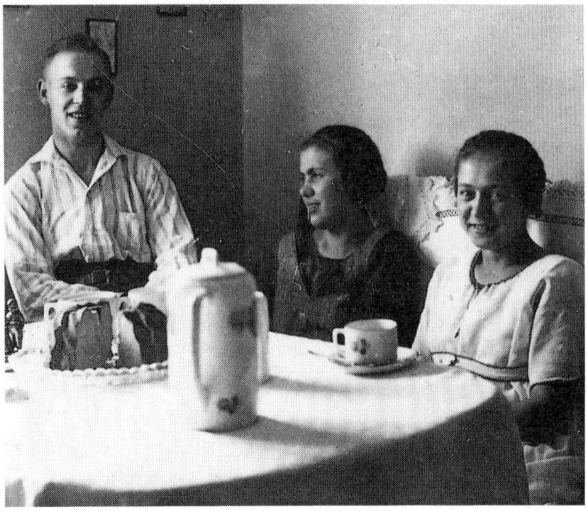

Wie hier bei Lotte Oettinger zu Hause wurde in vielen Arbeiterfamilien versucht, den Geburtstagen einen bescheidenen Glanz zu verleihen. Ein Kuchen auf dem Tisch, der Tisch festlich gedeckt, ein Blumenstrauß, vielleicht auch ein paar Freunde.
Und im Wohnzimmer waren über das Sofa weiße gestickte Deckchen gelegt.

äußerer Regeln gelegt. Die Kinder empfanden das teilweise als eine Einschränkung ihrer Freiheit, wie z.B. Ludwig Beck:

„Des Alltagslebe hat sich auch weiter so abgespielt. Sonn- und Feiertag, ein Tag wie der annern. Nur der Unterschied, sonntags mußte mer zu Hause bleibe. Von wesche fortgehe, des hat's vielleicht erst de Nachmittag gegebbe." (Beck, 4)

Die Reaktion ist sehr verständlich, denn nur im Freien konnten sie wirklich spielen. Die Wohnungen waren zu eng, und Spielsachen gab es kaum. Zu Hause zu bleiben konnte deshalb nur dann attraktiv werden, wenn sich die Eltern wirklich Zeit nahmen, wie in der Familie Kalis.

„Meistens sonntags morgens sind wir irgendwie weggegangen, entweder sin mer zusamme in 'n Taunus oder auf unsre Billtalhöhe, zum Stoltzeplätzche. Des war immer so unsre Wanderung, oder er ist mit uns in die Stadt gegangen in irgendein Museum, oder wo wir gern hin sind, Ariadneum hieß des damals, von der Familie Bethmann. Und sonntags vormitttags war da freier Eintritt für die Bevölkerung. Und da sind wir oft hin, weil das nichts gekostet hat, und es war nicht ganz so weit. Es ist ja alles zu Fuß gemacht worden. Trambahn fahrn, des war für uns ein Fest, immer wieder in ne neue Trambahn. Aber wenn wir mal in'n Taunus gefahrn sind, dann sind wir erst mal von der Münzenberger aus bis zur Hundswies gelaufen, des war ungefähr ne halbe Stunde. Da sind wir gelaufen diese gute halbe Stunde mit unserm Rucksack, um 5 Pfennig pro Nase Trambahngeld zu sparn. Da sind wir dann meistens bis Oberursel gefahrn und dann so hinten Billtal hoch zum Stoltzeplätzchen. Des war meistens unser Revier, da war nit so viel Betrieb, und da war Wasser, da konnte mer unser Supp und unsern Malzkaffee selbst kochen, und des war unsre Idylle." (Kalis, 24f.)

Die Mutter war bei den Sonntagsausflügen meistens dabei, denn

„die mußt' ja dann so die Kocherei (erledigen), wie mer noch kleiner warn, denn mit som Benzinkocher ham mir gearbeitet mit som kleine Kanister. Da wurde der flüssige Spiritus reingefüllt, und dann immer die Angst, daß des Ding emal leck wird und über des Brot fließt. Nachher hat die Mamma selbst so Rucksäcke gebaut, da hat jede von uns so en kleine Rucksack gehabt, die eine hat nur des Benzin transportiert und den Kocher, so Aluminiumgeschirr, bis des alles angeschafft war, und de Pappa hatt' meistens son Konservenglas, des war schon emal schwer, mit irgendeim Kartoffelsalat drin. Und wenn's hoch herging, gab's noch e Frikadell dezu, des war dann aber schon feierlich, oder mir habbe so Erbswurstsupp gekocht." (ebd., 25)

Solche Sonntagsausflüge waren in Arbeiterfamilien sehr häufig. Sie gingen vorwiegend in die nähere Umgebung, weil das Geld für die Straßenbahn fehlte. Väter gingen mit ihren Söhnen auf den Fußballplatz, und auch Museumsbesuche gehörten bei einem Teil der Arbeiterfamilien zum gelegentlichen Programm.

In den meisten Fällen ragten vor allem die Geburtstage und die Weihnachtstage spürbar aus dem Alltag hervor, wie u.a. Anna Beyer berichtet:

„Geburtstage, Familienfeierlichkeiten, die wurden also sehr zelebriert. Wenn wir Geburtstag hatten, dann wurde natürlich Kuchen gebacken, und da wurden Kinder eingeladen. Und wenn die Eltern Geburtstag hatten, da wurden Gedichte gelernt." (Beyer, 23)

Einen Kuchen zu backen war für viele Mütter eisernes Gesetz, zumindest einen ganz einfachen, der nicht viel teurer als die eingesparten Marmeladenbrote am Nachmittag war. Wenn es einigermaßen finanziell leistbar war, wurden zudem einige Freunde eingeladen, doch nicht zu viele, wie immer wieder betont wurde. In der Familie Kirchner, die schon in „gehobenen" Verhältnissen lebte, hatten die Kindergeburtstage noch einen besonderen Höhepunkt:

„Jeder Geburtstag ist extra gefeiert worden. Und mein Vater ist mit jedem extra ins Café Bräutigam. Erdbeern mit Schlagsahne durftste Dir aussuchen und Schokolade oder irgend so was, jeder extra. Der andere durft mit, aber (wer Geburtstag hatte), durfte erst aussuchen, des war völlig klar." (L. Schmidt, 20)

So etwas war in „normalen Arbeiterfamilien" selbstverständlich nicht vorstellbar und dürfte auch bei Kirchners in der Hochinflationsphase kaum mehr möglich gewesen sein. Wie unterschiedlich derselbe Anlaß, das Nikolausfest, in verschiedenen Familien erlebt wurde, wird in den beiden nachstehenden Berichten deutlich. In der Familie Gärtner war dieser Tag für die Kinder nie nur ein Anlaß für Freude, sondern zugleich ein Tag der Angst und des Schreckens.

„Der Nikolaus, der kam immer, der hat Äppel und Nüß gehabt. – Mein Vater war da meistens blau, der konnt's net gewese sein. Aber dieser Nikolaus war brutal, der hat brutal druffgehaue. Mir hatte auch sehr viel Angst gehabt. ich weiß noch, der Bruder war mindestens 15 gewese, der mußt' am Nikolaus noch einkaafe gehn, un der hat aach Angst gehabt, obwohl der schon so groß gewese war. Der hat unnerwegs vor lauter Angst in die Hos gemacht. – Der hat kei' Rut gehabt, der hatt' e Hundepeitsch." (Gärtner, 26f.)

Völlig anders hat Lina Schwee den Nikolaus in Erinnerung. Interessant ist hier vor allem, daß auch die Autorität der Erwachsenen infrage gestellt wurde, daß die Eltern nicht unangreifbar waren, sondern wie die Kinder Kritik über sich ergehen lassen mußten.

„Besonders an Nikolaus, da war immer ein großes Fest bei uns. Mein Vater war städti-

scher Arbeiter, der war bei den Wasserwerken, und der hatte so einen großen schweren Lodenumhang, so einen schwarzen, und das war die Grundlage für das Nikolauskostüm. Da wurden dann so weiße Wattebäusche draufgesetzt und die Kapuze und nen Bart.
Dann war bekannt, daß bei uns immer was los ist bei Nikolaus. Und dann kamen schon vorher die Frauen aus der Nachbarschaft und haben gefragt: Frau Trautmann, macht ihr wieder Nikolausfeier? Kommt bei euch wieder der Nikolaus? Dürfen wir Ernst, Fritz oder Lieschen schicken? Da hat die Mutti natürlich gesagt: ja. – Und da wurde ein großer Sack an die Tür gestellt, und da kamen so kleine Geschenke rein, die Nachbarn durften die auch reingeben. Dann kam da noch von diesen Familien immer Mutter oder Vater.
Na, dann polterte ganz schwer einer auf der Treppe rauf bis zum 1. Stock, und dann kratzte eine Rute an der Küchentür, und dann kam der Nikolaus rein. Wir haben alle gebibbert, und dann ging's los.
Bei den Kleinsten fing er an: was ist jetzt mit Dir? Kannst Du ein Gedicht aufsagen? – Und dann hat der angefangen zu stottern, so 3, 4 Zeilen. Gut. Er hat einen ganz sachten Streich mit der Rute gekriegt, und dann kam der nächste dran. Da hatten wir uns alle schon ein bißchen drauf vorbereitet, ein Gedicht aufzusagen. Und dann bekam man gleich das Geschenk aus dem Sack. Da stand der Name drauf. Nachdem wir Kinder also unsere kleinen Geschenke hatten, da ging's aber auch auf die Erwachsenen. Nun wußten mein Vater oder meine Mutter, was einige so angestellt hatten, etwa mit dem Mann geschimpft oder mit den Kindern so viel geschimpft. Dann sind die auch vorgenommen worden: Du haust so viel Dein Kind oder Du streitest Dich immer so viel mit Deinem Mann. Und die bekamen dann auch Rutenstreiche, aber die bekamen keine Geschenke. – Der (Vater) war immer fort, und dann kam er eine halbe Stunde später, und dann haben wir ihm alle erzählt: jetzt kommst Du erst, und der Nikolaus war da, und Du hast ihn wieder nicht miterlebt." (Schwee, 7f.)

Ebenso wie an Geburtstagen, an Nikolaus oder Ostern, verbinden sich sehr unterschiedliche Erinnerungen mit dem Weihnachtsfest. In nicht kirchlich gebundenen Arbeiterfamilien wurde zwar großenteils auf einen Kirchgang verzichtet, aber dennoch gehörten christliche Weihnachtslieder vielfach zu dem unumstößlichen Ritual wie der Weihnachtsbaum, wie Lotte Schmidt erzählt:

„Wir hatten Weihnachten gefeiert und hawwe gesunge, Weihnachtslieder logischerweise. Mein Vater hat's Glöckchen geläutet, und wir hawwe all drauße gestande." (L. Schmidt, 21)

Es war, wie Paul Grünewald sich ausdrückte, ganz einfach üblich, daß man Weihnachten feierte, sonst hätte man sich schon den verwunderten Nachbarn gegenüber rechtfertigen müssen. (Grünewald, 41) Nur in wenigen Familien ging man von der traditionellen Feier ab und feierte stattdessen – wie in der Familie Beyer – die Sonnenwende.

„Zwar ham wir kein christliches Weihnachten in dem Sinn gemacht, wir hatten zwar einen Baum, und mein Vater hat uns dann erzählt, daß es en alter Brauch war und daß Sonnenwende ist, die Wintersonnenwende. Und da ham wir so Lieder gesungen, die nicht christlich waren und haben auch Geschenke gemacht und haben zum Teil auch ein Gedicht gelernt dazu. Das war dann also üblich, daß dann die Familie Weihnachten auf ihre Art machte." (Beyer, 23f.)

Sehr häufig verbinden sich noch heute sehr angenehme Erinnerungen mit Weihnachten: Kuchen- und Plätzchenbacken, Teignaschen, Heimlichkeiten, Basteln, Einkaufen und vor allem immer wieder das gute Essen. (vgl. nächstes Kapitel) Nicht selten war das der einzige Tag im Jahr, an dem nicht gespart, sondern möglichst viel aufgetischt wurde. Meistens gab es kleine Geschenke, sehr häufig praktische Dinge: eine Hose, eine Bluse, ein Paar Schuhe, mal ein Buch, Kleinigkeiten zum Spielen und vor allem den Weihnachtsbaum. Während in vielen Familien sonst vorhandene Spannungen an solchen Festtagen überdeckt wurden, waren bei anderen die Lebensverhältnisse so drückend und niederschlagend, daß aufgestaute Aggressionen auch dann nicht unter der Decke gehalten werden konnten. Frau Gärtner denkt noch heute häufig daran.

„Des war manche Male so, wenn an Weihnachte de Christbaum durch die Stubb' gefloche is, so schön war des net gewese." (Gärtner, 1)

Miez Kalis hat keine solchen Erinnerungen. So wie bei ihnen schon die Sonntage einen gewissen Glanz hatten, waren die Weihnachtstage besonders feierlich. Alleine die Vorbereitungen waren für die gesamte Familie sehr aufregend.

„Da hat der Vater sogar Geld zusammengespart auf der Ortskasse, pfennigweise. Da hat er so Fragebogen an die Patienten ausgeben müssen, die haben einen halben Pfennig gekostet, aber er hat da en ganzen Pfennig eingenommen. Und den halben Pfennig, den hat er dann gespart, und das hat dann grad den Christbaum gegeben. Und der mußte vom Main geholt werden. Das hat er nicht anders getan, den hat er dann heimgeschleppt und war dann meistens nachher naßgeschwitzt und krank, aber es war ein besonderer Baum da.
Der ist dann auf dem Balkon deponiert worden bis zum Heiligabend, und dann hat der Vater stundenlang geputzt. Und später, wie mer bißchen zu Geld kamen, dann ist er mit uns zum Christkinnerchesmarkt auf'n Römerberg, und da wurden immer zwei oder drei neue Kugeln gekauft. Es war das Ziel vom Vater, der wunderbare große und bunte Baum.
Und Gott, es wurde auch immer was an Geschenken beigetrommelt, und wenn's nur Unterwäsche war oder en Blüschen, also immer praktische Dinge. Aber Weihnachten, das war immer sehr feierlich.
Und der Papa hat in mühseliger Laubsägearbeit uns eine Puppenstube selbst gebaut und hat die Möbel, die wir hatten, des Tannenholz, des hat er in klein kopiert. Dann hat er uns später einen Kaufladen, wie wir schon rechnen konnten, selbst gezimmert. Und den hat er wunderbar weiß lackiert, aber erst zu spät. Scheinbar hat's an Zeit gemangelt, und da hat er dann auf den heißen Ofen den weißlackierten Kaufladen zum Trocknen gestellt, und da hat er braune Blasen gekriegt, weil der Ofen zu heiß gefüttert war, und es hat in der Wohnung komisch gerochen, aber wir warn doch sehr glücklich.
Und da wurden wir noch von der Mamma zum Konsum geschickt, ein halbes Pfund Malzkaffee, en halbes Pfund Bruchreis, en halbes Pfund von dies, von allem es Allerbilligste. Und da hat noch die Frau Stenner gesagt: ach, habt ihr 'n Kauflade? – Aber wir hatten keinen Schimmer: nöö, wir habbe kein' Kauflade. – Und warn ja baßerstaunt, wie dann nachher in den acht Schubladen da diese Ware war, die wir im Konsum geholt hatten. Des hat uns viel Spaß gemacht. Ist nachher alles so bißchen durcheinandergeraten, der Reis und die kleinen Linsen, aber wir hatten da viel Freude gehabt am Kaufladen." (Kalis, 107f.)

An Weihnachten wurden beim Konsum jeweils die Rabattkärtchen eingelöst (vgl. nächstes Kap.),

„und die 3 %, die ergaben dann meist so summarisch eine Weihnachtsgans. Also da warn wir vollkommen aus'm Häuschen: eine Weihnachtsgans. Die Ennenbachs haben das genauso gemacht. Wenn se wußten, die Gänse sind eingetroffen, sind die zwei Väter runtermarschiert, wir Kinder mit, und dann ham die zwei Väter gewetteifert, daß jeder die fetteste und die dickste Gans bekam." (ebd., 20b.)

Hermann Schulzes Vater war im Krieg gefallen. Seine Mutter hatte es besonders schwer, etwas Geld für reichlicheres Essen oder kleine Geschenke zurückzulegen. Die Kriegerwaisen wurden jedoch manchmal auf Wohltätigkeitsveranstaltungen mit kleinen Geschenken bedacht. Einmal war er ins Theater zu „Peterchens Mondfahrt" eingeladen. Doch noch weit stärker interessierte Hermann Schulze allerdings ein Geschenk, das ein Bekannter zu Weihnachten bekam, weil das für ihn völlig unerreichbar schien:

„Der hatte ne Eisenbahn. Und das hat mich ungeheuer beeindruckt. Nur der Kasten, nicht einmal die Eisenbahn. Der hatte son großen Kasten, und da warn vorne so einige Lokomotiven usw., mit Dampf und so. Das hat mich so beeindruckt, daß ich da heut' noch dran denke. Die Eisenbahn selbst hab ich gar net gesehn." (Schulze, 41)

So wie das gesamte Verhalten der Eltern prägend für die Entwicklung der Kinder ist, teilen sich ihnen auch ihre politischen oder religiösen Überzeugungen mit. Weithin identifizieren sie sich zunächst einmal damit. Dabei ist es selbstverständlich ein großer Unterschied, wieweit die Eltern, durch Krieg, durch die Revolution, durch den Betrieb politisiert wurden, ob sie lediglich ihre Stimme bei den Wahlen abgaben oder ob sie sich bei Streiks und Demonstrationen beteiligten, für ihre Überzeugungen eintraten und sich einer Partei anschlossen. Es liegt die Vermutung nahe, daß je nachdrücklicher und intensiver ein oder beide Elternteile in die politische Arbeit eingebunden waren, sich das um so prägender auf die Familienbeziehungen auswirkte. Wie sehr die Gewerkschaftsarbeit selbst die kleinen Kinder beeindruckte, berichtet Lina Schwee:

„Als ich das erste Mal in Sachsenhausen ausgerissen bin, da war ich vielleicht so 3 oder 4 Jahre, da hat man mich gefunden im Gewerkschaftshaus. Also ich kannte das Haus, weil ich mit meinem Vater immer mal da hingegangen bin, und vielleicht war er an dem Abend auch nicht da, da hab ich ihn vielleicht gesucht oder so was, ich war also jedenfalls da. Da kam also jemand und sagte, die Frau Trautmann soll mal ihre Lina im Gewerkschaftshaus abholen." (Schwee, 18)

Hans Bischoff betonte z.B., daß alle patriotischen Reden der Lehrer in der Schule bei ihm nichts ausrichteten gegenüber der Grundeinstellung, die ihm seine Eltern vermittelten. Das war schon vor dem Krieg so, als der Kaiser mal nach Frankfurt kam und die Kinder begeistert auf die Straße gingen, ihn das jedoch überhaupt nicht beeindruckte. Und auch in späteren Zeiten sei das nicht anders gewesen. (Bischoff, 18)

Axel Kuhn meint:

„Die politisch aktiven Männer werden in ihrem Leben alle vor die Alternative Partei oder Familie gestellt. Aber das ist für sie keine ernsthafte Wahl; selbstverständlich entscheiden sie sich für die Partei und bürden ihrer Familie all die Opfer auf, die sie der Partei nicht zumuten können. Für die Ehefrau gibt es eine echte, wenn auch schmerzhafte Alternative: sich zu fügen, oder sich von ihrem Mann zu trennen." (Kuhn, in: Arbeiteralltag in Stadt und Land, 101)

Großenteils sahen die Männer die politische Arbeit als ihre ureigenste Domäne an, und die Forderungen nach Gleichberechtigung beschränkten sich auf politische Bekundungen. Die Vorstellung, die „eigene Frau" hätte selbst Erfahrungen und Bedürfnisse einzubringen, wurde weithin ausgeklammert. Der Vater Peter Langs war ein engagierter Gewerkschafter und Sozialdemokrat, doch die Politik „war Männersache". (P. Lang, 9) Herkömmliche Familienstrukturen gerieten ins Wanken, wenn eine Frau eigenständig über die Sphäre von Heim und Kindern hinausschauen wollte. Sophie Ennenbach war schon vor dem Krieg durch die Fabrikarbeit politisiert worden, wurde politisch aktiv und versuchte immer wieder, weitere Frauen für die Parteiarbeit zu gewinnen. Sie erinnert sich an ein Gewerkschaftsfest. Die Kollegen nahmen daran normalerweise mit der ganzen Familie teil.

„Bei dieser Gelegenheit hatte ich einmal mit einem Genossen, der, so lange ich ihn kannte, schon zur sonntäglichen Hausagitation mitging, später Gewerkschaftsbeamter und in der Weimarer Zeit Staatsbeamter wurde, eine hartnäckige Diskussion, als ich seine Frau organisieren wollte. Als die ein bißchen unentschieden lächelte, kam der Herr Gemahl heran, und hinfort antwortete sie nicht mehr, sondern nur noch er. ‚Für meine Frau ist das nichts. Ich bin nicht wie Bebel für die Gleichberechtigung der Frau. – Ja, Sozialist bin ich, aber ich bin dafür, daß jeder Schreinergeselle so viel verdient, daß er seine Frau ernähren kann, die ihm die Kinder versorgt, seine Hosen flickt und das Essen kocht. –' Ich wußte, daß seine Frau Jahr um Jahr kleine Kinder bekam, große Wäsche wusch, nicht nur seine Hosen flickte, sondern auch noch neue schneiderte und aus jedem Läppchen, das ihr geschenkt wurde, eine Kravatte für den Mann und in jedes Wäschestück bis zur Unkenntlichkeit alte und neue Flicken aufsetzte oder einsetzte. Heute aber, – zum ersten Mal hatte er sie mitgenommen in den Tivoligarten, – und da mußte ich ihm in die Quere kommen. – Die Frau wurde natürlich nie Genossin, sondern entwickelte sich auf ihre Tage zu einem indifferenten Bonzenweibchen." (Ennenbach, 156)

Diese Schilderung, die zwar aus der Vorkriegszeit stammt, mag dennoch ein gutes Beispiel für die Einstellung vieler Ehemännner sein. Man muß allerdings die Aussage Kuhns ein Stück weit differenzieren. Es ist wohl ein Unterschied, auf welcher Stufe der Partei-, Gewerkschafts- oder Vereinshierarchie ein politisches, soziales oder kulturelles Engagement erfolgte. Je basisnäher die Arbeit war, je stärker im Wohnumfeld, in der direkten Umgebung der Aktiven verhaftet, um so eher war die Familie integrierbar. In zahlreichen Arbeiterfamilien war das Zusammenleben nicht auf die Privatsphäre beschränkt, sondern die einzelnen Familienmitglieder nahmen an der politischen Arbeit teil. Häufig gingen die Eltern gemeinsam zu Veranstaltungen, und wenn es machbar war, wurden selbst die Kinder mitgenommen, wie u.a. Anna Beyer beschreibt:

„Die Volkschor-Union hatte ihr Sommerfest im Zoo-Gesellschaftshaus, da mußte ich auch mit. – Meine Mutter hat mich, soweit sie konnte und es opportun war, mitge-

Frankfurts Frauen, Mädchen und Männer! Auf zum Zoologischen Garten!

Heute abend 7 Uhr, spricht

Frau LUISE ZIETZ-Berlin (Mitglied der National-Versammlung) über:

„Die Frauen im revolutionären Kampf!“

Frauen und Männer! Dem reaktionären Ansturm stellt die geschlossene Phalanx der Arbeiterklasse entgegen. **Frauen und Männer müssen sich im Zoo in Massen zusammenfinden zur geschlossenen Kundgebung! Macht mobil. Macht mobil.**

Alle Parteien waren sich der Bedeutung der Frauen in der politischen Auseinandersetzung sehr bewußt. Interessant ist, daß die USPD in ihrer Veranstaltung mit Luise Zietz über die Frauen im revolutionären Kampf zugleich die Männer anzusprechen suchte.

Volksrecht v. 7.10.19

nommen. Und mein Vater hat mich mitgenommen und meinen Bruder Max, wenn die Partei Flugblätter zu verteilen hatte oder wenn Versammlungen warn.“ (Beyer, 9)

Auch die Eltern von Miez Kalis waren begeisterte Sozialdemokraten,

„und wir warn froh, des war ne Ehre für uns Kinder, dann so Wahlzettel einzuwerfen und Drucksachen, was eben die Partei rausbrachte, und haben auch für die Partei kassiert. Der Pappa war Kassierer, und des haben wir alles sehr mit Stolz gemacht. – Wenn so Parteiversammlungen warn, ich hab wenig davon verstanden, des geb ich ehrlich zu, als ich noch ein kleines Mädchen war, aber wenn ich durfte, bin ich mitgelaufen. – Und des hat mich sehr beeindruckt.“ (Kalis, 101 ff.)

Die Annahme des Reichsvereinsgesetzes am 8. April 1908 gestattete den Frauen die Betätigung in politischen Organisationen und legalisierte damit einen von proletarischen Frauen zuvor erkämpften und vielfach schon praktizierten Zustand. Miez Kalis ist sehr stolz darauf, daß ihre Mutter so frühzeitig in die Partei eintrat.

„1909, des war damals schon eine Leistung. Der Papa ist erst zwei Jahre später (rein), die Mama war immer die, die die Initiative für alles (ergriffen hat), was auch im Leben war, schon durch die Verbindung mit der Sophie Ennenbach, des hat ihr alles so eingeleuchtet, weil sie von klein auf ein echtes soziales Empfinden hatte. Für ungerecht, da konnte sie auf die Bäume klettern, natürlich auch für andere, nit nur für uns, da hat sie manches auszustehn gehabt, aber sie hat sich da gar nicht beirren lassen.“ (Kalis, 48)

Nicht selten versuchte der politisch überzeugte Ehemann, seine Frau zu aktivieren. Gelang ihm das, so mußte er allerdings befürchten, daß sie sich dafür völlig begeisterte, dem reinen Hausfrauen- und Mutterdasein entfloh und sich mit ganzer Energie auf ein neues, ihr bedeutsam erscheinendes Betätigungsfeld stürzte, wie es in der Familie Häussermann der Fall war.

„Der Vater hat erzählt, wie er die Mutter kennengelernt hat, und da hat se noch 's Kirchenblättchen gehabt. Und dann hat se sich auch überzeuge lasse, daß se auch Sozialdemokrat geworde is. Un 's is se dann noch mehr geworde wie de Vadder. Der Vadder war nur so stiller Teilhaber, is in Versammlunge gegange un so, des hat er gemacht. – Ja, die hat des Kircheblättche gehabt, un nachher hat se dann doch die ‚Volksstimm‘ immer gelese. Dann is se ganz dadevon abgekomme. Des war em recht. Sie konnt' rede, unser Mutter konnt' rede, sie hat Vorträsch gehalte und so und hat sich auch zu Wort gemeld'.“ (Eug. Häussermann, 5)

War die Mutter der aktivere Part, so konnte es durchaus möglich sein, daß sie ihren Mann in die Parteiarbeit einband oder auch zum Umschwenken in die „richtige Partei" bekehrte. Hans Bischoff berichtet das aus seiner Familie:

„Mein Vater war Demokrat, und meine Mutter, die war schon mehr sozialistisch eingestellt, die war (in der) Sozialdemokratischen Partei. Viele große Debatten gab's nit. Also ich möchte sagen, mein Vater war als Demokrat auch schon links. Der hat des akzeptiert, (daß die Mutter in der Partei ist). Wenn Versammlung war, is se hingegange. Und damals is er ja selbst in die SPD eingetrete noch Anfang 21, er hat es eingesehn gehabt." (Bischoff, 18)

Die Aktivierung in diese Richtung kam vor, doch sie war sicher nicht die Regel. Normalerweise war die Autorität des Mannes noch so ungebrochen, daß er nicht nur in der Familie den Ton angab, sondern vor allem die politische Marschrichtung, daß die Ehefrau ihre Meinung nach der des Mannes einstellte. Um des lieben Friedens willen gaben die Frauen nach außen hin oft Ruhe, handelten jedoch insgeheim dennoch nach ihren eigenen Überzeugungen. Lotte Schmidt betonte, falls ihr Vater die Mutter hätte politisch beeinflussen wollen, so sei das für sie sicher kein Problem gewesen, sie hätte sich entziehen können.

„Meine Mutter war sehr geschickt, die hat dann sicher ‚ja, ja' gesagt und hat 's dann doch anders gemacht." (L. Schmidt, 44)

Und auch Frau Maier bewahrte sich so ihre Eigenständigkeit. Ihr Mann war ein bekannter Kommunist, hatte wichtige Parteifunktionen inne.

„Ich hab immer gesagt, ich tät Kommuniste wähle, hab aber (Sozialdemokrate) gewählt. Ich hab gesacht, sin freie Wahle, kann jeder wähle, was er will. Noja, Dir zulieb wähl ich die Kommuniste, aber is gar net wohr!" (Maier, 24)

Zu besonderen Konflikten innerhalb der Familie führte nicht selten, wenn sich die Frauen auf sozialem oder politischem Gebiet so stark betätigten, daß dadurch ein Teil der Arbeit für Haushalt, Kinder oder Ehemann umorganisiert oder liegenbleiben mußte. Eugenie Häussermann litt eher darunter, daß ihre Mutter die politische Arbeit derart wichtig nahm, denn für die Kinder gab es dadurch zu Hause automatisch mehr zu tun. Sie fragte eines Tages:

„Mutter, mußt Du dann des so mache, da überall hingehn, fortgehe? – Da hat se gesacht: ja, lieb Kind, des mach ich net für mich, des mach ich für Euch, daß Ihr's emal andersder habt! – No, des hab ich auch eingesehe. Wenn se fort war, mußt ich ja aach e bißche ran. Ich war ja dann aach da im Geschäft. Un des hat mer gar net gefalle, daß die Mutter net daheim is." (Eug. Häussermann, 6)

Anna Beyer meinte, ihre Mutter sein eine interessante und belesene Frau gewesen, doch manch einer in der Verwandtschaft hatte dafür überhaupt kein Verständnis, und sie haben

„immer mit meiner Mutter geschimpft, weil die nicht die Betten gemacht hat, aber sich hingesetzt hat und hat gelesen. Insofern war sie sicher nicht die ganz normale Hausfrau." (Beyer, 6)

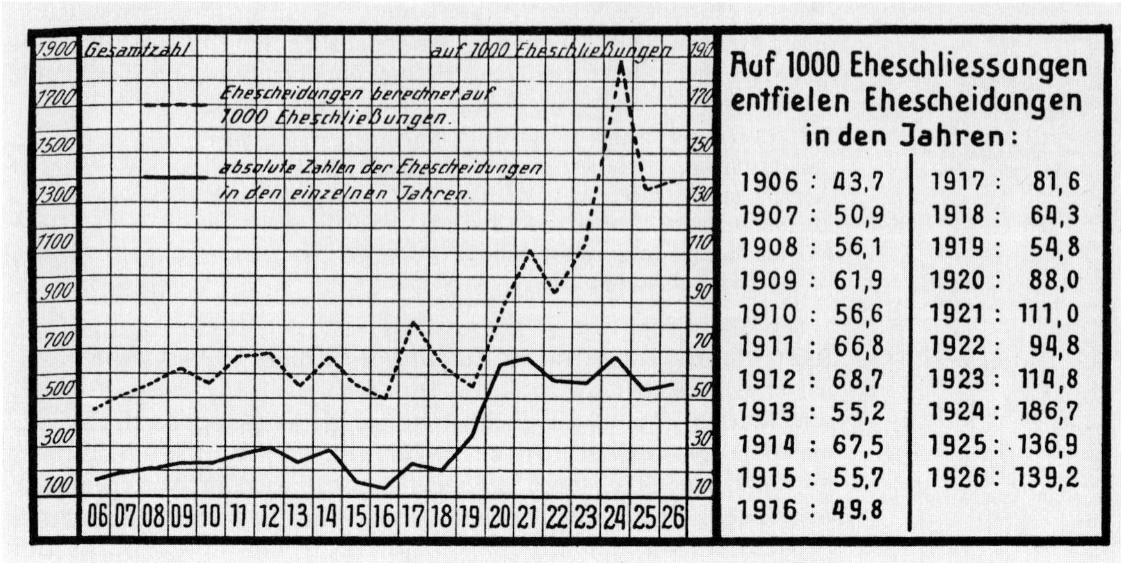

Stat. Handbuch II, S. 87

Ähnlich empfand es Frieda Gärtner, nach ihrer Überzeugung war die Mutter

„sehr intelligent, politisch begabt, aber keine gute Hausfrau." (Gärtner, 17)

Zwar war sie einerseits stolz, daß sich fremde Leute von der Mutter bei Schriftsätzen und dergleichen helfen ließen, daß sie zur Beratung kamen, dennoch kann sie bis heute nicht verstehen und akzeptieren, wie man bei 10 Kindern die politische Arbeit so wichtig nehmen kann. Die ältesten Kinder wurden deshalb außerordentlich stark zur Mitarbeit herangezogen.

„Mei Mudder hat gedacht: Gott, da sin noch so viele, da paßt eine uff de annern uff." (Gärtner, 15)

Frauen sahen sich weithin nicht in der Lage, Politik und Kindererziehung unter einen Hut zu bringen, aber anders als die Männer, entschieden sie sich häufiger für die ihnen von der Gesellschaft zugedachten Rolle in der Familie. Der Versuch einer Koordinierung – handelte es sich nicht gerade um das Zusammenfassen von Kindern zu Ferienspielen oder Kindergruppen – zog nicht selten Schuldgefühle nach sich, weil Familie und Haushalt vernachlässigt wurden.

Gerade in Arbeiterfamilien waren Ehescheidungen zu Beginn des Jahrhunderts noch recht selten, denn eine Scheidung war kompliziert, teuer und zog gesellschaftliche – vor allem kirchliche – Sanktionen nach sich. Die Ehe im Proletariat war, so Rühle, im großen Ganzen stabil. (Rühle 2, 59) In der Nachkriegszeit trat allerdings eine deutliche Änderung ein.

„Die Männer hatten sich im Felde ... vielfach der Frau entwöhnt. Wandlungen in ihrer erotischen Beziehungsfähigkeit hatten sie mehr oder weniger für eine Ehe oder doch für die Fortsetzung ihrer Ehe untauglich gemacht. Ebenso hatten sich die Frauen da-

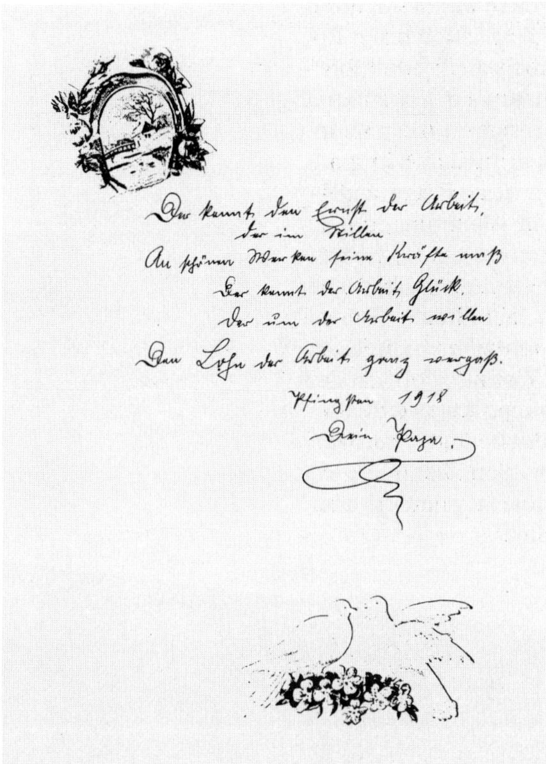

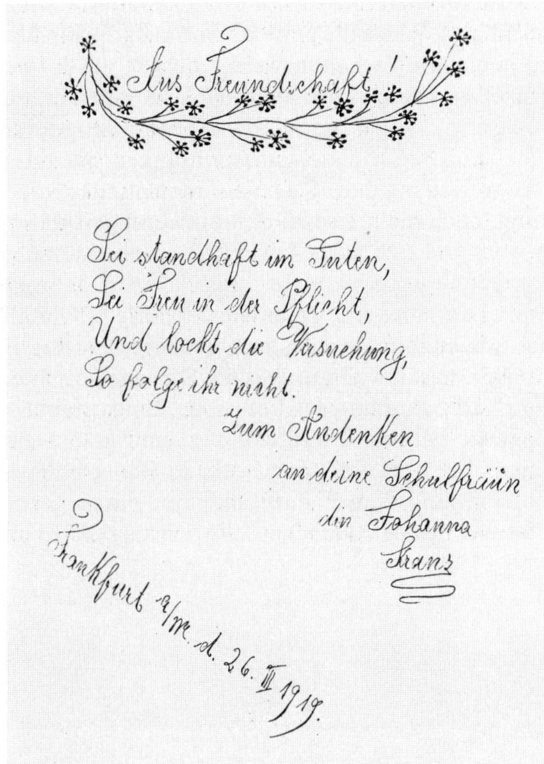

Nicht nur Kleinbürger, sondern auch viele Arbeitermädchen hatten Poesiealben. In den Sprüchen von Miez Kalis Album kommt eher protestantisch-kleinbürgerliches Arbeitsethos als sozialistische Gesinnung zum Ausdruck. So schrieb ihr Vater: „Der kennt den Ernst der Arbeit, der im Stillen an schönen Werken seine Kräfte maß. Der kennt der Arbeit Glück, der um der Arbeit willen den Lohn der Arbeit ganz vergaß.“
Und eine Freundin schrieb: „Sei standhaft im Guten, sei treu in der Pflicht, und lockt die Versuchung, so folge ihr nicht.“

heim auf eigenem Weg weiterentwickelt, sowohl zu größerer sozialer Selbständigkeit wie zu einer entschiedeneren erotischen Freiheit. Die Ehe bedeutete nunmehr für viele eine Bindung, die sie nicht länger tragen, ein Opfer, das sie nicht mehr bringen wollten.“ (ebd.)

Die Zahl der Ehescheidungen erreichte 1918 vorher noch nie gekannte Höhen. Während in Frankfurt auf 1000 Eheschließungen im Jahre 1910 noch 56,5, 1917 schon 81,6 Ehescheidungen kamen, wuchs die Zahl auf 111 im Jahre 1921 und erreichte im Jahre 1924 mit 186,7 einen Höchststand. Selbstverständlich wurde nur ein Bruchteil der zerrütteten Ehen geschieden. Die Sorge um die Kinder, die Angst, sich alleine durchs Leben schlagen zu müssen, die Furcht vor dem Urteil der Nachbarn und der Kirche, handfeste wirtschaftliche Interessen, hielten zahlreiche Ehen formal weiterhin zusammen. Andererseits begaben sich viele Frauen nach dem Krieg scheinbar selbstverständlich wieder in ihre frühere Rolle als Ehe- und Hausfrau und Mutter. So wie es während des Krieges unabänderlich war, daß sie berufstätig wurden, so hofften viele, der Krieg würde enden, sie könnten wieder bei den Kindern bleiben und den Haushalt versorgen. Zugleich mußten sie aber damit die in der Fabrik, dem Büro, dem Geschäft gewonnene Eigenständigkeit wieder aufgeben. Der Arbeiter mußte noch stärker als früher auf seiner Führungsrolle bestehen, um die alten Rollenmechanismen aufrechtzuerhalten.

So deformiert und zerrissen die Arbeiterfamilien vielfach waren, so waren sie auf ihre Weise die perfekte Sozialisationsinstanz. Sie brachten in der Regel genau die Verhaltensweisen hervor, die der kapitalistische Produktionsprozeß von ihnen forderte und die sie selbst brauchten, um darin existieren zu können. Von Kindesbeinen lernen Arbeiterkinder, sich in ihren Wünschen und Bedürfnissen einzuschränken. Sie müssen sich mit dem Minimalsten zufriedengeben. Sie bekommen nur das Notwendigste an Essen, an Bildung, noch nicht einmal den notwendigen Raum in der Wohnung, um zu spielen und sich zurückzuziehen, in der Lehre erhalten sie einen „Lohn", von dem alleine sie nicht leben können. Jahrelang begleiten sie Sprüche wie: „Lehrjahre sind keine Herrenjahre", „Ohne Fleiß kein Preis", „Prügel hat uns auch nie geschadet", „solange Du die Füße unter meinen Tisch streckst, hast Du zu tun, was ich Dir sage", „in meiner Wohnung bin ich der Herr". Dazu kommt, daß Lehrlinge, Jungarbeiter oder junge Angestellte, solange sie bei den Eltern wohnen, ganz selbstverständlich, abgesehen von einem Taschengeld, ihren Lohn zu Hause abliefern müssen. Der Wunsch, die Hoffnung, dem zu entfliehen und eine eigene Familie zu gründen, aber alles viel besser zu machen, erwächst so ganz von alleine.

10. Zum Leben zu wenig – zum Sterben zu viel?
Ökonomie und Lebensbedingungen

Alle Warenverkäufer leben vom Verkauf ihrer Ware und geraten in Schwierigkeiten, wenn der Markt nicht den Preis hergibt, der für ihre Existenzsicherung notwendig ist. Kapitalisten, Kaufleute, Bauern können in Zeiten des Überangebots oder des aus anderen Gründen entstandenen Preisverfalls durch Verknappung des Angebots, sei es durch Produktionseinschränkung, Zurückhaltung von Waren, durch Ausbau der Lagerhaltung oder durch Export, aber auch bei leichtverderblichen Waren wie Lebensmitteln durch Vernichtung, die Preise und damit ihr Einkommen hochhalten. Wer nichts zu verkaufen hat als seine Arbeitskraft, steht viel schlechter da. Sie kann nicht gelagert oder aufbewahrt werden. Im Streik, bei dem die Arbeiter ihre Arbeitskraft zurückhalten, leiden sie und ihre Familien am meisten. Daher sind die Lohnarbeiter – Arbeiter, Angestellte, Beamte – in Krisensituationen am schlimmsten dran. „Den letzten beißen die Hunde", sagt der Volksmund.

Gerade die Zeit zwischen 1918 und 1923 zeigt in Frankfurt viele Beispiele, wie besonders Landwirtschaft und Lebensmittelhandel – selbst auf Kosten der Volksgesundheit – ihr Einkommen zu stabilisieren suchten. Mit dem Ende des Krieges endete nicht die Not der Arbeiterschaft. Rationierung von Lebensmitteln und ihr Bezug über Lebensmittelkarten gehörte weiterhin zum Alltag. Schon am 15. November 1918 richteten Frankfurter Frauen eine Funkbotschaft an die Vereinigten Staaten mit der Bitte um Beendigung der Hungerblockade, die sich nach Kriegsende ausschließlich gegen die Zivilbevölkerung richtete und vor allem Säuglinge, Kleinkinder und Frauen dem Hunger preisgab. Kurze Zeit später wandte sich der Rat der Volksbeauftragten

„an die arbeitenden Klassen aller Länder, den Hungerkrieg gegen ein wehrloses Volk beenden zu helfen." (Sender, 102)

Die Bitten blieben jedoch wirkungslos.

Zunächst einmal schienen sich Verbesserungen anzukündigen. Während für Ende November zunächst noch fleischlose Wochen angekündigt wur-

Eine Riesenschlange steht vor der Fleischerzentrale nach Pferdefleisch an. Wenn Drüner von „Liebhabern von Pferdefleisch“ spricht, „und das scheint die Mehrheit der Bevölkerung gewesen zu sein, da rund 110000 Personen sich bei den Pferdemetzgern angemeldet hatten“ (336), so nimmt sich das angesichts des Mangels an hochwertigerem und erschwinglichem Fleisch schon sehr makaber aus.

den, gab es bald wieder erhöhte Rationen. Geringe Mengen Schweine- und Rindfleisch oder größere Mengen an Pferdefleisch standen zur Verfügung. 250 Gramm Wurst oder Fleisch dieser minderwertigen Ware wurde pro Woche ausgegeben. Die Einschätzung Drüners über den Andrang nimmt sich dabei recht makaber aus, wenn er von

„Liebhabern von Pferdefleisch – und das scheint die Mehrheit der Bevölkerung gewesen zu sein, da rund 110000 Personen sich bei den Pferdemetzgern angemeldet hatten,“ (363)

spricht. Doch schon im Januar war aufgrund der großen Nachfrage aus dem Überfluß Knappheit entstanden. Eine genaue Verteilungsregelung ersetzte die Bezugskarten. (VSt 23 v. 28.1.19) Die Pferdemetzger schlossen daraufhin ihre Läden mit der Begründung, nicht auf ihre Kosten zu kommen und um Einfluß auf die Preisgestaltung zu nehmen. (VSt 40 v. 17.2.19) Ende Februar war das Pferdefleisch gänzlich aufgezehrt. Die Aufhebung der Zwangswirtschaft in Frankfurt für Vieh und Fleisch zum 1.10.20 gab zwar den Inlandshandel frei, aufgrund der schlechten Finanzlage des Reiches waren jedoch weiterhin Importkontingente nötig. (VR 223 v. 6.10.20)

Auch die Brotrationen wurden zunächst erhöht. Ab Dezember 1918 betrug die Wochenration 2375 Gramm, (VSt v. 21.12.18) das war eine Erhöhung um mehr als 500 Gramm. Der Aufwind war allerdings nur von kürze-

Eine (1) Person Abschnitt 21 der Haushaltkarte C
Eine (1) Person Abschnitt 23 der Haushaltkarte C
Eine (1) Person Abschnitt 25 der Haushaltkarte C
Eine (1) Person Abschnitt 27 der Haushaltkarte C

Was auf die einzelnen Abschnitte auszugeben ist wird jeweils im Wochenkalender veröffentlicht.

Stadt Frankfurt am Main
Haushaltkarte C
Eine (1) Person
Name des Haushaltungsvorstandes

Vom Inhaber auszufüllen.
Nicht übertragbar!
Karte wird nicht ersetzt.

Eine (1) Person Abschnitt 22 der Haushaltkarte C
Eine (1) Person Abschnitt 24 der Haushaltkarte C
Eine (1) Person Abschnitt 26 der Haushaltkarte C
Eine (1) Person Abschnitt 28 der Haushaltkarte C

Auch nach dem Krieg bleiben die Hauptnahrungsmittel rationiert. Daß auf der Haushaltskarte weder Warengruppen noch Mengen angegeben waren, deutet darauf hin, daß nicht langfristig und mit festen Rationssätzen geplant werden konnte. Die Abschnitte wurden von Woche zu Woche nach dem jeweils vorhandenen Bestand aufgerufen.

ster Dauer. Bereits zu Beginn des Jahres 1919 wurden tiefgreifende Versorgungsmängel sichtbar, Fleisch- und Brotrationen wurden gekürzt. Die Stadt konnte die Ernährung ihrer Einwohner nicht aus eigener Produktion dekken. So blieb die Ernährungslage in der Nachkriegszeit ebenso unzulänglich wie in den Jahren zuvor. Stadtverwaltung und Arbeiterbevölkerung waren völlig abhängig und weitgehend hilflos gegenüber den Produzenten. Sehr deutlich zeigte sich das vor allem bei dem Hauptnahrungsmittel Kartoffeln. Dabei wurde die Situation der Arbeiterfamilien natürlich nicht nur durch die absichtsvolle Zurückhaltung von Waren erschwert, sondern außerdem durch all die Probleme, die sich durch die politische und militärische Lage Frankfurts ergaben. (vgl. Kap. 4, 6, 7) Drüner bezeichnet die Kartoffelversorgung zu Beginn des Jahres 1919 als ebenso katastrophal wie im Hungerwinter 1916/17.

Es blieben die Lieferungen aus den besetzten Gebieten aus, und der Versorgungsegoismus der angrenzenden Länder machte den Bezug aus der Mark Brandenburg nötig. Auf dem weiten Transport in den Wintermonaten verdarben große Mengen. Der Ankauf im „Ausland" kostete die Stadt pro Zentner je nach Herkunftsland zwischen 36 und 45 Mark, während sie dieselbe Menge für 25,40 Mark an den Handel abgab. Der Verbraucher hatte 30 Pfennige für 1 Pfund zu zahlen. (VR 31 v. 9.5.19) Im Februar wurden die Kartoffelrationen auf zunächst 5 Pfund in der Woche, mit Wirkung vom 31. März auf 3 Pfund herabgesetzt. (Drüner, 364). In den kommenden Monaten schwankten die Mengen dann jeweils zwischen 3 und 5 Pfund. Die Aufhebung der Kartoffelbewirtschaftung noch im Jahre 1919 brachte keine Erleichterungen für die Bevölkerung, sondern rief immer wieder Proteste gegen die Wucherpreise hervor. (VR 260 v. 5.11.21) In einer Sitzung des Arbeiterrates im Oktober 1919 wurde betont, Schuld an der mangelhaften Versorgung seien die Landwirte und die Regierung, die gegen die Schieber und Wucherpraktiken der Agrarier nicht energisch eingriff. Den Bauern wurde vorgeworfen, die Kartoffeln systematisch zurückzuhalten. (VR 170 v. 22.10.19) Im Sommer meldete das „Volksrecht", die Stadt sei 6 Wochen ohne Kartoffeln gewesen, bevor man nun mit der Ausgabe von 2 Pfund Frühkartoffeln pro Person und Woche begann. Während in den Kriegsjahren die Zeit zwischen dem völligen Verbrauch der alten Kartoffeln und der neuen Ernte mit höheren Brotrationen ausgeglichen wurde, waren diese nun ebenfalls gekürzt worden. 30000 Menschen kamen in geschlossenen Reihen aus ihren Betrieben und demonstrierten auf dem Römerberg vor allem gegen die unzureichenden Rationen von Kartoffeln und Brot. Sie forderten Preisabbau und einen rücksichtslosen Kampf gegen Schieber und Wucherer. (VSt 149 v. 29.6.20) Es herrschte kein eigentlicher Mangel, es gab sogar eine reiche Ernte in diesem Jahr, und in Bayern, Württemberg, Baden und Hessen soll es sogar zu Absatzschwierigkeiten gekommen sein. Das Lebensmittelamt bestätigte das, jedoch sei ein Ankauf nur in Kreisen, die von der Reichskartoffelstelle benannt wurden, möglich. Da Frankfurt von Bundesstaaten umgeben sei, die die Ausfuhr aus ihren Gebieten sperrten, sei die Stadt auf nordische Kartoffeln angewiesen, wobei man sich dort selbstverständlich auch zunächst selbst versorge. (VR 174/177 v. 10./14.8 20) In einer Sitzung des Gewerkschaftskartells mit allen interessierten Organisationen kam man überein, mit schärfsten Mitteln gegen den Boykott der Landwirte vorgehen zu wollen. Der deutsche Eisenbahnerverband erklärte sich bereit, sollten ihn die Arbeiterorganisationen und das Gewerkschaftskartell dazu ermächtigen, zur Selbsthilfe zu schreiten. Den landwirtschaftlichen Organisationen wurde ultimativ erklärt, sie müßten innerhalb kürzester Frist entscheiden, ob sie bereit seien, zu 20 Mark je Zentner zu liefern, anderenfalls würde man dazu übergehen, die Kartoffelzüge aufzuhalten, um keine Kartoffeln mehr aus dem Wirtschaftsgebiet Frankfurts herauszulassen. (VSt 215 v. 14.9.20) Die Erzeuger kündigten jedoch einen endgültigen Preis von mindestens 33 Mark an. Die Gewerkschaftsverbände nahmen den Kampf auf. Sie faßten einstimmig den Beschluß, zur Sicherung der Kartoffelversorgung eine Transportsperre durchzuführen. Sie erläuterten ihr Vorhaben in einem Aufruf an die Bevölkerung (s. nächste Seite).

Die Empörung der Staatsorgane über diese Selbsthilfeaktion der arbeitenden Bevölkerung war groß. Der Verkehrsminister mißbilligte das „eigenmächtige Vorgehen, den Eingriff in die Volkswirtschaft" und drohte mit der Staatsautorität. Die USPD meinte dazu:

„Die Massen haben es satt, sich weiter mit Versprechungen füttern zu lassen. Sie brauchen nach langen Hungerjahren eine kräftige Nahrung. Deshalb wenden sie mit

Aufruf!

An die gesamte Bevölkerung der Provinz Hessen-Nassau und des Freistaates Hessen.

Die vor mehreren Wochen von Seiten der Gewerkschaften mit den Organisationen der Bauernschaft von Hessen und Hessen-Nassau gepflogenen Verhandlungen zur Festsetzung eines einheitlichen niedrigen Kartoffelpreises scheiterten an den höheren Forderungen der Landwirte. Auch die Versuche der Regierungsstellen, eine vernünftige Regelung herbeizuführen, hatte fast keinen Erfolg.

Seitdem hat sich die Situation wesentlich verschärft durch das Bestreben der Landwirte, die Kartoffeln nicht unter 80 Mark pro Zentner ab Hof zu verkaufen, da ihnen durch umherreisende Aufkäufer für industrielle Betriebe, besonders für das Ausland noch höhere Preise geboten werden.

Es sind auch bereits größere Lieferungen nach diesen Gebieten abgeschlossen worden, und zurzeit gehen viele Waggons der sehr knappen Frühkartoffel nach außerhalb, trotzdem in den großen Städten unseres Bezirkes erheblicher Mangel herrscht.

Um eine Kartoffelnot für die Wintermonate zu verhindern und die wucherische Preistreiberei zu unterbinden, haben die unterzeichneten Organisationen beschlossen, die Transportsperre gemeinsam mit den Gewerkschaften der Eisenbahner durchzuführen. Wir greifen nur im äußersten Falle der Not zu diesem Akt der Selbsthilfe, um zu verhindern, daß durch planmäßige Verschiebungen der Kartoffeln in den Wintermonaten eine Ernährungskrise eintritt.

Andererseits fordern wir von der gesamten Bevölkerung weitgehende Zurückhaltung im Ankauf von Kartoffeln zu über Bei der zu erwartenden und regierungsseitig festgestellten Kartoffelernte sollte grundsätzlich nur der Wochenbedarf gedeckt werden.

Wird dies einheitlich überall durchgeführt und bei direkten Einkäufen vom Erzeuger, der in den Konferenzen vom 17. September 1920 festgesetzte Preis von 20 Mark ab Verladestation für den Zentner nicht überboten, kann ein endloses Steigen der Preise verhindert werden.

Die Betriebsräte der industriellen Werke werden ganz besonders bei Aufkäufen der Kartoffeln für die Arbeiterschaft, darauf zu achten haben, daß die vereinbarten Preise gezahlt werden.

Wer ungeachtet dessen in selbstsüchtigem Interesse allein vorgeht schädigt Alle.

Wer aber mit uns gemeinsam handelt im Interesse Aller, nutzt sich und seiner Familie am meisten.

Nicht Anarchie und Egoismus schützt uns vor dem Hungern, sondern planmäßiges solidarisches Handeln.

Allgemeiner Deutscher Gewerkschaftsbund.

Zentralverband der christlichen Gewerkschaften.

Zentralverein Deutscher Gewerkverein.

Deutscher Beamtenbund.

Arbeitsgemeinschaft freier Angestelltenverbände.

Eisenbahnarbeiter und Beamtenverbände.

Aus: „Volksrecht“ Nr. 208 v. 18.9.1920

der Kartoffelausfuhrsperre ein Mittel proletarischer Diktatur an, um das Versorgungsproblem selbst zu lösen.“ (VR 211 v. 22.9.20)

Die Produzenten waren zumindest von der Ernsthaftigkeit der Drohung erschreckt, und so erklärten sich die hessischen Bauernorganisationen bereit, pro Morgen bis zu 20 Zentner zum Preis von 10 Mark an die einkommensschwache Bevölkerung abzugeben. Obwohl die Gewerkschaften erklärten, dieses Angebot reiche nicht aus, alle wirtschaftliche Schwachen zu versorgen, wurde es angenommen und das örtliche Kartell verpflichtet, mit allen Landwirten des Bezirks entsprechende Vereinbarungen zu treffen. Von einer Transportsperre wurde daraufhin abgesehen, jedoch eine Kontrolle über die gesamte Ernte verlangt.

Die Freigabe von Kartoffeln aus Hessen wurde nicht erreicht.

„Hessen sperrt sich nach wie vor hermetisch gegen Frankfurt.“ (VR 289 v. 23.12.10)

Im November 1920 importierte das Lebensmittelamt wiederum Kartoffeln aus Magdeburg, Pommern, Anhalt, Lippe-Schaumburg und Polen. Ende 1921 war der Kartoffelpreis bereits auf 120 Mark angestiegen. Mit dem Hinweis, eine Arbeiterfamilie müsse bereits 10% ihres Lohnes für Kartoffeln ausgeben, Kartoffelunruhen seien für die Zukunft nicht auszuschließen, forderte die USPD den Magistrat auf, die Bemühungen um Wiedereinführung der Kartoffelbewirtschaftung im Reich bei der Regierung zu unterstützen. Eine weitere Konzessionierung des Kartoffelhandels sowie eine großzügige-Finanzierung und Unterstützung des Konsumvereins, um so die Arbeiterbevölkerung ausreichend und zu erträglichen Preisen beliefern zu können, sei notwendig. (VR 260 v. 5.11.21) Während der besitzende Teil der Bevölkerung ohne weiteres in der Lage war, sich reichlich für den Winter einzudekken, mußte der größte Teil der arbeitenden Bevölkerung in kleinen Mengen kaufen und so jede Preissteigerung hinnehmen. Diese grundlegende Situation änderte sich bis 1923 nicht mehr. Auch das Zentrum forderte im Oktober 1923 in der Stadtverordnetenversammlung, der Magistrat solle bei der Reichsregierung vorstellig werden, um die in Hessen und Bayern erlassenen Ausfuhrverbote aufzuheben. (VSt 237 v. 10.10.23)

Eine ähnlich fatale Situation auf Kosten der Arbeiterschaft, aber vor allem ihrer jüngsten Glieder, der Kinder, ergab sich in Frankfurt auf dem Gebiet der Milchversorgung. Im Dezember 1919 meldete die städtische Nachrichtenstelle:

„Wegen knapper Zufuhr von frischer Milch wird an Kinder von 4-6 Jahren ... je 1 Dose kondensierte Vollmilch zum Preise von 6,20 Mk (für 2 Tage vorgesehen) ausgegeben." (VR 214 v. 13.12.19)

Dieser Preis war kaum von Arbeiterfamilien, schon gar nicht von kinderreichen Familien, aufzubringen. Auch Milch mußte von weither importiert werden. So bekam die Stadt z.B. von der Reichsstelle dänische Vollmilch zugewiesen, die für 3,40 Mark pro Liter abgegeben wurde. (VR 168 v. 3.8.20) Nach Aufheben der Milchrationierung am 1.6.1921 entbrannte ein wahrer Milchkrieg in Frankfurt und in hessischen Städten, nachdem Verhandlungen mit den Vertretern der hessischen Landwirtschaft und den Molkereien ergebnislos verliefen. Es wurde angedroht, die Milchversorgung möglicherweise völlig einzustellen und die Milch anders zu verwerten. Die USPD forderte die Regierung auf, im Interesse der Volksgesundheit einzuschreiten, um den ausgehungerten Kindern die dringend benötigte Nahrung zu garantieren. Sie übte scharfe Kritik an der MSPD,

„die trotz ihres Eintrittes in die Reichsregierung nicht dafür sorgt, daß sofort wieder eine im Interesse der ärmeren Bevölkerung gelegene Milchrationierung eingeführt wird." (VR 128 v. 4.6.21)

Im Oktober 1921 verurteilte die USPD erneut die Aufhebung der Zwangsbewirtschaftung der Milch, die dem Wucher Tür und Tor öffneten. Die nächste Forderung der Agrarier war die völlige Aufhebung der Verteilerorganisation, die immerhin noch den Vorzugsberechtigten einen günstigeren Bezug garantierte. Sie wollten dagegen den freien Handel.

Ähnlich wie bei der Kartoffelversorgung war 1923 auch in der Milchversorgung der Stadt ein absolutes Tief. Im Sommer hatte die Belieferung für Säuglinge, Kinder, Kranke und alte Menschen so abgenommen, daß ein völliger Zusammenbruch befürchtet wurde. Ein Rückgang von 60000 auf 15000 Liter ließ schlimmste Befürchtungen aufkommen. Die Landwirte verlangten höhere Preise und wollten nur bei ihrer Gewährung eine weitere Milchversorgung sicherstellen. Wieder forderten die Arbeiterparteien die erneute Einführung der Zwangsbewirtschaftung für die Milchversorgung. (VSt 199 v. 27.8.23)

Es mangelte auch an Getreide, an Mehl. Die Qualität des Brotes war äußerst schlecht, und der Bevölkerung wurde immer wieder versprochen, es seien Verbesserungen zu erwarten. Eine verbesserte Qualität sollte es 1919 allerdings nur für wesentlich höhere Preise geben, die von den Arbeitern kaum aufzubringen waren. Für die Behörden barg die Politik der Landwirte auf die Dauer große Gefahren in sich, denn die Arbeiterschaft konnte sich eine solche Behandlung über lange Zeit nicht gefallen lassen, wie im „Volksrecht“ prophezeit wurde:

„In ihrer Hilflosigkeit wenden sich die Behörden händeringend an die Bauern und flehen um bessere Belieferung. Das städtische Lebensmittelamt Frankfurt a.M. droht sogar mit Mord und Totschlag, wenn die Belieferung keine bessere wird. In ihrem Aufrufe heißt es:
‚Es besteht die Gefahr, daß die hungernden Massen mit Gewalt beschaffen, was Ihr vorenthaltet. Der Bauer wird sich wehren und unsagbares Unglück, Mord und Totschlag, wüste Zerstörungen und Einäscherungen sind die Folge. Denkt an diese Gefahr, die dem Kreise droht, und beliefert freiwillig die Großstadt; es ist in Eurem wohlverstandenen eigensten Interesse.‘
Wir haben gewiß nichts dagegen, wenn die Behörden auf die Bauern einzuwirken versuchen, aber die Art und Weise, wie dies geschieht, möchten wir uns ganz entschieden verbitten. Erst wurden die Bauern mit Waffen versorgt, und jetzt, da sie sich, gestützt auf diesen Umstand, den Teufel um alle Gesetze und Verordnungen scheren, sollen die Arbeiter als Bauernschreck wirken, indem man sie als Plünderer, Räuber und Mörder hinstellt. Die Arbeiterschaft in den Städten bedankt sich für die ihr zugewiesene Rolle. Sie wird, wenn sie einmal zur Aktion schreitet, nicht zerstören und einäschern, sondern gemeinsam mit dem ländlichen Proletariat die Lebensmittelversorgung im sozialistischen Sinne durchführen. Auch wir können ja schließlich nicht mehr verteilen als vorhanden ist, aber daß das wenige Vorhandene gerecht und gleichmäßig verteilt wird, dafür wollen wir allerdings sorgen.“ (VR 175 v. 28.10.19)

Der Mangel war so groß, daß im April 1920 sogar ein Kuchenbackverbot für Gewerbetreibende erlassen wurde. (VR 70 v. 3.4.20) Einen „Milliarden-Brotwucher“ prophezeite die „Volksstimme“ 1921; 15 Mark sollten im freien Verkehr für einen Laib Brot bezahlt werden, (VSt 151 v. 1.7.21) eine utopische Summe für eine Arbeiterfamilie. Als dann 1922 die Getreideumlage für Brotgetreide nur 1/4 der festgesetzten Menge erbrachte, schrieb die „Volksstimme“:

„Die Volksernährung muß deshalb hinsichtlich der Brotversorgung als ernstlich gefährdet betrachtet werden.“ (VSt 279 v. 29.11.22)

Es wurde erwartet, daß der Vorrat höchstens noch bis Januar 1923 ausreicht. Im Reichsernährungsministerium wurde deshalb erwogen, das Brotgetreide

Vor allem die kommunistische Presse nutzte die Versorgungsmisere des Frühjahrs 1919 in polemischen Karikaturen gegen sozialdemokratische Politiker, wie hier die „Freiheit" vom 12.4.1919.

mit 10 Prozent Kartoffelmehl zu strecken. In den Reichstagssitzungen im April 1923 wurden bei der Beratung des Landwirtschaftsetats die sozialdemokratischen Anträge auf Beibehaltung der Getreideumlage und Wiederherstellung der Zwangswirtschaft für Getreide abgelehnt. In einer Entschließung von Zentrum, Demokraten, DVP und BVP vom 12.4. hieß es dann:

„Die rechtzeitige Sicherstellung einer für die Ernährung der Bevölkerung ausreichenden Brotgetreidemenge unter Mitwirkung der landwirtschaftlichen Organisationen, der Verbrauchervertretungen, der Mühlen, der Bäcker und des legitimen Handels ist erforderlich. Eine Verbilligung des Brotes für Minderbemittelte, zu denen auf jeden Fall die breite Masse der Sozialrentner, Erwerbslosen, Armen, Geldempfänger und Kinderreichen zu rechnen ist, ist unter Deckung der erforderlichen Mittel durch Belastung des Defizits in weitestem Umfange zu bewirken." (VSt 86 v. 13.4.23)

Das war eindeutig eine Politik zugunsten der Bauernverbände und zuungunsten der Verbraucher. Es begann ein lebhafter Schmuggel vom besetzten Gebiet,

„an dem sich ganz wie im Kohlrübenwinter an der hessischen Grenze besonders Frauen und Kinder beteiligten, zumal als sich die Kunde verbreitete, daß im besetzten Gebiet amerikanische Lebensmittel eingetroffen seien.“ (Drüner, 365)

Die von Drüner beschriebene Situation ist Lotte Oettinger noch lebhaft in Erinnerung. Sie hatte jedesmal große Angst, erwischt zu werden.

„In Griesheim an de Grenz, da war en so große Schmuggel. So Zeusch konnt mer da kaufe, Fett und alles mögliche, alle Lebensmittel konnt mer da kaufe. Also wenn mer mal wirklich knapp war, da hat mer auch emal. An sich ham mer's net gefördert, aber wenn's emal Not am Mann war, und da is auch emal was geholt worn, gell. Einmal bin ich auch gegange. Da bin ich durch des Feld da, durch die Kleingärte durch, un da is mir einer nachgemacht. Und da hab ich des, was ich gekauft hab, fortgeworfe. Also des hätt' ich gar net gebraucht, gell, denn ich hatt' ja bezahlt.“ (L. Oettinger, 54)

Ein anderer sehr empfindlicher Versorgungsbereich Frankfurts war immer die Brennstoffversorgung. (vgl. Kap. 7) Bereits Anfang 1919 hatte sich auf Veranlassung des Gewerkschaftskartells das Zivilkommissariat mit den französischen Behörden in Verbindung gesetzt, um die Kohlennot mit ihren ungeheueren Gefahren für das Wirtschaftsleben zu hemmen. Es kam die Zusage, die Zufuhr von Kohle in der Zukunft großzügig zu regeln. (VSt 41 v. 18.2.19) Doch immer wieder gab es in den folgenden Monaten starke Engpässe. Die Arbeiterschaft war dadurch mehrfach betroffen; ihre Arbeitsplätze waren gefährdet, und auch die Haushaltungen und öffentlichen Einrichtungen litten unter dem Mangel. Das Gesundheitswesen war stark beeinträchtigt, daß selbst in den Krankenhäusern nur noch Temperaturen von 8° herrschten, Operationen und Desinfektionen ausfallen und öffentliche Bäder schließen mußten. Je zwei Schulen wurden zusammengelegt, und die Stadt verteilte nur einmal einen Zentner Küchenbrand. Es mußte auf Gaskoks umgestellt werden, Gassperrstunden wurden nötig, Straßen- und Eisenbahnen standen still. (Drüner, 361f.) Im August 1919 schrieb das „Volksrecht“:

„Selbst für Geld und gute Worte können die kleinen Haushalte keine Kohlen und auch keinen Koks mehr bekommen.“ (VR 107 v. 9.8.19)

Angeblich erhielten die Kohlenhändler keine Lieferungen, dennoch würden große Haushaltungen weiter beliefert. Die Ortskohlenstelle wurde daher aufgefordert, stärkere Kontrollen bei den Großhandlungen durchzuführen. Im selben Monat wandte sich die Handelskammer an das Reichs- und Preußenministerium sowie an den Reichskohlenkommissar, da die anhaltende Brennstoffnot eine völlige Lahmlegung der Industrie und eine noch verheerendere Arbeitslosigkeit erwarten ließ. (VR 113 v. 16.8.19)

Im Winterhalbjahr 1919/20 blieb wiederum etwa die Hälfte der Schulen unbeheizt und wurde mit anderen zusammengelegt. Wieder fuhren Straßenbahnen mit reduziertem Fahrplan oder wurden an Sonn- und Feier-

Karikatur vom Schwarzhandel 1919
Wie bereits während der Kriegszeit konnten sich die Besitzbürger auf dem schwarzen Markt auch nach der Revolution reichlich mit den rationierten Waren eindecken. Mangel hatten nur die, die nichts zu verkaufen hatten als ihre Arbeitskraft.

tagen gänzlich eingestellt. Da im Oktober die Vorräte an Gaskohle fast völlig aufgebraucht waren, wurde nur noch in beschränktem Umfang ein aus Koks erzeugtes Gas, das als gefährlicher bezeichnet wurde, da es geruchlos war, abgegeben. Gas konnte überhaupt nur noch zu bestimmten Zeiten bezogen werden:

Sonntags: 8 - 9; 11 - 1; 6 - 8. Werktags: 6 - 7.30; 11 - 1; 6 - 8. (VR 168 v. 20.10.19)

Dennoch ging es mit den Brennmaterialien offensichtlich wie bei allen Mangelwaren nach dem Motto: wer Geld hat, der kann sich die Welt auch kaufen, der bekommt alles, selbst wenn nichts da ist. In einer Stadtverordnetensitzung formulierte Karl Kirchner:

„Ist dem Magistrat bekannt, daß die städt. Bäder wegen geringer Belieferung von Brennstoffen teilweise geschlossen, teilweise sehr eingeschränkt sind, während Privatbadeanstalten von der Kohlenstelle so mit Brennstoffen beliefert werden, daß sie uneingeschränkt ihren Badebetrieb aufrecht erhalten können?“ (Nach VR 182 v. 5.11.19)

Er stellte den Antrag, daß die städtischen Badeanstalten bei der Brennstoffbelieferung vorzugsberechtigt sein sollten. Nach kurzer Debatte wurde der Antrag angenommen.

Ein Jahr später kündigte die städtische Nachrichtenstelle an, auch in Zu-

Der herrschende Brennstoffmangel in Frankfurt zwang zu den vielfältigsten Ersatz- und Sparmaßnahmen, die auch in der Arbeiterpresse – hier im Volksrecht von 1919 und 1921 – wiedergegeben wurden. Die Aufhebung der Zwangsbewirtschaftung für Gaskoks stieß allerdings keineswegs auf große Zustimmung der Arbeiterparteien.

kunft werde wenig Erfreuliches bezüglich der Brennstoffversorgung zu erwarten sein:

„Es ist nicht nur mit einer erneuten Einschränkung der Leistungen der Gas- und Elektrizitätswerke zu rechnen. Der Umstand, daß auch der Eisenbahnverkehr neuen Beschränkungen unterworfen werden muß, beweist am deutlichsten den Ernst der Situation.
Der Einwohnerschaft Frankfurts kann angesichts der augenblicklichen Verhältnisse nur dringend geraten werden, sich darüber klar zu werden, daß die Versorgung mit

den bisher gewohnten hochwertigen Brennstoffsortimenten, soweit die Entente uns solche überhaupt überläßt, vornehmlich von den Leistungen der Bergleute und Transportarbeiter abhängt. Keinesfalls aber reichen uns die von den Feinden gelassenen Steinkohlemengen zur Versorgung der Haushaltungen des deutschen Volkes aus." (VSt 182 v. 6.8.20)

Im Oktober 1920 wies die Nachrichtenstelle die Privathaushaltungen darauf hin, daß außer einer freigegebenen Menge von 5 Zentnern weitere Zuteilungen für die Heizperiode nicht zu erwarten seien, was das „Volksrecht" kommentierte:

„Sie erteilt deshalb den billigen Ratschlag, mit den bisher zugeteilten Mengen recht sparsam zu sein, was in Anbetracht der teueren Preise eigentlich recht überflüssig ist." (VR 244 v. 30.10.20)

Manch eine Arbeiterfamilie war dabei auf eine etwas unkonventionelle Art gezwungen, sich seine Heizmaterialien zu sichern. Im Wald wurde Holz gesammelt, auf den Feldern heruntergebrochene Äste mitgenommen. (u.a.: Kalis, 22; Jülg, 24) In einigen Fällen ging die Organisierung und Sicherstellung jedoch ein Stück weiter. So war z.B. in der Nähe der Wohnung der Familie Ott die Gasfabrik. Frieda Ott erzählt darüber:

„Sind wir mit'm Eimer (los) und habbe Koks gelese, da konnt' mer sonntags in der Wohnstubb Feuer machen. Des war son großer Ofen, son Kohlenfresser. Da ham mir dann mit Koks geheizt. Da sind der Bruder und ich schon um 6 Uhr aufgestanne und sind dann da hinter, weil der Kokswagen schon sehr früh rausgefahrn is. Die warn schon früh geladen, gegen ½7 sind die schon rausgefahrn. Und die habbe immer schön vollgelade, und wenn die dann die Kurve gemacht habbe, dann sind se runnergefalle. Und dann habbe mir schnell unsern Sack voll gemacht. Es warn mehrere Kinder dann noch, mir warn net allaa. Mir zwaa, mir hatte Koks gesammelt für de ganze Winter, daß mir in dem Ofe Feuer mache konnte. Un da is auch e bißche Kleinholz noch gefunne worde." (Ott, 44)

Im Winter 1921/22 herrschte weiterhin Knappheit. Wieder gab es Einschränkungen im Eisenbahndirektionsbezirk Frankfurt. (VR 302 v. 27.12.19)

Nachdem zum 1.10.1921 Gaskoks aus der Zwangsbewirtschaftung herausgenommen wurde, (VR 237 v. 10.10.21) konnte zumindest derjenige, der genügend Einkommen hatte, ausreichend Brennstoff beziehen. Demgegenüber hatten es die Verkäufer der Ware Arbeitskraft sehr schwer. Der Preis für ihre Ware, der Lohn, ließ sich nicht so leicht steigern. Trotz gewerkschaftlicher Organisation, trotz politischer Veränderungen, war entweder der Druck, wie in der Anfangs- oder Endphase der Inflation, so stark, daß angemessene Lohnerhöhungen nicht durchzusetzen waren, oder das Tempo der Inflation war so rapide, daß jede Lohnerhöhung hinterherhinken mußte. Die Zeit bis 1923 ist gekennzeichnet durch eine Welle von Lohnkämpfen, durch Protestversammlungen, durch zahlreiche Demonstrationen.

Selbst 1919/20 waren – trotz der hohen Zahl von „politischen" (Protest-) Streiks – Lohnforderungen die häufigste Streikursache. Während die Jahre 1920/21 relativ ruhig verliefen, kam es 1922 erneut zu großen Massenstreiks, die überwiegend im Rahmen von Lohnkämpfen durchgeführt wurden. Die

Streiks und Aussperrungen in Frankfurt											
A. Streiks								B. Aussperrungen			
Jahr	Zahl	Dauer in Tg.	betr. Betriebe	Höchstzahl d. Streik.	Forderungen betrafen Lohn	Arb.-zeit	and.	Zahl	Dauer in Tg.	betr. Betriebe	Höchstzahl d. Streik.
1919	52	223	2763	31599	46	15	34	-	-	-	-
1920	29	227	642	5674	20	6	15	1	21	22	143
1921	19	426	340	6732	17	-	4	3	19	2	210
1922	17	134	2370	97332	13	2	2	3	12	59	27876
1923	16	60	177	9960	13	-	3	1	11	1	1181

(Zusammengestellt nach: Stat. Handbuch II, 373)

Tabelle zeigt aber gleichzeitig, daß das politische Gewicht und die Macht der Unternehmer bereits so weit gestärkt waren, daß sie erstmalig seit der Revolution massenhaft aussperrten.

1919 lagen die Bruttolöhne zwischen 200 und 430 Prozent höher als die Vorkriegslöhne. Vom Jahresanfang bis zum -ende 1920 wuchsen sie um etwa 50 Prozent, 1921 stiegen sie nochmals um etwa ein Drittel, 1922, und erst recht 1923 wuchsen sie in schwindelnde Höhen. (vgl. Kuczynski 5, 161ff.) Dabei entwickelten sich die Löhne innerhalb der einzelnen Industriezweige und Gewerbe völlig unterschiedlich. Es gab überhaupt keine Garantie, daß diejenige Berufsgruppe, die anfangs noch eine recht gute Position gegenüber einer anderen einnahm, am Jahresende durch entsprechende Lohnerhöhungen eine gleichgute Stellung innehatte. Vor allem kam es zu einer immer stärkeren Angleichung der Löhne von Gelernten und Ungelernten. Kuczynski gibt dafür folgendes Beispiel:

Arbeitergruppe	1913	Sept. 1923
Metallarbeiter	157	109
Textilarbeiter (Männer)	122	112
Chemiearbeiter	123	109
Bauarbeiter	128	106

(Kuczynski V, 169)

Im folgenden werden die Löhne von vier Arbeitergruppen – einem Maschinisten im Baugewerbe, der mit an der Spitze der Lohntabelle stand, einem Buchdrucker, dem früheren „Adel unter den Arbeitern", (vgl. Kap. 3) einem Maurerhilfsarbeiter und einem ungelernten Gemeindearbeiter, sowie die gleichzeitige Entwicklung der Preise in Frankfurt am Main gegenübergestellt. (s. auch Anh. 8: Löhne)

Vergleicht man nur einmal die Löhne des Maschinisten im Baugewerbe mit denen des Maurerhilfsarbeiters, so ist auch hier die enorme Angleichung unübersehbar. Der deutliche Unterschied von 1913/14 ist immer mehr verschwunden. Eine völlig fatale Situation ergab sich im graphischen Gewerbe.

Stundenlöhne in Frankfurt am Main				
Jahr	Maschinist im Baugewerbe	Buchdrucker	Maurer-Hilfsarbeiter	Gemeindearb. ungelernt
1913/14	0,75	0,62	0,57	0,43
1919	3,--	2,85	2,90	1,25
1920	6,80	5,27	6,60	4,70
1921	13,20	10,73	12,60	8,90*
6/1922	30,30	21,98	28,80	23,90*
9/1922	90,--	62,61	86,--	82,75*
1/1923	402,--	295,52	380,--	361,--*
6/1923	8580,--	7000,--	8080,--	7314,--*
9/1923	35700000,--	34375000,--	32300000,--	35161850,--*

* mit Familienzulagen
(Zusammenstellung nach: Jahrbücher 1922 und 1923 des ADGB, 148ff.)

Es gelang den Arbeitern nach dem Krieg nicht, Einkommenserhöhungen wie in anderen Berufssparten durchzusetzen. Für die ehemalige Arbeiteraristokratie, die zu 90% organisiert war, galt früher der als vorbildlich empfundene Reichstarif. Im Buchdruckerverband überwogen fachliche Fragen, durch den Abschluß des Reichstarifes waren auch lokale Kämpfe ausgeschlossen. Seit Anfang des Jahrhunderts fanden keine größeren Kämpfe im Buchdruckerverband statt.

„Die Buchdrucker gehörten Anfang 1920 in die Gruppe der am schlechtesten bezahlten Arbeiter. Durch Teuerungszulagen, Sonderzulagen, Brot- und Kartoffelzulagen, suchte man aus dem Ärgsten herauszukommen. Anfang 1920 fühlten sich die Prinzipale auch in Frankfurt wieder stark genug, einen Schiedsspruch abzulehnen.“ (Neuland: 100 Jahre..., 147)

Als im Sommer 1922 die Buchdruckerlöhne weit niedriger lagen als die ungelernter Gemeindearbeiter oder Maurerhilfsarbeiter, gingen die graphischen Arbeiter in Frankfurt in den Ausstand. Sie bestreikten auch die Arbeiterpresse; „Volksstimme“ und „Volksrecht“ konnten 14 Tage lang nicht erscheinen.

„Die Arbeiterdruckereien wurden in den Streik mit einbezogen, obwohl sie die Forderungen der Streikenden als eine Selbstverständlichkeit bewilligt hätten.“ (VR 18 v. 18.2.22)

Der Schaden für die Arbeiterpresse wurde als „enorm“ bezeichnet. Doch auch dieser Streik brachte keinen Reallohngewinn.

Etwas anders verlief z.B. die Entwicklung bei den Löhnen der städtischen Bediensteten. Sie erhielten vor dem Krieg nur einen Hungerlohn, und während des Krieges wurde ihre Lage immer verzweifelter, denn nur die Löhne in den kriegswichtigen Industrien konnten eine wirklich erhebliche Steigerung verbuchen. Während andere Berufe zwischen 1914 und 1919 teilweise über 400 % Lohnerhöhung erhielten, hinkten die Löhne der Gemeindearbeiter mit weniger als 300 % weit hinterher. In einer Versammlung der Angehörigen der Gas- und Elektrizitätswerke im Januar 1919 kam die Empörung über die „jahrelange Entrechtung und unwürdige Behandlung der städtischen Arbeiter, Handwerker und Feuerwehrleute" zum Ausdruck. Im Laufe der Jahre erkämpften sich die Gemeinde- und Staatsarbeiter eine Besserstellung, obwohl auch sie relativ war, denn noch immer konnten sie schwerlich ein menschenwürdiges Leben mit ihrem Lohn bestreiten. Die Lohnforderungen stießen auch oftmals auf härtesten Widerstand, immer wieder wurden Schlichtungsausschüsse eingeschaltet. (VR 84/98 v. 20.4./11.5.20) 1921 berichtete das „Volksrecht":

„Die städtischen Arbeiter sind völlig verschuldet zwischen 500 und 1000 Mark, hinzu kommen Steuerzettel von 300 - 500 Mk., zahlbar in 8 Tagen. Vor lauter Abzügen bleibt nichts mehr übrig. Der Arbeiter wird von seinen Schuldnern gehetzt wie ein Stück Wild. Die Vertreter der Arbeiterschaft haben die Lohnangelegenheiten der örtlichen Schiedsstelle übergeben. Sollten sie jedoch auch dort kein Verständnis finden, dann sind die Arbeiter in ihrer bitteren Not gezwungen, zu dem letzten Mittel zu greifen, denn mit den heute gezahlten Löhnen kann auch der sparsamste Mensch nicht bestehen." (VR 16 v. 20.1.21)

Während die Verhandlungen um die Lohnerhöhungen der Arbeiter sehr schwierig verliefen, weil der Magistrat sich gegen „zu starke Erhöhungen" mit allen Mitteln zu wehren suchte, war er bei den eigenen Gehältern keineswegs so zimperlich. So war z.B. beabsichtigt, das Einkommen des Oberbürgermeisters Voigt von 115000 auf 200000 Mark, das von Bürgermeister Gräf von 75000 auf 150000 Mark oder das der Stadträte von 44000 auf 90000 bzw. von 59000 auf 123000 zu erhöhen. (VR 24 v. 9.2.22)

Zwar waren während des Krieges die Löhne der Frauen in kriegswichtigen Industrien stark angestiegen, sie lagen allerdings immer weit hinter den entsprechenden Männerlöhnen. So erhielten z.B. Anfang Februar 1922 in der Metallindustrie in Frankfurt:

Gelernte Arbeiter	über 25 Jahre	13,30 Mk.
	20 - 25 Jahre	12,10 Mk.
Angelernte Arbeiter	über 25 Jahre	13,01 Mk.
	20 - 25 Jahre	11,77 Mk.
Hilfsarbeiter	über 25 Jahre	12,50 Mk.
	20 - 25 Jahre	11,77 Mk.
Arbeiterinnen	über 20 Jahre	8,00 Mk.

Ein Stundenlohn von 8 Mark war die Höchstgrenze des tariflichen Lohnes, den eine erwachsene Arbeiterin überhaupt erreichen konnte, das waren 64 % dessen, was ein Hilfsarbeiter über 25 Jahren oder 67,9 % dessen, was ein Hilfsarbeiter zwischen 20 und 25 Jahren verdienen konnte. (vgl. Anhang 12)

Wie sehr gerade Frauen und ganz junge Mädchen in ihren Beschäftigungsverhältnissen ausgebeutet wurden, wird an nachstehendem Brief, der im „Volksrecht" veröffentlicht wurde, sehr deutlich.

Ein Hungerlohn.
Ein Familienvater, dessen Tochter bei Schneidermeister Hohn, Weberstraße 50 in Arbeit treten sollte, erhielt dieser Tage folgendes Schriftstück zugestellt. Es wirkt am besten, wenn wir es ohne Kommentar wiedergeben.

Frankfurt a.M., den 15. Aug. 19

Geehrter Thüring!
Teile Ihnen mit, daß Ihre Tochter nach ihrer jetzigen Leistung einen Stundenlohn von 25 Pfg. bei mir bekommen hat. Sie hat eben nicht viel gelernt und leistet mir nicht den vierten Teil, was ein Mädchen, das stündlich 60 Pfg. verdient, leistet. Sollten Sie mit der geringen Vergütung zufrieden sein, so bitte ich Sie, daß Sie Sonntag vormittag mal zu mir kommen, daß wir uns aussprechen. Morgen Samstag braucht Ihre Tochter nicht zu kommen, da ich erst mit Ihnen sprechen muß.

Zeichne in aller Hochachtung
gez. Th. Hohn, Weberstraße 50 (VR 140 v. 17.9.19)

Kaum erträglich war die Situation der Hausgehilfinnen, Wirtschafterinnen, Köchinnen usw. Die Bestimmungen der Demobilmachung zwangen viele, die während des Krieges in der Rüstungsindustrie beschäftigt waren, nach Kriegsende ihren Arbeitsplatz wieder für Männer zu räumen und damit in frühere Abhängigkeiten hinein. Hinzu kam, daß der Mittelstand, der sich früher „ein Mädchen leistete", zunehmend finanziell dazu nicht mehr in der Lage war und stattdessen zur stundenweisen Beschäftigung überging. Arbeiterfrauen waren gezwungen, solche Beschäftigungen anzunehmen, da die Löhne der Männer nicht für den Lebensunterhalt ausreichten. Im März 1922, als der ungelernte Gemeindearbeiter einen Stundenlohn von 13,40 Mark, ein Buchdrucker 15,31 Mark erhielt, wurden für Stundenfrauen lediglich 3,15 Mark, für Putzfrauen 4 - 4,50 Mark gezahlt. (VR 70 v. 23.2.22 u. Jahrb. ADGB 1922, 148) Doch die finanzielle Situation der Arbeiterfamilien war in der Regel so angespannt, daß es auf jeden einzelnen Pfennig ankam.

Die Lohnhöhe und die Lohnsteigerungsrate alleine sagen noch nichts über die wirkliche Lage der Arbeiter aus. Die Preise liefen ihnen ständig davon. Die Arbeiterparteien und die Arbeiterpresse wehrten sich permanent gegen die Angriffe der Bürgerlichen, die Arbeiterschaft hätte doch beachtliche Verbesserungen erreicht, sie könne jedoch nicht genug bekommen und daher zögen ihre Forderungen enorme Preissteigerungen nach sich. Besonders das „Volksrecht" empörte sich über die Anmaßungen und die Heucheleien der Bürgerlichen und verglich ihren Lebensstandard mit dem der Arbeiter.

„Die Hungrigen und die Satten.
Man schreibt uns: am 1. September demonstrierten ca. 3000 hungrige Arbeiter und Arbeiterinnen, deren Hände infolge der gesellschaftlichen Krisis im Produktionsprozeß, die die Kapitalistenwirtschaft bedingt, ruhen müssen für Arbeit und Brot. In den unteren Volksschichten herrscht entsetzliches Elend, das zur Verzweiflung treibt. So bedauerlich die Vorkommnisse am Rathaus sind; Not, Elend und Verzweiflung entschuldigt manches. Schüsse krachten. Im Blute wälzten sich Menschen, die mit untauglichen Mitteln ihr Recht auf Arbeit und Brot forderten.
Am 2. September fand sich in den Räumen des ‚Frankfurter Hof' eine Gesellschaft zusammen, die aus 28 Köpfen bestand und angeblich eine Hochzeit feierte. Am Sedans-

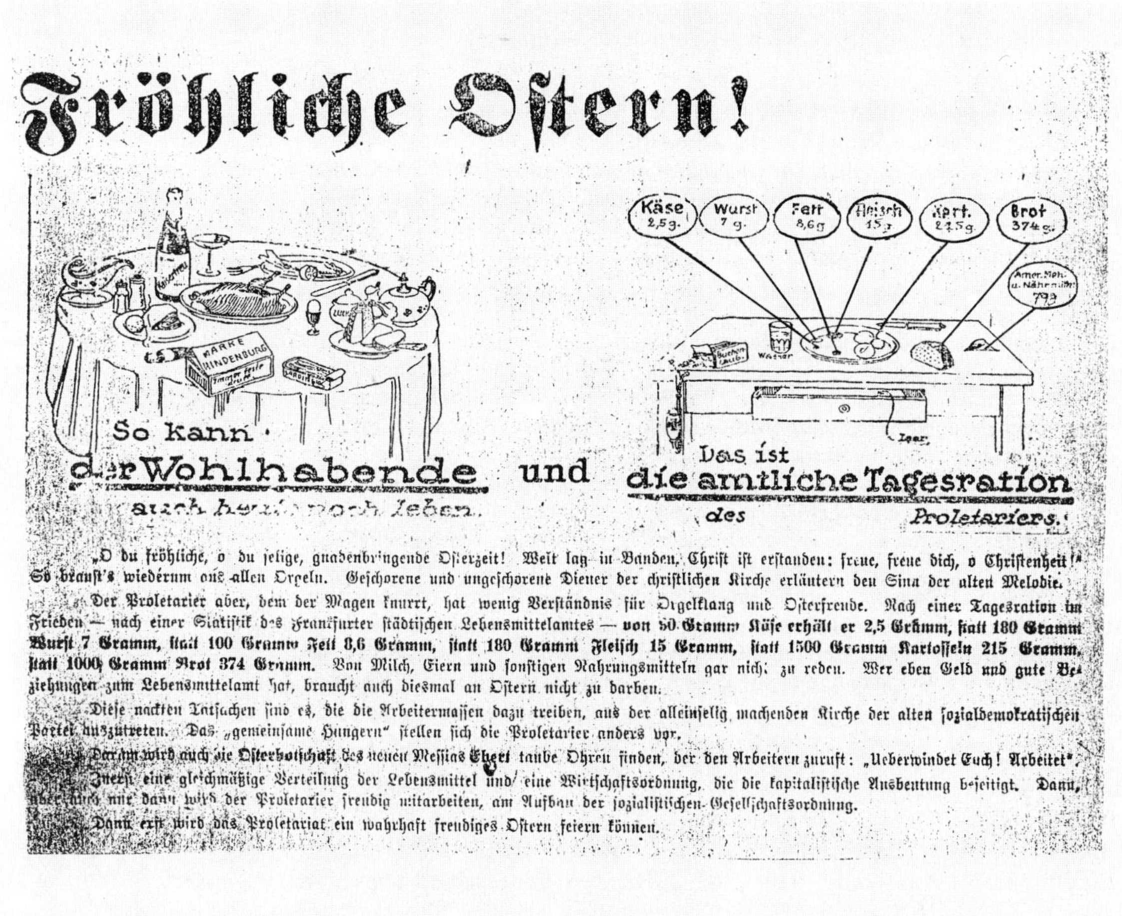

Fröhliche Ostern!

So kann der Wohlhabende und das ist die amtliche Tagesration des Proletariers.

„O du fröhliche, o du selige, gnadenbringende Osterzeit! Weit lag in Banden, Christ ist erstanden: freue, freue dich, o Christenheit!" So braust's wiederum aus allen Orgeln. Geschorene und ungeschorene Diener der christlichen Kirche erläutern den Sinn der alten Melodie.

Der Proletarier aber, dem der Magen knurrt, hat wenig Verständnis für Orgelklang und Osterfreude. Nach einer Tagesration im Frieden — nach einer Statistik des Frankfurter städtischen Lebensmittelamtes — **von 50 Gramm Käse erhält er 2,5 Gramm, statt 180 Gramm Wurst 7 Gramm, statt 100 Gramm Fett 8,6 Gramm, statt 180 Gramm Fleisch 15 Gramm, statt 1500 Gramm Kartoffeln 215 Gramm, statt 1000 Gramm Brot 374 Gramm.** Von Milch, Eiern und sonstigen Nahrungsmitteln gar nicht zu reden. Wer eben Geld und gute Beziehungen zum Lebensmittelamt hat, braucht auch diesmal an Ostern nicht zu darben.

Diese nackten Tatsachen sind es, die die Arbeitermassen dazu treiben, aus der alleinselig machenden Kirche der alten sozialdemokratischen Partei auszutreten. Das „gemeinsame Hungern" stellen sich die Proletarier anders vor.

Darum wird auch die Osterbotschaft des neuen Messias Ebert taube Ohren finden, der den Arbeitern zuruft: „Ueberwindet Euch! Arbeitet".

Zuerst eine gleichmäßige Verteilung der Lebensmittel und eine Wirtschaftsordnung, die die kapitalistische Ausbeutung beseitigt. Dann wird der Proletarier freudig mitarbeiten, am Aufbau der sozialistischen Gesellschaftsordnung.

Dann erst wird das Proletariat ein wahrhaft freudiges Ostern feiern können.

Den Unmut der Massen über den herrschenden Mangel und die soziale Ungerechtigkeit suchte die junge KPD gegen die alte Sozialdemokratie zu wenden. Sie war damit zunächst wenig erfolgreich, immerhin aber bietet diese Darstellung in der „Freiheit" vom 19.4.1919 ein zutreffendes Bild der Widersprüche in der Versorgung.

tage! Drei Kommerzienräte waren dabei. Man amüsierte sich. Man schimpfte auf Gewerkschaft und Betriebsrat und die faulenzenden Erwerbslosen. Schade nur – 5 Tote. Diese Demonstration verlief weniger schmerzlich, denn es war ja alles da, was das Herz begehrte.

Speisekarte: Schwedische Vorspeise. – Klare Ochsenschwanzsuppe. – Rheinsalm. – Bachforellen, blaue Schaumtunke. – Lendenscheiben mit Gänseleber nach Rossini. – Artischockenböden mit Erbsen. – Anna-Kartoffeln und junge Feldhühner mit Krüstchen. – Salat Waldorf. – Birnen auf Eis nach Helene. – Feines Backwerk. – Chester-Auflauf. – Frucht. – Mokka.

Wein: Original Keller-Abzug. Korkbrand. 1915 Rauenthaler Pfaffenberg, Cabinett. Wachstum Pfarrei Rauenthal, Originalabfüllung, Korkbrand. Deinhard u. Co. 1915, Hochgewächs. 1915 lila Streifen. Liköre.

Ist es nicht eine Lust zu leben bei solch einer Speise- und Weinkarte? Diese 28 Personen verjubelten in wenigen Stunden 50000 Mark. Es war der 2. September – und Sedanstag.

So sieht das Elend der Satten aus. Braucht man da noch zu hetzen? ... Was würden die Herrschaften für Augen machen, wenn sie einmal mit der Arbeitslosenunterstützung Feste feiern müßten!" (VR 200 v. 9.9.20)

Das unmittelbar bevorstehende Weihnachtsfest 1920 bot dem „Volksrecht“ Gelegenheit zu einem weiteren bitteren Kommentar:

„Proletarierweihnacht
Glanzvolle Fenster, Schmuck, Tand, Leckerbissen, Weine, doch das nur für eine kleine Minderheit, ansonsten gibt es überall große Enttäuschungen.
Und dennoch tönen vom hohen Turm heut die Glocken wie ehedem! Und trotzdem predigt der bezahlte Pfaffe auch heute wieder die Weihnachtsbotschaft: ‚Friede auf Erden! Siehe ich verkünde Euch große Freude und allen Menschen ein Wohlgefallen.‘ Daß die Glocken nicht vor Scham zerspringen, da das Wort der Priester wie Lästerung schreit...!
‚Große Freude...!‘ Und Hunderttausende sind des bittersten Elends Beute! Kein Hoffnungsstern leuchtet in der Nacht ihrer Not. Hunger zermürbt ihre Kraft und armselige Lumpen zerfallen auf ihrem Leibe...! Allen Menschen Wohlgefallen...! Und Millionen Kinder haben vor Hunger das Weinen verlernt, siechen und sterben dahin, noch ehe sie ihres Lebens bewußt werden...! ‚Friede auf Erden...!‘ Und nach jahrelangem grauenvollen Völkergemetzel wird der Krieg aller gegen alle mit anderen Waffen fortgeführt, ein erbarmungsloses, meuchlerisches Morden!
In brutalem Hohn, zu einem Höllengespött ist die Weihnachtsbotschaft verkehrt! Und wenn der Glocken erzene Zungen heute rufen, so rufen sie weithin schallend:

Lüge! Lüge! Lüge!

Lüge ist das alte Heiapopeia vom Himmel. Kein Erlöser ward bisher der leidenden Menschheit geboren. Schwer lastet auf ihrem Rücken noch immer die Sündenschuld der – Anderen! Die Sündenschuld der Großen und Gewaltigen der Erde, für die Leben und Glück der Massen nur Objekte ihres frivolen Börsenspiels sind.“ (VR 290 v. 24.12.20)

Solche Schilderungen trugen gewiß nicht zur Beruhigung der Arbeiter bei. Das war ja auch gar nicht das Ziel der Unabhängigen. Wer solche Darstellung als „verhetzend“ empfindet, geht allerdings davon aus, daß es „das gute Recht“ der Reichen ist, ihr Wohlleben auf den Mangel der Armen zu gründen. Das „Volksrecht“ versuchte auch, den Unterschied zwischen Lohn- und Preiserhöhungen plastisch darzustellen.

„Die gewaltigen Lohnsteigerungen sind schuld an der unerhörten Teuerung, unter der wir leiden müssen:
In tausend Variationen schallt uns jetzt überall, zumal aber aus der arbeiterfeindlichen Presse, diese Melodie entgegen. Jede Preissteigerung, womit der Produzent dem Konsumenten das Fell weit über die Ohren zieht, wird mit vorgenommenen Lohnsteigerungen begründet.
Wie sieht es in Wahrheit aus? Nach amtlichen Ermittlungen sind heute im Vergleich mit den Löhnen vor Ausbruch des Weltkrieges im Reichsdurchschnitt

die Löhne für Bergarbeiter	um 300 - 400 % höher
die Löhne für Metallarbeiter	um 350 - 450 % höher
die Löhne für Landarbeiter	um 150 % höher
die Löhne für Bauarbeiter	um 400 - 450 % höher.

In der gleichen Zeit nahm aber die Verteuerung aller Waren einen viel gewaltigeren Umfang an. Sind doch jetzt gegen 1914 im Durchschnitt

die Preise für Kohlen	um 2000 % höher
die Preise für Eisenwaren	um 3500 - 5000 % höher
die Preise für Lebensmittel	um 600 % höher
die Preise für Baumaterialien	um 1000 - 5000 % höher.

(1919 = 100; in Klammern: in Prozent der Lebenshaltungskosten)

1

	Ende 1913	Ende 1919	Ende 1920	Ende 1921	Ende 6/22	Ende 10/22	Ende 2/23	Ende 6/23	Ende 10/1923
Lebenshaltungskosten-Index	26,5	170	311	439	1115	7175	83278	386156	300300000000
Lohn-Index Maschinist im Baugewerbe	25,0 (99,3)	100 (58,)	227 (73,0)	440 (100,2)	1010 (90,6)	3000 (41,8)	13400 (16,1)	286000 (74,0)	1190000000 (0,40)
Buchdrucker	21,75 (82,1)	100 (58,8)	185 (59,5)	376 (85,7)	771 (69,2)	2197 (30,6)	10369 (12,5)	245614 (63,6)	1206140350 (0,40)
Maurer-Hilfsarbeiter	19,7 (74,3)	100 (58,8)	227 (73,0)	434 (98,9)	993 (89,1)	2960 (41,3)	13103 (15,7)	278620 (72,2)	1113793103 (0,37)
Gemeindearbeiter, ungelernt	34,4 (129,8)	100 (58,8)	376 (120,9)	712 (162,1)	1912 (171,5)	6620 (92,3)	28880 (34,7)	585120 (151,52)	2812948000 (0,94)

(Berechnungen nach: Elsas, Lebenshaltungskosten-Index 1913-1923 und Jahrbücher des ADGB von 1922, 1923)

2

Zeitraum	Lebensmittelbedarf einer vierköpf. Familie					Frauenbluse					1 Zentner Kohlen				
	Preis	1	2	3	4	Preis	1	2	3	4	Preis	1	2	3	4
1913/14	23,97	31,96	38,66	42,05	55,74	3,--	4,00	4,84	5,26	6,98	1,40	1,87	2,26	2,46	3,26
1919	151,01	50,34	52,99	52,07	120,80	75,--	25,00	26,32	25,86	60,00	12,25	4,08	4,30	4,22	9,80
1920	301,04	44,27	57,12	45,61	64,05	57,50	8,46	10,91	8,71	12,23	23,25	3,42	4,41	3,52	4,95
1921	416,50	31,55	38,82	33,06	46,80	87,50	6,63	8,15	6,94	9,83	40,15	3,04	3,74	3,19	4,51
6-7/22	1123,10	37,06	51,10	39,00	46,99	190,00	6,27	8,64	6,60	7,95	101,50	3,35	4,62	3,52	4,25
1.9.22	2764,69	30,72	44,16	32,15	33,41	550,00	6,11	8,78	6,40	6,65	169,00	1,88	2,70	1,97	2,04
1.1.23	17850,00	44,40	60,40	46,97	49,45	1900,00	4,73	6,43	5,00	5,26	2587,00	6,44	8,75	6,81	7,16
6-7/23	397980,00	46,38	56,85	49,26	54,41	75000,00	8,74	10,71	9,28	10,25	67700,00	7,89	9,67	8,38	9,26
9/1923	32733914,00	91,69	95,23	101,34	93,09										

1 = Maschinist im Baugewerbe, 2 = Buchdrucker, 3 = Maurer-Hilfsarbeiter, 4 = Gemeindearbeiter, ungelernter
(Zusammengestellt und berechnet nach: Elsas, Lebenshaltungskostenindex 1913-1923 und Jahrbücher des ADGB 1922, 1923)

Die Preise aller Produkte sind also fünf- bis zehnfach so stark gestiegen wie die Löhne der Arbeiter. Und in entsprechendem Maße auch die kapitalistischen Profite.“ (VR 112 v. 29.5.20)

Ein Vergleich zwischen dem Lebenshaltungskosten-Index und dem Lohn-Index in Frankfurt am Main von 1913 bis 1923 bestätigt das. Die Tabelle 1 zeigt, daß bei dem Maschinisten im Baugewerbe und bei dem Maurer-Hilfsarbeiter im Jahr 1921 gerade eine Angleichung des Lohn-Index an den Lebenshaltungskosten-Index erfolgte, bei dem Gemeindearbeiter Ende 1920 bis 1922 eine Besserstellung erreicht wurde. Aber in allen Berufssparten ist ein völliges Auseinanderklaffen in der Zeit unmittelbar nach der Revolution und dann wieder ab Mitte 1922 festzustellen. Gegen Ende der Inflation machte der Lohn nicht einmal 1 % der Lebenshaltungskosten aus. Der Kaufkraftverlust war so stark, daß es schon keinen Sinn mehr hatte, Lohnerhöhungen zu vereinbaren, sondern ständige Teuerungszulagen, die wenigstens einen Teil der Verluste ausgleichen sollten.

Die nachstehende Tabelle macht – anhand ganz alltäglicher Produkte, wie z.B. dem Lebensmittelbedarf einer 4-köpfigen Familie, einer Damenbluse und einem Zentner Kohlen – deutlich, welche Diskrepanzen zwischen Löhnen und Preisen bestanden und wieviele Stunden ein Arbeiter arbeiten mußte, um diese Dinge zu erwerben. (s. auch Anh. 13; 14)

Bei der Interpretation der Tabelle 2 ist zu berücksichtigen, daß Lohn- und Preiserhöhungen zu unterschiedlichen Zeiten erfolgten, scheinbare Verbesserungen des Reallohns also nur kurzfristig, unmittelbar nach den Lohnerhöhungen wirksam waren. Die Arbeiter mußten 1919 für ein Produkt häufig ein Vielfaches mehr als 1913/14 arbeiten. Das bedeutet, daß der Lebensstandard ständig sank. Nur in einigen Bereichen, wie z.B. bei den Mieten, gingen die Kosten, bedingt durch Höchstmieten u. dgl. (vgl. Kap. 11) nicht entsprechend in die Höhe, sondern lagen prozentual niedriger. Die Ware Arbeitskraft hatte in der Inflation erheblich an Wert verloren. Das wirkte sich auch und gerade auf die Lage der Kinder aus.

In jenen Jahren stimmte wieder ganz unmittelbar und wörtlich, was Karl Marx und Friedrich Engels bereits 1848 im „Kommunistischen Manifest“ über die bürgerliche Familien-Ideologie gesagt hatten:

„Die bürgerlichen Redensarten über Familie und Erziehung, über das traute Verhältnis von Eltern und Kindern werden um so ekelhafter, je mehr infolge der großen Industrie alle Familienbande für die Proletarier zerrissen und die Kinder in einfache Handelsartikel und Arbeitsinstrumente verwandelt werden.“ (MEW 4, 478)

In der Tat war die Lage der Mehrheit der Arbeiterkinder katastrophal. Nach jahrelanger Mangelernährung während des Krieges war ihnen nach der Revolution nicht etwa eine Erholungsphase vergönnt, sondern die finanzielle Situation der Arbeiterschaft erforderte durch die Berufsarbeit der Mütter oder durch die vielen Geschwister neben der Lernarbeit für die Schule und der Hausarbeit noch in vielen Fällen ihre Erwerbsarbeit.

Trotz des Verbotes der Kinderarbeit wurden Arbeiterkinder wieder verstärkt zu „Handelsartikeln“ und „Arbeitsinstrumenten“. Jeder Pfennig war wichtig, und selbst das Lebensnotwendigste war oftmals nur durch ihr finanzielles Zubrot möglich, wie einige der Zeitzeugen es auch berichteten. Daß die Kinderarbeit zunahm und die Kinderschutzgesetze nicht beachtet wurden, deutete das „Volksrecht" im März 1922 an:

„Verbot der Kinderarbeit.
Immer häufiger werden schulpflichtige Kinder, entgegen den Bestimmungen des Kinderschutzgesetzes, mit gewerblichen Aufgaben beschäftigt, überwiegend mit dem Austragen von Zeitungen, Brot, Milch, Butter. ... Kinder unter 12 Jahren dürfen nur beschäftigt werden, wenn sie eine Arbeitskarte haben. Die tägliche Beschäftigungsdauer darf 3 Stunden nicht überschreiten. Die Polizeireviere sind angewiesen, stärker zu kontrollieren und Anzeigen zu erstatten." (VR 59 v. 10.3.22)

Die Botengänge der Kinder waren nicht selten. Oftmals waren sie schon vor Schulbeginn einige Stunden auf den Beinen. Norbert Schneider* berichtet über seine täglichen Pflichten:

„Wir haben dann als Kinder einen Nebenerwerb noch ergriffen, und zwar Zeitungaustragen. Die ‚Frankfurter Zeitung' erschien damals dreimal am Tage, morgens um 6, mittags um 2 und abends um 6, das erste Morgenblatt, das zweite Morgenblatt und das Abendblatt. An dieser Verteilung war ich und mein mir nachkommender Bruder tätig. Wir mußten also neben unserer Schularbeit morgens erst einmal um 6 an der Bokkenheimer Warte stehen, um dort die Zeitungen aufzunehmen. Meine Tour fing an der Königsteiner, der heutigen Gräfstraße an, ging runter und quer durch Bockenheim bis uff die Rödelheimer Landstraße. Des war schon ein ziemlicher Teil, das war ne Anstrengung. Warn wir fertig morgens mit der ersten Tour, dann ging's in die Schule." (Norbert S., in: Studien 1, 192f.)

Fritz Schmidt kann bis heute nicht vergessen, daß ihm durch das tägliche Zeitungtragen ein Teil seiner Kindheit gestohlen wurde und wie demütigend er viele Situationen dabei empfand. Er sah es ein, daß die Familie das Geld dringend brauchte, machte deshalb seinen Eltern keine Vorwürfe, sondern hielt durch. Doch er litt sehr darunter:

„Dann kam etwas, was verhängnisvoll für meine Kindheit war. Mein Bruder, der 4 Jahre älter ist als ich, wollte also auch etwas zum Familienunterhalt beitragen, und das war anfangs spielerisch, unterhaltend. Ich war 8, 9 Jahre, er 13 oder 14. Und als er nun Zeitungen trug, ich war schon ein älteres Kind mit 8 Jahren, mußt' ich mit, Zeitungen tragen.
Und dieser Zeitungsbezirk ist dann aufgeteilt gewesen in ihn, in mich. Meine Schwester hat das nicht zu tun brauchen, aber ich. Das hat er dann einige Wochen gemacht, dann ist er in die Lehre gekommen als Dreher und hat mir das Erbe seines Zeitungsbezirks überlassen. – Die Familie hat ja das Geld gebraucht. Und das Schwierigste war ja vor allem neben dem Zeitungaustragen das Kassieren. Jeden Monat mußte nachher das Monatsabonnement kassiert werden. Und das Geld mußte stimmen! Und wir bekamen 20 Pfennig dafür im Monat, also für ein Exemplar. – Er geht nun in die Lehre, er war frei, und ich mußte das tun. Das hat mich jeden Tag eine Stunde gekostet. Das war nach Schulschluß. Und in der Schule ist zum Kinderarbeitsschutz oft gefragt worden: was macht ihr? – Und dann durfte ich nicht sagen, daß ich Zeitungen austrage, sonst wär' die Schulbehörde eingeschritten und hätte das abgestellt. – Und dann kam noch dazu, daß wir in die Schule eingewiesen warn und hatten Schichtunterricht, die eine Hälfte morgens, die andere Hälfte nachmittags. Wenn ich morgens Schule hatte,

*Name geändert

war das kein Problem, konnt' ich bei Licht am Nachmittag verteilen. Hatte ich aber Schule am Nachmittag und hatte um 5 Uhr Schulschluß, da war's im Winter längst dunkel. Da mußt ich erst heimlaufen, mußte an der Geschäftsstelle der ‚Freien Presse', so hieß die sozialdemokratische Zeitung (in Höchst), dann vorbei, mußte mir den Pack holen. Und weil der Pack für einmal zu schwer war, mußte ich das in Etappen machen. Hab ich das Geld daheim abgelegt, hab erst einen Teil gemacht, dann bin ich zurückgelaufen, hab den neuen Teil geholt und hab dann die Zeitungen verteilt. In der Regel warn das ja Genossen, Gewerkschaftler, das war mein erster körperlicher Kontakt.
Das konnte niemand gerne machen. In der Zeit ham nämlich andere Kinder Fußball gespielt, miteinander gespielt, ich konnt' das net. – (Ich habe das) alles abgegeben. – Und das jeden Tag! Auch wenn ich krank war! Und später mußte mir mein armer kleiner Bruder noch helfen. Der hat dann auch an dem Erbe teilgehabt, aber nicht in dem Maß wie ich. Ich war älter, ich war ja 1½ Jahre älter als er. Und ich hab das Ganze tragen müssen.
Und die Kassierung war ein Problem, da mußte mer einfach hingehn. Die wollten gerne Zeitung lesen, wollten aber die Abonnementgelder nicht bezahlen! Es gab keine Banküberweisungen und all das, was es heute gibt. Es mußte auf Heller und Pfennig da geholt werden, und wenn's beim einen Mal nit ging, mußte man einen zweiten Gang machen, und wenn's beim zweiten Gang nicht ging, mußte es ein drittes Mal sein, teilweise am Sonntag, weil man die Leute dann dort angetroffen hat, die sonst, wenn die 12 Stunden gearbeitet haben in der Farbwerke, nur schwer anzutreffen warn. – Also es war ne erste Verbindung mit der Arbeiterbewegung, mit diesen Abonnenten, sonst hätten sie die ‚Freie Presse' nicht gelesen. Ich mußte also die Zeitungen tragen und teilweise in die ärmsten Wohnviertel der Stadt Höchst am Schloßplatz, Porzellanhof. –
In der allgemeinen Wertschätzung der Tätigkeiten rangiert das Zeitungtragen heute noch auf der untersten Stufe. Und das wußten auch die Kinder in den ärmsten Bereichen, also am Schloßplatz. Diese Altbauwohnungen, die ham innendrin fürchterlich ausgesehen. – Und die Kinder ham nun gesagt: also wenn der Zeitungen tragen muß, dann gehört der zu den ärmsten Leuten, und die kann man verhauen, immer wenn man sie sieht. Da mußte ich auch noch vor meinen Kinderkameraden flüchten, die ein bevorzugtes Objekt gesucht haben, um halt ihre kindlichen Kämpfe auszufechten. – Also ich mußte dann eben laufen und hatte zum Teil hohe Häuser mit 5 Partien, das warn diese alten Wohnungen und mittelalterlichen Wohnstätten um den Schloßplatz herum. Hohe Etagen hätte ich dann laufen müssen, 5 Stockwerke hoch, 5 Stockwerke wieder runter, um jeweils die Leute zu bedienen. Da wär ich ja überhaupt nimmer heimgekommen, und hab dann nun z.B. in einem Haus die Zeitungen, es warn vielleicht 2 oder 3 für das Riesenhaus, im 1. Stock so zwischen die Stäbe des Geländers gesteckt und hab ganz laut gerufen: ‚Freie Presse!' – daß das auch bis in den letzten Stock zu hören war. Das hat diesen alten Mann auf die Dauer gestört. Ich hab ihn ja erschreckt mit dem lauten Rufen und bin dann runtergelaufen wieder bis ins Erdgeschoß. Und da hat er gesagt: den Kerle, den mach ich still, der ist wie son krähender Hahn, der stört, wenn jemand schlafen will. – Was macht der? – Geht oben raus, und ich ruf nach oben, ja so auf seiner Höhe: ‚Freie Presse!' – und lauf wieder runter. Und als ich die Kehre erwische unten, gießt er mir seinen vollgefüllten Nachttopf übern Kopf! Das hat zum Geschäft gehört!
Oder auf dem Schloßplatz das Kinderrudel: der ist ja schutzlos, dieser Kerle, was ist denn an dem dran, wenn er Zeitungen trägt! – Es kann doch nichts an dem dran sein! Die ham mich dann verhauen, da bin ich dann heim, hatt' ne klaffende Wunde hier überm Auge, wo sie mir mit'm Messer, so nem stumpfen großen Fahrtenmesser, so ans Auge gestoßen hatten. Das hat zum Geschäft gehört. – Meine Mutter, die war

nicht blind gegen all die Belastung, die da auf mich zukam; aber weil das bißchen Geld so bitternotwendig gebraucht worden ist, konnte sie auf diese Leistung, die behördlich verboten war, die ich ja verschweigen mußte bei den jährlichen Befragungen in der Schule, ob Kinder arbeiten, nicht verzichten." (F. Schmidt, 48ff.)

Hier wird das Kinderelend doppelt deutlich. Die Mühsal, die harte Arbeit, und dazu auch noch die Verachtung der kleinen und großen Klassengenossen, die ihre eigene Unterdrückung und Ohnmacht an dem noch Schwächeren abreagierten.

Wenn die Familieneinkommen schon bei „normalen" Löhnen kaum oder gar nicht reichten, war erst recht ein Auskommen bei Arbeitslosigkeit, Krankheit, Erwerbsunfähigkeit nicht mehr gegeben. Hermann Schulzes Vater war Maurer, und wenn er Arbeit hatte, verdiente er recht gut,

„aber der war zeitweise im Winter arbeitslos. Früher hat man ja im Winter als Maurer net arbeiten können. Da mußte man sich schon strecken mit dem Geld." (Schulze, 15)

In einer besonders schwierigen Situation waren in den 20er Jahren die Kriegsbeschädigten, Kriegerwitwen und -waisen. Sie protestierten immer wieder in öffentlichen Kundgebungen, durch Demonstrationen gegen ihre finanzielle Lage. Die KPD (Spartakusbund) versuchte bereits im Oktober 1919, sich durch eine Protestveranstaltung im „Zillertal" und eine anschließende Demonstration, der nach einem Bericht in der „Freiheit" etwa 1500 Kriegsbeschädigte und Hinterbliebene folgten, zu deren Fürsprecher zu machen. Scharf polemisiert wurde gegen den „Reichsbund der Kriegsbeschädigten", der seinerseits in einem Rundschreiben die KPD verdächtigte, „sie wolle die Kriegsbeschädigten mißbrauchen". (Fr. 38/43 v. 14./22.4.19)

Ende Juli 1919 kam es im Anschluß an die Auszahlung der Unterstützungsgelder an die Kriegswitwen und Angehörigen Vermißter und Gefangener zu einer Kundgebung auf dem Paulsplatz. Einige Frauen versuchten, zum Magistrat vorzudringen und Klagen wegen ihrer unzureichenden Unterstützung vorzubringen. Bei einer Unterstützung von monatlich 65 Mark plus 25 Mark für jedes Kind war ein menschenwürdiges Leben nicht möglich. Ihre Beschwerde wurde entgegengenommen, ein Termin für Verhandlungen vereinbart. (VR 100 v. 1.8.19) Eine finanzielle Absicherung gelang allerdings nicht. Als sich am 9. Dezember 1919 einige hundert Kriegsbeschädigte in den Römerhallen versammelten und Wirtschaftsbeihilfen verlangten, wurde nicht nur die Polizei, sondern auch das Freikorps alarmiert, „dieses vielleicht unnötigerweise", wie selbst Drüner (389) kommentiert. Große Empörung herrschte dann allerdings über den Entwurf des Kriegsbeschädigten-Gesetzes, der jede Hoffnung auf eine finanzielle Absicherung zunichte machte. Das „Volksrecht" griff das Problem auf und erläuterte:

Ein unannehmbares Kriegsbeschädigten-Gesetz.

„3120 Mark (jährlich!), sage und schreibe: Dreitausendeinhundertzwanzig Mark für einen verheirateten armen Kriegskrüppel, der seine Gesundheit bis zum letzten Rest geopfert hat und völlig erwerbsunfähig geworden ist. *So sieht der ‚Dank des Vaterlandes' aus. ...*

Die *Hinterbliebenenrente* beträgt 30 % der Vollrente, die dem Verstorbenen bei völliger Erwerbsunfähigkeit zu Lebzeiten zustehen würde. Die Witwe erhält bei völliger Erwerbsunfähigkeit nach dem 55. Lebensjahr 50 % Rente, und für jedes Kind ferner einen Zuschlag von 15 %. Eine Proletarierwitwe mit 3 Kindern soll sich demnach mit noch nicht einmal 3000 Mark jährlich durchhungern. Wenn man bedenkt, daß von diesem Betrag ungefähr ⅓ für Miete abgeht, dann kann man sich von dem grauen Elend einen Begriff machen, dem die Kriegerwitwen entgegensehen." (VR 81 v. 20.4.20)

In der zweiten Hälfte des Jahres 1922 – und erst recht 1923 – wurde die Lage der Arbeiterschaft, der Sozialrentner und Kriegsopfer völlig verzweifelt. Sie konnten buchstäblich nur noch „von der Hand in den Mund leben". Dabei ist daran zu erinnern, daß das unermeßliche Elend der Inflation vermeidbar bzw. stark abkürzbar gewesen wäre, wenn die Herrschenden nur gewollt hätten. Wieder einmal – wie so oft in der Geschichte – mußten die Hungrigen das Mahl bezahlen, das die Satten bestellt und gegessen hatten. (vgl. Kap. 7, S. 115f.) Im März 1923 wandte sich der Betriebsrat der „Adlerwerke" mit einem Appell an die Öffentlichkeit:

„Unerschwinglich sind für uns heute schon die notwendigsten Lebensmittelerzeugnisse. Die Lasten, die man uns auferlegt, sind nicht mehr zu ertragen. Verbrechen auf Verbrechen wird begangen von eigenen Volksgenossen an der deutschen Arbeiterschaft. Schieber und Wucherer können ungestört ihr Handwerk verrichten. Die Unfähigkeit der deutschen Regierung, dem Volke zu helfen, wird mit jedem Tag neu bestätigt. Noch kein Wort hören wir von ihr gegen den räuberischen Vorschlag der deutschen Industrie. Das ist Gegenwart! Was wird uns die Zukunft bringen? Not und Elend, Verbrechen auf Verbrechen an uns; deshalb richten wir, der Verzweiflung nahe, den Appell an alle Klassengenossen:

Seid auf der Hut!

Nicht länger sind wir gewillt zuzusehen, wie man uns langsam verenden läßt. Die organisierte Arbeiterschaft, die bis jetzt alles mit übergroßer Geduld ertrug, muß, wenn die Not so weitersteigt, die Verantwortung für die Folgen ablehnen." (VSt 124 v. 31.3.23)

Kurze Zeit später empörte sich die „Volksstimme" in einem Artikel über das „Hungerdumping der deutschen Arbeiterschaft und daß ein deutscher Arbeiter wie ein chinesischer Kuli lebe". Es wurde verwiesen auf die Billigexporte nach dem Krieg, doch inzwischen stehe die Lebenshaltung weit unter dem, „was ein armer Bauer in den Abruzzen vor dem Krieg sich zuführte". (VSt 80 v. 6.4.23) Die Lage spitzte sich im gesamten Reich immer weiter zu. Die Zustände der Lebensmittelversorgung brachten auch in Frankfurt weite Teile der Bevölkerung zur Verzweiflung. Die „Volksstimme" schrieb, die Gefahr sei den Menschen, die an den Schaufenstern der Geschäfte vor den Auslagen stünden, an den Gesichtern abzulesen. Am 12. Oktober zeigte sich das vor allem in der Altstadt:

„Drohend zusammengeballte Menschenmassen wälzten sich durch die Schnurgasse und die anliegenden Verkehrsstraßen, so daß eine Abteilung Schupo einschritt und die Straßen säuberte. In Bornheim kam es infolge der neuen Lebensmittelpreissteigerungen zu kleineren Ausschreitungen, wobei in der Berger Straße mehrer Fenster eines Bankgeschäftes zertrümmert wurden. ... Die gleichen Sturmzeichen meldeten

wir heute aus vielen Städten des Reiches! Ein Orkan droht! Seine Blitze werden Flammen des Hasses sein, seine Wogen wildbrandende Leidenschaft!
Daß es so wurde, danken wir den Beherrschern der Wirtschaft, deren brutaler Egoismus das Volk anfiel wie der Wolf die Schafherde." (VSt 240 v. 13.10.23)

Hermann Schulze erinnert sich noch an solche Demonstrationen in der Altstadt, oftmals initiiert von den Kommunisten. Wenn die Polizei die Menschen auseinandertrieb, dann flüchteten sie und versteckten sich häufig in den Häusern in der Gelnhäuser Gasse, wo er wohnte. Dort waren die Haustüren nicht verschlossen, und die Anwohner unterstützten die Demonstranten, denn sie waren selbst oft arbeitslos und lebten von kleinsten Einkommen. (Schulze, 51f.)

Doch unter den Arbeitern gab es eine relativ kleine Gruppe von Privilegierten, wie Ferdi Brandecker berichtete:

„Mein Vater arbeitete in der Inflationszeit als Dreher in einer kleinen Bockenheimer Armaturenfabrik. Und weil die Firma ihre Produkte vorwiegend exportierte, erhielt er gelegentlich einen Teil des Lohnes in Dollar ausgezahlt. Die Firma hielt sich so ihren Facharbeiterstamm bei Laune. Mein Vater hat immer mit Stolz erzählt, was man für einen Dollar alles bekommen konnte." (Brandecker, Not. 5)

Natürlich sammelten sich die „Lohn-Dollars" recht schnell wieder bei den Warenbesitzern an. Was für die Arbeiter bloß eine teilweise Entlastung war, wurde für sie zum guten Geschäft. Am 18. Oktober 1923 erklärten die Ausschüsse der drei gewerkschaftlichen Spitzenorganisationen im Namen des arbeitenden Volkes, die Not der breiten Massen habe einen Grad erreicht, der nicht länger zu ertragen sei. Sie forderten namens der Hungernden Sofortmaßnahmen von der Regierung zur Behebung der Lebensmittelnot. Alle Mittel der Staatsgewalt sollten eingesetzt werden, um das Volk nicht bei vollen Scheunen verhungern zu lassen. Gleichzeitig wurde aber die Bevölkerung zu Besonnenheit, Einigkeit und Disziplin aufgerufen. (Chronik II, 130f.) Ob solche Beschwichtigungen noch irgend etwas bei der Arbeiterbevölkerung bewirkt haben, erscheint ebenso zweifelhaft wie die Aufrichtigkeit der Unterzeichner. Schließlich war die Stillegung der Notenpresse zum 16. November 1923 längst beschlossen.

Es war häufig schon ein kleines Wunder, wie es Arbeiterfrauen in der Nachkriegszeit gelang, die miserable individuelle Finanzlage und die allgemeine, die öffentliche Versorgungsmisere zu bewältigen. Ein wesentlicher Bestandteil der Arbeiterbudgets war in vielen Familien die Selbstversorgung mit Produkten des Kleingartens oder durch die Kleintierhaltung, z.B. der Hasenzucht. Sicher bedeutete ein Stückchen Feld, ein Garten, ein Stall für die aus bäuerlicher Tradition stammenden Städter ein Stück weit Bezug zu ihrem früheren Leben, es war jedoch vor allem in der schwierigen Versorgungs- und Finanzlage der Nachkriegszeit eine Sicherheit, oft viel größer als der Lohn, der mit der Inflationsrate nicht Schritt hielt. Doch der reichhaltigere Speiseplan, der gelegentliche Festbraten, bedeutete zugleich für die gesamte Familie eine weitere Arbeitsbelastung. In der Regel mußten die Kinder das Futter für die gefräßigen Tiere besorgen. Robert Trösch mußte mit seinen Cousins und den anderen Enkeln jeden Abend mit dem Großvater auf die Wiese, um für die Ziege und die Hasen Futter zu holen, und anschließend hatten sie ganz selbstverständlich im Kleingarten mitzuhelfen. (Trösch, 28; L. Oettinger, 27 u.a.)

Anna Beyer erzählte, daß einige ihrer Nachbarn mit mehr oder weniger großem Erfolg begannen, Hühnerställe anzulegen.

„Da wurden nun Hühner gehalten. Wir alle verstanden nicht viel davon, meine Mutter nicht und mein Vater nicht und wir erst recht nicht, aber diese Hühner sollten helfen, uns ein bißchen besser zu ernähren, die Eier und das Fleisch. Die Hühner wurden krank, und die eine, die wir sehr mochten, die wurde ins Haus mitgenommen, und die wohnte in der Küche unterm Ofen. Und die hatte also irgend ne Halskrankheit der Hühner. Und eines Tages war's soweit, das Lenchen wurde geschlachtet, und jetzt kam's auf den Tisch, und keiner wollte Lenchen essen. Ich hab also absolut gestreikt, und die andern ham dann son bißchen dran rumgestochert. Da hat sich rausgestellt, daß wir damit unsre Ernährung nicht verbessern konnten. Die Hühner wurden dann auch bald abgeschafft." (A. Beyer, 13)

Eine ganze Reihe der Gesprächspartner berichtete, der Kleingarten habe den Speisezettel der Familie im wesentlichen geprägt. Hermann Schulze gibt wieder, wie es häufig bei ihnen war:

„Mein Vater hatte en Kleingarten, und da ging's dann sonntags immer hin mitsamt den Kindern. Der wurde ausgenutzt zur Bereicherung des Küchenzettels natürlich, z.T. Kartoffeln usw. Da gab's kein Eckchen, was net ausgenutzt wurde. Und der war weit weg." (Schulze, 16)

Die Gartenprodukte wurden jedoch nicht nur sofort verbraucht, sondern es gehörte zu den Aufgaben der Arbeiterfrau, zumindest einen großen Teil des jährlichen Marmeladenbedarfs selbst einzukochen, Kraut für den Winter einzulegen, Obst und Gemüse einzuwecken. Gab es keinen eigenen Garten, mußte gezwungenermaßen, um den Mindestbedarf zu decken, auch einmal ein nahegelegenes Feld Ersatz dafür bieten. Altüberlieferte Wertmaßstäbe gerieten ins Wanken, und „Felddiebstahl" wurde zur verbreiteten Überlebensstrategie. Marie Jülg berichtete über das „Organisieren" von Obst:

„Da hinten am Ginnheimer Wäldchen, da war's Äppelwäldchen. Und wenn dann Sturm war, da sind wir immer hin und haben Äppel geholt. Dann ham mir mal Äppelbrei gemacht, mal die Äppel so gegessen. Und wenn mer morgens in die Schule sind, da ham mir immer geguckt, ob da net en Appel unne war. Wir hätten uns noch net mal getraut, den Appel abzurobbe. Aufheben durft' man. Ham mir uns natürlich immer gefreut, wenn mir en Appel gefunde hatte zu unserm Stückche Brot. (Zu schütteln), des hätte mir uns net gewagt. Und selbst wenn son Sturm war und mir habbe hinne die Äppel gelese, und da kam noch der Feldschütz, da sind wir noch gerannt mit unsere Äppel." (Jülg, 23f.)

Nicht jeder war so ängstlich, zumindest nicht die Kinder. Für sie war am wichtigsten, satt zu werden, und außerdem übten die Äpfel in Nachbars Garten schon immer einen besonderen Reiz aus. Wenn das Essen so knapp war, dann wurden, wie sich Paul Grünewald erinnert, dafür schon einmal die Bedenken fallengelassen. Große Bedeutung hatte in der Inflation für ihn das

„Organisieren von irgendetwas, von Kartoffeleinkauf und ‚Äppel-strenzen-gehn', um Gelee kochen zu können. Wir sind dann gemeinsam los mit'm Rucksack und ham also net nur Äppel aufgelesen, wir ham also auch kräftig geschüttelt und dann die Rucksäkke nach Haus genommen. Mein Vater hat wohl mehr Hemmungen gehabt als ich als Bub, das ist auch verständlich vom Vater-Sohn-Verhältnis, es ist aber auch verständlich daraus, daß ein Kind also aufs Essen (großen Wert legt). Und meine Mutter hat also Gelee gekocht und Marmelade und so Sachen. Und das ist also für mich mein ganzes Leben durch auch bedeutend gewesen, daß es also darauf ankam, ein Minimum an Essen zu ergattern." (Grünewald, 10)

Zwar versuchte ein Großteil der Arbeiterfamilien, einen möglichst hohen Grad an Selbstversorgung zu erreichen, aber dabei mußten manchmal auch nicht ganz legale Methoden zur Anwendung kommen. Der Großvater von Robert Trösch arbeitete als Maschinist im Westhafen und sah in seiner Arbeit durchaus auch eine Reihe Vorteile.

„Im Westhafe ist ja ausgelade worn, da is natürlich auch ab und zu emal en Sack abgefalle, daß er geplatzt war. Hat der Großvater natürlich e bißche Hühnerfutter gesammelt und gekehrt. Da mußt e bißche Dreck drunnergemischt wern, so konnt's nit für kaputt betrachtet wern. Da is en Stippel Futter mitgebracht worn, und da hat's noch e paar Kleie gebbe, un da hat's noch e paar Kohle gebbe, da paar Stückcher Holz, um als widder den Lebensunterhalt damit zu verschönern." (Trösch, 30)

Wie verzweifelt manchmal die Lage der Arbeiterschaft war und wie sie trotzdem versuchten, sich über Wasser zu halten, ist bei Marie Jülg nicht in Vergessenheit geraten:

„Wir hatten viel hungern müssen. – Da war en Gutshof, der Grünhof, bei uns gegenüber. Da hat der so ne große Mulde gehabt, wo der seine ganzen Kohlrabi unterirdisch gelagert gehabt hat. Und das hat jemand spitz gekriegt, und dann hat's geheißen: da gibt's Kohlraben. Da ist alles mit de Leiterwage losgezoge und hat Kohlrabe geholt. Wir warn natürlich auch dabei. Und am annern Tag kam die Polizei und hat die ganze Kohlrabe wieder rausgeholt aus de Keller. Überall nachgeguckt worn. Mei' Mutter hat e paar im Bett versteckt. Wir haben's roh gegesse, gekocht gegesse. Ich hab seit der Zeit keine Kohlrabe mehr esse könne. Es war ne schlimme Zeit." (Jülg, 8)

Solche Aktionen der Hausfrauen sind nur erklärlich aus der absolut zusammengebrochenen Lebensmittelversorgung. Die zuvor anerzogenen Ideale von Ehrlichkeit, daß man anderen nichts wegnehmen dürfe, hatten auf einmal ihre Gültigkeit verloren, es stand nur noch im Vordergrund, wie die Familie einmal satt werden konnte. Der Hunger war stärker geworden als die Angst vor der Polizei.

Je größer die Familie war, desto schwieriger wurde es, alle satt zu bekommen. Bei den 10 Kindern der Familie Gärtner reichte das Geld nur für eine ganz bestimmte Menge an Lebensmitteln, und entsprechend mußte eingeteilt werden.

„Zum Frühstück und fürs Schulbrot gab es Brot, ein bißchen Margarine und schwarzen Rübensirup, aber vor allem wurden die Rationen genau zugewiesen. Mir habbe ja so viel Hunger gehabt. Unser Brot is eingeteilt worde, soundsoviel un net mehr. Höchstens 2 Schnitte Brot, höchstens." (Gärtner, 16)

Kochrezepte für den Arbeiterhaushalt

Kartoffelpuffer — Mittagessen für 5—6 Personen

6 Pfund große rohe Kartoffeln werden auf dem Reibeisen gerieben und ebenso 2 bis 3 Zwiebeln. Dann schlage man zwei Eigelb gründlich, das Eiweiß zu Schnee, gibt beides zu den Kartoffeln, fügt noch 6 bis 8 Eßlöffel Mehl dazu, würzt mit Salz und ein wenig Zucker. Dann gibt man den Teig löffelweise in die Pfanne und bäckt mit Palmin auf beiden Seiten goldbraun. Preis 15 Mark.

Dazu wird **Kürbisbrei** gegeben.

Zwei mittlere Kürbisse werden geschält, halbiert, die Kerne ausgeschnitten, das übrige in Schnitze geteilt und in ein wenig Wasser, noch besser Aepfelsaft, etwas Zimt und Zitrone weichgekocht, dann auf ein Sieb geschüttet. Der abgeflossene Saft wird mit 200 Gramm Zucker eingekocht. Die Schnitze werden durchgerieben und mit dem eingekochten Saft vermischt. Alsdann verrührt man 1 bis 2 Kochlöffel Mehl, noch besser ist Bananenmehl, mit 1 bis 2 Tassen Milch, schlage ein Eigelb gründlich, das Eiweiß zu Schnee, vermischt mit dem Milchteiglein und rühre das Ganze unter beständigem Rühren in den Brei, den man ins Kochen bringt und dann anrichtet. Nach Belieben streue man Brothröfel darüber. Auf die gleiche Weise kann man Aepfelbrei zubereiten. Preis des Gerichtes 8 Mk. (Man verwendet Bananenmehl dann, wenn man kein Mehl hat und es vermeiden will, markenfreies Mehl zu kaufen. Bananenmehl ist um ein Drittel billiger als markenfreies Mehl und enthält zudem noch mehr Nährkraft, auch bindet es die Speisen gut. Es ist in allen Groß- oder Kleinstädten erhältlich.)

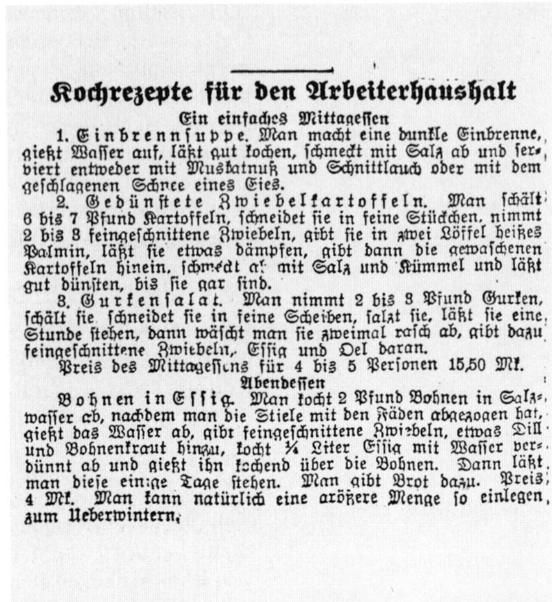

Kochrezepte für den Arbeiterhaushalt

Ein einfaches Mittagessen

1. Einbrennsuppe. Man macht eine dunkle Einbrenne, gießt Wasser auf, läßt gut kochen, schmeckt mit Salz ab und serviert entweder mit Muskatnuß und Schnittlauch oder mit dem geschlagenen Schnee eines Eies.

2. Gedünstete Zwiebelkartoffeln. Man schält 6 bis 7 Pfund Kartoffeln, schneidet sie in feine Stückchen, nimmt 2 bis 3 feingeschnittene Zwiebeln, gibt sie in zwei Löffel heißes Palmin, läßt sie etwas dämpfen, gibt dann die gewaschenen Kartoffeln hinein, schmeckt ab mit Salz und Kümmel und läßt gut dünsten, bis sie gar sind.

3. Gurkensalat. Man nimmt 2 bis 3 Pfund Gurken, schält sie, schneidet sie in feine Scheiben, salzt sie, läßt sie eine Stunde stehen, dann wäscht man sie zweimal rasch ab, gibt dazu feingeschnittene Zwiebeln, Essig und Oel daran.

Preis des Mittagessens für 4 bis 5 Personen 15,50 Mk.

Abendessen

Bohnen in Essig. Man kocht 2 Pfund Bohnen in Salzwasser ab, nachdem man die Stiele mit den Fäden abgezogen hat, gießt das Wasser ab, gibt feingeschnittene Zwiebeln, etwas Dill und Bohnenkraut hinzu, kocht ¼ Liter Essig mit Wasser verdünnt ab und gießt ihn kochend über die Bohnen. Dann läßt man diese einige Tage stehen. Man gibt Brot dazu. Preis 4 Mk. Man kann natürlich eine größere Menge so einlegen, zum Ueberwintern.

In den Zeitungen – wie hier im „Volksrecht" – wurden immer wieder Rezepte abgedruckt, es waren Anregungen, wie mit wenigen Zutaten ein relativ preiswertes Essen zubereitet werden konnte. Darüber hinaus gab es sehr häufig Werbung für Nudeln mit dem Hinweis, sie seien ein sehr guter und gesunder Ersatz für fehlende Fleischwaren.

Es konnte nur das verteilt werden, was da war, auch wenn der Hunger noch so groß war. In anderen Familien wurden die Kinder zwar meistens satt, so Miez Kalis, aber

„mir ham furchtbar einfach gelebt: Quellmänner un Siebkäs und Nudeln und Äppelbrei oder Kartoffelbrei und Äppelbrei gegesse, und da ham mer die Äppel selbst auf de Felder zusammengestoppelt. Und da ham mer auf wilde Äcker Feldsalat und Löwenzahn gesammelt und wilde Spinat, und da warn mir stolz, wenn wir so was heimgebracht ham." (Kalis, 21)

Fleisch war rar und teuer. Für eine Familie mit 5, 6 Kindern war es kaum möglich, für alle eine Portion auf den Tisch zu stellen. So bekam bei großen Familien mit kleinen Einkommen nicht selten nur der Vater ein Stück, weil er als Ernährer der Familie galt und betont wurde, er müsse am schwersten arbeiten. Die schwere Arbeit der Mutter und der Kinder wurde nicht als gleichwertig angesehen. Kartoffelsalat und Fleischwurst am Samstag abend, wenn es nur machbar war, das ist vielen bis heute in Erinnerung.

„Sonntags abends gab's so en Schlag Kartoffelsalat, e Stück trocke Brot un sehr viel Fleischwurst, so e gut Rädche ham mer immer gesacht. Un dann kame die ältere Geschwister von meiner Mutter, die habbe statt Fleischwurscht Limburger Käs dazugegesse. En ganz satte Käs war des, des war de billischste Käs, den's gab, den gab's in Stange. Mer wolln ma sache, mir sin satt geworde." (Trösch, 31f.)

Oftmals war es schwierig, wenigstens für besondere Gelegenheiten ein reichlicheres Essen zu organisieren. Miez Kalis erinnert sich, wie gerne die Eltern die Verwandtschaft zu ihrer und der Schwester Jugendweihe 1920 eingeladen hätten:

„Aber die Eltern hatten nichts zum Anbieten. Und da hatte der Vater das Glück, irgendwie durch einen Kollegen so einen großen Pferdebraten zu erwischen. Des war dann eine mords Angelegenheit, gel. Da haben wir dann Pferdebraten gegessen, und die Mamma hat Kartoffeln organisiert, da gab's Kartoffelklöße. Da hat die Tante Gustel noch lange geschwärmt von diesem Festessen." (Kalis, 74f.)

Den Arbeiterkindern wurden schon im Schulalltag die Klassengegensätze und ihre Benachteiligung schmerzlich bewußt, wie Hermann Schulze weiß:

„Wenn wir abends Wurst gegessen haben, der Bruder und ich, wir haben von der Wurst ein Stück abgeschnitten und aufgehoben für den Morgen, denn sonst war ja nix da. Da ham wir so Kunsthonig mitgekriegt, und des mochte ich nun gar net. Ich hab ja auch gesehn, die andern Kinder zum Teil, die hatten Wurstbrot oder Brötchen und so, und ich kam mit Kunsthonig. Des hat mir nun gar net gefallen." (Schulze, 15)

Ebenso wie die Arbeiterfrau durch eine anständige, saubere Wohnung, durch die weiße Wäsche, durch sparsames Haushalten, in ihrem Selbstwertgefühl gestärkt wurde, so war es auch ihr Stolz, trotz aller Widrigkeiten die Familie nicht nur satt zu bekommen, sondern auch noch besonders geschickt dabei zu sein. Rückblickend sagen heute viele der Zeitzeugen voller Anerkennung über die Arbeit ihrer Mutter:

„Mit wenischen Mitteln hat se was zustande gebracht." (Bischoff, 13f.)

Anna Beyer meinte bewundernd:

„Meine Mutter war eine Künstlerin, wirklich, das muß ich sagen. Die hat aus nix was gemacht. Da war das Essen nie langweilig, sehr abwechslungsreich. Da wir viel Obst hatten, gab's immer Nachtische und Suppen, Obstsuppen oder Gemüsesuppen. ... Meine Mutter verstand auch, aus einem bißchen etwas Besseres zu machen. Einen Auflauf, oder die Nudeln, da war ein bißchen was drauf, Petersilie oder sonst was aus'm Garten. – Heringe gab's in jeder Form. Da machte sie auch mal ne Sülze, was nicht sehr üblich war zu der Zeit oder eingelegte oder gebackene, panierte Heringe oder so was. Also sie hat immer versucht, irgendwie aus dem, was es gab, Verschiedenes interessant zu machen." (Beyer, 25; 33f.)

Gerade weil es so schwierig war, die Ernährung der Kinder sicherzustellen, bestanden die Eltern, wie sie in recht unangenehmer Erinnerung hat, mit Nachdruck darauf, daß aufgegessen wurde, was auf den Teller kam.

„Am meisten gelitten habe ich unter Graupensuppe mit Hammelfleisch. Diese dikken Graupen, die habe ich gehaßt. Da hat sie mich manchmal ne Stunde sitzen gelassen, bis ich den Teller leer hatte. Da war sie hart, weil sie Angst hatte, daß ich nicht genug kriege." (ebd., 35)

Es war außerdem eine Kränkung der Kochkünste der Hausfrau und ein Infragestellen ihrer Autorität, wenn die Kinder ihnen Vorgesetztes zurückwiesen. Dabei ließen sie in der Regel keine Milde walten, wie sich auch Robert Trösch erinnerte:

„Natürlich, wenn die Großmutter gekocht hat, was uns nit ganz so geschmeckt hat, daß mer vielleicht de Teller nit leergegesse hat, ja Du lieber Gott, der Teller, der ist dann genomme worn un in de Bratofe neigeschobe worn. Wenn um ½4 gerufe is worn zum Kaffee, hat die Großmutter ganz ruhig de Teller wieder hingestellt demjenische, der en net leer hatt'. Wenn er dann natürlich e schief Gesicht gemacht hat un hat en nit leergemacht, dann hat se gesacht: da haste kein' Hunger, da gibt's auch kein Brot." (Trösch, 30)

Für diejenigen, die schon als Kinder nicht satt wurden, die davon träumten, endlich einmal so viel essen zu dürfen, wie sie wollten und was ihnen am besten schmeckte, mußte das Essen zum zentralen Punkt in ihrem Leben werden. So ist es nicht verwunderlich, daß sie noch immer darauf verweisen, sie hätten nicht – wie die Menschen heute – jeden Tag Fleisch gegessen, jede Menge Süßigkeiten bekommen, nicht zwischen den verschiedenen Brot- und Brötchensorten auswählen können, nicht täglich Kuchen bekommen, obwohl auch heute breite Arbeiterschichten weit von solchen Dingen entfernt sind und sehr genau rechnen müssen. Für einige der Arbeiterkinder, die noch bäuerliche Verwandtschaft hatten, ist es bis heute ein unvergessenes Erlebnis, wenn sie ihre Ferien dort verbrachten und sich richtig satt essen durften. Hans Bischoff fuhr immer zu den Großeltern in die Schwäbische Alb:

„Am Essen hat's denen nicht gefehlt wie uns hier. Wenn ich ehrlich bin, mußten wir oft hungern. Am Essen hat's denen nicht gefehlt, und da hat der (Großvater) immer gesagt: heute kochste des. – Da hat die Großmutter gesagt: ja, warum? – Ja, der Hans, der krischt des heut!" (Bischoff, 4)

Hermann Schulze fuhr aus demselben Grund mit Vorliebe in den Ferien zur Verwandtschaft. Die Kinder mußten auf dem Feld mitarbeiten, doch das war für ihn nicht unangenehm, ganz im Gegenteil.

„Wir hatten im Taunus Verwandte, und die hatten eine Metzgerei, die hatten eine Wirtschaft und die Landwirtschaft. Das war natürlich ein Erlebnis. Einmal die vielen Kinder (16), und es gab zu essen. Da kam's gar net drauf an. Das hat mich sehr beeindruckt. – Und: da kommt, eßt, eßt. – Die habbe ja gewußt, daß es bei uns daheim nicht viel Fleisch zu essen gab. Die haben uns dann rausgefüttert. Eßt noch emal, eßt, eßt, eßt. – Und da kam e Schüssel mit Wurst und Fleisch usw., und da ham mir reingehauen, und dann ham mir mitgeholfen." (Schulze, 44f.)

Wo eine Arbeiterfamilie einkaufte, war in der Regel wohlüberlegt. Ein ganz wichtiger Gesichtspunkt war, ob man anschreiben lassen konnte oder nicht. In der Hochphase der Inflation – etwa ab Mitte 1922 – war das allerdings kaum noch möglich, dann hätte der Kaufmann seine Ware gleich verschleudern können. Wie bei Bischoffs war es in vielen Familien:

„Mir habbe sozusache von der Hand in den Mund gelebt, aufschreibe lasse und dann am Monatsende bezahlt. – Es war immer knapp, deswesche mußt' mer ja aufschreibe lasse, also des wär gar net anders gegange." (Bischoff, 9; 17)

Für viele Eltern war es ein eisernes Gesetz, keine Schulden zu machen. Wenn es nichts anders ging, so mußten sie eben anschreiben lassen, aber wenn es Geld gab, versuchten sie, die Rechnung beim Kaufmann sofort zu begleichen, denn das regelmäßige Zurückzahlen war doch die beste Garantie, es das nächste Mal ebenso machen zu können. Für die Notwendigkeit, „anschreiben zu lassen", gab es sehr verschiedene Gründe. Zum einen war das Wocheneinkommen – besonders der Akkordarbeiter – ja sehr unregelmäßig. Meistens erhielten sie drei Wochen lang nur einen „Abschlag", und die Auszahlung der Differenz erfolgte dann in der vierten oder gar erst in der fünften Woche. Ähnlich lagen die Verhältnisse bei vorübergehender Kurzarbeit oder wenn unerwartete Zahlungen fällig wurden, etwa eine höher als erwartet ausgefallene Gas- oder Lichtrechnung, oder der Mann hatte auch nur einen Teil des Wochenlohns leichtfertig vertrunken, Erkrankungen der Kinder hatten zusätzlichen Aufwand verursacht usw. Selbst bei genauester Einteilung der Einkünfte kam die Arbeiterfrau immer mal wieder an einen Punkt, wo sie anschreiben lassen mußte, um ihrer Familie gegen Ende der Woche noch etwas auf den Tisch stellen zu können. Doch selbstverständlich gelang es nicht immer, das Geld zum Wochen- bzw. Monatsende zurückzuzahlen, und es wurde mit zunehmender Inflation immer schwieriger. Je höher der Schuldenberg wurde, um so größere Überredungskünste kostete es, noch weiterhin Lebensmittel zu bekommen. Je auswegloser die Situation wurde, desto eher wurden die Kinder, vor allem die kleinen Kinder, mit einem Einkaufszettel weggeschickt, brachte man ihnen doch das größte Mitleid entgegen und wollte man sie am wenigsten unter den barbarischen Lebens- und Ernährungsverhältnissen leiden lassen. In der Familie von Frieda Gärtner mußten sie beim Latscha „Wurstschnibbele" einkaufen. Sie schämten sich jedesmal vor den anderen Leuten, aber vor allem war es vorher zu Hause immer ein Kampf, wer loslaufen mußte, denn die Schulden waren schon so groß. Es gab häufig erst Prügel, aber

„dann hat sich immer en Dumme gefunne. Da warn noch die kleine Geschwister da, und da hatt' mer Mitleid." (Gärtner, 13)

Da der Einkaufszettel in vielen Arbeiterfamilien aufs Minimalste beschnitten werden mußte, waren die „normalen" Läden häufig zu teuer. Lina Schwee berichtet, wo Minderbemittelte einkauften:

„Wir gehörten zum ‚Bund der Kinderreichen' aufgrund der Tatsache, daß wir also insgesamt 4 Kinder in der Familie waren. Und da gab's auch besondere Einkaufsstellen, wo man verbilligte Schuhe und Kleidung kaufen konnte. Und zum Teil haben wir auch auf Teilzahlung kaufen müssen. – Wir haben Berechtigungskarten gehabt zur Freibank am Schlachthof, da gab's am Wochenende Fleisch zu kaufen, das nicht mehr so ganz geeignet war, um als Frischfleisch verkauft zu werden. Das war sogenanntes überbrühtes Fleisch oder so ähnlich. Da gab's Berechtigungsscheine für Minderbemittelte. Da mußte man sich schon sehr früh morgens anstellen. da haben wir dann gekauft." (Schwee, 12f.)

Dem „Bund der Kinderreichen" schlossen sich in Frankfurt immer mehr Familien an. Auf seiner ersten Generalversammlung im November 1920 gab er bekannt, daß er im März 1920 597 Familien, im November schon 1050 Familien mit 5980 Kindern vertrat. In einer Resolution forderte er insbesondere die Verwirklichung der im Artikel 119 der Reichsverfassung in Aussicht gestellten Ausgleichsfürsorge an kinderreiche Familien und erwartete eine weitergehende Entlastung in der Steuergesetzgebung, die allgemeinde Aufnahme von Kinderzulagen in den Tarifverträgen und Besoldungsverordnungen, die obligatorische Einführung der Familienversicherung bei der Krankenversicherung unter Übernahme der Krankenhauskosten, die volle Unentgeltlichkeit der Lernmittel bei allen Schulen und die Bereitstellung von Pachtland für den Kleingartenbau. Ganz andere Überlegungen als die Kinderreichen stellten die Handwerker und kleinen Angestellten an, wie Emil Schmidt erzählt:

„Der Schuhmacher Schmidt, der hat gekauft beim Gemüsehändler Müßig oder Dietrich, der wieder seine Schuhe hat machen lassen. In der einfachen Warenwirtschaft war das ja die übliche Beziehung. Und der Metzger Seligmann, der hat die Schuhe bei uns machen lassen, und wir haben bei ihm Fleisch gekauft. Aber da wir noch en Metzger in Kundschaft hatten auf der Berger Straß', den Metzger Geßner, ham mir auch beim Geßner gekauft. Der Geßner hat besser Fleisch gehabt, aber teureres als der Seligmann. Nun ham mir also genau überlescht, für Supp' in der Woch ham mer beim Seligmann gekauft, und sonntags ham mer dann für Gulasch oder was andres beim Geßner gekauft. So warn unsre Beziehungen." (E. Schmidt, 40f.)

Fritz Schmidt berichtete von den großen Profiten der Farbwerke Höchst,

„sie konnte sich dehalb sehr leicht auch ein soziales Mäntelchen umhängen. Und zu diesem sozialen Mäntelchen gehörte neben der Leihbibliothek und verschiedenen Ausgabestellen, vor allen Dingen ein Warenhaus, eine Großbäckerei in der Nähe der Farbwerke. Während des Ersten Weltkrieges und in der Notzeit der Inflation, da hat's ne ganz große Rolle und so etwas wie Preisregulator gespielt. Der Brötchenpreis in Höchst ist eigentlich bestimmt worden durch den Preis der Brötchen von der Großbäckerei der Farbwerke in Höchst." (F. Schmidt, 84)

Die Einrichtung einer Filiale des Konsumvereins wurde dadurch überflüssig. Dieses Warenhaus sollte den Arbeitern und Angestellten der Farbwerke als billige Einkaufsquelle dienen. Auch in Notzeiten waren dort leichter und günstiger Kartoffeln zu bekommen. Die Grundnahrungsmittel waren billiger, es war im Grunde ein Naturalentgelt, wodurch aber zugleich die Beschäftigten ein Stück weiter an den Betrieb gebunden wurden. Sie verdienten nicht nur in den Farbwerken ihren Lohn, sondern sie setzten ihn weitgehend auch dort wieder um.

Exkurs
Der Konsumverein für Frankfurt am Main und Umgegend

Für einen sehr großen Teil der Arbeiterschaft galt, was Paul Grünewald stellvertretend für andere formulierte. Im Konsum zu kaufen,

„gehörte zur Disziplin eines organisierten Arbeiters.“ (Grünewald, 20)

Der „Konsumverein für Frankfurt a.M. und Umgegend“ hatte 1921/22 mit 48382 Familien und Einzelmitgliedern seinen höchsten Mitgliederstand in der Nachkriegszeit. (Geschäftsbericht 1928/29) Ein klassenbewußter Arbeiter kaufte im Konsum, und wenn er zwar klassenbewußt war, sein Lohn jedoch nicht ausreichte, so wurde, wie Hans Bischoff berichtete, eine Aufteilung vorgenommen. Immer im Konsum einzukaufen, war nicht möglich.

„Da konntste nit uffschreibe lasse, sonst wärn mir immer beim Konsum gewese.“ (Bischoff, 46)

Doch offensichtlich gab es in einigen Filialen bei besonderem Wohlwollen des Filialleiters, was bei strenger Handhabung der Geschäftsbedingungen nicht hätte möglich sein können. Miez Kalis hat das sehr lebhaft in Erinnerung behalten:

„Wir warn Konsummitglieder. Da mußte man eingeschrieben sein und bekam dann drei Prozent Rabatt. Und dann bekam man vom Konsum so lange schmale Streifen, da mußte man die Kärtchenbeträge eintragen, addieren, da hat man geschwitzt, bis mer des alles zusammen hatt'. Des mußte stimmen, da wurden Stichproben gemacht. Da hat man immer, wenn so ein Zettel voll war, die dazugehörigen Kärtchen reingewikkelt. Und die wurden dann wieder in das Kästchen abgelegt und wurden Anfang Dezember beim Konsum abgeliefert.
Wenn mal wieder Not am Mann war, wenn's so aufs Monatsende zuging und 's war kein Geld mehr im Haus, und wir mußten ja leben, da hat die Mamma gesagt: ‚Jetzt machen wir wieder einen Kommissionszettel.‘ – Und da hat sie auf einen Zettel alles aufgeschrieben: ½ Pfund Malzkaffee, ½ Pfund Erbsen usw., alles es Billigste, und Bruchreis, wenn schon überhaupt Reis. Und 1 Pfund Margarine.
Und wir hatten im Konsum vorne einen Verwalter Stenner, der hat uns sehr gut gekannt, der wußt, wie's bei uns und wie's bei all den Familien da oben aussah. Und da

Das Zentrallager des Konsumvereins Frankfurt in der Rebstöcker Straße

sind wir dann mit dem Kommissionszettel zum Herrn Stenner: eine schöne Empfehlung von der Mama, Herr Stenner, hier ist unser Kommissionszettel. Der Papa kommt am Samstag und holt alles ab, das ist zu schwer für uns. Aber was die Mama angehakt hat, das sollen Sie uns bitte heute schon mitgeben, das brauchen wir. – Und das wurde dann nit bezahlt, das wurde auf dem Kommissionszettel mit ausgeworfen. Und wenn der Papa die große Kommissionsdutt geholt hat und dann das andere, was wir schon längst verzehrt hatten, das wurde dann mitfinanziert. So haben wir uns über Wasser gehalten." (Kalis, 21)

Die Erzählung von Miez Kalis zeigt, wieviel Raffinessen Arbeiterfrauen aufbringen mußten, um ihre Familien über die Runden zu bringen. Das ganze Verfahren war ja außerhalb der Legalität der Satzung, und der Filialleiter hat das Risiko wohl nur auf sich genommen, weil er die Familie gut kannte und Mitleid mit den kleinen Mädchen hatte. Er mußte sich auch relativ sicher sein, daß der Vater am Wochenden wirklich in der Lage war, seine „Kommission" zu bezahlen. Zudem ist diese Geschichte der einzige mir bekannte Fall von „Pump" im Konsum, wenn auch unter einem Vorwand.

Die historische Entwicklung des Frankfurter Konsumvereines

Der genossenschaftliche Gedanke war keine Erfindung der organisierten Arbeiterbewegung. Seit vielen Jahrhunderten wurde er praktiziert im Fischfang, bei der Jagd, bei der Bestellung von Ackerland, bei der Viehzucht, im Mittelalter in den Einrichtungen der Handwerker in den Zünften. Um die Mitte des letzten Jahrhunderts gründeten sich zahlreiche Genossenschaften, um dadurch das soziale Elend der breiten Massen des Volkes abzumildern. Im Frankfurt am Main gründeten die Demokraten eine „Gesellschaft zur Schaffung von billigen Winterbedrüfnissen“, die in ihrer Generalversammlung 1855 die Konstituierung des „Konsumvereins Frankfurt“ beschloß. (25 Jahre Konsumverein, 5) Es folgten die Gründungen von Familienvereinigungen, Kohlenkassen auf Gegenseitigkeit, ein weiterer Konsumverein, über den es jedoch keine genaueren Angaben gibt. In den 90er Jahren des vorigen Jahrhunderts beschäftigte sich auch das Gewerkschaftskartell Frankfurt wieder mit der Frage der Gründung eines Konsumvereins, um so die politische und gewerkschaftliche Bewegung durch die Genossenschaften zu ergänzen. Am 15. Oktober 1900 kam es schließlich zur Gründung des „Konsum-Vereins für Frankfurt a.M. und Umgebung“. Am 5.12. desselben Jahres wurde die 1. Verteilungsstelle in der Höhenstraße eingerichtet. 2 weitere folgten im 1. Geschäftsjahr in der Mainzer Landstraße und der Töngesgasse. Zwar bestand das Gros der Mitglieder aus Arbeitern, hinzu kamen aber auch Gelehrte, Kaufleute, Beamte und kleine Handwerker. Ein Zentrallager und ein ständiges Büro wurden 1901 eingerichtet, 11 Personen beschäftigt. (ebd., 10)

1902 wurden 98 Konsumvereine aus dem „Allgemeinen Verband“ ausgeschlossen, weil sie sich angeblich nicht an dem Prinzip der Erhaltung des Mittelstandes orientierten. Der Frankfurter Konsumverein, teilweise als „sozialdemokratisch“, teilweise als „wirtschaftlich evolutionistisch“ bezeichnet, gehörte zu den Ausgeschlossenen und schloß sich dem 1903 in Dresden gegründeten „Zentralverband deutscher Konsumvereine“ (ebd., 12) an. Mit dem 4. Jahr begann der entscheidende Aufstieg der Genossenschaft. Die 1893 gegründete Genossenschaftsbäckerei konnte übernommen werden. Es wurde auch das neue Baugelände für das Zentrallager in der Rebstöcker Straße (26147 Quadrat-Fuß) mit einem eigenen Gleisanschluß erworben. 1905 wurde es bezogen. Bis zum Ausbruch des Weltkrieges vergrößerte sich der Konsumverein schon auf 75 Verteilungsstellen und 35000 Mitglieder. 1919 waren es 78 Verteilerstellen und 46266 Mitglieder. Die Kriegsjahre unterbrachen jäh die Aufwärtsentwicklung der Konsumgenossenschaften in Frankfurt und im ganzen Reich. In dem Geschäftsbericht des Konsumvereins über das Geschäftsjahr 1919/20 heißt es:

„Wir dürfen zusammenfassend konstatieren, daß unser Konsumverein, dank seiner seit Jahren gepflegten guten Fundierung, allen Anstürmen der letzten Zeit standgehalten hat. Es wurde uns wahrhaftig während der Zwangswirtschaft von den maßgebenden Stellen nicht leicht gemacht, unseren Verpflichtungen als Verbraucherorganisation gerecht zu werden. Während das Schiebertum Einfuhrbewilligungen für Lebensmittel erhalten konnte, wurden sie unserer Genossenschaft sowohl als auch unserem Zentralorgan, der Großeinkaufsstelle deutscher Konsumvereine, glatt verweigert. Mit gefälschten Ausfuhrscheinen konnten dunkle Elemente, die sich mit Lebensmittelhandel niemals befaßt haben, Waren einführen und die Bevölkerung mit übertriebenen Preisen schröpfen. Soweit es in unserer Macht lag, haben wir mitgeholfen, in den sich auftuenden Sumpf hineinzuleuchten. ... Der Zusammenschluß der Konsumenten muß die Parole der Zukunft sein." (Konsumv., Bericht über d. Geschäftsj. 1919/20, 10)

Geschäftsjahr	Zahl der Verteilerstellen	Zahl der Mitglieder	Rabattsatz in %
1900/01	3	2046	3
1904/05	16	5511	4,5
1908/09	40	13305	5
1911/12	57	25043	5
1915/16	74	40110	5
1917/18	75	44300	5
1918/19	77	44673	5
1919/20	78	46266	5
1920/21	82	47455	3
1921/22	84	48382	3
1922/23	88	47285	–
1923/24	87	47342	3

In den Inflationsjahren stand die Genossenschaftsbewegung unter stärkster Belastung. Die Lebensmittelversorgung stockte, viele Händler gaben ihr Geschäft auf.

„Ein gewaltiger Ansturm setzte wiederum auf unsere Verteilungsstellen ein, dem wir nur mit einer gewissen Rationierung der wichtigsten vom Ausland bezogenen Lebensmittel begegnen konnten. Die Auslandswaren mußten wir mit fremder Währung bezahlen, vereinnahmten aber deutsche Papiermark, die stündlich an ihrem Wert einbüßte." (25 Jahre..., 64f.)

In der Maifestnummer der „Volksstimme" des Jahres 1921 wurde die politische und gesellschaftliche Bedeutung der Konsumvereinsbewegung bezüglich der Sozialisierung hervorgehoben:

„Gemeinwirtschaft ist das Ziel von Millionen Volksgenossen. Seit der Revolution bildet sie den Kristallisationspunkt im wilden Meinungsstreit der Parteien. In unzähligen Versammlungen und Konferenzen wird um den rechten Weg gestritten, aber ohne Erfolg. Warum? Weil man in die Ferne schweift und das Naheliegende übersieht. Der Weg zur Gemeinwirtschaft ist schon heute gegeben in der Konsum-Genossenschaftsbewegung. ... Wir treiben aber praktische Sozialisierung, indem wir den erzielten Überschuß an sämtliche Verbraucher weiterleiten." (VSt 100 v. 1.5.21, 2. Beil.)

ZEHN
GEBOTE FÜR
GENOSSENSCHAFTER

1. Sei dir immer bewußt, daß der Konsumverein dein eigenes Geschäft ist.
2. Beziehe deinen ganzen Bedarf aus deiner Genossenschaft, denn das dient dir und deiner Familie zum Vorteil.
3. Fördere die genossenschaftliche Eigenproduktion, indem du deren Erzeugnisse bevorzugst.
4. Werbe für die Genossenschaft neue Mitglieder bei deinen Bekannten und Arbeitskollegen.
5. Entziehe deine Spargelder der Privatwirtschaft und lege sie in der Sparkasse der Genossenschaft an.
6. Stärke das Betriebskapital der Genossenschaft, indem du nach und nach deinen Geschäftsanteil auffüllst.
7. Besuche alle genossenschaftlichen Veranstaltungen und Versammlungen.
8. Schädige deine Genossenschaft nicht durch Schimpfen in der Verteilungsstelle und erst recht nicht bei Nichtmitgliedern.
9. Bringe deine Beschwerden den gewählten Aufsichtsratsmitgliedern oder dem Vorstande zur Kenntnis.
10. Denke stets an das Ziel der Genossenschaft: Beseitigung der kapitalistischen Profitwirtschaft und Ersetzung derselben durch die bessere genossenschaftliche Bedarfswirtschaft.

Genossenschafter und Genossenschafterinnen!
Beachtet diese zehn Gebote und handelt danach!
Der Erfolg wird es euch und eurer Familie lohnen!

Der Einkauf im Konsum war für die klassenbewußten Arbeiter und ihre Familien moralische Verpflichtung. Die Verkaufsstellen zu meiden war so etwas wie Klassenverrat.

Von 1922 an verlief die Zahl der Genossenschaftsmitglieder rückläufig, die Umsätze blieben hinter den Vorkriegsergebnissen erheblich zurück. Diese Entwicklung war reichsweit. Die Reallöhne waren so stark gesunken, daß vielen Arbeiterfamilien kaum noch Geld für die Lebensmittel blieb. Die rückläufige Tendenz war so stark, daß sich der SPD-Parteitag in Augsburg im September 1922 mit dem Problem befaßte und allen Mitgliedern den Eintritt in die Konsumgenossenschaft zur Pflicht machte, weil dadurch die Bekämpfung des Preiswuchers wirksam unterstützt werde. (Chronik II, 107)

Im Geschäftsbericht des Frankfurter Konsumvereins von 1923/24 heißt es dann:

„Und so ging es auf recht steinigem Wege, vorbei an manchen unheildrohenden Klippen, langsam und vorsichtig wieder aufwärts. Wir sind allerdings noch lange nicht auf der Höhe von 1914 angelangt, denn viele unserer besten Mitglieder sind durch die traurigen Erwerbsverhältnisse nicht in der Lage, ihren normalen Lebensmittelbedarf auch nur annähernd zu beschaffen. Viele aber sind durch die widrigen Verhältnisse in das Abhängigkeitsverhältnis zum Kleinhändler geraten und haben den Weg zu ihrem eigenen Laden noch nicht wiederfinden können. Hier muß noch ein großes Stück Arbeit geleistet werden, hier müssen Aufklärung und Agitation mehr tun als bisher." (Geschäftsbericht 1923-1924, 26)

In den genossenschaftlichen Unternehmen herrschten einige andere Regeln als in den kapitalistischen Unternehmen, auch für die Bediensteten. Eugenie Häussermann begann 1911 ihre Lehre im Konsumverein. Sie war sehr überrascht, daß ihre Arbeit nicht am 1., sondern am 2. Mai beginnen sollte.

„Un da war eine, die is ins Geschäft gegange, un ich hab geschribbe kriet, ich soll am 2. Mai anfange, die feiern. Da hat eine gearbeit', und da habbe se am Mojn gesacht: Du Streikbrechern! - Des war mir schon e bißche wohltuend als sozialdemokratisches Kind. - Des hat mer schon zugesacht. Also guck emal, die sin schon sozialistisch!" (Eug. Häussermann, 5f.)

Doch so selbstverständlich, wie schon vor dem Ersten Weltkrieg die Läden der Konsumgesellschaft am 1. Mai geschlossen blieben, war es scheinbar nicht immer. Im Jahr 1922 erschien ein empörter Artikel im „Volksrecht" gegen die Politik des Frankfurter Vorstands:

„Vom Konsumverein wird uns geschrieben:
‚Der Betriebsrat teilt uns mit, daß die Angestellten und Arbeiter beschlossen hätten, infolge ihrer verpflichtenden Beschlüsse ihrer Gewerkschaften am 1. Mai die Arbeit ruhen zu lassen. Dadurch sieht sich die Verwaltung *gezwungen* (!), am Montag, dem 1. Mai, sämtliche Läden geschlossen zu halten. Wir bitten unsere Mitglieder, rechtzeitig ihre Einkäufe zu besorgen.'
Daß die Verwaltung des Konsumvereins, als proletarisches Unternehmen, nicht von sich aus die Arbeitsruhe am 1. Mai für seine Arbeiter und Angestellten gewährt, sondern erst durch den Betriebsrat und verpflichtende Gewerkschaftsbeschlüsse muß zwingen lassen, ist bezeichnend für den Geist der dort leitenden Personen. Diese ganze Mitteilung wirkt wie eine Entschuldigung an die Klassengegner des Proletariats und stellt die Freigabe des 1. Mai gewissermaßen als unter einem Zwang geschehen hin, an dem die Verwaltung unschuldig ist. Damit rechtfertigt sie nachträglich noch die Haltung des Magistrats und der bürgerlichen Stadtverordnetenmehrheit in der Frage der Arbeitsruhe am 1. Mai in den städtischen Betrieben und Büros, gegen welche Haltung auch einige leitende Personen des Konsumvereins in ihrer Eigenschaft als rechtssozialistische Stadtverordnete bzw. Stadträte verpflichtet waren, anzukämpfen." (VR 99 v. 28.4.22)

Daß der Konsumverein - und vor allem seine Angestellten und Arbeiter - das Unternehmen als Teil der organisierten Arbeiterbewegung, also als „Tendenzbetrieb" begriffen, in dem nicht jeder arbeiten konnte, ergibt sich aus der Schilderung Frieda Otts:

„Wie ich in de Konsum komme bin, da mußt' ich in de Gewerkschaft sein, mußte Mitglied vom Konsum sein, und ich mußte in de Partei sein." (Ott, 53)

Als eine Bekannte, die dort beschäftigt war, erfuhr, daß sich Frieda beworben hatte, meinte sie gegenüber dem Betriebsrat:

„Die kannste nemme, die is drin, die is überall drin." (ebd.)

Eugenie Häussermann berichtete, es sei zwar selbstverständlich gewesen, daß nach der Revolution der 8-Stunden-Tag eingehalten wurde, aber es sei immer schwierig für die Verkäuferinnen gewesen, den ihnen zustehenden freien halben Tag zu bekommen. Wenn eine Kollegin krank wurde, dann mußte darauf schon mal verzichtet werden, zumal es bestimmte Tage gab – wenn Waren angeliefert wurden oder samstags –, da mußten ohnehin immer alle da sein. (Häussermann, 50) Zum Teil waren die Arbeitsbedingungen beim Konsumverein auch recht hart, so z.B. bei den Milchverteilungsstellen, wo Frauen während des Krieges und teilweise noch danach sehr schwere körperliche Arbeit leisten mußten oder in den Verpackungsabteilungen. (L. Oettinger, 3f.; L. Opfer, 24) Gehaltsforderungen durchzusetzen, war scheinbar nicht leichter als in anderen Unternehmungen. Auch hier kam es gelegentlich zu Arbeitsniederlegungen. (VR 62 v. 18.6.19)

Die Politik in der Konsumvereinsbewegung war unter den Linken sehr umstritten. Kritisiert wurde vor allem die Preispolitik und eine immer stärkere Entfernung der Leitung der Genossenschaften von den Massen. Das „Volksrecht" veröffentlichte die einstimmig verabschiedete Resolution einer Frankfurter Konferenz vom August 1920:

„Die Konferenz erklärt, mit den Beschlüssen der diesjährigen Konsumvereinstagung auf Beseitigung der Zwangswirtschaft zwecks Rückkehr zum freien Handel nicht einverstanden zu sein. Auch die Harzburger Entschließung, die systematischen Abbau fordert, ist gerade das Gegenteil von dem, was die Massen der Konsumvereinsmitglieder (S.P.D, U.S.P.D. und K.P.D) sowohl, als auch durch ihre Gewerkschaften fordern, nämlich die Durchführung einer planmäßigen sozialistischen Bedarfswirtschaft. ... Das Ziel der Konsumvereinsbewegung muß die sozialistische Bedarfswirtschaft sein. Die gesamte Lebensmittelerzeugung, -Erfassung, -Verteilung ist durch ein Wirtschaftssystem, dessen Träger die Konsum- und landwirtschaftlichen Genossenschaften sein müssen, sicher zu stellen." (VR 172 v. 7.8.20)

Die Klassensolidarität – oder auch der Klassendruck – ging bei vielen so weit, daß sie sich verpflichtet fühlten, im Konsum einzukaufen, obwohl manch einer meinte, woanders habe es bessere und frischere Ware gegeben. (Grünewald, 20f.) Lotte Schmidt erzählte auch:

„Wir ham im Konsum gekauft, obwohl mein Vater immer geschimpft hat, weil die keine gute Ware hatten, des war e' Schand." (L. Schmidt, 23)

Was in der Rückerinnerung der meisten Zeitzeugen das Entscheidende war, benannte Willy Möser mit einfachen Worten:

„Meine Mutter hat im Konsum gekauft, weil's da Märkcher gegebbe hat." (Möser, 47)

Die Rückerstattung zum Jahresende war in den meisten Familien ein fest einkalkulierter Haushaltsposten. Die 5 %, die es bis 1919/20 gab, später die 3 %, ergaben in der Regel den Weihnachtsbraten, vielleicht ein paar kleine Geschenke. Damit waren ein paar Sonderwünsche möglich, die sonst von dem Lohn einfach nicht erfüllbar waren. Besonders hart wird es daher die Genossenschafter getroffen haben, daß im Geschäftsjahr 1922/23, in dem ihr Lohn ohnehin kaum noch etwas wert war, auch noch die Rückerstattung des Konsumvereins gestrichen wurde. –

Woran es in den Arbeiterfamilien mindestens ebenso mangelte wie am Essen, das war die Kleidung. Was Emil Schmidt von seinen Eltern berichtet, war sehr typisch für viele Eltern. In jungen Jahren kauften sie sich einiges an Kleidung, und später übten sie sich in absoluter Genügsamkeit.

„Meine Mutter, die hat für sich so gut wie nie etwas gekauft. Ich kann mich net erinnern, daß meine Mutter sich ein Kleid gekauft hätte oder auch nur en Rock gekauft hätte. Die hat sich als jüngere Frau so viel angeschafft, wahrscheinlich sonst überhaupt nix geleistet, daß sie, wie sie geheiratet hat, einen Mindestbestand an Wäsche usw. hatte. Und das hat für die ganze Zeit gereicht. Und mein Vater, der hatte 2 gute Anzüge, die sind an sich derartig geschont worden. Die hat er mal angezogen, wenn er mal zum Friseur ging, einmal in der Woche. Und heim – und die Kleider ausgebürstet, in den Schrank gehangen. – Also Kleider war bei uns ein ausgesprochener Luxus." (E. Schmidt, 41 f.)

Für viele Kinder war neue Kleidung ebenfalls eine ganz große Ausnahme. Unmittelbar nach Kriegsende herrschte ein großer Mangel an Stoffen, ein paar Jahre später wußte die Arbeiterschaft ohnehin kaum, wie sie über die Runden kommen sollte. Die Mütter mußten sehr großes Geschick an den Tag legen, um aus alten Kleidungsstücken neue für die Kinder zu nähen oder immer wieder Flicken einzusetzen. Anna Beyer erzählte:

„Die Mutter hat alles gemacht, Schürzchen und die Kleider. Die Kleider, die wurden zusammengeflickt, aus mehreren eins. Und die Hosen für die Jungens wurden auch gemacht, auch aus Militärstoff." (Beyer, 35)

Selbst für Marie Jülg, deren Vater selbständiger Schneider war, gab es nur selten Neues, obwohl die Mutter großen Wert auf ordentliche Kleidung legte, wie sie sich erinnert.

„Mei Mutter war immer verrückt mit de Wäsch, naja, is halt immer geflickt worde, is wieder mal was gemacht worden. Und ich vergeß nie, ich hab en Schürz gehabt. der war so doppelt gewesen, hüben und drüben ist das gebunden worden. Und ich bin so wahnsinnig gern das Treppengeländer runtergerutscht, auf einmal war mein Schürz kaputt. Ach Du liebe Zeit, ich hatt' eine Angst gehabt. Und da sagt meine Mutter: was hast Du dann, stehst als da rum? – Hab ich gesagt: Ei Mutter, mein' Schürz ist doch vorne kaputtgegange! – Naja, der war ja dünn gewesen, komm Vater, setz der mal en Lappe ein. – Und da hat der mir son große Lappe da reingenäht in die Schürz." (Jülg, 29 f.)

Viele Kinder in der Familie hatten es auch bezüglich der Kleidung sicher am schwersten, denn die Jüngsten mußten zunächst immer erst die Sachen der Älteren auftragen. Frieda Gärtner schämte sich manches Mal, denn sie empfand, da

„sah mer aus wie arme Leut' ihr ältest' Kind! Ob des gepaßt hat oder net, 's mußt' angezoche wern!" (Gärtner, 40)

Ein Konfirmationskleid, ein Konfirmationsanzug, das war bei vielen das erste ganz neue Kleidungsstück, das gekauft wurde oder das sie gar von einem Spender aus kirchlichen Kreisen bekamen. Es half nichts, ob sie die Sachen mochten oder nicht, wie Hermann Schulze noch weiß.

Auch die Anzeigen in der Arbeiterpresse spiegeln in vielfältiger Weise die Probleme der Arbeiterfamilien wider, die auf billige Bezugsquellen angewiesen waren. Umgearbeitete und teilweise umgefärbte Militärmäntel waren billiger als zivile Konfektionsware. Die eigene Nähmaschine – nicht selten auf Pump gekauft – bot die Möglichkeit der Selbstanfertigung. Die Frauen nähten vor allem für die Kinder und für sich selbst. Darüber hinaus hatten sie durch das Nähen auch noch die Möglichkeit eines geringen Nebenerwerbs, oftmals betrieben zu nächtlicher Stunde.

„Einmal hatt' ich auch en Pullover, der hat so gekratzt, son grob gestricktes Zeug. Die Mutter hat gesagt: den ziehst Du an, da kratzt nix! – Und eines Tages hab ich gedacht, den versteckst Du jetzt, den will ich nicht mehr anziehn. Und da hab ich ihn irgendwo in die Ecke gesteckt und morgens, wie ich ihn anziehen sollte: ‚Mutter, wo ist der Pullover, wo ist der, wo ist der?' – ‚Ja, ich weiß es net.' – Jetzt hat se ja gesucht und hat gesucht. Sie hat ihn gefunden, ich mußt ihn wieder anziehn. ... (Es waren) alles getragene Sachen gewesen von den Älteren oder auch von Bekannten. Der erste Anzug, den ich bekommen habe, das war der Konfirmationsanzug." (Schulze, 34)

Frieda Gärtner meint, sie sei gelegentlich doch recht neidisch auf andere Kinder gewesen, die aus kleineren Familien stammten und besser gekleidet waren.

„Unsereins wär auch gern emal rumgegange un hätt e' schön neu Kleid oder schöne Schuh oder so was gehabt." (Gärtner, 66)

Wo es nicht mehr nur um schönes Aussehen, sondern um die Gesundheit ging, das war das Schuhwerk, z.B. bei Herrmann Schulze:

„Ich hab auch emal von meinem Onkel Schuhe bekommen, die warn mir zu eng, aber die mußte ich anziehn, und da hab ich Hühneraugen bekommen davon." (Schulze, 37)

Das war kein Einzelfall in Arbeiterfamilien. Schuhe waren teuer, und sie hielten kein Leben lang. Wenn sie kaputt waren, so stellte das die Familie manchmal vor schier unlösbare Probleme. Nicht selten bekamen Kinder Prügel, weil sie das einzige Paar zum Fußballspielen benutzten, statt barfuß zu spielen, denn die Füße konnten schließlich wieder heilen. In der Familie Gärtner hatten nicht alle Kinder eigene Schuhe, deshalb mußten sie sich zeitweise mit dem Schulbesuch abwechseln, 8 Tage Schuhe und 8 Tage Schule, dann wurde getauscht. (Gärtner, 2) Im Sommer trugen die Kinder oft Holzpantinen oder gingen barfuß, und in den Wintermonaten wurde nicht selten über verfrorene Füße geklagt, weil es keine warmen Schuhe gab und zudem die Wohnungen und Schulen nicht genügend geheizt waren. (u.a. Beyer, 35)

11. „Es wurden vorbeugende Maßnahmen ergriffen..."

Die schier unlösbaren Aufgaben der Wohlfahrtspflege

Der große Hunger, die unzureichende Ernährung, eine absolut mangelhafte Versorgung der Stadt mit Nahrungsmitteln, die schmalen Einkommen der Arbeiterschaft, die Ausbeutung und Entkräftung der Menschen durch die Kriegsjahre, durch schlechte Arbeitsbedingungen, all das konnte nicht spurlos an ihnen vorübergehen. Im April 1919 berichtete die „Freiheit", in Frankfurt seien in einer Woche 48 Mütter in Krankenhäusern im Kindbett an Schwäche und Unterernährung gestorben. (Fr. 28 v. 1.4.19) Die Schwächsten der Gesellschaft, die Kinder, litten häufig schon im Mutterleib an Mangelernährung.

So ist es nicht verwunderlich, daß die Totgeburten während des Krieges und in den Jahren danach unverhältnismäßig hoch lagen. Auch die Zahl der Todesfälle war schon während des Krieges enorm angewachsen, im Jahre 1917 z.B. bei Kindern von 1-5 Jahren um 49,3 %, bei Kindern von 5-15 Jahren um 55 %. (H. Wittich, Mitgl. d. Preuß. Landesvers., in: VSt 124 v. 31.5.19) Nach Kriegsende stieg die Zahl der Totgeburten in Frankfurt weiter an, und zwar von 2,31 % im Jahr 1913 auf 3,38 % im Jahr 1918 und 4,02 % im Jahr 1920. Die Zahl der Sterbefälle von Kindern bis zu einem Jahr stieg gleichermaßen von 9,89 % im Jahr 1913 auf 11,57 % im Jahr 1920 an. (Stat. Handb. II, 78; vgl. auch Anh. 15)

Die Abteilung „Mutter und Kind" des „Deutschen Roten Kreuzes" führte 1920/21 eine Untersuchung in 43 Großstädten mit über 100000 Einwohnern über tuberkulöse, kranke und unterernährte Kinder und über die Milchbelieferung durch. In Hessen-Nassau waren die Städte Wiesbaden, Kassel und Frankfurt einbezogen. Dabei kam folgendes Ergebnis heraus:

Wiesbaden:	Von 10569 Kindern waren 230 tuberkulös, 4566 krank und unterernährt. Für Kinder bis 6 Jahre stand nur 54 % der erforderlichen Milchmenge zur Verfügung.
Kassel:	Von 41485 Kindern waren 1500 tuberkulös, 4000 stark unterernährt, über 12000 überhaupt unterernährt. Es stand für die Kinder bis 6 Jahre nur 55,9 % der erforderlichen Milchmenge zur Verfügung.
Frankfurt:	Von 126300 Kindern waren 275 tuberkulös. Es stand 78,8 % der erforderlichen Milchmenge zur Verfügung. (VR 79 v. 6.4.21)

Nach dieser Untersuchung des DRK lag der Anteil der an TBC erkrankten Kinder im Vergleich zu Wiesbaden und Kassel noch recht günstig. Über den Stand der unterernährten Frankfurter Kinder wurden keine Angaben gemacht. Eine schulärztliche Untersuchung im Dezember 1922 zum Zwecke der Feststellung einer eventuellen Teilnahmeberechtigung an der Frühstücksspeisung brachte hier allerdings erschreckende Ergebnisse zu Tage.

Gesamtzahl der Untersuchten	Schulart	I	I/II	II	II/III	III	IV
30391	Volksschule	20,9	9,9	22,7	18,6	26,6	1,3 %
6893	Mittelschule	20,9	7,7	34,5	16,4	17,4	3,1 %
5408	Höhere Schule	29,2	8,8	31,8	13,7	15,7	0,8 %
664	Hilfsschule	5,3	5,9	21,3	25,9	36,9	4,7 %
43356	Gesamt	19,1	8,6	28,3	18,4	24,1	1,5 %
		9433	4142	11166	7661	10363	591

I = normal entwickelt, unbedürftig einer Zusatzspeisung
I/II = Zwischenstufe, Grenzfall
II = bedürftig einer Zusatznahrung, z.B. wegen Unterernährung, Blutarmut
II/III = Zwischenstufe, Grenzfall
III = dringend bedürftig, d.h. der Befund ist ein so schwerer, daß die Gewährung einer Zusatznahrung zur Abwendung ernster gesundheitlicher Gefahr notwendig ist (hierher die Fälle von schwerer Tuberkulosegefährdung)
IV = Kinder in extrem schlechtem, unmittelbar gefahrdrohendem Zustand

(Nach: VSt 67 v. 20.3.1923 u. Bericht des Magistrats 1919/20-23/24, 110)

Lediglich 19 % aller Frankfurter Schülerinnen und Schüler wurden als körperlich normal entwickelt eingestuft. Es ist auffällig, daß der Prozentsatz der Schüler an Höheren Schulen mit 29,2 % weit über, der der Hilfsschüler mit nur 5,3 % extrem weit darunter liegt. Weitere 8,6 % der Schüler wurden als Grenzfälle eingestuft. Damit bleibt ein Prozentsatz von 72,30 aller untersuchten Frankfurter Schulkinder, die als unterernährt, krank, bis hin zu einem extrem schlechten, unmittelbar gefahrdrohenden Zustand eingestuft wurden. Dieser Gesundheitszustand spiegelt sich ebenfalls in den Wägungen und Messungen von Schulkindern in den Jahren zwischen 1916 und 1922 wider. (Stat. Handb. II, 155) Die Mangelernährung machte sich so stark bemerkbar, daß 14-Jährige 1922 durchschnittlich 5 kg weniger wogen und 5 cm kleiner waren als im Jahr 1910. Die „Frankfurter Kinderhilfe" schrieb 1923 zur Lage der Kinder:

„Die Not unserer Frankfurter Kinder ist so furchtbar, die Berichte des Jugendamtes und aller Organisationen, die sich mit der Kinderhilfe beschäftigen, so trostlos, daß ein gründliches nachhaltiges Eingreifen unbedingte Notwendigkeit ist." (VSt 168 v. 21.7.23)

Die wohl wichtigste und am breitesten angelegte Maßnahme war auch nach dem Krieg die Fortsetzung der städtischen Schulkinderspeisung.

„Sie ist ein Teil der ergänzenden Schulfürsoge. Sie beruht auf der Erkenntnis, daß nur ein gutgenährtes Kind fähig ist, dem Unterricht zu folgen und den ihm dargebotenen Lehrstoff zu verarbeiten. Die Beteiligung an der Speisung ist ein Gradmesser der jeweiligen gesundheitlich und sozialen Verhältnisse der Bevölkerung." (Ber. d. Mag., 1919/20-23/24, S. 109)

So war es denn nicht verwunderlich, daß in der Krisenzeit von 1919 der Monatsdurchschnitt bei der Frühstücksspeisung mit 14699 Personen am höchsten lag, auch 1920 noch eine sehr hohe Zahl erreichte, in den beiden Jahren der relativen Besserung von 1921 bis Mitte 1922 sehr stark abnahm, um dann 1923 wieder enorm anzusteigen. Die Schulkinderspeisung, die im Oktober 1916 von der Kriegsfürsorge gegründet und im Oktober 1918 vereinheitlicht wurde, ging nach Auflösung der Kriegsfürsorge am 1. April 1919 auf die Stadt über und wurde der städtischen Schuldeputation unterstellt. In Frankfurt ist zu unterscheiden zwischen der Frühstücksspeisung, die eine Zusatznahrung war, und der Mittagsspeisung, einer Ersatznahrung. Eine Portion der Frühstücksspeisung bestand aus einem halben Liter Suppe, eine Portion der Mittagspeisung aus einem Liter Eintopf. (ebd. 111) Mit Übernahme durch die Stadt stimmte der Magistrat auch einer Abänderung der Grundsätze für die Bezugsberechtigung, wie sie von der Stadtverordnetenversammlung beschlossen wurde, zu. Danach wurde das Frühstück weiterhin kostenlos abgegeben, Mittagessen jedoch allgemein nur gegen Bezahlung von 60 Pfennigen, bei bedürftigen Schülern für 20 Pfennige. (VR 53 v. 13.3.20 u. Ber. d. Mag. 1919/20-23/24, 110)

In der nachfolgenden Zeit gab es immer wieder Diskussionen in der Stadtverordnetenversammlung, ob die Schulkinderspeisung in dem bisherigen Umfang nötig oder ob sie nicht doch zu weitflächig angelegt sei. (§ 162, 5. Sitz. Stadtv. Vers. v. 17.2.20; u.a.) Die ärztlichen Untersuchungen mußten allerdings alle Zweifel beseitigen. Während für die Schulkinderspeisung ein nach Einkommenshöhe gestaffelter Betrag erhoben wurde, begann am 16. Mai 1920 die unentgeltliche amerikanische Quäkerspeisung. Marie Jülg erinnert sich,

„die Quäkerspeisung, des war son Haferkakao und so kleine Weck, die wir dann dazu gekriegt haben, und in der Schule unten im Keller ist das dann gemacht worden. Das hat auch noch die Schulverwalterin gemacht." (Jülg, 22)

Im Auftrag der Quäker bereitete die „Zentrale für private Fürsorge" bis September 21 das Essen zu. Die Speisung wurde auch auf bedürftige Schulentlassene zwischen 14 und 18 Jahren ausgedehnt. (VR 73 v. 30.3.21) Im Januar 1922 sollte sie ursprünglich wieder eingestellt werden, mußte jedoch aufgrund der großen Not noch einmal verlängert werden. Frankfurt erhielt einschließlich der Nachbarvororte und Heime täglich rund 3800 Protionen, das waren insgesamt gut ½ Million Portionen bis Ende 1921. Die Wegscheide erhielt zusätzlich 135000 Portionen. In Frankfurt selbst standen täglich etwa 2000 Portionen zur Verfügung.

„Bei der Speisung schulpflichtiger Kinder sollen die tuberkulosegefährdeten Kinder berücksichtigt werden. – Neben der Quäkerspeisung wird auch die eigentliche Schulkinderspeisung weitergeführt, deren Teilnehmerzahl in der letzten Zeit übrigens wie-

Auch in der Nachkriegszeit behielt die Massenverpflegung durch Volksküchen einen hohen Stellenwert. Für diejenigen, die keinen Garten zur Selbstversorgung, keine Verwandten auf dem Land hatten, die erwerbslos waren oder auch wegen unzureichender Brennstoffversorgung, war eine Eigenversorgung oftmals nicht mehr möglich.

der etwas zugenommen hat und sich auf etwa 6000 Kinder für die Frühstücksspeisung und 2100 für die Mittagsspeisung erstreckt." (VR 79 v. 3.4.22)

Während es bis Januar 1923 keinerlei Zulassungsbeschränkungen zur Schulkinderspeisung gab, wurde gerade in der Hochinflationsphase, als viele Arbeitereltern diese Massenspeisung als einzigen Ausweg aus ihrer unerträglichen Lage ansahen, aufgrund des übergroßen Andranges eine Einschränkung vorgenommen. Nachdem im Januar 1923 die Frühstücksspeisung mit der Quäkerspeisung verbunden wurde, wurde die Zulassung nicht nur von der gesundheitlichen und sozialen Bedürftigkeit der Kinder abhängig gemacht, sondern zugleich wurde für jede Schule eine Höchstzahl festgelegt, die nicht überschritten werden durfte. Im Dezember 1923 wurden zur Mittagsspeisung grundsätzlich nur noch diejenigen Kinder zugelassen, deren Mütter berufstätig oder krank waren, „oder deren häusliche Verhältnisse eine Teilnahme an der Speisung begründeten." (Ber. d. Mag., ebd., 110)

Die Schulkinderspeisung erreichte sicher die Frankfurter Kinder auf breitester Ebene, sie war jedoch keineswegs die einzige Maßnahme. Es gab darüber hinaus zahlreiche öffentliche und private Einrichtungen, die erkannten, daß die akute gesundheitliche Beeinträchtigung auch für die Zukunft bedeutenden Einfluß auf die gesellschaftliche Entwicklung haben mußte. Es war nicht nur die momentane Lernfähigkeit der Kinder durch ihre Schwäche beeinträchtigt, sondern ebenso das künftige Arbeitskräftepotential erheblich in Frage gestellt. Anfang 1918 hatte die Stadt Frankfurt aus Mitteln der „Leopold B. Kaufmann-Stiftung" das frühere Sanatorium Bad Sodenthal gekauft und in eine Erholungsstätte für „schwächliche, insbesondere rachitische, skrophulöse und tuberkulosegefährdete Kinder" umgewandelt. (VR 124 v. 29.8.19) Paul Grünewald war dort zur Erholung.

„Durch die Kriegsjahre war ich mal ne Zeitlang in Verdacht, Tuberkulose zu bekommen oder zu haben, deswegen war die erste Kur in Bad Soden (Kriegsende). Später bin ich noch zweimal zur Kur gewesen in Bad Sodenthal im Spessart. Ich hatte dann diesen Gelenkrheumatismus. Ich hatte schon nen etwas fragwürdigen Gesundheitszustand." (Grünewald, 37)

Es wurden überwiegend Schulkinder, aber auch „zurückgebliebene, schwächliche Kinder unter 6 Jahren" für normalerweise 4 Wochen aufgenommen. Pflegekosten wurden nicht erhoben, da es sich fast ausschließlich um Kinder aus ärmlichen Verhältnissen handelte, die dort auch in der Zeit der schweren Versorgungsmängel in Frankfurt mit guter und ausreichender Nahrung – so das „Volksrecht" – versorgt wurden. Lotte Schmidt mußte ebenfalls zur Kur:

„Bei einer Schuluntersuchung bin ich dann als sehr untereernährtes Kind festgestellt worden, das unbedingt zur Erholung weg muß. Mein Vater und meine Mutter warn also schrecklich entsetzt, da ich ja immer trotzdem zu essen hatte, aber die Zeit hat sich anscheinend doch irgendwie gezeigt, und wir sind nach Bad Wildungen in ein städtisches Kinderheim von der Stadt Frankfurt gekommen. Der Direktor von der Schule hat das in die Wege geleitet. Meine Schwester war mit, und wir sind dann freiwillig und als Selbstzahler beinahe jedes Jahr ein-, zweimal dort gewesen." (L. Schmidt, 7)

Der Preußische Staatskommissar für Volksernährung hob in einem Schreiben vom 26.4.1919 hervor, die planmäßige Unterbringung einer großen Anzahl von Stadtkindern bei Familien auf dem Land, wie sie von Frankfurt auch schon während des Krieges praktiziert wurde, solle unbedingt weiterbetrieben werden, weil den Kindern dort auf jeden Fall größere Nahrungsrationen zur Verfügung stünden als in den Großstädten. (Landaufenthalt für Stadtkinder, 35) Die „Frankfurter Kinderhilfe", 1920 als private Gesellschaft gegründet, die „ihre Aufgabe in einer der jeweiligen Kindernot entsprechenden Kinderfürsorge und Jugendpflege" (Frankfurter Kinderhilfsausstellung, 35) sah, führte große Spendenaktionen durch, wodurch z.B. 1921 dann 6000 Frankfurter Kindern ein 4-wöchiger Ferienaufenthalt ermöglicht wurde. (VSt 119 v. 25.5.19)

Als wichtige gesundheitspolitische Maßnahme wurden die von den städtischen Schulbehörden und dem Jugendamt in der Nachkriegszeit durchgeführten Ferienspiele angesehen, bei denen es Frühstücks- und Mittagsspeisung entsprechend den Bestimmungen der Schulkinderspeisungen gab. So hatten die Schulen besonders darauf aufmerksam zu machen, und es wurde vor allem denjenigen Eltern, die ihre Kinder nicht aufs Land bringen konnten, empfohlen, sie hier anzumelden. 1921 beteiligten sich 3200 Kinder, bei den Ferienspielen 1922 waren es 2444 Kinder. Dabei ist die soziale Schichtung augenfällig.

Es stammten aus	Volksschulen	94,72 %
	Mittelschulen	4,54 %
	Höheren Schulen	0,74 % der Schüler

(Ber. nach: VR 242/161 v. 15.10.21/20.7.22)

Die „Frankfurter Kinderhilfsausstellung", veranstaltet von den städtischen Behörden und der „Vereinigung für private Jugendwohlfahrtspflege" unter der Leitung der „Centrale für private Fürsorge", die im Herbst 1921 in den Römerhallen des Rathauses stattfand, war der Versuch, die breit angelegte Palette von Fürsorgemaßnahmen für die Kinder in der Stadt darzustellen und zugleich zu großen Spendenaktionen anzuregen. Dargestellt wurden die Maßnahmen von der Säuglingsfürsorge, über die Ernährungs- und Erziehungsfürsorge, Erholungsmaßnahmen, bis hin zu Einrichtungen für Schulentlassene, für kranke oder gebrechliche Kinder, die konfessionelle Kinderfürsorge und Jugendpflege und die Jugendbewegung.

Maßnahmen der Gesundheitsfürsorge auf breitester Ebene waren in der Nachkriegszeit ebenso dringend geboten wie während des Krieges. Ein besonders wichtiger Bereich war weiterhin die Tuberkulosebekämpfung. Nach Angabe des „Vereins für Tuberkulosefürsorge e.V." stieg die Zahl der in Fürsorge Befindlichen von 1918 bis 1919 in Frankfurt um 44,7 %. (VSt 301 v. 24.12.20) Im Oktober 1921 zeigten die Frankfurter Tuberkulosefürsorge und das „Deutsche Hygienemuseum" in Dresden auf dem Festhallengelände eine Ausstellung zur Bekämpfung der Krankheit. Im „Volksrecht" hieß es zur Bedeutung dieser Ausstellung u.a.:

„Die Besichtigung der Ausstellungsräume mit ihrem reichhaltigen statistischen und illustrativen Material bestätigt aufs neue die alte traurige Wahrheit, daß die Lungentuberkulose eine Krankheit des Proletariats und des Berufes ist, hervorgerufen durch Ernährungsmangel, Wohnungselend und gesundheitsschädliche Fabrikbeschäftigung. ... Im übrigen gleicht die Ausstellung einem interessanten und logischen Vortrag über das, was geschehen müßte, ohne jedoch den Menschen zu verraten, wie sie die Mittel zur Befolgung der guten Ratschläge erlangen sollen. Auskömmliche Lebensverhältnisse, gute Wohnungen, gesundheitlicher Beruf, billige Milch – das sind die Mittel, um der Tuberkulose Einhalt zu gebieten." (VR 242 v. 15.10.21)

Der Jahresbericht des Vereins vom Mai 1923 bestätigte sehr nachdrücklich die im „Volksrecht" erhobene Kritik. Zwar wurden Sach- und Nahrungsmittelunterstützungen ausgegeben, Erholungsmaßnahmen gewährt, doch an dem Grundproblem unzureichender Wohnverhältnisse änderte sich damit noch lange nichts. 8235 Kranke waren in Fürsorge, darunter 1124 (11,5%) mit positivem Befund. Der „bedürftige Mittelstand" war sehr stark davon betroffen. 188 Kuren wurden für nicht der Versicherungspflicht unterliegende Kranke durchgeführt. Von den 1124 Personen mit offener TB hatten lediglich 436 ein eigenes Zimmer, 454 waren mit einer Person, 214 mit mehreren Personen in einem Zimmer untergebracht. Es wurden 634 Betten ausgeliehen, doch bei 40 Patienten war selbst das Ausleihen eines eigenen Bettes nicht möglich, „da es an Platz zum Aufstellen fehlte". Der Verein leistete Unterstützung durch Geld, Wäsche, Nahrungsmittel, Lebertran gegen Fettmangel. Für TBC-Gefährdete, meist schon infizierte Kinder, wurden u.a. 6-wöchige Kuren im Kinderheim in Soden im Taunus durchgeführt. (VSt 116 v. 22.5.23)

Auch die Ausbreitung der Geschlechtskrankheiten wurde offensichtlich zum Problem in der Großstadt. Der gerade in Kriegs- und Notzeiten gesteigerte Lebenshunger und die sich wandelnde Sexualmoral auf der einen Seite, die Unaufgeklärtheit der Massen auf der anderen, erforderten dringend Informationen über die Gefahren. Im Sommer 1920 wurde im Volksbildungsheim eine Ausstellung des Deutschen Hygienemuseums in Dresden gezeigt, nachdem einige Jahre zuvor schon eine ähnliche Ausstellung in Frankfurt zu sehen war. Die Bevölkerung wurde aufgefordert, sich die Ausstellung anzusehen, da sie vor allem Aufklärung über die Ansteckungsgefahren und „belehrende Vorträge durch erste Fachärzte" bot.

Der gesamte Bereich der Wohlfahrtspflege in Frankfurt wurde nach der Revolution neu organisiert. 1918 war das Armenamt in „Wohlfahrtsamt" umbenannt worden.

„Dies bezweckte, den rein armenrechtlichen Standpunkt des Beseitigens oder Linderns in Erscheinung getretener Not zurücktreten zu lassen hinter dem allgemein pflegerischen des Vorbeugens. Auch die wirtschaftliche Umschichtung zwang zu einer solchen Organisation der Fürsorge, daß ein Anheimfallen an sich nichts Verletzendes oder Ehrminderndes haben darf." (Ber. d. Magistrats, 129)

Die Unzulänglichkeit der privaten Fürsorgetätigkeit und die finanziellen Schwierigkeiten der Vereine durch die Kriegsjahre beschleunigten eine Kommunalisierung der Sozialarbeit. (vgl. Norwicki: Zur Geschichte der Sozialarbeit, in: Sozialarbeit unter kapitalistischen Produktionsbedingungen, 76ff.) Auch in Frankfurt begann 1920 eine starke Ausweitung städtischer Aktivitäten auf sozialem und kulturellem Gebiet. Zahlreiche früher gemeinnützige Vereine und Fürsorgestellen gingen in städtische Verwaltung über, vor allem solche der sozialen Fürsorge und der Volksbildung, z.B. Vereine für Krippen, Kindergärten, Horte, der Verein für Mutterschutz, der Hauspflegeverein, Fürsorgestellen für Trinker, Gemüts- und Nervenkranke, die Hausratsammelstelle, einige Volksbüchereien, die Kunstgewerbeschule, Schuleinrichtungen des Frauenbildungsvereins, das Frauenseminar für soziale Berufsarbeit und der Verein für Haushaltungsschulen. Drüner meinte zu diesem Umorientierungsprozeß:

„Diese Wandlung des inneren Gefüges, die sich auf einen großen Teil der in Frankfurt geleisteten sozialen Arbeit erstreckte, vollzog sich nicht ohne die Schmerzen, die ein neues Werden zu begleiten pflegen, hatte doch manche der betroffenen Vereinigungen schon lange bestanden und zu dem hohen Ruf der Frankfurter Wohlfahrtspflege beigetragen." (Drüner, 418f.)

Mag auch den zahlreichen bürgerlichen Stiftern und den vielen jüdischen Bürgern unter ihnen, denen die private Frankfurter Wohlfahrtspflege viel verdankt, das soziale Engagement durchaus unbestritten sein, so war die Frankfurter Arbeiterbevölkerung, insbesondere die unmittelbar Betroffenen, die auf „Wohlfahrt" angewiesen waren, wesentlich skeptischer gegenüber diesem hohen Ruf und den Motiven der privaten Wohlfahrtsvereine und -stiftungen. Einerseits war mit der bürgerlichen Wohltätigkeit stets in hohem Maße bürgerliche Selbstdarstellung und die Erwartung von Wohlverhalten und Dankbarkeit bei den Armen verbunden, andererseits erweckte die politische und ökonomische Schulung durch die Arbeiterbewegung bei breiten Teilen der Arbeiterschaft die Einsicht, daß alle privaten Aufwendungen der bürgerlichen Kreise für die Armenpflege nur einen Bruchteil dessen ausmachten, was das kapitalistische System ihnen durch Ausbeutung und Enteignung vorenthielt. Der Reichtum der wenigen war in ihren Augen nur auf die Armut der vielen gegründet.

In Zeiten, in denen das revolutionäre Bewußtsein noch wach und die Not – vor allem der Arbeiterkinder – so extrem groß war, mußten besonders glanzvolle Wohltätigkeitsfeste und Spendenaufrufe, die sich auch an die Minderbemittelten wandten, eher Wut und Empörung als Anerkennung hervorrufen. So schrieb das „Volksrecht" 1920:

„Kinder in Not!
Habt Ihr es gesehen? Proletarier! – Das sind Eure Kinder. Ihnen soll geholfen werden. – Von Geheimrats bis Schusters wird gesammelt. Von der Diele bis zur Spelunke. – Auch Du sollst stiften. Der dicke Fleischermeister hat es ausgehängt. Gerade über den fetten Schinken, damit Deine Frau es sieht, wenn sie für die ganze Woche das einholt, was damals ein Frühstück war. Deine Frau grient – schaut zum dicken Meister und zum grausigen Bild. --- Geh weit vorbei. Da ist Wohltätigkeitsfest. – Zum Wohle Deiner Kinder. – Eintritt. – Einen Tageslohn und die Kellner keuchen. Und die Damen auch. Strahlen in ausgesuchter Toilette. – Kann ein paar Jahre für solch einen Umgang mit Deiner Kinderschar leben. – Alles strahlt. – Lack ... Brillianten ... Sekt ... Musik. – Aus irgendeiner Ecke ... Sprudeln. – Poltern. – Kellner rufen. – Für Dich! Prolet! Für Deine Kinder!
Im Vorraum des Kinderasyls steht der Arzt. ... Die Schwestern. Stehen und starren sich an. – Ratlose Blicke. – Und aus dem Saal dringt Weinen ... dünnes, kraftloses Winseln. Die Wärterin mit einem kleinen weißen Bündel tritt heraus ... schlägt es auf. Ein kleines wächsernes Puppengesicht. Der Arzt winkt. ‚Die vierte heute.' Fluchend geht er der Wärterin nach. --- Und Du Volk! Schläfst! Und die Parasiten schlemmen. --- Deine Kinder gehen zu Tausenden zugrunde -- der Reichswehr 5 Milliarden. Dem Ameronger 100 Millionen. Die Milch den Schweinen. – Bettelpfennige --- Ärmste Almosen für die verseuchte, hungernde Zukunft." (VR 294 v. 30.12.20)

Auch bei den Veranstaltungen, die das Kinderhilfswerk im darauffolgenden Jahr im Palmengarten durchführte, wurde betont, was die Prominenz bei

Aufruf!

Die vorjährige Arbeit der Frankfurter Kinderhilfe hat angefangen die **unter unseren Kindern herrschende Not** einzudämmen. Soll die so verheißungsvoll begonnene Tätigkeit nicht vergeblich gewesen sein, so muß sie in diesem Jahre weiter geführt werden. Denn nach dem übereinstimmenden Urteil der Ärzte kann nur **eine planmäßige dauernde Fürsorge** das wieder gut machen, was die langen entbehrungsvollen Jahre geschadet haben.

Mitbürger!

Die Mittel, die uns bis jetzt zur Verfügung stehen reichen bei weitem nicht aus. Neben einer großzügigen und planmäßigen Erholungsfürsorge, die in diesem Jahre etwa **7000 Frankfurter Kindern** aller Schulen und Konfessionen auf dem ehemaligen Truppenübungsplatz **Wegscheide** eine vierwöchige Kräftigung verschafft, muß auch die Bekämpfung der Tuberkulose, der Rachitis und der übrigen gesundheitlichen Schädigungen unserer Jugend weitergführt und die segensreiche Arbeit der privaten Vereine der Kinder- und Jugendfürsorge gestützt werden. Die Durchführung aller dieser Aufgaben erfordert Millionen.

Volksgenossen! Mitbürger!

Wir bedürfen dringend großer Mittel! Mitbürger von Frankfurt! Ihr werdet nicht versagen, wo es unserer Kinder Heil und Rettung gilt! An Euch alle, die Ihr mit Gütern gesegnet seid, oder ob Ihr nur über Weniges verfügt, ergeht unser Ruf: **Gebt was Ihr vermögt! Gebt für unsere Kinder! Gebt ohne Zaudern!**

Spenden erbeten an die Frankfurter Bank oder Privat- & Commerzbank Filiale Frankfurt a. M. auf Konto „Frankfurter Kinderhilfe", oder auf Postscheckkonto Nr. 47200, oder an die Frankfurter Tageszeitungen.

Der Gesamtausschuß der Frankfurter Kinderhilfe.

Die

„FRANKFURTER-KINDERHILFE"

ladet

Frankfurts Bevölkerung

zur Teilnahme am Kinderhilfstag auf Samstag den

25. JUNI

in den Palmengarten ein.

P R O G R A M M

Nachmittags ½4 Uhr: Kinderzug der Frankfurter Schulen vom Schauspielhaus nach dem Palmengarten. — **5 Uhr:** Empfang des Kinderzuges im Palmengarten durch den Kinderchor (400 Kinder). — **5 und 6 Uhr:** im grossen Saal des Palmengartens

Festspiel für die Kinder.

Prolog von Ludwig Fulda, zum Kinderhilfstage gedichtet.
„Der gesunde Kranke" von Moliére-Fulda
Ab 5 Uhr an verschiedenen Stellen der Parkanlagen

Kasperltheater, Kinderchöre, Kinderspiele, Volkstänze

Abends

Eine Frankfurter Sommernacht im Palmengarten.

Chor-Vorträge des Frankfurter Männer-Gesangvereins, des Bockenheimer Liederkranzes, des Neeb'schen und des Schuler'schen Männerchors.

Illumination des Gartens und des Weihers : Gondelfahrten.

KONZERT

der Philharm. Orchestervereinigung der Schutzpolizei unter Leitung des Herrn Musikdirektor BALL und des Palmengarten-Orchesters : unter Leitung des Herrn Musikdirektors KAEMPFERT. :

Im Gesellschaftshaus des Palmengartens TANZ
(Gesellschaftstänze mit Preisverteilung).

Darbietungen von Solo-Mitgliedern der Frankfurter Bühnen.

Alles Nähere durch Plakatanschlag.

Eintritt: für Kinder zum Garten 3.—, Kinderfestspiel 2.—, für Erwachsene zum Garten 10.— Mk. (Beim Bezuge durch die Schulen 8.— Für Erwachsene zum Garten und Tanz 20.— Mk. Zu den künstlerischen Darbietungen 10.— Mk.

Vorverkauf: der Eintrittskarten bei Lina Schott, Olga vom Hagen, B. Firnberg, Henkels Musikalienhandlung, Haupteingang des Palmengartens und in der Geschäftsstelle der

„Frankfurter Kinderhilfe"

Niedenau 61. Telefon Taunus 2718 und 2212.

Mit Aufrufen und Anzeigen mußte die „Frankfurter Kinderhilfe" regelmäßig in die Öffentlichkeit treten, um Spenden für notwendige Hilfsaktionen zu sammeln. Dabei war man sich sehr wohl bewußt, daß das Wohlergehen der Arbeiterkinder nicht von Wohltätigkeitsaktionen Begüterter abhängig sein dürfte, sondern ein Rechtsanspruch sein müßte.

Anzeigen im „Volksrecht" im Mai und Juni 1921

solchen Gelegenheiten zu sagen pflegte, sei zwar schön und gut, die begüterten Kreise mögen auch recht tief in ihre Taschen greifen, aber dennoch sei damit die Tatsache nicht aus der Welt geschaffen, daß die „Kinderhilfe" auf Straßenbettelei angewiesen sei, und es ändere nichts an der beschämenden Realität, daß die Kinder derjenigen, die ungeheuere Dividenden und Gewinne schufen, die in der Zeit größter Not immer weiter anstiegen, auf milde Gaben angewiesen seien. (VR 140 v. 18.6.21)

Die Kommunalisierung bedeutete nun keineswegs die Aufhebung der privaten Fürsorge überhaupt, sondern nur ihre Eingliederung in ein Gesamtkonzept und eine Arbeitsteilung. Da damit zumindest eine teilweise Aufhebung der Selbständigkeit, um nicht zu sagen der Selbstherrlichkeit der privaten Vereinigungen verbunden war, wehrten sich diese dagegen mit dem Argument, daß die Kommunalisierung die Gefahr der Nivellierung und Bürokratisierung in sich berge, die Wohlfahrtsarbeit jedoch vor allem Freiwilligkeit, Verantwortungsbewußtsein, Freude und Opferbereitschaft erfordere. (Drüner, 419) Und so hört es sich fast schon wie eine Erleichterung an, wenn die „Centrale für private Fürsorge" in ihrem Bericht über das Rechnungsjahr 1927/28, der nach 15-jähriger Pause erstmals wieder erschien, feststellte:

„Die Massennotstände, die in und nach dem Krieg in Deutschland aufgetreten sind, haben zwangsläufig die Verstärkung öffentlicher Fürsorgetätigkeit ausgelöst und zu

jenem gewaltigen Bau öffentlicher Fürsorgetätigkeit geführt, dem heute im Durchschnitt etwa 3 % der Bevölkerung unterstehen. Gemessen an den Ausgabesummen der öffentlichen Fürsorge erscheinen die Aufwendungen der privaten Fürsorge gering, und mehr als einmal ist in den vergangenen Jahren die Frage aufgetaucht, ob denn überhaupt neben den Leistungen des Staates und der Gemeinde in Erfüllung gesetzlicher Pflichtaufgaben noch die Notwendigkeit für eine ergänzende Fürsorge durch Vereine, Stiftungen und Einzelpersonen bestehe.
Auch hier hat die Zeit eine deutliche Antwort auf jene Frage gegeben: heute ist selbst in Kreisen, die noch vor Jahren der Kommunalisierung jeder Art das Wort redeten, die Überzeugung durchgedrungen, daß auch der öffentlichen Fürsorge Grenzen gesteckt sind, daß sie Lücken und Mängel aufweist, die eine ergänzende Hilfstätigkeit freier gesellschaftlicher Kräfte notwendig machten. ... Das gewaltige Anwachsen der Ausgabekosten in der öffentlichen Fürsorge bei den kommunalen Etats bedroht dauernd den Ausgleich der kommunalen Haushalte. ...
Abnahme des Sinns für Selbsthilfe und Sebstverantwortung einerseits, Abnahme des Sinns für gegenseitige Hilfe in der Bevölkerung andererseits, das sind Erscheinungen, die für eine gesunde Entwicklung unseres Volkslebens viel bedrohlicher sind als das Anwachsen der Geldausgaben für Fürsorgezwecke, das immerhin noch ausgeglichen werden kann.“ (Jahresber. d. Centrale f. private Fürsorge, 1927/28, 7ff.)

Gegenüber dieser bürgerlichen Wohlfahrtsideologie erhoben die Arbeiterparteien die Forderung nach einer öffentlichen Wohlfahrtspflege, bei der Notleidende nicht länger als Bittsteller auftreten mußten. Das Ziel war nach Toni Sender,

„Personen, die ohne eigenes Verschulden in Not geraten waren, das Recht auf die Unterstützung der Gemeinschaft zu geben und ihnen dadurch die Demütigung zu ersparen, um Mildtätigkeiten bitten zu müssen.“ (Sender, 136)

Besonders die Sozialdemokratie begriff die Republik – in völliger Verkennung der tatsächlichen Machtverhältnisse – als den Staat, in dem nun endlich die Interessen und Bedürfnisse der Arbeiterklasse auf parlamentarischem Wege durchgesetzt werden könnten und entwickelte daraus ihre noch heute wirksame Sozialstaatsideologie. Einer der fortschrittlichsten Vertreter einer sozialstaatlichen Wohlfahrtspolitik war F. Diefenbach, der bereits 1920

„die Gewährung eines Rechtsanspruchs auf Unterstützung, der in ähnlicher Weise auszugestalten und zu verwirklichen wäre, wie etwa die Ansprüche aus der Reichsversicherungsordnung“ (Diefenbach, 195)

forderte. Aufs Ganze gesehen sind die Forderungen Diefenbachs noch nicht einmal im derzeitig geltenden Bundessozialhilfegesetz (BSHG) voll erfüllt. Die Abwendung vom belastenden Begriff „Arme“ und die Kommunalisierung veränderten in der Tat die Position der Hilfebedürftigen gegenüber der Behörde nur wenig. Das Wohlfahrts- und Jugendhilferecht blieb während der ganzen Zeit der Weimarer Republik weit mehr ein Instrument der „Ordnungspolizei“, das heißt ein Instrument der sozialen Kontrolle und Disziplinierung, denn ein Instrument der Sozialpolitik. (vgl. Preußer, in: Armut und Sozialstaat 3, 76-83)

Als Alternative zu bürgerlichen und konfessionellen Wohlfahrtsorganisationen, aber auch als Instrument einer eigenen Fürsorge- und Jugendhilfepolitik, schuf sich die SPD mit der „Arbeiterwohlfahrt" ihren eigenen Wohlfahrtsverband. Am 13. Dezember 1919 wurde der „Hauptausschuß für Arbeiterwohlfahrt" unter der Leitung von Marie Juchacz gegründet mit dem Zweck der „Mitwirkung der Arbeiterschaft bei der Wohlfahrtspflege, um hierbei die soziale Auffassung der Arbeiterschaft durchzusetzen." (Chronik II, 54) Damit sollte die gesetzliche Regelung der Wohlfahrtspflege und ihre sachgemäße Ausführung gefördert werden. Die Arbeiterwohlfahrt in Frankfurt richtete im Parteibüro der SPD in der Allerheiligenstraße eine Beratungsstelle für Fürsorgeangelegenheiten ein. In der Berichterstattung über die Jahresarbeit hieß es im Mai 1923, Not und Elend der Nachkriegszeiten hätten ein großes Arbeitsfeld eröffnet. (vgl. auch: 65 Jahre Sozialarbeit in Frankfurt)

„Alle Arbeit der Arbeiterwohlfahrt zeichnet sich aus durch den Willen, unsere Ideen auf dem für das Volksganze so wichtigen Gebiet der Wohlfahrtspflege durchzusetzen. Die Erkenntnis der Notwendigkeit einer Beteiligung der sozialdemokratischen Arbeiterschaft auf dem großen Aufgabengebiet der sozialen Fürsorge, die im Jahre 1920 zur Gründung der Arbeiterwohlfahrt im Rahmen unserer Partei erfolgte, macht sich immer wieder geltend." (VSt 102 v. 3.5.23)

Die Kommunisten, für die der „Sozialstaat" von vornherein ein ausgemachter Schwindel der Sozialdemokraten und der Bourgeoisie war, mit dem das Proletariat an einer aktiven Führung der Klassenkämpfe gehindert werden sollte, verzichteten nicht nur auf die Entwicklung eines konkreten sozialpolitischen Programms, sondern schufen auch erst unter dem Druck der bürgerlichen Repression mit der „Internationalen Arbeiterhilfe" (IAH) 1921 und der „Roten Hilfe Deutschland" (1924) eigene Hilfsorganisationen. Die IAH war zunächst von Willi Münzenberg als Komitee zur Unterstützung der UdSSR bei der großen Hungersnot 1921 gegründet worden, ging aber später zunehmend dazu über, auch in Deutschland streikende Arbeiter zu unterstützen und Volksküchen und Kinderheime zu errichten, während die Rote Hilfe der Unterstützung der politischen Gefangenen diente. (vgl. Wunderer, 98-115)

Obwohl sowohl in der Reichsgesetzgebung wie in Frankfurt in der Entwicklung der Wohlfahrtpflege entscheidende Weichen gestellt wurden, konnte doch erst nach der Wiederherstellung der Geldwertstabilität mit dem Ausbau der Wohlfahrts- und Jugendpflege ernsthaft begonnen werden. Dennoch sollten die Bemühungen um die Umstrukturierung und die Bedeutung des Erreichten nicht verkannt werden. Ein Umdenkungsprozeß hatte begonnen, der zwar die Grenzen des kapitalistischen Systems nicht in Frage stellte und zudem ständig durch Rückfälle in konservatives und autoritäres Denken bedroht war, dessen ungeachtet aber auch nicht mehr völlig rückgängig zu machen war.

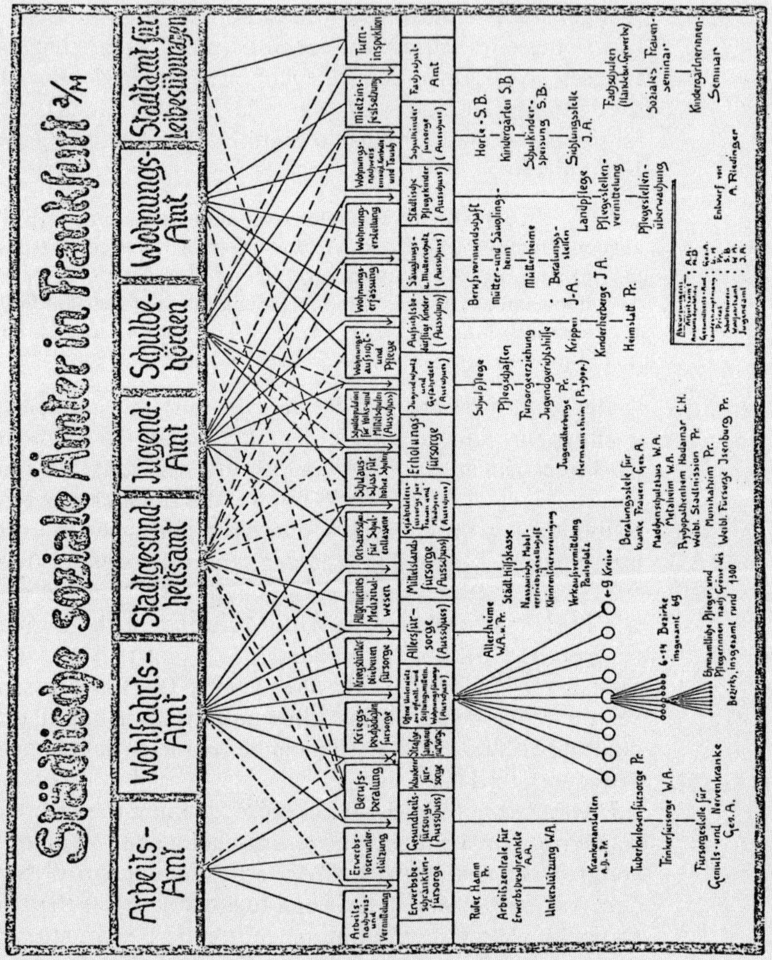

"Wie finde ich Hilfe für meine Schützlinge?"
Führer durch die Wohlfahrtseinrichtungen in Frankfurt am Main, 1921

12. Klein, aber mein
Zur Wohnsituation der Frankfurter Arbeiterfamilien

„Da ist der Papa an seinem freien Tag auf Wohnungssuche gegangen. Da hingen dann die großen Zettel an den Fenstern: Wohnung zu vermieten. Und da hat er in der Scheidswaldstraße ne wunderschöne Wohnung (gefunden), und er war sehr stolz, die war auch nicht so sehr teuer. – Aber die Wohnung war so groß. Die hatten gar nit genug Möbel. Zu bezahlen war die Wohnung also nur mit Ach und Weh, aber er war so stolz, weil es mal so ne schöne Wohnung war, net immer nur ne Mansarde und schiefe Wände. Und ein wunderschöner Ofen war da drin, da hat er immer devon geschwärmt, es muß so ein weißer Kachelofen gewesen sein. Und der Kachelofen hat's ihm angetan, des war des Prunkstück der Familie. Da hat die Mamma so irgendwie von einer Herrschaft mal so ne Art Liegestuhl bekommen, so wie heut die Sonnenstühl' sind, aber der war ein bißchen mit poliertem Holz. Also er war furchtbar elegant. Und den haben se in einen Raum gestellt, ganz auseinandergezogen, damit der Raum einigermaßen gefüllt war. Und in einem Raum ham wir Kinder gespielt, da hatten wir 's erste Mal ein sogenanntes Spielzimmer im Sommer. Im Winter konnt's ja nit geheizt werden. Aber die Mamma hat dann doch gesagt: also des ist kein Zustand, die Miete auf Dauer gesehen ist doch zu teuer.“ (Kalis, 17)

In solchen Sehnsüchten nach einer großen und geräumigen Wohnung, nach einem gemütlichen und vorzeigbaren Heim kommt sehr stark zum Ausdruck, welchen Wert Arbeiterfamilien der Wohnung als Lebensmittelpunkt beimaßen. Der Wunsch, diese schöne Wohnung zu mieten, darin eine eigene Welt aufzubauen, widersprach im Grunde genommen allen „vernünftigen“ Überlegungen, aber wenigstens einmal wollten sie so „feudal“ wohnen.

Um zu verstehen, was in den Menschen aller Klassen vorgeht, wenn sie sich auf Wohnungssuche begeben, muß man sich über die vielfältigen Funktionen der „Privatwohnung“ in der bürgerlichen Gesellschaft klar werden. Die Wohnung ist zunächst einmal das Zentrum des privaten Lebens, und vor allem für den Arbeiter der *einzige* Ort, an dem er selbst Herr über sein Leben und seine Entscheidungen sein kann. Nur hier können der Arbeiter und die Arbeiterfrau sich mit einigem Recht sagen: wenn ich die Türe hinter mir zumache, hat mit keiner mehr etwas zu sagen. Um mit Goethe zu sprechen:

„Hier bin ich Mensch, hier darf ich's sein!“ (Faust I)

Gerade diese Funktion der privaten Zuflucht, des Rückzugsortes, macht die Wohnung aber zugleich auch zu einem Ort der Identifikation. Man identifiziert sich mit ihr und die Wohnung mit sich selbst. Man will sich in ihr wohlfühlen, und sie soll etwas darüber aussagen, wer und wie man ist und was man sein möchte. Für die Hausfrau ist die Wohnung zugleich auch Arbeitsplatz und für die „Nur-Hausfrau" das einzige Betätigungsfeld, aus dem sie Selbstwertgefühl, Selbstbestätigung, Selbstachtung und Anerkennung für ihre Leistungen gewinnen kann. Für sie besonders ist es aber zumindest der einzige Ort, an dem sie selbst bestimmen, organisieren und verwalten kann, denn sie findet seltener als die Männer Gelegenheit, diese Fertigkeiten und Fähigkeiten außerhäuslich in Vereinen, Gewerkschaften oder Parteien zu erproben.

All dies und noch mehr soll eine Wohnung leisten, und doch war es für die Arbeiter und ihre Familien so ungeheuer schwer, auch nur ein Minimum davon zu realisieren. Die gesellschaftliche Position der Arbeiter und ihre materielle Lage machten es ihnen ungeheuer schwer, so etwas wie eine Identität, eine Übereinstimmung mit sich selbst zu finden, Selbstbewußtsein und Selbstwertgefühl zu entwickeln. Nur dort, wo sie als Kollektiv auftraten, im Betrieb, in der Gewerkschaft, einer Partei oder ihren kulturellen Umfeldorganisationen, konnten sie beginnen, kollektives Klassenbewußtsein und damit auch allmählich eigene Maßstäbe und Muster einer eigenständigen „proletarischen Kultur" und Ästhetik zu gewinnen. In der Vereinzelung des privaten Bereichs waren sie dagegen gezwungen, mit vom Bürgertum geborgten „Ich-Idealen" zu leben, wie Otto Rühle so treffend beschrieb:

„Die Proletarierfrau mit ihrem unerfüllten Eheideal, ihrer enttäuschten Hoffnung auf Befreiung von der Fronarbeit durch die Ehe, ihrer armseligen und ungemütlichen Häuslichkeit und ihrem Kindersegen, den die Reichlichkeit zum Fluche macht, ist sie in Wirklichkeit die verhinderte, nicht auf ihre Rechnung gekommene Bürgerfrau. Ihr geheimer, liebevoll gepflegter Wunsch bleibt lebenslang, es einmal so gut zu haben, so gut zu wohnen, so gut versorgt und glücklich zu sein, wie eine ‚bessere Bürgersfrau'. ‚Wenn ich könnte, wie ich nicht kann', pflegte sie zu sagen, dann würde ich ...' Nun, was würde sie? – Ein Vertiko anschaffen, Plüschmöbel ins Zimmer stellen, schöne Gardinen ans Fenster hängen, mal eine Stunde im Schaukelstuhl sitzen oder auf der Ottomane liegen." (Rühle 2, 38f.)

War die Wohnung für die Arbeiterfrau sicher am wichtigsten, so hatte sie aber dennoch für viele Männer – wie das Beispiel der Familie Kalis zeigt – einen sehr großen Stellenwert. Die erzwungene Mobilität der Arbeiterschaft zu Beginn des Jahrhunderts, das Herumziehen von einer Stadt in die andere auf der Suche nach einer Arbeit, bedeutete immer gleichzeitig Unruhe, Instabilität. Während dieser Jahre des Suchens wohnten viele junge Arbeiter in Herbergen, zur Untermiete, in kleinsten, schrägen Räumen. Mädchen, die in Stellung gingen, wohnten bei der „Herrschaft" in Kammern, die gerade genug Platz zum Schlafen boten, in denen vor allem jeder Besuch strengstens verboten war. Viele junge Arbeiterinnen und Arbeiter hatten zwar weiterhin ein Unterkommen bei ihren Eltern, an einen eigenen Raum war jedoch gar nicht zu denken. Der Wunsch, sich aus all den einengenden äußeren Bedingungen zu lösen und spätestens nach der Eheschließung eine eigene Wohnung zu haben, sich dort ein „eigenes Reich" zu schaffen, war dabei nur allzu verständlich.

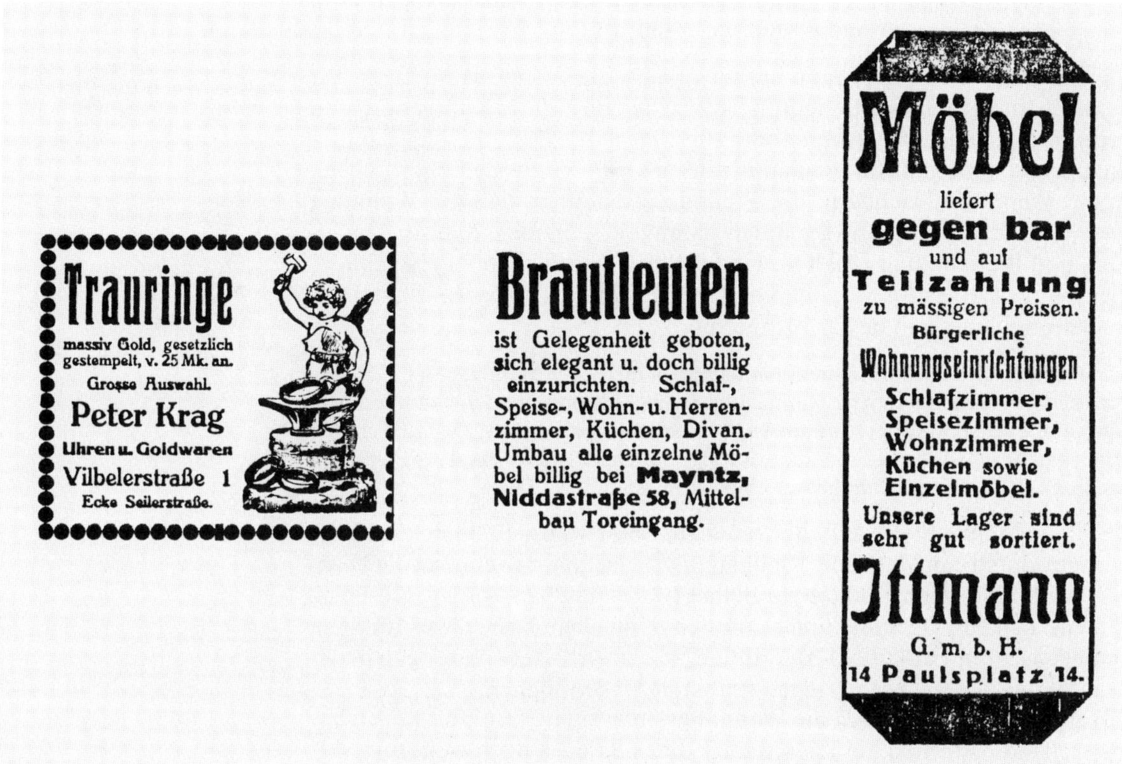

Anzeigen aus dem „Volksrecht" von 1919

„Sobald der Arbeiter in der Lage ist", – so Otto Rühle – „sich eine Wohnungseinrichtung anzuschaffen, nimmt er seine Spargroschen und geht damit in ein Möbelhaus oder Abzahlungsgeschäft, um dort seinen Bedarf zu decken. Vorher hat er die Inserate der großen Geschäfte studiert und mit seiner Braut nach Feierabend die Schaufenster besichtigt. Was seine Aufmerksamkeit am meisten in Anspruch nahm, waren die Preise." (Rühle, 330)

Es bedeutete für junge Paare oft, sich erstmalig in Ruhe zurückziehen und ein ungestörtes Liebesleben führen zu können. Das ließen sie sich in der Regel etwas kosten. In einer Zeit, in der Spargroschen immer weniger wert und das System zuletzt völlig sinnlos geworden war, war es für die meisten jungen Arbeiter nahezu unmöglich, sich eine eigene Wohnung einzurichten und wenn überhaupt, dann mit zufällig aufgefundenem, geschenktem oder erworbenem Trödel. Eine Auswahlmöglichkeit für die Einrichtung bestand kaum noch. Dort, wo es kurz nach Kriegsende oder im Einzelfall doch möglich war, gilt wieder Rühles Feststellung:

„Da der Arbeiter keine eigene Kultur, keinen besonderen Lebensstil hat, ist er auf die kleinbürgerlichen Formen der Lebensführung angewiesen. Er hält es für richtig, ja erstrebenswert, sich in seiner Wohnung nach Kleinbürgergeschmack einzurichten. Die Säulchen und Türmchen an den Möbeln gefallen ihm, weil sie Bürgerlichkeit vortäuschen. Die Schnörkel und Kinkerlitzchen bereiten ihm Wohlgefühl, weil sie ihm die Illusion des Überflüssigen, Behaglichen vermitteln. Das Bedürfnis nach Mehrgeltung wird durch den Anschein, mehr zu haben als man notwendigerweise braucht, angenehm gekitzelt.
Oft ist der Versuch unternommen worden, der Arbeiterschaft einfache, auf seine Zweckwirkung gebaute, solid gearbeitete Möbel zu billigen Preisen zu liefern. Dieses Hausgerät war ohne allen überflüssigen Zierrat, nur gebeizt oder leicht gestrichen, praktisch und zweckschön. Aber es fand nicht den Gefallen derer, für die es bestimmt

war. Der Arbeiter empfand es als zu nüchtern, zu kahl; er mißtraute der Einfachheit, weil er fürchtete, dabei zu kurz zu kommen.“ (ebd. 332)

Für die Arbeiterfrau gewann normalerweise die Wohnung im Laufe der Zeit eine immer stärkere Bedeutung. Meist bekam sie ihre Kinder dort, und wenn es ihr gelang, ihre Arbeit – oder zumindest ihre Dauerbeschäftigung – aufzugeben, um „ganz für die Familie da zu sein“, wurde sie Lebensmittelpunkt. Wenn die Nachbarn, die Freunde feststellten, daß die Wohnung etwas besonderes war, dann konnte sie daraus ein sehr hohes Maß an Bestätigung und Befriedigung erhalten. Und wenn selbst die Kinder feststellten, wie schön es zu Hause war, dann hatte sie gewonnen. Miez Kalis hat diese Anerkennung noch in bester Erinnerung:

„Einmal hatt' ich ne Schulkameradin mit heimgebracht. Die Mamma war nit da. Des war auch ne sehr kinderreiche Familie, ich glaub 12 Kinder, und die kam in unsre Wohnung, und das war alles so puppenstubenhaft, weil's so eng war: ‚Och wie schön is es hier bei Euch!‘ – Daß die Emma so was festgestellt hat! Und von da ab war ich außer Rand und Band. Unsere Familie war eben was besonderes.“ (Kalis, 41)

Da für die Mehrzahl der Arbeiterfrauen ihr Selbstwertgefühl und die Anerkennung durch den Mann, die Kinder und die Nachbarn so eng mit der Wohnung verknüpft waren, setzten sie all ihre Kraft und Phantasie, ihr Geschick und ihre Zeit ein, sie sauber und gemütlich zu machen. Doch die vielfältigen ihr zugedachten Funktionen zu erfüllen, war in Arbeiterwohnungen in der Realität nur in einem sehr eingeschränkten Maße möglich.

War schon vor dem Krieg die Wohnungssituation in Frankfurt miserabel gewesen, so hatte sich die Lage während des Krieges noch weiterhin verschlechtert, da die Bautätigkeit stark zurückging und selbst notwendigste Renovierungen ausblieben.

„Während des Krieges war der Wohnungsbau verboten worden, da Baumaterial und Arbeitskräfte für militärische Bauten gebraucht wurden.“ (Stratmann: Wohnungsbaupolitik in der Weimarer Republik, 6)

Viele Arbeiterfamilien waren schon zu Kriegsbeginn in billigere, dafür aber auch kleinere und schlechtere Wohnungen umgezogen. Endlich eine menschenwürdige Wohnung zu besitzen, das war eine der ganz großen Hoffnungen der Arbeiterschaft nach der Revolution. Der Sozialdemokratie war das sehr wohl bewußt, und so warb sie für die Kommunalwahlen 1919 mit Anzeigen gerade zu diesem Problem für ihre Politik:

Eine gesunde Wohnung
ist für die Entwicklung des Menschen so wichtig wie Luft, Licht und Sonne für alle Blumen im Garten. Die Wohnungspolitik der Stadt Frankfurt a.M. war bisher eingeschränkt durch Rücksicht, die auf die Hausbesitzer genommen wurde. Zukünftig darf nur das Wohl der Einwohner maßgebend sein. Wer das wünscht, der wähle am 2. März die Liste Zielowski. (VSt 45 v. 22.2.19)

Die Sozialdemokraten betonten darüber hinaus, die Beschaffung billiger und guter Wohnungen sei eine der wichtigsten Aufgaben künftiger sozialistischer Gemeinden. Nur so könne eine sozialistische Gemeinschaft von unten her aufgebaut werden.

„Bei dem Kommunalsozialismus der Zukunft handelt es sich nicht um Experimente im kleinen, sondern um den lokalen Unterbau einer sozialistischen Volksgemeinschaft." (VSt 40 v. 17.2.19)

Ungeachtet dessen, daß die großen Worte vom „Kommunalsozialismus" als lokalem Unterbau einer „sozialistischen Volksgemeinschaft" durch die Politik der MSPD im Reich längst keine reale Basis mehr hatten, schien es, als begänne sich die Lage auf dem Wohnungsmarkt merklich zu bessern. Zwischen 1919 und 1923 kam es im gesamten Reich - und auch in Frankfurt - zu einem Reinzugang an Wohnungen, wie aus nachstehender Tabelle sichtbar wird, obwohl nur in Köln der Vorkriegszustand erreicht und zeitweilig leicht überschritten wurde.

Stadt	1913	1919	1920	1921	1922	1923	1919-1923
Frankfurt	2563	229	1171	864	475	1013	3752
Düsseldrf.	3576	6	345	615	869	856	2691
Köln	2442	393	978	2750	2531	2663	9315
München	3445	607	1469	748	1441	958	5223
Stuttgart	2104	378	913	352	939	687	3269

(Nach: Kuczynski, Geschichte des Alltags...5, 384)

Es fällt auf, daß die Bautätigkeit in Frankfurt zwar 1919/20 einsetzte, die Zahl der fertiggestellten Wohnungen in den Jahren 1921/22 jedoch wesentlich zurückging, während in anderen deutschen Städten zu dieser Zeit teilweise noch ein erheblich stärkerer Zugang zu verzeichnen war. Daß 1923 - trotz galoppierender Inflation - noch mehr als 1000 Wohnungen fertig wurden, ist wohl auf den bereits 1920 einsetzenden Siedlungsbau im Riederwald und 1921 in Bonames zurückzuführen, die längere Bauzeiten erforderten.

Neben der Schaffung von Arbeitsplätzen war die Lösung des Wohnungsproblems ganz sicher eine der schwierigsten Aufgaben und Prüfsteine der Nachkriegszeit überhaupt. Was tatsächlich gebaut wurde, konnte den Bedarf bei weitem nicht decken. Zwischen 1919 und 1923 wurden in Frankfurt alleine 30461 Ehen geschlossen. Daß junge Paare zugleich eine eigene Wohnung suchten, versteht sich von selbst. Die Kriegsteilnehmer kehrten zurück, und der Flüchtlingsstrom aus den besetzten Gebieten und aus Elsaß-Lothringen nach Frankfurt kam hinzu. Die mittlere Bevölkerungszahl der Stadt wuchs zwischen 1919 und 1923 von 439000 auf 475000. (Ber. d. Mag. 1919-1923, 18) Dagegen nehmen sich die Wohnungsneubauten schon recht gering aus.

Die von der Reichsregierung Anfang 1919 eingesetzte Sozialisierungskommission befaßte sich auch mit Fragen der Sozialisierung von Betrieben, die Kleinwohnungen erstellten. (Stratmann, 9f.) Im Mai 1919 forderte der Bauarbeiterverband:

„Als Mittel, der Vergesellschaftung der Produktionsmittel näher zu kommen, betrachtet der Verbandstag die Überführung der dafür reifen kapitalistischen Betriebe in den Besitz von Reich, Staat und Gemeinden und die Umgestaltung der öffentlichen, politischen Körperschaften zu Verwaltungskörperschaften großen Stils unter weitestgehender Mitwirkung der Arbeiterschaft. ... Insbesondere fordert der Verbandstag die möglichst rasche Inangriffnahme der Baustoffherstellung, des Kleinwohnungsbaus durch Einzelstaaten und Gemeinden sowie die Enteignung des für den Kleinwohnungsbau ... nötigen Geländes." (Wagner, in: Stratmann, 10)

Nachdem die Forderungen der revolutionären Arbeiterbewegung nach Sozialisierung des Wohnungsbaus und des Wohnungsmarktes abgewehrt waren, bestätigten sich der Staat bzw. die Kommunen als Bauherren und beherrschten jahrelang weitgehend den Markt. Die Bautätigkeit beschränkte sich fast ausschließlich auf den kommunalen und gemeinnützigen Wohnungsbau. Allerdings hatte der gemeinnützige Wohnungsbau in Frankfurt am Main schon eine lange Tradition und eine, auch gegenüber dem Privatkapital, bedeutsame Stellung. Zu Ende des 19. Jahrhunderts entstanden zahlreiche Vereine auf genossenschaftlicher Grundlage sowie Baugesellschaften in Zusammenarbeit zwischen Stadt und Privatkapital, wie z.B. die „Hellerhof-AG", die „Frankenallee-AG" oder die „Mietheim-AG", auf die fast ⅔ der gemeinnützigen Bautätigkeit vor dem Krieg entfiel. (vgl. dazu: Das Wohnungswesen der Stadt Frankfurt a.M., 1930, 77ff.)

Eugen Kaufmann hob in seinem Beitrag über das Wohnungswesen der Stadt Frankfurt im Jahr 1930 hervor, daß in der Vorkriegszeit zwar nicht die Mietskasernen oder Hinterhäuser wie in anderen Großstädten entstanden, aber

„auch in Frankfurt die aufwendige Fassade, der repräsentative Straßenzug mehr galt als ein durchdachter Grundriß, als eine Planung, die von den Bedürfnissen der künftigen Bewohner ausgeht. Ganz besonders wichtig erscheint die Feststellung, daß die Wohnungsbeschaffung für kleine Einkommen auch damals schon von privater Seite fast ganz vernachlässigt wurde, weil die damit zu erzielende Rente zu gering war." (Kaufmann, in: Das Wohnungswesen, 92f.)

In der Nachkriegszeit sahen Privatinvestoren im Baugewerbe keine profitable Kapitalanlage. Privates Kapital floß stattdessen fast ausschließlich in den Produktionsmittelbereich. Die Kommunen versuchten, privatem Kapital das Investieren durch Subventionen schmackhaft zu machen. Die Stadt Frankfurt knüpfte Bedingungen an diese Zuschüsse, wodurch Spekulationen mit aus öffentlichen Mitteln errichteten Wohnungen ausgeschlossen wurden. Außerdem sollten die Zuschüsse vorrangig zur Finanzierung von „Flachbauten" in der Form des Kleinhauses für eine oder zwei Familien verwendet werden. (ebd., 94) Die Zuschüsse führten jedoch zugleich zu einer Steigerung der Baupreise, und bei der herrschenden Baustoffknappheit waren erhöhte Profite der Baustoffproduzenten und Bauunternehmer die Folgen. Da vermutet wurde, die Verteuerung der Baukosten sei eine kurzfristige Nachkriegserscheinung, vergab der Staat – für die Gewährung war das Reich zuständig – zunächst nicht rückzahlbare Baukostenzuschüsse, später Baudarlehen. Doch auch öffentliches Kapital stand nur in sehr begrenztem Umfang zur Verfügung, und die Baugesuche richteten sich in Frankfurt überwiegend auf Um- oder Einbauten. (Stat. Handb. II, 40ff.; Ber. d. Mag., 1919-1923, 43f.)

Um die Verschuldung des Staatshaushaltes in Grenzen zu halten, wurde versucht, Finanzierungsquellen für den Wohnungsbau durch neue Steuern zu sichern. Durch das am 26.6.1921 erlassene Gesetz über eine Abgabe zur Förderung des Wohnungsbaues sollte eine Miet- oder Grundsteuer (Landessteuer) erhoben werden. Die Mieter sollten sie entweder direkt oder durch erhöhte Mieten bezahlen. Aufgrund der rapiden Geldentwertung konnte allerdings dann die Wohnungsbaufinanzierung nicht annähernd sichergestellt werden. (vgl. Stratmann, 10f.)

Anfang 1919 gründete sich eine gemeinnützige Siedlungsgesellschaft, an der sich Stadt, Staat, Handel und Industrie beteiligten. Genossenschaften und gemeinnützige Bauvereine machten Pläne für einen ausgedehnten Wohnungsbau, zumal aus der Ära Adickes genügend Bauland vorhanden war. Mehr als 3000 Wohnungen sollten alleine im kommunalen Wohnungsbau durch das Hochbauamt der Stadt innerhalb kurzer Zeit gebaut werden, doch der für 1919 geplante Baubeginn zögerte sich bereits um mehrere Monate hinaus, da u.a. die während des Krieges stillgelegten Ziegeleien nicht rechtzeitig in Gang gebracht werden konnten und die Finanzierungsmittel überhaupt knapp waren. Trotz eines Aufstockens der ursprünglich geplanten Bauzuschüsse mußten die Baupläne erheblich reduziert werden. (vgl. Drüner, 358ff.)

Zwischen 1919 und 1923/24 wurden schließlich u.a. im Riederwald, in der Mainzer Landstraße, in Heddernheim, Bonames, der Heidestraße, Eulengasse, der Bruchfeld-, Fritzlaer- und der Hattersheimer Straße Bauprogramme durchgeführt. (Ber. d. Mag., a.a.O., 40) Durch die fortschreitende Inflation kam der Wohnungsbau 1922/23 praktisch zum Erliegen. Gemeinnützige Gesellschaften – z.B. die „AG für kleine Wohnungen" – wurden entweder von der Stadt übernommen, oder sie gingen – wie der „Bau- und Sparverein" – in Konkurs. Die „Mietheim-AG" und die „AG für kleine Wohnungen" fusionierten 1923 und wurden neben der „Hellerhof-AG" zur wichtigsten Wohnungsbaugesellschaft. (40 Jahre AG für kleine Wohnungen, 32)

Das Frankfurter Gewerkschaftskartell forderte in einer Entschließung im April 1923:

„Die einzige Waffe, die die Mieterschaft in der Hand hat, um dem Abbau der Zwangswirtschaft entgegenzutreten und für eine geordnete Gemeinschaft zu kämpfen, ist der Wohnungsbau. Wenn keine neuen Wohnungen gebaut werden, müssen die Mieten schrankenlos in die Höhe gehen. Die Versammlung verpflichtet sich deshalb, für die gemeinschaftliche Betreibung und Finanzierung zu wirken, damit die Arbeitslosigkeit gesteuert und das Wohnungselend im weiteren Maße gesteuert wird. ... Insbesondere erwarten sie von den städtischen Behörden in Frankfurt a.M., daß bereits vorliegende ausgearbeitete Projekte, wie z.B. das Bauvorhaben von 130 Kleinwohnungen in der Bruchfeldstraße, sofort ausgeführt werden, um Arbeitsgelegenheit zu schaffen, anstatt ungeheuere Summen für Erwerbslose auszugeben." (VSt 80 v. 6.4.20)

Die Talsohle des Wohnungsbaus wurde erst 1924 überwunden. Nach der Wahl Ludwig Landmanns zum Oberbürgermeister in demselben Jahr, der Schaffung eines Stadtbauamtes, wodurch alle relevanten Ämter in einem vereinigt wurden, und der Berufung von Ernst May im Jahr 1925 als Stadtbaudezernenten, wurden neue, wichtige Grundsteine gelegt und erhielt die Frankfurter Baupolitik einen internationalen Ruf.

Doch unmittelbar nach Kriegsende war die Wohnungsnot in Frankfurt so groß, daß nicht länger abgewartet werden konnte, bis in ein oder in zwei Jahren neue Häuser bezugsfertig würden. Es mußten auch Sofortmaßnahmen ergriffen werden. Die staatlichen Bemühungen richteten sich vorrangig auf die Bewirtschaftung des Wohnungsbestandes. Dem städtischen Wohnungsamt kam dabei eine zentrale Bedeutung zu. Sein Personalbestand wuchs auf 170 Personen bis 1921 an und wurde dann im Zuge notwendiger Sparmaßnahmen wieder auf 123 Mitarbeiter reduziert. (Ber. d. Mag., a.a.O., 28) Im Januar 1919 wurde eine Anmeldepflicht für sämtliche Wohnungen eingeführt. Ein Bezirkskommissar übernahm in Verbindung mit dem Wohnungsamt die Aufgabe, obdachlose Familien unterzubringen. Aufgrund des großen akuten Wohnraumbedarfs war das zunächst nur in Massenquartieren möglich. Nach einer Magistratsverordnung von Ende Februar wurde jeder „zu menschlicher Behausung geeignete Raum" in Anspruch genommen. Es wurden Wohnungen in ehemaligen militärischen Einrichtungen, in gemieteten Sälen, in Schulen – z.B. in der Annaschule –, im Hippodrom, in Feuerwachen, in Läden usw. eingerichtet. Außerdem beschloß Frankfurt im März 1919 als erste preußische Stadt, zu Zwangseinquartierungen überzugehen. (Drüner, 357) Doch alle diese Maßnahmen, und auch das teilweise freiwillige Bereitstellen von möblierten Zimmern durch die Hausbesitzer aus Angst vor bevorstehenden Zwangsmaßnahmen, brachten nur geringe Erfolge.

Die KPD kritisierte die ihrer Meinung nach viel zu vorsichtige Politik des Frankfurter Arbeiterrates. Sie warf ihm vor, zwar immer wieder auf die Wohnungsnot hinzuweisen und Verordnungen zu erlassen, aber letztendlich nicht hart genug durchzugreifen. Das Großbürgertum würde auch durch die Wohnungszwangsbewirtschaftung kaum in seinem Lebensstil beeinträchtigt. Wenn die KPD aufwiegelte, so wiegelte die bürgerliche Presse gewaltig ab, um die Zwangsbewirtschaftung und Zwangseinmietung abzuwehren. Zwar wurde erkannt, daß ein höherer Bedarf bestünde, dennoch wurden schon Fortschritte gesehen. So meldeten die „Frankfurter Nachrichten" im Juli 1919:

„Aufklärende Darlegungen, die Vertreter des Wohnungsamtes gestern im Arbeiterrat gaben, verschaffen einen Überblick über die gegenwärtige Wohnungslage in Frankfurt. ...
So sind in der Annaschule 9 1-Zimmerwohnungen und 35 2-Zimmerwohnungen hergestellt worden. Ebenso habe man die Mehlwaage dem gleichen Zwecke dienstbar gemacht und Wohnräume in der Fahrgasse, Hirschgraben und Bockenheim geschaffen, sowie Behelfsbauten in der Gartenstraße. ... Auch die gemeinnützigen Baugesellschaften sind eilfertig an der Schaffung von Wohnungen, ebenso die Siedlungsgesellschaften, sodaß in diesem Jahr und im nächsten Jahr 2270 neue Wohnungen bezugsfertig werden können; allerdings bei einem Schätzbedarf von 4000 Wohnungen; dazu kommt die jetzt freigegebene Bockenheimer Kaserne mit 54-60 2-Zimmerwohnungen, sowie zwei Gasthöfe für Leute, die sich vorübergehend hier aufhalten, und der Frankfurter Hof mit 22 Zimmern als Ledigenheim, während man Schulen für Wohnzwecke nicht erlangen konnte." (Frankf. Nachrichten v. 17.7.19)

Im Herbst 1919 fanden schließlich die ersten Zwangseinquartierungen statt. Die Zwangseinquartierungskommissionen begannen mit den Wohnungsbesichtigungen im Westend. Den Wohnungseigentümern wurde mitgeteilt:

„Die von den Kommissionen als zur Abtretung geeignet bezeichneten Räumlichkeiten werden zur Errichtung besonderer Wohnungen herangezogen werden. Den Kommissionen ist die Besichtigung *aller* Wohnungen zu gestatten und ihnen Auskunft über die Anzahl der Bewohner und die Art der Benutzung der besichtigten Räume zu geben." (VR 156 v. 6.10.19)

Im Dezember 1919 wurden die Zwangseinmietungen auch auf möblierte Zimmer ausgedehnt. Die vom Wohnungsamt und dem Schlichtungsausschuß ausgehandelten Richtlinien bedeuteten allerdings für die dort Eingewiesenen keinesfalls, nun eine Wohnung zu haben, in der sie sich nach ihren eigenen Bedürfnissen einrichten, in der sie leben und sich frei entfalten konnten, sondern sie verlangten von ihnen eine strikte Unterordnung. Das Familienleben der Vermieter sollte möglichst ungestört beleiben. Die Eingewiesenen mußten sich den „Gepflogenheiten des Hauses" unterordnen, hatten nur Anspruch auf notwendigste Ausstattung der Zimmer mit Bett, Tisch, 2 Stühlen, Schrank, Waschgelegenheit und Ofen und durften auch Gas oder elektrische Anlagen nur benutzen, wenn sie auf eigene Kosten besondere Zähler einbauen ließen. (VR 217 v. 17.12.19)

Die „systematischen Hausbesichtigungen" wurden im Januar 1924 abgeschlossen. Von 27684 Fällen brachten 4000 einen Erfolg. Dabei wurden erfaßt:

Notwohnungen	in	2681 Fällen
möblierte Zimmer	in	645 Fällen
unmöblierte Zimmer	in	294 Fällen
Mansarden	in	380 Fällen
		4000 Fälle (Ber. d. Mag., 29)

Ein Prozentsatz von insgesamt 14½ ist angesichts der großen Zahl untersuchter Wohnungen allerdings eher bescheiden zu nennen. Auch das spricht eindeutig dafür, daß man das Bürgertum nicht allzu sehr „belasten" wollte.

Der Arbeiterrat hatte von Anfang an versucht, einen möglichst starken Einfluß auf die Arbeit des Wohnungsamtes auszuüben. Er hatte dort ein Kontrollrecht und beschäftigte sich in zahlreichen Sitzungen mit Fragen des Wohnungsproblems. Aufgrund der katastrophalen Entwicklung hatte eine Vollversammlung beschlossen, alle Kräfte zur Abhilfe dieser Notlage mit einzustellen und verlangte vom Magistrat beschleunigte Verhandlungen, um dem Arbeiterrat beim Wohnungsamt ein Recht auf Mitarbeit und Kontrolle zu sichern. Der Magistrat verwarf im August 1919 das Ansinnen mit der Begründung, die Durchführung einer geordneten Verwaltung sei mit einem solchen Mitbestimmungsrecht nicht vereinbar, man sei jedoch bereit, seine Vorschläge bereitwillig zu prüfen und mit ihm zusammenzuarbeiten. (VR 111 v. 14.8.19) Robert Dißmann kritisierte diese Antwort und verwies auf die dem Arbeiterrat durch die Revolution zugewiesenen Rechte. Er verwahrte sich nachdrücklich gegen die Versuche einer Entmachtung und erklärte, auch künftig zu versuchen, Zwangsräumungen zu verhindern, um dadurch Revolten vorzubeugen. Räume man ihm auch künftig kein Mitbestimmungsrecht ein, könne er nicht verhindern, daß die Wohnungslosen die Schuld bei der Stadtverwaltung sähen und zur Selbsthilfe griffen. (VR 111 v. 14.8.19) Der Arbeiterrat, der u.a. auch Zwangsräumungen in Frankfurt verhinderte, wurde daraufhin vom Staatsanwalt angezeigt. Das Innenministerium untersagte ihm am 10. Juni 1919, die Wohnraumbeschaffung zu beeinflussen. (Stratmann, 52) Am 6. Januar 1920 wurde ihm schließlich das Recht abgesprochen, im Wohnungsamt tätig zu sein. (Dok. Hist. Mus., 112)

Insgesamt muß festgestellt werden, daß alle Maßnahmen viel zu kurz griffen, um den Wohnungsmangel auch nur annähernd zu beheben. Eine großer Teil der Wohnungssuchenden war in unzureichend ausgestatteten Notwohnungen oder Gaststätten untergebracht. Aufgrund der großen Nachfrage entwickelte sich ein immer stärkerer Schleichhandel auf diesem Sektor. (VR 132 v. 22.6.20) Das Wohnungsamt war der Flut von Anträgen nicht mehr gewachsen. Ab Juli 1920 wurde es wöchentlich an drei Tagen geschlossen, eine Aufnahme in die Liste der Wohnungssuchenden erfolgte nur noch in Ausnahmefällen. Die städtische Nachrichtenstelle teilte mit, Wohnungssuchende sollten künftig nach dem Grad der Dringlichkeit von einem Ausschuß

„nach Maßgabe der verfügbaren Wohnungen gewissermaßen der Reihe nach eingewiesen werden. Bei diesem Verfahren dürfte sich ein fortwährendes Nachfragen des wohnungssuchenden Publikums als vollständig zwecklos erweisen.“ (VR 156 v. 20.7.20)

Mehrfach wurde dringend vor dem Zuzug nach Frankfurt gewarnt. Im Oktober 1920 veröffentlichte das „Volksrecht“ einen solchen Aufruf:

„Die Wohnungsnot in Frankfurt a.M. ist derart gestiegen, daß vor einem Zuzug erneut öffentlich gewarnt werden muß. Das Wohnungsamt ist jetzt und in absehbarer Zeit nicht in der Lage, für Wohnungen sorgen zu können. Zuziehende Familien und Personen setzen sich daher der Gefahr aus, obdachlos zu werden. Erfolgt dennoch der Zuzug, so haben sie sich die entsprechenden Folgen selbst zuzuschreiben.“ (VR 244 v. 30.10.20)

Nachdem das Wohnungsamt ein halbes Jahr lang nur „unerledigte Fälle“ aufarbeitete, öffnete es Januar 1921 wieder. 1920 waren an weniger als 3000 Wohnungssuchende Wohnungen vermittelt worden. Neuzuziehende, denen aufgrund gesetzlicher Bestimmungen der Zuzug nicht verwehrt werden konnte oder junge Paare hatten praktisch keine Chancen, eine Wohnung zu bekommen. Trotz Aufnahmestop in die Listen waren 1920 noch immer 6418 Wohnungssuchende gemeldet, darunter 3376 als dringlich. (Ber. d. Mag., 28) Diese Zahlen wuchsen in den folgenden Jahren sogar noch an. Es waren gemeldet:

1.3.22	8571 Wohnungssuchende,
1.1.23	12028 Wohnungssuchende,
1.1.24	15354 Wohnungssuchende.

Dagegen wurden an selbständigen Wohnungen vergeben:

im Kalenderjahr 1920	1627 Wohnungen,
im Kalenderjahr 1921	2184 Wohnungen,
im Kalenderjahr 1922	1534 Wohnungen,
im Kalenderjahr 1923	1586 Wohnungen. (ebd., 28f.)

Zumindest einige Maßnahmen zum Schutz der Mieter wurden nach der Revolution durchgeführt. „Den Familien der Kriegsteilnehmer wurden bei Mietschulden Zahlungsfristen bewilligt, um Zwangsräumungen zu vermeiden. Es wurden Mieteinigungsämter eingerichtet, die bei Mietsteigerungen oder Kündigungen zur Vermittlung zwischen Hausbesitzer und Mieter in Anspruch genommen werden konnten.“ (Stratmann, 40) Doch sie arbeiteten offensichtlich nicht so, wie die organisierte Arbeiterschaft es sich erhofft hatte. Der Geschäftsführer des Mieterschutzvereins führte heftige Klagen gegen das Wohnungsamt; während die Arbeiterschaft Schlange stünde, fänden „bessere Kreise“ das geneigte Ohr des Direktors, das Amt würde Markthelfer der spekulativen Hausbesitzer. (VR 196 v. 23.8.21) Die USPD kritisierte ebenfalls das Verhältnis zwischen Wohnungsamt und Mieteinigungsamt als gänzlich unter dem Einfluß der Hausbesitzer stehend und warnte vor der Gefahr eines ständigen Wohnungsmangels.

„Man sollte die Geduld der Opfer der Wohnungsnot nicht so lange auf die Probe stellen, bis sie auf einmal zur ‚Selbsthilfe‘ greifen. Auch die Erwerbslosen hat man so lange ihrem Schicksal überlassen, bis sie in ihrer Verzweiflung sich zu Unüberlegtheiten hinreißen ließen, um sie dann mit blauen Bohnen zu traktieren. Doch mit solchen Mitteln ist auf die Dauer weder der Erwerbslosigkeit noch der Wohnungsnot beizukommen. Das sollten auch unsere Stadtväter begreifen.“ (VR 11 v. 14.1.21)

Die Lage wurde zunehmend explosiv, und die Mieter setzten sich gelegentlich gemeinsam gegen Zwangsräumungen zur Wehr. Hans Doll aus dem Gallusviertel erinnert sich noch gut an solche Aktionen in der Nachbarschaft und wie die Arbeiter dagegen protestierten:

„Die arme Leut', die kaa Miet' bezahle konnte, sin zwangsweise evakuiert worn, erausgeschmisse aus de Wohnunge, un da warn mir (die Kinder) natürlich debei gewese un habbe mächtig Tamtam geschlache. Mir habbe mit de Alte protestiert, daß sie die Zwangsräumung nit dorchführn. Un wenn se die Möbel rausgeschleppt habbe, dann ham mir uns zwische die Baa gestellt un habbe die Möbelträscher, aach die Polizei, die habbe mir natürlich am meiste belästischt. Gesche uns is ja schließlich die Polizei nit gleich mit'm Gummiknüppel dezwische gesprunge. (Mir habbe e) Baa gestellt oder zwischedorchgelaafe, da habbe se gesacht: geh' aus'm Wesch, geh' aus'm Wesch! – Mußte se de Kram abstelle widder, un des hat immer widder e Möschlichkeit gegebbe, daß die Ältere widder en Schritt vorwärts gehe konnte.“ (Doll, 98)

Der Mieterschutzbund forderte in der „Mieterzeitung“ neben der Neugestaltung und Neubesetzung des Mieteinigungsamtes vor allem die Einhaltung gesetzlicher Bestimmungen, die Nichtgenehmigung von Zwangsräumungen ohne Bereitstellung von Wohnraum, keine Kündigung wegen Lappalien sowie eine kritische Einstellung bei Forderungen von Mieterhöhungen. (VR 85 v. 13.4.21) Immer wieder gab es massive Proteste gegen die Bewilligung von Mietzuschlägen. So machte z.B. der Mieterschutzverein 1920 erfolgreich eine Eingabe beim Reichswohlfahrtsministerium gegen eine geplante 40 %ige Erhöhung des Mietzuschlages. (VR 1 v. 3.1.21) Als die Mieten in den städtischen Wohnungen 1921 massiv steigen sollten, gingen die Mieter im Riederwald in die Offensive und gründeten einen Mieterrat. Sie erließen folgenden Aufruf:

„Achtung! An die Mieter sämtlicher städtischer Wohnblocks.
Der Magistrat, bezw. die Stadtkämmerei beabsichtigt eine Mietpreissteigerung bis zu 80 Prozent für die Wohnungen in den städtischen Wohnhäusern vorzunehmen. Die Mieter der Riederwaldkolonie haben zu dieser Frage Stellung genommen und beschlossen, dagegen energisch Front zu machen. Der in einer Versammlung gewählte Mieterrat ersucht die Bewohner anderer städtischer Wohnblocks, sich seinem Vorgehen anzuschließen. Entsprechende Mitteilungen wolle man an Gen. Hans Kargel, Nebeniusstr. 2, richten.
Der Mieterrat der Riederwaldkolonie. (VR 76 v. 2.4.21)

Die von der Stadtkämmerei angekündigten Mieterhöhungen bis zu 90 % für die städtischen Wohnungen und Kolonien, führten schließlich nicht nur im Riederwald, sondern in allen betroffenen Stadtteilen zur Gründung von Mieterräten und zur Bildung eines zentralen Mieterrates. (VR 86 v. 14.4.21) Im Juli 1922 veranstaltete der Mieterschutzverein eine Protestkundgebung auf dem Römerberg gegen die vom Magistrat festgesetzten Erhöhungssätze. In einer Protestveranstaltung kurz zuvor wurde dem Magistrat angesichts einer geplanten Erhöhung von 341 % das kommunalpolitische Verständnis abgesprochen. Das Verfahren laufe auf eine Aufhebung der Zwangsbewirtschaftung hinaus, um den Vermietern freie Hand zu lassen. (VSt 167/171 v. 20./25.7.22)

Im März 1922 wurde das „Reichsmietengesetz" erlassen, das eine gesetzliche Höchstmiete festlegte. Grundlage war die „Friedensmiete" nach dem Stand vom 1.7.1914 abzüglich der Betriebs- und Instandhaltungskosten. Eine Erhöhung der Mieten war danach nur mit der Erhöhung der Aufwendungen möglich. In Frankfurt bestand allerdings auch schon zuvor eine „Höchstmietenverordnung". In der Wohnungszwangswirtschaft ging es neben der Wohnraumbewirtschaftung um Mieterschutz und gesetzliche Mietpreisbindung. Durch das „Reichswohnungsmangelgesetz" vom 26.7.1923 wurden alle Neubauten, darunter wurden Wohnungen verstanden, die nach dem 1.7.1918 fertiggestellt wurden, aus der „öffentlichen Bewirtschaftung" herausgenommen und unterstanden damit nicht länger dem Wohnungsamt. Zwangseinmietungen durften dort nicht mehr vorgenommen werden. Durch das „Reichsmieterschutzgesetz" vom 1.6.23 wurden die Mieter zwar vor willkürlichen Kündigungen geschützt, (vgl. Stratmann, 47f.) ausgeschlossen davon blieben allerdings die Wohnungen von gemeinnützigen Bauvereinigungen, also der überwiegende Teil der Mieter in Neubauwohnungen. (vgl. Anh. 16, Wohnungsbaugesetze der Nachkriegszeit)

Der einzig auf Zweckrationalität gerichteten Einstellung der Manager der Baugesellschaften mußte das Verhalten der Mieter als völlig unvernünftig erscheinen. Die Denkschrift der „AG für kleine Wohnungen" aus dem Jahre

1930 spiegelt die Einstellung der Baugesellschaften gegenüber den Mietern deutlich wider:

„Am 1. April 1919 mußte eine Mieterhöhung ... vorgenommen werden. Trotzdem schloß das Jahr 1919 mit einem Fehlbetrag von 190000 Mark ab. 1920 verdoppelte sich dieser Verlust. Vergeblich bemühte sich die Gesellschaft, die Mieter zur Einsicht zu bringen, daß bei den ungeheuren Preissteigerungen auf allen Gebieten auch die Mieten erhöht werden müßten. Mehr noch als die von den großen Zahlen verwirrten Mietervertreter suchten die Funktionäre des Mieterschutz-Vereins die Schwierigkeiten zu häufen, um die Gesellschaft zu Fall zu bringen. Mit allen Mitteln wurde eine Verständigung mit den Mietern hintertrieben. Eine Anrufung des Mieteinigungsamtes und des ordentlichen Gerichts führte zu keinem praktischen Erfolge. ... Je stärker der Währungsverfall fortschritt, desto geringer waren die Mieten. Bald sanken sie auf einen so niedrigen Stand, daß ihre Einziehung nicht mehr lohnte. Viel zu spät erkannten Regierung und Parlament den verheerenden Einfluß der Mieterfrage auf den Hausbesitz und die gesamte Volkswirtschaft. Endlich trat am 1. Juli 1922 das Reichsmietengesetz in Kraft, das wenigstens die Möglichkeit zur angemessenen Mietfestsetzung gab, dessen Auswirkung aber zunächst auch in dem Strudel der Inflation unterging. ... Inzwischen hatten die in Kraft getretenen neuen Wohnungsgesetze eine Rechtslage geschaffen, die es ermöglichte, alle Mietverhältnisse auf den 1. Oktober 1923 zu kündigen. Die Gesellschaft mußte zu diesem Mittel greifen, um zu befriedigenderen Verhältnissen zu gelangen. Die Kündigung bildete den Höhepunkt der Mietstreitigkeiten. ...
Zweifellos hatte die Mehrzahl der Mieter es als wohltuend empfunden, daß ihnen die Gesellschaft dereins in ihrer Wohnungsnot beigestanden und ihnen ein gesichertes Unterkommen geboten hat. Der Umstand, daß die Mieter nur selten und nur unter dem Druck der Verhältnisse eine Gesellschaftswohnung aufgaben, zeigt, daß ihnen auf dem freien Wohnungsmarkte vielleicht bessere, keinesfalls aber preiswertere Wohnungen angeboten werden konnten. Das Gefühl anerkennender Dankbarkeit für die wirtschaftliche Erleichterung, die die Gesellschaft mit ihren billigen Wohnungen ihnen einst verschafft hatte, mußte sich daher auflösen und schließlich ganz verflüchtigen, als in der fortschreitenden Inflation die Miete aufhörte, ein überhaupt noch beachtenswerter Faktor in den Kosten der Lebenshaltung zu sein. ... Alle Mieter ..., die von dem fast umsonst überlassenen Volksgute ‚Wohnung' nur einen bescheidenen Teil in Anspruch nahmen, hielten sich für geradezu geschädigt. ... Hinzu kam, daß die wirtschaftliche Lage der Mieter nichts weniger als günstig war, Lebensmittelnot, Erwerbslosigkeit, heftige Wirtschaftskämpfe das seelische Gleichgewicht von innen heraus ins Wanken brachten, während von außen her eine durchaus nicht unbeachtliche Propaganda ihnen klar zu machen versuchte, daß alles Heil nur von einer Sozialisierung des Hausbesitzes zu erwarten sei. ...
Die Kündigung sämtlicher Mietverhältnisse und die darauf einsetzenden Verhandlungen mit den Mietervertretern führten zu einer Bereinigung der Verhältnisse. Ein neuer Mietvertrag sicherte der Gesellschaft noch in der Inflationszeit eine Miete auf Goldbasis." (Vier Jahrzehnte Wohnungsbau, 20ff.)

Das gemeinnützige Wohnungsbauunternehmen argumentierte einerseits ganz rational im Rahmen der kapitalistischen Ökonomie mit den Verlusten, die es hatte und die nach den Gesetzen der Kapitalverwertung durch Preiserhöhungen ausgeglichen werden mußten. Den Mietern gegenüber trat es andererseits in seiner Selbstdarstellung aber nicht als öffentlich subventioniertes Wirtschaftsunternehmen, sondern als „Wohltäter" auf, dessen Hilfsbereitschaft und Güte von den uneinsichtigen, verwirrten und verführten Begünstigten mit Undank belohnt wurde. Das ist ungefähr so, als könnten die Arbeiter und Angestellten des Unternehmens von den Direktoren und Eigentümern der Gesellschaft Dankbarkeit und als dessen Ausdruck einen ihren Bedürfnissen befriedigenden Lohn erwarten, weil ohne ihre Arbeit das Unternehmen nicht florieren kann.

Das Unternehmen gestand zwar zu, daß die Lage der Mieter „nichts weniger als günstig war", verschwieg aber, daß seine „Inflationsverluste" wegen der permanenten Geldentwertung nur auf dem Papier beeindruckend waren. Während alle Sparer, Kriegsanleihezeichner usw. ihre Einlagen verloren, blieb der Grundbesitz und sein Wert erhalten, aber die Verluste der Arbeiter an Gesundheit, Wohlbefinden, Existenzsicherheit waren nicht auszugleichen. Nicht Mangel an Einsicht, nicht Verführung durch radikale Ideologen – wie die Gesellschaft unterstellte – trieb die Mieter zur Gegenwehr, sondern die schiere Verzweiflung. In der Vereinzelung als Konsumenten des alltäglichen Bedarfs waren die Lohnabhängigen nicht in der Lage, sich gegen die inflationären Preissteigerungen im Einzelhandel zu wehren. Nur auf zwei Fronten, wo sie als organisierte Massen auftreten konnten, waren sie auch in der Lage, den Widerstand zu organisieren: im Betrieb an der Lohnfront oder gegenüber den großen Wohnungsbaugesellschaften, deren Gesellschafter, Kommunen und Staat, sich aus politischen Gründen nicht ganz und gar unnachgiebig zeigen konnten. Wären die Mieten auch noch entsprechend der Teuerungsrate gestiegen, so wären Millionen verhungert oder obdachlos geworden.

Nach der Revolution trat in Frankfurt eine Polizeiverordnung über die Benutzung von Gebäuden zum Wohnen und Schlafen in Kraft, eine sogenannte Wohnungsverordnung, in der festgelegt war, wie Wohnraum eigentlich hätte beschaffen sein sollen. Danach mußten alle Wohn- und Schlafräume (auch Küchen) mindestens ein unmittelbar ins Freie führendes Fenster haben. Zum Schlafen durften nur geschlossene Räume dienen, wobei für jede Person über 10 Jahre mindestens 12 m^3, für Jüngere mindestens 8 m^3 und 3 m^2 Bodenfläche vorhanden sein sollten. Jede Wohnung sollte ihre eigene Toilette haben, zumindest durften danach auf eine Toilette nicht mehr als zwei Haushaltungen kommen. Untermieter, Schlafburschen durften nur bei für die Familie verbleibendem Mindestmaß an Wohnfläche aufgenommen werden. (Städt. Anzeigenblatt, 1919, 328) Das alles hörte sich gar nicht so schlecht an. Die Realität sah allerdings oft ganz anders aus. Das Elend der proletarischen Wohnverhältnisse – und insbesondere der kinderreichen Familien – läßt sich nicht nur anhand des statistischen Materials, an Zeitungsberichten usw. nachweisen, sondern zugleich durch die sehr plastischen Schilderungen der Zeitzeugen. Dabei darf nicht übersehen werden, daß alle von mir Befragten in vergleichsweise noch „besseren" Verhältnissen lebten insofern, als ihre Familien immerhin eine Wohnung hatten, daß sie auch nicht in Notunterkünften oder in Massenquartieren untergebracht waren. Harte Kritik wurde an den Wohnverhältnissen in den städtischen Notwohnungen geübt. Angeprangert wurden die hohen Mieten, aber in den umgebauten Wohnungen auch mangelnde Hygiene und Bequemlichkeit. So war z.B. in der Kolonie an der Mainzer Landstraße – laut Bericht im „Volksrecht" – für mehr als 100 Wohnungen kein einziger Waschkessel vorhanden, sodaß in den Wohnungen gewaschen werden mußte, die dadurch feucht und ungesund wurden. In Bonames gab es seit Neujahr 1921 kein genießbares Trinkwasser mehr, nach ärztlicher Untersuchung war es für menschlichen Genuß unbrauchbar. Fast alle Mieter klagten zudem über Feuchtigkeit und Schimmel an den Wänden. (VR 86 v. 14.4.21)

Die Erzählungen der Zeitzeugen über ihre damaligen Wohnverhältnisse ähneln sich in vielen Punkten, obwohl sie aus sehr unterschiedlicher Sicht berichtet, oft auch verschieden empfunden und verarbeitet wurden. Um Wiederholungen zu vermeiden, wurde eine kleine Auswahl getroffen. Zunächst berichtet Emil Schmidt, der Sohn des Handwerkers. Er betonte, daß es durchaus Zeiten gab, in denen die Familie etwas besser als Arbeiterfamilien lebte, daß teilweise das Essen reichlicher war, daß es aber auch Zeiten gab, in denen es ihnen mindestens so schlecht ging wie den Arbeitern. Während seiner ganzen Kindheit und Jugend wohnten sie in derselben Wohnung.

„Wir haben im Hinterhaus im Sandweg gewohnt, in einer Straße in der eine gemischte Gesellschaft gelebt hat. – Das war nun so, daß in den Hinterhäusern die Arbeiter gewohnt haben und die ärmeren Leute, während in den Vorderhäusern die Angestellten oder bestbezahlte Arbeiter gewohnt haben und kleine Geschäftsleute. In dem Hinterhaus bei uns haben zum Beispiel nur Arbeiter gewohnt außer meinem Vater, der ja selbständiger Schuhmacher war, aber bevor er die Schuhmacherei aufgemacht hat, Schuharbeiter war in einer Schuhfabrik in Bockenheim. –
Im Vorderhaus im Parterre war ein Lebensmittelladen, hinter dem Lebensmittelladen war natürlich ein Lebensmittellager. Auf der anderen Seite war im Parterre ein Metzger. Und die Wurstküche, die war hinter diesem Hof zwischen den beiden Häusern. Und bei uns gab's Mäuse noch und noch. Wahrscheinlich ist es überhaupt nicht zu verhindern, daß in solchen Wohnungen Ratten, Mäuse oder Ungeziefer mindestens temporär auftauchen, denn schon die Lebensmittel ziehn ja solche an, und dann unter so schlechten Wohnverhältnissen. Also wir hatten Mäuse, die ham wir gefangen auf die merkwürdigste Art, also zum Beispiel mit einer leeren Zinkbadewanne, die wir unterm Herd aufstellten, und dann warn morgens oft da Mäuschen drin. Später ham wir das besser gemacht, ich bekam nämlich von dem Metzger im Vorderhaus, einem jüdischen Metzger, eine Katze, und dann hatten wir natürlich keine Mäuse mehr." (E. Schmidt, 3f.)

Zum Teil lebten dort sehr kinderreiche Familien.

„Es warn also 7 Personen in einer Wohnung, die aus 3 kleinsten Zimmern bestand. Und die Küche, des warn keine Küchen, in denen man essen konnte. - Bei uns war das so, daß von diesen 3 kleinsten Stuben eine Stube wegfiel, weil mein Vater ne Werkstatt gebraucht hat. Nun warn wir nur zu dritt, haben also in 2 Zimmern gewohnt, die haben so ausgesehn: in dem einen war's Schlafzimmer, das war so klein, daß da 2 Betten gerade hineingingen und ein sogenannter Waschtisch. Da war das Zimmer voll, also noch nicht einmal ein Schrank. Wir besaßen 2 Schränke, die standen im Wohnzimmer. Und ich hatte kein eigenes Bett, bis ich geheiratet hab. Ich hab zwischen meinen Eltern in den Ehebetten geschlafen, im sogenannten Gräbelchen. – Die Küche, die war also unwahrscheinlich klein. Da war auf der einen Seite son Spülstein, und dann stand neben dem Spülstein auf der anderen Seite ein kleiner Küchenschrank.

Und gegenüber war ein Kohleherd und dazwischen ein Gasherd. Und wenn eine Person in der Küche war, war die Küche effektiv besetzt. Da konnte sich die eine Person praktisch überhaupt noch net einmal hinsetzen. Und da die Küche nach dem Vorderhaus ging, zwischen Hinterhaus und Vorderhaus war ein kleiner Hof, war die Küche außerdem wahnsinnig dunkel." (ebd., 5f.)

Hermann Schulze wuchs in der Altstadt, in der Gelnhäuser Gasse, auf. Es war eine Straße, in der Prostitution betrieben wurde. Sie hatte

„etwas 30 Häuser, und davon war die Hälfte Kneipen, sogenannte Animierkneipen. Wir haben uns da nix dabei gedacht. Da saßen die Damen mit so halb raushängendem Busen im Fenster. – Später, wie wir dann etwas älter wurden, da haben wir begriffen, was das bedeutet. – Die warn sehr kinderfreundlich, diese Mädchen da, die da saßen. Die haben uns manchmal gesagt: ‚hol mir doch mal en paar Zigaretten' und so. Da haben sie uns fürstliches Trinkgeld gegeben. Die waren nett zu uns. –
Die Gelnhäuser Gasse, die war so schmal, daß grad so ein Auto durchfahrn konnte, und rechts und links war son kleiner Trottoir, und das warn alles so uralte Häuser. Zum Beispiel bei uns, wenn mer da reingekommen ist, mußte man über eine im Boden eingelassene Tür, da ging's in den Keller. Da wurde die Tür aufgeklappt, und dann ging's runter, und das war son schmaler Gang. Eine komische Bauweise, es konnt' keiner rein und raus. Einmal das, und dann sind wir hoch in den 1. Stock, da war rechts gleich es Klo, en Holzklo, primitiv, alles ziemlich primitiv. Und wir hatten da ne 3-Zimmer-Wohnung, und zwar das große Zimmer war vorn raus nach der Straße, und dann kam man auf den Vorplatz, also eigentlich ins Treppenhaus schon, da ging's links in die Küche. Wir hatten ne sehr kleine Küche, die son Sandsteinspülbecken hatte, abgenutzt schon seit Jahrhunderten, schwer sauber zu halten. – Also man hat en Lichtschacht gebaut, der ging von unten hoch bis ans Dach dann. Und da gingen die einzelnen Fenster vom Schlafzimmer und von der Küche aus da raus, so daß wenigstens etwas Licht reinfiel, aber frische Luft kam da keine. Es war halbdunkel. Und besonders unangenehm war, erst war ne Lumpenhandlung unten, und dann kam sogar ne Kneipe oder son Café rein. Und die hatten ihre Toiletten auch da unten und diese ganzen Düfte. Die Gäste warn dann zum Teil besoffen, haben randaliert, und wir haben da geschlafen. Schmeißen die Türn zu, und wir haben da geschlafen, aber das war nun mal so, das war net zu ändern. Es gab Häuser, da war das noch schlechter. Wir hatten jedenfalls in jedem Stockwerk ein Klo.
Im Nebenhaus, da hat sich mal folgendes begeben: die hatten nur ein Klo, und das eine Klo, das war im Treppenhaus unten im Parterre, also wo mer reinkam, so eingebaut in ner Ecke drin, wo grad noch Platz war. Und das war immer dunkel da drin, und die ganzen Hausbewohner mußten da rein. Ein Bewohner mußte mal unbedingt, rennt da runter, macht die Hosen erunner und geht da rückwärts rein, weil alles so eng war. Und wie von einer Tarantel gestochen, haut der ab, da saß schon jemand drauf. Das ging natürlich rum wie ein Lauffeuer. So unmögliche Zustände warn das. Ein Klo fürs ganze Haus und Plumpsklo.
Auf der andern Seite war ein Haus, die hatten kein Treppengeländer, sondern so ein dickes Seil zum Festhalten. Und wir Buben wir haben uns en Spaß macht, wenn jemand Fremdes da hochging, und dann haben wir gewartet, bis der im 2. Stock war, der hat sich da am Seil festgehalten, und dann ham wir zu zweit oder zu dritt an dem gerissen, und da ist dem die Hand gegen die Wand geflogen, und da ham wir uns en Scherz draus gemacht. –
Meine Mutter hat also meistens das Essen gemacht, und dann ham wir im Wohnzimmer gegessen, die Küche, die war einfach zu klein für unsre Familie. – Und das Wohnzimmer, das war das große Zimmer gewissermaßen, da war en Sofa und Tisch und das

Bild, das war das Prunkstück der ganzen Wohnung gewesen. Das hat ein Freund von meinem Vater gemalt, der hat's ihm damals geschenkt. Und ein paar Fotografien und ein Vertiko. Da standen die Fotografien drauf und auch en paar Nippessachen vielleicht. Und Sessel oder so was gab's net, des warn einfache Stühle, gepolsterte Stühle, aber Sessel und so was – nix. Fernsehn gab's ja net. Wir hatten aber en Grammophon, an den kann ich mich noch gut erinnern. –
Es Schlafzimmer, das war dann en Doppelbett und dann die sogenannte Traumlandschaft mit Engelchen, die schwebten da überm Wald und da unten irgend son Liebespaar oder so was. Das war damals so. Und unsre Zimmerlinde, die war damals auch. Heut hat man en Gummibaum oder was anderes, aber damals war ne Zimmerlinde. –
Zu Hause war alles eng. Wir hatten ja kein Bad und keine Dusche. Wie wir noch ganz klein warn, da ist ne Wanne mit Wasser heißgemacht worden, und dann kam der Erste rein, der Zweite, der Dritte kam ins selbe Wasser. Das wurde net dauernd (erneuert). Das Wasser war teuer. –
An sich waren die Wohnungen sehr ungesund, und man muß sich wundern, die Gasse war so eng, daß mittags, wenn die Sonne hoch stand, mal da kurz reingeschaut hat, selbst im hohen Sommer. Angenehm kühl war's auf der andern Seite, aber es war sehr ungesund. Man brauch sich net zu wundern, daß die Kindersterblichkeit damals so groß war. Und wer das überstanden hat als Kind, der ist wahrscheinlich alt geworden. Man sagt, die Schmuddelkinder, die sind die gesündesten, weil die gefordert werden gesundheitlich." (Schulze, 10ff.; 33ff.)

Miez Kalis' Familie war gezwungen, in eine kleine Wohnung umzuziehen.

„Des warn nur zwei Räume, ein sogenanntes Wohnzimmer und die Wohnküche, also nur zwei Räume. Allerdings hatten wir noch das Privileg, wir hatten noch einmal ein ganz kleines Kämmerchen, weil zwischen den zwei Häusern mußte ein Feuertor eingebaut werden, weil ja der Block auch noch mal Innenhäuser hatte, und des war des Zufahrtstor für die Feuerwehr. Und über diesem Tor waren dann noch drei Stockwerke hoch so ganz kleine Räume. Und da ging grad ein Bett rein, und da ham wir zwei Mädchen zusammen in einem Bett gepennt. Und dann hatten wir uns immer ausgemalt, wenn wir mal groß sind, wenn wir genug Geld haben, dann wollen wir selbst einen Garten haben mit einem kleinen Häuschen drin, damit die Mamma ihre eigene Waschküche hat. Des war immer son Problem mit dem Waschen früher."

In der kleinen Kammer der Mädchen

„da gab's nur eine Kerze. Da sind wir nur zum Schlafen reingekrabbelt und haben uns gegenseitig warmgehalten. –
Auf unsrer Seite waren 17 Kinder und 8 Erwachsene. 4 Familien mit je 2 Erwachsenen und 17 Kindern. Und 25 Menschen hatten zusammen eine Badewanne unten im Keller, zugleich Waschküche. Des war en großer Kochkessel, der wurde geheizt. Da hat mer dann allen Dreck (verbrannt), so gesammeltes Holz und Pappdeckel und Papier, des hat mer alles da unten verbrannt und hat damit die Wäsche gekocht und das Badewasser. Zum Glück warn die andern Mieter all sehr bequem und hatten auf'm Balkon so ne Zinkbadewanne stehn, die wurde dann einmal in der Woche höchstens mit Wasser gefüllt, und da wurden alle Kinder abgeschrubbt. Aber unsre Familie und eine Familie im ersten Stock, wir warn die einzigen Familien, die unten gebadet haben. Wir haben uns dann immer mit der Familie Trump abgesprochen. Die Frauen konnten von Montag bis Freitag die Waschküche benutzen, aber Samstag und Sonntag durften die Familien unten baden. Da ham mir uns immer mit Trumps abgesprochen, damit wir nit zweimal Feuer anmachen müssen. Da ham mir gesagt: also mir baden von 3 bis

½5, geht um ½5 runter und feuert nach, damit's Feuer nit ausgeht. In dem Kessel wurde Wasser heißgemacht und mit'm Eimer rüber in die Badewanne gekippt, und die Badewanne war auch gleich Spülbottich für die Wäsch. Also die Trump, die warn sehr ordentliche Mensche und auch sehr sauber. Bei den andern hätten wir uns vielleicht geekelt, wenn die vor uns gebadet hätten."

Weihnachten,

„des war immer festlich. Dann ist in dem sogenannten Wohnzimmer, wo auch Betten standen, dann der Kanonenofen angemacht worden, das war auch son Privileg. Den hatten nur wir bekommen. Die andern hatten nur den großen Kachelofen in der Wohnküche. Aber da hat die Mamma drauf gedrungen: ich hab einen kranken Mann, und wir wohnen oben unterm Dach, es ist hier kalt, wir müssen doch eine Heizmöglichkeit haben. Und da hat man uns so einen – ‚Kanonenofen' ham wir gesagt – Füllofen (hingestellt), der wurde voll Koks gefüllt und hat dann aber meistens so geglüht. Aber des war schön, wenn das Feuer gebrannt hat, mer konnt' in des Zimmer rein im Winter, des war schon feierlich."

Normalerweise wurde der Ofen nicht angesteckt,

„nur an Weihnachten und dann eben Silvester und Neujahr, sonst nit. Sonst ist die Tür gegen Abend zu dem Wohnzimmer aufgemacht worden, daß ein bißchen warm

Aus dem Fenster der Dachwohnung der Familie Kalis in der Münzenberger Straße sieht der Vater mit seinen drei Kindern. Direkt daneben ist die Wohnung der Ennenbachs. Das Bild zeigt auch die große Zahl der Kinder im Arbeiterwohnblock.
Die Familie Kalis versuchte trotz der Enge, das Wohnzimmer behaglich zu gestalten. Der große Bücherschrank, überwiegend mit Büchern des Stenografenvereins, für den der Vater arbeitete, die Bilder, die Kuckucksuhr, Spitzendecken, Nippes und eine Büste von

Gabelsberger, dem Begründer der Stenografie, gaben dem Zimmer eine besondere Note.

kommt an die Betten, die da standen, aber sonst ist der nie angemacht worden. – Es gab in dem Haus nur Gasleitung. Also alles hat sich mit Gas abgespielt, und da wußte man, wenn man abends heimkam, im Dunkeln wußte man schon, wo die Streichhölzer liegen und ist dann auf en Stuhl gestiegen und hat oben unter der Decke die Gaslampe angemacht. Und man mußte auch im Treppenhaus (anmachen). Jede Partei pro Stock mußte selbst das Licht beizeit, das war genau vorgeschrieben, zu welcher Uhrzeit das Licht anzustecken ist. Des war auch nur so ne Gasfunzel. Elektrisch, oh da wärn wir fein raus gewesen, aber des gab's nicht. Es war noch alles Neuland damals." (Kalis, 10ff.)

Was Miez Kalis über das Wohnzimmer erzählt, war sehr typisch für Arbeiterfamilien gewesen. So klein die Wohnung war, wenn es immer ging, dann gab es eine „gute Stube", die sich nur für seltene Gelegenheiten öffnete. Sie war – so Rühle – für den Arbeiter, was für den Bourgeois der Salon war. (Rühle 2, 334) Doch sie war nicht nur da, um etwas Vorzeigbares für festliche Anlässe zu haben, ein Raum für das Vertiko mit Nippessachen, für Fotographien im Rähmchen, das Rauchservis, eine Obstschale, vielleicht eine Standuhr, sondern die gute Stube war zudem der Raum, in dem noch ein Ofen stand, und es mangelte an Geld und Heizmaterial, diesen Raum ständig warm zu halten. Das Zimmer wurde in der Regel sorgfältig gepflegt, alle „Schätze" des Arbeiterhaushaltes dort untergebracht, wie sich u.a. Walter Schumann erinnerte:

„Das Wohnzimmer war ein Zimmer, da durfte man also nur an bestimmten Feiertagen oder sonst was ähnlichem rein, durfte man sich da auf so ne Couch setzen. Sofa hat mer damals gesagt. Das Sofa war abgedeckt mit Decken usw., Feuer wurde entweder an Weihnachten oder Neujahr gemacht, sonst wurde da drin kein Feuer gemacht." (Schumann, 5)

Ein Canapé stand bei ihnen im Zimmer – so Ernst Wisker –, das immer wie neu war. Und sitzen durften sie auch nur bei besonderen Gelegenheiten. Er meint dazu:

„Also des war bei fast sämtlichen Familien so, da war überall ein Wohnzimmer, das wurde niemals benutzt. In der Ecke hat son schöne Kachelofe gestande, und der wurde im Jahr einmal angemacht, war an Weihnachten. Sonst hat meine Mutter hier nur abgestaubt. Ganz früher, wie meine Schwester hier noch geschlafen hat, (hatte die hier das) Bett. Und da hat die nur abgestaubt, geputzt. Da hat en Tisch gestanne, die Stühle. Wie ich dann größer war, wa warn die noch genauso schön wie als kleines Kind, die wurden nicht benutzt. Im Wohnzimmer ham wir nur gefeiert, dann noch Weihnachten oder die Verlobung von meiner Schwester, meine Konfirmation, die Konfirmation von meiner Schwester. Des warn so die Feiern im Wohnzimmer. Sonst war nix los hier." (Wisker, 29)

Solch rührend-hilflose Versuche, wenigstens einem Raum so etwas wie Heimeligkeit und Feierlichkeit zu verleihen, einen Ort der Identifikation zu schaffen, konnten nur durch Verzicht, durch eine noch drängendere Enge im Alltag verwirklicht werden. Karl Reimann hat sich die Enge und die ungesunde Wohnung sehr stark eingeprägt. Besonders im Winter hatten Arbeiterfamilien darunter zu leiden, daß ihnen nicht genügend Brennmaterial zur Verfügung stand und daß zudem die Räume teilweise überhaupt nicht beheizbar waren.

„Wir waren zu dritt. – Des war ein großes Zimmer, da standen drei Betten, ein Kleiderschrank, eine Wohnküche und Toilette, und neben der Toilette war ein Spülstein, 'n Trog mit'm Wasserhahn. In der Küche gab's kein Wasser. Da schliefen wir drei Kinder und die Eltern in einem Zimmer. –
Und in dem Zimmer, das hatte ein Fenster nach Norden, und es war im 3. Stock, und da war eine derartige Kälte. Das war ein Dachstock noch obendrein, und außen warn Ziegel, da gab's noch keine Isolierung drunter, also es wurde sehr kalt. Und duch die Atemluft wurden die Fenster beschlagen, die warn oft 3, 4, 5 Zentimeter dick vereist. Die konnte man oft wochenlang nicht aufmachen, denn im Zimmer gab's keinen Ofen. In der Küche gab's zwar einen Herd, aber da wurde ja auch so sparsam geheizt in der Möglichkeit, daß man die Mahlzeiten warmgemacht hat, daß die Küche überschlagen war. Geheizt wurde ja nit, des gab's ja nit.
Am Fenster war ein schmaler Gang, dann kam das Bett von meiner Schwester, und dann kam das Bett von meinem Bruder und mir, ein schmaler Gang, dann das Elternbett und wieder ein schmaler Gang. Mein Bruder und ich, wir mußten zusammen schlafen. Die Kleider, die hat man abends im Wohnzimmer (Wohnküche) gelassen und ist so rübergegangen ins Schlafzimmer. Und wenn man mojns gefrühstückt hat und war fort, dann wurden die Stühle ins Schlafzimmer reingestellt, um die Betten auszulegen, und wenn die Betten wieder gemacht warn, kamen die Stühle wieder naus an den Küchentisch. Das warn Verhältnisse, die kann man sich heute gar nit mehr vorstellen." (Reimann, 6ff.)

Fritz Eisenacher hat ähnliche Erfahrungen:

„Wir haben verhältnismäßig beengt gewohnt, da meiner Mutter Schwester damals noch unverheiratet war und auch in unserer Wohnung gewohnt hat. Wir waren also praktisch 5 Personen in einer 2-Zimmer-Wohnung, ohne Toilette im Haus. Die war auf'm Hof noch und einfach mit einem Zapfhahn, mit einem emaillierten Waschbekken ohne Abfluß, wie man es damals in der Küche hatte in Arbeiterwohnungen. Ich hab bei der Mutter geschlafen.
Ich war das einzige Kind. Später, als die Schwester meiner Mutter geheiratet hat, hat es mehr Platz gegeben in der Wohnung. Aber wir sind später in eine Wohnung eingezogen, die eigentlich noch beschissener war wie die, in der wir vorher gewohnt hatten. Und da ham wir dann im Dachstock gewohnt, und das war schräg. Und da ist man nur über eine halbe Hühnerleiter so hinaufgekommen, so ne ganz einfache Treppenleiter, wo man sich seitlich festhalten mußte. Und die Küche war im Vorplatz plaziert, wenn man überhaupt von Küche sprechen kann. Und diese Bude war auch nicht ganz dicht nach oben, und wenn im Winter Frost war, da haben also die Wände geglitzert, daran erinnere ich mich noch sehr deutlich, recht gut vor Frost und Eis, das durch die schrägen Dachteile da durchgedrungen ist. Da hab ich auch kein Bett für mich gehabt. Ich glaube, ich habe mit der Großmutter zusammen geschlafen, und meine Mutter hat in dem andern, dem sogenannten Wohnzimmer, geschlafen. Da haben wir gewohnt bis zu meinem 14. Lebensjahr." (Eisenacher, 8)

Je kinderreicher die Familien waren, desto schwieriger war es, eine Wohnung zu finden. Wer ohne oder mit wenigen Kindern in eine Wohnung einzog, der wohnte in der Regel dort auch noch, wenn die Familie inzwischen viel größer geworden war, denn eine teurere konnte er sich meistens nicht leisten, und die Hausbesitzer waren kaum geneigt, vielköpfige Familien aufzunehmen. Peter Lang berichtete – sie waren 10 Kinder – über ihre Wohnung:

„Die war im Verhältnis sehr klein. Da hatten wir 2 Zimmer. In dem einen Zimmer haben die Kinder geschlafen, meist zu zweit oder dritt in einem Bett, und in dem andern Zimmer hat ein Bett gestanden, da haben meine Eltern drin geschlafen, das war gleichzeitig das Wohnzimmer. Und dann hatten wir halt noch eine Küche. Für mehr Wohnung hatten wir auch kein Geld.“ (P. Lang, 5)

Die 10-köpfige Familie Doll bewohnte eine 3-Zimmer-Wohnung.

„Ich glaub, des war e bißche mehr wie eng gewese, zu zweit und zu dritt in eim Bett geschlafe. Du liebe Zeit, wenn ich da noch denke tu, da hat mei ältst' Schwester nachher geheirat', un da hat se auch noch en Mann in dem einzelne Zimmer gehabt un hat noch emal 2 Kinner gehabt - praktisch 15. -“

In der Küche,

„da konnten wir uns nit drin uffhalte, da hat's natürlich grad Platz gegebbe für den Kohleherd un die Spülschüssel, das warn damals so steinige Spülschüssel gewese. - Wir hatten mal ne Badewann gehabt, da war auch noch en Badeofe drin gewese, der aber durchgerost' gewese war, un da ham wir dann noch nit emal warmes Wasser mache könne, um uns überhaupt zu bade. Die Badewann war im Schlafzimmer gewese in der Nisch, wo die Eltern geschlafe habbe.“ (Doll, 8)

„Elektrisches Licht war ja sozusagen erst gerade im Anfang gewesen, so sehr stark war das noch gar nicht verbreitet, denn ich weiß, bei uns im Keller war kein Licht. Wenn's geheißen hat: geht mal in den Keller, holt was, da mußte man also die Petroleumlampe nehmen und mußte in'n Keller steigen“, (Schumann, 6)

erinnert sich Walter Schumann. Das war kein Einzelfall. In vielen Wohnungen wurde elektrisches Licht erst später gelegt. Die Gasstrümpfe waren manchmal Anlaß zu Ärger, wie Paul Grünewald beschreibt:

„Wir wohnten damals im Nordend in der Lenaustraße 59 in einer 4-Stock-Wohnung, 2½ Zimmer, Küche, en ziemlich großer, allerdings dunkler Vorplatz. Es gab damals in den ersten Jahren kein elektrisches Licht, sondern Gaslicht, die berühmten Gasstrümpfchen, die, wenn sie zu stark zitterten, dann zerfielen. Und die Kinder bekamen dann geschimpft, weil sie zu viel Rabbatz gemacht hatten.“ (Grünewald, 1)

Kochen konnten, wie Anni Berger noch weiß, viele Arbeiterfamilien nur gegen Barzahlung.

„Früher, da hat man gekocht, da hat man diese alten eisernen Herde gehabt und dann noch diese ganz kleinen Gasherde, das waren nur 2 Kocher, 2-flammig, keine modernen Gasherde, wie man sie heute hat, und die waren Eigentum der Gasgesellschaft. In den Gasbehälter warf man einen Groschen, und wenn der Groschen all war, dann mußte man wieder einwerfen. Das war insofern sehr praktisch, weil dann dadurch nie eine Überbezahlung oder sonst irgendwas zustande kam.“ (Berger, 6)

Anni Berger sagt nicht, daß dabei auch der Herd aus blieb, wenn die Münzen fehlten. Hier gab es keine Möglichkeit, anschreiben zu lassen. Wenn das Geld bis zum Zahltag nicht reichte, mußte die Familie eben sehen, wie sie ohne warme Mahlzeiten über die Runden kam.

In den meisten Arbeiterfamilien fehlte zu jener Zeit ein Bad. Immer wieder wird von der Zinkwanne berichtet, die samstags in der Küche aufgestellt und in der die Kinder nacheinander abgeschrubbt wurden. Waren sie etwas

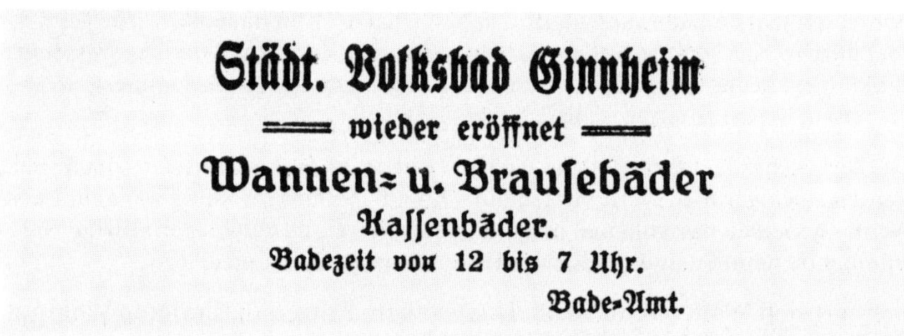
Städt. Volksbad Ginnheim
wieder eröffnet
Wannen- u. Brausebäder
Kassenbäder.
Badezeit von 12 bis 7 Uhr.
Bade-Amt.

Das eigene Badezimmer – und gar noch mit einem Gasdurchlauferhitzer – war ein Luxus, den nur ganz wenige Arbeiterfamilien kannten. Die Zinkbütt, die samstags in der Küche aufgestellt wurde, war eher die Regel. Und viele Arbeiter konnten sich günstigstenfalls den Besuch eines städtischen Volksbadehauses erlauben.

älter, wurden die öffentlichen Wannen- und Brausebäder benutzt, doch auch das war eine Frage des Geldes, und in der Nachkriegszeit waren sie aufgrund des Kohlenmangels gelegentlich geschlossen. Wer dann in einem Großbetrieb arbeitete, wie der Vater von Ernst Wisker, hatte es in dieser Beziehung am besten.

„Mein Vater konnte in der Cassella baden, da war ein Brausebad, das hat er jeden Abend gemacht. Und meine Mutter, wieviel Mal die sich gebadet hat, weiß ich net. Also ich weiß nur, wir Kinder kamen also jeden Samstag dran. Aber freilich im Sommer warn mir jeden Tag im Main schwimmen gewesen.“ (Wisker, 40f.)

Anna Beyer hat immer unter der Enge der Wohnung gelitten, aber mit viel Geschick gelang es ihr, die Eltern davon zu überzeugen, daß man die Wohnung sinnvoller und gemütlicher gestalten konnte. Sie selbst bekam dadurch sogar ein eigenes Zimmer und konnte sich, was eine große Seltenheit war, dorthin zurückziehen. Die Wohnung,

„die war klein für 3 Kinder, und es war immer eine Organisationskunst meiner Mutter, uns dort unterzubringen. Ich schlief zum Teil im Wohnzimmer, was mir sehr unangenehm war, und die 2 Jungens schliefen in einem Zimmer. Schlafzimmer gab's ja nicht, es war nur ein Wohnzimmer. Sie hatten mir auch mal ne Couch (reingestellt). Da schlief ich in der Küche, um aus dem Wohnzimmer rauszukommen.
Diese große Küche hatte ein Seitenfenster und die Tür zum Wohnzimmer und dann die Tür zum Balkon. Die war sehr groß, war eigentlich Wohnzimmer und Küche in

einem. Meine Mutter hat das auch so eingerichtet, den Küchenschrank auf die eine Seite, den Küchenherd da und dann die Couch, auf der ich schlief, unter dem Fenster. Und dann hatten wir ne Kommode und en Tisch und paar Stühle. Sessel gab's damals noch nicht. –
Als ich so 12, 13 war, da hab ich also immer gejammert, daß diese große Küche meistens sehr kalt war und schwer zu heizen, und man sollte da doch eine Wand durchziehen und die Küche abteilen und aus dem anderen ein Zimmer machen. Das hat also ziemlich lange gedauert, dann hat mein Vater das wohl auch eingesehen und hat dann mit einem Bekannten so ne Gipswand eingezogen. Dann kam ein Vorhang in die Tür zur Küche, und ich Komische hab plädiert, daß da ne rote Tapete reinkommt. Ich war also besessen von der roten Tapete mit goldenen Ranken." (Beyer, 9f.)

Für viele Kinder verbinden sich mit den Mietzahlungen besondere Erinnerungen; zum einen, weil die Miete vorrangig vor allen anderen Ausgaben war, und weil sie noch wissen, wie sie bezahlt wurde. Schließlich wurde das Geld nicht einfach unpersönlich von einem Konto auf das andere verschoben, sondern entweder kam der Hausherr und kassierte, oder man ging mit dem Mietbuch zu ihm oder dem Verwalter. Nicht selten wurde den Kindern diese Arbeit übertragen.

„Miete wurde hingebracht, des war ne Bringschuld. Schon als kleines Kind hab ich des Geld bekomme, und da bin ich hinmarschiert. Da hab ich also mein Geld abgegeben und manches Mal, also an Neujahr immer, 5 oder 10 Pfennig bekomme, des war für mich viel Geld. Und dann ham die noch Obst gehabt, da hab ich auch emal ein oder zwei Äppel bekomme, war ich mordsmäßig stolz." (Wisker, 50)

Auch für Miez Kalis waren Mietzahlungen immer sehr aufregend. Es war eine große Verantwortung, mit dem Geld losgeschickt zu werden, und es fiel ihr auf, daß der Verwalter in besseren Verhältnissen als sie lebte.

„Des wurde dann immer bar bezahlt beim Verwalter Born. Der hat im Block drin gewohnt, der hatte zwei Wohnungen als eine eingerichtet bekommen, weil er ja ein Büro brauchte. Und die hab ich furchtbar beneidet, des warn für mich hochherrschaftliche Herrschaften, da mußte man dann hin in das sogenannte Büro, ging vom Treppenhaus ein Separateingang rein. Da hat der dann in so nem kleinen Mietbüchlein die Miete quittiert. Und da hatt' ich eine Angst, wir Kinder sind da geschickt worden, des Geld in der Hand und des Büchlein in der andern. Immer die Angst, daß mir jemand das Geld abnimmt, das furchtbar viele Geld." (Kalis, 20)

Mit den Kindern verschwanden in der Regel auch die letzten Illusionen eines schönen, gemütlichen Heims mit schönen Vorhängen, eines Vorzeigestücks, immer ordentlich, sauber und aufgeräumt. Die äußeren Bedingungen erforderten Disziplin und Unterordnung, Anpassung, Rücksichtnahme eines jeden auf den anderen. Wer sich den ganzen Tag im Betrieb anpassen mußte, sich im Elternhaus unterzuordnen hatte und hoffte, in der Ehe wenigstens am Feierabend seinen Freiraum zu haben, der sah sich oft bitter enttäuscht. Wenn Kinder jahrelang bei den Eltern im Zimmer oder gar im Bett schlafen mußten, litt darunter gezwungenermaßen auch die Beziehung der Eltern zueinander, dann blieb ihnen oft gar nichts anderes übrig, als die Kinder am Wochenende ins Kino oder zum Spielen zu schicken, um einmal alleine zu sein. Dennoch versuchten viele Arbeiterfrauen, sich die Illusion eines besseren Lebens zu erhalten und gaben die Hoffnung nicht auf, eines Tages würde es leichter werden. Besonders genossen wurden dann die wenigen angenehmeren Stunden am Wochenende, wenn die Familie zu Hause war oder wenn gar, wie bei der Familie Schulze, Sonntag vormittags das Grammophon spielte, die Fenster geöffnet waren und die Nachbarn ihren Anteil daran hatten. Daß sich der eigene unmittelbare Lebensraum ausweiten und verbessern würde, hatten die Massen, die im November 1918 auf die Straßen gegangen waren, zumindest von der Revolution erwartet, doch auch hier wurden ihre Hoffnungen bitter enttäuscht, und diese Enttäuschung trug neben vielen anderen Aspekten zu der resignativen Haltung und der Entpolitisierung eines Teils, vor allem der älteren Arbeiterschaft, erheblich bei, während ein anderer, allerdings wesentlich kleinerer Teil, sich in seinen Forderungen radikalisierte.

13. Von Privatheit keine Spur

Das „proletarische Milieu“, seine Rolle für die Erwachsenen, die Kinder und die Jugendlichen

Die Wohnung des Großbürgers ist wie eine Festung. Seine Privatsphäre hütet er wie seinen Augapfel. Was in der Wohnung passiert, ist sorgsam gegenüber der Öffentlichkeit abgeschirmt. Nur so kann der Schein von Harmonie und Frieden in der Familie gegenüber sich selbst und den Nachbarn aufrecht erhalten werden. Selbst der Verkehr mit den Klassengenossen: Geschäftspartnern, Nachbarn, Verwandten, Bekannten und Freunden ist stark ritualisiert. Man empfängt Besucher in besonderen, von den Privaträumen getrennten Salons, gibt „Gesellschaften“, trifft sich bei „Kränzchen“, Bällen usw.

Das gehobene „Kleinbürgertum“ verfährt im Rahmen seiner begrenzten Mittel ähnlich. Das Privatleben ist heilig. Gerade in der Nachkriegszeit hatte das Frankfurter Bürgertum auch gute Gründe, sein Privatleben gegenüber der Öffentlichkeit, und vor allem vor den darbenden Arbeitermassen, abzuschirmen. Seine Tische waren immer gefüllt, seine Ruhe wurde kaum gestört, ihm mangelte es an nichts, weder an Raum noch an Nahrung und Kleidung.

Von „Privatheit“ in diesem umfassenden Sinne fand sich im Leben der Arbeiterfamilien dagegen keine Spur. Das einzelne Familienmitglied konnte sich in der Wohnung wegen der Enge kaum von den anderen absondern, und auch das Verhältnis zu Kollegen, Nachbarn und Bekannten war offener, ja öffentlicher als in bürgerlichen Kreisen. Schon der Arbeitsplatz des Fabrikarbeiters, der in einer großen Halle mit anderen zusammen arbeitete, war gegenüber dem Angestellten in „seinem Kontor“ viel offener. Die Arbeiterfrau, die keinen eigenen Waschraum, keinen eigenen Trockenplatz usw. hatte, konnte gegenüber der Nachbarin nicht einmal die Unterwäsche, die Windeln, die Bettwäsche verbergen. Jede wußte genau, wie oft und wie gründlich die andere wusch, wieviele Bettücher, Hosen oder Hemden sie besaß. Arbeiterfamilien teilten häufig die Toilette, nicht selten die Badewanne miteinander. Das Leben war nicht voneinander abzuschirmen, ob die Kinder verhauen wurden, der Mann die Frau verprügelte, ob er das Geld vertrank, ob es Streit gab. Der Schein der Harmonie, den das Bürgertum in eigenen Häusern, eingezäunt durch hohe Mauern oder Hecken, für die Öffentlichkeit spielte, konnte im proletarischen Milieu nicht vorgegaukelt werden.

„Proletarisches Milieu“ wird hier definiert als

„ein kollektiver räumlicher und kultureller Zusammenhang im lokalen Bereich des Stadtteils, dessen Grundlage gemeinsame Arbeits- und Lebenserfahrungen (Klassenlage) bilden.“ (Studien zur Arbeiterkindheit, Bd. 1-3, jew. S. 13)

Die Arbeits- und Lebenszusammenhänge, die das „proletarische Milieu“ stiften, werden bestimmt durch die Bereiche Betrieb, Nachbarschaft und Organisation (Partei, Gewerkschaft, Vereine). Auch in den überwiegend von Arbeitern bewohnten Stadtteilen läßt sich ein geschlossenes „proletarisches Milieu“ zumeist nur kleinräumig nachweisen. Massive Konzentrationen wie etwa im Berliner Wedding oder Moabit oder in geschlossenen Bergarbeitersiedlungen des Ruhrgebiets gab es in Frankfurt nicht. Das liegt zum einen daran, daß es in den Stadtteilen keinen „dominanten Betrieb“ in dem Sinne gab, daß dort die Mehrzahl der Menschen arbeitete, vielmehr waren die Betriebsangehörigen auch der Großbetriebe der chemischen und der Metallindustrie über das ganze Stadtgebiet verstreut und kamen zu einem nicht unerheblichen Teil aus dem näheren oder ferneren Umland. Zum anderen wiesen alle Arbeiterwohngebiete in Frankfurt Einsprengsel und Durchdringungen mit Elementen des satuierten Kleinbürgertums aus. Darüber hinaus herrschte gerade bei Arbeiterfamilien eine hohe innerstädtische Mobilität. Man zog mehrfach um und blieb bei der Wohnungssuche auch nicht auf den alten Stadtteil fixiert. Dadurch wurden Beziehungen immer wieder abgebrochen und mußten am Zuzugsort neu aufgebaut werden. Immer und überall, wo Arbeiter zusammen wohnten, waren aber Grundelemente des kollektiven Lebenszusammenhanges nachweisbar. Den Bürger schreckt der „Kollektivismus“ dieser intensiven Interaktion, das enge Miteinander und Einander-nicht-entfliehen-können sehr, doch die Offenheit für die anderen, die „Öffentlichkeit des proletatischen Alltags“, war eine Überlebensbedingung, eine kollektive Strategie zur Bewältigung des Alltags. Sie verhinderte zugleich Isolierung, Vereinsamung, Vereinzelung und schuf ein binnensolidarisches Klima. Vor Not und Elend in der Nachbarschaft konnte man nicht einfach die Haustüre und die Augen schließen, jeden einzelnen konnte das jeden Tag treffen. Hilfe und Solidarität waren da geboten.

Besonders dort wo Kinder lebten, war der Kontakt im Haus in der Regel recht eng, wie u.a. Miez Kalis beschreibt:

„Die Türn warn immer offen, wenn morgens früh die zwei Väter weg sind, dann ist die Tür offen geblieben. Des war ne richtige Türklinke. Ja, und die Klinken, die warn dann sehr praktisch, da konnt' mer aufdrücken und reingehn. Das ging dann immer rübber un nübber. Da kam die Anna rübber und hat gesagt zum Beispiel: Frau Kalis, mei Mudder hat gesacht, Sie sollte mir mal e Äppelgeleebrot gebbe. – Nachher hat die Mamma gesacht: hör mal Sophie, wie kommsten dezu, Du weißt doch genau, ihr habt mehr Brot wie mir, was schicksten die Anna? – Die Anna ißt doch so gern Äppelgelee. – So war des nun mal. Nun war die Sophie duch ihrn Beruf, durch ihre politische Tätigkeit auch, viel außer Haus, sodaß die Kinder mehr auf uns angewiesen warn.“ (Kalis, 32)

Ein solch enger Kontakt war aber nicht nur – wie hier beschrieben – politisch motiviert, sondern auch ohne solche Hintergründe herrschte eine wesentlich größere Offenheit. Hermann Schulze beschreibt sie so:

„Durch die Wohnverhältnisse war Kontakt eng. Man hat alle Leute gekannt. Die Kinder, die kamen in jedes Haus und haben Sachen da gehört und haben sie wieder der Mutter gebracht und so. Da wußte jeder über jeden Bescheid. Auch der Kontakt zwischen den Kinden und Eltern, der war ja sehr viel, viel besser, denn die ganzen Häuser, die hatten ja keinen Vorplatz, keinen abschließbaren, wie das heute ist. Heute muß man drücken, da wird die Tür aufgemacht. Da sind die Kinder einfach ins Haus, sind die Treppe hoch, und dann standen sie in der Wohnung, denn die hatten ja auch keine Vorplätze. Das war wie son Treppenabsatz, und da gingen die Türen rechts meinetwegen zum Schlafzimmer, links zum Wohnzimmer, in der Mitte in die Küche usw. Auf einmal warn die Kinder da. Und es kam auch vor, wir warn grad beim Essen, naja, da hat der mitgegessen. Ich mein, das Essen war ja net großartig, das kann man sich ja denken. Meine Mutter war ja damals Weißzeugnäherin, aber das gab's nicht, daß wir en Kind weggeschickt hätten. Und umgekehrt wir auch, einfach ohne gefragt, warn wir in der Wohnung drin. Und dadurch hatte man einen Kontakt, wie man sich ihn heute eigentlich nicht mehr vorstellen kann. Die Eltern sind sich natürlich auch nähergekommen. Und man kannte die Sorgen und die Nöte und all die Dinge, kannte das von dem und dem. Man wußte genau, was da vorging. Jetzt durch die Hochhäuser, durch diese Betonklötze, die so fremd wirken, (da) muß man klingeln, und dann sieht man überhaupt niemand. Da ist ein Aufzug, da sieht man niemand. Da geht ne Tür auf, und dann geht man rein." (Schulze, 31; 6)

Immer wieder wird dieser enge nachbarschaftliche Kontakt als bedeutend und prägend für das spätere Leben hervorgerufen. Er wird als hilfreich empfunden, als viel angenehmer und wärmer als heutige Wohnverhältnisse. Auch Paul Grünewald betont:

„Wir sind untereinander in den Wohnungen zum Spielen zusammengekommen. – Das Verhältnis der Familien im Haus, das war ein ganz anderes, als das heute weitgehend ist. Jeder hat jeden gekannt, und jeder hat seine Familienverhältnisse gekannt, und jeder hat mit jedem über alles gesprochen. – In den nachbarschaftlichen Verhältnissen war das anders, als es wohl heute ist. Es war ne viel größere Verbindung untereinander da, zunächst mal im Haus. Bei uns im Haus wohnten also 9 Partien. Ja, und die anderen Partien in den Häusern rechts und links, die hat man fast alle gekannt, zu den Nachbarn ein besonderes Verhältnis gehabt, zum Teil bedingt durch die Kinder, zum Teil Bekanntschaften und Freundschaften der Eltern, oder daß man den gemeinsamen Milchmann gehabt hat, der mit dem Pferdefuhrwerk aus Preungesheim kam, daß man beim Bäcker und im Gemüseladen gekauft (hat). – Und ich kann mich auch erinnern, vor allem in den Jahren dann unmittelbar nach der Inflation, aber auch schon vorher vereinzelt, beim Bäcker Hock um die Ecke herum an der Neuhofstraße/ Friedberger Landstraße, am Geburtstag oder irgendwann, wenn man eine Tafel Schokolade geschenkt bekommen hat, das war etwas ganz Großartiges." (Grünewald, 29; 12)

Nicht nur Mütter und Kinder waren eng miteinander verbunden, sondern häufig arbeiteten die Väter in demselben Betrieb, waren sie in einer Partei, einem Verein. Man wußte Bescheid über den Nachbarn. Wo die höfliche Distanz fehlt, wo die Beziehungen stark gefühlsbeladen sind, wo man sich so nahe ist, sind auch die Konfliktmöglichkeiten größer. Es wurde viel geklatscht und getratscht. Gerade weil man sich so gut kannte und die Emotionen so stark mitspielten, wurde auch öfter und heftiger untereinander gestritten. Und Gelegenheit zum Streiten gab es genug; wenn das Kind beschuldigt wurde, etwas angestellt zu haben, wenn sich eine Frau durch das Geklatsche der anderen gekränkt fühlte, wenn jemand die „Hausordnung" nicht einhielt, wenn sich die Kinder prügelten, wenn eine Nachbarin anscheinend zu freundlich auf den „eigenen Mann" reagierte, wenn etwas von den gemeinsamen Einrichtungen kaputtging usw. Es waren oft Alltäglichkeiten, die jedoch in der Enge des proletarischen Alltags belastend waren. Natürlich gab es auch unter den Männern und zwischen den Kindern Streit. All das konnte die Beziehungen erheblich komplizieren. Ob man sich bei der Nachbarin als Kind ein Geleebrot geben lassen, sich beim Spielen mit diesem oder jenem Kind von den Eltern sehen lassen, mit wem man reden durfte, das hing für Kinder und Jugendliche sehr von der Stimmungslage der Eltern ab. Die Anlässe waren meist unbedeutend. Der Streit - auch innerhalb der Familie, zwischen Mann und Frau - entwickelte sich nach den Regeln der „symmetrischen Eskalation", die Paul Watzlawick u.a. (Menschliche Kommunikation, 68ff.) so treffend beschrieben hat. Ein Wort gab das andere, eine Beschuldigung wurde mit einer Gegenbeschuldigung beantwortet, und nicht selten folgten auf die Worte noch Handgreiflichkeiten. Meist dauerten aber solche gefühlsmäßigen Störungen nicht allzu lange. Nach einiger Zeit söhnte man sich mehr oder weniger aus. Das verächtliche „Pack schlägt sich, Pack verträgt sich", mit dem die Bürger solche Ereignisse zu kommentieren pflegten und das oft genug aus Proletariermund zu hören war, verdrängt die Einsicht, daß solches Verhalten Ausdruck der Verhältnisse war. Es war die einfache Umkehrung der selbstverständlichen Solidarität und Hilfe, die das Milieu hervorbrachte. Lange aufgestaute seelische Spannungen entluden sich im Affekt. Wo es keine Rückzugsmöglichkeit gab, war auch die Chance, einem Streit aus dem Weg zu gehen, geringer, zugleich aber auch der Zwang, den Druck durch die Wiederherstellung des Friedens untereinander zu mindern.

In den Zeitzeugenberichten finden sich Andeutungen über Streit unter Nachbarn und Kollegen nur sehr verdeckt. Mehr oder weniger betonen alle, daß *ihre* Eltern immer bemüht waren, in Frieden und Eintracht mit den anderen zu leben. Es mag sein, daß der eine oder andere von ihnen unangenehme Erinnerungen verdrängt hat, daß er das Ansehen der Eltern nicht herabsetzen mag. Die Tatsache, daß die Friedfertigkeit so betont wird, ist selbst ein Beleg, daß es zumindest besonderer Anstrengungen bedurfte, um diese Haltung durchzustehen.

Nicht nur die Arbeitsteilung, sondern die gesamte Lebensweise ist - ökonomisch bedingt - in vielfältiger Weise geschlechtsspezifisch organisiert, so auch die Nachbarschaftsbeziehungen und das Freizeitverhalten. Ganz selbstverständlich waren die meisten Kontakte der Frauen eines Hauses intensiver als die der Männer, vor allem dann, wenn sie den ganzen Tag über zu Hause waren, die gemeinsamen Einrichtungen benutzten, sich beim Einkaufen trafen und ihre Kinder sich gegenseitig in den Wohnungen besuchten. Die Frauen

„ham sich gegenseitig besucht, ham mal Kaffee getrunken oder ham ein Schwätzchen gehalten im Treppenhaus oder im Vorgarten oder wie sonst. Trotz allem war es menschlicher“,

betont Paul Grünewald. (29) Dabei kam es natürlich sehr auf die Persönlichkeit der einzelnen Frau an, wie weit sie Kontakte zuließ und wie eng diese Beziehungen wurden. Ganz entziehen konnte sich ihnen aber niemand. Anna Beyer hob hervor, ihre Mutter habe sich zwar gut mit den anderen Frauen verstanden, doch sie sei trotzdem eher auf Distanz gegangen, gegenseitige Besuche seien seltener vorgekommen.

„Dazu war wenig Zeit, (außer) beim Einkaufen oder beim Wäschewaschen, wenn Wäsche aufgehängt wurde. Da war keine Zeit dazu. Die kamen natürlich, wenn sie ihre Kleider und Klamotten gemacht haben wollten, zu meiner Mutter. Das war auch so ne Möglichkeit, sich gegenseitig zu besuchen. Aber meine Mutter war Ostpreußin, die hat wenig Kontakt zu Fremden gehalten, so engen Kontakt, so Freundinnen, so klatschen und so was, das mochte sie nicht. Sie hatte ein paar von den Frauen, die mit Kollegenfrauen waren von meinem Vater, mit denen haben wir uns auch sehr gut verstanden.“ (Beyer, 36)

Für andere Arbeiterfrauen gingen die nachbarschaftlichen Beziehungen ein gutes Stück weiter. Sich etwas auszuborgen, die Kinder bei der Nachbarin zur Beaufsichtigung abzugeben oder auf deren Kinder aufzupassen, das war meistens selbstverständlich. So ganz „privat“ war nicht einmal das Grammophon der Familie Schulze.

„Sonntags morgens, gewöhnlich dann, wenn schön' Wetter war, wurde das Fenster aufgemacht: ach Frau Schmidt und Frau Jamin. Dann haben die da gesagt: ach, lassen Sie doch e bißche de Grammophon spiele. – Und da hat meine Mutter das Ding aufgedreht und dann ne Platte aufgelegt und den Grammophon so ans Fenster gestellt, daß die auch was mitbekommen haben. Und dann ham sich die Nachbarn halt gefreut. Das eine Lied, das wollte se immer hörn: Sonntag ist's in allen Lüften, Sonntag ist es weit und breit. Ja, und noch so verschiedene Wanderlieder. Das war Sonntag morgens eigentlich immer en großer Spaß für uns und auch die Nachbarn, es gab kein Radio damals.“ (Schulze, 13f.)

Der gelegentliche Kaffeeklatsch war häufig ein fester Bestandteil des Lebens der Arbeiterfrauen. Ernst Wisker berichtete, daß sich in Fechenheim die Frauen aus der Nachbarschaft darüber hinaus im Sommer abends bei schönem Wetter vor dem Haus auf der Straße trafen. Sie blieben in der unmittelbaren Umgebung und hatten so gleichzeitig die Kinder unter Aufsicht.

„Im Sommer abends hat's immer geheißen, nach'm Abendessen wird gespült, und schließlich sind dann die Frauen runter auf die Straße, da ham die Frauen entweder hier am Haus oder am nächsten Haus gestanden.
Die ham unten gestanne und ham sich unterhalte. Da wurde halt dann so die Tagesneuigkeiten (ausgetauscht). Es war kein Radio da. Da hat dann die Frau des erfahrn, die Frau hat des erfahrn; die Frau ist krank, un die kriet aach widder e Kind, so die Sach sin da abends (ausgetauscht worn).
Die Frauen, wenn se noch einkaufen gingen, die Nachrichten haben ja doch gefehlt, unterwegs wurde dann stehngeblibbe, und da wurde dann über das getratscht. Die

Die Bilder von Anna Beyer mit Mutter und Geschwistern und von der Mutter Lotte Oettingers täuschen die Idylle eines Kleingartens vor. In erster Linie war er jedoch notwendige Versorgungseinrichtung. Er bedeutete – auch für die meisten Kinder – viel Arbeit, andererseits einen abwechslungsreicheren Mittagstisch, und er war zugleich ein Rückzugsort aus der engen Wohnung.

Männer konnten ja bei der Arbeit schon mal, bei der Arbeit un abends, wenn se mal in die Wirtschaft ginge oder im Garten. Mein Vater war jeden Abend im Garte im Sommer. Da wurde dann auch übern Zaun manche Meinung ausgetauscht. Aber die warn ja de ganze Tag in de Wohnung." (Wisker, 72f.)

Während die Männer von morgens bis abends im Betrieb waren, die politische Arbeit nicht selten als ihre ureigenste Domäne betrachteten, erwarteten sie selbstverständlich, daß die Frau sie am Abend zu Hause bediente und bei ihnen blieb. Sie dagegen nahmen mit derselben großen Selbstverständlichkeit für sich in Anspruch, einen Teil ihrer Freizeit mit Freunden, Bekannten oder Arbeitskollegen zu verbringen. Zwar gehörte es dazu, eine Frau, eine Familie zu haben, aber die gesamte freie Zeit mit ihnen zu verbringen, war für breite Arbeiterschichten kaum vorstellbar, gehörten doch Wohnung und Kinder in den Zuständigkeitsbereich der Frau. Auch der Garten bot eine willkommene Fluchtmöglichkeit aus dem Alltag. Hier konnte selbstbestimmt gearbeitet werden, er bot die Chance des Zurückziehens aus den viel zu engen Wohnungen, die Illusion der Freiheit. Für viele Arbeiterfamilien war er Ersatz für Urlaubsfahrten, wie Anna Beyer erzählte.

„Da wir den großen Garten hatten und die Tante Anna und der Onkel Max uns ne Schaukel hingestellt hatten, waren wir da meistens. Da war ein Gartenhäuschen drin, in dem man auch mal essen konnte und sitzen konnte, wenn's regnete. Urlaub gab's nicht außerhalb, da war meine Mutter sicher auch nicht dafür, weil sie lieber die Zeit in ihrem Garten zugebracht hat." (Beyer, 12)

Die Kleingartenbewegung, Mitte des 19. Jahrhunderts bereits durch den Leipziger Arzt Dr. Daniel Schreber ausgelöst, (vgl. Johannes: Entwicklung, Funktionswandel und Bedeutung städtischer Kleingärten, 12ff.) nahm seit dem Ersten Weltkrieg einen ungeheueren Aufschwung. In allen Großstädten stieg die Zahl der Kleingartenanlagen gewaltig an, so auch in Frankfurt. Während 1912/13 nur 2927 Kleingärten existierten, gab es 1927 schon 21800 in der Stadt. (ebd., 16f.) Vor dem Krieg waren hauptsächlich ideologische Gründe das Hauptmotiv für die Förderung der Bewegung (Bindung der Arbeiter an die „eigene Scholle" und damit seine soziale Befriedung), in und nach dem Krieg trat dagegen das Element der Selbstversorgung in den Vordergrund. (vgl. Preller: Sozialpolitik, 235f.) Sehr viele Kleingärtner hatten aber nicht nur ein materiell-rationales Verhältnis zu ihrem Garten, die Liebe und Ausdauer, mit der sie nach mühevollem Arbeitstag ihr Stückchen Land bearbeiteten, mag einerseits damit zusammenhängen, daß die meisten von ihnen vom Land kamen und in der Fortsetzung der gewohnten Landarbeit ein Stück Kontinuität und Identität empfanden. Zugleich lag in der Gartenarbeit aber auch ein Ausgleich für die Belastungen durch entfremdete Lohnarbeit.

„Die Nebenarbeiten in Haus und Garten, Reparaturen, Basteleien, Kleingärtnerei und alles, was unter der Devise ‚Do it yourself' verbreitet wird, scheinen die Einbußen jener rationalen Arbeitsteilung wettzumachen, scheinen die Initiative, die die Kontrolle, den Sinn und die Verantwortung, die die Arbeit am ganzen Stück verspricht, wiederzugeben. Jedenfalls scheint der Mensch in seinem Hobby die Sebstbestimmung wiederzugewinnen, die Fremdregelung der Berufsarbeit verbietet, die Anschaulichkeit, die deren Abstraktheit nimmt und auch die Identät mit sich selber, die die Unverhältnismäßigkeit des industriellen Leistungsanspruchs zerstört." (Habermas, in Giesecke (Hrsg.), 114)

Habermas weist aber auch darauf hin, daß dies nur der „Schein der Freiheit" und nicht die Freiheit selbst ist, die aus solchen Tätigkeiten gewonnen werden kann. Im Kleingarten zu arbeiten, bedeutete aber auch, sich integrieren zu müssen in die Gemeinschaft, sich bestimmten Regeln des Pflanzens zu unterwerfen und hier auf eine nicht teuere Art dem geselligen Leben nachgehen zu können. Zumindest an den Wochenenden waren an den Freizeitaktivitäten im Garten alle Familienmitglieder beteiligt.

Ein Sprichwort besagt: „Der Mann muß hinaus ins feindliche Leben", und eine andere Lebensweisheit betont: „Männer müssen auch mal unter sich sein und sich besaufen." Die organisierte Arbeiterbewegung versuchte dagegen, das in der Arbeiterschaft teilweise vorhandene Alkoholproblem bewußt aufzugreifen entsprechend dem Motto: „Der denkende Arbeiter trinkt nicht, der trinkende Arbeiter denkt nicht." Teilweise hielten sich die Arbeiter nach dieser Regel, viele Zeitzeugen berichteten, Alkohol sei bei ihnen zu Hause die Ausnahme gewesen, mal gab es ein Glas Bier für den Vater, mal einen Apfelwein, doch nie viel, höchstens mal bei besonderen Gelegenheiten etwas mehr.

Anna Beyer erzählt z.B. von ihrem Vater:

„Der war für seine Partei da, das hat gelangt, und getrunken – gab's nicht! Er war also einer, der sehr diszipliniert war in der Beziehung. Ich kann mich gar nicht entsinnen, daß es bei uns Alkohol gab, zu Hause jedenfalls nicht." (Beyer, 37)

Anders als die österreichische Sozialdemokratie, die einen entschiedenen Kampf gegen den Alkoholismus unter den Arbeitern führte, (vgl. Weidenholzer, J., in: Pfabigan, 286-296) hielten sich die SPD und die KPD in dieser Frage als Parteien deutlich zurück. Sie scheuten sich, allzu direkt gegen Tradition und Gewohnheiten vorzugehen, die auch unter ihren Mitgliedern

In der Kneipe um die Ecke waren die Männer meistens unter sich. Besonders am Zahltag bangten die Frauen um den geringen Lohn.

weit verbreitet waren. Die älteren Genossen schauten teilweise sogar verächtlich und höhnend auf die „Milchbubis" der „Sozialistischen Arbeiterjugend" herab, die den Antialkoholismus zu einem ihrer Grundprinzipien erklärten. Otto Rühle schrieb:

„Mann sein, heißt aber: trinken, rauchen, lieben können. Das Glas auf dem Tische, die Pfeife im Mund und die Geliebte im Arm – das ist das Vorstellungsklischee der Männlichkeit. ...
Trinkbräuche und Trinksitten wirken mit der Macht einer Konvention. Wer sich ihnen entzieht, gerät unter seinesgleichen in Gefahr, sich lächerlich oder verächtlich zu machen. Man kann behaupten, daß es in den meisten Fällen nicht der Appetit am Alkohol, das Bedürfnis nach Genuß ist, was zum Alkoholkonsum anreizt, sondern das Beispiel der anderen, die Nötigung zum Mittrinken, die Angst, sich durch Ablehnung lächerlich zu machen, die Schwäche, der Versuchung nicht widerstehen zu können. Solange Trinkgewohnheiten und Trinkgebräuche als Attribute der Männlichkeit gelten, ist der Durchschnittsmann besorgt, daß er sich durch Verzicht auf Alkohol in den Augen seiner Mitarbeiter, Kollegen, Freunde herabsetzen könnte." (Rühle, 1930; 417f.; 426)

Vor allem standen Zahltag und Alkoholkonsum in enger Beziehung. Wer dann sofort nach Hause ging und das Haushaltsgeld auf den Tisch legte, der stand in den Augen der Arbeitskollegen unter dem Pantoffel. Endlich nach langer und harter Arbeitswoche zu feiern, ein paar Biere oder Schnäpse zu trinken, war für die meisten Arbeiter, die eine kleinlichste Haushaltsbuchführung von ihrer Frau verlangten, ein „gottgegebenes Recht". Für die Ehefrauen lagen die Dinge meistens ein gutes Stück anders, wie Lina Schwee noch weiß:

„Mein Vater hat gerne mal einen getrunken, wenn Zahltag war, wenn er eben Geld bekommen hat, und das hat meine Mutter halt nicht gerne gesehen." (Schwee, 14)

Nicht daß die Arbeiterfrauen ihren Männern das kleine Vergnügen nicht gegönnt hätten. Daß Männer unter sich sein wollten, hätten sie noch hingenommen, sie hatten schließlich gelernt, daß es deren „Recht" war, aber andererseits mußten sie mit jedem Pfennig rechnen, und jedes Glas Bier, jeder Schnaps über das vereinbarte oder vom Ehemann geforderte Taschengeld hinaus, bedeutete wieder weniger Brot, weniger Kartoffeln oder weniger Kohlen. Viele Frauen sahen keine andere Möglichkeit, an ihr Haushaltsgeld zu kommen, als sich am Freitag Abend am Fabriktor aufzustellen, ihren Mann dort in Empfang zu nehmen oder ihn zumindest einige Zeit später in der Kneipe abzuholen. Andere Frauen wiederum schickten ihre Kinder, um sich selbst dem entwürdigenden Gegröle und den Pöbeleien der betrunkenen Männer nicht auszusetzen. Nicht selten aber entlud sich dann der Zorn des Gemahnten auf die kleinen Boten.

Dennoch können und dürfen Kneipe und Alkoholkonsum nicht nur als die Arbeiter verderbend, als ihre innere Schwäche offenbarend, dargestellt werden. Kneipen hatten wichtige gesellschaftliche Funktionen. Enge, überbelegte Wohnungen machten das Wirtshaus oftmals zu einem

„außerhalb der eigenen vier Wände liegenden Teil der Arbeiterwohnung – so wie Hof, Waschküche, Kartoffel- und Kohlenkeller." (Mühlberg, 128)

Vor allem für junge, ledige Arbeiter, die in der ersten Generation in die Stadt gezogen waren, die keine eigene Familie und nur wenige Freunde hatten oder als Schlafburschen zumindest wochentags in Frankfurt waren, wurde die Kneipe eine der wichtigsten Freizeitstätten.

Andererseits war die großstädtische Arbeiterschaft ein nicht zu vernachlässigender Wirtschaftsfaktor, um deren Gunst die Wirte buhlten, indem sie in der Arbeiterpresse ihre Gaststätten anpriesen und zugleich darauf verwiesen, man könne bei ihnen die entsprechenden Zeitungen lesen. Die Möglichkeiten des Gaststättenbesuchs waren in Frankfurt vielfältig. 1919 entfiel auf 178 Einwohner eine Gast- oder Schankwirtschaft, Branntwein- oder Apfelweinaussschankstelle, (Stat. Handb. II, 372) im Jahr 1905 war es eine Gast- oder Schankwirtschaft in Berlin auf 129, in Hamburg auf 159, in Dresden auf 232 und in Leipzig auf 290 Einwohner. (Mühlberg, 128) Doch die Kneipen waren nicht nur der Ort des fröhlichen Zechens, Stätten, an denen kurzfristig Alltagssorgen verdrängt, runtergeschluckt oder -gespült wurden, es waren darüber hinaus Räumlichkeiten, in denen sich Arbeiter außerhalb der Fabrik zusammenfanden und über Arbeit, Familie und Leben miteinander sprachen. Auch die Arbeiterparteien, ihre Kulturorganisationen, selbst Kinder- und Jugendgruppen, die Vereine hielten ihre Versammlungen nicht selten in den Kollegs der Gastwirtschaften ab, weil ihnen eigene

Räumlichkeiten nicht zur Verfügung standen. Kneipen, Gaststätten, Wirtshaussäle in den Arbeitervierteln und -wohngebieten bildeten somit wichtige Knotenpunkte proletarischer Öffentlichkeit. Von allen Gruppen der Selbständigen in den Arbeiterparteien waren die Gastwirte schon immer eine der größten.

In der Eckkneipe vor der Fabrik oder im Wohngebiet blieben die Männer weitgehend unter sich. Arbeitermädchen, vor allem auch die Dienstmädchen gingen dagegen an ihren wenigen freien Abenden eher auf Tanzböden. In vielen Gaststätten gab es Tanzsäle. Vor allem die unverheirateten Arbeiterinnen und Arbeiter, die noch zu Hause oder in billigen Unterkünften wohnten und über ein eigenes, wenn auch geringes Einkommen verfügten, verbrachten dort gerne einen Teil des Wochenendes. Beliebt waren auch die zahlreichen anderen Vergnügungsstätten der Stadt, wie z.B. der Vergnügungspalast Zillertal, der Eldoradopalast mit großem Tanzparkett in der Schäfergasse, der Rheingauer Hof mit seinen Ballsälen des Westend-Theaters, wöchentliche Tanzbelustigungen und Biergarten in der Adalbertstraße, die Mignon-Diele oder die Orpheum-Diele in der Gelben Hirschgasse. Von den vielen Biergärten der Stadt war das Tivoli in der Darmstädter Landstraße wohl eines der beliebtesten Ausflugslokale. Nicht selten zog am Wochenende bei schönem Wetter die gesamte Familie dorthin. Während Oper, Schauspiel oder Kammerspiele nur von wenigen Arbeitern besucht wurden, waren es vor allem Varietés oder kleine Bühnen mit ihrer leichten Kost, die sie mehr interessierten. Außer im Volksbildungsheim, im Schumann-Theater und in den Schumann-Dielen gab es zahlreiche Vorstellungen u.a. im Großen Saal des Saalbaus, im National-Theater in der Schäfergasse, im Kristall-Palast oder in der Biedermann-Klause am Großen Kornmarkt. Das Kolosseum in der Allerheiligenstraße, Rappmann's Konzerthaus in der Schnurgasse, das Café Constabler und viele andere kündigten in der Arbeiterpresse ihre regelmäßigen Konzerte und Vorstellungen an, und auch die Gewerkschaften versuchten, mit anderen Vergnügungsstätten zu konkurrieren, indem sie auf die sonntäglichen Tanzvergnügungen „im größten und schönsten Saal der Innenstadt" im Gewerkschaftshaus verwiesen.

Wie überall, so übte das Kino auch in Frankfurt eine große Anziehungskraft auf die Arbeiterbevölkerung aus. Es war für die meisten von ihnen die beliebteste Freizeitbeschäftigung. Anders als die älteren Massenmedien wie Sprech-, Musik und Tanztheater, Buch und Zeitung wirkt sich das laufende Bild unmittelbar auf die Sinne, bedarf – hat man sich erst einmal an die Bildsprache gewöhnt – keiner intellektuellen Anstengung, ermöglicht keine kritische Distanz, sondern zieht den Betrachter, der isoliert im Dunkeln sitzt, unentrinnbar in seinen Bann. Gerade die Dunkelheit ist ein zusätzlicher Reiz. So stellt die Soziologin Emilie Altenloh in einer Untersuchung des Kinos bereits 1914 fest:

> „Für alle verliebten Paare sind die Kinematographentheater ein beliebter Aufenthaltsort." (Altenloh, 73)

Man kann wohl davon ausgehen, daß die Ergebnisse der Befragung, die Altenloh vor dem Krieg in Mannheim durchführte, im wesentlichen auch

Nicht nur auf Kinder übten der Zirkus oder die Juxplätze eine besondere Anziehungskraft aus. Neben der Zurschaustellung menschlicher Abnormitäten wie Zwergen- oder Riesenwuchs stießen vor allem Tierdressuren, Kunstreiten, Hochseilartistik oder Clownerie auf großes Interesse beim Publikum. Aber auch von Box- oder Ringerveranstaltungen wurden viele Arbeiter magnetisch angezogen.

Anzeige aus dem Volksrecht v. 9.9.1919

noch für die Nachkriegszeit und die Frankfurter Arbeiterschaft galten. Danach war das Kino unter den Arbeitern weit häufiger das vorherrschende Freizeitvergnügen als bei den kleinbürgerlichen Schichten oder gar beim Bildungsbürgertum. Viele gingen mindestens einmal wöchentlich (meist sonntags), die Jüngeren sogar mehrmals in der Woche ins Kino. Waren die Arbeiter erst einmal verheiratet, wurden die Besuche seltener, und der Mann richtete sich meist nach den Themenwünschen seiner Frau. (ebd., 73) Bei der untersten Schicht der jugendlichen Arbeiter, ungelernten Gewerbeschülern, wurden Action-Filme mit Wildwest-, Kriminal-, Ringkampf-und

Seiltänzer-Themen bevorzugt. (ebd., 63f.) In der von der Autorin als „typisch proletarisch“ angesehenen Gruppe junger gelernter Metallarbeiter roch es aus den Antworten auch noch

„wie nach Blut und Leichen. Außerordentlich rückhaltlos und selbstbewußt geben sie ihre Meinung kund. Aber im allgemeinen gehen ihre Interessen doch etwas über den Rahmen der bisher betrachteten Schicht hinaus und besonders läßt sich bei den verschiedenen Jahrgängen (junge Arbeiter zwischen 14 und 18 Jahren; R.W.-B.) eine gewisse Entwicklung des Geschmacks feststellen. Auffallend ist ein unersättlicher Stoffhunger, der sich auf alle möglichen Gebiete erstreckt und besonders mit fortschreitendem Alter immer stärker wird.“ (ebd., 66)

Sobald der junge Arbeiter mit seinem „Schatz“ ins Kino ging, traten „Liebesgeschichten“ stärker an die Stelle der Räuber- und Indianerfilme. An all dem dürfte sich bis zur Erfindung des Tonfilms und darüber hinaus nicht viel geändert haben.

Entscheidend geändert hatte sich aber die deutsche Filmindustrie und ihr Angebot. 1917, mitten im Krieg, hatte Ludendorff darauf gedrungen, die in zahlreiche kleine Firmen zersplitterte deutsche Filmindustrie zu einem großen Propaganda-Konzern zusammenzufassen. Unter der Führung der Deutschen Bank vereinigten sich daraufhin Chemie-, Elektrizitäts- und Rüstungsmagnaten zur Gründung der „Universum-Film-AG“, die unter dem Markenzeichen UFA das alles beherrschende deutsche Filmunternehmen wurde. (Sadoul, 150) Begünstigt durch die Scheinblüte der Inflation wurden in Deutschland 1922 dann 474 lange Spielfilme produziert. (Gregor/Patalas, 55) Als die Revolution 1918 die Zensur abschaffte, führte das keineswegs dazu, daß das Kino und der Film zur politischen Tribüne wurden.

„Sie verursachte zunächst nur ein plötzliches Emporwuchern von Filmen, die der sexuellen Aufklärung zu dienen behaupteten. Da man von der Zensur nichts mehr zu befürchten hatte, schwelgte man in der üppigen Darstellung sexueller Zügellosigkeiten.“ (Kracauer, 29)

Diese Filme waren die Reaktion auf die jahrelange Triebunterdrückung und Triebstauung im Kriege. Der „Boom“ endete mit der Wiedereinführung der Filmzensur 1920.

Die Filmindustrie – allen voran die UFA – machte ihre Geschäfte mit den Gefühlen, den Hoffnungen und Ängsten der Menschen. Nur wenn ein Film diese emotionale Ebene ansprach, konnte er ein Erfolg werden. Der Film ist aber auch ein sehr geeignetes Mittel, diese Gefühle zu manipulieren, das läßt sich u.a. an den großen Ausstattungsfilmen von Ernst Lubitsch, wie z.B. „Madame Dubarry“, zeigen, in dem die Französische Revolution – weit entfernt von jeder historischen Wahrheit – als „privater Rachefeldzug“ eines betrogenen Liebhabers erscheint. Wie in seinen großen historischen Massen- und Ausstattungsfilmen drückt sich auch in Lubitsch's Ausflug in die orientalische Märchenwelt „Sumurun“ eine nihilistische Geschichtsauffassung aus: Geschichte als

„Tummelplatz für blindwütige Triebe, ein Produkt teuflischer Anschläge, die unsere Hoffnungen auf Freiheit und Glück immer wieder vereiteln.“ (Kracauer, 34)

Damit wird aber auch alles revolutionäre Streben der Massen sinnlos. Der freundlich-gefällige Kitsch der „Harry Piel-Filme" dagegen bot in jenen spannungsreichen Tagen „Entspannung", eine Möglichkeit zur Flucht aus der harten Wirklichkeit des Alltags.

„Von Anfang an scheint Harry Piel dem Typus entsprochen zu haben, den er künftig verkörpern sollte: dem eines ritterlich-tollkühnen Heißsporns, der gewitzte Verbrecher zur Strecke brachte und unschuldige junge Mädchen rettete. In Frack und Zylinder war er der Inbegriff aller Backfischträume vom vornehmen Herrn, und der knabenhafte Charme, der von ihm ausging, war so süß wie die bunten Zuckerstangen, die auf dem Jahrmarkt das Entzücken von Kindern und blasierten Ästheten erregten." (ebd., 19)

Das Freizeitverhalten der Arbeiterschaft war nicht selten auf bürgerliche Vereine, auf bürgerliche Kultur hinorientiert. In das proletarische Milieu ging das klassische Standesbewußtsein der Handwerker ein, und es hatte starke traditionelle Züge der dörflichen Interaktionsstrukturen. Sowohl durch diese Traditionen als auch durch die vorgegebenen Strukturen der bürgerlichen Institutionen wie z.B. Ehe und Familie, entstanden sehr starke Brüche im proletarischen Bewußtsein. Wo die eigenen Organisationen nicht hinreichend Selbst- und Klassenbewußtsein hervorbrachten, entstand gewissermaßen über die „Identifikation mit dem Aggressor" (S. Freud) das Bemühen, bürgerliche Normen und Verhaltensweisen zu imitieren. Rühle schreibt dazu:

„Das Proletariat, als Produkt und Bestandteil der bürgerlichen Gesellschaft, ist in Ermangelung eigener Kultur, wie auf allen anderen Gebieten, so auch hier, auf die Formen der bürgerlichen Geselligkeit, der bürgerlichen Fest- und Vergnügungskultur angewiesen. Es marschiert hinter Musik und Fahnen bei Sänger-, Turner- und Schützenfesten durch die Städte, es tanzt bei Kirmessen ..., es füllt die Biergärten, Rummelplätze, Ballsäle, Vogelwiesen, Oktoberfeste; es liefert die Massen, die den Umzügen die imponierende Größe, den Veranstaltungen das schwere Gewicht, den Festen die alles beherrschende und berauschende Stimmung geben. Das Proletariat macht die Feste erst zu Volksfesten, die Vergnügungen zu Massenvergnügungen; es verleiht den groß angelegten und auf breite Wirkung berechneten Feiern erst das demokratische Gesicht und den allgemeinen, öffentlichen Charakter." (Rühle 2, 282)

Während ein Teil der Arbeiterschaft seine Freizeit bewußt in Arbeitervereinen verbrachte, blieb oder ging ein anderer Teil in bürgerliche Gesang- oder Sportvereine. Hier Anerkennung zu finden und das Gefühl zu haben, herausgehoben zu sein aus der Masse, dem Alltag von Arbeit und Familie entfliehen zu können, scheinbar auf derselben Ebene zu stehen wie die Bürgerlichen, war für viele Arbeiter sehr wichtig. Fritz Schmidt erzählte, auch sein Vater sei durchaus bürgerlich gewesen, was den kulturellen Sektor anging.

„Er war aktives Mitglied eines Gesangvereins ‚Harmonia' in Höchst, einem bürgerlichen Gesangverein. Und darin hat sich die Abhängigkeit auch von der kleinbürgerlichen Familie in seinem kulturellen Leben ausgedrückt. Er war sich dieses Zustandes überhaupt nicht bewußt. Und ich kann mich noch entsinnen, wie ich dann als Kind mit dabei war, wie ein großer Sängerwettstreit in Eschborn gewesen ist, und mein Va-

ter, der war dann Fahnenbegleiter. Da gab's zwei Fahnenbegleiter, und die waren angezogen, wie die Bürger der damaligen Zeit sich zu ihren Festen anzogen. Hatten dann Gehröcke mit seidenbesetzten Revers und diesen steifen Kragen, steifen Manschetten. Und immer wenn mein Vater zu festlichen Veranstaltungen ging, war das fast ne kleine Katastrophe in der Familie, bis das Zeug alles da war. Wir Kinder mußten dann in die Wäscherei, da ist das gewaschen, gestärkt, gebügelt worden. Das mußten wir dann in dieser Form pikfein nach Hause tragen, und dann begann das Martyrium des Anziehens. Da mußten die Manschettenknöpfe gebracht werden und mußten dann durch diesen ganz steif gestärkten Kragen mit den abgewinkelten Ecken, Stoißecken haben wir gesagt. Und dann die schwarze Binde, Querbinde und die herrlichen Lackschuhe. Und so habe ich den ganzen Wettstreit miterlebt, Gesangswettstreit. Den ganzen Nachmittag haben die dann gesungen. Also auch ne kulturelle Leistung, und all das war dann bürgerliche Produktion, also Kunstproduktion, was die Lieder angeht. Als kleiner Bub, vielleicht von 10 Jahren, hab ich dann ausgeharrt als Zuhörer und hab alles mit angehört.
Die Mutter ist dann auch mitgegangen, und soweit die andern Kinder noch verfügbar warn, die warn geputzt und warn geleckt, und wenn wir in den Staub gefallen sind, dann hat die Mutter auf das Taschentuch gespuckt und hat uns dann mit ihrer Spucke das Gesicht abgewaschen, daß wir wieder sauber gewesen sind. Dann sind wir auch im Festzug mitmarschiert. Das war eben die bürgerliche Kleinkultur in das Proletariat hineingetragen." (F. Schmidt, 35)

Sich dem äußeren Erscheinungsbild anzupassen, nicht aufzufallen, sich lieber aufzuwerten, das war ein bedeutender Faktor. Karl Oettinger betonte:

„Auch für den Arbeiter war das Bürgertum das Vorbild. Wenn der Bürger mit Schwalbenschwanz oder mit Gehrock sonntags abgegange is, war dem Arbeiter sein Ideal natürlich auch, möglichst in dieser Kleidung zu gehen. ... War ja unmöglich, wenn Beerdigunge warn, daß mer kein' Zylinder aufgehabt hätte. ...
Wenn der Arbeiter Geld hatte und hat etwas auf sich gehalten, dann ging er zum Maßschneider." (Oettinger, 2; 18)

Oftmals war es schwer, sich als Arbeiter zu fühlen, sich politisch zu engagieren. Manch einer nahm dabei, wie Peter Lang sich erinnerte, sogar eine Außenseiterstellung ein.

„Es war im ganzen Haus niemand, der politisch arrangiert war. Lauter Arbeiterchen, was soll das sonst gewesen sein. War aber nichts übrig, soweit ich mich entsinnen kann. Wir warn ein bißchen in dieser Beziehung, das ist mir so in Erinnerung, waren wir ein bißchen Außenseiter, schon weil wir als einzige im ganzen Haus – und es war ein vierstöckiges Haus mit Doppelwohnungen in jedem Stock – die ‚Volksstimme' hatten. Die anderen hatten den ‚Generalanzeiger'." (P. Lang, 11)

Nicht nur Männer und Frauen, auch Kinder hatten ihre eigenen Freiräume. Während der Woche waren sie – sofern ihnen die Schulaufgaben, die Mitarbeit im Haushalt oder ihre eigene Erwerbsarbeit die Zeit dazu ließ – sehr viel unter sich. Miez Kalis meint:

„Wenn die Mutter geputzt hat, da warn mir eben unweigerlich im Weg, und da ham mir uns eben da oben (auf dem Podest zum Dachboden) installiert und ham da gespielt mit nix, nur mit Phantasie. Die hatten wir ja reichlich von unsern Eltern, vor allem von den Müttern. – Mutterches und Vaterches. Jed' Kind hatte ein Püppchen gehabt, und da ham mer für die gekocht mit Sand und Klicker, und des war en Brate, dann ham mer Blätter zusammengerollt und habbe da obe furchtbar gekocht und hatten immer furchtbar viel Arbeit mit unsern Kindern. Und nachher hat uns die Mamma und auch die Sophie (Ennenbach) oft erzählt: mir habbe uns halb schiefgelacht, wenn mer Euch zugehört habbe, ohne daß Ihr des gemerkt habt.“ (Kalis, 30)

Viel häufiger wurde allerdings die Straße zum Ersatz für das fehlende Kinderzimmer und der zentrale „soziale Lernort“ der Arbeiterkinder. Ernst Wisker betonte:

„Ich war tagsüber nur auf der Straße. Also bei uns Kindern hat sich das Leben, kann mer ruhig sache, auf der Straße abgespielt.“ (Wisker, 25)

Während die engen Wohnverhältnisse die strikte Einhaltung äußerer Regeln sowie der internen Beziehungen erforderten, bot die Straße Entfaltungsmöglichkeiten. (vgl. Raspe: Zur Sozialisation proletarischer Kinder, 17) Sie brachte den dringend notwendigen Ausgleich und regte die Phantasie an. Hans Doll hat

„gespielt, ei uff de Gass'. Ach um Gottes Wille, wo ham mir gespielt? Drauße uff de Bauplätz irgendwo, Grube gegrabe usw., des ging doch gar nit in de Wohnung. Außerdem ham mir doch praktisch gar kei Spielzeug gehabt.“ (Doll, 9)

Die Eltern konnten sie dort unbesorgt spielen lassen. Bei den vielen Kindern paßte eines auf das andere auf, und

„es gab ja damals noch nicht so viele Fuhrwerke, es fuhren ja kaum Autos. In meiner Erinnerung ist der Große Kornmarkt ziemlich breit gewesen, und da haben wir hauptsächlich gespielt als Kinder – bis so 11, 12 Jahre. Da waren auch einige Hinterhöfe.“ (Schwee, 4)

Und Lotte Oettinger bestätigte:

„Da gab's ja kei Autos un kei Radfahrer, des gab's alles net. Wo kei Trambahn gefahrn is, warn die Straße ja frei. Mir hawwe richtig große Kreise gemacht, die Kinner, die da zusammekame. Un wenn en Kreis gemacht war, der is immer größer Worn. Da sin immer noch e paar dezukomme.“ (L. Oettinger, 14)

Wesentlich ruhiger als auf den Straßen der Innenstadt war es in den Vororten. Dort nahmen die Kinder ganz und gar Besitz von der Straße.

„Des war so unsre Straße. In Fechenheim, da gab's kei Auto. En Großbauer, der hatte en Auto gehabt, des war's erste Auto, des mir als Kinner gesehn habbe hier in Fechenheim. Hier in der Straße, da sin nur Fuhrwerke gefahrn mit Kühe. Und mir Kinder, mir konnte freilich auf de Straß erstmal spiele. Mir konnte mache, was mer wollte, es war ja nix. Wenn e Kuh kam, die is erst mal ganz langsam gegange und dann mal ganz kurz weg, oder die Kuh hat en Boche gemacht.“ (Wisker, 16)

Paul Grünewald wohnte in der Nachkriegszeit im Nordend und berichtet:

„Als Kind gab es in der Lenaustraße und um die Ecke herum in der Neuhofstraße ne ganz andere Möglichkeit des Spielens als das heutzutage bei unseren Kindern oder Enkelkindern der Fall ist. Da war so ne Fülle von Spielen, die ohne weiteres auf der Straße gespielt werden konnten, weil da ja kein son Verkehr war. Eben das Reifenspiel, das Drehdobschspiel und was es alles so gab, jahreszeitlich bedingt, bis zum Drachensteigen auf der Frankfurter Holzwiese, das sind dann so Dinge, die bei den zahlreichen Kindern, die in dieser Gegend zu Hause waren, doch eigentlich ne nette Erinnerung sind. (Gespielt habe ich) mit allen, die es da gab. Es gab also knallharte katholische Familien, es gab auch Familien, die warn sozialdemokratischer als wir, und es gab Leute, die aus der deutschnationalen Ecke kamen. – Aber für die Kinder hat das alles keine große Rolle gespielt. Man hat also aus jeder Freundschaft oder Bekanntschaft unter den Kindern das mitgenommen, was einem gefallen hat. Bei dem Ewald Heim hab ich Schach spielen gelernt, und mit dem bin ich auch in'n Kleingarten an der Bertramwiese gekommen, hab auch zum ersten Mal en Kleingarten kennengelernt und viel Spaß daran gehabt. Und mit andern Kindern hat man andre Dinge kennengelernt und gemacht. (Die Kinder) warn überwiegend aus der Straße oder um die Ecke herum, wie das so hieß, wobei da also ganze Kinderscharen oft gespielt haben mit 10, 12, 15, 20 Kindern, Murmeln, also wir sagten in Frankfurt ‚Klickerches' gespielt, all diese Dinge, die man heute kaum mehr beobachtet in dieser Form." (Grünewald, 6f.)

In der Regel war der Radius, in dem sie sich bewegten, recht klein. Zumindest die Jüngeren blieben in ihrer Wohnstraße oder in der unmittelbaren Nachbarschaft, und sie spielten außerdem meistens mit den Kindern, die ebenfalls ganz nahe bei ihnen wohnten. Wie eng da oft der Trennungsstrich gezogen wurde, betonte Hermann Schulze:

„Das ist sogar so weit gegangen, daß es eine Untergasse gab und eine Obergasse. Das ging ungefähr auf die Hälfte. Die untere, die hat für sich gespielt, und die oberen haben für sich gespielt. Die haben praktisch gar net dazu gegolten. Später dann, wie wir größer warn, hat sich das gegeben, da war's nicht mehr so, aber im Kindesalter, so im Schulalter. Komisch war das eigentlich. Da war das Haus, die hatten dezu gezählt und die dazu. Wenn die gespielt haben, die sind nicht zu uns gekommen. Aber das kam wohl daher, weil's einfach viele Kinder warn. In jedem Haus warn doch 3, 4, 5 Kinder, und das wären vielleicht zu viele gewesen. Und da hat es tatsächlich ne Gruppe direkt für sich gegeben." (Schulze, 36f.)

Es wird immer wieder berichtet, daß es zumindest in den ersten Jahren, so ungefähr bis zum 11. oder 12. Lebensjahr, kaum eine Trennung zwischen Jungen und Mädchen gegeben habe. (Schwee, 5) Dennoch gab es selbstverständlich Unterschiede, die begründet lagen in der familialen und außerfamilialen Erziehung. Die Mädchen wurden von klein auf auf ihre spätere Rolle als Hausfrau und Mutter vorbereitet, hatten sich „zahmer und gesitteter" zu benehmen, nicht so wild zu sein. Zwar durften sie häufig bei den Jungen mitspielen, auch „Räuber und Gendarm", doch von sich aus regten sie solche Spiele, wie sie selbst betonten, weniger an. Von ihnen gingen mehr Ball-, Reifen-, Kreisspiele, ruhigere Gemeinschaftsspiele, Klickerspiele usw. aus. Anni Berger erzählt darüber:

„Und dann hat man auch ‚Landabschneidches' gemacht. Da hat man einen Feil gebraucht, und der wurde dann auf die Erde geworfen vor die Füße. Es wurde eigentlich geteilt, und dann mußte man einen Feil werfen, dann wurde das abgetrennt. Ja, dann hat der Nächste. Dann mußte man achten, daß man dem einen oder anderen nicht etwas wegnahm. Wir hatten einen Feil, das war bei uns die Erna, die hat den Feil mit runtergebracht, und nachher hat der Vater geschimpft, hat den Feil gesucht. Das ist so ne Feile. – Das ist so en richtiger Feil, wo man geworfen hat, oder man hat halt en Messer genommen, das war so ein bißchen schwierig. Also es Kneipchen, des konnte man auch nehmen, aber gewöhnlich mußte man etwas Kräftigeres haben, wo die Spitze

stärker ist, weil der Boden ja immer hart war. –
Dann ham wir auch ‚Diabolo' gespielt, des ist wie ein Kegel, und in der Mitte ist schmal, da warn zwei Stangen mit Bindfaden, da mußte man den so bewegen und dann diesen Diabolo hochwerfen und wieder auffangen. Dann hat man auch Tennis gespielt, aber nicht Tennis, wie's heute ist. Man hat so einfache Schläger gehabt und hat damit den Ball gehauen. – Oder man hat Seilspringen gemacht, das war ja auch etwas, was sehr gerne gemacht worden ist, das hat man von klein auf bis zum Alter gemacht." (Berger, 8f.)

Vor allem beim Klickerspielen hatte sie besondere Fertigkeiten erworben und war stolz darauf:

„Wir haben gespielt, genauso wie alle anderen, konnten auf der Straße Schlagball viel spielen oder mit Klickern, das hab ich leidenschaftlich gern gespielt. Ich hatt' ziemlich viele Klicker in nem großen Sack, und der hatte unter meinem Bett gestanden, und den hab ich öfters gestreichelt. Des weiß ich gar nit mehr, des hab ich nur nachher erzählt krischt. Es war eben, mein Gott, da hat mer sich drüber gefreut, wenn ich so reichlich mit Klickern nach Hause kam. Dann hat mer Kinderspiele gemacht, etwas, was sehr schön war. Es wurden Kreise geführt. Die Kreise sind ja allgemein bekannt, die früher gemacht wurden, das, was heute fehlt. Es war ein gewisser Zusammenhalt da, den die Kinder ja irgendwie gebraucht haben, denn wir waren ja nur zwei Kinder, aber bei kleineren Familien war's doch so, daß das einzelne Kind irgendwie isoliert war, und so im Kreis konnte es gemeinsam mitmachen und hat sich darüber gefreut. Die Kinder haben das von sich aus gemacht und sind nicht irgendwie angeleitet oder sonstwas worden. Da haben dann die Mütter aus den Fenstern herausgeschaut und haben sich gefreut, wie ihre Kinder sich unterhalten." (Berger, 6f.)

Lina Schwee erzählte von ähnlichen Spielen:

„Wir haben natürlich Nachlauf gespielt, dieses schöne Spiel: ‚Bruder hilf!', wo man also einander nachläuft und stellt sich mit dem zusammen, dann darf man nicht abgeschlagen werden. Das war das eine. Dann haben wir natürlich auch mit dem Dobsch gespielt, Kreisel gespielt, Hüpfen, also mit Kreide auf die Straße so Kästchen und so etwas. Dann haben wir Seilhüpfen gemacht, und später dann, wie wir so 11, 12 Jahre waren, da ist dann auch viel Nachlauf gespielt worden, Räuber und Gendarm und das, denn wir waren ja immer sehr viele Kinder. Da hat sich das so ergeben, daß wir dann meistens doch viel so Gruppenspiele gemacht haben." (Schwee, 5)

Miez Kalis betonte, wie wichtig es für sie als Kinder war, einen abgegrenzten, überschaubaren Bezirk zu haben, in dem es auch Tiere gab, die sie mochten und immer wieder gerne betrachteten.

„Wir hatten das ja ideal, über der Straße drüben war ein Zaun, dahinter war son Lagerplatz, so Bruchsteine haben da gelagert, ein Bauplatz und eine kleine Hühnerfarm, und Häschen sind da großgezogen worden. Da konnt' mer immer mal hin. Das war für uns sehr kurzweilig. Und da vorne an der Straße war ein Balken, sodaß da nit jeder rein konnte. Des war unser Bezirk, also wir haben uns da richtig daheim gefühlt. Da warn nur 4 Häuser in der Münzenberger damals, dann anschließend kam Feld und Kleingärten, und das war unser Eldorado." (Kalis, 50f.)

Wo die Familienverhältnisse am drückendsten waren, flüchteten die Kinder oft in eine Phantasiewelt. Für Spielsachen war in der Familie Maier kaum Geld übrig. Bei einem Lumpenhändler holten sich die Kinder Lumpen und machten sich daraus selbst ihre Puppen. Oder sie schauspielerten, machten kleine Theateraufführungen für die Nachbarskinder, wofür sie Eintritt verlangten. Am liebsten verlor sich Frieda Gärtner aber in Tagträume.

„Son riesische Baum stand da, und da obe auf'm Baum, da hab ich e Plätzche gehabt, und da hab ich gesesse, stundelang, un dann hab ich geträumt von de weite Welt un was net all, von de Zukunft un vom Reichsein un mal gut esse könne un schöne Kleider habbe, davon hab ich geträumt. Un schöne Reise mache, die Welt sehe." (Gärtner, 22; 61 f.)

Die Jungen waren auch bei den Spielen der Mädchen häufig integriert, teilweise gingen auch von ihnen selbst ruhige Spiele aus. Robert Trösch erwarb sich z.B. schon als Kind seine heute noch immer vorhandene große Leidenschaft für das Theaterspielen.

„Mittags, wenn Schulaufgaben gemacht warn, hatten wir die Möglichkeit, da war en große Hof, da ham mir Zirkus gespielt und ham Theater gespielt. –
Früher kame doch diese kleine Zirkusse noch, die am Main dann so e Zelt aufgeschlage habbe, und wenn mer die Möglichkeit hatte, natürlich hat des interessiert, und da hat mer versucht, auch hinnerher die Posse zu mache, auch wenn mer se gar nit geschafft hat. Dann ham mir schon angefange, Theater zu spiele, des Schneewittche aufzuführn oder sonstwie, natürlich unner Voraussetzunge, da tät eins lache drüber. Mir habbe z.B. die Zwerge – früher war doch des, wenn Karneval war, daß die Kinner Clownanzüge hatte – in die ham mer die Zwerge reingesteckt, un e Zwergehaub ham mer gemacht aus erer Papierdutt. Mer hat doch nix (gehabt). Natürlich, einmal hab ich mir erlaubt, meiner Mutter im Wohnzimmer de Vorhang abzunehme und hab mir en Schleier gesteckt gehabt. Da hab ich natürlich de Hinnern defür versohlt kriet. – Des warn so Teufelsstreich." (Trösch, 27 f.)

Dennoch fällt auf, daß Jungen bei ihren Spielen sehr viel mehr Abenteuerlust zeigten, daß sie häufiger als die Mädchen auch mal in der Umgebung herumstreiften, was nicht ausschließt, daß auch Mädchen sich vereinzelt an solchen „wilden Spielen" beteiligten. Im Winter Schlitten zu fahren, gehörte selbstverständlich dazu, und wenn man keinen Schlitten hatte, dazu fehlte in der Regel das Geld, dann mußten handwerkliches Geschick und Ideenreichtum aushelfen. Karl Reimann erinnert sich:

„Es warn immer einzelne, die Schlitten hatten, sonst sin mir mehr geschliffe. Und da war z.B. zwischen Ginnheim und Heddernheim, da ist die Kurhessenstraße, und da geht die Höllenbergstraße runter, des war so ne schöne Rodelbahn. Da warn mer oft im Winter. Und dann warn einzelne da, die hatten Schlittschuh. Da warn zum Beispiel die Niddawiesen, wie warn durch Überschwemmung und nachfolgenden Frost oftmals vereist. Freunde von mir, die sind von Bockenheim bis nach Vilbel auf den vereisten Wiesen gelaufen. Da habbe mir nur mit zugeguckt, da sin mir nur hin. Oder wenn Hochwasser war, da war's natürlich selbstverständlich, daß wir im Hochwasser rumgespielt hatten, das gab's auch gar nit anders." (Reimann, 13 f.)

Hans Doll erzählt darüber:

„Im Winter sind wir zum Teil rodeln gegangen, wo mer eben gekonnt hat, wo en Hügel gewese war, da sind wir runtergerutscht halt. Die meisten Schlitten warn ja selbst zusammengeputscht gewese, des warn zwei Bretter, und des war aach gut gewese, und da ham mer ebe die Kufe vorne bißche rumgeschnitte un e paar Bretter drüberge-

Daß Freikarten überwiegend über die Arbeiterausschüsse der Betriebe und die Gewerkschaften verteilt wurden, deutet darauf hin, daß diese sowohl unter gesundheitspolitischen als auch unter Freizeitaspekten zu sehende Aktion durch den Arbeiterrat angeregt wurde (Anzeige im Volksrecht v. 19.5.19). Das Schwimmbad am Molenkopf (Osthafen) mit der Regattastrecke war beliebtes Ausflugsziel.

Freibäder

für Minderbemittelte.

Für Schwimm- und Badegelegenheit im Main und in der Nidda können für die dort befindlichen Volksbadeanstalten (im Main Schecker'sche Badeanstalt, städt. Mainbad, in der Nidda Familienbad Rödelheim) durch die Arbeiterausschüsse von Fabriken, Gewerkschaften, Jugendfürsorgestellen und ähnliche Korporationen Freikarten zur Verteilung gelangen. Entsprechende Anträge sind alsbald an das Badeamt zu richten.

Frankfurt a. M., den 14. Mai 1919.

Bade-Amt.

klappt, und dann ham mer unsern Schlitte gehabt. Des war natürlich nur en zusammegeschlagene Kaste, aus Kistebretter. Also ham mir aach alsemal ne Latte abgerisse, gel, e paar dicke Latte ebe." (Doll, 13)

Wie noch heute, so übte schon damals das Wasser in den Sommermonaten eine große Anziehungskraft auf Kinder aus. Schwimmen zu gehen war eine Lieblingsbeschäftigung, doch bei den meisten Arbeiterfamilien reichte das Geld nicht für den Eintritt ins Schwimmbad. Hermann Schulzes Eltern brachten es teilweise auf, zumindest solange, bis die Kinder schwimmen gelernt hatten. Schwimmen

„gelernt hab ich eigentlich durch mich selbst, und zwar im Eschersheimer Strandbad. Wir sind immer nach Eschersheim gefahrn und haben da en ganzen Tag verbracht. Da ging son Wasserfall runter. Und da hab ich von mir aus schwimmen gelernt. Ich kann mich noch erinnern, am Anfang war das schwer. Da war son Loch, das war tief. Ich bin da immer von einem Ufer zum andern geschwommen, also versucht. Und da hab ich ja nie meinen Kopf hochgekriegt, komisch, aber ich konnte unter Wasser schwimmen. Das hat gereicht, der Atem, bis dahin. Auf die Art und Weise habe ich gelernt. Und nach und nach hab ich dann auch gelernt, den Kopf aus dem Wasser zu tun. Und dann später haben wir in der Schule noch Unterricht gehabt, im Sommer ins Schwedler-Bad, das Hafenbecken, und im Winter da, wo heute die Ortskasse ist, da war früher das Bad." (Schulze, 32f.)

Viele Zeitzeugen – vor allem die Jungen – berichteten, ein Schwimmbad fast nur mit dem Pflichtunterricht in der Schule benutzt zu haben. Die Klasse von Emil Schmidt ging z.B. zum „Schauermann" an der Obermainbrücke. Welches Schwimmbad besucht wurde, das war abhängig vom jeweiligen Standort der Schule. Im April 1921 berichtete der Magistrat, der „1. Frankfurter Schwimmclub" habe sich bereit erklärt, seine auf eigene Kosten im Osthafen errichtete Schwimmanstalt den Schülern für das Schülerbaden unentgeltlich zur Verfügung zu stellen. Es könnten dort dann die Schulen im Frankfurter Osten rund 1700 Schüler im Osthafenbad unterbringen. Zur Herstellung der notwendigen Umkleideräume bewilligte der Magistrat einen Betrag von 12000 Mark. (VR 75 v. 1.4.21)

Wer nicht ins Schwimmbad gehen konnte, mußte deshalb noch lange nicht auf das Baden verzichten. Emil Schmidt meint:

„Als wir etwas größer warn, da sind wir an den Main schwimmen gegangen. Damals war ja das Wasser relativ sauber. Und das war natürlich für Kinder ärmerer Leute." (E. Schmidt, 24)

Andererseits bot der Main für die Kinder eine Reihe Abenteuer, die, auch wenn sie nicht ganz ungefährlich waren, so in einem Schwimmbad nicht erlebt werden konnten. Viele Kinder, vor allem aus den östlichen Stadtteilen, gingen zum Schwimmen an den Molenkopf des Osthafens. In Fechenheim wurde außerdem viel am „Mainstrand" gespielt. Ernst Wisker erinnert sich noch immer gerne daran, wie abwechslungsreich für sie die Sommer dort waren.

„Ich hab früh schwimmen gelernt, im Main konnte mir schwimme. Da warn laufend die Bagger, und da ham am Ufer große Sandhaufe gelesche. Da wurde der Kies aus'm Main rausgeholt. Die warn teilweise so 5, 6, 7 Meter, und da konnte mir Kinder freilich auch wieder wunderbar spiele. Dann in dene Kieshaufe warn Muscheln drin, ham mer die wieder gesucht. Also warn mir halt dauernd unterwegs. Nach'm Mittagesse: Schulaufgabe, dann auf die Straße. Wenn's dunkel war, mußte mer halt hochkomme. Da hat mer sich als Kind richtig wohlgefühlt. –
Da warn die Floßschiffer, die ham da des Holz (transportiert). Da kam's öfter vor, daß mir dann hochgelaufe sin, manchmal bis zur Schleuse, un dann sin mir rübbergeschwomme auf'm Floß, sin mitgemacht bis vielleicht nach der Offenbacher Brück', da

widder ins Wasser reingesprunge, dann ham mer aufs nächste Floß gewartet. So ham mer Dinger gemacht. Oder dann, was mer gar nit mache sollte, wenn en Dampfer ziemlich niedrig war, sin mer da hoch. Da ham se uns freilich immer runtergeworfe, weil das gefährlich war. Des warn so Erlebnisse, wo uns Spaß gemacht habbe." (Wisker, 27; 80)

Für die Mütter waren solche Ausflüge der Sprößlinge dagegen nur selten die reine Freude. Meist überwog die Angst, es könnte etwas passieren. Hermann Schulze erinnert sich noch an eine Begebenheit:

„Da sind wir an'n Main gelaufen, an den Eisernen Steg, da war son Nachen angekettet, und da sind wir drei Buben reingeklettert und haben den Nachen immer abgestoßen, bis die Kette gespannt war und dann wieder bis ans Ufer. Und so ham wir gespielt. Und die Mutter kam heim und hat uns gesucht. ‚Ja, die sind am Main.' – ‚Um Gottes Willen.' Ist sie gekommen, da hat sie das Unglück gesehen. ‚Um Gottes Willen, was machen se jetzt?' – Sie konnte net anders: ‚Um Gottes Willen, kommt doch, kommt doch, kommt, ich geb Euch was!' Und wie wir raus warn, ham mir unser Fell verhauen kriegt." (Schulze, 37)

Wie im Sommer das Wasser besonders lockte, so wurden zu anderen Jahreszeiten die Streifräume mehr auf das Stadtzentrum, und dort auf die größeren Geschäfte, Märkte oder Kaufhäuser, auf den Stadtteil, auf Wälder oder im Herbst auf die Felder ausgedehnt. Sie waren nicht nur deshalb verlokkend, weil man sich dort den Bauch vollschlagen konnte, sondern es spielte zugleich eine gehörige Portion Abenteuerlust dabei mit.

„Naja, daß Streiche gemacht worden sind, das würde ich nie bezweifeln, denn ich weiß, einmal hab ich auch Äppel geklaut. Wenn mer übers Feld gegangen ist und hat en Apfel da liegen sehn, dann hat mer den geklaut und hat auch nicht gefragt, war er jetzt reif oder unreif, das hat keine Rolle gespielt," (Berger, 8)

meint Anni Berger. Auch Marie Jülg erinnert sich noch, wie sie dem Flurschütz ein Schnippchen schlugen.

„Ich hab's ja erlebt, wie einer von uns, der Arthur, der konnt' so gut klettern, der ist auch immer auf den Äppelbaum geklettert gewesen. Und dann kam der Flurschütz, der hat so ne Nase gehabt, so dick, und da haben wir immer ‚Gogum' gesagt. Und auf einmal kam der, und da hat er gerufen: ‚Willst Du machen, daß Du wegkommst!' – Der hat gesagt: ‚Ei komm doch, wenn Du was willst!' – ‚Ich krieg Dich, wart nur. Und wenn ich den ganzen Tag hier steh, ich wart', bis Du runterkommst!' – ‚Kannste lang warte', hat der gesagt. Wir haben uns amüsiert. Und auf einmal, jetzt guckt der gar net, gibt der gar net so acht. Da ist der von dem große Kirschbaum rüber auf den Äppelbaum und ist drüben runtergemacht und ist dann rüber in den Marbachweg. ... Hat der dann vorne gestanden, und da hat er gesagt: ‚Ätsch, ei komm doch, krieg mich doch!' – ‚Ich krieg Dich!' – Ach, is der gerannt. Naja, er hat's dann aufgegeben." (Jülg, 25)

Die Kinder arrangierten sich notgedrungen meistens mit dem Feldschützen, doch die Achtung vor seiner Autorität ging nicht so weit, daß sie akzeptierten, was verboten war, sie gingen in der Regel nur den Konflikten für einige Zeit aus dem Weg. Sie empfanden die Anwesenheit der Ordnungsmacht eher als einen Eingriff in ihren Herrschaftsbereich, den sie auf die einfachste Art zu umgehen versuchten.

„Und dann sind mir auf die Wiese, die hat auch uns gehört. Des war verboten, mir durfte ja nit drauf, aber mit ham genau gewußt, der Feldschütz, der kam an eim Tag einmal, meistens mittags um 2 Uhr. ... Der war kaum weg, warn mir wieder auf der Wiese. Mir ham ja auch nicht viel kaputtgemacht. Der ganze Bezirk hier hat nur uns Kindern gehört. Also mir konnte spiele, wo mir wollte. Ich glaub, hier auf der Straße, daß ich auf jedem Baum schon oben war." (Wisker, 16f.)

Solche und ähnliche bewußten Regelübertretungen – wie sie vor allem auch in der Schule immer wieder vorkamen, sind nicht als kriminelle Handlungen, sondern als anarchische Formen des Protestes und des Widerstandes der Arbeiterkinder gegen ihre Unterdrückung zu begreifen. Ganz ähnlich wie bei solchen verbotenen Spielen eine Menge des Ärgers abreagiert wurde, den sie tagtäglich erfuhren, boten die Spiele überhaupt den dringend notwendigen Ausgleich zur Entladung der Aggressionen, die durch das Herumgestoßenwerden, durch das ständig empfundene Minderwertigkeitsgefühl in Elternhaus, Nachbarschaft oder Schule angestaut wurde. Hans Doll betonte, daß die Kinder sehr feinfühlig waren und empfanden, ob sie akzeptiert wurden oder ob man ihnen lieber aus dem Weg ging.

„Es hat natürlich e bißche Distanz gegebbe, zum Beispiel Mittelschüler, die habbe natürlich nit mit de Volksschüler gespielt. Da hat es Differenze gegebbe." (Doll, 10)

Die Klassenunterschiede setzten sich in der Regel auch bei den Spielen durch, schon alleine deshalb, weil bürgerliche Mütter sehr darauf achteten, daß ihre Sprößlinge den richtigen Umgang hatten, andererseits es aber auch die Arbeiterfrauen ungern sahen, wenn ihre Kinder mit solchen spielten, denen es besser ging, die besseres Essen oder anständigere Kleidung hatten und sie sich bewußt waren, nicht mithalten zu können. Die Kinder spürten sehr deutlich, daß sie auf der Straße alleine nichts ausrichten konnten, daß sie aber um so stärker und unangreifbar wurden, je fester sie sich mit anderen verbündeten. Hans Bischoff betont:

„Da war die Einigkeit, vielleicht durch die Not, die war größer, der Zusammenhalt, als heut." (Bischoff, 19)

Es war meistens kein ernster, vor allem kein lange anhaltender Streit, aber es waren Auseinandersetzungen, in denen Kräfte gemessen, Zugehörigkeiten klar herausgestellt wurden. Es konnte durchaus sein, daß eine Gruppe ganz friedlich zur anderen zog, um miteinander zu spielen, dann aber ganz plötzlich, ohne gravierenden Anlaß, ein Streit aufkam. Hermann Schulze beschreibt, wie so etwas dann ablief:

„(Es gab auch) Kämpfe, aber nicht innerhalb der Straße, sondern von andern Straßen wieder. Da ham wir uns so Gerten besorgt, die von den Bäumen abgeschnitten wurden, und da gab's: ‚mir habe Krach!' – Und dann sind wir mit wildem Geheul, die Großen vorneweg, sind wir in die andere Straße, und da sind die gekommen mit Geheul. Dann sind wir wieder in die Flucht geschlagen worden, da ham wir uns zurückgezogen, und das war mehr so Spielerei eigentlich. Aber das war so. Hat man da irgendwie Krach gehabt. Weiß der Teufel, wie das kam. Die Großen warn da vor allen Dingen beteiligt, wir Kleineren sind dann hinterher und haben geschrien." (Schulze, 36)

Innerhalb dieser lockeren Gruppen, Cliquen, Kippen u. dgl. gab es meist keine festgelegten, starren Führungsstrukturen, sondern sie regulierten sich selbst, änderten auch die Leitungsfunktionen. Sie waren jedoch von großer Bedeutung für die Kinder. Durch diese naive Form der Kollektivierung trat das einzelne Arbeiterkind aus seiner Isolierung hervor. Der Gassenbub, die Straßenbande, galten wesentlich mehr, sie waren stärker, unangreifbarer. Die Cliquen waren andererseits sehr häufig eine Vorstufe für organisierte Kindergruppen.

Solche informellen „Kinderbanden" konnten jedoch durchaus auch, entsprechend ungünstige Umstände und Gruppenstrukturen vorausgesetzt, auf kriminelle Protest- und Ersatzhandlungen verfallen. Jedoch bildete das – auf die Masse der Kinder bezogen – den Ausnahmefall. Daß bis auf den heutigen Tag die Masse der Fürsorgezöglinge und kindlichen und jugendlichen Straftäter aus der Unterschicht stammt, liegt nicht etwa an deren besonders entwickelter krimineller Energie, sondern daran, daß „abweichendes Verhalten" aus den unteren Schichten von der bürgerlichen Gesellschaft schärfer sanktioniert wird. (vgl. Moser, T., 237 ff.)

So wichtig das informelle Kinderkollektiv für die seelische Stabilität des einzelnen Arbeiterkindes auch war, so konnte es in der Regel doch nicht alle Bedürfnisse abdecken. Besonders schwächere oder sensiblere Kinder konnten in einer solchen Gruppe durchaus in die Zwickmühle geraten. Einerseits konnten und wollten sie sich nicht gegenüber den anderen Kindern isolieren, andererseits wurden sie häufig nicht für „voll" genommen, gehänselt oder herumgeschubst. Für Kinder, die auf eigene Initiative oder über die Eltern Anschluß an Vereine oder organisierte Gruppen fanden, verlor die Spielgruppe an Bedeutung, ohne in der Regel völlig aufgegeben zu werden. Die Straßencliquen waren auf Aktion gestimmt, wer darüber hinausgehende Bedürfnisse hatte, mußte sie anderwo befriedigen.

Auffällig ist, daß viele Arbeiterkinder ein kaum zu stillendes Lesebedürfnis besaßen und daß die Jungen dabei den Mädchen anscheinend in nichts nachstanden. Die Vereinzelung im Akt des Lesens war gewissermaßen der dialektische Kontrapunkt zum kollektiven Alltag, der Rückzug in die Innerlichkeit, aber auch der Versuch, sich die Welt anzueignen, die ihnen und ihren Eltern in der Realität weitgehend verschlossen war. Andererseits wurde der individuelle Akt des Lesens immer wieder auf das Kollektiv zurückbezogen. Man unterhielt sich über die Lektüre, tauschte untereinander Bücher und Hefte, Gelesenes wurde in kollektive Spielhandlungen – so etwa beim „Indianer- und Trapperspiel" – umgesetzt. Die Intensität des Lesens war dabei sicher nicht unabhängig von der Jahreszeit. Im Winter, wenn es früh dunkel wurde, lasen die Kinder – und teilweise die Eltern mit ihnen – wesentlich häufiger. Anna Beyer erzählte:

„Ich war ne sehr große Leseratte. Ich hab also sehr früh wohl auch lesen und schreiben gekonnt, eh das in der Schule üblich war. ... Ich war eine derjenigen, die die meisten Bücher aus der Schulbücherei geliehen hat; die ‚Höhlenkinder' von Johanna Spyri und was die Schulbüchereien so hatten. Naturkundebücher, die hab ich mir da geholt." (Beyer, 1; 20)

Dabei fanden die Kinder einen sehr unterschiedlichen Zugang zu Büchern. Teilweise wurden sie von den Eltern eingeführt, Mütter oder Großmütter lasen ihnen abends vor, wie in der Familie Kalis.

„Wir ham viel gelesen. Meistens hat die Mamma vorgelesen, oder wie wir schon ein bißchen flotter warn im Lesen, da ham wir dann gelesen. Des warn viele Lesestunden bei uns, des muß ich sagen, des war ja oft die einzige Unterhaltung. – Als Kinder haben wir gern Peter Rosegger (gelesen), den haben wir ganz verschlungen, und die Ennenbachs hatten die ganzen Ganghofer. Und die Friedesienchen, das war auch so eine heimelige Familiengeschichte, die über Fortsetzungen ging. Und dieses Friedesienchen, das war so der Mittelpunkt einer Familie, und das hat mich so an die Kindheit meiner Mutter erinnert. Das war so unsre Kinderlektüre. Später sind wir dann schon ein bißchen weiter gegangen und haben vor allem so Berggeschichten – Zahn – (gelesen), weil wir ja nie in die Berge konnten und das uns sehr fasziniert hat, so Naturbeschreibungen.“ (Kalis, 113)

In anderen Familien las der Vater mehr als die Mutter, die zu sehr mit Hausarbeit eingedeckt war. Die Kinder mußten immer die Bücher umtauschen gehen und fanden so selbst Interesse daran. Viele Zeitzeugen berichteten, sie hätten als Kinder Bücher geradezu verschlungen, vor allem Abenteuer- oder Detektivgeschichten, Tiergeschichten, Erzählungen über Prinzen und Prinzessinnen, Reisebeschreibungen. Ernst Wisker betont:

„Ich hab sehr viel gelese, aber allerdings nicht politisch, sondern mir hatten in der Cassella auch eine Werksbibliothek gehabt. Und ich hab gern gelesen, da bin ich immer hin und hab Bücher geholt. – Was ich gelesen hab? – Als kleines Kinder Indianergeschichten, Abenteuergeschichten, dann teilweise so Forschungsfahrten vom Nordpol, wie se da de Nordpol erforscht habbe.“ (Wisker, 101f.)

Er weist zugleich darauf hin, daß Großbetriebe Werksbibliotheken zu ihren sozialen Einrichtungen zählten, in denen nicht nur die Arbeiter selbst, sondern deren Familien, und insbesondere die Kinder, zur ständigen Kundschaft gehörten. Häufig wurde jedoch beklagt, daß dort zwar Bibliothekarinnen angestellt waren, eine wirkliche Leseanleitung jedoch unterblieb. Daß der Lesehunger so groß war, lag nicht nur an dem relativ eng begrenzten Aktionsradius der Kinder, sondern hatte außerdem seine Ursache im Schulunterricht, der kaum geeignet war, ihre Neugierde und ihren Wissensdurst zu befriedigen. Schönschreibe- und Rechtschreibeübungen, stundenlanges Auswendiglernen, das konnte aufgeweckten Kindern nicht ausreichen. Gerade weil die Schule so wenig an Wissen vermittelte, war bei vielen Arbeitern das Bedürfnis so groß, mehr zu erfahren. Wenn es machbar war, dann unterstützten die Eltern häufig ihre Kinder in solchem Bemühen, wie Emil Schmidt berichtet.

„Als ich so in der Schule dann mit guten Leistungen glänzte und gut lesen konnte und viel Interesse für Bücher hatte, da bekam ich, soweit überhaupt meine Eltern Geld erübrigen konnten, Bücher geschenkt und sinnvolle Spiele, z.B. einen Chemienova-Kasten. Das war en Kasten mit so Chemikalien, wo mer Experimente machen konnte. Aber das einzig sichtbare Ergebnis meiner Chemikertätigkeit war, daß ich mal eine explosive Ladung herstellte und hab auf'm Tisch ein Riesenloch hinterlassen.“ (E. Schmidt, 19)

Die Lesegewohnheiten der erwachsenen Arbeiter und Arbeiterfrauen scheinen wesentlich „privatistischer“ gewesen zu sein als die der Kinder. Zudem war das Lesen in der Elterngeneration der Zeitzeugen nicht so weit verbreitet wie unter ihren Kindern. Dabei ist nicht zu übersehen, daß ein Großteil der Elterngeneration noch auf dörflichen Zwergschulen eine völlig unzureichende Schulbildung genossen hatte und nur teilalphabetisiert war. Immerhin tauchen in Zeitzeugenberichten auch Aussagen über Lesegewohnheiten der Eltern auf, so etwa bei Fritz Schmidt.

„Mein Vater war ein großer Leser, und meine Mutter hat auch gerne gelesen, soweit's ihr die Zeit erlaubt hat. Und die ham ihren Literaturbedarf gedeckt aus der Leihbücherei der Farbwerke Höchst. Und wir Kinder mußten dann immer hingehen, die Bücher umtauschen, wenn die Frist abgelaufen war und wieder neu tauschen. Die haben da wohl en Katalog gehabt und ham das rausgeschrieben, aber niemand hat sie geführt, niemand hat sie geleitet, niemand gab ihnen Einblick, meinetwegen in die Literaturgeschichte. Oder auch nur einen Hinweis auf die Tatsache, daß es so etwas wie eine progressive, liberale, sozial befreiende Literatur gab. Denn damals gab's doch schon Dostojewski, damals gab's doch schon Tolstoi, da gab's schon Gorki, es gab Zola, auch in der Bibliothek. Also sie hätten Zugriff gehabt, aber sie ham ja von der Existenz einer solchen Literatur nicht mal die geringste Ahnung gehabt. Sie ham also wahllos gelesen, was ihnen in die Hände kam und eben versucht, daraus das Beste zu machen. Meistens war das nur einfache, unterhaltende Literatur.“ (F. Schmidt, 40)

Das stimmt weitgehend mit anderen zeitgenössischen Berichten überein. Die organisierte Arbeiterbewegung setzte auch hier einen allmählichen Bildungsprozeß in Gang. Ein Bücherschrank war Anfang der 20er Jahre in einer Arbeiterfamilie die Ausnahme, wie sich u.a. Paul Grünewald noch erinnert:

„Wir hatten eine Heilige Schrift, die von der Hochzeit meiner Eltern noch herstammte. Wir hatten sonst sehr wenige Bücher. Das war also gerade so viel, daß sie auf ein schmales Bücherbrett gingen. Das wurde erstmehr, als 1924 nach der Gründung der Büchergilde mein Vater mir, obwohl ich noch Schüler war, die Mitgliedschaft in der Büchergilde schenkte.“ (Grünewald, 19)

Wo das Einkommen jedoch so knapp bemessen war, daß es kaum zum Leben reichte, da mußte auf den Luxus, eigene Bücher zu besitzen oder die Mitgliedschaft in der Büchergilde zu bezahlen, verzichtet werden.

Neben den Werksbüchereien einiger Großbetriebe spielten bei der Dekkung des Lesehungers der Arbeiterbevölkerung die städtischen Volksbüchereien und privaten Leihbüchereien die Hauptrolle. Gerade diese kleinen Läden, die in allen Arbeiterwohngebieten zu finden waren, wurden viel benutzt. Hier war die „Schwellenangst“ gering, die so manchen Arbeiter und erst recht die Arbeiterfrauen häufig daran hinderte, die „Bildungstempel“ der öffentlichen Bibliotheken mit ihren ausgebildeten Bibliothekaren und Bibliothekarinnen aus gutbürgerlichem Hause zu betreten. Ihre Besitzer waren nicht gebildeter als ihre Kunden, und ihre Buchbestände kamen aus Spezialverlagen, die eigens auf die Lesegewohnheiten und -bedürfnisse dieser Schicht spezialisiert waren: Kriminalromane, Wild-West-Romane, Abenteuerromane für die Männer, „Schicksals-“, Liebes- und Arztromane für die Frauen, von Lohnschreibern am Fließband produziert, waren der

Kern ihres Bücherbestandes. Die Forderung, Arbeiter sollten sich in ihrer Freizeit weiterbilden, konnte erst bei verkürzter Arbeitszeit auf fruchtbaren Boden fallen. Die Schwere der Arbeit, nach Feierabend oftmals die Notwendigkeit, sich auf dem Feld oder im Garten zu betätigen, waren allerdings für den Bildungshunger und die Lesebereitschaft nicht gerade förderlich. Wenn gelesen wurde, dann waren es häufig keine Bücher, wie Paul Grünewald betonte.

„Also das Bücherlesen bei meinen Eltern, das war sehr schwach. Sie ham die Zeitung gelesen. ... Wir ham außer der ‚Frankfurter Zeitung', die ja sehr umfangreich war in den Jahren vor 1920, und nach 1920 mit 2-3 Tagesausgaben, und dann einem sehr ausgedehnten Feuilleton, die wurde also eifrig gelesen, dazu noch das ‚Illustrierte Blatt' (gehabt), das auch im Frankfurter Zeitungsverlag gedruckt wurde. ... Also was ich an Büchern heranschleppte, da wurde auch mal drin rumgeblättert, aber echt gelesen ham meiner Erinnerung nach meine Eltern das net." (Grünewald, 20)

Die Arbeiterschaft informierte sich keineswegs nur aus der Arbeiterpresse, sondern bezog, wie auch schon Peter Lang betonte, häufig die bürgerlichen Zeitungen. Um die Arbeiter als Leser zu gewinnen, paßte sich die proletarische Presse – wie Otto Rühle schärfstens kritisierte –

„anfangs zögernd und etwas unbeholfen, aber mit zunehmender Routine, der bürgerlichen Zeitungstechnik an. ... Heute ist die gesamte Parteipresse – bis etwa auf den ‚Vorwärts', der ungefähr das langweiligste und unmodernste aller Arbeiterblätter sein dürfte – ganz nach bürgerlichem Muster aufgezogen." (Rühle 2, 268)

Zudem wurden seit 1920 von der deutschen Großindustrie Werkszeitungen herausgegeben und unentgeltlich an die Arbeiter führender Industriebetriebe verteilt. Sie erreichten in den 20er Jahren eine enorme Verbreitung und übten einen erheblichen Einfluß auf die Gesinnung aus. Nach Rühle wurden diese dadurch zwar nicht zu glühenden Anhängern oder Verfechtern des Bourgeoisiestandpunktes, doch trugen die Blätter „zu ihrer Einschläferung, Verspießung und Ablenkung vom Klassenkampfstandpunkt bei". (ebd., 269)

Auch der klassenbewußte Parteigenossse, der pflichtbewußt die Arbeiterpresse abonnierte und auch las, war sehr oft Kunde eines kleinen, privaten Buchverleihers. Häufiger noch als die Männer suchten die Arbeiterfrauen Entspannung bei dieser anspruchslosen Art von Literatur.

Anzeigen aus: Freiheit v. 19.5.19 und Volksrecht v. 23.1.22

In Frankfurt richtete sich die Aufklärungsarbeit der Sozialdemokraten in besonderem Maße an die Arbeiterfrauen. Bei Hausagitationen, bei Werbeaktionen für die „Volksstimme“ waren sie – laut Bericht in der „Volksstimme“ – noch viel schwerer als ihre Männer davon zu überzeugen, nicht bürgerliche Zeitungen, sondern die Arbeiterpresse zu lesen, da die Romane in den bürgerlichen Zeitungen viel spannender seien. Dies nicht einfach zu kritisieren, sondern zu analysieren und systematisch zu bearbeiten, sollte und mußte eine längerfristige Aufgabe sein, die schon in der Schule bei Mädchen anzusetzen hatte. In der „Volksstimme“ hieß es unter der Überschrift „Arbeiterfrauen und Zeitungsroman“:

„Der sozialistische Agitator wundert sich über den Standpunkt dieser Frauen nicht. Denn er weiß, daß die Frauen gar keine literarische Schulbildung haben können. Die Schulbildung und Erziehung war ja ganz darauf eingestellt, ‚die Frau fürs Haus‘ zu erziehen. Alle Feinde der politischen Betätigung und Emanzipation der Frauen berauschen sich schon an dem Wort ‚die Frau gehört ins Haus‘, das sie aus jenen Teilen von Schillers ‚Glocke‘ ableiten, in denen Schiller dem bürgerlichen Philistertum große Konzessionen macht und die französische Revolution verhöhnt. ... Vielmehr muß den Frauen des werktätigen Volkes klar gemacht werden, daß die Romane in bürgerlichen Zeitungen, abgesehen von verschwindenden Ausnahmen, ganz dazu angetan sind, sie von tieferem Nachdenken abzuhalten, sie über ihre wirtschaftliche Lage und ihre Stellung in der Gesellschaft hinwegzutäuschen. Man muß den Blick der Frauen zu schärfen versuchen, damit sie erkennen, wie sehr die Romane der bürgerlichen Zeitungen auf die Tendenz zugeschnitten sind, auf die Vortrefflichkeit der kapitalistischen Wirtschafts- und Gesellschaftsordnung hinzuweisen; daß es ‚immer so‘ gewesen sei, Arme und Reiche, Herren und Knechte müsse es geben. ... Eine geradezu erschreckende Minderwertigkeit haben die Romane im Frankfurter ‚Generalanzeiger‘.“ (VSt 1 v. 2.1.22)

Doch nicht nur die Romane in den Zeitungen oder die Presse im allgemeinen übten Einfluß auf die ideologische Haltung der Arbeitermassen aus, sondern ebenso die gesamte „volkstümliche Literatur“, von der Arbeiterbewegung abfällig als „Schundromane“ bezeichnet, hier nur nicht als Häppchen verabreicht wie in der Zeitung, sondern als ganzes Menue.

„Daß die Massen immer noch und immer wieder dem Fusel in aller Gestalt zum Opfer fallen, ist nicht so sehr ihre moralische oder intellektuelle Schuld, sondern ihr soziales Verhängnis. Sie trinken Schnaps oder lesen Schundromane nicht so sehr aus dem Grunde, weil sie ungebildet sind, schlechten Geschmack haben oder des moralischen Halts entbehren, sondern vielmehr deshalb, weil ihr berufliches Schicksal, ihr soziales Milieu, ihre seelische Situation dazu treiben und zwingen, beim Schnaps, beim Schundroman, bei einer physischen oder psychischen Berauschung ihre Zuflucht zu suchen. Es ist der Lusthunger, jenes aus Not, Entbehrung, Freudlosigkeit und Niedrigkeit des Daseins geborene, ewig ungestillte Verlangen nach Berauschung, Betäubung, Vergessen, Illusion, was die Menschen zum Glas, zum Schundroman greifen läßt.“ (Rühle 2, 271)

Die Sehnsucht nach einer heilen, abwechslungsreichen und aufregenden Welt war bei den bestehenden Lebensverhältnissen verständlich. Die Literatur bot hier einen scheinbaren Ausgleich, eine willkommene Gelegenheit, über den Horizont der eigenen Wohnung, des Gartens, der Fabrik oder des

Viertels hinauszuschauen. So gesehen sind auch der Lesehunger und der Lesestoff ein Teil des „Milieus".

Die Berichte der Zeitzeugen sind sowohl bezüglich ihrer Kindheit, ihrer Spielgewohnheiten wie auch über die Nachbarschaftsbeziehungen recht zwiespältig. Immer wieder werden beklemmende Enge, unzureichend ausgestattete Wohnungen hervorgehoben, andererseits wird betont, daß diese Enge nicht nur stickig, sondern zugleich warm war, daß es eine Geborgenheit gab, die sie heute vermissen. Es wird hervorgehoben, daß es Kindern heutzutage zwar besser geht, daß sie kaum noch Hunger leiden müssen, oft ein eigenes Zimmer, in der Regel reichlich eigenes Spielzeug besitzen, daß sie aber dennoch um vieles ärmer seien. Sie hatten damals zumindest im Freien Platz zum Spielen, erstickten nicht im Verkehr, konnten sich beim Spielen freier entfalten. Und so kommt es zu Aussagen von den einen, daß sie kaum gute Erinnerungen an ihre Kinderzeit haben, da sie ständig eingespannt wurden, immer mithelfen und auch noch Geld verdienen mußten, und es kommt zugleich zu Berichten anderer, denen die Eltern einen breiteren Freiraum lassen konnten, die heute mehr in Erinnerung haben, was sie nicht einengte, sondern ihnen Freude machte.

War die Notzeit des Krieges, der Nachkriegszeit und der Inflation unbestreitbar eine Zeit der extremen materiellen Verelendung der Arbeitermassen, so ist – zumindest in den Augen der Zeitzeugen – die Gegenwart ein Ort extremer „seelischer Verelendung", nicht etwa, weil es den Arbeitern heute „so gut" geht, sondern weil die fortschreitende Entwicklung des Kapitalismus die städtebaulichen Rahmenbedingungen für die Existenz des „proletarischen Milieus" und seine solidarischen und kollektiven Verhaltens- und Interaktionsformen völlig zerstört hat.

14. Für die meisten ein Alptraum
Schule zwischen pädagogischer Reform und Reaktion

In unserer Gesellschaft ist die Schule im Leben eines jeden Kindes ein zentraler Ort, der Ort, an dem es zuerst und sehr unmittelbar mit der Macht des Staates und seinen Repräsentanten konfrontiert wird. Dementsprechend haben fast alle Zeitzeugen sehr lebhafte, aber selten angenehme Erinnerungen an die Schule und die Lehrer. Die Bourgeoisie gesteht den Arbeiterkindern - schrieb schon Friedrich Engels 1845 - nur so viel vom Leben zu, als eben nötig ist,

„so dürfen wir uns nicht wundern, wie sie ihnen auch nur soviel Bildung gibt, als im Interesse der Bourgeoisie ist." (MEW, 2, 338)

Und das war auch im wilhelminischen Deutschland nicht viel anders. (vgl. Kap. 3 u. 4) Das deutsche Schul- und Bildungswesen entsprach bereits vor dem Krieg längst nicht mehr den Erfordernissen der ökonomischen Entwicklung, geschweige denn den Bedürfnissen der Arbeitermassen, und

„so trafen in der Novemberrevolution die Schulreformbestrebungen des fortschrittlichen Bürgertums mit den schulpolitischen Forderungen und Vorstellungen der Arbeiterklasse noch ziemlich ungeklärt aufeinander." (Brandecker, in: Löwenstein, 1976, 324)

Die deutsche Sozialdemokratie hatte lange gebraucht, bis sie sich auf dem Parteitag 1906 in Mannheim erstmalig grundlegend mit Erziehungs- und Bildungsfragen auseinandersetzte. Die „Mannheimer Leitsätze" (vgl. Protokoll Mannheim 1906, 119-125; 323-360) galten fortan als *das* Schul- und Erziehungsprogramm der deutschen Sozialdemokratie. Heinrich Schulz, der auf dem Parteitag und in seinem 1911 erschienenen Buch „Die Schulreform der Sozialdemokratie" die schulpolitischen Positionen der Partei noch marxistisch begründet und erläutert hatte, ging später jedoch zunehmend auf „revisionistische Positionen" über. Diese sprachen sich für die Beibehaltung des dreigliedrigen Schulsystems aus und forderten lediglich eine größere Durchlässigkeit, um auch Kindern aus dem Proletariat den Aufstieg in die „Führungselite" zu ermöglichen.

Die Grundhaltung der Mehrheits-Sozialdemokratie, sich in den Staat zu integrieren und zu hoffen, dafür Anteile an der Macht übertragen zu bekommen, mußte sich notwendig auch auf die sozialdemokratische Bildungspolitik übertragen. Der Bruch mit den schulpolitischen Leitvorstellungen der Partei wurde nach der Revolution noch deutlicher. Die durch die Revolution eröffnete Möglichkeit, das Bildungsmonopol der Besitzenden zu brechen

Die „Freiheit" vom 30.8.1919 drückte ihre Auffassung über den Schulkompromiß der Weimarer Verfassung in sehr drastischer Weise aus. Nach Artikel 146 blieb nicht nur

das dreigliedrige Schulsystem erhalten, sondern auch die Konfessionsschule.

und die „weltliche Einheitsschule“ zu errichten, wurde nicht genutzt, obwohl nicht nur der „Deutsche Lehrerverein“, sondern auch weite Kreise des liberalen Bürgertums dies erwarteten und forderten. Wie auf allen anderen Gebieten, suchte die SPD unter Eberts Führung alle revolutionären Entwicklungen zu blockieren oder zu bloßen Übergangslösungen herabzustufen. Alle Entscheidungen sollte die verfassungsgebende Nationalversammlung trefffen. Aber hier opferte die MSPD im sogenannten Weimarer Schulkompromiß ihre schulpolitischen Positionen der Koalition mit dem Zentrum, (vgl. Führ, 30-39; Wissmann, 69-77) so daß das Zentrumsblatt „Germania“ triumphierend feststellen konnte:

> „Die Linke hat ihre Schulideale nicht verwirklichen können. Sie muß sich mit dem Bestimmungsrecht der Eltern begnügen und kann ihre religionslose Schule nicht zur Staats- und Gemeindeschule machen.“ (zit. nach Wissmann, 76)

Der schulpolitische Sprecher und Reichstagsabgeordnete der USPD, Dr. Kurt Löwenstein, stellte noch 1922 empört fest:

> „Nie ist mit weniger für das Verschachern geeigneten Werten gekuhhandelt worden als mit den Kulturfragen der Weimarer Verfassung.“ (Löwenstein, 1976, 23)

Programme zu grundlegender Schulreform legten lediglich die USPD, die „Freie Sozialistische Jugend“ und der „Bund entschiedener Schulreformer“ vor. Kurt Löwenstein schrieb 1919 (2. Aufl. 1922) in „Sozialistische Schul- und Erziehungsfragen“ die Gedanken nieder, die sich im Diskussions- und Aktionszusammenhang mit einer Gruppe revolutionärer Lehrer und Erziehungspolitiker in Berlin verfestigt hatten. (Neuaufl. in: Löwenstein, 1976, 21-87) Im Jahre darauf veröffentlichte die USPD den Entwurf ihres Schulprogramms. (ebd., 381-392) Löwenstein und die USPD forderten eine grundlegende, basisdemokratische Umgestaltung des gesamten öffentlichen Erziehungs- und Bildungswesens auf der Grundlage des Rätesystems. Das Ziel war nicht die Verbesserung der Aufstiegschancen einzelner Arbeiterkinder, sondern die Brechung des Bildungsmonopols der herrschenden Klasse durch die Hebung des Bildungsstandards der Arbeiterklasse insgesamt in der „sozialistischen Einheitsschule“. Angeknüpft wurde dabei an die alten sozialdemokratischen Forderungen der „Mannheimer Leitsätze“: Weltlichkeit, d.h. Abschaffung der Konfessionsschulen, der kirchlichen Schulaufsicht und des Religionsunterrichts in den Schulen, Einheitlichkeit und Durchlässigkeit des Schulsystems insgesamt, wissenschaftliche Ausbildung aller Lehrer an Universitäten, Demokratisierung der Schulverwaltung unter der Mitwirkung von Schülern, Lehrern und Eltern und Demokratisierung des Unterrichts in Methoden und Inhalten. Der „polytechnischen Bildung“, also der Verbindung von produktiver Arbeit mit Lernen, wurde dabei ein großer Stellenwert eingeräumt. An die Stelle der alten „kopflastigen Drillschule“ sollte die „Arbeitsgemeinschaftsschule“ treten. Grundstrukturen sollten auf sozialpädagogischen Einrichtungen aufbauen, und Kursen für werdende Mütter sollten nach der Kinderkrippe der Kindergarten (bis zum 7. Lebensjahr) folgen. An ihn sollte die Grundschule (Unterstufe bis zum 14. Lebensjahr, Oberstufe bis zum 16. Lebensjahr) anschließen, und die Oberschule sollte dann in spezialisierten Kursen sowohl auf eine praktische Tätigkeit in der Produktion, Verwaltung usw. als auch auf die wissenschaftliche Ausbildung an Hochschulen und Universitäten vorbereiten. Das gesamte Erziehungs- und Bildungswesen sollte, einschließlich der Lehr- und Lernmittel und der Verpflegung, kostenfrei sein.

1919 veröffentlichte auch die „Freie Sozialistische Jugend Deutschlands" unter Mitarbeit von Edwin Hoernle ein Programm, das von der KPD als deren Schulprogramm angesehen wurde. Hier war ebenfalls eine enge Verbindung von Schule und Produktion, eine Einheitsschule, beginnend mit dem 3. Lebensjahr mit der „Spielschule", sowie eine Verbindung von Schule mit Aufgaben der sozialen Fürsorge vorgesehen. (vgl. Schulkampf, 81-154)

Der „Bund entschiedener Schulreformer", der nach seiner Satzung weder Standes- noch Berufsinteressen vertrat, noch Interessensvertreter einer Partei oder Kirche war, forderte ebenso die Einheitsschule, und zwar die

„Umwandlung der bisherigen Lernschule mit ihrer einseitigen Willensbildung in eine alle jugendlichen Kräfte weckende Produktionsschule, die intellektuelle, technisch-werktätige und künstlerische Veranlagungen gleichmäßig bewertet und fördert." (§ 6 Satzung, in: Oppermann, 235)

Aufgabe der „neuen Schule" als Volksbildungs- und Volkserziehungsgemeinschaft sollte die Erziehung der Jugend zu körperlich durchgebildeten, geistig freien, willensstarken, seelisch empfänglichen und sozial eingestellten Gesellschaftsmitgliedern sein. Grundlage dafür sollte eine im Schulausschuß zusammengefaßte Erziehungsgemeinschaft von Schülern, Eltern und Lehrern sein. (ebd.)

Von all den schulpolitischen Forderungen wurde in einem langfristigen Prozeß, der im Grunde erst von den Nationalsozialisten abgeschlossen wurde, als wirkliche Reform nur die allgemeine Grundschule durchgesetzt. Der Reichstag beschloß am 4. April 1920 aufgrund des von Heinrich Schulz ausgearbeiteten Entwurfes, ein Reichsgrundschulgesetz, wodurch in allen Ländern eine 4-jährige gemeinsame Grundschule eingeführt und die bestehenden Vorschulen aufgelöst werden sollten. Die öffentlichen Vorschulen und Vorschulklassen sollten bis zum Beginn des Schuljahres 1923/24, bei privaten Vorschulen und Vorschulklassen bis 1929/30 abgebaut werden. (Führ, 44) Lotte Schmidt erinnert sich:

„Normalerweise sind diese Bürgerkinder gleich auf die höhere Schule, es gab ja damals noch net die Pflicht, erst auf die Volksschule zu gehen, aber mein Vater, des war auch selbstverständlich, daß wir da (erst auf die Volksschule gehen sollen), des war so." (L. Schmidt, 30)

Das bedeutete zwar insgesamt eine Demokratisierung des Volksschulwesens, dennoch hatten die Besitzenden weiterhin die Möglichkeit, ihre Kinder dieser „allgemeinen und gleichen" Erziehung zu entziehen, indem sie sie auf private Schulen schickten. (vgl. auch: Geschichte der Erziehung, 553 ff.) Brandecker/Feidel-Mertz schrieben:

„Dort, wo die Lehrer in den Arbeiter- und Soldatenräten mitarbeiteten, wo es schon vor dem Kriege sozialistische Elternbewegungen gegeben hatte, wurden auch Ansätze und Einrichtungen von Versuchs- und Modellschulen gemacht. So zum Beispiel in Hamburg, wo schon vor dem Kriege eine starke sozialistische Elternbewegung in Zusammenarbeit mit fortschrittlichen Lehrern Versuche zur Veränderung der Volksschule unternommen hatten.“ (Brandecker/Feidel-Mertz, Löwenstein, 1976, 22)

Diese Versuchsschulen, die es nicht nur in Hamburg, sondern – wie in anderen Städten – auch in Frankfurt am Main gab, wurden hier „Reformschulen“ genannt.

Einen ersten Minimalansatz zur Ausgestaltung des Frankfurter Volksschulwesens hatte der Magistrat noch während des Krieges im März 1918 gemacht. Danach sollte es u.a. eine Höchstziffer von 46 Schülern je Aufnahmeklasse für Volks- und Mittelschulen geben, befähigte minderbemittelte Schüler sollten vom Schulgeld befreit werden, und es sollten Übergangsklassen von der Volks- zur Mittelschule nach dem 2. und dem 6. Schuljahr eingerichtet werden. (§ 166 Stadtv.Vers. v. 9.4.1918) Nach einem Erlaß des Ministeriums für Wissenschaft, Kunst und Volksbildung an die Provinzialschulkollegien und Regierungen vom 15.11.1918, sollte vor allem der Geschichts-und Deutschunterricht inhaltliche Veränderungen erfahren. (VSt 270 v. 16.11.18) Ergänzend zu dem Erlaß vom 15.11.1918 beantragte die Frankfurter Schuldeputation auf Initiative ihres Mitglieds Max Quarck (MSPD) in einer Sitzung mit den Frankfurter Schulbehörden, Schritte zur Demokratisierung des örtlichen Schulwesens einzuleiten. Darin wurde u.a. ein Vorschlagsrecht der Schulkonferenz für die Rektorenwahl, ein Verbot körperlicher Züchtigung, die Beseitigung monarchistischer oder einseitig konfessioneller Einflüsse aus Lehrplan, Lehrbüchern und Schulbibliotheken, Lernmittelfreiheit für Volks- und Mittelschulen, später auch für Höhere Schulen, Abbau der Vorschulen (VSt 272 v. 19.11.18) vorgesehen.

Bestrebungen zur Veränderung der äußeren Form der Schule, der Verwaltung, hin zu demokratischen Verhältnissen, waren in Preußen durchaus vorhanden. Es gab einen Erlaß des Kultusministers Konrad Haenisch, der die Bildung von „Schulgemeinden“ in Höheren Schulen, eine Selbstverwaltung, erprobt in Landschulheimen, ermöglichen sollte. Dies stieß allerdings in Frankfurt auf massive Ablehnung seitens der reaktionären Lehrerschaft, die für eine allmähliche Veränderung plädierte. Der Versuch einer Demokratisierung des Volksschulwesens war etwas erfolgreicher. Angestrebt wurde eine „kollegiale Schulleitung“, wonach der Schulleiter auf Zeit aus der Mitte des Lehrerkollegiums gewählt und die Leitung ehrenamtlich versehen sollte. Der Schulleiter sollte nicht Vorgesetzter, sondern lediglich ausführendes Organ sein. Ein Ministerialerlaß sollte eine Übergangsregelung schaffen, stieß jedoch auf scharfe Proteste der Lehrerschaft. Schließlich stimmte Haenisch im September 1920 einer neuen Dienstanweisung zu, wodurch die Volksschulen des Regierungsbezirks Wiesbaden das Vorrecht der kollegialen Schulleitung erhielten. Danach wurde das Aufsichtsrecht des Schulleiters beschränkt, die Kompetenzen der Lehrer wurden erweitert. (Vgl. Drüner, 427ff.) Doch auch dieser grundsätzliche Erlaß wurde nicht einfach realisiert, der Lehrerverein protestierte ein ganzes Jahr später noch immer und faßte nachstehende Erklärung:

„Der Lehrerverein in Frankfurt, der sich seit langem um die Durchführung der kollegialen Schulleitung bemüht und in diesen Bestrebungen sich eins weiß mit der überwiegenden Mehrheit der preußischen und deutschen Lehrerschaft, begrüßt es mit besonderer Genugtuung, daß die Forderung der kollegialen Schulleitung auch außerhalb des nächsten Kreises der Berufsgenossenschaft eine verständnisvolle Würdigung findet, daß insbesondere das Ministerium für Wissenschaft, Kunst und Volksbildung eine vorurteilsfreie Erprobung der Selbstverwaltung auf dem Gebiet der Schule angeordnet hat, und die städtischen Körperschaften, Magistrat und Stadtverordnetenversammlung in Frankfurt wollen sich für die Forderung der Lehrerschaft ausgesprochen haben.
Um so mehr bedauert es der Lehrerverein zu Frankfurt a.M., feststellen zu müssen, daß die Regierung in Wiesbaden der Durchführung der kollegialen Schulleitung immer neue Hindernisse in den Weg stellt und offensichtlich für die Vertreter autoritativen Rektorats Partei nimmt." (VSt 198 v. 25.8.21)

Ein weiterer Schritt zur Demokratisierung des Schulwesens war ein Erlaß Haenischs, der Wahlen zu Elternbeiräten ermöglichte. Über die Bedeutung der Wahlen schrieb Johanna Kirchner:

„Die reaktionären Parteien, hauptsächlich die Kirchenparteien, die Hauptgegner der Einheitsschule, besaßen seit jeher die Macht über die Schule. ... Unsere heiligste Aufgabe aber ist es, die Schulen im Sinne unserer sozialistischen Weltanschauung umzustellen. Von der Gestaltung der Schule hängt auch die Zukunft der sozialistischen Gesellschaft ab. Wir müssen versuchen, uns im Elternbeirat eine Majorität zu erkämpfen, daß er zu einer wirklichen Einrichtung des Schulfortschritts in unserem Sinne wird." (VSt 34 v. 10.2.20)

Zu den Elternbeiratswahlen 1922 schlossen sich in Frankfurt MSPD, USPD und KPD zu einer „Proletarischen Liste", die die weltliche Einheitsschule forderte, zusammen und stellten ein umfangreiches Programm auf.

Schulpolitisches Wahlprogramm:
Einheitliches Schulsystem, in dem jedes Kind sich nach seiner körperlichen und geistigen Eigenart entwickeln kann, um dadurch das Beste für die Gemeinschaft leisten zu können.
Forderungen:
1. Gemeinschaftsschule (Lebensgemeinschaft, aus der die Kinder in die Gemeinschaft der sozialistischen Gesellschaft hineinwachsen)
2. Arbeitsschule (Erziehung zu selbständiger geistiger und köperlicher Arbeit)
3. Produktionsschule.

Pädagogische Forderungen:
Ausreichende Ausstattung mit Unterrichtsmaterialien, Bibliotheken, Schulkinos, künstlerische Ausgestaltung der Klassenräume, geringe Schülerzahlen, Koedukation, keine Prügelstrafe, Einrichtung und Ausbau der Horte, Einrichtung städtischer Versuchsschulen.
Soziale Forderungen:
Kampf gegen körperliche Verelendung der Schuljugend, Ausbau des Schulgesundheitswesens, unentgeltliche Schulkinderspeisung, Bereitstellung von Mitteln für die Bekleidung der Kinder, Ausbau des Ferienkoloniewesens.
Schulpolitische Forderungen:
Kampf gegen schulische und kirchliche Schulreaktion, Entfernung aller antirepublikanischen Propaganda, der Monarchen-, Kriegs(helden)-Bilder, entsprechende Säu-

berung der Bibliotheken, tatkräftiges Eintreten für sozialdemokratische und kommunistische Lehrkräfte, Erweiterung des Einflusses der Eltern- und Schülerschaft, Öffentlichkeit des Schulwesens, Erweiterung der Mitbestimmungsrechte der Elternbeiräte. (VR 123 v. 29.5.22)

Die Wahl brachte mit 316 Mandaten eine völlige Niederlage für die „Proletarische Liste“. Die „Christlich-unpolitische Liste“ erhielt dagegen 463 Mandate. Das „Volksrecht“ kommentierte, das Bürgertum

„will den Pfaffeneinfluß auf die Schule erhalten wissen, damit diese willige Arbeitssklaven erzieht. Um so mehr war es die Pflicht der klassenbewußten Arbeiterschaft, ihre säumigen Kameraden und deren Frauen aufzurütteln und sich so größeren Einfluß auf die Schule zu erringen.“ (VR 144 v. 19.6.22)

Der Erfolg der „Christlich-unpolitischen Liste“, die sich mit allen politischen Machtmitteln für die Erhaltung des klerikalen Einflusses einsetzte, beruhte auf einer massiven antisozialistischen Propaganda der beiden Kirchen und der klerikalen Vereine und Parteien. Das war eine Reaktion auf die Aufhebung der geistlichen Schulaufsicht in Preußen im November 1918, die zwar für Frankfurt bedeutungslos war, weil sie hier schon vorher nicht bestand, und es war eine Reaktion auf das „Gesetz über die religiöse Kindererziehung“, das am 1.1.1922 in Kraft trat. Danach stand einem Kind ab dem 14. Lebensjahr eine eigenständige Entscheidung über das Religionsbekenntnis zu, und ab dem 12. Lebensjahr durfte es nicht mehr gegen seinen Willen in einem anderen Bekenntnis als zuvor erzogen werden. Am 12. Januar 1919 demonstrierten Protestanten und Katholiken gemeinsam auf dem Römerberg gegen eine Beeinträchtigung des Religionsunterrichtes an öffentlichen Schulen. (vgl. Drüner, 426f.) In Griesheim schickte der evangelische Pfarrer Schulkinder mit Unterschriftenlisten für eine Petition zur Erhaltung des Religionsunterrichtes zu den Einwohnern. (VSt 45 v. 22.2.19) All dies trieb die Gläubigen an die Wahlurnen. Dagegen war es den Arbeiterparteien nur sehr unvollkommen gelungen, ihre Mitglieder und Sympathisanten für die Elternbeiratswahlen zu mobilisieren. Da schulpolitische Diskussionen in der Vorkriegszeit nur eine untergeordnete Rolle spielten, hatte die Masse der Arbeitereltern auch keine klaren Vorstellungen über die Wichtigkeit der Bildungspolitik entwickeln können. Froh, der Schule entronnen zu sein, interessierten sie sich nicht sehr für Schulpolitik und verstanden häufig nicht die Absichten der Schulreform. Die spärlichen Schulreformansätze fanden praktisch unter Ausschluß der Öffentlichkeit statt. Um so interessanter erscheinen die Berichte über die beiden Reformschulen in Frankfurt, die 1921 eingerichtet wurden.

Das „Volksrecht“ berichtete, von reaktionärer Seite sei gegen diesen Versuch Sturm gelaufen worden, die „Volkszeitung“ und die „Frankfurter Nachrichten“ seien dabei vor allem die Wortführer gewesen. (VR 17 v. 21.1.21) Der Zugang zur Schule war allerdings kompliziert; man mußte den Schulbesuch beantragen und benötigte die ausdrückliche Genehmigung der städtischen Schuldeputation. (Mitteilungen d. städt. Nachrichtenstelle, in: VR 306 v. 31.12.21) Für viele Arbeitereltern war das ein Hindernis. Sie mußten zunächst einmal über die Möglichkeiten und die fortschrittlichen Methoden

Aus dem „Führer durch das Unterrichts- und Bildungswesen in Frankfurt am Main (S. 11) über die beiden nach der Revolution eingeführten Reformschulen.

Reformvolksschulen.

Die Reformvolksschulen Röderberg und Schwarzburg wurden Ostern 1921 eröffnet. Sie wollen Unterricht und Erziehung in neuem Geiste gestalten. Die gemeinsame Grundlage für ihre Reformarbeit ist ihnen durch die bewußte Anknüpfung an die Naturform des kindlichen Selbstunterrichtes vor der Schulzeit gegeben. Die neue Ansicht des „Aus-sich-selbst-tätig-seins" bedeutet ihnen für das Kind und den neuzeitlichen Unterricht mehr als die alte Forderung der Selbsttätigkeit. In spontaner Selbstentfaltung sollen sich die Kinder ihre Aufgaben möglichst selbst wählen, wobei sie sich namentlich bei der Lösung deutlich in schaffende, mitschaffende und nachschaffende Typen scheiden. Der Lehrer tritt nach Möglichkeit zurück. Sein Bestreben soll sein, Sinn und Geist der Kinder durch Berücksichtigung der natürlichen Aktivität und Spontaneität zum Wachstum zu bringen. Er beschränkt sich, wenn ausreichend, auf Anregungen und zeigt im Zweifelsfall am Kreuzweg den richtigen Pfad. Pädagogische Reform soll mehr sein als eine methodische Angelegenheit. Sie ist im tiefsten Grund eine Erziehungsfrage, die als Voraussetzung eine gegen früher andersartige Grundgesinnung hat. Das Triebhafte im Kinde soll durch die Schulerziehung nicht abgeknickt und das Eigenartige durch einen nivellierenden Unterricht nicht erstickt werden. Das Doppelleben in und außer der Schule mit seiner die Charakterbildung stark gefährdenden Divergenz soll vermieden, die Gesamtentwicklung des Kindes in einheitliche Bahnen gelenkt werden. Der Lehrer will mehr älterer Kamerad und väterlicher Freund sein und den Geist der beherrschenden Autorität durch den der hingebenden Liebe ersetzen.

Die Reformschule Schwarzburg legt den Schwerpunkt ihrer unterrichtlichen Versuche in die geistige Arbeitsschulrichtung, die durch die Namen Gaudig und Scheibner kurz angedeutet, aber nicht endgültig festgelegt wird. Die Reformschule Röderberg sucht in anderer Richtung dasselbe Ziel. Sie lehnt sich an Montessori, Seinig und Kerschensteiner an, beschreitet dabei aber bewußt eigene Wege. Reform ist Leben und Leben ist Werden. Erstarrt das Leben zum Gewordenen, zum System, dann ist die Zeit gekommen, neuem Leben Platz zu machen.

Die Reformschule Schwarzburg hat an der herkömmlichen äußerlichen Schulorganisation nichts geändert. Sie ist zweizügig, umschließt also reine Knaben- und reine Mädchenklassen. Nur ausnahmsweise werden gemischte Klassen gebildet. Der Unterricht ist stundenplanmäßig geregelt, doch wird auf allen Stufen nach Möglichkeit Gesamtunterricht erteilt. Die Reformschule Röderberg hat nur in der Grundschule die gleiche äußere Form, wobei aber betont werden muß, daß alle ihre Klassen auf der Koedukation (gemeinsame Erziehung der Geschlechter) aufgebaut sind. In den vier oberen Jahrgängen ist dem gesamten Unterricht das Kursusprinzip zugrunde gelegt. Jeder Tag beginnt mit einer religiösen Morgenfeier, die getrennt nach den einzelnen Konfessionen gestaltet wird; daran schließt sich ein allgemein bildender Kursus, dem eine halbe Stunde rhythmische Gymnastik folgt, wobei Knaben und Mädchen getrennt turnen. Den Rest der Tagesarbeit füllen Fachkurse aus, die monatlich wechseln.

dieser Schulen informiert werden und davon überzeugt sein, und es konnte ohnehin nicht jeder seine Kinder dort anmelden, denn es waren schließlich nur 2 von 68 Frankfurter Volksschulen, und der Besuch dort hätte für die meisten Kinder einen längeren Schulweg oder Fahrtkosten nach sich gezogen, die für die Eltern nicht aufbringbar waren.

Nachdem beide Schulversuche ein halbes Jahr liefen, erschien darüber ein Bericht in der „Volksstimme“:

„Früher schrieb z.B. der Lehrer an die große Tafel: sch, sprecht alle ‚sch‘, schreibt ein paar Reihen auf eure Tafel und die Geschichte war fertig. Dieses einfach Verfahren konnte auch als Anschauungsunterricht bezeichnet werden, denn der Buchstabe wurde an der großen Tafel angeschaut und dann auf die kleine abgeschrieben. Wie anders in der Reformschule. Wie machen die Gänse, wenn sie beißen wollen? ‚Sch.‘ Und wie macht die Mutter, um die Gänse zu verscheuchen? ‚Sch.‘ ... Es ist klar, daß Kinder, denen auf diese Art der Lehrstoff beigebracht wird, denselben auch beherrschen und viel aufmerksamer sind als bei der alten Methode. Aber auch der Werkunterricht soll noch kurz erwähnt werden. Da werden Äpfel, Birnen und andere Gegenstände aus Papier geschnitten oder aus Ton geknetet.“ (VSt 253 v. 28.1021)

Was hier so anschaulich geschildert wurde, das hat auch Lotte Schmidt noch sehr nachdrücklich in Erinnerung. Während sie in einer ganz „normalen“ Volksschule eingeschult wurde, weil es zu dieser Zeit noch gar keine anderen gab, kam ihre Schwester in die Reformschule. Der Unterschied fiel ihr schon damals sehr deutlich auf.

„Meine Schwester ist erst in den Kindergarten und dann, 1921, in die Reformschule gekommen. Das war die erste, die's hier gegeben hat. ... Die erste war die Schwarzburgschule, und der Direktor hieß Grube, und das war auch der Lehrer von meiner Schwester. Des war enorm, was die gelernt ham und wie die des völlig anders gelernt ham. Die ham ihre Lesemappen selbst gemacht. Die ham Buchstaben ausgeschnitten aus der Zeitung und alles zusammengesetzt, des weiß ich heut noch wie (damals). In so Streichholzkästelchen haben die dann die Buchstaben reingemacht. ...
Ich weiß nur, daß mich das also unwahrscheinlich erstaunt hat, wie meine Schwester völlig anders gelernt hat wie ich. Also ich hab noch nach der alten (Methode) lesen, schreiben gelernt usw. Und das war also viel schöner, was die gelernt haben.“ (L. Schmidt, 7; 14)

Elly Lang war ebenfalls – allerdings ein wenig später – auf der Reformschule. Auch aus ihrem Bericht gehen die inhaltlichen und methodischen Unterschiede zum herkömmlichen Schulsystem deutlich hervor.

„In der Schule hatten wir auch alle Monat einen Schulausflug, und das ist auch mit Naturkunde teilweise verbunden worden im Unterricht. Mein Bruder hat zum Beispiel nen Lehrer gehabt, der ist also mit denen um 4 Uhr in den Wald und hat die Vögel gehört.
Das warn zum Beispiel drei Stunden Gesamtunterricht und anschließend Kursform. Alle 4 Wochen konnte da gewechselt werden. Und so eigentlich muß ich sagen, war der Unterricht sehr schön dort, denn man konnte entweder in die Fächer, wo man nicht so gut gelernt hat, das nachholen, oder man konnte sich eben sein Lieblingsfach besser ausbauen, mag's Kurzschrift sein, mag's Handarbeit sein, mag's Kochen sein. Wir hatten sogar Buben, die Handarbeit und Kochen auch mitgemacht haben.“ (E. Lang, 18f.)

Anhänger der weltlichen Schule

nehmt sofort einen Zettel zur Hand
und schreibt nach folgendem Muster:

Erklärung!

Ich erkläre hiermit, daß

1. mein Sohn Karl, 1. Schuljahr,
2. mein Sohn Fritz, 3. Schuljahr,
3. meine Tochter Elfriede 5. Schuljahr
usw.

vom Beginn des neuen Schuljahres ab eine weltliche Schule besuchen sollen.

Frankfurt a. M., den ......

Name des Vaters oder Erziehungsberechtigten,
Wohnung.

Schreibt mit Tinte oder Tintenstift.

Schreibt deutlich und liefert die Zettel sofort an den bekannten Stellen ab.

Die freie Schule ist die Schule der Zukunft!

„Die weltliche Schule"

Dienstag, 25. April, abends 8 Uhr

spricht über obiges Thema

Genosse Rektor Holtz-Aschersleben

(Mitglied des Preuß. Landtages)

im „Volksbildungsheim" am Eschenh. Turm

Die gesamte Frankfurter Lehrerschaft sowie alle Elternbeiräte sind hiermit eingeladen. Hand- und Kopfarbeiter bekundet reges Interesse! Sorgt für Massenbesuch! **Eintrittspreis Mk. 2.—**

Trotz der intensiven Bemühungen der USPD und der Appelle im Volksrecht (hier vom Februar 1921 und April 1922) kam es nicht zur Errichtung der weltlichen Schule in Frankfurt. Da hier die christliche Simultanschule die Regel war, schien es wohl den meisten angesprochenen Eltern ausreichend, ihr Kind allenfalls vom Religionsunterricht zu befreien.

Immer wieder hob die Arbeiterpresse die Vorteile dieses Systems hervor, um es den Eltern schmackhaft zu machen, daß die Kinder nicht lernten, weiß sie mußten, weil es Pflicht war, sondern weil es ihnen Spaß machte, daß sie nicht als Objekte, sondern als Subjekte, nicht als unverständige oder „dumme“ Kinder, sondern als heranwachsende wißbegierige Menschen behandelt würden. (VSt 266 v. 13.11.22)

Die Berichterstattung hatte ihren guten Grund. So schrieb die „Volksstimme“ im Oktober 1921, ein halbes Jahr nach Schulbeginn:

„Bedauerlich ist aber, daß es so wenig Arbeitereltern gibt, die Interesse an einer guten Schulbildung ihrer Kinder haben, denn sonst müßten auf die Aufforderung der Schulbehörden, den Unterricht zu besuchen, die Arbeitereltern, ganz besonders die Mütter, die Gelegenheit benutzen, um den Unterschied zwischen der alten und neuen Schule zu sehen. Aber was ist zu beobachten? Diese Eltern sind zu gleichgültig, um den Wert der neuen Schule zu ergründen, obgleich von der Schulbildung unserer Kinder für die Zukunft des Staates als auch jedes einzelnen Menschen viel abhängt. Will doch die neue Schule, nicht wie die alte, das Gedächtnis ausbilden, sondern den Verstand schärfen. Bei besser situierten Eltern ist gerade das Gegenteil wahrzunehmen. Sie sind es, die der Schule das größte Interesse entgegenbringen. Sie sind es, die den Unterricht besuchen. ... Wo bleiben unsere Arbeiter? (VSt 253 v. 28.10.21)

Doch viel schien sich auch nach solchen Appellen nicht zu ändern. Aber es war sicher nicht einfach Desinteresse der Arbeitereltern an der Bildung ihrer Kinder. Andere Alltagssorgen, die immer härter werdende Geldentwertung, die große häusliche Belastung der Frauen, viele Kinder, für viele sicher auch die Hemmschwelle, sich auf den Weg machen zu müssen in vielleicht einen anderen Stadtteil, um sich in einer fremden Schule den Unterricht anzusehen, spielten wohl mit eine Rolle. Von Bürgerlichen wurden dagegen die Vorteile einer freieren Erziehung eher erkannt und ausgeschöpft. So warnt die „Volksstimme“ Ende 1922 nochmals nachdrücklich vor einer gefährlichen Entwicklung und fordert die Eltern auf, sich in den beiden Schulen umzusehen.

„Die gesamte Arbeiterschaft sollte dem Grundsatz huldigen: ‚Für die Kinder ist die beste Schulbildung gerade gut genug.‘ Die Arbeiterschaft hat alle Ursache, darauf zu achten, daß hier keine Klassenschulen für die Besitzenden entstehen. Diese Kreise erkennen viel mehr wie die Arbeiter die Vorteile einer solchen Schulbildung.“ (VSt 266 v. 13.11.22)

Teilweise wurden Schulbesuche organisiert. So gingen z.B. die Genossen des SPD-Distriktes Riederwald gemeinsam dorthin und beschrieben anschließend ihre Eindrücke in der „Volksstimme“, um dadurch wieder andere Eltern zu ermutigen. Als äußerst positiv hoben sie hervor, daß die Kinder dort nicht trocknes Rechnen lernten, wie es bei ihnen früher der Fall war, sondern sie gingen in einem Rollenspiel einkaufen und addierten dabei die Preise. Außerdem hoben die Besucher die große Aufmerksamkeit und Freude der Schüler bei der Arbeit hervor und ihre gleichzeitige Disziplin, Selbständigkeit und innere Ordnung. (VSt 148 v. 28.6.23)

Doch diese positiven Ansätze, die erst die Novemberrevolution ermöglichte, blieben vereinzelte Vorzeige-Projekte, Schulversuche, die zeigten, was hätte sein können, wenn man bereit gewesen wäre, ernsthaft an die innere Reform der Volksschule heranzugehen. Auch das war eine Folge der Koalitions- und Kompromißpolitik der MSPD im Reich und in Preußen.

„Es ist eindeutig feststellbar, daß die SPD in den Anfängen der Weimarer Republik sich auf Geldmangel und Personalfragen zurückzog, wenn es darum ging, die eigene Zurückhaltung in der Schulreform mit Rücksicht auf Zentrum und Konservative zu rechtfertigen. Erst als man die Einflußmöglichkeiten in der Schulentwicklung eingebüßt hatte, fand man den Weg zurück zu den alten Grundsätzen." (Wissmann, 90)

So blieben die „Reformschüler" nicht nur in Frankfurt am Main eine verschwindend kleine Minderheit im großen Heer der Volksschüler. Und es ist auch sehr trügerisch, wenn Toni Sender in ihren Lebenserinnerungen die Fortschritte in der Schulpolitik Frankfurts beschreibt:

„Mit Hilfe einiger sehr liberal eingestellter Lehrer zählte Frankfurt zu den ersten Städten, die sofort nach dem Kriege ein modernes kommunales Schulsystem aufbauten. Als ich diese Schule besuchte und dem Unterricht beiwohnte, um mich zu überzeugen, wie sich unsere Ideen in der Praxis auswirkten, beneidete ich die Schüler, die eine so unbeschwerte Kindheit genossen, ohne daß ihre Lernleistungen dadurch beeinträchtigt wurden." (Sender, 136)

Hier blieben in der Erinnerung Toni Senders doch einige Irrtümer haften, denn es wurde keineswegs sofort nach dem Krieg ein modernes kommunales Schulsystem errichtet, und selbst die Schüler in der Reformschule waren wohl kaum ob ihrer unbeschwerten Kindheit zu beneiden, denn die Alltagssorgen lasteten auf ihnen nicht weniger als auf der gesamten Arbeiterschaft. Zudem gab es bis 1923/24 in der Röderbergschule lediglich 4, in der Schwarzburgschule 6 Grundschulklassen. (Ber. d. Mag. 1919-23/24, 102) Und selbst bei der vollen Entfaltung standen am 1.2.1928 nur 878 Reformschüler 34809 sonstigen Volksschülern gegenüber, gerade gut 2½ %. (Stat. Jahresübers. 1927/28, 57f.)

Als weitere minimale Reform des Volksschulwesens, die allerdings weder die Unterrichtsmethoden noch das Lehrer-Schüler-Verhältnis betraf, hob der Magistrat die im Jahre 1919 begonnene Einführung von Föderklassen hervor. Bis 1923/24 wurden in 100 Förderklassen 2730 Schülerinnen und Schüler unterrichtet, die

„in den eigenen Klassen der Volksschulen infolge körperlicher oder geistiger Schwächen oder auch nur infolge ungünstiger häuslicher Verhältnisse nicht mitzukommen vermögen, ohne aus diesen Gründen einer Hilfsschule überwiesen werden zu müssen." (Ber. d. Mag., ebd., 102)

Andererseits wurden „besonders befähigte Volksschüler" anstelle der früheren Förderkurse in sogenannten Übergangsklassen unterrichtet. Das waren Klassen für begabte Kinder, die nach 2-jährigem Schulbesuch in diese Klassen überführt wurden, um dann nach Abschluß des 3. Jahres ohne Prüfung in Mittel- oder Höhere Schulen übernommen zu werden. Diese besondere Form der „Vorschule" fiel dann mit der Einführung der Grundschule ab Ostern 1924 wieder weg. Doch auch diese „Reform" betraf lediglich eine kleine Anzahl, nämlich zwischen 1919 und 1924 insgesamt 1469 Schülerinnen und Schüler, das macht einen Jahresdurchschnitt von 294 Schülern oder von 0,73 % (bei einem Durchschnitt von 40268 Volsschülern).

Etwas höher liegt dagegen der Anteil der „befähigten Volksschüler", die während der letzten 3 Schuljahre wöchentlich 3 Stunden in Französisch geschickt wurden. Das waren immerhin:

	1919	1920	1921	1922	1923
Schüler/innen	40728	41606	42205	40384	36421
davon franz.	1634	1529	1398	1419	969
in Prozent	4,01	3,68	3,31	3,51	2,66

(Nach: Bericht des Magistrats 1919-1923/24, 103ff.)

Auf einen Teil der Arbeiterkinder übte das Französischlernen sicher einen großen Eindruck aus, war es doch etwas besonderes, dafür ausgesucht zu werden, ragte der einzelne Schüler oder die Schülerin dadurch gegenüber den anderen hervor, und war es eine ganz neue und fremde Welt, in die sie eingeführt wurden. Emil Schmidt erzählte:

„Ich hatte also fast nur Einsen im Entlassungszeugnis. Ich bin als sogenannter begabter Schüler die letzten 3 Jahre in einem Französischunterricht gewesen, zu dem aus jeder Klasse 3 Schüler zugelassen waren. Da hab ich auch lauter Einsen gehabt. Des war net bei uns in der Schule, sondern in der Anna-Schule, und aus ner Reihe von Volksschulen waren also je 3 Schüler zu einer Klasse zusammengefaßt. Ich hab auch gern gelernt, das Lernen ist mir unheimlich leicht gefallen." (E. Schmidt, 46f.)

Auffällig ist jedoch, daß nach anfänglich größerer Beteiligung, diese im Laufe der Jahre immer weiter nachließ. Einige der Gründe dafür gaben die Zeitzeugen selbst an, so Lotte Schmidt:

„Ich war en verschüchtertes Kind. Hab also französisch gelernt. Das war ne ekelige Französischlehrerin, so ne alte, so: ‚Setzen, 5!' und so, dann hab ich also überhaupt nix mehr gewußt. – Bis mein Vater dann mal in die Schule gegangen ist und hat gesagt, so ginge das ja net mehr, ich würde also immer völlig verängstigt nach Hause kommen, und dann hat der Direktor scheinbar mit der geredet, und dann hat die das e bissi zärter mit mir gemacht." (L. Schmidt, 34)

Marie Jülg brach zusammen mit ihren Klassenkameradinnen sogar den Kursus ab, warum, sagt sie selbst:

„Ich hatt' emal angefangen, Französischunterricht zu nehmen. Da mußten wir mittags in die Sophienschule in Bockenheim. Und es hat mir an für sich Spaß gemacht, aber da warn so die andern, die von der Sophienschul warn und von der Varrentrappschul, da bin ich mir immer so ein bißchen abgestoßen vorgekommen. Die warn erstens mit der Lehrerin vertrauter, die hatten die da zum Teil im Unterricht gehabt. Und wir warn mehrere, mir habbe dann all beschlosse, radikal, wir warn, glaub ich, zu sechst, mir gehn net mehr hin. Sin mir net mehr hingegange. Die Lehrerin hat dann ein Schreiben gekriegt, warum mir net mehr käme, und da hab ich gesagt: nee, des gefällt uns da net." (Jülg, 46)

Das zeigt, wie abhängig Arbeiterkinder von der Geborgenheit in der Gruppe waren. Aber auch Krankheiten oder Unterernährung oder die zusätzliche Belastung der Kinder, deren Mitarbeit zu Hause gebraucht wurde, führten oft zum Abbruch des Sprachunterrichts. (Kalis, 93f.)

Der Artikel 146 der Weimarer Verfassung bestimmte, daß für den Zugang zu den einzelnen Schularten nicht die wirtschaftliche oder gesellschaftliche Stellung der Eltern maßgebend sein dürfe, daß die Kinder Minderbemittelter für den Besuch Höherer Schulen Erziehungsbeihilfen von den Gemeinden erhalten sollten, doch noch nicht einmal diese Anordnungen wurden durchgeführt, und der Alltag des Schullebens gestaltete sich für Arbeiterkinder kaum besser als früher. Anfang 1919 stimmte der Frankfurter Magistrat – offensichtlich unter den Einflüssen der Revolution – den Anträgen der Schulbehörden auf Unentgeltlichkeit der Lernmittel für Volks- und Fortbildungsschulen sowie auf Schulgeldfreiheit für Mittelschüler und Schüler an Höheren Schulen bei Bedürftigkeit (Mittelschulen: unter 3000 Mk., Höhere Schulen: unter 4500 Mk.) zu. (VSt 24 v. 29.1.19) In den nächsten Jahren wurden dann immer wieder Schulgelderhöhungen und zugleich Schulgeldstaffelungen vorgenommen. Karl Kirchner betonte 1923, die Sozialdemokraten träten noch immer für die völlige Schulgeldfreiheit ein. Da dieses Ziel jedoch in weiter Ferne läge, müsse durch die Staffelung versucht werden, minderbemittelten Kreisen zu ermöglichen, ihre befähigten Kinder weiterführende Schulen besuchen zu lassen. Er sagte:

„Nirgends wurde so lange darum gekämpft wie in Frankfurt. Der Magistrat wird aufgrund der schon zwei Jahre zurückliegenden Anträge nicht tätig.“ (VSt 1 v. 2.1.23)

Daneben wurden Freistellen für besonders befähigte Schüler vergeben, deren Eltern eine bestimmte Einkommensgrenze nicht überschritten. Anträge auf Schulgeldermäßigung, -erlaß oder Freistellen mußten jedes Jahr unter Vorlage von Verdienstbescheinigungen und Zeugnissen neu gestellt werden. (Führer, 37) Es waren also auch nach der Revolution einige formale Barrieren für Arbeiterkinder zu überwinden, um weiterführende Schulen zu besuchen. Vor allem mußte die Volksschule dieser Umschulung zustimmen. Doch selbst wenn man dort einen Wechsel befürwortete, war er damit noch lange nicht sichergestellt. Für Emil Schmidt stellt sich diese Hürde heute folgendermaßen dar:

„Ich wollte viel lernen und hab meinen Vater gebeten, mich in eine bessere Schule zu schicken, ne Mittelschule oder in ne Höhere Schule. – Nun gab's auch Freistellen, da mußte man also ganz bestimmte Bedingungen erfüllen. Von der Leistung her hab ich die Voraussetzungen erfüllt. An nem schönen Tag ist also mein Vater mit mir in die Helmholtzschule (Oberrealschule, R.W.) gegangen und hat mich da dem Rektor vorgestellt. Nun standen wir also vor dem Rektor, und der Rektor bemühte sich, das hab ich damals schon empfunden, meinem Vater auszureden, daß er mich auf eine Höhere Schule schicken soll. Er sagte: es gibt durchaus tüchtige Leute, die kommen aus Volksschulen, und der Junge, der ist tüchtig, und der wird was werden, auch ohne daß er in die Höhere Schule geht. Und ich hab das also sogar als Junge deutlich gemerkt, daß der Direktor bemüht war, den sozialen Status seiner Schule nicht zu verschlechtern, indem er die Kinder armer Leute aufnahm.“ (E. Schmidt, 48f.)

Arbeitereltern spürten, daß ihre Kinder nicht besonders gerne auf den Schulen der Bürgerlichen gesehen waren, und bei ihnen selbst gab es eine gewisse Distanz gegenüber den „Besseren". Sie waren verunsichert, was eine solche Schule bringen, ob die Kinder dadurch nicht ihren Familien und der eigenen sozialen Klasse entfremdet würden. Für Fritz Schmidt stellte sich gleichfalls die Frage, welche Schule er besuchen konnte. Sein Lehrer plädierte für die Höhere Schule.

„Und da sind meine Eltern zum Lehrer bestellt worden, der hat das denen gesagt. Die ham dann überlegt und ham's beraten. Und dann kamen sie zu folgendem Ergebnis: wir ham 5 Kinder. Der Besuch der Schule bedeutet ne Ausnahmestellung im Rahmen der 5 Kinder. Derjenige oder diejenige, die die Höhere Schule besuchen kann, muß ausgestattet sein. Damals mußte ja noch Schulgeld bezahlt werden. Das können natürlich nur die Bürger. Es war ne Exklusivform, um die Arbeiter, die Proletarier, davon wegen des Schulgelds ganz einfach aus diesen hehren Gefilden der bürgerlichen Ausbildung fernzuhalten. Und nun, meine Eltern warn damit konfrontiert, ich müsse also auch bessere Kleidung haben, müsse mehr Zeit haben, könne nicht so teilhaben an dem Gesamtgeschehen, was die Familie angeht, ich müßte ja lernen. Also mit anderen Worten: eine Ausnahmestellung würde begründet, und das könnten sie gegenüber den anderen Kindern nicht verantworten. Auch die Kosten, die daraus entstünden, die würden dann beklemmend für die Gesamtfamilie. Deshalb ist es unterblieben." (F. Schmidt, 37f.)

Selbst wenn eine Freistelle, Schulgeldbefreiung oder Schulgeldreduzierung möglich waren, so löste sich damit für die einzelnen Familien die finanzielle Frage noch lange nicht. Schulbücher, bessere Kleidung, längere Schulzeit, oft Straßenbahnkosten, geringere Möglichkeiten, zum Familieneinkommen beizutragen, das alles waren Dinge, die den Familienetat überstrapazierten. Paul Grünewalds Eltern schickten ihre Kinder dennoch auf die Mittelschule. Um wenigstens einige der Unkosten zu reduzieren, wurden die Schulbücher meist von den Schülern höherer Klassen abgekauft. (Grünewald, 22) Die Eltern meldeten ihn auf der Bethmann-Mittelschule an, einer Schule

„mit einem sehr starken nationalistischen Einschlag. Darf darauf hinweisen, daß es in dieser Schule bis zu meinem Abgang 1927 nur zwei sozialdemokratische Lehrer gab. Einer, der Gümbel, der war ein religiöser Sozialist, und dann war noch der Vater von Wolfgang Abendroth." (Grünewald, 3)

Über die soziale Schichtung hat Paul Grünewald noch in Erinnerung:

„In dieser Klasse waren also übrwiegend Kleinbürgersöhne, so Gewerbetreibende und Handwerker, Gemüseládenbesitzer und Friseure usw., und von daher kam eigentlich en ganz anderer Ton in diese Dinge hinein." (ebd., 7f.)

Und daß es dort auch nicht viel „pädagogischer" als in den Volksschulen zuging, dafür gibt es ein schönes Beispiel aus dem Musikunterricht:

„Ich hab also im Singen auch immer entweder ‚genügend' (gehabt), ich hatt' sogar mal ‚mangelhaft', ja, und dann durft ich überhaupt nimmer mitsingen, weil man sagte, ich kann net singen. Der alte Abendroth, der auch Singen unterrichtet hat, der war bei uns mal vertretungsweise mehrere Stunden, und da hat er gerufen: ‚Warum singst Du

Die Kinder – hier Paul Grünewald – freuten sich meist auf den Schulbeginn. Die Arbeitereltern stellte er dagegen nicht selten vor kaum lösbare finanzielle Probelem. Neben der reinen Schulausstattung war auch meist noch die Beschaffung neuer Schulkleidung notwendig. (Anzeige aus dem „Volksrecht v. 1.4.1921)

net mit?' – Da hab ich gesagt: ‚Ich kann net singen!' – ‚Wer sagt denn das?' – ‚Ja, der Lehrer Sowieso.' – ‚Das gibt's doch net, es gibt nur Leute, die können gut singen und die können sehr gut singen oder die können schlecht singen, aber singen kann jeder, da muß man sich drum bemühen. Aber das ist nicht meine Aufgabe. Es ist schade, daß man Dir son Unsinn beigebracht hat." (ebd., 32)

Paul Grünewald berichtet auch von einem anderen alten Zopf:

„Ich hab also die Schule abgeschlossen mit der sogenannten Mittleren Reife, und in meinem Zeugnis stand noch: ‚Berechtigt zum einjährig-freiwilligen Dienst', also aus der Kaiserzeit stammte das. Wer diese Reife hatte, der konnte sich freiwillig melden und mußte dann ein Jahr Dienst machen, nicht wie die anderen zwei oder drei Jahre machen mußten. Und er hatte außerdem das Recht dann noch, in den Offizierslehrgang zu gehen. Das war der Vorzug dieser Schule damals. So war die ganze Bethmann-Mittelschule auch geprägt." (ebd., 23)

Nach der Revolution war die berufliche Vorbestimmung für Jungen und Mädchen aus der Mittelschule dagegen häufig im kaufmännischen Bereich. Aber es war ein ganz anderes soziales Klima, in dem die Schüler aufwuchsen, eine andere Ideologie, die sie umgab. Wollten sie anerkannt sein, dann konnten sie sich nur schwerlich entziehen und andere Positionen beziehen, ohne in eine Außenseiterrolle zu geraten. Auch dadurch war die Gefahr der Entfremdung von der eigenen Klasse gegeben.

Zunächst einmal bleibt zu vermerken, daß alle Reformen zu kaum einer Veränderung des Verhältnisses der Schüler in den einzelnen Schultypen führten. Es fällt auf, daß jüdische Schüler in weitaus stärkerem Maße an Höheren Schulen und nur mit einem geringen Prozentsatz an Volksschulen vertreten waren, Für Mädchen gab es bei allen Konfessionen eine klare Linie: an den Mittelschulen waren sie am stärksten vertreten, ebenso an Volksschulen.

Anteil der Schüler(innen) an den verschiedenen Schulen						
Jahr	Höhere Schulen		Mittelschulen		Volksschulen	
1912	10473	17,10 %	8662	14,14 %	42116	68,76 %
1918	11919	18,47 %	10404	16,12 %	42203	65,41 %
1919	12588	19,24 %	10806	16,51 %	42037	64,25 %
1920	12530	19,21 %	9805	15,03 %	42900	65,76 %
1921	11918	18,56 %	8822	13,74 %	43466	67,70 %
1922	11399	18,64 %	8098	13,25 %	41641	68,11 %
1923	11445	20,10 %	7961	13,98 %	37537	65,92 %

(Berechnet nach: Ber. d. Mag. 1918-1923/24, 105; Stat. Handbuch II, 178ff.)

In die Höheren Schulen dagegen schickten die Eltern zunächst einmal die Jungen. Lediglich jüdische Eltern ließen die Mädchen zu über 72 % an Höhere und nur zu 20,5 % an Volksschulen. Diese Abweichung gegenüber anderen Konfessionen ist ganz erheblich:

Schulbesuch nach Konfessionen an städt. und nicht-städt. Schulen						
Konfession	Jahresdurchschnitte 1919-1923 in Prozent					
	Höhere Schulen		Mittelschulen		Volksschulen	
	Jungen	Mädchen	Jungen	Mädchen	Jungen	Mädchen
Evangelisch	21,54	12,33	14,03	17,69	64,43	69,98
Katholisch	16,52	8,92	10,88	13,88	72,60	77,20
Israelitisch	78,09	72,70	3,89	6,79	18,02	20,51
Freireligiös	16,48	12,34	11,88	14,47	71,64	73,19
Dissident	23,20	16,56	8,29	10,83	68,51	72,61

(Berechnet nach: Ber. d. Mag. 1918-1923/24, 105)

Es fällt weiterhin auf, daß jüdische Bürger in Frankfurt ihre Kinder sehr oft auf jüdische Privatschulen schickten. Da auch die hiesige jüdische Bevölkerung einen hohen Anteil an Proletariern und proletarischen Kleinbürgern besaß, muß die Jüdische Gemeinde einen erheblichen Anteil an Freistellen und Schulgeldermäßigungen finanziert haben. Belege dafür waren allerdings nicht auffindbar. Da es keine jüdische Mittelschule gab, gingen alle Schüler, die eine solche Schule besuchen wollten, auf die städtischen Schulen, wogegen fast die Hälfte aller Schüler auf private Volksschulen und fast

64 % auf private Höhere Schulen gingen, wie es sich am Beispiel des Jahres 1923 zeigen läßt:

	Höhere Schulen			Mittelschulen		Volksschulen		
	Schulbes. ges.	Privat	%	Schulbes. ges.	Privat	Schulbes. ges.	Privat ges.	%
Jungen	1413	892	63,13	57	-	362	174	48,07
Mädchen	1268	845	66,64	57	-	333	157	47,15
Gesamt	2681	1737	64,79	114	-	695	331	47,63

(Berechnet nach: Ber. d. Mag., ebd., 105; Stat. Handbuch II, 178ff.)

Allerdings lag der Anteil der Privatschüler auch bei den anderen Schülern noch bei 23,02 %. Während die Arbeitermassen ihre Kinder weiterhin vorwiegend auf die Volksschulen schickten, konnten die Besitzenden auch nach der Revolution aufgrund ihrer Finanzkraft ihren Kindern von vornherein eine gesicherte Zukunft erkaufen.

Auf die Masse der Volksschüler hatte die Revolution nur geringe oder keine Auswirkungen. Weder änderte sich die Charakterstruktur der Lehrer von einem auf den anderen Tag noch die politische Einstellung, mit der sie jahrzehntelang den Patriotismus, Militarismus und Monarchismus gepredigt hatten. Die lange erprobten autoritären Erziehungs- und Unterrichtsmethoden konnten nicht einfach abgelegt werden, und außerdem standen nicht plötzlich neue Schulbücher zur Verfügung. Erst im April 1923 – also nach rund 4½-jähriger Arbeit – legten die Schuldeputation und die Lehrerschaft der Regierung in Wiesbaden einen neuen Lehrplan für die Frankfurter Volksschulen vor, und erst dann wurden die alten Geschichtsbücher außer Kraft gesetzt. (VSt 80 v. 6.4.23) Die Lehrer waren nach Einschätzung von Anna Beyer überwiegend „kaisertreu“. Sozialdemokratische Lehrer dagegen

„gab's in der ersten Zeit überhaupt nicht, erst nach Kriegsende, da kamen diese jungen Lehrerinnen zum Zug. (Die Lehrer früher), die ham das getan, was die Schulverwaltung von ihnen verlangt hat.“ (Beyer, 31)

In der Novemberrevolution sahen Teile der Lehrerschaft allerdings große Chancen der Veränderung. Überall in Deutschland, und vornehmlich in den größeren Städten, entstanden sozialistische Lehrervereinigungen, gebildet überwiegend aus Mitgliedern oder Sympathisanten von SPD, USPD oder KPD. Im Juli 1919 schlossen sie sich zum „Verband sozialistischer Lehrer und Lehrerinnen Deutschlands und Deutsch-Österreichs“ (VsL) zusammen. (vgl.: Bölling, R., in: Der Lehrer und seine Organisation, 32) Gewissermaßen als Gegengründung wurde auf dem Weimarer Parteitag der SPD die „Arbeitsgemeinschaft sozialdemokratischer Lehrer und Lehrerinnen Deutschlands“ (AsL) ins Leben gerufen, zur Parteisache erklärt und Heinrich Schulz zum Vorsitzenden ernannt. (ebd., 31) Am 5. Mai 1919 wurde dann auch in Frankfurt eine örtliche Arbeitsgemeinschaft gegründet, in deren Vorstand als einzige Frau Meta Quarck-Hammerschlag und sonst Prof. Pape von der Universität sowie die Lehrer Lohrey, Weiß und Reinbold gewählt wurden. (VSt 110 v. 13.5.19) Allerdings strömte nach der Revolution keineswegs die Lehrerschaft nur den sozialistischen Lehrerverbänden zu, sondern es gab zahlreiche konfessionelle, zumeist reaktionäre Lehrer- und Lehrerinnenverbände. 1921 wurde der „Deutsche republikanische Lehrerverband“ gegründet, 1920 der „Deutschnationale Lehrerbund“ und auf der äußersten Rechten 1921 der „Bund völkischer Lehrer Deutschlands“. (vgl. Bölling, 33)

Für die nationale, klerikale und konservative Lehrerschaft brach mit der Revolution eine ganze Welt zusammen. Die Anordnung, die Schulbücher müßten bereinigt und Kaiserbilder aus den Schulen entfernt werden, empfanden viele von ihnen als Provokation. Von liberalen Kreisen wurde dagegen die Notwendigkeit betont, Politik aus dem Schulunterricht fernzuhalten. So bezeichnete es z.B. Stadtrat Prof. Ziehen in einem Vortrag bei der „Demokratischen Jugendgruppe Jung-Frankfurt“ als einen schweren Fehler des alten Systems, daß unter seiner Herrschaft einseitige Parteipolitik in der Schule betrieben wurde, und so sei die Entfernung von Kaiserbildern aus den Klassenräumen kein Akt brutaler Gewalt, sondern eine sich aus den Verhältnissen ergebende notwendige Maßnahme, wie auch die Veränderung der Unterrichtsmaterialien. Parteipolitik gehöre aus „inneren pädagogischen Gründen“ nicht in die Schule, sie müßten stattdessen „politische Simultanschulen“ (FZ 896 v. 30.11.19) schaffen. Die liberale Vorstellung, die Schule könne ein „unpolitischer Ort“ sein, ist selbst schon ein Stück politischer Ideologie, weil sie verleugnet, daß Erziehung und Bildung immer mit gesellschaftlich vermittelten Wertvorstellungen, Ordnungen, Normen und Regeln zu tun hat. Schon die Entscheidung, *was* und *wie* in der Schule unterrichtet wird, ist eine hochpolitische Entscheidung, z.B. welches Menschenbild vermittelt, welche Rolle Männer und Frauen in den Lesebüchern zugewiesen wird, welche Umgangsformen zwischen Schülern und Lehrern herrschen, wie etwa im Geschichtsunterricht die Bauern im deutschen Bauernkrieg oder die Ereignisse der französischen Revolution oder die Rolle der Unternehmer bei der Entwicklung der Wirtschaft und die Kämpfe der Arbeiterklasse dargestellt werden, das alles ist hochpolitisch. Darum kann es auch keine unpolitische Erziehung geben. Die Forderung danach läuft darauf hinaus, daß die Ideologie der Herrschenden, z.B. ihr Geschichts- und Gesellschaftsbild, unhinterfragt als allgemeingültig und damit für alle verbindlich gesetzt wird. Jedoch steckt in dem von Ziehen geprägten Begriff der „politischen Simultanschule“ etwas der republikanischen Schule Angemessenes. Wie in der konfessionellen Simultan- (d.h. Gemeinschafts-) schule der Respekt vor und die Toleranz gegenüber dem andersgläubigen Lehrer und Schüler unabdingbar ist, so ist in der Schule der bürgerlichen Republik der Respekt vor und die Toleranz gegenüber Andersdenkenden zu üben und zu lehren, nicht indem Gegensätze und Interessenkonflikte verschwiegen und künstlich harmonisiert, sondern rational dargestellt und vernünftig ausgetragen werden. Davon aber war in der Schule der Weimarer Republik – auch in Preußen und in Frankfurt am Main – kaum etwas zu spüren. Nicht selten wurde der Unterricht mißbraucht, um Schülerinnen und Schüler weiterhin zu indoktrinieren. So erzählte z.B. Miez Kalis:

„Gerade unsere Hauptlehrerin, die war sehr kaisertreu und deutschnational und hat uns Kinder dazu mißbraucht, zum Beispiel als der Kaiser nach Holland ging, mit Listen in die Wohnungen zu gehn und die Leute aufzufordern, die Unterschrift zu leisten, daß der Kaiser wieder zurück darf. Und wir ham des auch gemacht, weil wir von ihr geschickt wurden und haben des dann nachher so beiläufig der Mamma erzählt und 'm Pappa. Die sind die Barrikaden hochgegangen! Da ist dann gleich wieder ein geharnischter Brief an Fräulein Neder geschickt worden. Sie hat das alles respektiert und hat uns dann zu solchen Gängen nicht mehr mißbraucht.
Sie hat vorne gestanden auf'm Katheder und hat zu weinen angefangen: ‚unser Kaiser' – und hat die Augen verdreht, ‚Was denkt ihr, unser Kaiser mußte fliehen nach Holland. Jetzt ist er dort, der arme Mensch. Wir wollen doch unsern Kaiser zurück haben. Hier habt ihr Listen. Geht zu den Leuten, von denen ihr annehmt, daß sie unterschreiben. Und je mehr Unterschriften ihr bringt, desto besser!' – Und hat uns sogar was versprochen, wer die meisten bringt. Und da war mein erster böser Gedanke, einfach Unterschriften zu fälschen, ohne zu denken, was das für Folgen haben könnte. Das war mein erster böser Gedanke, um dem aus'm Weg zu gehn. Da bin ich zu en paar Leuten, die meisten ham gesagt: ‚Du spinnst, der soll bleiben, wo er ist!' – Ich hab ja die ganzen Kaiser gehaßt, die sin mir durch den Geschichtsunterricht so verekelt worden." (Kalis, 87f.)

Solche Unterschriftensammlungen waren kein Einzelfall. Paul Grünewald, der damals die Bethmann-Mittelschule besuchte, berichtete, der Rektor dort,

„das war ein Mann der Deutschnationalen Volkspartei. Der hat es eines Tages fertiggebracht – 20 oder 21 – es war also eines der Jahre mit Wahlen, da hat mein Lehrer mich gerufen und hat gesagt: ‚Hör zu, Du kannst Dir 5 Mark verdienen. Geh zum Rektor Henkel.' – Und der hat mich gefragt, ob ich bereit wäre, Flugblätter zu verteilen und hat mir dann die Flugblätter in die Hand gedrückt, nachdem ich ‚ja' gesagt hatte. Ich hatte ja vorher schon ‚5 Mark' gehört und hab also Flugblätter verteilt mit schwarzweiß-rotem Rand in dem Gebiet zwischen Zeil und Breite Gasse und Fahrgasse, runter zum Main. Das war ein ausgesprochenes armes Arbeiterviertel mit zum Teil lumpenproletarischem Charakter. Und wenn ich das nachträglich sehe, so zufrieden ich die 5 Mark eingesteckt hab, es war eigentlich ein unverantwortlicher Leichtsinn von einem solchen Pädagogen, jemand dahinzuschicken als Jungen, denn wenn der irgendwie in die Hände der Leute gefallen wäre, in deren Briefkästen er die Dinger gesteckt hat, dann hätte er zweifellos ne fürchterliche Tracht Prügel bezogen. – Ich hab die 5 Mark verwendet, um dann für meine Eltern was zu Weihnachten zu kaufen. Und später, nach Weihnachten hat mein Vater dann gefragt: ‚wo hast Du eigentlich das Geld hergehabt?' – Und da hab ich 's ihm erzählt. War er also bis zu gewissem Grad entsetzt, hat aber trotzdem gelacht und gesagt: ‚hör zu, laß in Zukunft die Finger davon, mach sowas net mehr, gell!'" (Grünewald, 23f.)

Teilweise gingen die Lehrer offen, teilweise verdeckter vor, und großenteils flossen die reaktionären politischen Überzeugungen direkt in den Unterricht ein. Fritz Bolls Lehrer kam eines Morgens in die Klasse und sagte, er habe ein schönes Gedicht in der Zeitung gelesen über „Die Schmach von Versailles". Das wolle er den Schülern vorlesen, und sie sollten dann zu Hause darüber einen Aufsatz schreiben. Fritz aber meinte dazu:

„Und ich kam ohne Aufsatz! Ich hab gesagt: Ich schreib das nicht! – Mein Vater hat gesagt: Das schreibst Du nicht! – Also so hin und her, Strafarbeit gekriegt oder so was." (Boll, 15)

Interessant ist, daß sich nicht nur manche Eltern massiv gegen solche Machenschaften der Lehrer zur Wehr setzten, sondern daß sich auch die Schüler, falls sie Unterstützung von ihren Eltern erhielten, verweigerten. An Volksschulen mußten die Lehrer noch am ehesten mit der Intervention der Eltern rechnen, hatte die Arbeiterschaft doch am sehnsüchtigsten auf eine Veränderung der politischen Machtverhältnisse gehofft. Die Gymnasien waren und blieben dagegen häufig ein Hort der Reaktion. So wurde im Mai 1919 bekannt, daß an der Oberrealschule Sachsenhausen ein Glückwunschtelegramm zum Geburtstag des früheren Kronprinzen geschickt wurde. (Fr. 59 v. 12.5.19) Im darauffolgenden Jahr sandten Klassen der Schillerschule, des Wöhler-Gymnasiums und der Liebig-Oberrealschule Huldigungstelegramme zu Kaisers Geburtstag, Unterschriftenlisten kursierten an den Schulen. Das zog eine Debatte in der Stadtverordnetenversammlung nach sich. Es wurde festgestellt,

„daß in den höheren Schulen noch ein sehr reaktionärer Geist herrscht, daß noch kein Hauch der neuen Zeit zu verspüren ist",

und Karl Kirchner meinte:

„Herr Direktor der Schillerschule weiß anscheinend noch nicht, daß wir in Deutschland staatsrechtlich keinen Kaiser mehr haben. Es ist ihm nichts bekannt." (§ 161 – 5. Sitzung Stadtv.Vers. v. 17.2.20)

Als „Hort der Reaktion" wurde immer wieder das Wöhler-Gymnasium bezeichnet. Im Sommer 1921 wurde dort ein Waffenlager mit über 500 Gewehren gefunden. (VSt 167 v. 20.7.21ff.) Auch 1922 wurden im Schulausschuß gegenüber dem Leiter der Wöhlerschule Vorwürfe erhoben – was dieser bestritt –, daß in seiner Schule noch immer nationalistische Lieder gesungen würden, der deutschnationale Jugendbund eine besonders große Anhängerschaft habe und daß dort, wie auch an anderen Höheren Schulen, Gymnasiasten mit Hakenkreuzen geschmückt in die Schule kämen und eine starke Judenhetze betrieben. (VSt 151 v. 1.5.22)

Abgesehen von allen Hindernissen für Arbeiterkinder, weiterführende Schulen zu besuchen, konnte es außerdem kaum im Interesse ihrer Eltern liegen, sie in einem solchen politischen Klima aufwachsen zu lassen. Aber auch an der Volksschule herrschte weiterhin der veraltete, jede Lernfreude tötende Drill- und Lehrstil. Der autoritäre, sadistische Charakter vieler Lehrer feierte oft wahre Orgien der Gewalt, der Unterdrückung, des Spotts und der Quälerei. Dabei soll nicht verkannt werden, daß es durchaus positive Erfahrungen und Erlebnisse von Arbeiterkindern in der Volksschule gab, daß einzelne Lehrer und fortschrittliche Lehrergruppen Veränderungen suchten und bewirkten. Fritz Schmidt hob hervor:

„Ich bin sehr gerne (in die Schule gegangen). Für mich war direkt die Schule etwas wie eine andere (Welt), ein sehr interessantes Gebiet. Und dann hatte ich noch ein großes Glück. Ich habe einen Klassenlehrer gehabt, den hatte ich von Anfang bis zum Ende der acht Schuljahre, das war ein liberal denkender Lehrer, und das war für die damalige Zeit bestimmt das, was heute vielleicht ein sozialdemokratisch denkender Lehrer ist. Der hat also differenziert und war fürsorglich, hatte wirkliches Verständnis und hat mich so schön sanft geführt durch die ganze Zeit." (F. Schmidt, 39f.)

Und Miez Kalis erzählte:

„Unser späterer Klassenlehrer, der war so ein Naturbursche, und der hat des alles so philosophisch betrieben, und bei dem hatten wir auch Naturkunde. Des war wundervoll, der Mann hat des so wunderbar verstanden. Und der hat immer erzählt: gestern bin ich wieder im Taunus rumgestromert, da hat der dann aufgezählt, was er alles für Tiere angetroffen hat und hat uns auch mal eine Blume mitgebracht oder en besonderes Blatt und hat uns dadrüber unterhalten." (Kalis, 120)

Oder Lotte Schmidt bestätigte:

„Wir hatten einen Volksschullehrer, der uns viel mit rausgenommen hat in den Wald. Ich kann heute noch, was ne Buche, Birke und alles ist und die Vögel, was ich damals gelernt hab. Der hat uns das phantastisch gemacht." (L. Schmidt, 13)

Es gibt eine ganze Reihe solch guter Erinnerungen an die Schulzeit, doch sie können nicht darüber hinwegtäuschen, daß für die Mehrzahl der Schüler andere Erlebnisse im Vordergrund standen.

Das allgemein düstere Bild der Volksschule in der Weimarer Republik spiegelt sich in zahlreichen Interviews wider. Berichtet wird vom sturen Pauken, vom Auswendiglernen, von Drill und Gehorsam, vom Religionsunterricht gleich zu Beginn am Morgen und vom Geschichtsunterricht, der sich meist im Auswendiglernen von Zahlen erschöpfte. Von Kaisern, Königen und Fürsten lernten die Kinder, daß die die Welt regierten und Großes schufen, doch wie ihre Untergebenen lebten oder gar von der Arbeiterbewegung, ihren Kämpfen, Niederlagen und Erfolgen, von der Geschichte der Unterdrückten, davon lernten sie meistens nichts. Hans Doll berichtet:

„In Deutsch lernste Schönschreibe un Rechtschreibe, ja, des is ja wichtig gewese. Diktate, ja Diktate gab's fast jeden Tag, des heißt, vorher haste gelese, nachher haste Rechtschreibe gemacht, dann kam das Diktat. An un für sich hat mer natürlich die Lesebücher so ausgenutzt gehabt, daß se noch von vorm Krieg gewese warn. Also ich will mal sache, wie mer heut da Uffklärung über Demokratie usw. macht, gel, des diskutiern läßt, des hat net bestanne." (Doll, 30)

Hermann Schulze hob hervor, ihn habe Geschichte eigentlich sehr interessiert, doch, wie man ihnen den Stoff beibrachte, sei ihm die Lust eher vergangen.

„Der Stoff wurde so trocken einem mitgeteilt. Und auch beim Schreiben, da kann ich mich entsinnen: auf, ab, 50 mal auf, ab, Punkt drauf, ‚i'. Das kann man doch auch anders lernen. Man muß den Kindern das ja auch irgendwie en bissel schmackhaft machen. Das hat man früher net gemacht. Man hat ja keine Rücksicht auf die Kinder genommen, man hat einfach (gesagt): das lernste so und basta! Wenn De des net willst, kriegste de Hintern verhauen, fertig, kriegste Dei Schmiß! So war das nun mal leider Gottes." (Schulze, 47)

Miez Kalis ging der Geschichtsunterricht absolut gegen den Strich, sie konnte sich mit den Lehrmethoden beim besten Willen nicht anfreunden, aber auch ihren Unmut nicht auf Dauer für sich behalten. Eines Tages mußte sie dagegen opponieren,

„weil das eine furchtbar trockene Angelegenheit war. Mir mußten immer so die Kaiserdaten auswendig lernen, auswendig! Und da hab ich mir einmal erlaubt, weil ich gedacht hab, es gibt so schöne Geschichten, alte Geschichten, warum bekommen wir die nicht zu hören und müssen nur Zahlen auswendig lernen vom Kaiser Barbarossa und so fort, und da hab ich einmal ganz empört, aber ehrlich empört gesagt: Fräulein Neder, die viele Zahle mit dene viele Kaisersch! Kaisersch. – Da war sie empört, ist rot angelaufen, und immer wenn sie Zorn hatte, hat sie auf der Stirn so ne dicke Ader gehabt. Wenn die rauskam, des war ne Warnung. Aber ich hab's gesagt, es war auch meine ehrliche Meinung. Wenn wir daheim in unserm Geschichtsbuch gelesen haben, das war unterhaltsam – und lehrreich. Aber es hat sich nur drum gedreht zu wissen, gewiß, wann der 30jährige Krieg ist, das ist schon en Datum, aber all die Kaiser und von Österreich und von Ungarn und von und von und von. – Des war also zu trocken. Geschichte mocht' ich nit." (Kalis, 78f.)

Auch die Lehrerin Berta Jourdan betonte, wie schwer es selbst innerhalb der „Arbeitsgemeinschaft sozialdemokratischer Lehrer und Lehrerinnen Deutschlands" war, zu einem anderen Geschichtsbewußtsein zu kommen, über neue Unterrichtsformen zu diskutieren und von Geschichtszahlen, Auswendiglernen und Heroenbewunderung wegzukommen. (Jourdan, 10) Liesel Opfer erinnerte sich, daß bei ihnen doch veränderte Inhalte in Geschichte und Staatsbürgerkunde vorkamen, daß teilweise mit anderen Methoden gelernt wurde.

„Sie hat uns Reichstag spiele lasse, weil se sicher gedacht hat, dann begreife mir's eher, wie so ungefährt des dort zugeht. Sie hat also Fraktione gesetzt. Da saß ich also immer bei de Sozialdemokrate. Des warn also 3 Mädels, die bei de Sozialdemokrate saße, des weiß ich noch. Wo die annern gesesse habbe, des weiß ich heut nimmer. Da hat se also uff die Art und Weise uns ebe de Reichstag erklärt, wie des funktioniert. Also hat se mit uns auch über die Verfassung gesproche, des is ja klar. Aber wie gesacht, daß se irgenwie mal e Äußerung gemacht hätt', daß des im Geschichtsbuch e bisserl übertriebe is mit dieser Verherrlichung der Kaiser und Könige, also daß die ebe nit nur Gutes der Menschheit erwiese habbe, sondern daß se aach ebe immer widder in de Krieg geschickt habbe, des kann ich mich nit erinnern." (Opfer, 13)

In der Regel richtete sich der Protest der Schüler weniger gegen die Lerninhalte als gegen die Lehrmethoden. Anpassung, Ruhe, Unterordnung waren dort gefragt. Fritz Boll war ein guter Schüler, er hatte Phantasie, war geschickt, konnte sich nicht schlecht ausdrücken, aber sich zu Hause hinzusetzen und Hausaufgaben zu machen, dazu fehlte ihm doch manchmal die Lust.

„Und dann eines schönen Tages hab ich auch keinen Aufsatz gemacht, gel. Und: Schulhefte raus, Boll, vorlesen! – Keinen Aufsatz. Ich weiß nit mehr, wie der geheißen hat, der Aufsatz. Auf jeden Fall: (Macht vor, als würde er aus einem Heft vorlesen) – Boll, setzen. – (Zeigt das Schnipsen eines Mitschülers): der hat gar keinen, der hat gedicht'! – Die ham mich (verpetzt). Und da mußt ich vor, da hab ich mal wieder mei Schmiß gekriegt. 's Heft mitbringe, nichts drin. Erst war der Aufsatz aber gut, nit, denn im Kopp hatt' ich alles, es hat mir einfach gestunke, ich hab einfach kein' gemacht. Aber trotzdem warn meine Note im Ganze gut, möcht ich sage." (Boll, 15)

Doch es war nicht nur die Unlust, die viele Arbeiterkinder von den Schularbeiten abhielt, sondern oftmals waren es die häuslichen Pflichten, die Erwerbsarbeit der Kinder oder die beengten Wohnverhältnisse. Hans Doll berichtet, daß es bei ihrer großen Familie und der kleinen Wohnung schon eine große Seltenheit war, wenn er mal in Ruhe zu Hause sitzen konnte. Er erzählt, wie es sich für ihn immer wieder abspielte.

„Da haste Dei Schulaufgabe trotzdem hingekrixelt. Ja Menschenskind, da stehn 2 Betten da, da steht en Tisch, und da wird ein Stuhl da hingeschobe, und da setzte Dich druff. Un wenn ebe mal 3 oder 4 Stühl da gewese warn, einer hat sich ebe uff die Kant setze müsse." (Doll, 27f.)

Die „Freiheit" druckte den Protest einer jungen Frau ab, deren Schwester eine Volksschule besuchte, und in dem sie sich beschwerte, wie man dort versuchte, gegen die proletarische Lebensauffassung der Kinder, die im Deutschunterricht ihren Niederschlag fand, vorzugehen.

„Die Lehrerin stellte den Kindern die Aufgabe, nach dem Gedicht ‚Die Schatzgräber' einen Aufsatz zu schreiben. Meine Schwester legte das Gedicht wie folgt aus:
Ein Arbeiter, der von morgens früh bis spät am Abend für sein tägliches Brot arbeiten mußte, dachte über sein trauriges Leben nach. Er verglich sein Los mit dem der Reichen. Da er aber gemerkt hatte, daß er, wenn er auch immer arbeitete, doch ein armer Mann bleiben würde, so erinnerte er sich an eine Sage, wonach man, wenn man seine Seele dem Teufel verschreiben würde, ein reicher Mann werde.
Er ging um Mitternacht aus, einen Schatz zu suchen. Die Nacht war schwarz, kein Sternchen leuchtete ihm seinen Weg. Der Sturm zog an seinen Kleidern und der Regen schlug ihm ins Gesicht usw.
Der Aufsatz wurde von der Lehrerin mit der Note Gut ausgezeichnet bis auf den oben angeführten Anfang. Die Lehrerin rügte streng die proletarische Auffassung meiner Schwester, wonach ein armer Mann nicht reich werden könne. So sucht die Lehrerin überhaupt, den Arbeiter in den Augen der Kinder verächtlich zu machen, vergessend, daß die Väter der ihrer Obhut anvertrauten Kinder alles Arbeiter sind, sonst würden sie nicht gezwungen sein, eine Volksschule, die ich mir fürchterlich vorstelle (ich selbst bin von solchen Demütigungen verschont geblieben, da ich eine höhere Töchterschule besuchte), zu besuchen.
Vielleicht wird es doch gut sein, einmal die Öffentlichkeit von den Erziehungsmethoden zu unterrichten, und es gibt vielleicht doch einen Ausweg, die Kinder vor der Bureaukratie solcher Beamten zu schützen." (Fr. 162 v. 12.9.19)

Otto Rühle hatte genau über solche Verhaltensweisen der Lehrerschaft geschrieben:

„Im Schulbetrieb feiert sie (die Lehrerautorität) nun wahre Orgien. Da wird nun geschrieben und gelesen, gerechnet und gelernt, was und wann der Lehrer befiehlt; nur geredet, wenn der Lehrer es erlaubt; nur für richtig befunden, was er für richtig erklärt; nur gelten gelassen, was seine Billigung findet. Der Lehrer ist Maß und Norm, Urteil und Gesetz. Sein Wissen geht über aller Wissen, sein Tun ist Vorbild und Muster, sein Wille duldet keinen Widerspruch.
Er herrscht wie ein König in seinem Reiche. Er ist unfehlbar wie der Papst. Er thront über dem Ganzen wie der Herrgott." (Rühle, 46)

Am besten stellte sich in der Regel, wer unauffällig und gehorsam war, wer sich anpaßte, wie sich Hermann Schulze noch erinnert:

„Der Volksschule ist die dreifach unterstrichene Aufgabe gestellt, den Nachwuchs der beherrschten Klasse zum Respekt vor der herrschenden Klasse, ihrer Wirtschafts- und Staatsordnung zu erziehen. Diese Aufgabe teilt sie mit Fabrik, Polizeistube und Kaserne", schrieb Otto Rühle (Zur Psychologie ..., 44).

Graphik aus: Kultur- und Sittengeschichte, 215

Bürgerliche Erziehung
Willi Geißler: Schulmeister

„Früher war: ‚Aufstehn!', nicht wahr, wenn der Lehrer gekommen ist. ‚Zupp, hinsetzen!' – Schon der Kadavergehorsam und diese Unterordnung und dies Ducken, das wurde einem in der Schule schon eingehämmert, und das saß dann auch. Man hat das auch gespürt, wenn man sich anpaßte, da hat man seine Ruhe gehabt, und wenn man das nicht machte, dann hat man das auch gespürt, der Lehrer drückte einen, man merkte das dann auch in den Zeugnissen und so." (Schulze, 3)

Die Meinung des Lehrers war in der Regel unantastbar, seine Worte waren Gesetz. Aber selbst wenn man Arbeiterkinder in der Schule nicht viel lernen ließ, so waren sie nicht dumm oder leichtgläubig und schluckten alles, was man ihnen vorsetzte. Die Autoritätsgläubigkeit von Hans Doll hatte da durchaus ihre Grenzen. Er berichtet:

„Die Lehrer warn damals noch ziemlich empfindlich gewese mit ihrer nationalpatriotischen Gesinnung, und da hatte mir en Alte gehabt, der war verheerend. Klar hab ich em en Streich gespielt, ich hab em mal en tote Rab uff'n Tisch gelegt aus Wut, und dann, weiß ich em emal widersproche hab, da hat er uns verzählt, von der Gießerei erzählt, da wärn Arbeiter sogar gewese, die wärn fähig gewese, (daß) die ihr Finger in des Schmelzeise ereingesteckt hätte un hätte sich net verbrennt. Da hab ich laut uffgelacht. – Ja, des hat der erzählt, und da hab ich Prügel gekriegt, da bin ich gar net dezu gekomme, dem zu sage, des is net möglich, gelle, schon mit heißem Wasser verbrennt mer sich. – Ei mit'm Stock hat er mir 'n Arsch verhaache.“ (Doll, 23f.)

Das war oft die einzige Reaktion, die Lehrer auf „abweichendes Verhalten“ der Schüler zeigten. Sie ließen ihre Autorität nicht in Frage stellen, und je hohler sie war, desto stärker mußten sie sie beweisen. So wenig Proletarierkinder in der Schule über sich und für ihr Leben lernten, etwas bekamen sie von Anfang an eingebleut: daß sie nichts zu sagen hatten, daß ihre Meinung unbedeutend war. Von den ersten Schultagen an kannten sie die Angst vor dem Stock, vor Strafen, vor oft sadistischen Erziehungsmethoden. Die Prügel war sichtbares Zeichen eines totalen Angriffs auf die Persönlichkeit der Proletarierkinder. Sie waren minderwertig, und das konnte und durfte man ihnen jederzeit vor Augen führen. Es gab keinen Grund, auf ihre Psyche, auf die Entwicklung ihrer Persönlichkeit Rücksicht zu nehmen. Die Demütigungen aus ihrer Volksschulzeit sind den Zeitzeugen bis heute lebendig in Erinnerung geblieben, viel lebhafter als jeglicher Lernstoff, den man ihnen einbleute. Zum Teil berichteten die Befragten über sadistische Strafexerzitien, von denen hier nur einige wiedergegeben werden können. Der Anlaß für Prügeln war meistens minimal, wie Robert Trösch noch weiß:

„Wenn Sie nit gestoche geschribbe habbe, habbe Sie Ihr Hieb kriet oder wenn Sie 5, 6 Rechenfehler in soundsoviele Gesetze oder Absätze hatte, Sie habbe ja für alles Straf kriet. Es kam drauf an, wie der eine oder andere war. Heut, nach all dem, was mer so in Erfahrung gebracht hat, des warn bestimmt zum Teil abnormale Mensche. Wenn die die Kinner gezüchtigt habbe, des hat dene scheinbar was Gewisses gebbe. Mir hatte en Klasselehrer, mit'm Rohrstock hat der Ihne über die Finger gekloppt, gezoche von de Deck, wenn's sein mußte, bis erunner. Sie konnte die Finger nimmer grad halte. – Eine Lehrerin hat de Griffelkaste genomme un hat en ere druffgekloppt, also des warn scheinbar alles sexuell auswüchsige Mensche, denn des war dene Genugtuung, dauernd zu prüschele un zu mache. – Sie mußte ja sitze wie e Pupp'. Mir habbe so in de Schulbank gesesse, und wehe, wenn Sie nit genau nach'm Katheder geguckt habbe und habbe die Finger strecke könne. – Ja, lieber Gott, es war e Qual in de Schul. (Trösch, 36f.)

Auch Hans Doll berichtet von ähnlichen Erlebnissen:

„Es ist noch ziemlich viel geprügelt worde. Ei, 's kam druff an, welche Lehrer es gewese warn, es hat ja, ich könnte sage, direkt perverse gegebbe, die habbe Dir die Fingerches zusammengesteckt un habbe de Stecke genomme un habbe Dir uff die Finger gehaache, uff die Spitze gehaache.

Also – ich bin mei' acht Jahr in die Hellerhofschul gegange. Ich war vielleicht nicht einer von de beste Schüler, aber ich war vielleicht einer von de gedrückteste Schüler, grad ebe erst emal durch die Armut." (Doll, 22; 24)

Die Schüler, die aus den ungünstigsten, aus den schwierigsten Familienverhältnissen kamen, hatten es meist am schwersten in der Schule, bekamen den Druck dort am intensivsten zu spüren. Peter Lang meinte auch:

„Und dann haben wir halt die Finger hingehalten, zwei Stück links und zwei Stück auf die rechte Seite, mit dem Stecken, und wir haben dann geautscht. ... Ich hatte keine gute Erinnerung an die Schule." (P. Lang, 12)

Hermann Schulze war sehr empfindsam, er fühlte sich gedemütigt, wenn er in der Schule geprügelt wurde und konnte das nur schwer verkraften.

„Ich kann mich erinnern, ich hab einige Male meinen Hosenboden vollbekommen. Da mußte ich mich bücken, und da hat der en Stock gehabt, und da hat er die Hosen stramm gezogen, und dann hat er 3-, 4-mal einen abgezogen, das hat aber gebrannt wie Feuer. Nicht nur ich, andere auch. Meinetwegen, wenn Du die Aufgaben net gemacht hast oder sonst irgendwie unangenehm aufgefallen bist und hast gelogen oder sowas. Kam ja vor, dann hast Du Deine Hieb bekommen. ... Und das hat mich immer sehr deprimiert. Da war ich totunglücklich immer danach." (Schulze, 43)

Allgemein wurde berichtet, daß bei den Strafaktionen in der Schule Jungen und Mädchen unterschiedlich behandelt wurden und Lehrerinnen und Lehrer verschiedene Methoden anwandten. Mädchen wurden in der Regel nicht mit dem Rohrstock verhauen, sondern

„bissel milder. Das war mehr dieses Pfötchenmachen." (Eisenacher, 21)

Die Prügel wurde von den Schülern unterschiedlich empfunden. Schlagen galt in weiten Teilen der Arbeiterschaft als adäquates Erziehungsmittel, und viele Arbeitereltern empfanden es nicht als Unrecht, wenn der Volksschullehrer prügelte, um sich so Respekt zu verschaffen. Berta Jourdan, die als Vorsitzende der AsL von Frankfurt und Hessen-Nassau zahlreiche Vorträge über Prügel in der Erziehung hielt und eine aktive Aufklärungsarbeit gegen solche Erziehungsmethoden betrieb, (Wolter-Brandecker, 34) fühlte sich in der Praxis oft von den Eltern unter Druck gesetzt und betonte:

„Prügel war eigentlich selbstverständlich. Die Eltern haben das von uns erwartet, denn sie haben ja selber alle geprügelt." (Jourdan, 9)

Fritz Schmidt sah das für seinen Lehrer, den er eigentlich sehr schätzte und von dem er sagte, er habe ihn sanft durch die gesamte Schulzeit geführt, ebenso:

„Der hat den Stock als Erziehungsmittel akzeptiert und hat das nun mehr oder weniger eingesetzt. Er hat's nicht in Form von Rache oder Sadismus gemacht, sondern für ihn war es ein Erziehungsmittel, und als solches ist es dann auch von uns akzeptiert worden. Ob die Hiebe weh getan haben? Wir sind ja auch von den Eltern geschlagen worden. Das war durchaus normal. – Er war ein großer Naturfreund. Der hat uns dann auch oft in den Exkursionen gezeigt, also das biologische Geschehen bei den Getreidearten, Pflanzenarten und das. Und da ist er natürlich auch mit den Weiden in Verbindung gekommen. Da hat er sich Weidenstöckchen geschnitten, zurechtgeschnitten, hat dann en Vorrat angelegt, und den hat er im Laufe des Jahres auch verbraucht." (F. Schmidt, 41)

Fritz Schmidt erinnert sich an eine Gelegenheit, als er eigentlich Prügel beziehen sollte, aber im letzten Augenblick noch einmal davonkam. Es war für ihn ein Zeichen, daß der Lehrer doch Gerechtigkeit walten ließ, weil er auf seinen Einspruch reagierte.

„Der (Lehrer) hat gern gepfiffen durch die Finger. Ganz virtuos konnte der pfeifen. – Und da ist emal in der Schule gepfiffen worden, und da hat er gesagt: ‚Fritz, komm raus, Du hast gepfiffen!' – Und wollt mir auch schon Strafe geben dafür. ‚Du hast gestört!' – Da hab ich gesagt: ‚Herr Lehrer, ich hab nicht gepfiffen, ich kann gar nicht pfeifen, ich kann gar nicht pfeifen.' – ‚Was, Du kannst nicht pfeifen, ich bring Dir's bei.' – Und nun mußt' ich immer raus, und er hat sich vor mich hingestellt und hat dann durch die Hände gepfiffen, ich soll's nachmachen. Ich hab's doch nie gelernt, ich kann's heut noch nit." (F. Schmidt, 43)

Doch so selbstverständlich für viele Lehrer wie Schüler Strafexerzitien zum Schulalltag gehörten und die Schüler die Strafen auch über sich ergehen ließen, wenn sie wirklich etwas „ausgefressen" hatten, wenn sie sich jedoch ungerecht behandelt fühlten, lehnten sich viele dagegen auf. Und wenn ihre Eltern ebenfalls von der Ungerechtigkeit zu überzeugen waren, dann kam es durchaus vor, daß die sich mal in der Schule beschwerten. Fritz Eisenacher betonte:

„Also ich weiß, daß meine Mutter mal in die Schule gegangen ist und hat sich beschwert, daß ich Knüppel gekriegt hab. Es ging dann bis zum Rektor, naja, das wurde dann ausgebügelt. Die Mutter war dann wieder recht nett zufrieden, daß sie mal gezeigt hat, daß sie da war und hat sich gewehrt pro forma. Es war ja nix mehr zu ändern dran, aber größere Auswirkungen hatte das nicht." (Eisenacher, 22).

Bei Paul Grünewald ging der Vater in die Schule, um sich zu beschweren:

„Ich hab mal eine Ohrfeige gekriegt, und zwar in der Pause, wo wir da rumgetollt sind in dem Schulhof. Wir sind also da rumgesaust und haben uns auch so geprügelt so im Scherz und gerungen usw. Bei der Gelegenheit bin ich von einigen so sehr in die Enge getrieben worden, und die ham mich dann geschnappt und ham mich durch die Gegend geschleudert, und ich bin dann vor die Füße von drei Lehrern gerollt, und der eine von den dreien war dieser Briese. Und wie ich dann hochkam, da hat der ausgeholt und hat mir ne fürchterliche Ohrfeige gegeben. Warum? – Also vollkommen sinnlos. Ich hab also net so sehr den Schlag empfunden als das Sinnlose, also etwas vollkommen Unverdientes und bin dann nach Hause gekommen und hab das am Nachmittag meinem Vater genau erzählt, wie es abgelaufen war. Und man also die fünf Finger noch am späten Nachmittag gesehen, so hat der zugeschlagen. Und am nächsten Morgen ist mein Vater in die Schule gegangen zu dem Rektor, und der hat den Briese zitiert und hat das geschildert. Und er hat das auch zugegeben, er hat sich dann entschuldigt, ja. Aber das hat mein Vater net geduldet, daß da irgendeinem von seinen beiden Buben en Unrecht geschehen ist." (Grünewald, 36)

Die Behandlung in der Schule mußte Aggressionen hervorrufen. Vor allem, wenn die Schüler grundlos zur Rechenschaft gezogen wurden, protestierten sie. Die einen schickten ihre Eltern in die Schule, die anderen reagierten spontaner. Hans Doll erinnert sich an solch eine Gelegenheit:

„Ungefähr 40, 42 Kinner warn mir gewese in der Klass, gel. Dem Turnlehrer, dem habbe se in der Schul verzinkt, ich hätt' Berne geklaut. Ich war's gar net gewese, es war en annern gewese! Na, aufgrund dessen, daß se mich auf der Kerb gehabt habbe, da mußt' ich's gewese sein. Un der blöde Lehrer hat mer mit'm Stecke 'n Arsch verhaache, der hat so Unrecht gehabt, ich hab so e Wut gehabt, da hab ich em ganz fest ins Bein neigebisse!" (Doll, 25)

Es waren kleine, wütende Proteste, eine Form von Widerstand, die hier ausprobiert wurde, so wie er bei einer anderen Gelegenheit einen toten Vogel auf das Pult legte. Manch anderer Streich wurde ausgeheckt, die eigene Stärke, insbesondere gegenüber jüngeren Lehrerinnen, demonstriert. In Spottreimen machten sich die Schüler über die Unterrichtsmethoden lustig. Fritz Boll weiß noch:

„Der Lehrer Löffert, den vergeß ich nie, der hat son Kneifer gehabt und hat so nach Schweiß geroche und so dicke Finger. ... Ein Sprüchlein ist immer gesungen worden:

wenn die Uhr dreiviertel schlägt,
kommt der Löffert angefegt.
Mit de blaue Tintepfote
mächt er lauter Fünfernote." (Boll, 11)

Ein anderes beliebtes Spiel war, des Lehrers liebstes Utensil, den Rohrstock, zu verstecken oder ihn gar untauglich zu machen. Er wurde mit einer Zwiebel eingerieben, dann wurde er spröde, und die Freude war riesig, wenn er beim Prügeln zerbrach. Der Spaß war dann zunächst auf Seiten der Schüler, aber meistens nicht lange, denn der Vorrat an Stöcken ging so schnell nicht zu Ende. Viele Arbeiterkinder entwickelten – sei es aus Angst oder aus Wut – in Reaktion auf die Behandlung im Unterricht und die Langeweile vielfältige und oft phantasievolle Formen der Verweigerung, des Protestes und der Rebellion. Passive Formen der Verweigerung waren Unaufmerksamkeit, „Abschalten" während des Unterrichts. Das „ich muß mal, Herr Lehrer", war durchaus nicht immer auf eine gefüllte Blase zurückzuführen, sondern eher auf den Vorwand, sich wenigstens für kurze Zeit zu entziehen, einmal Luft holen zu können. Krankheiten wurden simuliert, oder oft genug wurde einfach die Schule geschwänzt.

Eine völlig andere Ebene des Protestes, der Demonstration eines eigenständigen Willens, einer eigenen Übrzeugung, war das Fernbleiben vom Schulunterricht am 1. Mai. Das war eine legale Aktion, aber sie erforderte dennoch auch nach der Revolution Mut. Die Arbeiterparteien forderten die Eltern nachdrücklich auf, ihre Kinder an diesem höchsten Arbeiterfeiertag nicht zur Schule zu schicken. So schrieb die „Volksstimme" dazu im Jahre 1920:

„Schule und Maifeier.
Nach einer Verfügung des preußischen Kultusministers, unseres Genossen Haenisch, ist für den morgigen 1. Mai der Schulzwang für Lehrer und Schüler aufgehoben. Es wird Lehrern und Schülern am morgigen 1. Mai freigestellt, ob sie die Schule besuchen wollen oder nicht. Nach der ministeriellen Verfügung darf der Nichtbesuch weder für Lehrer noch für Schüler irgendwelche Nachteile haben.

Der 1. Mai und die Schule.

Arbeiter-Eltern!

Beantragt sofort für eure Kinder die

Befreiung vom Schulunterricht

:-: :-: am 1. Mai :-: :≈:

Einfache Mitteilung an den Lehrer genügt.

Der Versuch der organisierten Arbeiterschaft, die Kinder frühzeitig in ihre Maiaktionen mit einzubeziehen, blieb von der Masse der Arbeitereltern – und auch der politisch bewußten – unbeachtet.
Anzeige aus „Volksrecht“ v. 28.4.1922

Es ist die Pflicht aller sozialistischen Lehrer, den Maifeiertag der Arbeit in Arbeitsruhe feierlich zu begehen. Pflicht der proletarischen Eltern ist es, am morgigen 1. Mai ihre Kinder nicht zur Schule zu schicken.
Lehrer und Schüler, feiert am 1. Mai!“ (VSt 101 v. 1.5.20)

In den folgenden Jahren ergingen ähnliche Aufrufe, Kinderfestzüge wurden organisiert. (VSt 96 v. 26.4.21/VR v. 28.4.22) Aber selbst für politisch engagierte Eltern war Politik gleich Politik und Schule gleich Schule. Für die Mittelschüler war das sicher noch komplizierter als für Volksschüler. Paul Grünewald berichtete, sein Vater ging ganz selbstverständlich an diesem Tag zur Demonstration,

„und wir Kinder sind in die Schule gegangen. Wir sind allerdings dann, wenn Nachmittag- oder Abendveranstaltungen warn, mit hingegangen. (Sich befreien zu lassen), das ist bei uns nicht praktiziert worden. Die Kinder ham in die Schule zu gehn. Es wäre sicher möglich gewesen, in der Bethmann-Mittelschule allerdings mit gewissen, naja, mit Nachwirkungen bei dem einen oder anderen Lehrer.“ (Grünewald, 43)

Doch auch in der Volksschule war die Schulbefreiung scheinbar die Ausnahme. Die wenigsten Zeitzeugen aus sozialistischen Familien erinnerten sich, bei der Mai-Demonstration dabei gewesen zu sein. Fritz Boll ließ es sich dennoch nicht nehmen.

„Wir sind 1920/21 ins Kamerun gezogen. ... Da war dann der 1. Mai fällig. Und der 1. Mai, das war immer ein Feiertag für uns. Und da mußte man sich freiholen. Da mußte der Vater schreiben. Da war ich da schon das schwarze Schaf. Ich war einer von den wenigen. Das hat der (Vater) gemacht. Und das hab ich mir auch nicht nehmen lassen. Ich wollt' da mit. Und da sind wir im Industrieviertel schon über die Mainzer Landstraße, da haben sie alle neugierig geguckt und haben geschafft, und wir sind da im Zug zum Römerberg marschiert. Es warn wenig aus der Klasse, warn vielleicht 3 oder 4, die das auch gemacht haben, die andern all, die einen hatten ein Lebensmittelgeschäft in der Schwalbacher Straße gehabt, und das war das Söhnchen, und das war das Söhnchen, und der Lehrer, der war aus der Sachsenhäuser Dynastie Äppelwoi-Freyeisen, und der war schwer konservativ, deutsch-national." (Boll, 14f.)

Aus dem Schulalltag ragten die Aufenthalte in den Landschulheimen oder Schülerheimen besonders hervor. Sie waren zumindest für Volksschüler oftmals die erste und einzige Gelegenheit, für ein paar Wochen aus der Stadt und damit aus der Enge der Wohnungen herauszukommen, und es bedeutete zugleich eine notwendig andere Unterrichtsform. Eine Reihe solcher Heime waren an Gymnasien angegliedert. Die Karmeliterschule besaß als einzige Frankfurter Volksschule ein Landheim in Lützel im Vorspessart, das als Ferienheim diente und während der Schulzeit klassenweise für drei Wochen auch von anderen Schulen belegt wurde.

Der Annaschule, einer Volksschule in der Altstadt mit besonders vielen sozial benachteiligten Kindern, wurde vom Hospital zum heiligen Geist das Töchterheim auf dem Schafhof bei Cronberg zur Verfügung gestellt. Während des Sommerhalbjahres waren das 6. und 7. Schuljahr in monatlichem Wechsel dort. Berta Jourdan war maßgeblich an dem Zustandekommen des Projektes beteiligt.

„Dann haben die Quäker mir geholfen, das Schafhof-Projekt zu bringen. In der Nähe von Hohenwald ist das ein Hof gewesen, und da haben wir die Kinder als Klasse heraufgenommen, und sie haben etwas Unterricht bekommen, ich glaube, zwei Stunden warn's jeden Tag. Und dann sind wir gewandert usw. Und wir konnten ganze Klassen, von den großen Klassen, die's damals gab, nicht bringen. Taten wandern und gut ernährn usw., dann sind eben die Bedürftigsten (hingekommen). Ich weiß, wie wir aus alten Vorhängen Mäntelchen und Kleider genäht haben. Es gab doch nichts. Das war nur für die Annaschule. Die Bedürftigsten sind dann hingekommen, aus jeder Klasse soviele. Ich weiß nur, wir konnten nicht immer ganze Klassen mitnehmen, weil die Klassen ja viel zu groß waren." (Jourdan, 7)

Das größte – und bis heute noch immer für Frankfurter Schulen bedeutende – Landschulheim war das Kinderdorf Wegscheide. Der Gedanke, selbst Jugendwohlfahrtspflege zu betreiben, wurde 1920 in der „Frankfurter Kinderhilfe" geboren. Nach längerer Suche nach einem geeigneten Gelände fiel schließlich die Entscheidung für den früheren Truppenübungsplatz Wegscheide bei Bad Orb. Es war das Ziel, nicht nur ausgesuchte, besonders erholungsbedürftige Kinder, sondern geschlossene Schulklassen dorthin zu schicken. Man startete einen Versuch mit 500 Altstadtkindern, und wegen des großen Erfolges wurde das Projekt ausgeweitet. In den Sommermonaten wurden daraufhin jeweils die Abschlußklassen der Volksschulen und die diesem Alter entsprechenden Klassen der Mittel- und der Höheren Schulen mit ihrer Klassenlehrerin oder dem Klassenlehrer zur Wegscheide geschickt, jährlich etwa 7500 Kinder, in sechs Gruppen aufgeteilt. Zudem kamen zwischen 1920 und 1926 über 1000 Kinder von außerhalb: aus Oberschlesien, Berlin, dem besetzten Gebiet, von den Rändern der Nord- und Ostsee und aus verschiedenen mitteldeutschen Städten. (Führer, 47ff.) Durch diese Öffnung für fremde Gruppen konnten Reichszuschüsse in Anspruch genommen werden, wodurch Ende 1921 die Wohnbaracken renoviert und die sanitären Anlagen verbessert wurden. (VR 19 v. 23.1.22)

Über die pädagogischen Grundgedanken der Wegscheide schrieb das „Volksrecht“ im Mai 1921:

„Die Kindererholungsstätte Wegscheide soll eine Vereinigung der sämtlichen Ideen der Arbeitsschule, der Waldschule und der modernen Bewegungen in der Pädagogik darstellen. Alle Kinder haben täglich 3 - 4 Stunden Unterricht in den Baracken oder im Walde. Die Umgebung selbst, sowie das tägliche Leben sind die Anschauungsobjekte, und die Kinder betätigen sich im Sinne des Arbeitsschulgedankens. Der pädagogische Aufbau des ganzen Schulbetriebes ist ein äußerts harmonischer. Das Zusammenwirken zwischen Kindern und Lehrerschaft ist ein mustergültiges.“ (VR 110 v. 13.5.21)

Wenn das „Volksrecht“ lobend erwähnte, auf der Wegscheide kämen nur die fortschrittlichsten pädagogischen Überlegungen zum Zuge, so klingt das recht unwahrscheinlich. Zwar forderte die andere Umgebung, das enge Zusammenleben, auch neue Formen des Unterrichts und des Umgangs miteinander, aber die Lehrerschaft war dennoch dieselbe, die zu Hause mit aller Autorität im Unterricht auftrat. Die Umgebung war austauschbar, nicht jedoch die Gesinnung. Liesel Opfer berichtet z.B.:

„Der Lehrer Spradow war en Deutschnationale. ... Wir warn auf der Wegscheide, und er hat die Parallel-Jungenklasse gehabt und war mit dieser auf der Wegscheide, wir mit unserer Lehrerin. Und da ham wir ab und zu mal mitnanner Ausflüsch gemacht, also beide, Bube und Mädels. Und da hat er uns mal antrete lasse zum Heimwesch. Also zuerst sin mer wahrscheinlich so wahllos gelaufe, aber dann hat er uns widder in Reih und Glied eintrete lasse, und dann hat er uns singe lasse, hat gesacht, mir solle singe. Also irgend e patriotisch Lied. (Singt) ‚Zum Rhein, zum Rhein, zum deutschen Rhein, Du sollst des Landes Hüter sein. Lieb Vaterland, magst ruhig sein, stet und treu, die Wacht am Rhein.‘ - Also, da hat er uns jedenfalls gesagt, des sollte mer anstimme. Da hab ich gesacht: des Lied sing ich net, des patriotisch Lied sing ich net. Ja, da hab ich net mitgesunge. Ich weiß, wir als Sozialdemokraten habbe dies Lied nit mitgesunge.“ (Opfer, 17)

In einigen Schulen wurden vor den Fahrten Schulfeste organisiert, Theaterstücke aufgeführt, um auch den Minderbemitteltsten den Aufenthalt auf der Wegscheide zu ermöglichen. (Jülg, 13) Die Zeit dort, das sehr schlichte Leben, das wurde von den Kindern sehr unterschiedlich empfunden. Die spontane Erinnerung von Anna Beyer an die Wegscheide ist,

„daß ich immer wieder offene Knie hatte, denn da war's so holprig, und ich saß immer in der Ambulanz, um meine Knie verbinden zu lassen. Die waren beide aufgeschlagen und eiterten.
Und da hatten wir eine, das war auch ne Neue, fortschrittlich, und die hat mit uns Unterricht im Freien gemacht. Da haben wir uns dann so an den Waldrand gesetzt, und dann hat sie versucht, ein bißchen Naturkunde zu machen, aber das war schwierig, weil wir warn alle nicht sehr aufmerksam. Der Wald und die ganze Umgebung, das hat furchtbar abgelenkt, fand ich. Die Kreuzotter unterm Stein, die war viel interessanter als der Unterricht.
Ja, wir warn ja alle sehr zusammengepfercht, alles Mädchen. Da warn auch Jungensklassen, aber mit denen hatten wir so gut wie keine Berührung.“ (Beyer, 32f.)

Marie Jülg hat nur schöne Erinnerungen an ihren dortigen Aufenthalt. Sie

Auf der Wegscheide – vor der alten Militärbaracke – demonstriert eine Schulklasse, was die Kinder während ihres Aufenthaltes alles selber machen mußten: Schuhe putzen, Wäsche waschen, Strümpfe stopfen, Kartoffeln schälen, Geschirr spülen, Wasser holen usw. Aber auch das Musizieren kam dabei nicht zu kurz.

hatte eine sehr verständnisvolle Lehrerin, die den Schülerinnen viel Freizeit zugestand. Die Beziehungen der Mädchen untereinander wurden für Marie zu einem Schlüsselerlebnis.

„1923 sind wir auf die Wegscheide gekommen. Also das war ja phantastisch. Da warn die Holzbaracken. Da sind wir in den Wald gegangen, haben Holz geholt. Unten war so en Bett, unten die Seit' war so eingehakt. Und das hatten wir abgehakt, und da hatten wir Holz drauf geholt. Da ham wir Brot geholt in der Eßküche, das ist dann auf dem Holzbrett transportiert worden. Und mit'm Stearinkerzchen ist da geleuchtet worden. Und die Strohsäck, die ham wir dann so richtig aufgewühlt. Ach Gott, was ham wir für Streich gemacht, was war das so schön! – Wir haben den Strohsack so ein bißchen auseinander (gemacht) und haben ne Waschschüssel mit Wasser reingestellt. So ne Waschschüssel. Mit Waschschüsseln haben wir uns ja gewaschen. Und das Betttuch schön drüber. Und abends haben wir uns so richtig ins Bett reingeplumpst, und die kommt und spritzt das ganze Wasser umher. – Und ein Gelächter, ein Gelächter. Und auf einmal merken wir, die Lehrerin, die hat so abgeteilt en kleineren Raum gehabt, und da kam die einmal mit ihrm Stearinkerzche: ‚Was is dann hier los?' – Wir alle geschlafe. Wir haben all geschlafen, und die hat auch nix gemacht, die ist schön in ihrm Bett liegen geblieben, bis die Lehrerin (weg war). Dann hat se bei mir im Bett geschlafe.
Damals war, daß wir raus in den Wald (mußten, wo) wir immer son Plumpsklo gehabt hatten. Und das war immer so verdreckt. Und die Straß und alles, das war wirklich

Notbehelf gewesen. Im April oder wann das war, sind wir als erste Klasse auf die Wegscheide gekommen nach'm Winter. Und da mußten wir den ganzen Winterdreck putzen. Mit dem Essenholen und so, da hat die Lehrerin vorne angefangen, und mit dem Saubermachen und Putzen hat sie hinten angefangen. Und ich hatt' Winterheimer geheißen, und ich war dann bei den ersten, die den Winterdreck geputzt haben. Wir haben ja noch Putzeimer mitnehmen müssen. Wir haben Putzlumpen genommen und Schrubber. Dann ham wir von Kreppapier uns Vorhänge gemacht so schön mit Schleife. Also trotzdem, es war schön. Und dann ham wir ja die Wollbombel gemacht, und die Buben ham uns die Herzchen geschnitzt. Und da ham wir dann die dicke Wollbombel da drangehängt. Also ich find, das war eigentlich ne sehr schöne Zeit. Und das Provisorische war auch, wie wir das Geschirr gespült hatten, das (Wasser) ist gepumpt worden. Und die das Essen geholt haben, die mußten auch den großen Eßkübel da saubermachen.
Ach, wir haben eigentlich alles so ganz gern gemacht. Das war uns eigentlich so was Fremdes. Wir warn dann so richtig losgelassen. – Sonntags, wie Elterntag war und die Eltern sind all gekommen, da hat der Rektor eine Ansprache gehalten: ‚ach, was ist es hier so herrlich, in der freien Natur den Schulunterricht zu genießen, und die Erdkunde, da liegt das, und da liegt das.' – Da hat der das alles so aufgezählt, ‚und das ist doch so herrlich hier.' Und nachher, ich hab meiner Lehrerin also mal die Schuh saubergemacht, da hab ich immer e Stück Schokolad gekriegt von ihr. Und da hab ich grad mal zugehört, wie sie zu einer andern Lehrerin gesagt hat: ‚ach, mir ist ja direkt das Herz in die Schuh gefalle, wir haben noch net emal hier Schulunterricht gemacht.' – Und nachher, wie wir dann alle beisammen warn, und da hat sie gesagt: ‚Also Ihr Kinder, hört mal, Ihr habt gehört, daß wir hier eigentlich Unterricht machen sollten, aber ich habe bis jetzt noch keinen Unterricht mit Euch abgehalten, und ich meine auch, es wäre schön, wenn Ihr da mal entlastet seid, wenn wir das mal nicht machen. Aber Ihr müßt mir versprechen, wenn wir dann wieder in Ginnheim sind, daß wir dann ordentlich dahinter gehn, daß wir dann eben das nachholen, was wir hier versäumt haben. Versprecht Ihr mir das?' – ‚Ja! Ja!' – Und wenn da in der Schule mal irgendwas war, dann sagt sie: ‚Habt Ihr mir nicht einmal was versprochen oben auf der Wegscheide?'"
(Jülg, 11f.)

Der Aufenthalt auf der Wegscheide war nicht nur pädagogisch wertvoll, führte Kinder und Lehrer nicht nur näher an die Natur heran, förderte nicht nur die Interaktion, sondern er hatte vor allem für die Stadtkinder, und in extremem Maße für die Arbeiterkinder, wichtige gesundheitliche Aspekte. Zumindest für kurze Zeit kamen sie aus ihren engen und häufig ungesunden Wohnungen heraus und erhielten vier Wochen lang eine ausreichende Ernährung. Sie unterstanden ständiger ärztlicher Aufsicht, wurden gewogen und gemessen. Über die Erfolge des Aufenthaltes stellte der Wegscheidearzt Dr. Hundesceck eine Statistik für die Zeit vom 26.4. bis 15.7.1922 auf, während 4062 Kinder in 3 Gruppen sich dort für 28 Tage aufhielten. Trotz ausgiebiger sportlicher Betätigung hatten die meisten Kinder am Ende erheblich zugenommen:

3. Gruppe: in 4 Wochen haben 87,8 % zugenommen, 9,2 % abgenommen, 3 % sind gleich geblieben.
Die durchschnittliche Gewichtszunahme betrug 1,4 kg pro Kind, die Zahl schwankt zwischen 0,1 und 7,5 kg.
Kalorienzahl: 2800 (Tagesbedarf eines mittelschwer arbeitenden Mannes)

Durchschnittsverpflegung z.B.:

1. Frühstück:	Gerstenkaffee mit Milch und 250 g Schmalzbrot
2. Frühstück:	Grießbrei mit Milch und Zucker (Quäkerspeise)
Mittagessen:	dicke weiße Bohnensuppe mit Speck und Kartoffeln zusammengekocht
Nachmittagskaffee:	Milchkakao mit Zucker, Sirupbrot
Abendessen:	Nudeln mit Tunke und Wurst (VR 174 v. 28.7.22)

Auf der Wegscheide kamen sich zwar Jungen und Mädchen oftmals ein Stückchen näher, machten sich als Zeichen ihrer Symathie kleine Geschenke,

„daß de dann dene Bube so Bombel geschenkt hast, des war praktisch das erste Zusammenkommen von Bub und Mädel," (L. Schmidt, 39)

erinnert sich Lotte Schmidt. Doch es wurde sehr sorgsam darauf geachtet, daß die sozialen Schichten unter sich blieben. Den Kindern der Bürger war es offensichtlich selbst dort nicht zuzumuten, mit Arbeiterkindern zusammenzukommen. Auch hier standen ihnen die besten Einrichtungen zur Verfügung, wie Lotte Schmidt nie vergessen hat.

„Da hat's natürlich diese Trennung zwischen Volksschule und höherer sehr stark gegeben. Und das ist eigentlich schad gewesen, nämlich du hast abends dann Volkstanz gemacht, und immer eine Mädchenschule mit ner Jungenschule. Das war völlig üblich, daß höhere Schulen nur miteinander gegangen sind, gespielt und gemacht haben und dann wieder die Volksschulen. Und ganz, ganz selten hat's mal was anderes gegeben. Meine Schwester, die ist noch mal zusätzlich in den Ferien dort gewesen, wo mer freiwillig hin konnte. Die Vornehmen, also die Gymnasiasten, die warn immer in Steinhäusern und die andern in andern. Aber in den Ferien war das dann nicht mehr so streng." (L. Schmidt, 38)

Für die Volksschüler war der Aufenthalt auf der Wegscheide jeweils eng mit dem Abschluß der Schulzeit überhaupt verknüpft. Die Berufsschule – nach der Revolution obligatorisch und während der Arbeitszeit – war danach für viele die einzige Weiterbildung. Ab Ostern 1920 wurde das gesamte Berufsschulwesen nach einheitlichem Plan neu geordnet. Es wurden Berufsschulen aus der obligatorischen Fortbildungsschule, der Gewerbeschule und der Handelslehranstalt gebildet, die außer den Pflichtschulklassen auch freiwilligen Unterricht für Lehrlinge, Gehilfen und Meister gaben. Insgesamt gab es in Frankfurt 8 nach Berufsgruppen gegliederte Berufsschulen und 2 kaufmännische Berufsschulen. Einen 8-stündigen Unterricht erhielten die Pflichtschüler an Berufs- und Fachschulen ab Ostern 1920, und darüber hinaus wurde ihnen freiwilliger zusätzlicher Unterricht in ihrer Schule angeboten. In den obligatorischen Fortbildungsschulen betrug der Unterricht 6 Stunden, wobei etwa ½ der gewerblichen und die Hälfte der kaufmännischen Pflichtschüler wöchentlich 10 Stunden die Gewerbeschule bzw. die Handelslehranstalt besuchten und damit vom Besuch der obligatorischen Fortbildungsschule befreit waren. (Ber. d. Mag. 1919 - 1923/24, 107f.)

Die Revolution hatte zwar in einigen Bereichen eine Liberalisierung des Schulwesens gebracht, eine grundsätzliche Umgestaltung oder die Durchführung früherer Forderungen nach einer sozialistischen Einheitsschule blieb jedoch in weiter Ferne. Für Proletarierkinder waren die gesamten äußeren Umstände nach wie vor niederdrückend. Die Familien waren finanziell auf jede Unterstützung angewiesen, und schon von daher wäre ein längerer Schulbesuch zu einer enormen Belastung für alle geworden. Es darf auch nicht übersehen werden, daß von den allgemeinen Sparmaßnahmen in dieser Zeit der inflationären Entwicklung das Bildungswesen keineswegs verschont blieb. So wurden z.B. die Höchstbesuchsziffern der Klassen heraufgesetzt, kleine Klassen zusammengelegt, die Pflichtstundenzahl der Lehrer erhöht, fällige Baumaßnahmen verschoben, Schulen wegen Brennstoffmangel geschlossen oder Schulräume als Notunterkünfte zur Verfügung gestellt, (Ber. d. Mag., ebd., 100) alles Maßnahmen, die sich für Reformen denkbar ungünstig auswirkten.

Zusammenfassend gilt für die Frankfurter Volksschulen - gerade auch mit dem funktionierenden Gegenmodell der spärlichen Reformschulen - was Brandecker zur Schule der Weimarer Republik insgesamt feststellt:

„Die Proletarierkinder lernten in der Schule ja nicht nur die nützlichen Techniken des Lesens, Schreibens und Rechnens. Was gelesen, geschrieben und gerechnet wurde, war ebenso durchtränkt mit einer auf die Bedürfnisse der Reproduktion einer billigen und willigen Ware Arbeitskraft ausgerichteten bürgerlichen Ideologie, wie der Geschichts-, Religions- und Realunterricht. Was das Arbeiterkind im Geschichtsunterricht lernte, war die ‚Geschichte großer Männer und Kriege' in bürgerlich-idealistischer Geschichtsbetrachtung. Über die Geschichte, die Leistungen, die Kämpfe und Siege seiner eigenen Klasse erfuhr es ebensowenig wie über ihre Leiden und deren Ursachen. Unterwerfung, Fügsamkeit in die gottgewollte soziale Ordnung des Oben und Unten waren die Lehren, die es im Religionsunterricht empfing.
Seine Erfahrungen, seine Sprache auch, mit der es sich auszudrücken gelernt hatte, galten als minderwertig. Richtig zu sprechen und zu schreiben hieß, die bürgerliche Sprech- und Schreibweise der ‚Hochsprache' zu beherrschen und damit zugleich auch die bürgerlichen Denkschemata zu übernehmen. ...
Mit der Unterdrückung der proletarischen Sprache durch die Schule wurde dem Arbeiterkind die Möglichkeit genommen, seine klassenspezifischen Bedürfnisse, Interessen und Erfahrungen adäquat zu artikulieren. Es mußte lernen, sich in einer ‚Fremdsprache' auszudrücken, die für die proletarische Lebenserfahrung keinen Ausdruck besitzt.
Alles, was das Arbeiterkind in der Schule lernte, hatte mit seinem wirklichen Leben nichts oder fast nichts zu tun. Abgeschnitten von den Erfahrungen seiner Klasse, seiner ‚Muttersprache' beraubt, wurde es durch die Schule für die Rolle präpariert, die die bürgerlich-kapitalistische Ordnung ihm zugewiesen hatte." (Brandecker: Notizen zur Sozialisation ..., 52f.)

15. Netzwerke der Solidarität
Die Arbeiterbewegung als Sozialisationsinstanz

„Erreichen kann eine Partei nur etwas, wenn sie agitiert, wenn sie die Massen aufklärt, sie in Bewegung bringt, wenn sie mit einem Wort eine große Volksbewegung entfacht."
August Bebel auf dem Parteitag 1911

Die Arbeiterbewegung des späten 19. und des frühen 20. Jahrhunderts war in einem sehr umfassenden Sinne eine wirkliche Bewegung, und zwar eine politische, soziale und ethische Gegenbewegung zur bestehenden bürgerlich-kapitalistischen – in Deutschland zudem noch halbfeudalen – Gesellschaft, eine Bewegung, die im Laufe der Jahre eine eigene Alltags- und Festkultur entwickelte, eine eigene Moral, eigene Verhaltensmuster und Kommunikationsformen. Sich als Arbeiter für „die" Partei zu entscheiden, bedeutete mehr, als Beitrag zu zahlen, Mitgliederversammlungen zu besuchen, Flugblätter zu verteilen und bei Wahlen die Stimme für die Partei abzugeben. Das Wort „Genosse" enthielt einen hohen ethischen Anspruch und einen starken Gefühlswert. Das alte germanische Wort mit der ursprünglichen Bedeutung „Mit-Nutznießer" gemeinsamen Eigentums an Wald, Wiesen und Vieh gewann in der modernen Arbeiterbewegung die Bedeutung von Gemeinsamkeit, Gleichheit, Gefährtenschaft und gegenseitiger Verpflichtung und wurde im allgemeinen sehr ernst genommen.

Der Eintritt und die Bindung an die Partei liefen in der Regel über mehrere Stufen. Die ersten Impulse kamen meist über das persönliche Gespräch mit Sozialdemokraten am Arbeitsplatz oder in der Nachbarschaft, seltener über einen Versammlungsbesuch zustande. Fast immer aber erfolgte die Hinwendung zur Partei, Gewerkschaft oder den Umfeldorganisationen über die mündliche Agitation. Sie leitete den Prozeß der Annäherung ein, förderte das Bedürfnis nach mehr Information durch Versammlungsbesuch und das Lesen von kleineren Broschüren und Flugschriften, seltener von Büchern. (vgl. Loreck, 247 ff.) Eine bedeutsame Rolle spielten dabei die Gewerkschaften und die sozialistischen Umfeldorganisationen. Gewerkschafter zu sein gehörte einfach dazu, und war man erst einmal anpolitisiert, so

war es für viele eine logische Konsequenz, ihre Konsum- und Freizeitinteressen in entsprechenden Arbeitervereinen zu befriedigen. Statt sich in einem bürgerlichen Verein zu betätigen, wurde man z.B. Mitglied in einem Arbeiter-Turn- und -Sportverein, man mied den bürgerlichen Gesangverein und trat stattdessen einem Verein des „Arbeiter-Sänger-Bundes" bei. Man kaufte als Genosse beim „Konsum" und nicht beim Krämer um die Ecke. Eine wachsende Zahl von Sozialdemokraten und Sympathisanten trat aus der Kirche aus und ließ sich nicht mehr vom Pfarrer beerdigen, sondern wurde Mitglied im „Verband für Freidenkertum und Feuerbestattung" und schickte die Kinder statt zu Kommunion oder Konfirmation zur Jugendweihe bei den „Freidenkern". Wer wollte, konnte von der Wiege bis zur Bahre mit Arbeiterorganisationen umgeben sein.

Die Ursprünge sozialdemokratischer Kulturorganisationen reichen zurück in die Zeit vor dem Sozialistengesetz und konnten sich nach dessen Aufhebung breiter entwickeln. So entstanden neben der Parteiorganisation und den teilweise von ihr eingerichteten Arbeiterbildungsvereinen z.B. Arbeitersportvereine (1893), Arbeiter-Sänger-Vereinigungen (ca. 1892), die (Freie) Volksbühne (1890), die Naturfreundebewegung (1893), der Arbeiter-Abstinenten-Bund (1903), die Arbeiterjugend (1904), die Arbeiter-Esperato-Clubs (1911), verschiedene Lehrergruppen, Frauenvereinigungen, der Arbeiter-Samariter-Bund (1909), Studentenvereinigungen oder 1919 die Arbeiterwohlfahrt. (vgl. Wunderer, 29ff.) 1928 war das Netz sozial-

Die Frankfurter Ortsgruppe der Naturfreunde wurde 1912 gegründet. Die Schutzhütten und festen Häuser des „Touristenvereins Die Naturfreunde" waren Ruhe- und Zielpunkte für zahlreiche Wanderungen, an denen sich häufig ganze Familien beteiligten. Indem Eltern und Kindern gemeinsame Aktivitäten ermöglicht wurden, waren sie wohl die „familienfreundlichste" Arbeiterkulturorganisation. Viele Ortsgruppen – so auch Frankfurt – verfügten außerdem über eigenständige Jugendgruppen.

Die überparteiliche Organisation der Naturfreunde, die sich nicht nur für die Erhal-

tung der Natur einsetzte, sondern zugleich für die Vermittlung eines naturwissenschaftlichen Weltbildes, rückte durch ihre konsequent auf das Diesseits gerichtete Haltung in die Nähe der „Proletarischen Freidenker“.

demokratischer Umfeldorganisationen am weitesten entfaltet. Wunderer wertet die Mitgliedschaft in diesen Vereinen, insbesondere wenn sie in Konkurrenz zu bürgerlichen Vereinen stand, als

> „Ausdruck von embryonalem Klassenbewußtsein. ... Im proletarischen Vereinsnetz kam also in gewisser Weise die Dialektik der Abdichtung und Ausgrenzung von Sozialdemokratie und der wilhelminischen bürgerlichen Gesellschaft zum Ausdruck.“ (ebd., 31)

Das änderte sich auch nach den Spaltungen und der Revolution nicht wesentlich. Fritz Schmidt bestätigt wie viele andere Zeitzeugen:

> „Das hat einfach dazugehört zu einem Funktionär, daß er Mitglied war a) der Gewerkschaft, b) der Partei, c) des Konsumvereins, d) des Sportvereins, e) des Gesangvereins. Das ging bis zum Arbeiterschach- und -Esperantoclub und bis zur Mitgliedschaft in der Flamma, einem (Feuerbestattungsverein). – Das war das Gesamtbild, was eine komplette Arbeiterfamilie gewissermaßen alles zu bestreiten hatte.“ (F. Schmidt, 85)

Das galt allerdings nicht nur für die Parteifunktionäre, sondern für jedes politisch bewußte Mitglied. Sich einer bürgerlichen Organisation anzuschließen, war so etwas wie Klassenverrat. Mitglied einer Arbeiterorganisation zu werden oder auch nur die Arbeiterpresse zu beziehen, war dagegen sichtbare Demonstration der Verbundenheit und des Einstehens für die eigene Klasse.

Die sozialdemokratische Parteiführung stand den proletarischen Kulturorganisationen nicht uneingeschränkt positiv gegenüber. Sie konnte eine gewisse Skepsis nicht verbergen, da sie fürchtete, ein Teil des Engagements würde dadurch von der politischen Arbeit im engeren Sinne abgezogen. Auf der anderen Seite waren die kulturellen Vereinigungen – über ihre Bemühungen zur Aneignung bürgerlicher Kulturgüter – von einer gewissen „Verbürgerlichung“ im Programm und der Gestaltung des Vereinslebens bedroht. Insbesondere der „Arbeiter-Sänger-Bund“ gilt unter vielen Historikern als Prototyp für die

> „Verflachung und spießbürgerliche Verkümmerung der sozialdemokratischen Kulturbewegung.“ (Wunderer, 43)

Hans Eisler kritisierte in den 20er Jahren, der heroische und kämpferische Charakter, der zur Zeit des Sozialistengesetzes noch bestanden habe, verliere sich immer weiter und werde ersetzt durch ein spießbürgerliches, selbstzufriedenes Vereinsleben, das einen kleinbürgerlichen Musikstil pflege und immer apolitischer werde. (ebd.)

Dessen ungeachtet entwickelte sich im Umfeld der Arbeiterbewegung eine „proletarische Gegenkultur“, die höchst wirksam das proletarische Bewußtsein ihrer Mitglieder und Sympathisanten politisch und psychisch stabilisierte, den Einflüssen der bürgerlichen Ideologie auf die Arbeiterbevölkerung zumindest in Teilbereichen entgegenwirkte und zur organisatorischen Stütze für die Parteien und die Gewerkschaften wurde. Voraussetzung dafür war die enge personelle Verbindung zwischen Partei und Kulturorganisation sowie deren politische Schulung, um als Multiplikatoren politischer Ideen zu wirken. In Frankfurt wurde diese enge Beziehung insbesondere durch die Schaffung des Arbeiterkulturkartells im Jahre 1925 organisatorisch gefestigt (vgl. Stübling: Kultur und Massen), doch auch zuvor bestand schon eine intensive Kulturarbeit, die die Teilbereiche für bestimmte Aktionen zusammenbrachte. Vor allem für die Sportbewegung betonte die Frankfurter SPD immer wieder die enge innere Verbindung zwischen den Organisationen. Anläßlich des 1. großen Arbeitersportfestes im Sommer 1920 schrieb die „Volksstimme" enthusiastisch, daß sich daran 20000 Arbeitersportler beteiligten. Am Arbeitersport-Werbetag am 29. Mai 1921 mit einer großen Veranstaltung auf dem Sportplatz Riederwald wurde hervorgehoben, durch den Sport oder die Leibesübung sei die Gesundheit der arbeitenden Klasse zu fördern. Dies gewährleiste den Aufstieg der Klasse. Die körperliche Ertüchtigung sichere die Befreiung des Proletariats. (VSt 120 v. 26.5.21) Auch die USPD verkannte diese Bedeutung nicht und druckte im „Volksrecht" das Schreiben eines Arbeitersportlers ab, der sehr strenge Maßstäbe setzte.

„Die Arbeitersportbewegung ist ein Glied der allgemeinen Arbeiterbewegung, will dieser nutzen und dienen. Der Arbeitersportler wird deshalb jederzeit eingedenk sein müssen, daß sein Streben in erster Linie der Förderung der Arbeiterbewegung dienen muß. Sein sportliches Interesse ist für ihn eine Ergänzung seiner proletarischen Pflicht. Darin eben unterscheidet er sich von den bürgerlichen Sportfaxen, daß sein sportliches Interesse nicht alles andere überwuchert und ihn nie von der Erfüllung parteigenössischer oder gewerkschaftlicher Pflichten abhalten darf." (VR 138 v. 16.6.22)

Die Umfeldorganisationen banden in sehr großer Zahl Arbeiter in das Milieu der Partei(en) ein, die nicht Mitglieder waren und verbreiterten so die Massenbasis der Arbeiterbewegung. Der ATUS meldete im Mai 1920 schon 338000 Mitglieder in 3383 Vereinen gegenüber 183000 Mitgliedern vor dem Krieg, obwohl fast 35000 Mitglieder gefallen waren. Unter den Mitgliedern waren 26000 Turnerinnen, 26053 Fußballspieler, 85000 Kinder-Turner. (VSt 111 v. 14.5.20) Dabei darf allerdings nicht übersehen werden, daß in den bürgerlichen Turnvereinen nach wie vor mehr Arbeiter organisiert waren als im ATB. (Wunderer, 42) Dennoch war es eine große Chance und zugleich eine Notwendigkeit für die Parteien, hier ihren Einfluß geltend zu machen.

Hauptbetätigungsfeld, Ort der grundlegenden politischen Willensbildung, Ort der politischen Schulung, gewissermaßen zentrale Schaltstelle blieben dennoch die Parteien selbst. Eine Partei, die nicht das Bestehende fraglos hinnimmt, sondern die gesellschaftlichen Verhältnisse ändern will, muß – wie bereits Bebel feststellte – agitieren, überzeugen, gesellschaftlich notwendiges Wissen vermitteln. In zwei Reden vor dem Dresdner und dem Leipziger Arbeiterbildungsverein 1872 betonte schon Wilhelm Liebknecht:

„Wissen ist Macht! Bildung macht frei! ... Wissen ist Macht, Wissen gibt Macht, und weil es Macht gibt, haben die Wissenden und Mächtigen von jeher das Wissen als ihr Kasten-, ihr Standes-, ihr Klassenmonopol zu bewahren und den Nichtwissenden, Ohnmächtigen – von jeher die Masse des Volkes – vorzuenthalten gesucht. ... Die Sozialdemokratie ist im eminentesten Sinne die Partei der Bildung.

Der heutige Staat und die heutige Gesellschaft, die wir bekämpfen, sind Feinde der Bildung; solange sie bestehen, werden sie verhindern, daß das Wissen Gemeingut wird. Wer da will, daß das Wissen allen gleichmäßig zuteil werde, muß daher auf die Umgestaltung des Staates und der Gesellschaft hinwirken." (Liebknecht, W.: Kleine politische Schriften, 133 ff.)

Die Partei selber war ja aus den Arbeiterbildungsvereinen hervorgegangen, und in engem Zusammenhang mit solchen Vorstellungen stand auch

Die Groß-Frankfurter Parteiorganisation im Geschäftsjahr 1920/21
Die Entwicklung in den Distrikten

Distrikt	1. Quartal			4. Quartal		
	männlich	weiblich	gesamt	männlich	weiblich	gesamt
Altstadt 1	485	85	570	552	102	654
Altstadt 2	120	17	137	–	–	–
Innenstadt	410	80	500	448	96	544
Bahnhofsviertel	410	69	479	715	75	790
Industrieviertel	699	111	810	1 201	149	1 350
Nordwest	183	37	220	208	40	248
Nordend	536	108	644	551	181	732
Nordost I	539	102	641	578	164	742
Nordost II	464	109	573	510	101	611
Ostend	548	118	688	666	116	782
Bornheim	1 029	160	1 189	1 200	186	1 386
Sachsenhausen-West	333	58	391	382	79	461
Sachsenhausen-Ost	620	111	731	687	130	817
Niederrad	438	49	487	418	51	469
Oberrad	344	121	465	396	113	509
Hausen	40	6	46	38	5	43
Niederursel	29	4	33	55	2	57
Bonames	86	18	104	101	19	120
Bockenheim	1 002	165	1 167	1 067	175	1 242
Rödelheim	262	22	284	302	23	325
Ginnheim	172	38	210	206	42	248
Praunheim	51	6	57	54	6	60
Preungesheim	94	4	98	78	2	80
Eckenheim	138	11	149	131	11	142
Eschersheim	75	16	91	91	36	127
Heddernheim	231	46	277	340	45	385
Seckbach	55	3	58	53	1	54
Riederwald	258	115	373	326	108	434
Bürozahler	371	57	428	302	28	330
Voigt & Häffner	14	34	48	16	28	44
Freis & Sohn	12	–	12	9	–	9
Belfa-Werke	59	2	61	78	2	80
A.M.Schrift	–	–	–	8	–	8
Bekleidungsstelle	20	1	21	25	4	29
Gesamt	10 133	1 893	12 026	11 754	2 058	12 812

(Nach: VSt 96 v. 26.4.1921)

der Beschluß des Mannheimer Parteitages von 1906, einen Bildungsausschuß einzusetzen, der sich mit allen Anträgen zur Volkserziehung befassen sollte und die Eröffnung der Parteischule 1906 in Berlin. Die umfassend ausgebildeten Funktionäre sollten in den örtlichen Parteidistrikten agitatorisch weiterwirken und lokale Bildung sowohl des Funktionärskörpers als der breiten Masse der Mitglieder betreiben. (vgl.: Feidel-Mertz, 68-88) Der große Zustrom neuer Mitglieder, das Kriegsende, die Revolution, die neue Staatsform, all das erforderte nun erst recht eine umfassende Schulung. Die Groß-Frankfurter SPD-Organisation hatte im 4. Quartal 1919 noch 10067 Mitglieder, davon 8259 Männer und 1808 Frauen. Die Zahl der weiblichen Mitglieder war innerhalb des letzten Jahres um 215 gesunken, die der männlichen Mitglieder nach Kriegsende gleichzeitig um 920 gestiegen. (VSt 148 v. 28.6.20) Im November 1920 rief der Frankfurter Parteivorstand zu einer „Roten Woche“, einer Werbeaktion für Neumitglieder und Neuabonnenten der „Volksstimme“ auf.

„In Kontor und Werkstatt, in Haus und Familie gilt nur noch eine Parole: Auf an die Werbearbeit für die alte bewährte Sozialdemokratie. Nicht Kleinmut und Verzagtheit, sondern Hoffnungsfreudigkeit und Siegesbewußtsein muß unser Denken und Handeln bestimmen.“ (VSt 263 v. 9.11.20)

Die Agitation trug offensichtlich Früchte, denn die Mitgliederzahl wuchs stetig an. Dabei fällt auf, daß es überdurchschnittliche Zuwächse im Bahnhofs- und Industrieviertel gab, in einigen anderen Stadtteilen wie Preungesheim, Eckenheim und Seckbach und einigen Betrieben jedoch ein Mitgliederschwund zu verzeichnen war. (s. Tabelle vorige Seite)

Eine Zusammenstellung von 1921 gibt außerdem einen Überblick über die Berufsgruppen, aus denen sich die MSPD-Mitgliedschaft zusammensetzte. (s. Tabelle nächste Seite)

Die Partei war also 1921 mit 68,4% Arbeiter- und Handwerkeranteil überwiegend eine Arbeiterpartei, deren Anziehungskraft jedoch vor allem auf qualifizierte Facharbeiter und Handwerker wirkte, hatte andererseits aber bereits einen relativ hohen Anteil an Angehörigen des öffentlichen Dienstes (Arbeiter, Angestellte und Beamte = 14,2%) aufzuweisen. Darin drückt sich aus, daß das Bekenntnis zur Sozialdemokratie nicht mehr zur Entlassung aus dem öffentlichen Dienst führte, aber auch das Bedürfnis mancher Beamter, sich bei der neuen Gruppe von „Machthabern“ beliebt zu machen. Daß in Frankfurt die Metallarbeiter die stärkste Gruppe bildeten, ist – bei der Struktur der Industrie – nicht verwunderlich. Dagegen erscheint der relativ große Anteil kleiner Berufsgruppen (Schneider 9., Buchdrucker 11., Schuhmacher 12. Rangplatz) überrepräsentiert. Dabei dürfte eine Rolle gespielt haben, daß wandernde Handwerksgesellen die frühesten Agitatoren des Sozialismus waren. Die relativ große Zahl von Gastwirten ist wohl damit zu erklären, daß viele von Berufsverboten bedrohte und geschädigte Sozialdemokraten auf den Beruf des Gastwirts ausgewichen waren und die Gastwirte als Bereitsteller der „Partei- und Vereinslokale“ für die Arbeiterbewegung schon immer eine wichtige Rolle spielten.

Gegenüber den 11754 männlichen Mitgliedern hatte die MSPD 1921 nur

2058 oder 14,9 % weibliche Mitglieder, die aus folgenden Berufen kamen. (s. Tabelle nächste Seiten)

Die MSPD von 1921 war also in hohem Maße eine „Männer-Partei". Die Hausfrauen nahmen mit 44,7 % der weiblichen Parteimitglieder den 1. Rangplatz ein. Berücksichtigt man, daß unter den Frauen „ohne Berufsangabe" noch ein weiterer Anteil Hausfrauen sein mochte, dann waren es sogar mehr als die Hälfte aller weiblichen Mitglieder. Das darf aber nicht darüber hinwegtäuschen, daß nur ein Teil der Ehefrauen der Sozialdemokraten in der Partei organisiert war. Daß dahinter die weit verbreitete Ansicht, „Politik ist Männersache" steckte, belegen nicht nur die Aussagen in Kapitel 9, sondern auch Äußerungen wie die des Betriebsfunktionärs Karl Oettinger:

„Wenn De da eingetrete bist, Adler-Werke oder wo's auch war, da ist der Vertrauensmann zu Dir komme, hat gesacht: ‚Na Kollege, biste in de Gewerkschaft?' – ‚Ja.' – Da mußte Dei Buch zeige, da warste schon drin. Des war vielleicht noch en Sozialdemokrat, mit der Zeit is der auch komme: ‚Biste auch in de Sozialdemokratische Partei?'

Er selbst warb ganz gezielt Mitglieder im Betrieb, ging auf sie zu und meinte:

„Ich will Ihne mal was sage, wir sind hier alle gewerkschaftlich organisiert. – Bei de Fraue hab' ich kein' son Wert drauf gelegt. Naja, Fraue gehn ja nur in de Haushalt oder irgendwie. Aber daß en Mann drin war ..." (Oettinger, 60)

In nicht wenigen Fällen dürften aber auch finanzielle Probleme und die Umgehung doppelter Beitragszahlung eine Rolle gespielt haben.

Unter den berufstätigen Frauen dominierten ebenso wie bei den Männern die in der Metallindustrie Beschäftigten. Erstaunlich ist jedoch der 3. Rangplatz für die Hausangestellten. Man geht wohl nicht fehl in der Annahme, daß hier die erfolgreiche Politisierungsarbeit des „Verbandes der Hausangestellten" Erfolg zeigte. Ähnliches könnte auch für die Schneiderinnen zutreffen (5. Rangplatz), während die ungelernten Arbeiterinnen (Fabrikarbeiterinnen 8., Textilarbeiterinnen 14. Rang) offenbar schwieriger zu organisieren oder politisieren waren bzw. unter ihnen nur ungenügend Agitation betrieben wurde.

Betrachtet man die Mitgliederentwicklung der SPD in Frankfurt, so sind die verheerenden Auswirkungen des Krieges und der Parteispaltung unübersehbar. Erst 1920 erreichte sie wieder ihren Vorkriegsstand, bei den Männern erst im Laufe des Jahres 1921. (s. Tabelle nächste Seiten)

Während die SPD 1921 einen Mitgliederzuwachs von 2331 Personen gegenüber dem Vorjahr hatte, sank das Plus 1922 – trotz Vereinigung mit der USPD – auf nur noch 1080. 1923 brachte sogar einen Mitgliederschwund von 1055 Personen. Ein Teil der Austritte mag durchaus auf die wirtschaftliche Lage zurückzuführen sein, die viele Arbeiter nötigte, jede „unnötige" Ausgabe zu vermeiden. Berücksichtigt man jedoch, daß die SPD sowohl bei den Reichstagswahlen 1920 wie bei den Mai-Wahlen 1924 auch starke Wählerverluste hinnehmen mußte, kann der Mitgliederrückgang nicht ausschließlich ökonomisch begründet werden. Ende 1923 beklagte die Frankfurter SPD jedoch nicht nur sinkende Mitgliederzahlen, sondern sie benannte als größtes Problem ihre Finanzlage. Sie forderte einen engeren gesell-

Rangliste der Berufe männlicher MSPD-Mitglieder 1921

Rang	Beruf	Mitglieder	%	Rang	Beruf	Mitglieder	%
1.	Metallarbeiter	2898	24,7	29.	Metzger	74	0,6
2.	Transportarbeiter	1050	8,9	30.	Küfer	70	0,6
3.	Kaufmännische Angestellte	724	6,2	31.	Lithographen, Steindrucker	67	0,6
4.	Fabrikarbeiter	708	6,0	32.	Dachdecker	63	0,5
5.	Holzarbeiter	586	5,0	33.	Partei-, Gewerkschaftsangestellte	54	0,5
6.	Staats- und Gemeindebeamte	554	4,7	34.	Steinarbeiter	51	0,4
7.	Polizeibeamte	425	3,6	35.	Glaser	39	0,3
8.	Postbedienstete	340	2,9	36.	Hutmacher	24	0,2
9.	Schneider	325	2,8	37.	Musiker	22	0,2
10.	Maler und Weißbinder	263	2,2	38.	Hausangestellte	19	0,2
11.	Buchdrucker	262	2,2	39.	Chor-Sänger	18	0,2
12.	Schuhmacher	251	2,1	40.	Textilarbeiter	16	0,1
13.	Sattler und Tapezierer	213	1,8	41.	Kupferschmiede	15	0,1
14.	Bäcker	211	1,8	42.	Lederarbeiter	9	
15.	Bauarbeiter	209	1,8	43.	Invaliden	8	
16.	Gastwirte	200	1,7	44.	Bühnengenossenschaftsmitglieder	6	
17.	Technische Angestellte	162	1,4	44.	Tabakarbeiter	6	
18.	Brauerei- und Mühlenarbeiter	143	1,2	44.	Töpfer	6	
19.	Städtische Angestellte/Beamte	127	1,1	47.	Buchdruckerei-Hilfsarbeiter	4	
20.	Werkmeister	117	0,9	47.	Glasarbeiter	4	
21.	Beamte	110	0,9	47.	Schornsteinfeger	4	
22.	Eisenbahner	108	0,9	50.	Bergarbeiter	1	

23.	Buchdrucker	107	0,9	50.	Kürschner	1	
24.	Zimmerer	97	0,8	50.	Landarbeiter	1	
25.	Maschinisten	89	0,8		Verschiedene	259	2,2
26.	Friseure	81	0,7		Ohne Berufsangabe	425	3,6
27.	Gärtner	80	0,7				
28.	Gasthaus-Angestellte	75	0,6		Gesamtzahl	11754	

(Berechnet nach Angaben in VSt 96 v. 26.4.1921)

Rangliste der Berufe weibliche MSPD-Mitglieder 1921

Rang	Beruf	Mitglieder	%	Rang	Beruf	Mitglieder	%
1.	Hausfrauen	919	44,7	12.	Buchdruckerei-Hilfsarbeiterinnen	6	0,3
2.	Metallarbeiterinnen	341	16,6	13.	Hebammen	5	0,2
3.	Hausangestellte	140	6,8	14.	Friseusen	4	0,2
4.	Kaufmännische Angestellte	124	6,0	14.	Textilarbeiterinnen	4	0,2
5.	Schneiderinnen	120	5,8	16.	Gastwirtsangestellte	1	
6.	Transportarbeiterinnen	48	2,3	16.	Brauerei-, Mühlenarbeiterinnen	1	
7.	Postbedienstete	40	2,0	16.	Gärtnerinnen	1	
8.	Fabrikarbeiterinnen	24	1,2	16.	Steindruckerinnen	1	
9.	Staats- und Gemeindearbeiterinnen	21	1,0		Verschiedene Berufe	28	1,4
10.	Beamtinnen	16	0,8		Ohne Berufsangabe	296	14,4
11.	Gastwirtinnen	14	0,7		Insgesamt	2058	

(Berechnungen nach Angaben in VSt 96 v. 26.4.1921)

Jahr	Mitglieder ges.	männlich	weiblich	Frauenanteil
1914	11333	9855	1478	13,04 %
1918	2359	1444	917	38,87 %
1919	10776	8626	1150	10,67 %
1920	11481	9546	1935	16,85 %
1921	13812	11754	2058	14,90 %
1922	14892	12728	2164	14,53 %
1923	13837	10839	1708	12,34 %

(Berechnung nach: VSt 96 v. 25.4.1922 und 270 v. 17.11.1923)

schaftlichen Zusammenschluß der Mitglieder und betonte auch, ein Verzicht auf Alkohol könne ihr notwendige erhebliche Finanzmittel sichern. (VSt 270 v. 17.11.23)

Die Revolution, der Sturz des alten Regimes, hatte jedenfalls nicht quasi aus sich selbst heraus zu einem Aufwind des Parteilebens beigetragen. Zwar war ein großer Anteil alter Mitglieder nach Kriegsende in die Partei zurückgekehrt, aber viele waren gefallen, ein Teil hatte durch die Haltung der SPD zu den Kriegskrediten oder durch die Kriegserlebnisse resigniert, ein weiterer Teil hatte sich anderen Parteien zugewandt. Aber auch viele neue Mitglieder waren hinzugekommen, die noch nicht mit den Zielen und Traditionen der alten Arbeiterbewegung vertraut waren. Für die MSPD – wie für die beiden anderen Arbeiterparteien – war es daher notwendig, diese Neumitglieder einzubinden, zu stabilisieren und so weit wie möglich zu aktivieren. Sie mußte nicht nur eine politische Alternative aufzeigen, sondern den Mitgliedern ein „Heimatgefühl" geben, eine Sicherheit und eine Zukunftsperspektive, die ihnen im Arbeitsprozeß und im sonstigen Alltag versagt blieb. Was die Arbeiterinnen und Arbeiter in der Schule gelernt hatten, war beklagenswert wenig, und das wenige war zudem noch – vom Standpunkt sozialistischer Leitvorstellungen her – falsch: ein falsches Geschichtsbild, ein falsches Gesellschaftsbild, ein unzulängliches Bild von Mensch und Natur. Die Mitglieder als Agitatoren in Betrieben und in der Nachbarschaft brauchten Wissen, und vielen von ihnen war klar, daß es ihnen fehlte. Sie litten darunter und waren bildungshungrig. Fritz Schmidt meint zu diesem Wissensdurst, es war

„zunächst einmal das Bewußtsein, nicht genügend zu wissen, um das, was sie eigentlich beurteilen müßten, sachgemäß und nach dem Inhalt richtig beurteilen zu können und aus der richtigen Beurteilung zu einer richtigen Entscheidung zu kommen. Und dann gab's in der Arbeiterbewegung damals das Schlagwort: ‚Wissen ist Macht' und dann: ‚Der Feind, den wir am meisten hassen, das ist der Unverstand der Massen, den nur des Geistes Schwert durchbricht!' – All diese Dinge und dann Konferenzen, Tagungen, Versammlungen mit dem rot-weißen Spruchband: Wissen ist Macht!" (F. Schmidt, 74)

Auf der anderen Seite stand das Gefühl oder auch das Bewußtsein, zu wenig gelernt zu haben, in der Schule zu kurz gekommen zu sein und der Wunsch, sich daraus zu befreien, was bei vielen Arbeiterkindern teilweise durch Lesen kompensiert wurde. Hans Doll spürte schon als Kind diese Ungerechtigkeiten und suchte nach Lösungsansätzen. Auch bei ihm begann der erste Kontakt mit der Partei über das Lesen der sozialdemokratischen Tageszeitung, wie er berichtet:

„Aus dem Elend, des ich deheim gesehe hab, is mein Wunsch gewese, irgendwie mal zu etwas zu komme, in erer besserer Lebensgesellschaft, die ne bessere Lebensordnung habbe könnt. Und durch des lese von de sozialistische Programme usw., na die ‚Volksstimm‘ ham mer ja deheim gehabt, die ham mer gelese. Mit Ach und Krach, gel, des is alsemal schwergefalle, die zu bezahle.“ (Doll, 46f.)

In den Parteien selbst wurde dann eine umfangreiche Schulung der Mitglieder betrieben durch Parteiversammlungen mit ihren Diskussionen, durch Kundgebungen, durch Lichtbildervorträge, aber vor allem durch gezielte Vortragsreihen. Sie wurden entweder in den einzelnen Distrikten angeboten – und damit für eine relativ begrenzte Teilnehmerzahl, jedoch mit geringerer Hemmschwelle – oder im Rahmen der Gesamtpartei. Anfang 1919 führte die MSPD durch den Arbeiterbildungsausschuß nachstehende Vortragsreihe durch:

Die Vergesellschaftung der Produktionsmittel (Dr. Sinzheimer) – Der internationale Gedanke im Erfurter Programm (Dr. Sturmfels) – Die geistigen Grundlagen des Erfurter Programms (Redakteur Jakob Altmaier) – Die volkswirtschaftlichen Gedanken des Erfurter Programms (Direktor Valentin Liebmann) – Praktische Forderungen des Erfurter Programms (Redakteur O. Quint) – Praktische Forderungen, 2. Teil (Parteisekretär Ganger) – Sozialpolitische Forderungen des Erfurter Programms (G. Hoch, MdR). (VSt 52 v. 4.3.19)

Alle Vorträge fanden im Saal des Kaufmännischen Vereins am Eschersheimer Tor statt.

In der ersten Hälfte des Jahres 1920 gab es im Volksbildungsheim zwei große Kurse; der erste wohl in der Hauptsache gedacht für Parteineulinge über „politische Grundfragen“ mit 180 bis 320 Teilnehmern, der zweite über „Kommunalpolitik“, der aber offensichtlich nicht ganz den Mitgliederbedürfnissen und -interessen entsprach, denn anfangs kamen 120, später nur noch 40-50 Mitglieder. (VSt 148 v. 28.6.20) Stattdessen wurde dann im Herbst in 17 Kursen mit durchschnittlich 8 Abenden ein dezentrales Programm über die „Geschichte des Sozialismus“ durchgeführt. In manchen Distrikten ließ das anfängliche Interesse offensichtlich nach, die Teilnehmerzahlen sanken, in anderen Kursen kamen dagegen neue Hörer hinzu. Über die Teilnahme wurde eine genaue Statistik geführt. (s. Tabelle nächste Seite)

Anfang 1921, als Hermann Wendel Geschichtskurse für das Industrieviertel und für Bockenheim anbot, wurden die Genossen über die „Volksstimme“ nachdrücklich auf ihre Teilnahme- und Weiterbildungspflicht hingewiesen. Dort hieß es:

Teilnehmer an den Kursen „Sozialismus" im Jahre 1920										
Distrikt	1	2	3	4	5	6	7	8	9	ø
Altstadt I, Innenstadt	57	83	64	56	36	42	49	61	-	56
Altst.II, Bahnhof, Westend	29	41	42	26	30	32	36	30	-	33
Industrieviertel	53	70	91	72	75	92	100	70	-	79
Nordend, Nordost	70	65	61	63	48	59	59*	-	-	61
Bornheim	43	40	38	32	42	28	26	26	-	29
Sachsenhsn. Ost u. West	47	37	30	29	28	34	33	22	27	33
Niederrad	20	23	21	19	16	20	20+	-	-	20
Oberrad	28	24	30	27	33	35	32	33	-	31
Bockenheim	94	108	120	98	89	78*	-	-	-	98
Eschersheim, Heddernh.	43	45	41	35	28	26	26	25	-	31
Riederwald	42	52	42	46	36	30	33	34	-	39
Ostend	43	40	38	30	32	33	25	20	-	33
Bonames	28	25	25	20	14	12	10	11	-	16
Nordost II	30	35	29	36	34	25	27+	-	-	31
Rödelheim, Hausen	41	30	16	26*	-	-	-	-	-	28
Ginnheim, Praunheim	28	25	42	38	38	44	37	40	-	38
Eckenheim, Preungesh.	18	15	9	17	28	15*	-	-	-	17
durchschnittliche Besucherzahl insgesamt:										40

* Kurse haben später begonnen

„Da es sich um hochwertige Vorträge handelt, wird starke Teilnahme erwartet. Mögen die Genossen des Industrieviertels, die in letzter Zeit so viele Mitglieder der Partei zuführten, beweisen, daß sie auch an der Aufklärung und Schulung der Mitglieder Erfolge erzielen können." (VSt 7 v. 9.1.22)

Hermann Wendel sprach über:

Die Auflösung des Reiches bis zum deutschen Zollverein – Einheitsbewegung und Revolution (1833 - 1848) – Von Olmütz bis Sedan (1850 - 1870) – Von Versailles bis Versailles (1871 - 1919). (ebd.)

Doch die Appelle schienen wenig erfolgreich, denn ca. drei Wochen später wurde wiederum in der „Volksstimme" der schlechte Besuch angeprangert. Er wurde teilweise auf die nicht ausreichend beheizten Räume zurückgeführt. (VSt 22 v. 26.1.22)

Als im April 1921 der Vertrauensleutekörper der Groß-Frankfurter SPD über Fragen der Dresdner Kulturtage (sozialdemokratische Lehrer, Bildungsausschüsse, Arbeiterjugend) unterrichtet wurde, betonte der Stadtverordnete Thomas, die Bildungsarbeit sei zu sehr von den täglichen Sorgen beeinträchtigt, die Arbeit müsse Ausgangspunkt aller Bildungsbedürfnisse sein. In der „Volksstimme" hieß es weiter:

„Von der Massenbildung muß abgesehen und Gewicht darauf gelegt werden, mehr Einfluß auf die Persönlichkeit zu gewinnen. Wir müssen versuchen, den einzelnen zu überzeugen, sonst werden wir niemals unser Ziel erreichen. Die Erziehung zum Gemeinschaftswillen muß mehr in den Vordergrund treten." (VSt 88 v. 6.4.21)

1921 holte sich der Bezirksbildungsausschuß Frankfurt A. Lausкötter aus Hamburg zu Vorträgen für die Einführung in die Wirtschaftslehre. (VSt 265 v. 11.11.21) 1922 gab es dann wieder ein umfangreiches Bildungsangebot in den einzelnen Distrikten:

- Deutsche Geschichte vom Ausgang der französischen Revolution (Wendel), Bockenheim: 146 Teilnehmer, Industrie: 74 Teilnehmer
- Kunst und materialistische Geschichtsauffassung (Quint), Bockenheim: 147 Teilnehmer, Industrie: 128 Teilnehmer
- Geschichte und Revolution (Quarck, Marckwald, Kaiser, Broßwitz, Quint), Altstadt, Industrie, Nordend, Nordost I/II, Bornheim, Sachsenhausen, Niederrad, Eckenheim, Bockenheim, Niederursel, Riederwald, Teilnehmer: 23 - 112
- Schule und Erziehung (Berta Jourdan, Seliger, Hillmann, Urban), Innenstadt, Industrie, Nordend, Nordost I/II, Bockenheim, Ostend, Bornheim, Praunheim, Heddernheim, Ginnheim. (VSt 96 v. 25.4.22)

Distriktübergreifend wurde dann im Herbst von Hans Marckwald eine Reihe mit 12 Vorträgen im Rahmen der Zentral-Bildungsschule über den „wissenschaftlichen Sozialismus" durchgeführt. Der Kursus umfaßte:

1. Was ist wissenschaftlicher Sozialismus? - Materialistische Geschichtsauffassung - Gesellschafts- und Staatsordnung
2. Religion und materialistische Geschichtsauffassung
3. Philosophie, Wissenschaft, Kunst und materialistische Geschichtsauffassung
4. Moral und materialistische Geschichtsauffassung - Karl Marx' Definition der materialistischen Geschichtsauffassung
5. Werttheorie, 1. Teil
6. Werttheorie. 2. Teil
7. Konzentrationstheorie
8. Zentralisationstheorie - Proletarisches Elend - Krisentheorie
9. Die Sozialisierung
10. Philosophische Probleme
11. Willensfreiheit
12. Die Philosophie des Sozialismus. (VSt 238 v. 11.10.22)

Anscheinend wurden Frauen von den Bildungsveranstaltungen nicht ausreichend angesprochen. Vielleicht war es für die weiblichen Mitglieder aber auch zu schwierig, regelmäßig die Bildungsabende zu besuchen, zusammen mit dem Mann oder ohne ihn, weil eine/r die Kinder beaufsichtigen mußte. Jedenfalls machte man sich in der SPD Gedanken darüber, wie Frauen besser zu erreichen seien. Auf der Bezirks-Frauenkonferenz im März 1922 wurde u.a. die Forderung nach Einstellung von weiblichen Sekretären, insbesondere für die Frauenagitaton, erhoben. Konrad Broßwitz betonte, die Partei müsse nach neuen Wegen für die politische Arbeit mit Frauen suchen und stärker bei deren Interessen ansetzen:

„Bei den Frauen ist in der Gesinnung ein vollständiger Wandel eingetreten. Man muß ihnen einen besonderen Unterhaltungsstoff, insbesondere in ethischer Beziehung anbieten. Frankfurt am Main hat damit gute Erfahrungen gemacht. Wenn sich, wie im Bezirk Bockenheim, 110 Frauen an einem Abend zum Zuschneidekurs einfinden, dann ist damit der Beweis erbracht, daß die Frauen für Dinge empfänglich sind, die den Haushalt berühren. Für den weiteren Aufbau der Frauenbewegung sind in Frankfurt gesunde Grundlagen geschaffen." (VSt 68 v. 21.3.22)

Ein solcher Zuschneidekurs wurde u.a. auch im Distrikt Ostend in der Ostbahnhofstraße 18 (bei Fleischmann) durchgeführt. (VSt 45 v. 22.2.22) Zudem wurden in mehreren Distrikten „Frauenabende" angekündigt mit Vorträgen und Diskussionen, die Frauen besonders betrafen, z.B.:

Industrieviertel:	Gen. Bauer: §§ 218/219
Ostend:	Gen. Röhle: Luise Otto-Peters
Riederwald:	ohne genauere Angaben
Bornheim:	Gen. Riedek: Wie erziehe ich meine Kinder im Sinne des Sozialismus?
Nordost I:	Gen. Heilmann: Meine Erfahrung in der Berufsarbeit
Nordend:	Ref. Burckhardt: Was will die Berufsberatung? (VSt 26 v. 31.1.22)

Im Herbst 1921 wurde mit einer sehr intensiven Schulungsarbeit für einen kleineren Kreis, gewissermaßen für die Funktionäre der Partei, begonnen. Die Parteiprominenz führte diese jeweils vier Veranstaltungen zu einem Themenkomplex durch. (s. Tabelle nächste Seite)

In der Weihnachtsfeier des 1. Kurses der Frankfurter Bildungsschule berichtete Konrad Broßwitz über Ablauf und Erfolg. Er sprach über

„das Bestreben der Dozenten, in die Tiefe zu gehen und allen Teilnehmern der Bildungsabende eine Bereicherung ihres Wissens und ihrer Urteilskraft zu vermitteln, über das freundschaftliche Verhältnis zwischen Lehrern und Hörern und die wohl noch nicht oft in früheren Zeiten so auffallend in Erscheinung getretene Stetigkeit in der Zahl der Hörer aller Bildungskurse.
Es handelt sich hier um einen Anfang zu einer neuen Methode der Ausbildung von Agitatoren für unsere Ziele und Ideale. Aber dieser erste Versuch ist so gut gelungen und die Befriedigung über das Gebotene war so groß, daß gleich im neuen Jahr wieder ein Zyklus beginnen soll, der hauptsächlich Sozialpolitik, Sozialisierung, Geschichte und Musikgeschichte umfassen wird." (VSt 300 v. 23.12.21)

Schon am 24. Dezember hob Broßwitz in der „Volksstimme" noch einmal nachdrücklich die Bedeutung der Funktionärsschulung hervor, die Unterschiede gegenüber der bisherigen Bildungsarbeit.

„Die Sozialistische Bildungsschule soll den Rahmen unserer bisherigen Bildungsarbeit überschreiten. Mit ihr wird eine Sache zur höchsten Blüte gebracht werden, die bei unserer Bildungsarbeit im Vordergrund stehen muß: die Schulidee. Die Einführung in den Sozialismus darf nicht mehr Sache eines Referenten, sondern muß Sache eines Lehrers sein. Wir müssen daran gehen, die Schule des Sozialismus zu schaffen. Nicht Versammlungsreden, sondern Pädagogik.
Eine solche Schulung ist natürlich mit einem Massenbesuch nicht durchführbar. Vor

VSt-Nr.	Referent	Themen	Datum
260/05.11.	Wendel	1. Von der Auflösung des Reiches bis zum Deutschen Zollverein	07.11.
266/12.11.		2. Einheitsbewegung und Revolution (1833-1919)	14.11.
279/29.11.		3. Von Olmütz bis Sedan (1850-1870)	29.11.
289/10.12.		4. Von Versailles bis Versailles (1871-1919)	12.12.
261/07.11.	Dr. Quarck	1. Die soziale Revolution im alten Griechenland	08.11.
271/19.11.		2. Der agrarische Kommunismus des ältesten Rom	21.11.
280/30.11.		3. Die römischen Sklavenaufstände	01.12.
290/12.12.		4. Der wirtschaftliche Zusammenbruch des römischen Kaiserreiches	13.12.
263/09.11.	Marckwald	1. Philosophie und Sozialismus	10.11.
272/21.11.		2. Philosophie und Sozialismus. Der historische Materialismus	22.11.
278/28.11.		3. Philosophie und Sozialismus. Die Willensfreiheit	28.11.
295/17.12.		4. Der Sozialismus als Weltanschauung - Hegel - Marx - Der Sinn des Lebens	19.12.
266/12.11.	Quint	Die Kunst im Lichte der materialistischen Geschichtsauffassung 1. Teil: Rhythmus und Arbeit. - Die Kunst der Primitiven. - Die Antike	15.11.
273/22.11.		2. Krieg - Kirche und Kunst - Die Gotik	24.11.
284/05.12.		3. Renaissance und Barock	06.12.
296/19.12.		4. Die Kunst im 19. und 20. Jahrhundert	20.12.
269/17.11.	W. Loeb	Volkswirtschaft und Finanzen 1. Die Bedeutung von Geld und Kapital	17.11.
283/03.12.		2. Die Bedeutung von Bank und Börse	05.12.
286/07.12.		3. Die Bedeutung von Handel und Industrie	08.12.
292/14.12.		4. Die Bedeutung der Arbeiterschaft für die Volkswirtschaft	15.12.

einem kleinen, nach Fähigkeiten und Veranlagung auserlesenen Kreis von Menschen, können die verschiedenen Wissensgebiete mit viel größerer Sorgfalt gepflegt werden, als bei einer wahllos zusammengesetzten Versammlung.

Die einzelnen Lehrfächer hatten zwischen 87 und 182 Hörern.

Lehrstoff und Lehrmethode waren getragen von der historisch-materialistischen Methode. ... Weg und Ziel unserer Bildungsarbeit ist also die Erziehung zum Sozialismus. Damit unterscheiden wir uns wesentlich von der ‚Volksbildung', die sich die Aufgabe stellt: Erziehung zum Staatsbürger. Wir aber wollen Sozialisten erziehen, die den sozialistischen Menschen schaffen. ...
Bildung ist Revolutionierung, und die Revolutionierung fängt in den Köpfen an."
(VSt 301 v. 24.12.21)

Dieses Lob für den 1. abgeschlossenen Kursus sollte die Zeitungsleser über die Bedeutung der Bildungsarbeit informieren, aber es sollte sicher zugleich die Teilnehmer motivieren, sich weiterhin derartigen Anstrengungen zu unterziehen, die freie Zeit für die intensive Schulung zu nutzen, denn der 2. Lehrgang begann bereits im Januar 1922 mit einem umfangreichen Programm. Da vermutlich nicht sehr viele Frauen im 1. Lehrgang anzutreffen waren, sah der 2. Lehrgang ein spezielles Frauenangebot vor, durchgeführt von Berta Jourdan und als „Frauenschule“ tituliert. 46 Frauen meldeten sich aus ganz Frankfurt, und so wurde nachdrücklich aufgefordert, diese Zahl zu erhöhen, zumindest jedoch zu halten. (VSt 39 v. 15.2.22) Berta Jourdan mahnte:

„Es ist Ehrenpflicht der Genossinnen, sich an dieser Bildungsarbeit zu beteiligen. Wir brauchen die Frau als Agitatorin, als Führerin im sozialistischen Kampf. Hierfür soll den Genossinnen an diesen Abenden das geistige Rüstzeug gegeben werden, um dann erfolgreich für die Ideen des Sozialismus unter den Frauen wirken zu können. Für einen behaglichen, gut geheizten Raum wird Sorge getragen.“ (VSt 25 v. 30.1.22)

Allerdings war sich die Partei wohl durchaus bewußt, welche Anstrengung es für die Genossen – und insbesondere für die Genossinnen – kostete, über mehrere Wochen bei einer solch intensiven Schulung bei der Stange zu bleiben. Deshalb riet man:

„Es wollen sich nur Genossinnen und Genossen melden, die den ernsten Willen haben, zu lernen und das Gelernte in der Werbearbeit für die Partei zu verwerten. Funktionäre, die sich der Bildungsarbeit hingeben wollen, müssen während dieser Zeit nach Möglichkeit von anderen Parteiarbeiten befreit werden.“ (VSt 4 v. 5.1.22)
(s. Tabelle nächste Seite)

Den Abschluß des Lehrgangs bildete dann eine keineswegs „rein proletarische“, sondern eine stark vom bürgerlichen Kulturgut infiltrierte „Goethe-Feier“ mit einem Lichtbildervortrag von Oskar Quint über „Goethe und wir“, Rezitationen von Goethe-Gedichten durch Frl. Zander und Georg Stierle und mit Gesängen des „Union-Quartetts“. Es sollte eine Belohnung sein, man wollte den Kursusteilnehmern „ein paar erhebende und weihevolle Stunde“ bereiten. (VSt 52 v. 2.3.22)

Die dritte Lehrgangsreihe der „Sozialistischen Bildungsschule“ im Winterhalbjahr 1922/23 war dezentral organisiert. Man bot diesmal 8 Bildungsschulen für einen oder mehrer Distrikte gemeinsam mit ähnlichen Inhalten an, ergänzt durch eine „Zentral-Bildungsschule“ für Fortgeschrittene im Rathaus und im Volksbildungsheim. Es war wiederum ein sehr umfangreiches Programm. (s. Tabelle übernächste Seite)

Während für die MSPD/VSPD anhand der „Volksstimme“ das reiche Bildungsangebot auf den verschiedenen Ebenen belegbar ist, ist die Quellenlage für die USPD wesentlich schlechter. In der relativ kurzen Zeit ihres Bestehens war ein so weitgehender Auf- und Ausbau eines Bildungssystems kaum möglich. Die Partei hatte sich allerdings mit dem „Volksrecht“ ein bedeutendes Instrument zur Vermittlung ihrer Ideen geschaffen. Dessen ungeachtet machte das schnelle Anwachsen der Mitgliederschaft eine intensive Schulungsarbeit erforderlich. Die Frankfurter Organisation gab an, von Ende 1918 bis Juli 1919 sei die Zahl der Mitglieder von 500 auf 7000

Vortragender	Themen	Datum
Walter Loeb	Volkswirtschaft und Finanzen (101 Hörer)	
	1. Praktische Organisation der Überwachung und Mitarbeit der Arbeitnehmer in den Betrieben	09.01.
	2. Geschäftsformen und deren Aufbau im Handel und in der Industrie	16.01.
	3. Entwicklung der kapitalistischen Organisation	23.01.
	4. Beteiligung der Arbeiterschaft am Gewinnergebnis	26.01.
Hans Marckwald	Karl Marx, sein Leben, sein Werk (81 Hörer)	
	1. Karl Marx' Leben	10.01.
	2. Von der Doktordissertation bis zum kommunistischen Manifest	17.01.
	3. Von der ‚Neuen Rheinischen Zeitung' bis zum Gothaer Programm	19.01.
	4. Das wissenschaftliche Hauptwerk	02.02.
Eduard Gräf	Die Aufgaben der Gemeinde (103 Hörer)	
	1. Kinderfürsorge	12.01.
	2. Wohlfahrtspflege	24.01.
	3. Wirtschaftspflege	02.02.
	4. Arbeiterpolitik	09.02.
Prof. Dr. Sinzheimer	Rechtspflege (98 Hörer)	
	1. Der Richter	31.01.
	2. Der Prozeß	07.02.
	3. Strafe und Vollzug	14.02.
	4. Justiz, Politik und Sozialdemokratie	21.02.
Karl Werner	Die Wertschätzung der Musik (64 Hörer)	
	1. Bis zum Ausgang des Mittelalters	28.01.
	2. Bis zur französischen Revolution	04.02.
	3. Die Musikpflege des Bürgertums	11.02.
	4. Die Musikpflege unserer Zeit	18.02.
Berta Jourdan	Die Frau und der Sozialismus (46 Hörerinnen)	
	1. Die Frau und die kulturgeschichtliche Entwicklung	01.02.
	2. Frau und Beruf	08.02.
	3. Frau und Staat	15.02.
	4. Frau und Familie	22.02.

(VSt v. 5.1.1922)

angestiegen und würde sich weiterhin stetig vergrößern. Eine Frau, die Genossin Schulze, wurde in den Vorstand gewählt, außerdem die Genossen Köpper, Hermann, Mühlig, Geprägs, Schmitt, Jamin, Friedel, Berger und Diehl (von der Jungen Garde). (VR 95 v. 26.4.19) Es gab hier anscheinend die gleichen Probleme, Frauen für die Parteiarbeit zu interessieren und zu mobilisieren wie bei der MSPD, obwohl Toni Sender für viele sicher ein

Sozialistische Bildungsschule Frankfurt am Main, 3. Lehrgang, Winterhalbjahr 1923	
Sozialistische Bildungsschule I:	Altstadt - Innenstadt - Bahnhof (Rathaus) 1. Volkswirtschaft und Finanzen 2. Literaturgeschichte (jeweils 4 Abende) 3. Rechtspflege 4. Kommunalpolitik 5. Musikpflege
Sozialistische Bildungsschule II:	Industrieviertel (Sitzungssaal des Konsumvereins, Rebstöcker Straße 19) 1. Literaturgeschichte 2. Geschichte der deutschen Sozialdemokratie 3. Rechtspflege 4. Musikpflege
Sozialistische Bildungsschule III:	Nordend, Nordost I, II (Adlerflychtschule) 1. Philosophie und Sozialismus 2. Kommunalpolitische Kulturaufgaben 3. Kunst und materialistische Geschichtsauffassung 4. Rechtspflege
Sozialistische Bildungsschule IV:	Bornheim (Comeniusschule) 1. Deutsche Geschichte vom Ausgang der französischen Revolution 2. Geschichte der deutschen Sozialdemokratie 3. Kunst und Geschichtsauffassung 4. Rechtspflege
Sozialistische Bildungsschule V:	Sachsenhausen, Oberrad, Niederrad (Fortbildungsschule Frankensteiner Platz) 1. Geschichte der deutschen Sozialdemokratie 2. Volkswirtschaft und Finanzen 3. Deutsche Geschichte vom Ausgang der französischen Revolution 4. Literaturgeschichte
Sozialistische Bildungsschule VI:	Bockenheim (Volkshaus) 1. Geschichte der deutschen Sozialdemokratie 2. Philosophie und Sozialismus 3. Kulturaufgaben der Kommunen 4. Volkswirtschaft und Finanzen
Sozialistische Bildungssch. VII:	Riederwald (Kolleg der Wirtschaft Blank, Max-Hirsch-Straße) 1. Geschichte der deutschen Sozialdemokratie 2. Literaturgeschichte 3. Volkswirtschaft und Finanzen 4. Musikpflege

Sozialistische Bildungssch. VIII:	Ostend (ohne Angabe des Tagungsortes) 1. Geschichte der Sozialdemokratie 2. Kommunalpolitik 3. Entwicklung der Frauenarbeit
Zentral-Bildungsschule für Fortgeschrittene (Rathaus und Volksbildungsheim) - jeweils 6 Abende -	
	1. Der wissenschaftliche Sozialismus 2. Geschichte und Philosophie 3. Die freie Rede und ihre Anwendung 4. Musikpflege
Vortragende:	Wendel, Quarck, Sinzheimer, Gräf, Quint, Loeb, Dr. Dang, Dr. Brühl, Karl Werner, Dr. Lorch, Broßwitz. Außerdem: Gen. Lauskötter (Hamburg): 3 volkswirtschaftliche Vorträge; H. Wendel: 2 Vorträge: Politische Neugestaltung Osteuropas.
Abschlußfeiern:	Lehrgänge I, II, VII: Goethefeier Lehrgänge III, IV, VI: Heinefeier Lehrgang V: Karl-Bröger-Abend

(VSt 217 v. 16.2.1922)

großes Vorbild war. Man befaßte sich in Frankfurt im September 1920 mit der Neuorganisation der Frauenbewegung und beschloß verbindlich für die Distrikte, in jedem Vorstand solle wenigstens eine Frau vertreten sein, das Thema „Frauenbewegung" solle als Tagesordnungspunkt auf einer Mitgliederversammlung diskutiert werden und man solle die Hausagitation für die weiblichen Mitglieder, besonders auch für die Frauen der Genossen, verstärkt betreiben. Es wurde ein provisorischer Vorstand aus Frauen der verschiedenen Distrikte gewählt. (VR 196 v. 4.9.20) Im Dezember 1920 meldete die „Volksstimme", von den 17 Ortsgruppen der USPD seien bereits 503 Mitglieder zur alten Partei zurückgekehrt. (VSt 306 v. 31.12.20) Nach der Spaltung der USPD durch die Vereinigung eines Flügels mit der KPD im Dezember 1920 - und damit der Spaltung des Bezirksvorstandes - berief der neue Bezirksvorstand im Juli 1921 eine erste Frauenkonferenz der USP Südwestdeutschlands zusammen, an der 70 weibliche Delegierte teilnahmen,

„um zu zeigen, daß auch sie die Notwendigkeit der politischen Betätigung im proletarischen Klassenkampf erkannt haben." (VR 165 v. 18.7.21)

In ihrem Bildungsprogramm wandte sich die USPD in Frankfurt, soweit das aufgrund der Quellenlage überhaupt nachvollziehbar war, vorrangig an die Betriebsräte. Anfang 1920 wurde eine dreiteilige Grundlagenschulung für „Hand- und Kopfarbeiter in Handel und Industrie" durchgeführt. Die USPD schrieb über die Bedeutung dieser „Räteschule":

„Die Schaffung und Durchbildung wirklich revolutionärer Betriebsräte ist angesichts der offensichtlichen Verhöhnung der Arbeiterschaft durch den neuen Gesetzentwurf über ‚Betriebsräte' eine zwingende Notwendigkeit geworden. Propagiert daher in Contor und Fabrik den Besuch dieser Vorträge." (VR 13 v. 16.1.20)

Der Lehrgang, für den die Teilnehmer pro Serie 3 Mark oder 1 Mark pro Einzelvortrag zu bezahlen hatten, fand – das wurde besonders hervorgehoben – in dem „geräumigen, gut geheizten Gutenbergsaal" statt. Nach jedem Vortrag sollte eine breite Diskussion Raum haben. (VR 13. v. 16.1.20) Das Programm setzte sich folgendermaßen zusammen:

Räteschule der USP Groß-Frankfurt Gutenbergsaal, Große Gallusstraße. Für das Winterquartal	
I. Serie: Die kapitalistische Entwicklung und die Weltpolitik der Gegenwart (6 Vorträge vom 22. Januar bis 16. Februar 1920)	
Engelbert Graf, Berlin	1. Die Phasen der kapitalistischen Entwicklung (Handel, Industrie, Finanzkapital) 2. Entstehung des Industriekapitals (Der Machtkampf zwischen England und Frankreich. Der Nationalstaat in Preußen und die mitteleuropäische Frage) 3. Das Finanzkapital (Innere und außerstaatliche Wirksamkeit, Imperialismus und Kolonialpolitik. Die nationalmonopolistische Phase des Finanzkapitals) 4. Der Weltkrieg und das Finanzkapital (Die nationalistisch-kartellistische Phase Brest-Litowsk, Versailles, die Afrikanisierung Europas)
Toni Sender	5. Die Aufgaben des Betriebsrates
Dr. Wilhelm Liebknecht	6. Zusammenwirken zwischen Hand- und Kopfarbeiter
II. Serie: Einführung in die Wirtschaftslehre (5 bzw. 6 Vorträge vom 23. Februar bis Mitte März 1920)	
Alfred Braunthal, Berlin	7. Die wertschaffende Arbeit 8. Die Verteilung der Güter 9. Die Organisation der Wirtschaft
Rudolf Hilferding, Berlin	10. Aktienwesen 11. Die Entwicklungsstadien des Finanzkapitals 12. Sozialisierung
III. Serie: Was ist Sozialisierung? (5 Vorträge, 2. Hälfte März bis Mitte April)	
Arthur Crispien	13. Was ist Sozialisierung? 14. Was ist Sozialisierung?
Weitere Spezialisten	15. Produktionskosten und Preisbildung 16. Organisation des Großbetriebes 17. Kapitalistische Wirtschaftsorganisation und Verteilung

(Aus: VR 13 v. 16.1.1920)

Zum Jahresende 1920 wurde erneut eine „Räteschule" abgehalten. In der ersten Serie waren geplant:

Wie sich aus der Anzeige im „Volksrecht" vom 2.2.1920 ergibt, wurde für die Hörer des Rätekursus mit Engelbert Graf ein immenses Stück Literatur angeboten. Wie weit sie allerdings von den einzelnen Teilnehmern gelesen und verarbeitet wurde, läßt sich nicht mehr feststellen. Hinzu kommt, daß die Anschaffung eigener Bücher immer auch ein großes Finanzproblem darstellte.

Literaturverzeichnis zum Rätekursus des Gen. Engelbert Graf.

1. Sozialistische Literatur:

Engelbert Graf, Die Landkarte Europas gestern und morgen. Verlag Paul Cassirer, Berlin 1919.
R. Hilferding, Das Finanzkapital (z. Zt. vergriffen.)
Rosa Luxemburg. Die Akkumulation des Kapitals. Verlag Vorwärts, Berlin 2 A 1919.
Rosa Luxemburg; Die Krise der Sozialdemokratie (Junius-Broschüre) Verlag A. Hoffmann, Berlin 2 A 1919.
K. Kautsky, Sozialismus und Kolonialpolitik. Verlag Vorwärts, Berlin 1912.
K. Kautsky, Mitteleuropa. Verlag J. H. W. Dietz, Stuttgart 1916.
K. Kautsky, Nationalität und Internationalität 1908.
E. Lederer, Zur Sozialogie der Revolution. Der Neue Geist-Verlag, Leipzig 1912.
K. Marx, Das Kommunistische Manifest.
K. Marx, Der Bürgerkrieg. Verlag-Aktion, Berlin 1918.
K. Marx, Lohnarbeit und Kapital.
K. Marx, Der 18. Brumaire.
F. Engels, Ursprung der Familie usw. Verlag Dietz, Stuttgart.
F. Engels, Po und Rhein, Savoyen, Nizza und der Rhein, Verlag Dietz, Stuttgart.
F. Mehring, Deutsche Geschichte, Verlag Vorwärts, Berlin 2. A. 1918.

2. Bürgerliche Literatur.

Supan, Leitlinien der politischen Geographie. Breslau 1918.
Ratzel, Politische Geographie. (Vergriffen.)
E. Schöne, Politsche Geographie. Leipzig, Teubner.
R. Kjellén, Die Großmächte der Gegenwart. Leipzig, Teubner.
Hettner, Das russische Weltreich. Leipzig, Teubner.
Friedjung, Geschichte des Imperialismus.
Banse, Illustrierte Länderkunde. Braunschweig, Westermann 1919.
Hashagen, Umrisse der Weltpolitik. 2 Bände. Leipzig, Teubner 1918.

Sämtliche Bücher können durch die Buchhandlung des **„Volksrecht" Gr. Friedbergerstr. 32** bezogen werden.

Räteschule der USP Frankfurt für das Winterhalbjahr 1920/21

Thema:	Vortragende:
1. Unsere Finanzlage	Dr. Freund, Bürgermeister in Nürnberg
2. Weltwirtschaft und Sozialisierung	R. Hilferding, Berlin
3. Vertrustung der Industrie	Bruno Asch, Stadtrat in Höchst
4. Gesellschaftsformen	Stadtrat A. Mayer (VSt 265 v. 25.11.20)

Es fällt auf, daß die USPD bei ihren Schulungen in erster Linie nicht auf die lokalen Führer der Parteiorganisationen – wie Toni Sender oder Robert Dißmann – zurückgriff, sondern führende Theoretiker aus dem gesamten Reich verpflichtete. Ob darüber hinaus noch Schulungen für Mitglieder in den einzelnen Distrikten oder zentral stattfanden, konnte nicht belegt werden.

Noch schlechter ist die Quellenlage allerdings für die KPD. Auch sie hatte sich mit der „Freiheit", der nachfolgenden „Roten Fahne" oder dem „Kommunist" lokale Informations-, Agitations- und Bildungsinstrumente geschaffen. Im Januar 1920 meldete die „Volksstimme", es sei geplant, für Frankfurt eine weitere kommunistische Tageszeitung ins Leben zu rufen, sie habe von einer entsprechenden Anfrage der KPD-Buchhandlung (A. Müller) aus Berlin-Neukölln an Frankfurter Druckereien Kenntnis erhalten. Sie schrieb:

„Obwohl die Kommunisten in Hanau wie in Frankfurt ein eigenes Organ haben, die beide ein gar kümmerliches Dasein fristen, trägt man sich mit dem Gedanken, hier eine neue kommunistische Zeitung zu gründen, die dann offenbar die Aufgabe hat, der sydikalistisch gerichteten ‚Roten Fahne' den Garaus zu machen und die reinen kommunistischen Heilslehren Paul Levis zu propagieren." (VSt 6 v. 8.1.20)

Die Mitgliederzahl der KPD war seit ihrer Gründung von 350 bis auf 1400 Mitglieder zum Jahresende 1919 angewachsen. (Neuland, in: R+R, 84) In den Vorstand wurden Heinrich Reinhard als Vorsitzender, Zeyen als Stellvertreter sowie Schaal, Glaab, Ehlen und Krüger gewählt. (Fr. 73 v. 29.5.19)

Im Juni 1919 schrieb die „Freiheit" zur „Volksbildungsfrage":

„Auch hier in Frankfurt beginnt man allmählich, sich mit der Frage der Allgemeinbildung und der politischen Schulung der Arbeiterschaft zu befassen. Aber alles, was bis jetzt in dieser Hinsicht geleistet und zu leisten versucht wurde, riecht doch stark nach dem Bildungsmuster des alten Systems und bedeutet allerhöchstens einen faulen Kompromiß mit diesem System, bei dem für die Gesundheit des werktätigen Volkes nichts getan wird. Seit Jahren betreibt der Rhein-Mainische Verband für Volksbildung hier in bisweilen großzügiger Veranlagung eine Verbesserung der Allgemeinbildung der schulentlassenen Arbeiter durch Volksvorlesungen und Volkskunstveranstaltungen und widmet sich hierbei in letzter Zeit besonders den Arbeitslosen." (Fr. 86 v. 17.6.19)

Die „Freiheit" betrachtete das allerdings als genau den falschen Weg, da nicht die breiten Massen, sondern die „Oberschichten der Arbeiterklasse" dieses Angebot annähmen.

„Einen Schritt näher dem Ziel ist die Sozialistische Arbeitsgemeinschaft Frankfurter Studenten gekommen. Sie hat insbesondere bei den Eisenbahnern Lernkurse eingerichtet, die ziemlich gut besucht sind und vor allem auf dem in der Volksschule Erlernten weiterbauen wollen. Auch hier ist es nur ein Teil der Arbeiterschaft, der sich in seiner freien Zeit der Bildung und Wissenschaft widmet. Die verkehrtesten und für ihr Wesen bezeichnendsten Versuche stellen jedoch die Rechtssozialisten unter Leitung des Dr. Kraus an. Sie haben sogenannte Volkshochschulkurse eingerichtet, an denen in der Hauptsache die Jugend teilnimmt. Zweck dieser Kurse ist die Vorbildung für eine Stellung im Staats- oder Verwaltungswesen; so wird z.B. ein Lehrkurs für zukünftige Arbeiterräte gehalten. Bezeichnend ist die Tatsache, daß nur

Sehr häufig wurden in der Parteipresse Bücher zur Weiterbildung oder gute Unterhaltungsliteratur angeboten. Unter anderem der Malik-Verlag hatte in seinem Sortiment nicht nur revolutionäre, sondern auch gut ausgestattete Bücher, wie die hier angebotenen, großenteils von Georg Grosz illustrierten.

Mitglieder des ‚Sozialdemokratischen Wahlvereins' für die schönsten und einträglichsten Posten erzogen werden sollen." (ebd.)

Die Kommunisten erhoben zugleich die Forderung nach sofortiger Umgestaltung des Bildungs- und Erziehungswesens, nach der Einheits- und der Aufhebung der Klassenschule, der Kommunalisierung der Universitäten und Hochschulen, Lehr- und Lernmittelfreiheit und gleichen Ausbildungschancen.

Ende August 1919 wurde in der Geschlechterstube des Rathauses ein Vortragskursus der KPD Frankfurt für Vertrauensleute und Mitglieder der örtlichen Organisation durchgeführt. Er begann mit einer allgemeinen Einführung „Was wollen die Kommunisten?" und wurde mit Einzelvorträgen über Klassenkampf, Sozialisierung, Parlamentarismus und Diktatur des Proletariats fortgesetzt. Nach einem ¾stündigen Vortrag sollte jeweils genügend Raum für Diskussionen gelassen werden. (Fr. 147 v. 26.8.19) Sehr häufig wurden in der eigenen Presse Bücher zur Weiterbildung angeboten.

Parteienübergreifend dagegen war die Arbeit der Gewerkschaften. Sie blieb keineswegs in den Betrieben stecken, sondern das Gewerkschaftshaus war zugleich die Stätte der Bildung. Die Entwicklung der Frankfurter Arbeiter- und Arbeiterkulturbewegung war untrennbar mit ihm verbunden. (vgl. Stübling: Kultur und Massen, 44). Die wachsende Gewerkschaftsbewegung erforderte die Errichtung von Verwaltungsstellen und in zunehmendem Maße die Einstellung hauptamtlicher Funktionäre. Breitere Aufgabenbereiche und eine gründliche Mitgliederbetreuung wiederum waren nur möglich bei entsprechender Schulung. Seit der Jahrhundertwende richteten die großen Verbände daher Kurse zur Funktionärsschulung ein, die sowohl praktische als auch theoretische Kenntnisse vermittelten. Die Novemberrevolution stellte durch die Einführung des 8-Stunden-Tages, Tarifverordnungen und Rechtsvorschriften wesentlich größere Anforderungen an qualifizierte Funktionäre und Betriebsräte. So beschloß der Gewerkschaftskongreß im Juni/Juli 1919, in Städten über 50000 Einwohner verstärkt Kurse für Betriebsvertrauensleute einzurichten. (vgl. Antrick: Die Akademie der Arbeit, 15ff.)

In Frankfurt gelang es der Arbeiterschaft, die Gunst der Stunde nach der Revolution zu nutzen. Die Universität, 1914 als Stiftungsuniversität errichtet, eine „Bürger-Universität", für die Arbeiterschaft nahezu völlig unerreichbar, war durch Krieg und Währungszerfall in eine finanzielle Notlage geraten und auf öffentliche Mittel angewiesen. Die sozialdemokratische Stadtverordnetenfraktion knüpfte Bedingungen an diese Zuschüsse. Die Universität, ein Ort der Reaktion, die sich am stärksten der Anerkennung des Arbeiter- und Soldatenrates zu widersetzen suchte, sollte sich für die allgemeine Volksbildung öffnen und ein Institut für Arbeitsrecht einrichten. Außerdem sollte eine Institution eingegliedert werden, die im Beruf gereiften Industriearbeitern eine Ausbildung auf wissenschaftlicher Grundlage vermittelt, um in der Arbeiter-, Angestellten- oder Genossenschaftsbewegung oder in politischen Organisationen Aufgaben übernehmen zu können. Eine Arbeiterakademie war das Ziel. Die Verhandlungen hierüber begannen im Herbst 1919, im Herbst 1921 kam es zum endgültigen Vertrag zwischen dem preußischen Staat und den Spitzenverbänden der Arbeiter-, Angestellten- und Beamtenschaft. Am 2. Mai 1921 konnte der erste 9-monatige Lehrgang beginnen.

Die Akademie sollte die Universität nicht ersetzen, sondern wurde ihr als selbständiger Teil eingegliedert und mit ihr verbunden. (Denkschrift d. Stadtv. Fraktion von 1920, in: Antrick, 98) Im § 1 der Satzung heißt es:

> „Die Akademie der Arbeit in Frankfurt am Main hat die Aufgabe, nicht akademisch vorgebildete Personen aus den Kreisen namentlich der Arbeiter, Angestellten und Beamten eine hochschulmäßige Ausbildung zur Vorbereitung auf eine Tätigkeit in der wirtschaftlichen, sozialen und politischen Selbstverwaltung zu vermitteln. Die Akademie der Arbeit schließt den Charakter der Fachschule und der Parteischule aus; sie soll eine systematische Hochschulbildung übermitteln und nach Ziel und Methode von kurzfristigen Kursen zur Schulung von Betriebsräten und Arbeiterführern grundsätzlich unterschieden sein." (Antrick, 155)

So wichtig diese Einrichtung für die Arbeiterbildung war, darf dabei die geringe Teilnehmerzahl (zwischen 50 und 75; 1. Lehrgang 72 Teilnehmer, davon 1 Frau; 1923 Tiefststand von 37 Teilnehmern pro Kurs; ebd., 30ff.) nicht

Die Teilnahme an den Arbeiterjugendtagen gehörte sicher zu den Höhepunkten der Aktivitäten der organisierten Arbeiterjugend. Die Teilnahme am Jugendtag in Nürnberg im August 1923 war aufgrund der hohen Arbeitslosigkeit und der Geldentwertung allerdings für viele Jugendliche schwierig oder gar nicht möglich.

übersehen werden. Da die gewerkschaftliche Spitzenverbände die Hörer delegierten, war dort auch immer ein minimaler Anteil der Frankfurter Arbeiterschaft vertreten. Bei der USPD stieß schon die Eröffnungsfeier auf herbe Kritik. Sie warf den Festrednern vor, die bürgerliche Wissenschaft hochzuloben, das Wort „Marxismus“ noch nicht einmal in den Mund genommen, die Reaktion an der Universität nicht erwähnt und stattdessen nur über die „Volksbildung“ gesprochen zu haben. (VR 102 v. 3.5.21)

Die Bildungsveranstaltungen der Parteien waren ein sehr wichtiger Bestandteil ihrer politischen Arbeit, aber eben nur ein Teil. Vieles dort Gelernte floß wieder in die alltägliche Praxis ein, aber alle Bedürfnisse der Parteimitglieder konnten durch Bildung im engeren Sinne gewiß nicht abgedeckt werden. Geselliges Zusammensein, Parteifeste, gemeinsame Ausflüge und Veranstaltungen waren sicher ebenso wichtig. Und noch mehr traf dies auf die Jugendorganisationen der Parteien zu. Hier mußte in starkem Maße dem Freizeitbedürfnis der Jugendlichen am Abend nach der Arbeit, an Wochenenden durch Spielen, Singen, Tanzen, Wandern und zugleich ihrem Bildungshunger Rechnung getragen werden. (Zur Entwicklung der Arbeiterjugendorganisationen in Frankfurt vgl.: Die junge Garde) Die Jugendorganisationen waren zudem ein äußerst bedeutsames Vorfeld der politischen Arbeit der Parteien, unabdingbarer Bestandteil ihrer Lebensfähigkeit, und so wurden - vor allem von der MSPD - die Arbeitereltern auf ihre Verantwortung, Jugendliche rechtzeitig an die entsprechenden Organisationen heranzuführen, hingewiesen. Der Aufruf der MSPD an die Eltern im letzten Kriegsjahr ist ein typisches Beispiel dafür, wie die Partei ihr Verhältnis zu den Jugendlichen und ihren Erziehungsauftrag sah:

„In dieser Zeit bedürfen die jungen Arbeiter und Arbeiterinnen, einerlei ob sie als Lehrling in Werkstatt oder Kontor, oder ob sie in der Fabrik oder als Heimarbeiter oder als Heimarbeiterin tätig sind, Rat und Beistand und einer Führung, die ihnen über alle Nöte und Irrungen des Lebens hinweghilft und ihnen den Weg weist, der zum fröhlichen, freien und wahren Menschen führt.
Diesen Beistand finden die Schulentlassenen in der freien Arbeiterjugendbewegung. Hier wird ihnen durch Rat und Freundschaft, durch aufklärende Vorträge und durch gute und zweckentsprechende Lektüre der Weg durchs Leben gezeigt und erleichtert. Durch bildende Vorträge über alle Gebiete des Wissens wird die geistige Weiterentwicklung gepflegt und Anstrengungen zur Weiterbildung gegeben. Frisch-fröhliche Wanderungen fördern das körperliche Wohlbefinden und die Freude am Leben. In den Sommermonaten bietet sich Gelegenheit, bei fröhlichem Spiel im Freien zu tummeln. Einer edlen Geselligkeit dienen die Spiel- und Leseabende und dient vor allen Dingen unser von der Frankfurter Arbeiterschaft errichtetes schönes Jugendheim.“ (VSt 70 v. 23.3.18)

In diesem Aufruf spiegelt sich eher eine „sozialpädagogische“ als eine politisch bildende Haltung der Partei gegenüber der Jugend wider. Zu den „Irrungen“, vor denen die Jugend zu bewahren sei, gehörte gewiß auch deren politische Radikalisierung. Auch drei Jahre später zur Zeit der Schulentlassung wandte sich die MSPD in Frankfurt nicht an die Jugendlichen selbst, sondern wiederum an deren Eltern. Es wurde nachdrücklich betont, daß Arbeitereltern, deren Kinder noch nicht in Arbeiterjugendvereinen seien, die Zeit mit ihren Forderungen nicht begriffen hätten. Der Kampf der Erwachsenen sei nutzlos, wenn der eigenen Jugend nicht frühzeitig die Tore zur sozialistischen Gemeinschaft geöffnet würden. (VSt 90 v. 19.4.21)

Von der „Freien Sozialistischen Jugend", die im Bezirk Hessen-Baden noch Ende Juli 1919 (Freiheit v. 25.7.) zur Bildung neuer Jugendgruppen aufrief, spaltete sich im Dezember desselben Jahres die „Sozialistische Proletarierjugend" (USPD) ab. Im September 1920 wurde aus der FSJ die „Kommunistische Jugend Deutschlands" (KJD), und eine kleine Minderheit bildete die kurzlebige „Kommunistische Arbeiterjugend" (KAJ).

An die Arbeiterschaft!

Arbeiter-Eltern!

Ihr dient dem Sozialismus, **wenn Ihr** Eure Töchter u. Söhne in die Freie soz. Jugend schickt!

Jugendl. Arbeiterinnen, Arbeiter u. Lehrlinge

werdet Mitglied der „Freien soz. Jugend", denn sie vertritt Eure Interessen und kämpft gegen das kapitalistische Ausbeutungssystem.

Nur durch entschlossenen Kampf könnt Ihr Eure Lage verbessern. Und nur durch die Erkämpfung des Sozialismus werdet Ihr wirklich frei werden.

Darum schließt Euch der Freien soz. Jugend an.

Ortsgruppen bestehen an den meisten Orten. Freunde der „Freien soz. Jugend", die an Orten wohnen, wo noch keine freie soz. Jugend besteht, wollen sich direkt an die Bezirksleitung der Freien soz. Jugend, **Gg. Slaab, Frankfurt a. M., Saalgasse 19,** wenden.

Freie sozialistische Jugend

(Bezirk Hessen-Baden.)

Die USPD teilte auf ihrer Generalversammlung im Januar 1920 mit, die Jugendorganisation, die Sozialistische Proletarierjugend, habe sich mittlerweile gut entwickelt, müsse jedoch von den älteren Genossen, und insbesondere durch die Obleute in den Betrieben, stärker gestützt werden. (VR 17 v. 31.1.20) Eine zahlenmäßig sehr starke Gruppe wurde sie jedoch nie. (vgl. Junge Garde, 127) Sie legte sehr großen Wert auf die Bildungs- und Kulturarbeit. In ihrem Programm hieß es:

„Eine der vornehmsten Waffen der Jugend im Kampf um den Sozialismus ist die Erziehungs- und Bildungsarbeit im Geiste der sozialistischen Weltanschauung. Die Sozialistische Proletarierjugend weiß, daß bürgerliche und sozialistische Bildung nicht einander gleichzusetzen sind. ... Sie sucht ... die Versäumnisse der bürgerlichen Schule ... nachzuholen. Vor allem legt sie das Hauptgewicht auf diejenigen Wissensgebiete, die sowohl unmittelbar für den Klassenkampf, als auch für den Aufbau der sozialistischen Gesellschaftsordnung notwendig sind: dazu gehören Politik, Wirtschafts- und Gesellschaftswissenschaft, Entwicklungsgeschichte in Natur und Kultur, Geschichte im Sinne der materialistischen Geschichtsauffassung, Gesundheitslehre usw." (ebd., 128)

Die Kommunisten machten bereits im März 1919 Front gegen bestehende – und vor allem gegen die sozialdemokratischen – Jugendorganisationen. Der MSPD warfen sie vor allem Bevormundung und einen falschen, zu unpolitischen Erziehungsansatz vor. In der „Freiheit" hieß es:

Blicke um dich, Proletarierjugend!
Beitrag von Fr. Paul Hartmann, Frankfurt a.M.
„... Völlig neu sind die Gedanken der erwachenden Jugend, die sie, um ihrer selbst willen, der heutigen Gesellschaftsform entgegenstellt. Los von der Bevormundung der Alten! Fort mit der Autorität der Führer! Eigener Wille, eigene Meinung! Das ist die Losung. Das Denken und Wollen der Jugend wird nach ihrem eigenen Entscheiden in das öffentliche Denken der menschlichen Gesellschaft eingereiht. Also neue Gedanken, die im schärfsten Gegensatz zu der bislang bürgerlichen, konfessionellen, vaterländischen, wie auch zur Jugend der sozialdemokratischen Partei stehen, der sogenannten Arbeiterjugend, die eine Karrikatur der alten Zeit ist. Geschaffenen Einrichtungen, um Anschauungen der Alten auf die Jungen zu übertragen.
Die erwachte Jugend hat mit diesen Institutionen ‚von oben' völlig gebrochen. Mit der ‚Erziehung' (!) in der Arbeiter-Jugend im besonderen ist es allein nicht getan. Die entschiedene Jugend steht auf dem Standpunkt, daß eine soziale Bildung ohne Kampf, wie auch der Kampf ohne soziale Durchbildung nicht denkbar ist. Beides muß sich ergänzen. Darin besteht ihr Gegensatz zur bisherigen, proletarischen Jugend, die den Kampf durch die Bildung ersetzen will. Und wird auch das Verhältnis der Jugendbewegung zur Arbeiterbewegung nicht das der Bildungsgemeinschaft bleiben, nein wir erstreben die Kampfgemeinschaft. Nicht Bildung – ohne Kampf, sondern Bildung – durch Kampf!" (Fr. 3 v. 4.3.19)

Hier zeigen sich deutlich die unterschiedlichen Auffassungen der drei Parteien von „sozialistischer Jugenderziehung und -bildung". Die MSPD suchte – vor der Vereinigung mit der USPD 1922 und der Gründung des „Verbandes der sozialistischen Arbeiterjugend" (SAJ) – die Jugend weitgehend in einem eher vorpolitischen Raum unter Quarantäne zu halten, sie allenfalls geistig auf spätere politische Aufgaben vorzubereiten und mehr gefühlsmäßig an die Partei und die Arbeiterbewegung zu binden, keinesfalls wollte sie sie aber in der Politik mitreden lassen. Ihr erschien die Jugend nicht nur juristisch, sondern auch politisch noch „unmündig". So verwies z.B. Fritz Spiegelberg noch 1919 in einem Leitartikel (!) des „Vorwärts" auf einen Platz in einem sehr unpolitischen „Kinder- und Jugendland",

> „dorthin, wo Jugendglück und Jugendsonne wohnen, wo Blumen blühen und Quellen sprudeln, wo Wälder rauschen und Vögel singen, wo Märchen erwachen und Musik erklingt, wo Wissensdurst und Bildungsdrang zu den gewaltigen Schätzen der Geisteswelt drängen und Kunst und Theater die jugendfrischen Seelen erquicken. Und wo der junge Mensch wieder die erfahrenen Stimme des älteren, erprobten und erfahrenen Gefährten hört und Achtung zeigt vor grauem Haar und langem Kampfesleben." (Vorwärts 484 v. 22.9.19)

Schon die lyrisch-idyllische Sprache weist diesen Beitrag als ein ideologisches Wunschbild aus, das meilenweit von der Realität der Lage der jugendlichen Arbeiterinnen und Arbeiter entfernt war. Die USPD-nahe „Sozialistische Proletarierjugend" ebenso wie der „Kommunistische Jugendverband Deutschlands", aus der „Freien sozialistischen Jugend" 1919 hervorgegangen, setzte dagegen ganz bewußt auf eine Erziehung zum Klassenkampf und zum Aufbau einer neuen Gesellschaft. Sie distanzierte sich daher ganz entschieden von der „bürgerlichen Bildung" und deren gewissermaßen zeitlos gedachten „Geistesgütern". Sie agierte – wie die Kommunisten – die Jugendlichen direkt, ohne den Umweg über die Autorität der Eltern, und sie wollte sie nicht von den Klassenkämpfen fernhalten.

Die kommunistische Jugendorganisation und die Partei setzten dagegen voll und ganz auf die „Erziehung durch Klassenkampf". Das tat der KJVD auch in späteren Jahren – aber ohne den „Aktionismus", der die Politik der KPD in den ersten Jahren nach der Revolution weitgehend unabhängig von den realen Machtverhältnissen beherrschte. Über die Praxis der kommunistischen Jugendorganisation in Frankfurt ist nur wenig bekannt. Ab 1920 traf sie sich in der „Bücherkiste", einer kommunistischen Buchhandlung, betrieb marxistische Schulung, diskutierte über aktuelle Politik und sich daraus ergebende Probleme. Wolfgang Abendroth wurde zum Literaturobmann der Gruppe gewählt. (Die junge Garde, 142) Aufgrund der geringen Hinweise ist es allerdings kaum möglich zu sagen, inwieweit das revolutionäre Pathos der Verlautbarungen in der „Freiheit" mit der Praxis der Gruppen übereinstimmte. Sehr deutlich aber ist, daß sich die Agitation der Kommunisten mindestens ebenso sehr gegen die beiden anderen Arbeiterparteien wie gegen den „Klassenfeind" richtete:

> „Gerade so, wie ihr die bekämpfen müßt, die unter dem Deckmantel der Religion zu euch kommen, um euer ‚Seelenheil' zu retten, so noch viel mehr, die sich den Schein einer proletarischen Arbeiterorganisation geben. Mit denen, die die Jugend dem Mordblei und dem Tode ausgeliefert haben, die euch als Kanonenfutter dem Kapitalismus in die Hände geworfen, mit denen gibt es kein Paktieren.
> Verliert nicht euren Stolz als Proletarierkinder, schart euch um die Fahne, die unentwegt das Banner des internationalen Sozialismus hochgehalten hat. Kommt zu denen, die den revolutionären Kampf predigen, die entschlossen sind, den Klassen-

kampf des Proletariats bis zum endgültigen Sieg zu führen und den Kapitalismus in seinen Grundfesten zerschmettern wollen, um aufzubauen, die Weltherrschaft der Arbeiterklasse. Laßt euch nicht betören durch trügerische Firmenschilder, die den ‚Sozialismus' heucheln. Wollt ihr Mitkämpfer sein in dem größten Kampf, den die Welt gesehen hat, in dem Klassenkampf des Proletariats, so kommt zu uns zur ‚Sozialistischen Jugendorganisaton'. Denkt daran, daß *die* bei uns waren, die in Berlin, in Bremen *zuerst* den Mut fanden, Ernst zu machen und als erste ihr *Leben* ließen. Auf die *Jugend* baut sich die *Zukunft* auf. Darum *folgt unserem* Rufe und marschiert in Reih und Glied unter dem Banner des internationalen Sozialismus. *Euer ist der Sieg!*" (Fr. 42 v. 19.4.19)

Der Aufruf strotzt geradezu von irrationaler Revolutionsromantik und Allmachtsphantasien. Formulierungen wie „der größte Kampf, den die Welt gesehen", „bis zum endgültigen Sieg", von der Jugend auf der sich die Zukunft aufbaut und von denen, die als erste „Mut fanden" und „als erste ihr Leben ließen", enthalten keine rationalen Perspektiven, sondern verklären den revolutionären Kampf zu „Abenteuer", zielen auf die unkritische Begeisterungsfähigkeit der Jugend, mit der sie ihre reale Ohmacht im Alltagsleben zu überwinden sucht. Rationale Aufklärung, Reflexion der realen Bedingungen und Informationen über Ziele und Inhalte der sozialistischen Gesellschaft fehlen völlig. Das entspricht der in der jungen KPD - nach der Ermordung von Rosa Luxemburg und Karl Liebknecht - vorherrschenden putschistischen, aktionistischen Ideologie, jenem „linken Radikalismus", den Lenin 1920 als „Kinderkrankheit des Kommunismus" (Lenin, Ausgew. Werke, Bd. II, S. 669-757) auch und gerade unter Hinweis auf die Frankfurter KPD-Ortsgruppe (ebd., 686) nachdrücklich kritisierte.

In der MSPD gab es neben der Jugendorganisation eine Reihe weiterer Parteigliederungen, die größere Bereiche politischer, sozialer, kultureller und pädagogischer Arbeit abdeckten und eine starke Vernetzung der Teilgebiete erreichte. So fanden z.B. die „tätigen Frauen" in der Arbeiterwohlfahrt, in sozialen Beratungsstellen oder in der Organisation von Ferienspaziergängen, Kindergruppen oder später in der Kinderfreundebewegung (vgl. Wolter-Brandecker, 67ff.) ein wesentliches und reiches Betätigungsfeld. Dabei entstand eine Wechselwirkung. Zum einen wurden Frauen, die Mitglieder der Partei waren oder Frauen von Mitgliedern, die sich in die sonstigen Diskussionen wenig einbrachten, weil sie sich den Genossen nicht gewachsen fühlten, eher im Hintergrund standen und meinten, der Mann wisse das eigentlich viel besser, der könne sich auch präziser ausdrücken, durch solche Tätigkeiten eingebunden. Die Arbeit stärkte zugleich ihr Selbstvertrauen, sie fanden Anerkennung. Zum anderen wurde mit Organisationen wie der „Arbeiterwohlfahrt" (später auch der kommunistischen „Roten Hilfe" und der „Internationalen Arbeiterhilfe" (IAH)) oder den sozialdemokratischen und kommunistischen Kindergruppen das Netzwerk der Arbeiterorganisationen und damit die Einflußmöglichkeit der Arbeiterbewegung auf die Massen der Arbeiterbevölkerung erweitert. Dabei vollzog sich meist der Aufbau der Organisationen, die theoretische Fundierung der Arbeit und die Schulung ihrer Mitarbeiter/innen in Etappen. Oftmals wurden zunächst Frauen für die Kindergruppen von der Partei delegiert.

Fritz Eisenacher berichtete,

„die warn von der Partei beauftragt, das dort zu machen, und die haben das eben so gut sie konnten, ohne jede pädagogische Vorbildung oder Vorstellung gemacht, wie man eben Kinderbetreuung gemacht hat, man hat sie eben zusammengebracht.“ (Eisenacher, 41)

Doch solche improvisierten Anfänge waren die Grundlage für ein engmaschiges Netz. Ganz ähnlich war die Entwicklung in der Jugendbewegung gewesen, wie Karl Reimann hervorhob:

„Also im Grunde genommen war eigentlich der Anfang bei uns reine Geselligkeit. Es war eine Flucht aus dem Gefängnis Arbeitsplatz, raus ins Grüne, sich freuen in der Gemeinschaft, all unsre Lieder. Und dann kam erst allmählich diese Umwandlung ins Politische, das Wecken des Kampfgeistes, des Kampfwillens, dann sangen wir ja auch unsere Kampflieder.“ (Reimann, 45)

Miez Kalis bestätigte das wie viele andere Zeitzeugen. Auch für sie stand das Gesellige, das Zusammentreffen mit Jugendlichen aus derselben sozialen Klasse, im Vordergrund. Sie betonte:

„Das war eben mehr zur Unterhaltung. Wir haben Lieder gesungen und haben uns erzählt und haben vorgelesen, und es wurde auch mal en Vortrag gehalten, aber es war alles mehr heiter und locker. Das Politische kam eigentlich erst später, und davon hab ich weniger mitbekommen.“ (Kalis, 103)

Doch auch sie spürte, daß das Zusammensein mehr war als nur Geselligkeit:

„Dann hatt' ich viel mehr Courage, wenn ich so gewissermaßen unter unsern Leuten war, unter den jungen Genossen. Da hat mer so gewissermaßen ein Zusammengehörigkeitsgefühl gehabt. da sind wir z.B. vors Polizeipräsidium und haben solange geschrien und gezetert und getrommelt, bis irgendeiner, der morgens verhaftet war, wieder frei war. Des hat mir furchtbar gefallen, wenn wir was durchsetzen konnten, was damals noch ziemlich selten war.“ (ebd., 99)

Die Diskussionen, die „lockeren, heiteren“ Vorträge mit ernstem Inhalt, die wirtschaftliche, soziale und politische Lage führten zu grundlegenden Veränderungen bei der „Arbeiterjugend“. Entscheidend war jedoch, wer bereits in einer sozialdemokratischen Kindergruppe war, der ging später in der Regel mit 14 Jahren zur „Arbeiterjugend“, mit 18 Jahren zu den Jungsozialisten und in der Regel auch frühzeitig in die Partei. Und wer als Erwachsener Mitglied der Partei war, der achtete meistens auch darauf, daß sein Kind wieder in die „richtige“ Kindergruppe, später in die „richtige“ Jugendgruppe kam. Zumindest versuchten politisierte – oder auch nur anpolitisierte – Arbeitereltern zu verhindern, daß ihre Kinder ihnen in „gegnerischen“, in bürgerlichen oder konfessionellen Vereinen politisch entfremdet wurden. Sich einer nicht im Umfeld der entsprechenden Partei liegenden Organisation anschließen zu wollen, wurde häufig schlichtweg verboten, wie sich Peter Lang erinnerte. Nach seiner Konfirmation erhielt er vom Pfarrer eine Einladung zum „Wartburgverein“.

„Und da war ich ganz verrückt darauf und wollte hin, und das hat mir mein Vater nicht erlaubt, und da hab ich das erste Mal eigentlich gemerkt, daß es da einen Unterschied gibt. Mir war das ganz klar, daß ich in den Wartburgverein gehe, nachdem ich vom Pfarrer persönlich eingeladen worden bin. Und das durfte ich aber nicht. ‚Wo darf ich denn sonst hin?' – ‚In die SAJ.' – ‚Da kriegste mich nicht rein, da geh ich nicht hin!' – Und dabei ist es geblieben. Ein halbes Jahr später, da hat die SPD in Rödelheim immer Bildungsabende gemacht, und der Professor Hillmann hat gesprochen. Und vor dem Sprechen vom Professor Hillmann hat die SAJ ein Lied gesungen und einen Volkstanz gemacht und am Schluß noch einmal ein Lied gesungen und einen Volkstanz gemacht, und da hab ich Feuer gefangen." (P. Lang, 13f.)

Es kam aber auch häufig vor, daß die Kinder oder Jugendlichen selbst die Verbindung herstellten, sei es durch Freunde, Klassenkameraden oder durch verschiedene Aktionen, bei denen sie auf die Gruppe aufmerksam wurden. Manchmal war es einfach ein unbestimmtes Unbehagen mit der alltäglichen Situation, das Gefühl, zu kurz zu kommen, schlechter als andere dran zu sein, immer einen Mangel zu erleiden. Schon als Kind suchte Hans Doll den Kontakt zur Arbeiterjugend.

„Ich bin einfach schon als Kind da reingewachse, reingekrabbelt." (Doll, 47)

Er wurde nicht hingeschickt, keiner forderte ihn auf, dorthin zu kommen, aber ab 1921, von seinem 9. Lebensjahr an, schloß er sich der Gruppe an.

„Wie ich eigentlich zum Sozialismus komme bin, des kann ich wirklich net erklärn. – Na, is ja klar, als Arbeiterbub, was mer alles durchgemacht hat. Und wie die Entwicklung gewese war von der Inflation, die Kriegsnot un die Nachkriegsnot, da ham sich immer paar zusammegefunne, die protestiert gege etwas habbe oder die etwas verlangt habbe, des heißt protestiert in dem Sinn, daß mer gesucht hat, daß mer von dehaam aus etwas mehr bekomme kann, des heißt, besondes emal des Esse.
Un in der Schul warn mer paar gewese, die sich für dies un jenes interessiert habbe. Was uns zum Beispiel am meiste am Anfang interessiert hat, des war, wenn mer vor Wahle oder bei de Fürsteabstimmunge, wenn mer die Lastwage gesehn habbe, die belade gewese warn mit de weiße Spruchbänder un rote Fahne. Un des hat vielleicht de aane oder annere interessiert. Da ham mir versucht mitzufahrn. Natürlich als Bube habbe die uns nit gewollt, aber trotzdem hat's immer welche gegebbe, die uns mitgezoge habbe. Und so sin mir ebe schließlich in die Arbeiterbewegung ereingeschlittert. Natürlich, ich bin so reingeschlittert un annere aach.
Mir ham uns ebe der Arbeiterjugend sozusache angeschlosse, un die hat sich mit uns befaßt, un mer hat uns e bißche Unnerricht gegebbe. Der Unnerricht war ja nit direkt politisch gewese, aber mer is uff die Probleme, die vor uns bestanne habbe (aufmerksam gemacht worde), hat mer drübber gesproche. Ich war in der Zeit etwa 11, 12 Jahre gewese. Hat mer was gehört über Streikbewegunge, gelle, über Aussperrunge. Natürlich hat's auch interessiert, die Besetzung is emal vorgestoße gewese bis an die Galluswart, ob die Grenz besonders drübbe übber Griesheim un Nied gelaafe war. Gel, über solche Sache ham mer gesproche, un da hat's natürlich aach in de Schul Widdersätz gegebbe. Es hat immer noch ne nationale Tendenz bestanne. Mir sin dadrübber weggegange, weil mir ja unsere Interesse vertrete habbe wollte, des heißt unsere Arbeiterinteresse. Ich sprech heut von Interesse, damals habbe mer des Wort Arbeiterinteresse net verwertet. Aber mer muß zugebbe, daß mer den Begriff im Grunde genomme noch net sehr verstanne hat." (Doll, 50f.)

Da er sich bei der Arbeiterjugend erstmalig ernstgenommen und aufgehoben fühlte, blieb er dabei, ging später in die Partei und hat sein ganzes Leben lang für seine Überzeugungen – u.a. auch in den „Internationalen Brigaden" im spanischen Bürgerkrieg – gekämpft.

So streng sonst viele Arbeitereltern über das sittsame Leben – vor allem ihrer Töchter – wachten und forderten, daß sie frühzeitig abends zu Hause waren, die Gruppenstunden bei den Arbeiterjugendorganisationen eröffneten für viele ungeahnte Freiheiten. Dorthin zu gehen, erlaubte man ihnen, auch wenn es später wurde. Da wurde Vertrauen gegen Vertrauen gesetzt, ein rücksichtsvoller Umgang miteinander erwartet und die Wichtigkeit anerkannt. Dort waren die Jugendlichen nicht unter Fremden, nicht den Gefahren der Straße ausgesetzt, sie waren gewissermaßen in der großen Familie der Partei. Und diese große Familie trat für viele völlig an die Stelle der Privatfamilie. Die war zu eng, konnte nur einen Bruchteil der Bedürfnisse befriedigen. Emil Schmidt wurde wie viele andere davon völlig aufgesogen. Er meint:

„Ich kann mich überhaupt net erinnern, daß mal ein Samstag oder mindestens Sonntag oder Feiertag, ich zu Hause gewesen wäre, ich war immer mit der Arbeiterjugend zusammen. Also hab ich ein Ideal bekommen: Sozialismus." (E. Schmidt, 77)

Fritz Schmidt betonte, daß er dort alle Demütigungen, die er durch seinen Lehrherrn erfuhr, kompensieren konnte, daß er sich nur innerhalb der Organisation frei fühlte und seine Frustrationen durch das Singen von Kampfliedern abreagierte. (F. Schmidt, 97) Für ihn steht fest, und darin stimmt er mit vielen Zeitzeugen überein, daß ihn die Kontakte zur Arbeiter(jugend)bewegung ganz entscheidend prägten. Es muß allerdings betont werden, daß es immer nur ein sehr kleiner Teil der Arbeiter(jugendlichen) war, der sich politisch so fest band. Noch im November 1923 beklagte die SPD, daß sich lediglich 500 Jugendgenossen in der Partei organisierten gegenüber 100000 organisierten Gewerkschaftsgenossen in Frankfurt. (VSt 270 v. 17.11.23)

Die Parteiarbeit war für die Verhaltensweisen sowohl der Erwachsenen als auch der Kinder und Jugendlichen in mancher Hinsicht prägend. Es wurden schließlich nicht nur politische Positionen vertreten, sondern gerade bezüglich des Umgangs miteinander eine ständige Aufklärung betrieben. Das Kind sollte nicht länger als unmündiges Wesen betrachtet werden, sondern als heranwachsender Klassengenosse. Die Arbeiterparteien wandten sich daher auch gegen die Unsitte der Prügelstrafe und forderten von ihren Mitgliedern solidarische Umgangsformen im Familienkreis, von Mann zu Frau, von Eltern zu Kindern. Es waren langsame, oft schmerzhafte, aber notwendige Lernschritte, die auf Dauer gesehen zu grundlegenden Verhaltensänderungen führten. Besonders der Umgang der Jugendlichen miteinander in der „Arbeiterjugend", die Aufklärung über „Bub und Mädel", gemeinsame Fahrten oder Veranstaltungen ließen Jungen und Mädchen im allgemeinen eine tolerantere, selbstverständlichere und respektvollere Beziehung zueinander entwickeln.

Die ersten Kontakte zur Arbeiterbewegung wurden bei vielen Kindern der Parteigenossen nicht erst über die eigene Mitgliedschaft in einer Organisation geknüpft, sondern die ganze Familie wurde einbezogen in die Aktivitäten der Erwachsenen. Das war selbstverständlich bei Ausflügen, bei Parteifesten, bei großen Festen der Vereine, bei Arbeiterfesten wie dem 1. Mai. Lina Schwee erinnert sich:

„Am 1. Mai usw., da sind wir immer gewesen. Der Vater war damals noch in einem Arbeitergesangverein oder so was, wir warn mal hier im Tivoligarten, da haben wir an einem Fest teilgenommen. Dann gab's in der Altstadt noch da am Allerheiligentor ein Versammlungslokal. – Der Vater war auf alle Fälle organisiert." (Schwee, 18)

Für viele Kinder war es selbstverständlich, daß sie mit den Eltern Flugblätter verteilten oder die Vereins- oder Parteibeiträge kassierten. Teilweise wurden sie zu Parteiveranstaltungen mitgenommen. Sie betonten, wie stolz sie waren, besonders wenn ihre Mütter sich dort zu Wort meldeten. Sie versuchten, den Gedankengängen zu folgen, selbst wenn es ihnen schwer fiel, doch sie hatten das Gefühl, es sei wichtig, und sie selbst gehörten dazu. Viele wurden auch mitgenommen zu den Kulturveranstaltungen, so Anna Beyer.

„Meine Mutter, die war auch beim ‚Volkschor Union', als ich noch ein Kind war. Und sie ging nachts nie gerne alleine. – Ich saß auf der Galerie und hörte natürlich andächtig zu, was da unten mit den Frauen passierte." (Beyer, 8)

Das Mitgenommenwerden bedeutete nicht nur eine Belustigung für die Kinder, sondern sie bekamen dadurch teilweise einen tiefen Einblick in die sozialen Verhältnisse und übernahmen selbst kleine Aufgaben. Johanna Kirchner beteiligte ihre beiden Töchter an der Arbeit.

„Wir haben meiner Mutter geholfen bei der Arbeiterwohlfahrt, wenn Lebensmittelpakete für ältere Leute gebracht worden sind und so Sachen. Dadurch haben wir also miterlebt, wie schlecht Leute gelebt haben. Meine Mutter hat uns da immer mitgenommen, oder man ist alleine geschickt worden, wenn man das schon gewußt hat, oder (man) mußte Gutscheine abgeben oder Lebensmittelpakete. Das haben wir schon als Kinder ausgeteilt." (L. Schmidt, 46)

Die Kinder erlebten zugleich die Solidaritätsaktionen der Partei. So berichtete die „Volksstimme" 1923 über das Kinderelend im Ruhrgebiet während des Ruhrstreiks. Die Schulen wurden von den Besatzungstruppen teilweise beschlagnahmt, die Kinder lagen auf der Straße. Die Arbeiterschaft wurde zur Solidarität aufgerufen. Der Arbeiter-Samariter-Bund holte Kinder aus den gefährdetsten Gebieten mit Unterstützung des Frankfurter Gewerkschaftskartells auch nach Frankfurt. (VSt 104 v. 5.5.23) Lotte Schmidt erinnerte sich, daß ihre Mutter im Rahmen der Arbeiterwohlfahrt für 500 Kinder Plätze beschaffte.

„Die sind im Gewerkschaftshaus verteilt worden, weiß ich auch noch. Wir hatten 'n Theo." (L. Schmidt, 10)

Es waren selbstverständliche Solidaritätsaktionen. Wenn die Arbeiterschaft auch selbst unter einem entsetzlichen Mangel litt, war die Hilfe für gefährdete Kollegen und deren Kinder dennoch möglich und prägend für das Verhalten.

Es war oft nicht einfach für die Kinder einzusehen, daß die Mutter – bei dem Vater galt derartiges als selbstverständlicher – oft mehr Zeit für die politisch-soziale Arbeit aufbrachte als für die eigenen Kinder. Sie mußten zurückstecken, mehr mithelfen und ein Verständnis für die Bedeutung der Arbeit gewinnen. Eigene Bedürfnisse mußten dabei oft hinter weitgesteckten Zielen anstehen. Es bedurfte eines großen Einfühlungsvermögens der Eltern, eine Art zu finden, durch die sich die Kinder nicht überflüssig oder grob vernachlässigt vorkamen. Einfache Erklärungen wie: „Das ist doch für Eure Zukunft, damit es Euch einmal besser geht", griffen dabei sicher viel zu kurz. Von einigen Zeitzeugen wird heute noch kein Verständnis dafür aufgebracht, daß ihnen die Eltern so große Opfer zumuteten zugunsten der Allgemeinheit. In solchen Fällen zogen sich die Befragten eher zurück, hatten zwar ein soziales Empfinden entwickeln können, engagierten sich jedoch selbst nicht in einer politischen oder sozialen Organisation, geschweige denn in einer Partei. Die Kindheitserfahrung wirkte entpolitisierend und führte zu einem Rückzug ins private Idyll. Nur wenn es den Eltern gelang, auf kindgemäße Weise die Motive ihres Handelns, die Zustände, gegen die sie kämpften und eine konkrete Hoffnung zu vermitteln, zugleich aber in einer die Kinder ernst nehmenden und sie befriedigenden Weise in ihre Aktivitäten einbezogen, identifizierten diese sich mit den Normen, Werten und Verhaltensmustern, die ihnen die Eltern durch ihr Vorbild anboten. Sie wurden bestimmend auch für ihr eigenes Leben. Paul Grünewald machte z.B. wichtige Erfahrungen mit seinem Vater:

„Er hat also als Sozialdemokrat und Gewerkschafter ein gewisses Gefühl für Solidarität gehabt, das drückte sich unter anderem darin aus, daß er, wie das damals üblich war, wenn Kongresse (waren) oder sonst irgendwie Menschen untergebracht werden mußten für eine Nacht oder für 'ne Woche oder gar für länger, dann war er trotz der engen Verhältnisse bei uns immer bereit, ja zu sagen. ... Der Gast, der schlief im Wohnzimmer in dem Bett meines Bruders, und mein Bruder schlief in einem kleineren Bett im Zimmer meiner Großmutter." (Grünewald, 15)

Die so innerhalb der „Arbeiterjugend", in Partei, Gewerkschaft oder Umfeldorganisation gelebte und vorgelebte Solidarität, die Selbstverständlichkeit zu teilen, was man hatte, diese eigentlich ohnehin bestehenden proletarischen Regeln, wurden nach und nach verinnerlicht, Bestandteile der eigenen Charakterstruktur und Persönlichkeit, erhielten den Rang eines sittlichen Gebots. Deshalb war es mit das schlimmste Verbrechen, sich entgegen den Beschlüssen der Gemeinschaft zu verhalten, aus Angst vor privaten, vor persönlichen Nachteilen das Ziel der Gemeinschaft aus den Augen zu verlieren. Streikbrecher wurden mit größter Verachtung bestraft, das war schon Kindern bewußt, wie Sophie Ennenbach erzählte:

„Als einmal die Bäcker streikten und ich einen Bäckergesellen, der dennoch Brötchen in das Haus brachte, auf seine Pflicht als Arbeiter hinwies und er sich trotzdem nicht von seinem unsolidarischen Verhalten abbringen ließ, sagte ich den Frauen, die natürlich sofort an allen Haustüren erschienen: ‚Dies ist ein Streikbrecher! Gehört der in ein Haus, wo Arbeiter wohnen?' – Und schon hatten sich die Kinder zusammengeschart und vermehrt durch ihre Kameraden, die vor der Haustüre spielten und noch durch Kinder, die aus anderen Häusern hinzukamen. Sie umringten den jungen Menschen und verfolgten unter Anführung der Kalis und meiner Sprößlinge den eiligst Fliehenden mit dem Geschrei: ‚Streikbrecher, Streikbrecher! Enaus mit dem Streikbrecher!' Ein Glück für ihn, daß er drüben am Lattenzaun sein Fahrrad stehen hatte, das ihn schnell davontrug, noch eine ganze Strecke verfolgt von immer mehr johlenden Kindern mit den verstärkten Rufen: ,Streikbrecher, fort mit dem Streikbrecher!'" (Ennenbach, 159)

Diese erste gefühlsmäßige Bindung an die Arbeiterbewegung ebnete frühzeitig den Weg zur späteren bewußten, verstandesmäßigen Bindung an die Organisation. Für viele Kinder wurde der Eintritt in die „Arbeiterjugend" oder die Gewerkschaft mit Lehrbeginn zu einer Selbstverständlichkeit und zu etwas, auf das man stolz war, auch wenn dafür Nachteile in Kauf zu nehmen waren, wie sich u.a. Fritz Schmidt erinnert. Der Lehrmeister,

„der wollte mich hauen, weil ich Mitglied der Gewerkschaft geworden bin nach Ablauf der Probezeit, und weil der bis in den tiefsten Kern Kleinbürger war, war ihm die Gewerkschaft zutiefst verhaßt, die Sozialdemokratische Partei auch verhaßt. Und nun erlebte er, daß sein Lehrling, den er favorisierte, jetzt sogar die Beiträge dorthin bringt. Dafür hat er mich verhauen wie en Hund, wie en Tanzbär." (F. Schmidt, 62)

Gerade der Protest der Lehrherren bestärkte in der Meinung, es sei der richtige Schritt, man müsse für seine Überzeugung stehen. Hans Bischoff zögerte auch nicht lange, in die Gewerkschaft einzutreten und amüsiert sich noch heute, daß sein Meister ihn für so unmündig hielt, selbständig diese Entscheidung zu treffen.

„Ich war kaum im Betrieb, und da kommt einer zu mer und sacht: ,Hier is alles organisiert.' – ,So', hab ich gesacht. Ich wußt schon, was er meint, aber ich hab ihn ganz dumm gefracht: ,Ja, was heißt organisiert?' – ,Ja, no', hat er gesacht, ,Menschenskind, in die Gewerkschaft.' – Und da hab ich emal en Augenblick gezögert, und da hab ich gesacht: ,Ja.' – Gleich unterschriebe." (Bischoff, 42)

Der Lehrherr ließ daraufhin seinen Vater in den Betrieb kommen, informierte ihn über den Gewerkschaftseintritt, der ihm nicht verborgen geblieben war. Doch der Vater meinte, sein Sohn könne das alleine entscheiden. Der Chef

„hat gesacht: es ist doch unmöglich, daß en kaufmännischer Angestellter der Gewerkschaft beitritt. Es war ebe doch möglich, ich hab mich nit geniert." (ebd.)

Die Arbeit innerhalb der Gewerkschaftsbewegung war für viele greifbarer, Erfolge oder Mißerfolge waren leichter meßbar, die Arbeit war konkret an betrieblichen Vorgängen, an Lohn- oder Arbeitszeitfragen, Urlaubsregelungen usw. orientiert, weniger abhängig von tagespolitischen Fragen oder Kämpfen. Für Hans Bischoff war deshalb klar:

„Ich hab mich nur in erster Linie für die Gewerkschaftsbewegung furchtbar engagiert. Dieser ganze politische Zwiespalt, der hat mir damals schon mehr oder weniger irgendwie gestunken. Dieses Gezerre, die Unfähigkeit nach einem verlorenen Kriesch und nach einem Sieg der Demokratie, daß dann ein Heer von Arbeitslosen entsteht, und die Unfähigkeit der damaligen Regierung, die ja zum Teil durch Reparationen bedingt war und zum Teil durch die Unfähigkeit, Korruption und Schlendrian. Die damalige Einsicht schon, daß man als kleiner Mann – trotz dem größten Engagement – wenig ändern kann oder daß sich nichts ändert, daß die Fäden von ganz anderer Seite gezoche werde, diese Erkenntnis hat mich damals fast schon für die Politik untauglich gemacht.“ (Bischoff, 45f.)

An dieser Aussage zeigt sich auch ansatzweise die verheerende Wirkung, die die Spaltung der Arbeiterpartei und die Verselbständigung der Parteiapparate auf die Psyche der Arbeiter hatte. Das Gefühl der Ohnmacht gegenüber den gesellschaftlichen Herrschaftsstrukturen und dem eigenen Parteiapparat, wie es Hans Bischoff ausdrückte, wirkte entmobilisierend und entpolitisierend und trug entscheidend dazu bei, daß viele von denen, die in den Monaten der Revolution so hoffnungsvoll waren, später resignierten.

Wenn Arbeiter von denen, die nach Einkommen, Bildung und Grad der Entscheidungsfreiheit im beruflichen und privaten Leben über ihnen stehen, als von den „besseren Leuten“ reden, dann meinen sie das durchaus nicht positiv. Und doch drückt sich in dieser Formulierung die Erfahrung der „Minderwertigkeit“ im gesellschaftlichen Leben aus. Dieses Gefühl wird ihnen durch die Verhältnisse auch von Kindesbeinen an eingebleut. Es geht ihnen nicht nur schlechter, sie fühlen sich auch so. Individuelles Selbstwertgefühl und Sebstbewußtsein bleiben unter den Bedingungen der proletarischen Sozialisation unterentwickelt. Als Individuum konnte sich der Proletarier nicht behaupten, und doch wünschte er – wie jedermann –, geachtet und anerkannt zu werden. Wie schon das proletarische Kind erst in der Gruppe der Gleichaltrigen und Gleichgestellten sich frei entfalten konnte, konnte der erwachsene Arbeiter – und erst recht die Arbeiterin – nur in der Gemeinschaft der Gleichen und Gleichgesinnten das Gefühl der Stärke und der Würde gewinnen. Das proletarische „Ich-Ideal“ ist das „Wir“. Gerade daß das Ziel der „neuen Gesellschaft“ weit über die eigene kleine Existenz hinauswies, verschaffte dem eigenen Tun eine überpersönliche Bedeutsamkeit und Wichtigkeit und gewährte ein kollektives Selbstbewußtsein und einen kollektiven Stolz, wie er sich in dem – allerdings erst 1927 entstandenen – Lied der Wiener Arbeiter ausdrückt:

„Wir sind das Bauvolk der kommenden Welt.
Wir sind der Sähmann, die Saat und das Feld.
Wir sind die Schnitter der kommenden Mahd,
Wir sind die Zukunft, und wir sind die Tat.“

Das Abgestempeltsein durch die Mitgliedschaft in einer Organisation, das Lesen einer bestimmten Zeitung, das Eintreten für die eigenen Rechte im Betrieb, als „Revoluzzer“ oder „Roter“ beschimpft zu werden, führte daher bei den meisten Arbeitern weniger zu einer Verunsicherung oder gar Verleugnung der Überzeugung, sondern zu einem noch nachdrücklicheren Bekenntnis, aber sie brauchten zugleich die Organisation zur Rückenstärkung. Die konnten sie nur erfahren, wenn sie einen großen Teil ihrer Freizeit mit Gleichgesinnten verbrachten, sich untereinander austauschten und in ihren Meinungen bestärkten.

Ein sehr enges Beziehungs- und Sozialisationsgeflecht innerhalb des abgesteckten politischen Rahmens war notwendige Folge von Diffamierungen und Ausgrenzungen und gab andererseits dem einzelnen die Kraft, sich im Alltag entsprechend den Normen der Organisation zu verhalten. Fritz Schmidt betont noch einmal die notwendig enge Verflechtung der Arbeiterorganisationen sowie die Bedeutung der Mitgliedschaft für jeden einzelnen.

„Wenn ich etwas als ungeheueren Glücksfall betrachte, dann den, mit der Arbeiterbewegung in Berührung gekommen zu sein. Und nach Goethe ungefähr: Höchstes Glück der Menschenkinder ist doch die Persönlichkeit. – Das heißt, das ist die ideale Gesellschaft, die die Möglichkeit eröffnet, seine eigene Persönlichkeit voll entwikkeln zu können. Das ist eben das Lebensziel. Und ich hatte durch mein Hineingeworfenwerden in diesen Emanzipationskampf der Arbeiterbewegung die Möglichkeit, unter diesem ungeheueren Druck stehend, meine Persönlichkeit zu entwickeln. – Diese im positiven Sinne Verfilzung und Verflechtung, das Ineinander- und Übereinandergreifen von Organisation und Funktion, hat damit ein breites Fundament von Dauer geschaffen. Das ging soweit, daß im Rahmen von Höchst es Kartoffel- und Kohlenkassen gab, die genossenschaftlich organisiert waren und die wiederum in Verbindung mit dem Konsumverein, mit den Gewerkschaften zu sehen waren. – Diese Verbundenheit der Arbeiterbewegung, die ging nun bis in die sublimsten Dinge hinein, auch familiär. Man hat sich bei diesen Festen immer wieder getroffen, dann entwickelten sich Freundschaften und Liebschaften und schließlich neue Familien im großen Gesamtverband der Arbeiterbewegung. Das Ganze war überschaubar. Jeder hat jeden gekannt, und jeder wußte, der ist eine Genosse, der ist ein Kollege. Und jeder wußte von dem anderen, was von ihm zu halten war. Das hat natürlich auch dazu geführt, daß sich in der Partei und auch in der Gewerkschaft ‚Dynastien' entwickelt haben, die sich in gewissem Sinne Erbhöfe sicherten. –
Wenn am 1. Mai die großen gesellschaftlichen Veranstaltungen waren im Volksbildungsheim oder sonstwo, die Parteifeste waren, ja, da kam alles zusammen beim Umzug, bei den Versammlungen oder auch bei den akademischen Feiern. – Auf dieser Basis der organisatorischen Verflechtung hat sich da eine gewisse Sicherheit ergeben, auch ein Selbstbewußtsein des einzelnen. Und der Begriff Solidarität war nicht nur eine leere Floskel, sondern es ergab sich zwangsläufig 'ne Solidarität durch diese Verbundenheit und das Bewußtsein des Dazugehörens. Der eine hat also am liebsten Fußball gespielt, der andere hat am liebsten gesungen, und der andere, der war politisch-theoretisch etwas begabt, und schließlich hat sich das nachher in Wählerstimmen ausgezahlt. Das war ein sicheres Fundament. Also von diesem Fundament hat nicht ein einziger das Zentrum oder die Demokratische oder gar die Deutschnationale Volkspartei gewählt. Das war das Gesamtbild des Arbeiterlebens, das sich mir in meiner Kindheit und später in meiner Jugend eingeprägt hat. Das war ein ganz sicheres Fundament, und da gab's dann Familien, die gewissermaßen Erbrecht darauf hatten, Stadtverordneter zu werden. Und da gab's bestimmte Leute, an denen konnte man einfach nicht vorbei, die mußten in den Magistrat." (F. Schmidt, 64f.; 86ff.)

Was Fritz Schmidt über die „Erbhöfe" in Höchst sagte, galt in anderen Städten – und auch in Frankfurt – ebenso. Es wurden allerdings nicht einfach Positionen oder Titel weitergereicht, sondern dieser „Schwertadel der Arbeiterbewegung", der sich bis zum heutigen Tag fortsetzt, „vererbte" eher das politische und soziale Engagement. Die Kinder waren von klein auf Zeugen der Arbeit ihrer Eltern, schlossen sich selbst den Organisationen an, suchten ihren Freundeskreis entsprechend aus, bewegten sich praktisch nur im Rahmen dieser Großfamilie und heirateten meistens auch in diesem Umfeld. Das Vermögen, das sie in die Ehe einbrachten, war nicht Geld, sondern politischer Sachverstand, Kenntnisse der politischen Notwendigkeiten. Hinzu kam aber auch das Erleben, daß solche Positionen den Eltern Macht und Ansehen verliehen. Aus all dem erwuchs die Bereitschaft, sich selbst politisch zu engagieren. Der politische Aufstieg der Kinder wurde dabei durch den Bekanntheitsgrad der Eltern sicher in vielen Fällen erleichtert.

Die Arbeit in den Organisationen der Arbeiterbewegung sollte die Menschen prägen und prägte sie tatsächlich tief. So wie die Arbeit in den Betrieben von den Arbeiterinnen und Arbeitern bestimmte Normen und Verhaltensweisen wie Anpassung, Unterordnung erforderte, so ermöglichte die Arbeiterbewegung völlig entgegengesetzte Verhaltensmuster wie Solidarität, Zufriedenheit, politischen Willen und Einstehen für die eigenen Überzeugungen statt Duckmäusertum, Verhaltensweisen, die oft Mut erforderten, aber zugleich Selbstsicherheit, Freundschaften, Zuverlässigkeit der Gruppenmitglieder aufeinander mit sich brachten.

Die führenden Funktionäre der Parteien, der Gewerkschaften und der übrigen Arbeiterorganisationen waren - ebenso wie die Mandatsträger - aber nicht immer sehr glücklich über die Folgen der politischen Sozialisation, die sie betrieben, denn das in und durch die Arbeiterbewegung erworbene Selbstbewußtsein, das politische Wissen und die Fähigkeit, eigene Standpunkte, Interessen und Bedürfnisse zu äußern, richtete sich nicht nur gegen den politischen Gegner, sondern durchaus auch selbstkritisch gegen die Führung der eigenen Organisation und deren Politik. Besonders die von Kindesbeinen an in Familie, Kindergruppe und Jugendorganisation politisierten jüngeren Mitglieder ließen sich nicht einfach führen, sondern wollten mitbestimmen, bestanden auf „innerer Demokratie" der Diskussionen und politischen Auseinandersetzungen um den richtigen Weg zum Sozialismus und über Positionen in der Tagespolitik. So existierte eigentlich von Anfang an in der Arbeiterbewegung eine „Streitkultur", die bei Wahrung solidarischer Umgangsformen durchaus harte Flügel- und Fraktionskämpfe aushielt und ermöglichte, die sich nicht nur auf Parteitagen, sondern auch in den Distrikten, Ortsgruppen usw. auswirkten.

Sobald jedoch die Führungsspitzen solche Diskussionen auf administrativem Wege abzuwürgen oder durch Ausgrenzungen und Ausschlüsse zu beenden suchten, führte das regelmäßig nicht zu einer größeren theoretischen Klarheit und Einheitlichkeit, nicht zu einer Stärkung, sondern - wie sowohl der Konflikt um die Burgfriedenspolitik und die Kriegskredite, als auch die revolutionären Auseinandersetzungen um die richtige Strategie und Taktik des revolutionären Kampfes in der KPD zeigen - zu einer Spaltung und Schwächung. So bestätigt die Geschichte der Arbeiterbewegung das Lassalle-Wort:

„Daß die Parteikämpfe gerade einer Partei Kraft und Leben geben, daß der größte Beweis der Schwäche einer Partei das Verschwimmen derselben und die Abstumpfung der markierten Differenzen ist, daß sich eine Partei stärkt, indem sie sich purifiziert, davon weiß und befürchtet die Behördenlogik wenig!"
Lassalle in einem Brief an Marx vom 24. Juni 1852 (Zit. nach: W.I. Lenin: Was tun?, S. 23)

16. Anhang

1. Der „Verein für Frankfurter Arbeitergeschichte e.V." (zuvor: „Verein zur Erforschung der sozialistischen Jugendbewegung in Frankfurt am Main e.V.") hat mit seiner Ausstellung „Arbeiterjugendbewegung in Frankfurt am Main 1904 - 1945" und der Publikation „Die junge Garde" eine Pionierarbeit zur Erforschung der Frankfurter Lokalgeschichte „von unten" geleistet. Doch sowohl diese Beiträge wie meine Studien zur Arbeiterkindheit und Kinderfreundebewegung in Frankfurt am Main (Wolter-Brandecker: Sie kamen aus der dumpfen Stadt) oder die von R. Stübling verfaßte Schrift über das Kulturkartell der modernen Arbeiterbewegung von 1925 - 1933 (Kultur und Massen), wie auch die von Becker/Brandekker/Dudek herausgegebenen Studien zur Arbeiterkindheit und -jugend in ausgewählten Frankfurter Stadtteilen (Studien 1-3) erfaßten immer nur Teilbereiche des Lebens der Arbeiterschaft. Die darüber hinaus vorliegenden Arbeiten über die Vorkriegszeit, die Revolution, die Geschichte der Frankfurter SPD, der Akademie der Arbeit, der Arbeiterpresse, der graphischen Arbeiter, der Arbeiterwohlfahrt, auf die ich mich auch gestützt habe, sind im wesentlichen Organisations- und Institutionsgeschichte, nicht aber Sozialgeschichte.
   Die am weitestgehend soziale Verhältnisse in Frankfurt aufgreifende Darstellung ist die von Drüner (Im Schatten des Weltkrieges) aus dem Jahre 1934, der man allerdings die Traditionen und Wertungen der bürgerlichen Geschichtsschreibung und den Zeitpunkt der Veröffentlichung sehr stark anmerkt.

2. Vgl. hierzu auch: Geisler: Die Bedeutung der Industrialisierung von Frankfurt am Main für den Handwerkerstand; Frankfurt am Main. Die Metropole ...; Frankfurt am Main: Wirtschaftsgrundlagen

3. Während 1871 noch nicht einmal jeder zwanzigste Deutsche Großstadtbewohner war, so war es 1910 bereits jeder fünfte. Und während 1871 noch mehr als 2/3 aller Deutschen auf dem Lande lebten, waren es 1910 nur noch 2/5. (Kuczynski: Die Geschichte der Lage der Arbeiter ... 3, 253)

4. Berufszugehörigkeit der Frankfurter Bevölkerung nach Berufsgruppen und Stellung der Erwerbstätigkeit im Beruf im Jahre 1907

Berufsgruppe	Berufsangehörige		
	a*	b**	c***
A: Landwirtschaft usw.	3113	224	4438
B: Industrie usw.	39125	17232	96768
C: Handel/Verkehr	37925	21182	52883
D: Häusliche Dienste/ wechsel. Lohnarb.	-	-	10184
Summe A - D	80163	38638	164273
		└──→	38638
			202916 = 59 %
E: Öffentlicher Dienst/ Freie Berufe	27811, davon ca.	────→	14000
			216916 = 63 %

* Selbständige, leitende Beamte und sonstige Geschäftsleiter
** nicht leitende Beamte (Verwaltungs-, Aufsichts-, Rechnungs-, Büropersonal)
*** sonstige Gehilfen, Lehrlinge, Fabrik-, Lohn- und Tagearbeiter

(Quelle: Stat. Handbuch Frankfurt, 1928, 76)

5. Der Versuch des Großkaufmanns und bürgerlichen Sozialpolitikers Merton, mit der Errichtung des „Instituts für Gemeinwohl" (1890; mit den Hauptgebieten: Armen- und Jugendpflege, Volksernährung und Arbeiterfürsorge und der Herausgabe der „Blätter für soziale Praxis") und der 1899 gegründeten „Centrale für private Fürsorge" einerseits die Vielfalt zu koordinieren und zu vereinheitlichen und andererseits durch wissenschaftliche Untermauerung auf eine feste Grundlage zu stellen, stieß gerade bei den privaten Trägern nur auf begrenzte Zustimmung. (vgl. Drüner, 39f.)

6.

Sozialdemokratischer Stimmenanteil bei den Reichstagswahlen in Frankfurt am Main			
Jahr	Stimmen	Anteil in %	Abgeordneter
1887	8640	34,1	Sabor (Sozialdemokrat)
1898	20019	50,8	Schmidt (Sozialdemokrat)
1903	20178	49,4	Schmidt (Sozialdemokrat)
1907	28869	47,1	Oeser (Demokrat)
1912	35686	48,2	Quarck (Sozialdemokrat)

(Römer und Revolution, 52)

7.

Mitgliedschaft im Gewerkschaftskartell Frankfurt am Main				
Jahr	Mitglieder	männlich	weiblich	Frauenanteil
1909	33 181	31 856	1 325	3,99 %
1910	38 383	36 601	1 782	4,64 %
1911	42 980	40 930	2 050	4,77 %
1912	45 534	43 676	1 858	4,08 %
1913	43 980	42 105	1 875	4,26 %
1914	22 625	21 001	1 624	3,69 %
1915	13 768	12 135	1 633	11,86 %

(Nach: Stat. Handbuch II, 267)

8.

Mitgliederzahlen im Christlichen Gewerkschaftskartell Frankfurt am Main			
Jahr	Mitglieder	Jahr	Mitglieder
1909	1 403	1912	2 173
1910	1 587	1913	2 081
1911	1 745	1914	1 397

(Stat. Handbuch II, 269)

9.

Durchschnittliche Arbeiter-Jahresverdienste in 370 Unternehmen 1914 - 1918 (März 1914 = 100, Realverdienste)										
	1914		1915		1916		1917		1918	
	März	Sept.	März	Sept.	März	Sept.	März	Sept.	März	Sept.
	Männliche Arbeiter									
Kriegsindustrien	100	90,8	91,8	89,8	88,9	78,4	76,2	78,8	77,8	77,4
Zwischengruppe	100	92,3	83,4	81,6	79,9	68,3	62,3	62,8	60,4	64,2
Friedensindustrien	100	83,5	82,6	77,5	73,5	57,9	54,3	52,7	52,2	55,5
Durchschnitt ges.	100	88,9	85,9	83,0	80,8	68,2	64,3	64,8	63,4	65,7
	1914		1915		1916		1917		1918	
	März	Sept.	März	Sept.	März	Sept.	März	Sept.	März	Sept.
	Weibliche Arbeiter									
Kriegsindustrien	100	76,4	90,8	95,3	101,5	92,0	83,5	86,7	86,0	87,9
Zwischengruppe	100	86,3	83,6	77,7	77,6	67,1	65,9	64,8	64,0	71,1
Friedensindustrien	100	79,2	78,0	71,9	72,4	59,3	53,2	57,8	58,9	61,9
Durchschnitt ges.	100	80,6	84,1	81,6	83,8	72,8	67,5	69,8	69,6	73,6

(Jürgen Kocka, Klassengesellschaft im Krieg, 18)

10.

Löhne in der Frankfurter Metallindustrie

Durchschnittsverdienst d. Betriebe pro Std.				
Beruf	Lohnarbeit		Akkord	
	höchster	niedrig.	höchster	niedrig.
	durchschnittlicher Verdienst			
Dreher	2,10	1,32	2,30	1,43
Schlosser	1,90	1,10	2,39	1,42
'Werkzeugm.	2,30	1,25	2,16	1,95
Einrichter	2,10	1,30	-	-
Mechaniker	2,--	1,05	2,11	1,50
Spengler	1,66	1,07	2,23	1,20
Schleifer z.				
Fräser	2,09	1,01	2,35	1,30
Hilfsarbeiter	1,29	0,90	-	-
Arbeiterinnen	0,90	0,57	1,41	0,66

Aus: Volksstimme Nr. 124 v. 5.10.1918

Durchschnittverd. pro Woche*		
Beruf	Lohn-arb.	Akkord
Einrichter	89	-
Dreher	85	96
Werkzeugmacher	84	100
Schmiede	79	81
Schlosser	74	89
Mechaniker	74	88
Maschinenarbeiter	72	90
Elektromonteure	66	-
Spengler	63	100
Former	62	80
Hilfsarbeiter	50	-
Arbeiterinnen	35	42

*einschließlich Überstunden

11. Richtlinien für die Tätigkeit der Erwerbslosenkommission im Städtischen Arbeitsamt

Richtlinien für die Tätigkeit der Erwerbslosenkommission im Städtischen Arbeitsamt.

1. Zur Kontrolle und Mitarbeit im Arbeitsamt ist eine Delegation der Erwerbslosenkommission berechtigt und bereit.

Die Delegation setzt sich aus Vertretern der Berufsgruppen zusammen; auf je 1000 Erwerbslose entfällt ein Vertreter, Berufsgruppen mit weniger als 750 Erwerbslosen werden zusammengelegt.

2. Die Delegierten der Berufsgruppen werden als Vertreter der Erwerbslosen in den Fach- und Beschwerdeausschüssen anerkannt. Die Delegation ist berechtigt, zwei Vertreter in das Plenum des Arbeitsamtes zu entsenden.

3. Den für die Fachausschüsse delegierten Personen steht wie den ordentlichen Mitgliedern das Recht der Kontrolle in der Arbeitsvermittlung des jeweiligen Berufes zu. Dasselbe Recht haben die Vertreter derjenigen Berufsgruppen, für die ein Fachausschuß nicht besteht, für die in Betracht kommenden Fachabteilungen.

4. Einsprüche und Beschwerden gegen die Vermittlungstätigkeit können bei dem jeweiligen Vorsteher der Abteilung geltend gemacht werden; im Falle eine Verständigung nicht erzielt wird, kann Einspruch bei dem Vorsitzenden der Erwerbslosen erhoben werden. Erkennt dieser den Einspruch als begründet an, setzt er sich mit der Leitung des Arbeitsamtes ins Benehmen.

5. Die Arbeitsvermittlung erfolgt ausschließlich durch die zuständigen Beamten; die Delegierten sind nicht berechtigt, in die Vermittlungstätigkeit einzugreifen.

6. Die Delegierten erklären sich bereit, im Rahmen der vorliegenden Verordnung nach Anweisung des Arbeitsamtes bei der Freimachung von Arbeitsstellen und deren Besetzung mitzuwirken, sowie nötigenfalls die Erwerbslosen zu vertreten und sonst geeignete Aufträge auszuführen.

7. Die Delegierten sind außerdem berechtigt, Beschwerden, die sich aus der Erwerbslosenunterstützung ergeben, entgegenzunehmen und zu vertreten. Derartige Beschwerden sind bei der Auskunftsstelle zu unterbreiten. Der Beschwerdeführer hat persönlich zu erscheinen. Wird gegen die Entscheidung der Auskunftsstelle Einspruch erhoben, so ist dieser bei der Leitung des Arbeitsamtes geltend zu machen, und im Falle eine Verständigung nicht erzielt wird, von dieser an die Beschwerdekommission weiterzugeben.

8. Für diese Tätigkeit wird den Delegierten, sowie den Vorsitzenden und Schriftführern der Kommission, der Arbeiter und der Angestellten, sowie einem Rechtsvertreter beim Gewerbe- und Kaufmannsgericht, außer den Netzkarten eine Aufwandsentschädigung von täglich Mk. 4.50 gewährt.

9. Die Delegierten erhalten seitens der Erwerbslosenkommission eine Legitimation mit Angabe der Berufsgruppe, für die sie delegiert sind, ausgehändigt, die vom Arbeitsamt bestätigt ist. Sie haben sich in ihrer Tätigkeit durch die Legitimation auszuweisen. Sie sind von der täglichen Kontrolle entbunden. Eine Verpflichtung zur Annahme einer Arbeitsstelle besteht für sie nicht.

Dasselbe gilt von den übrigen Mitgliedern der Erwerbslosenkommission, soweit sie im öffentlichen Interesse tätig sind.

Aus: Die wirtschaftliche Demobilmachung, 35f.

12. Stundenlöhne in Frankfurt am Main 1919–1922

Aus: Jahrbuch ADGB 1922, S. 148

Laufende Nr.	Beruf	1913/1914 Stundenlohn Pf.	1913/1914 wöchentl. Arbeitszeit Std.	Stundenlohn (in Mark) am Ende des Jahres 1919	1920	1921	des Monats März 1922	Juni 1922	Septbr. 1922	Dezbr. 1922	Arbeitszeit Ende 1922 Std.
	Frankfurt a. M.										
1	Maurer	67	57	3,—	6,80	13,—	18,50	30,—	90,—	400,—	45
2	„ -Hilfsarbeiter	57	57	2,90	6,60	12,60	17,80	28,80	86,—	380,—	45
3	Erd- u. Tiefbauarb.	58	57	.	.	12,60	17,80	28,80	86,—	380,—	45
4	Zimmerer	67	57	3,20	6,80	13,—	18,50	30,—	90,—	400,—	45
5	Maschinist. i. Baugew.	75	57	3,—	6,80	13,20	16,—	30,30	90,—	402,—	48
6	Poliere	80	57	3,50	7,25	14,95	19,94	34,50	78,71	460,—	48
7	Stukkateure	75	52 1/2	.	.	13,20	18,70	31,—	93,50	415,—	45
8	Glaser	—	—	.	.	10,80	15,—	28,—	88,—	380,—	47
9	Maler	61	55 1/2	2,60	6,15	10,80	14,50	27,—	72,—	368,—	45
10	Steinarbeiter	73	52 1/2	2,80	5,85	13,—	16,10	30,—	90,—	400,—	45
11	Steinsetzer	67	60	2,80	.	13,10	16,20	30,10	93,60	416,—	46
12	Metallindustrie[1])	60	56 1/2	2,56	6,60	11,80	15,50	26,—	78,—	400,—	46
13	Kupferschmiede	53	57	.	.	15,—	18,—	26,—	88,—	415,—	46 1/2
14	Tischler u. Möbelind.	63	52	3,15	6,75	10,85	16,25	28,—	105,—	415,—	46
15	Böttcher	53	.	3,75	6,90	11,80	15,17	26,35	82,—	390,—	48
16	Chemische Ind.	—	—	2,20	6,—	11,05	14,30	24,50	75,—	390,—	48
17	Maschinist. d. chem. J.	—	—	2,80	6,50	.	.	.	80,30	414,80	48
18	Loh- u. Chromgerb.	—	—	2,40	6,—	11,80	13,10	26,10	.	400,—	48
19	Lederwarenind.	50	53	2,47	5,70	10,50	15,—	23,85	69,95	370,—	48
20	Schuhindustrie	—	—	2,36	5,50	9,—	16,—	20,—	68,—	300,—	47
21	Tapezierer	56	52	2,65	6,35	10,85	16,50	28,—	74,50	365,—	46
22	Treibriemenind.	50	54	3,15	5,20	10,—	13,90	25,30	83,—	368,—	48
23	Papierherstellung	—	—	—	—	—	—	—	—	—	—
24	Buchbinderei	49	54	2,30	4,95	10,35	14,85	21,35	65,—	376,50	48
25	Kartonn. u. Etuisbr.	49	54	2,—	5,—	9,50	14,25	21,35	69,—	356,50	48
26	Buchdrucker	62	52	2,85	5,27	10,73	15,31	21,98	62,81	295,52	48
27	„ -Hilfsarbeit.	—	—	.	.	9,12	13,02	18,68	53,40	251,19	48
28	Lithogr. u. Steind.	71	.	.	.	9,20	11,32	20,96	71,17	385,53	47
29	Textilindustrie	56	58	2,30	6,20	10,85	15,—	24,—	100,80	424,24	46
30	Maßschneiderei	65	.	2,60	5,75	12,50	16,—	23,—	70,—	280,—	48
31	Friseure	—	—	.	.	5,73	7,81	13,02	39,81	147,64	48
32	Bäcker	50	60	3,02	5,73	10,63	13,75	23,65	89,79	402,08	45
33	Konditoren	—	—	2,29	5,73	10,21	.	22,50	75,—	468,75	48
34	Brauereiarb., gel.	53	57	.	.	11,46	15,10	23,96	89,58	354,17	48
35	„ , ungel.	46	57	.	.	11,35	15,—	23,85	89,47	354,06	48
36	Mühlenarb., gel.	—	—	.	.	10,63	12,71	20,83	75,—	343,75	48
37	„ , ungel.	—	—	.	.	10,54	12,63	20,75	74,92	322,83	48
38	Gärtnerei	—	—	.	.	8,20	13,—	20,—	55,50	325,—	48
39	Speditionsbetriebe	—	—	.	.	10,42	13,54	24,69	70,83	401,27	48
40	Handelshilfsarb.	—	—	.	.	10,21	15,52	22,08	78,13	385,42	48
41	Gemeindearb., gel.	52	.	1,31	5,20	9,20	13,90	24,30	80,—	360,—	48
42	„ , ungel.	43	.	1,25	4,70	8,70	13,40	22,90	77,75	341,—	48
43	Eisenbahner, gel.	—	—	2,50	5,10	8,50	11,—	22,75	78,45	302,25	48
44	„ , ungel.	—	—	2,20	4,60	7,70	10,20	21,15	73,45	283,20	48
	Im Durchschnitt:	59	55 3/4	2,62	5,93	10,92	14,88	24,77	78,61	367,21	47 1/4

Soziale Zuschläge.

	1921	März 1922	Juni 1922	Septbr. 1922	Dezbr. 1922
Metallindustrie: Für die Frau und jedes Kind pro Stunde	0,10	0,10	0,10	1,—	2,—
Chemische Industrie: Für die Frau und jedes Kind pro Woche	14,40	14,40	14,40	21,60	43,20
Gemeindearbeiter: Für jedes Kind pro Stunde	0,20	0,20	0,50	2,50	10,—

Anmerkungen: 1) Mindestlöhne.

13. Lebenshaltungskosten und Lebenshaltungskosten-Index

Es kosteten in Mark in Frankfurt am Main

Produkt	1.1.1914	1.4.1919	1.9.1919	1.1.1920	1.7.1920	1.1.1921	1.7.1921	1.1.1922	1.11.1922	1.1.1923	1.5.1923	1.7.1923
a) Lebensmittel vierköpf. Fam.	23,97	80,79	93,06	151,01	268,80	301,04	280,35	416,50	7440,72	17850,-	82767,-	397980,-
b) Kleidung: Män.-Anzug	45,--	400,--	450,--	475,--	650,--	500,--	500,--	850,--	17000,-	43000,-	150000,-	700000,-
Arbeitshose	5,--	40,--	45,--	72,--	85,--	85,--	85,--	145,--	4000,--	12500,-	39500,-	215000,-
Mantel	30,--	275,--	300,--	318,--	450,--	475,--	500,--	850,--	15500,-	40000,-	117500,-	580000,-
Frauen-Bluse	3,--	35,--	60,--	75,--	60,--	57,50	40,--	87,50	1375,--	1900,--	9500,--	75000,--
Stiefel	12,--	48,--	67,--	150,--	185,--	185,--	165,--	350,--	5800,--	17000,-	65000,-	320000,-
Kinderstiefel	8,--	27,--	41,--	75,--	67,--	68,--	68,--	140,--	1875,--	8000,--	24000,-	120000,-
c) Wohnung	-	-	+ 10 %	unv.	20 % mehr als 14	unv.	35 % mehr als 14	unv.	200 % mehr als 1914	500 % mehr als 1914	50-Fache von 14	200-Fache von 14
d) Heizung: Kohlen	1,40	5,40	9,60	12,25	23,25	23,25	23,25	40,15	523,--	2587,--	13115,--	62700,--
Gas cmb	0,14	0,36	0,51	0,68	1,20	1,23	1,23	2,16	36,--	151,--	980,--	1450,--
e) Verschied. Kultur, Vergn. etc.	1/2 vom Apr. 1919	-	+ 10 %	+ 25 %	+ 40 %	+ 55 %	unv.	+ 20 %	+ 185 %	+ 150 %	+ 280 %	+ 400 %

Zusammenstellung nach: Elsas, Lebenshaltungskosten-Index der Jahre 1919–1923

14. Lebenshaltungskosten für eine vierköpfige Familie in Frankfurt am Main: Indexziffern

Produkt	1.4.1919	1.9.1919	1.1.1920	1.7.1920	1.1.1921	1.7.1921	1.1.1922	1.7.1922	1.11.22	1.5.1923	1.7.1923	1.11.1923
a) Lebensmittel	60	69,11	112,14	201,25	225,65	209,89	316,15	852,56	5648,36	63826	302105	214450000000
b) Kleidung	17	19,18	23,60	28,50	26,21	23,08	44,72	114,41	873,10	7355	38932	34690000000
c) Wohnung	8	8,80	8,80	9,60	9,60	10,80	10,80	14,40	24,00	48	1600	520000000
d) Heizung/Beleuchtung	5	7,92	11,82	17,82	18,10	18,10	29,61	80,89	470,73	10663	34509	38020000000
e) Verschiedenes	10	11,00	13,86	19,91	31,35	31,35	37,93	52,78	158,34	1386	9010	12620000000
1.1.1914 = 26,5	100	116	170	277	311	293	439	1175	7175	82278	386156	300300000000

Zusammenstellung nach: Elsas, Lebenshaltungskosten-Index, aus den Jahren 1919-1923

15.

Geburten und Sterbefälle von Kleinkindern in Frankfurt am Main zwischen 1913 und 1923					
Jahr	Geburten (inkl. Totgeb.)	Totgeburten		Sterbefälle bis 1 Jahr	
		Zahl	Prozent	Zahl	Prozent
1913	9240	213	2,31	914	9,89
1916	5374	192	3,57	551	10,25
1917	4665	164	3,52	529	11,34
1918	5184	175	3,38	549	10,59
1919	7628	281	3,68	856	11,22
1920	9509	382	4,02	1100	11,57
1921	8508	323	3,80	848	9,98
1922	7430	267	3,50	767	10,32
1923	6491	242	3,73	586	9,03

(Zusammengestellt und berechnet nach: Stat. Handbuch II, 78)

16. Gesetzliche Grundlagen der Weimarer Wohnungsbaupolitik (Reichsgesetze)

a) Wohnraum- und Baustoffbewirtschaftung:

23.09.1918 Bundesrat:
„Bekanntmachung über Maßnahmen gegen Wohnungsmangel“ – Abbruchverbot, Umnutzungsverordnung, Umbau geeigneter Räume in Wohnungen (keine Pflicht für Gemeinden).

09.12.1919 Reichsregierung:
„Verordnung zur Bewirtschaftung von Baustoffen“. Bezirkswohnungskommissare (bzw. Gemeindevorstände) können Betriebe zur Herstellung von Baustoffen beschlagnahmen und Holz aus den Forstbeständen enteignen.

26.07.1923 Reichstag:
„Reichswohnungsmangelgesetz“. Befreiung von Neubauten aus der öffentlichen Bewirtschaftung. Bevorzugung kinderreicher Familien und Vertriebener bei der Unterbringung, Abbruchverbot, Umnutzungsverbot.

b) Mieterschutz:

15.12.1914 Bundesrat:
„Verordnung“. Gemeinden sollen Mieteinigungsämter einrichten zwecks Interessenausgleich zwischen Mietern und Vermietern, Hypothekengläubigern und Schuldnern. Keine Kompetenz, Mieterhöhungen zu verbieten.

26.07.1917 Bundesrat:
„Bekanntmachung zum Schutz der Mieter“. Mieteinigungsämter können über Gültigkeit von Kündigungen, Mieterhöhungen etc. entscheiden.

22.06.1919 Reichsregierung:
„Verordnung zum Schutz der Mieter“. Mieteinigungsämter können auf Antrag des Mieters die Miete herabsetzen.

01.06.1923 Reichstag:
„Reichsmieterschutzgesetz“. Grundsätzliches Kündigungsverbot durch Vermieter außer bei Kündigungsklagen, die vor ordentlichen Gerichten verhandelt werden müssen. Der Mieterschutz erstreckt sich nur auf Wohnungen, die vor dem 1.7.1918 bezugsfertig wurden und auf öffentlich geförderte Wohnungen. Ausgenommen sind Wohnungen gemeinnütziger Bauvereinigungen.

c) Mietregelung und -kontrolle:

22.07.1919 „Rahmenverordnung“. Länder können Höchstmieten festlegen (noch keine einheitliche Regelung).

31.07.1919 Reich:
Verbot des Wuchers bei der Vermittlung von Wohnungen.

24.03.1922 Reichstag:
„Reichsmietengesetz“. Einführung von Höchstmieten.

d) Wohnungsbaufinanzierung:

31.10.1918 Bundesrat:
„Bestimmung über die Gewährung von Baukostenzuschüssen“. Die Hälfte der Baukostenzuschüsse wird vom Reich, jeweils 1/4 von den Ländern und Gemeinden übernommen.

26.06.1921 Reichstag:
„Gesetz über die Erhebung einer Abgabe zur Förderung des Wohungsbaus“. Einführung einer Wohnsteuer, die als Miet- oder Grundsteuer erhoben wird.

e) Bodenordnung:

15.01.1919 „Verordnung über Erbbaurecht“.

11.08.1919 „Reichssiedlungsgesetz“. Möglichkeit zur Enteignung von Grund und Boden für Siedlungszwecke.

10.05.1923 Reichstag:
„Reichsheimstättengesetz“. Möglichkeit zur Enteignung von Grund und Boden für die Ansiedlung von Kriegsteilnehmern.

07.06.1923 Reichstag:
„Reichssiedlungsgesetz“. Möglichkeit zur Enteignung von Grund und Boden durch die Gemeinden und Regelung einer Entschädigung.

(Nach: Stratmann, a.a.O., 47-50)

17. Quellen und Literatur

I. Quellen

I.1 Unveröffentlichte Quellen

I.1.1 Interviews mit:

- Beck, Ludwig, Frankfurt; 1985 in Frankfurt (Interviewerin: Lina Schwee)
- Berger, Anni, Frankfurt; 1.7.1981 in Frankfurt
- Beyer, Anna, Frankfurt; 18.3.1985 in Frankfurt
- Bischoff, Hans, Frankfurt; 6.11.1984 in Frankfurt
- Boll, Fritz, Frankfurt; 29.4.1981 in Frankfurt
- Doll, Hans, Frankfurt; 23.2.1981 u. 24.2.1981 in Neu-Isenburg (mit Ferdinand Brandecker)
- Eisenacher, Fritz, Frankfurt; 7.7.1981 u. 9.7.1981 in Frankfurt
- Gärtner, Frieda*, Fechenheim; 10.11.1984 in Frankfurt (mit F. Brandecker)
- Gehm, Ludwig, Frankfurt; 14.2.1981 in Frankfurt (mit F. Brandecker)
- Grünewald, Paul, Frankfurt; 15.11.1984 u. 15.3.1985 in Oberursel
- Häußermann, Emil, Frankfurt; 24.1.1985 in Frankfurt
- Häußermann, Eugenie, Frankfurt; 24.1.1985 in Frankfurt
- Jourdan, Berta, Frankfurt; 22.7.1981 in Frankfurt (mit F. Brandecker)
- Jülg, Maria (Mariechen), Frankfurt; 11.1.1985 in Frankfurt
- Kalis, Maria (Miez), Wiesbaden; 19.11.1984 u. 4.12.1984 in Frankfurt
- Kiefer, Alfred, Frankfurt; 5.3.1981 in Frankfurt
- Kiefer, Carola, Frankfurt; 5.3.1981 in Frankfurt
- Kuhnt, Erna, Frankfurt; 13.4.1981 in Frankfurt (Wolter-Brandecker) u. 7.2.1984 in Frankfurt (Danielle Vogelsinger)
- Lang, Elly, Frankfurt; 23.6.1981 u. 3.7.1981 in Frankfurt
- Lang, Peter, Frankfurt; 7.11.1975 (Ferdinand Brandecker) in Frankfurt
- Möser, Willy, Frankfurt; 11.12.1984 in Frankfurt
- Oettinger, Karl, Frankfurt; 1984 (Michael Ripps) u. 29.1.1985 im Interview Lotte Oettinger, Frankfurt
- Oettinger, Lotte, Frankfurt; 29.1.1985 in Frankfurt
- Opfer, Liesel, Frankfurt; 14.10.1981 in Frankfurt
- Ott, Frieda, Frankfurt; 24.1.1985 in Frankfurt
- Reimann, Karl, Frankfurt; 10.3.1981 in Frankfurt
- Schmidt, Emil, Frankfurt; 7.11.1984 u. 16.11.1984 u. 22.11.1984 in Frankfurt
- Schmidt, Fritz, Frankfurt; 9.1.1985 u. 10.1.1985, 11.1.1985 u. 15.1.1985 in Frankfurt
- Schmidt, Lotte, Frankfurt; 22.2.1985 in Frankfurt

* Namen geändert

- Schneider, Norbert, Frankfurt; 19.2.1984 (Projekt Arbeiterkindheit Ffm.)
- Schulze, Hermann, Frankfurt; 15.5.1985 in Frankfurt
- Schwee, Lina, Frankfurt; 27.4.1981 in Frankfurt
- Trösch, Robert, Frankfurt; 21.7.1981 in Frankfurt
- Wisker, Ernst, Fechenheim; 6.4.1984 (mit Brandecker)

I.1.2 Autobiographische Skizzen und Notizen

- Brandecker, Ferdinand: Erinnerungen an die Eltern. Frankfurt, 1986
- Gerber, Hans*: Aufzeichnungen aus der Kindheit und Jugend. Erfurt, 1986
- Jülg, Maria: Aus meinem Leben. Frankfurt, 1985
- May, Fränz: Lebensgeschichte. Frankfurt, ab 1985

I.1.3 Manuskripte

- Ennenbach, Sophie: Den Enkeln erzählt
- Neuland, Franz: Zwischen Friedensresolution und Kapp-Putsch (Stadt- und Universitätsbibliothek Frankfurt)

I.2 Veröffentlichte Quellen

I.1.2 Periodika

Correspondenzblatt der Generalkommission der Gewerkschaften Deutschlands, 1919 - 1923. (Reprints zur Sozialgeschichte). Berlin, Bonn: 1985

Frankfurter Zeitung und Handelsblatt, Frankfurt am Main, 1919 - 1923

Freiheit. Organ der revolutionären Proletariats; (ab 28.6.19): Freiheit. Organ der Kommunistischen Partei Deutschlands (Spartakusbund). 1. Jg. Nr. 1 v. 1.3.1919 - 30.9.1919. Hanau und Frankfurt am Main, 1919 (zit. als FR)

Rheinische Zeitung, Köln Nr. 265 v. 13.11.1918

Städtisches Anzeigenblatt. Frankfurt am Main, 1919

Verordnungsblatt des Arbeiter- und Soldatenrates Frankfurt am Main. Hrsg. vom Nachrichten-Amt des Arbeiter- und Sodatenrates. Frankfurt am Main, 1918 - 1919 (zit. als A+SR)

Volksrecht. Organ der Unabhängigen Sozialdemokratischen Partei Südwestdeutschlands. Frankfurt am Main. 1. Jg. 1.2.1919 - 4. Jg. 30.9.1922. (zit. als VR)

Volksstimme. Sozialdemokratisches Organ für Südwestdeutschland (1889 - 1933). Ausgewertet 1917 - 1923 (zit. als VSt)

Vorwärts. Zentralorgan der Sozialdemokratischen Partei Deutschlands. Berlin, Nr. 484 v. 22.9.1919

*Namen geändert

I.2.2 Statistiken, Berichte, Protokolle, Denkschriften

Allgemeiner Deutscher Gewerkschaftsbund, Ortsaussschuß Frankfurt am Main, Geschäftsbericht für die Jahre 1915 bis 1921. Frankfurt am Main, 1918; 1922.

Allgemeiner Kongreß der Arbeiter- und Soldatenräte, Berlin 16.-21. Dezember 1918. Stenographische Berichte. Nachdruck. Berlin, 1975 (2)

Allgemeine Ortskrankenkasse Frankfurt am Main. Geschäftsberichte. 1919 bis 1923. Frankfurt am Main, 1920 - 1924.

Berichte des Magistrats über die Verhandlungen und den Stand der Gemeindeangelegenheiten der Stadt Frankfurt am Main in den Verwaltungsjahren 1909 bis 1923/24. Frankfurt am Main, 1910 - 1925.

Centrale für private Fürsorge in Frankfurt am Main. Jahresberichte 1926 - 1927/28. Frankfurt am Main, 1928.

Das Wohnungswesen der Stadt Frankfurt am Main. Hrsg. im Auftrag des Magistrats aus Anlaß der diesjährigen deutschen Tagung für Wohnungswesen vom Hochbauamt und Wirtschaftsamt. Bearbeiter: W. Nosbisch. Frankfurt am Main, 1930.

Denkschrift des Nationalen Frauendienstes Frankfurt am Main 1914 - 1919. Frankfurt am Main, (o.J.).

Die Schulkinderspeisung in Frankfurt am Main. Verwaltungsbericht des Bureaus für Schulkinderspeisung der Kriegsfürsorge vom Oktober 1916 bis Oktober 1918. Frankfurt am Main, (1919).

Die wirtschaftliche Demobilmachung in Frankfurt am Main (1.11.1918 - 31.12.1919). Denkschrift. Hrsg. vom städtischen Arbeitsamt anl. dessen 25-jährigen Bestehens am 1. Mai 1920. Frankfurt am Main, 1920.

Diefenbach, F.: Ein Reichsarmengesetz. Vorschläge zur Reform des Reichsarmengesetzes. Karlsruhe, 1920.

Einige Folgen des Krieges in der Stadt Frankfurt am Main. Frankfurt am Main, 1921.

Elsas, Moritz: Indexziffern über die Kosten der Lebenshaltung einer vierköpfigen Arbeiterfamilie in Frankfurt am Main. Ausgew. für die Zeit von 1919 bis 1923. Frankfurt am Main, 1919-1923.

Frankfurt am Main. Wirtschaftsgrundlagen. Hrsg. vom Wirtschaftsamt der Stadt Frankfurt am Main, Dezernent Lingnau. Frankfurt am Main, 1928.

Frankfurt am Main – die Metropole im südwestdeutschen Wirtschaftsgebiet. Hrsg. von der Wirtschaftsdeputation der Stadt Frankfurt am Main. Frankfurt am Main, 1926 (zit. als Metro).

Frankfurter Kinderhilfs-Ausstellung. Veranstaltet von den Städt. Behörden und der Vereinigung für private Jugendwohlfahrtspflege in den Römerhallen vom 23. Oktober bis 19. November 1921 unter der Leitung der Centrale für private Fürsorge. (Frankfurt am Main, 1921)

Frankfurter Kinderleben in Sitte und Brauch, Kinderlied und Kinderspiel. Hrsg. von Karl Wehrhan. Wiesbaden, 1929 (zit. als Wehrhan).

Frankfurter Kinderleben. Nassauisches Kinderleben. Register. Bearb. von Karl Wehrhan u. Otto Stückrath. Kassel, 1938.

Frankfurter Ferienwanderungen. Hrsg. von der Centrale für private Fürsorge. Frankfurt am Main, 1911.

Frankfurter Verein Tuberkulosefürsorge e.V. Berichte über die Jahre 1915 - 1920. Frankfurt am Main (1920, 21).

Führer durch das Unterrichts- und Bildungswesen der Stadt Frankfurt am Main. Im Auftrag der städt. Schulbehörden zusammengestellt von E. Ebert, Leiter des städt. Schulmuseums. Frankfurt am Main, 1927.

25 Jahre Konsum-Verein Frankfurt am Main und Umgegend. 1900 - 1925. Frankfurt am Main, (1925).
Gesellschaft für Wohlfahrtseinrichtungen. Geschäftsberichte 1919 - 1923. Frankfurt am Main, 1920 - 1924.
Gesetz über den vaterländischen Hilfsdienst vom 5.12.1916. Reichsgesetzblatt.
Handbuch des Städtischen Fürsorgeamtes und des Stadtgesundheitsamtes 1928. Frankfurt am Main, 1928.
Jahrbuch des Allgemeinen Deutschen Gewerkschaftsbundes. 1922, 1923. Berlin, 1923, 1924.
Jahresbericht über den Landaufenthalt von Stadtkindern im In- und Ausland 1919. Hrsg. von der Reichszentrale für die Vermittlung von Landaufenthalt für Stadtkinder. Berlin, 1919.
Konsum-Verein für Frankfurt a.M. u. Umgegend. 1900/10. Zehn Jahre Entwicklung. Bericht hrsg. aus Anlaß des zehnjährigen Bestehens vom Vorstand und Aufsichtsrat. Frankfurt am Main, 1910.
Konsumverein für Frankfurt a.M. und Umgegend. Geschäftsberichte 1921 - 1923. Frankfurt am Main, 1921-1923.
Mitteilungen für die Mitglieder des Bezirkes Frankfurt a.M. (V.d.D.B.), 1922, 1923. Frankfurt am Main, 1922, 1923.
Mitteilungen der Vereinigten Handelskammer Frankfurt am Main-Hanau, 1918 - 1923. Frankfurt am Main, 1918 - 1923 (zit. als: IHK-Ber.).
Protokolle der Stadtverordnetenversammlung Frankfurt am Main, 1918 - 1923. Frankfurt am Main, 1918 - 1923.
Protokoll über die Verhandlungen des Parteitages der Sozialdemokratischen Partei Deutschlands in Mannheim 1906. Nachdruck. Berlin-Bonn, 1982.
Protokoll über die Verhandlungen des Parteitages der Sozialdemokratischen Partei Deutschlands in Jena 1911. Berlin, 1911.
Soziales Museum Frankfurt am Main. Jahresberichte 1918 - 1921. Frankfurt am Main, 1920, 1922.
Statistische Jahresübersichten der Stadt Frankfurt am Main. Im Auftrag des Magistrates hrsg. durch das Statistische Amt. Ausgewertet für die Jahre 1910 - 1924. Frankfurt am Main, 1911 - 1925.
Statistisches Handbuch der Stadt Frankfurt am Main. 2. Ausg. 1906/07 bis 1926/27. Frankfurt am Main, 1928.
Stenographische Berichte über die Verhandlungen des Reichstages. 84. Sitzung vom 23.11.1910. Berlin, 1910.
Vier Jahrzehnte Wohnungsbau. Denkschrift zum vierzigjährigen Bestehen der Aktiengesellschaft für kleine Wohnungen in Frankfurt am Main 1890 - 1930. (Frankfurt am Main, 1930)
Wo finde ich Hilfe für meine Schützlinge? Führer durch die Wohlfahrtseinrichtungen der Stadt Frankfurt am Main. Frankfurt am Main, 1921.
Woytinsky, Wladimir: Der deutsche Arbeitsmarkt. Ergebnisse der gewerkschaftlichen Arbeitslosenstatistik 1919 bis 1929. Berlin, 1930.

I.2.3 Sonstige veröffentlichte Quellen

Altmaier, Jakob: Frankfurter Revolutionstage. Frankfurt am Main, 1918.
Berlin, Jörg: Die deutsche Revolution 1918/19. Quellen und Dokumente. Köln, 1979.
Der Deutsche Metallarbeiter-Verband 1919 - 1923. Stuttgart, 1920 - 1924.

Das Versorgungshaus Frankfurt am Main 1816 - 1924. Ein Beitrag zur vaterländischen Geschichte der Wohlfahrtspflege von Dr. Schmidt-Scharff. Frankfurt am Main, 1924.
Haensel, Carl: Die Revolutionsversicherung. Frankfurt am Main, 1964.
Maier, Hans: Soziale Wohnungsfürsorge unter besonderer Berücksichtigung kinderreicher Familien. Frankfurt am Main, 1919.
Oppermann, Detlef (Hrsg.): Quellen zu den historischen und pädagogischen Grundlagen des Einheitsschulgedankens. Frankfurt am Main, 1982.
Schulz, Heinrich: Die Schulreform der Sozialdemokratie. Berlin, 1919.
Sender, Toni. Autobiographie einer deutschen Rebellin. Hrsg. von Gisela Brinkler-Gabler. Frankfurt am Main, 1981 (Erstaufl. 1939).
Stempel AG Frankfurt am Main: Letter und Matrize. 50 Jahre Arbeit am Werk Gutenbergs und Mergenthalers. (O.O., o.J.)
Wagner, M.: Die Sozialisierung der Baubetriebe. Berlin, 1919.

II. Literatur

Abendroth, Wolfgang: Aufstieg und Krise der deutschen Sozialdemokratie. Köln, 1978 (4. Aufl.)
Achten, Udo: Illustrierte Geschichte des 1. Mai. Oberhausen, 1979
80 Jahre SPD-Stadtverordnetenfraktion Frankfurt am Main 1904 - 1984 – 80 Jahre kommunales Verhältniswahlrecht. Frankfurt am Main, 1984
Altenloh, Emilie: Zur Soziologie des Kino. Jena, 1914
Anders leben. Geschichte und Zukunft der Genossenschaftskultur. Berlin; Bonn, 1984
Antrick, Otto: Die Akademie der Arbeit in der Universität Frankfurt a.M. Darmstadt, 1966
Arbeiterjugendbewegung in Frankfurt am Main 1904 - 1945. Materialien zu einer verschütteten Kulturgeschichte (Ausstellungskatalog). Frankfurt am Main, 1979
Arbeiterkultur. Hrsg. von Ritter, Gerhard A. Königstein/Ts., 1979
Arbeiterleben um 1900. Hrsg. vom Autorenkollektiv u. Leitung v. Dietrich Mühlberg (zit. als Mühlberg). Berlin (DDR), 1985
Arnold, Volker: Rätebewegung in der Novemberrevolution. Die Räte als Organisationsformen des Kampfes der Selbstbestimmung. Hannover, 1978
ders.: Rätetheorien in der Novemberrevolution. Hannover, 1978
Baacke, Dieter / Schulze, Theodor (Hrsg.): Aus Geschichten lernen. Zur Einübung pädagogischen Verstehens. München, 1979
Bangert, W.: Baupolitik und Stadtplanung in Frankfurt am Main. Würzburg, 1937
Berger, Hartwig: Untersuchungsmethode und soziale Wirklichkeit. Frankfurt am Main, 1974
Bietz, Christa / Wolbert, Klaus: Zeittafel zur Geschichte 1871 - 1933. (o.O., o.J.)
Bloch, Marc: Apologie der Geschichte oder der Beruf des Historikers. Stuttgart, (1974)
Bölling, Rainer: Zur Entwicklung und Typologie der Lehrerorganisationen in Deutschland, in: Der Lehrer und seine Organisation. Stuttgart, 1977
Brandecker, Ferdinand: Notizen zur Sozialisation des Arbeiterkindes in der Weimarer Republik, in: Heinemann (Hrsg.): Sozialisation und Bildungswesen in der Weimarer Republik. Stuttgart, 1976
ders.: Klassenkampf und Erziehung in der Weimarer Republik, in: Löwenstein: Sozialismus und Erziehung. Berlin; Bonn-Bad-Godesberg, 1976

ders.: Einleitung in: PASA Forschungsdokumentation 1980/81. Frankfurt am Main, 1982
Braunthal, Julius: Geschichte der Internationale Bd. 1 (Intern. Bibliothek). Berlin; Bonn, 1978
Bublitz, Hannelore: Ich gehöre irgendwie so nirgends hin ... Arbeitertöchter an der Hochschule. Gießen, 1980
Conze, Werner: Sozialgeschichte, in: Moderne Sozialgeschichte, hrsg. von Wehler, H.U. Köln; Berlin, 1966
Das Haus der Besitzlosen. 90 Jahre Gewerkschaftskartell – 80 Jahre Gewerkschaftshäuser – 50 Jahre Neues Gewerkschaftshaus in Frankfurt am Main. Frankfurt am Main, (1982)
Der Lehrer und seine Organisation. Veröffentl. d. Hist. Kommission der Deutschen Gesellschaft für Erziehungswissenschaft, Bd. 2, Stuttgart, 1976
Deutsche Wirtschaftsgebiete. Heft I: Frankfurt am Main. (o.O.), 1921 (zit. als DW)
Die Akademie der Arbeit in der Universität 1921 - 1931. Frankfurt am Main, 1931
Die Gewerkschaften in Weltkrieg und Revolution 1914 - 1919. Bearb. von Klaus Schoenhoven. Köln, 1985
Die Gewerkschaften in den Anfangsjahren der Republik 1919 - 1923. Bearb. von Michael Ruck. Köln, 1985
Die junge Garde. Arbeiterjugendbewegung in Frankfurt am Main 1904 - 1945. Gießen, (1980)
Die Regierung der Volksbeauftragten 1918/19. Hrsg. von W. Conze u. E. Mathias. Bd. 1. Düsseldorf, 1970
Drüner, Hans: Im Schatten des Weltkrieges. Zehn Jahre Frankfurter Geschichte von 1914 bis 1924. Im Auftrag der Historischen Kommission der Stadt Frankfurt am Main. Frankfurt am Main, 1934
Eberlein, Alfred (Hrsg.): Die Presse der Arbeiterklasse und der sozialen Bewegungen, 5 Bde. Frankfurt am Main, ab 1968
Ehalt, Hubert Ch. (Hrsg.): Geschichte von unten. Wien; Köln; Graz, 1984
Eichler, Volker: Sozialistische Arbeiterbewegung in Frankfurt am Main 1878 - 1895. Frankfurt am Main, 1983
Ein Krieg wird ausgestellt. Die Weltkriegssammlung des Historischen Museums (1914 - 1918). Frankfurt am Main, 1976
Emig, Brigitte: Die Veredelung des Arbeiters. Sozialdemokratie als Kulturbewegung. Frankfurt am Main; New York, 1980
Feidel-Mertz, Hildegard: Zur Ideologie der Arbeiterbildung. Frankfurt am Main, 1972 (2. Aufl.)
Feldmann, Gerald D.: Armee, Industrie und Arbeiterschaft in Deutschland 1914 - 1918. Berlin; Bonn, 1985
ders.: Vom Weltkrieg zur Weltwirtschaftskrise. Studien zur deutschen Wirtschafts- und Sozialgeschichte 1914 - 1932. Göttingen, 1984
Flemming, Jens u.a. (Hrsg.): Die Republik von Weimar. Bd. 1 u. 2. Königstein/Ts., 1979
Frankfurt im Mai. Stationen eines Kampfes um Arbeit, Freizeit, Mitbestimmung, Menschenrecht. Frankfurt am Main, 1985
Frauenalltag und Frauenbewegung im 20. Jahrhundert. Materialsammlung zu der Abt. 20. Jahrhundert im Hist. Museum, Bd. 1-5. Frankfurt am Main, 1980
Frauen in der Metallgewerkschaft 1891 bis 1982. Dokumente, Materialien, Meinungen. Frankfurt am Main, 1983
Freud, Sigmund: Fragen der Gesellschaft. Studienausg., Bd. IX, Frankfurt am Main, 1974

Fuchs, Werner: Möglichkeiten der biographischen Methode, in: Niethammer, L.: Lebenserfahrung und kollektives Gedächtnis. Frankfurt am Main, 1980
Führ, Christoph: Zur Schulpolitik der Weimarer Republik. Darstellung und Quellen. Weinheim, 1970
65 Jahre Sozialarbeit in Frankfurt. Geschichte der Frankfurter Arbeiterwohlfahrt. Verf. Jan von Trott. Frankfurt am Main, (1986)
75 Jahre Industriegewerkschaft. Frankfurt am Main, 1966
Geisler, Hans Wolfgang: Die Bedeutung der Industrialisierung von Frankfurt am Main für den Handwerkerstand. Frankfurt am Main, 1926
Geschichte der Erziehung. Berlin (DDR), 1976 (12. Aufl.)
Geschichte der Frankfurter Arbeiterwohlfahrt. Ausstellungskatalog. Frankfurt am Main, 1983
Geschichte der Frankfurter Polizei in Wort und Bild. Hrsg. von Kurt Kraus. Frankfurt am Main, (o.J.)
Gottschalch, Wilfried u.a.: Sozialisationsforschung. Materialien, Probleme, Kritik. Frankfurt am Main, 1971
Gregor, Ulrich / Patalas: Geschichte des Films. Gütersloh, 1962
Groh, Dieter: Negative Integration und revolutionärer Attentismus. Die deutsche Sozialdemokratie am Vorabend des Ersten Weltkrieges. Frankfurt; Berlin; Wien, 1973
Habermas, Jürgen: Soziologische Notizen zum Verhältnis von Arbeit und Freizeit, in: Giesecke, H. (Hrsg.): Freizeit- und Konsumerziehung. Göttingen, 1968
Historisches Museum Frankfurt am Main. Historische Dokumentationen 19. und 20. Jahrhundert. Frankfurt am Main, 1975; 76
Hoernle, Edwin: Grundfragen proletarischer Erziehung. Hrsg. von Lutz von Werder u. Reinhart Wolff. Frankfurt am Main, 1970
Holzkamp, Klaus: Sinnliche Erkenntnis – Historischer Ursprung und gesellschaftliche Funktion der Wahrnehmung. Frankfurt am Main, 1983
Huch, Kurt J.: Einübung in die Klassengesellschaft. Frankfurt am Main, 1972
Illustrierte Geschichte der deutschen Revolution. Frankfurt am Main, 1970
Johannes, Egon: Entwicklung, Funktionswandel und Bedeutung städtischer Kleingärten. Kiel, 1955
Kanitz, Otto Felix: Das proletarische Kind in der bürgerlichen Gesellschaft. Hrsg. von Lutz von Werder. Frankfurt am Main, 1974
Karl Kirchner. Portrait eines Frankfurter Kommunalpolitikers. Hrsg. von der SPD-Stadtverordnetenfraktion. Frankfurt am Main, 1983
Kerschensteiner, Georg: Begriff der Arbeitsschule. Leipzig, 1913
Kocka, Jürgen: Klassengesellschaft im Krieg 1914 - 1918. Göttingen, 1973
ders.: Lohnarbeit und Klassenbildung. Berlin; Bonn, 1983
König, Fritz / Stübling, Rainer (Hrsg.): Gewerkschafter, Sozialdemokraten, Friedensfreunde in Frankfurt am Main 1900 - 1933. Frankfurt am Main, 1985
Kracauer, Siegfried: Von Caligari bis Hitler. Ein Beitrag zur Geschichte des deutschen Films. Hamburg, 1958
Krause, Hartfried: USPD. Zur Geschichte der Unabhängigen Sozialdemokratischen Partei Deutschlands. Frankfurt am Main; Köln, 1975
Kuczynski, Jürgen: Die Geschichte der Lage der Arbeiter unter dem Kapitalismus. Bd. 3 - 5. Berlin (DDR), 1966
ders.: Geschichte des Alltags des deutschen Volkes. Bd. 4, 5. Köln, 1982
ders.: Kinder der Arbeit. Studien zur Geschichte der Lage des arbeitenden Kindes in Deutschland von 1700 bis zur Gegenwart. Berlin (DDR), 1968
Kühnl, R. / Hardach, G.: Die Zerstörung der Weimarer Republik. Köln, 1977

Kuhn, Axel: Die proletarische Familie, in: Arbeiteralltag in Stadt und Land. Neue Wege der Geschichtsschreibung, hrsg. von Heiko Haumann. Berlin, 1980
Lenin, W.I.: Ausgewählte Werke, Bd. II. Berlin (DDR), 1955
ders.: Was tun? Brennende Fragen unserer Bewegung. Berlin (DDR), 1954
Lexis: Das Unterrichtswesen im deutschen Reich, Bd. III, Berlin, 1904
Liebknecht, Wilhelm: Kleine politische Schriften. Frankfurt am Main, 1976
Löwenstein, Kurt: Sozialismus und Erziehung. Neu hrsg. von Brandecker, F. u. Feidel-Mertz, H. Berlin; Bonn-Bad-Godesberg, 1976
Loreck, Jochen: Wie man früher Sozialdemokrat wurde. Bonn-Bad-Godesberg, 1977
Lucas, Erhard: Frankfurt unter der Herrschaft des Arbeiter- und Soldatenrates 1918/19. Frankfurt am Main, 1969 (zit. als Lucas)
ders.: Märzrevolution 1920. 3 Bände. Frankfurt am Main, 1974
Luppe: Einwirkung der Kriegsarbeit auf die Lebenshaltung der Frankfurter Bevölkerung. (o.O., o.J.; [1918])
Luxemburg, Rosa: Ich umarme Sie in großer Sehnsucht. Briefe aus dem Gefängnis 1915 - 1918. Berlin; Bonn, 1980
Mann, Golo: Deutsche Geschichte 1919 - 1945. Frankfurt am Main, 1962
Marx, Karl / Engels, Friedrich: Werke, Bd. 2 u. 4. Berlin (DDR), ab 1956
Mommsen, Hans u.a. (Hrsg.): Industrielles System und politische Entwicklung in der Weimarer Republik, 2 Bände. Kronberg/Ts., 1977
Monumenta Paedagogica, Bd. 10: Zur Geschichte der Arbeitserziehung in Deutschland, Teil I. Berlin (DDR), 1970
Moser, Tilmann: Jugendkriminalität und Gesellschaftsstruktur. Frankfurt am Main, 1978
Motteck, H. / Becker, W. / Schröter, A.: Wirtschaftsgeschichte Deutschlands. Ein Grundriß, Bd. III. (o.O., o.J.)
Müller, Paul: Eine Kindheit im alten Frankfurt. Frankfurt am Main, 1984
Neuland, Franz: Die Frankfurter Arbeiterpresse. Frankfurt am Main, 1971
ders., in: Ein Krieg wird ausgestellt. Frankfurt am Main, 1976
ders.: 100 Jahre Organisation der graphischen Arbeiter in Frankfurt am Main, 1866 - 1966. Frankfurt am Main, 1966
ders.: Zwischen Friedensresolution und Kapp-Putsch. Drei Jahre Frankfurter Arbeiterbewegung. Unv. Manuskript (Stadt- u. Universitätsbibliothek, o.O., o.J.)
ders., in: Zwischen Römer und Revolution, Frankfurt am Main, 1969
Niethammer, Lutz (Hrsg.): Lebenserfahrung und kollektives Gedächtnis. Die Praxis der 'Oral History'. Frankfurt am Main, 1980
Norwicki, Michael: Zur Geschichte der Sozialarbeit, in: Sozialarbeit unter kapitalistischen Produktionsbedingungen, Hrsg. Hollstein, W. u. Meinhold, M. Frankfurt am Main, 1983
Novy, Klaus: Illustrierte Geschichte der Gemeinwirtschaft: wirtschaftliche Selbsthilfe in der Arbeiterbewegung von den Anfängen bis 1945. Berlin; Bonn, 1985
Oertzen, Peter von: Betriebsräte in der Novemberrevolution. Bonn, 1976
Osterroth, Franz / Schuster, Dieter (Hrsg.): Chronik der deutschen Sozialdemokratie. Bd. I und II. Bonn-Bad-Godesberg, 1975 (2. Aufl.)
Ottomeyer, Klaus: Ökonomische Zwänge und menschliche Beziehungen, soziales Verhalten im Kapitalismus. Reinbek b. Hamburg, 1977
PASA Forschungs-Dokumentation „Sozialisation und Arbeiterbewegung" 1980/81. Frankfurt am Main, 1982
Preller, Ludwig: Sozialpolitik in der Weimarer Republik. Kronberg/Ts.; Düsseldorf, 1978
Preußer, Norbert: Zur Ideologiegeschichte der Armenpflege und Sozialpolitik in

Deutschland 1870 - 1945, in: Armut und Sozialstaat, Bd. 3. München, 1982
Radtke, Valerie: Ich suche Liebe. Roman meines Lebens Kindheit. Berlin (DDR), 1984
Raspe, Jan: Zur Sozialisation proletarischer Kinder. Frankfurt am Main, 1976
Ritter, Gerhard / Miller, Susanne: Die deutsche Revolution 1918 - 1919. Dokumente. Hamburg, 1975 (2. Aufl.)
Rosenberg, Arthur: Entstehung der Weimarer Republik. Frankfurt am Main, 1979 (18. Aufl.)
Rühle, Otto: Illustrierte Kultur- und Sittengeschichte des Proletariats. Bd. 1: Berlin, 1930; Bd. 2: Gießen, 1977
Ruge, Wolfgang: Weimar, Republik auf Zeit. Köln, 1980
Ruppert, Wolfgang: Die Fabrik. Geschichte von Arbeit und Industrialisierung in Deutschland. Frankfurt am Main (1983)
Sadoul, Georges: Geschichte der Filmkunst. Wien, 1957
Sozialarbeit unter kapitalistischen Produktionsbedingungen. Hrsg. von Hollstein, Walter / Meinhold, Marianne, Frankfurt am Main, 1973
Schmidt, Erich: Die Entwicklung der Arbeiterlöhne in Frankfurt a.M. während des Krieges unter besonderer Berücksichtigung der Metallindustrie. Frankfurt am Main, 1921
Schmidt-Scharff, W.: Das Versorgungshaus in Frankfurt am Main 1816 - 1924. Frankfurt am Main, 1924
Schneider, Dieter / Kuda, Rudolf: Arbeiterräte in der Novemberrevolution. Ideen, Wirkungen, Dokumente. Frankfurt am Main, 1973 (3. Aufl.)
Schulkampf. Dokumente und Analysen. Hrsg. von Lutz von Werder und Rheinhart Wolff. Frankfurt am Main, 1970
Schulz, Gerhard: Deutschland seit dem Ersten Weltkrieg 1918 - 1945. Göttingen, 1982 (2. Aufl.)
Steinbach, Lothar: Lebenslauf, Sozialisation und 'erinnerte Geschichte', in: Niethammer: Lebenserfahrung und kollektives Gedächtnis. Frankfurt am Main, 1980
Stickler, Emil: Das Arbeitsamt der Stadt Frankfurt am Main. Frankfurt am Main, 1925
Stratmann, Mechthild: Wohnungspolitik in der Weimarer Republik. Stuttgart, 1976
Stübling, Rainer: Die Sozialdemokratie in Frankfurt am Main 1891 - 1910. Frankfurt am Main, 1981
ders.: Hell aus dem dunklen Vergangenen ... Bockenheimer Sozialdemokraten 1861 - 1933. Frankfurt am Main, 1985
ders.: Kultur und Massen. Das Kulturkartell der modernen Arbeiterbewegung in Frankfurt am Main von 1925 bis 1933. Offenbach am Main, 1983
Studien zur Arbeiterkindheit und -jugend in ausgewählten Stadtteilen von Frankfurt am Main zur Zeit der Weimarer Republik. Bd. 1-3. Hrsg.: Becker, Helmut / Brandecker, Ferdinand / Dudek, Helmut. Frankfurt am Main, 1986; 1987
Thompson, Paul: The Voice of the Past. Oral History. Oxford; London; New York, 1978
Watzlawick, Paul: Menschliche Kommunikation. Formen, Störungen, Paradoxien. Bern; Stuttgart, 1969
Wehler, Hans-Ulrich: Das deutsche Kaiserreich 1871 - 1918. Göttingen, 1973
Weidenholzer, Josef: Trinkende und denkende Arbeiter, in: Pfabigan: Ornament und Askese im Zeitgeist des Wien der Jahrhundertwende. Wien, 1985
Weimarer Republik. Hrsg. Kunstamt und Institut für Theaterwissenschaften der Universität Köln. Berlin (West) und Hamburg, 1977
Wheeler, Robert F.: USPD und Internationale. Sozialistischer Internationalismus in der Zeit der Revolution. Frankfurt; Berlin; Wien, 1975

Winkler, Heinrich, August: Von der Revolution zur Stabilisierung 1918 - 1924. Berlin; Bonn, 1984
Wissmann, Friedrich: SPD-Bildungspolitik und das Prinzip der Chancengleichheit. Bad Zwischenahn, 1976
Wolter-Brandecker, Renate: Sie kamen aus der dumpfen Stadt. Arbeiterkindheit und Kinderfreundebewegung in Frankfurt am Main 1919 bis 1933. Ein Beitrag zur Sozialgeschichte sozialistischer Erziehung. Bonn, 1982
Wunderer, Dieter: Arbeitervereine und Arbeiterparteien. Kultur- und Massenorganisationen der Arbeiterbewegung (1890 - 1933). Frankfurt; New York, 1980
Zur Rolle der Frau in der Geschichte des deutschen Volkes (1830 bis 1945): eine Chronik. Hrsg.: Arendt, Hans-Jürgen / Scholze, Siegfried. Frankfurt am Main, 1984
Zwischen Römer und Revolution. Hundert Jahre Sozialdemokraten in Frankfurt am Main. Frankfurt am Main, 1969 (zit. als R+R)

Abbildungsnachweis

Historisches Museum Frankfurt am Main: 31, 108, 133, 135, 213, 307
Stadtarchiv Frankfurt am Main: 53, 64, 72, 101, 113, 127, 131, 212, 220, 244, 256, 286, 296, 349
Verein für Frankfurter Arbeitergeschichte e.V.: 22, 25, 44
Privatbesitz der Interviewten: 50, 59, 68, 185, 190, 200, 209, 282, 294, 332, 354, 377